曾国藩绝学

［清］曾国藩 著

线装书局

曾国藩家书

图文珍藏版

第三卷

家书

[清] 曾国藩 著

国学经典文库

线装书局

曾国藩是中国近代史，乃至整个古代史上的一个传奇人物。关于他的历史功过，曲直是非，自清末以降述评累是，至今尚难有一个权威的结论。

曾国藩的家书涉及的内容极为广泛，从人际琐事和持家之法的劝诫，到进德修业、经国济世之道的阐述，是曾国藩一生主要活动和他为政、持家、劝学、治军主要思想的生动体现，对家人的殷切关爱和对国家朝廷的重大责任亦从字里行间透出。

卷一　修身养性篇

述赴京沿途及抵京后情事

【原文】

男国藩跪禀父亲母亲大人膝下：

去年十二月十六日，男在汉口寄家信，付湘潭人和纸行，不知已收到否？后于二十一日在汉口开车。二人共雇二把手小车六辆，男占三辆半。行三百余里，至河南八里溪度岁。正月初二日开车，初七日至周家口，即换大车。雇三套篷车二辆，每套钱十五千文。男占四套，朱占二套。初九日开车，十二日至河南省城，拜客耽搁四天，获百余金。十六日起行，即于是日三更趁风平浪静径渡黄河。二十八日到京，一路清吉平安，天气亦好，惟过年二天微雪耳。

到京在长郡会馆卸车。二月初一日移寓南横街千佛庵。屋四间，每月赁钱四千文，与梅、陈二人居址甚近。三人联会，间日一课。每课一赋一诗誊真。初八日是汤中堂老师大课，题"智若禹之行水赋"，以"行所无事则智大矣"为韵，诗题赋得"池面鱼吹柳絮行"，得"吹"字。三月尚有大课一次。

同年未到者不过一二人，梅、陈二人皆正月始到。岱云江南、山东之行无甚佳处，到京除偿债外，不过存二三百金，又有八口之家。

男路上用去百金，刻下光景颇好。接家眷之说，郑小珊现无回信。伊若允诺，似尽妥妙；如其不可，则另图善计，或缓一二年亦可，因儿子太小故也。

家中诸事都不挂念，惟诸弟读书不知有进境否？须将所作文字诗赋寄一二首来京。丹阁叔大作亦望寄示。男在京一切谨慎，家中尽可放心。

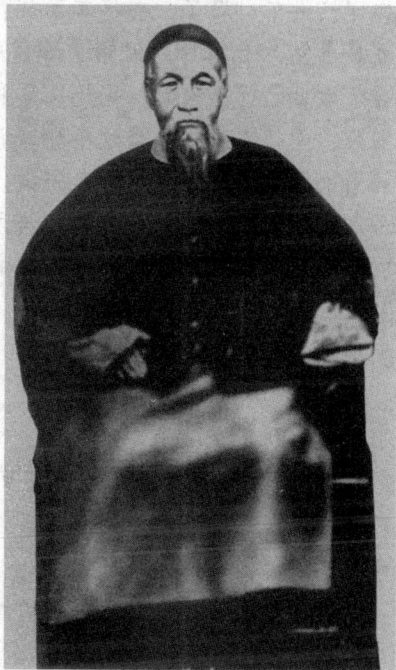

曾国藩像

国学经典文库

又禀者，大行皇后于正月十一日升遐，百日以内禁剃发，期年禁燕会音乐。何仙槎年伯于二月初五日溘逝。是日男在何家早饭，并未闻其大病，不数刻而凶音至矣。殁后，加太子太保衔。其次子何子毅，已于去年十一月物故。自前年出京后，同乡相继殂逝者：夏一卿、李高衢、杨宝筠三主事，熊子谦、谢诩庵及何氏父子凡七人。光景为之一变。男现慎保身体，自奉颇厚。

季仙九师升正詹，放浙江学政，初十日出京。廖钰夫师升尚书。吴甄甫师任福建巡抚。朱师、徐师灵榇并已回南矣。

詹有乾家墨，到京竟不可用，以胶太重也。拟仍付回，或退或用随便。接家眷事，三月又有信回家中。信来，须将本房及各亲戚家附载详明，堂上各老人须一一分叙，以烦琐为贵。

谨此跪禀万福金安。

二月初九日

【译文】

男国藩跪禀父亲母亲大人膝下：

去年十二月十六日，儿在汉口写了一封家信，交给湘潭人和纸行，不知是否已收到？我们于二十一日乘车离开汉口。二人共雇了二把手小车六辆，儿占三辆半。走了三百多里，在河南八里溪过的年。正月初二日又出发，初七日到周家口，即换大车。雇了三套篷车两辆，每套工钱十五千文。儿占四套，朱占两套。初九日出发，十二日到河南省城，在省城拜客耽搁了四天，别人送礼金约百余金。十六日起行，当天三更趁风平浪静径渡黄河。二十八日到达京城。一路上清吉安顺，天气亦好，只是过年那二天下了小雪。

到京城后在长郡会馆卸车安歇。二月初一日搬到南横街千佛庵。共四间房，每月房租四千文，离梅、陈二人居所很近。三人一起温习功课，隔一天一次课。每次课要写一赋一诗。初八日是汤中堂老师的大课，出的题目是"智若禹之行水赋"，以"行所无事则智大矣"为韵，诗题赋得"池面鱼吹柳絮行"，得"吹"字。三月还有一次大课。

同年未到者不过一、二人，梅、李二人都是正月到的。岱云去江南、山东，并不理想，到了京城偿还了旧债，仅剩下二、三百金，又有八口之家拖累。

儿一路用了百金，眼下光景还好。接家眷的事，郑小珊现在还未回信。他若同意，很妥当很好；如不同意，只为另作打算，或者缓个一二年亦可，目前孩子还太小。

家中诸事都不挂念，几位弟弟读书是否有进步？还请将几位弟弟写的文章诗赋寄一二份给我。丹阁叔如有大作，亦请寄来拜读。儿在京城自会一切小心谨慎，家中尽可放心。

又，禀告父母大人，大行皇后于正月十一日仙逝，官府规定百日以内禁止剃发，周年时禁止宴饮娱乐。何仙槎年伯于二月初五日去世。那天儿在何家吃的早饭，并未听到说有大病，可不一会凶讯即到。死后，追加太子太保衔。其次子何

子毅，已于去年十一月故去。自前年离开京城后，同乡相继死去的有：夏一卿、李高衢、杨宝筠三位主事，熊子谦、谢讱庵以及何氏父子共计七人。光景为之一变。儿现谨慎保护身体，知道爱护自己。

季仙九先生升为正詹，外放任浙江学政，初十日出的京城。廖钰夫先生升为尚书。吴甄甫先生任福建巡抚。朱先生、徐先生灵榇已送归南方。

詹有乾家的墨汁，到京城后竟不能用，大概是墨中胶质太多。打算带回，或退或用随便。接家眷事，三月又有信寄回家中。来信时，请将本房及各亲戚家姓氏等附载详细，堂上各老人请一一分叙清楚，越详细越好。

谨此跪禀万福金安。

二月初九日

勉君子应立志

【原文】

十月二十一接九弟在长沙所发信，内途中日记六页，外药子一包。二十二接九月初二日家信，欣悉以慰。

自九弟出京后，余无日不忧虑，诚恐道路变故多端，难以臆揣。及读来书，果不出吾所料。千辛万苦，始得到家。幸哉幸哉！郑伴之不足恃，余早已知之矣。郁滋堂如此之好，余实不胜感激。在长沙时，曾未道及彭山屺，何也？又为祖母买皮袄，极好极好，可以补吾之过矣。

观四弟来信甚详，其发奋自励之志，溢于行间。然必欲找馆出外，此何意也？不过谓家塾离家太近，容易耽搁，不如出外较清净耳。然出外从师，则无甚耽搁；若出外教书，其耽搁更甚于家塾矣。且苟能发奋自立，则家塾可读书，即旷野之地，热闹之场亦可读书，负薪牧豕，皆可读书；苟不能发奋自立，则家塾不宜读书，即清净之乡、神仙之境皆不能读书。何必择地？何必择时？但自问立志之真不真耳！

六弟自怨数奇，余亦深以为然。然屈于小试辄发牢骚，吾窃笑其志之小，而所忧之不大也。君子之立志也，有民胞物与之量，有内圣外王之业，而后不忝于父母之生，不愧为天地之完人。故其为忧也，以不知舜不如周公为忧也，以德不修学不讲为忧也。是故顽民梗化则忧之，蛮夷猾夏则忧之，小人在位贤才否闭则忧之，匹夫匹妇不被己泽则忧之，所谓悲天命而悯人穷，此君子之所忧也。若夫一身之屈伸，一家之饥饱，世俗之荣辱得失、贵贱毁誉，君子固不暇忧及此也。六弟屈于小试，自称数奇，余窃笑其所忧之不大也。

盖人不读书则已，亦即自名曰读书人，则必从事于《大学》。《大学》之纲领有三：明德、新民、止至善，皆我分内事也。若读书不能体贴到身上去，谓此三项与我身毫不相涉，则读书何用？虽使能文能诗，博雅自诩，亦只算得识字之牧猪奴耳！岂得谓之明理有用之人也乎？朝廷以制艺取士，亦谓其能代圣贤立言，必能明圣贤之理，行圣贤之行，可以居官莅民、整躬率物也。若以明德、新

曾国藩手札

民为分外事，则虽能文能诗，而于修己治人之道实茫然不讲，朝廷用此等人做官，与用牧猪奴做官何以异哉？然则既自名为读书人，则《大学》之纲领，皆己身切要之事明矣。其条目有八，自我观之，其致功之处，则仅二者而已：曰格物，曰诚意。

格物，致知之事也；诚意，力行之事也。物者何？即所谓本末之物也。身、心、意、知、家、国、天下皆物也。天地万物皆物也，日用常行之事皆物也。格者，即物而穷其理也。如事亲定省，物也；究其所以当定省之理，即格物也。事兄随行，物也；究其所以当随行之理，即格物也。吾心，物也；究其存心之理，又博究其省察涵养以存心之理，即格物也。吾身，物也；究其敬身之理，又博究其立齐坐尸以敬身之理，即格物也。每日所看之书，句句皆物也；切己体察，穷究其理即格物也。此致知之事也。所谓诚意者，即其所知而力行之，是不欺也。知一句便行一句，此力行之事也。此二者并进，下学在此，上达亦在此。

吾友吴竹如格物工夫颇深，一事一物，皆求其理。倭艮峰先生则诚意工夫极严，每日有日课册，一日之中一念之差、一事之失、一言一默皆笔之于书。书皆楷字，三月则订一本。自乙未年起，今三十本矣。盖其慎独之严，虽妄念偶动，必即时克治，而著之于书。故所读之书，句句皆切身之要药。兹将艮峰先生日课抄三页付归，与诸弟看。余自十月初一日起亦照艮峰样，每日一念一事，皆写之于册，以便触目克治，亦写楷书。冯树堂与余同日记起，亦有日课册。树堂极为

虚心，爱我如兄，敬我如师，将来必有所成。余向来有无恒之弊，自此次写日课本子起，可保终身有恒矣。盖明师益友，重重夹持，能进不能退也。本欲抄余日课册付诸弟阅，因今日镜海先生来，要将本子带回去，故不及抄。十一月有白折差，准抄几页付回也。

余之益友，如倭艮峰之瑟僴，令人对之肃然。吴竹如、窦兰泉之精义，一言一事，必求至是。吴子序、邵蕙西之谈经，深思明辨。何子贞之谈字，其精妙处，无一不合，其谈诗尤最符契。子贞深喜吾诗，故吾自十月来已作诗十八首。兹抄二页，付回与诸弟阅。冯树堂、陈岱云之立志，汲汲不遑，亦良友也。镜海先生，吾虽未尝执贽请业，而心已师之矣。

吾每作书与诸弟，不觉其言之长，想诸弟或厌烦难看矣。然诸弟苟有长信与我，我实乐之，如获至宝。人固各有性情也。

余自十月初一起记日课，念念欲改过自新。思从前与小珊有隙，实是一朝之忿，不近人情，即欲登门谢罪。恰好初九日小珊来拜寿，是夜余即至小珊家久谈。十三日与岱云合伙，请小珊吃饭。从此欢笑如初，前隙尽释矣。

金竺虔报满用知县，现住小珊家，喉痛月余，现已全好。李笔峰在汤家如故。易莲舫要出门就馆，现亦甚用功，亦学倭艮峰者也。同乡李石梧已升陕西巡抚。两大将军皆锁拿解京治罪，拟斩监候。英夷之事，业已和抚。去银二千一百万两，又各处让他码头五处。现在英夷已全退矣。两江总督牛鉴，亦锁解刑部治罪。

近事大略如此。容再续书。

兄国藩手具　十月二十六日

【译文】

十月二十一日接到九弟在长沙所发的信，里头有九弟在途中写的日记六页，另外有药子一包。二十二日接到家里九月初二的来信，欣悉以慰。

自从九弟离开京城后，我无日不忧虑，实在是害怕一路上变故多端，有许多想不到的困难。看了九弟的信，果不出人所料。不过千辛万苦，总算是到家了。幸哉幸哉！姓郑的旅伴靠不住，我早就想到了。郁滋堂如此之好，我实在是不胜感激。到了长沙，怎么没听九弟提起彭山屺，何故？又为祖母买皮袄，极好极好，这可以弥补我的疏忽。

四弟的来信很详细，四弟发奋自励的志向，真是溢于行间，跃然纸上。不过一定要到外头去边学习边教书，这是何意呢？不过是说家塾离家太近，容易耽搁功夫，不如到外头环境清净。可是如果是到外头跟从老师学习，那是环境好些，没什么耽搁；如果是像你说的到外头边教边学，那耽搁的时间恐怕比在家还多。再说只要能发奋自立，不要说家塾可以读书，就是荒凉野地，喧杂闹市亦一样可以读书，肩上担着柴，眼前放着猪，都可以读书，如果不能发奋自立，不要说在家塾读不了书，就是清静的乡间，神仙的居所也都读不了书。何必挑地方？何必挑时候？只要自问立志是真还是假！

六弟埋怨自己命不好，我亦深表同情。不过仅仅是因为小小的科举考试未中就经常发牢骚，我私下也觉得如此显得志向不大，心中所忧虑的事情也不大。君子立志，有为大众谋求幸福，有内圣外王的事业，而后方不愧对父母的养育之恩，不愧为天地间一完美无缺的圣人。故而君子的忧虑是什么呢？是以自己不如舜不如周公而忧虑，是因自己的道德没进步、学问没长进而忧虑。如此他会为顽固不化的小民固执不知改变而忧虑，会为野蛮的夷族扰乱华夏而忧虑，会为小人得志封闭了有才有德的人上进的道路而忧虑，会为普通百姓得不到自己的关注而忧虑，所谓悲天命而悯人穷。这才是君子所应当忧虑的。至于个人的得失，家人的温饱，世俗的荣辱贵贱，流言蜚语，君子是没有功夫想到这些的。六弟科举不顺，就抱怨命苦，我私下以为他所忧虑的事情太小了。

人不读书则已，既然读了书且自命为读书人，就应按《大学》的要求去做。《大学》的纲领有三：明德、新民、止至善，这都是读书人分内的事情。如果读了书不能联系自身，说这三件事与我有什么相干，那么读书又有什么用呢？就算是能写文章能作诗，自命博雅，亦只算得是个识字的放猪奴才！这种人岂能说是明理有用的人？朝廷以制艺取士，亦是要求士人能够代圣贤立言，能够明白圣贤的道理，按圣贤的榜样去做，如此才能居官莅民、整躬率物。如果以明德、新民为分外事，那么虽说能文能诗，而于修己治人的道理实际上却茫然无知，朝廷用这等人做官，与用放猪奴才做官有什么不同？既然自命为读书人，则《大学》之纲领，都是自己应关切重视的事，这是不言而喻的。《大学》的条目有八，依我看，这八条中能使人成功的地方，也就二条而已：一是格物，二是诚意。

格物，是有关弄清事物的原理的事情；诚意，是身体力行的事情。物是什么？物就是所谓本末之物。身体、神经、意念、知识、家庭、国家、天下都可以说是物，天地间万物都是物，日常的用物平日的行为也可以叫物。格是什么？就是接触事物，弄清它的道理。侍奉双亲，这是事物，穷究为什么要侍奉双亲，就是格物了。跟随兄长，这也是事物，搞清为什么要跟随兄长，这也是格物了。我的心，是物体；研究自己的心理状态，广博地考察那些道德涵养等心理状态，就是格物了。我的身体，是物体；研究养生之道，又广博地考察那些站立坐卧等养生之道，就是格物了。每天所看的书，句句都是物；联系自身来思考、认真研究其含义就是格物了。以上是认识事物的事情。所谓诚意，就是遵循自己所懂得的道理去身体力行，这才是老老实实的态度。知一句便行一句，这才是身体力行的做法。格物与诚意并进，下学上达均在此了。

我的朋友吴竹如格物功夫颇深，一事一物，都要穷究它的道理。倭艮峰先生则诚意功夫极严，每天都有日记，像一天之中的一念之差、一事之失、一言一默皆有记载。一字一划都是楷字，一丝不苟，三个月合订为一本。自乙未年起，至今已三十本。处世慎独，虽偶尔有些杂念，必需当时纠正，并记载下来。故而他读的书，句句都是关系甚大的良药。兹将艮峰先生日记抄三页给你们看看。我自十月初一日起亦照艮峰的榜样，每天一个闪念一件小事，都记载下来，以便提醒

国学经典文库

自己改正过失，字体亦为楷书。冯树堂与我同日起也如此做。树堂极为虚心，爱我就像爱自己的兄长一样，尊敬我就像敬自己的老师一样，将来必有所成。我向来有无恒心的毛病，自这次写日记起，可保持终身有恒了。又有名师又有益友帮助推动，我现在是只能进不能退了。本想抄几页回去给诸弟看，因今日镜海先生来，要将本子带回去，故来不及抄了。十一月有信差，那时准抄几页寄回。

我的益友中，倭艮峰的冷静威严，令人肃然起敬。吴竹如、窦兰泉的尽美尽善，一言一事，必要做得最好。吴子序、邵蕙西的经学，深思明辨。何子贞谈书法，其精妙处，与我无一不合，他谈诗我尤其爱听。子贞很喜欢我的诗，故而我自十月以来已作诗十八首。现抄上二页，寄回与诸位弟弟看。冯树堂、陈岱云立下志向，全心全意去追求，亦是良友。镜海先生，我虽然没有执贽请业，可心里是把他当老师看的。

我每次给诸位老弟写信，不觉得话多，想来诸弟或许已是厌烦看不下去了。不过诸弟如果有长信给我，我实在是如获至宝，十分乐意。人本来就是各有各的性格。

我自十月初一日起记日记，总想改过自新。想起从前与小珊有些小矛盾，实在也是一时冲动，不近人情，原想登门谢罪。恰好初九日小珊来拜寿，当天晚上我即到小珊家谈了很久。十三日与岱云一起，请小珊吃饭。从此欢笑如初，前隙尽释了。

金竺虔报满任知县，现住在小珊家，喉痛月余，现已全好。李笔峰在汤家如故。易莲舫要出门读书，现亦很用功，亦是在学习倭艮峰的榜样。同乡李石梧已升任陕西巡抚。两大将军皆锁拿押至京城治罪，准备处以斩刑。英夷的事，现已和议。用去银二千一百万两，又在各处让出五处码头。现在英夷已全部退出。两江总督牛鉴。亦锁拿押至刑部治罪。

近事大略如此。容再续书。

兄国藩手具　十月二十六日

告兄弟相处之道

【原文】

诸位老弟足下：

正月十五日接到四弟、六弟、九弟十二月初五日所发家信。

四弟之信三页，语语平实。责我待人不恕，甚为切当。谓月月书信徒以空言责弟辈，却又不能实有好消息，令堂上阅兄之书，疑弟辈粗俗庸碌，使弟辈无地可容云云。此数语，兄读之不觉汗下。

我去年曾与九弟闲谈，云为人子者，若使父母见得我好些，谓诸兄弟俱不及我，这便是不孝，若使族党称道我好些，谓诸兄弟俱不如我，这便是不弟。何也？盖使父母心中有贤愚之分，使族党口中有贤愚之分，则必其平日有讨好的意思，暗用机计，使自己得好名声，而使其兄弟得坏名声，必其后日之嫌隙由此而

生也。刘大爷、刘三爷兄弟皆想做好人，卒至视如仇雠。因刘三爷得好名声于父母族党之间，而刘大爷得坏名声故也。今四弟之所责我者，正是此道理，我所以读之汗下。但愿兄弟五人，个个明白这道理，彼此互相原谅。兄以弟得坏名为忧，弟以兄得好名为快。兄不能使弟尽道得令名，是兄之罪；弟不能使兄尽道得令名，是弟之罪。若各各如此存心，则亿万年无纤芥之嫌矣。

至于家塾读书之说，我亦知其甚难，曾与九弟面谈及数十次矣。但四弟前次来书，言欲找馆出外教书。兄意教馆之荒功误事，较之家塾为尤甚。与其出而教馆，不如静坐家塾。若云一出家塾便有明师益友，则我境之所谓明师益友者，我皆知之，且已夙夜熟筹之矣。惟汪觉庵师欧阳沧溟先生，是兄意中所信为可师者。然衡阳风俗，只有冬学要紧，自五月以后，师弟皆奉行故事而已。同学之人，类皆庸鄙无志者，又最好讪笑人（其笑法不一，总之不离乎轻薄而已。四弟若到衡阳去，必以翰林之弟相笑。薄俗可恶）。乡间无朋友，实是第一恨事。不惟无益，且大有损。习俗染人，所谓与鲍鱼处，亦与之俱化也。兄尝与九弟道及：谓衡阳不可以读书，涟滨不可以读书，为损友太多故也。今四弟意必从觉庵师游，则千万听兄嘱咐，但取明师之益，无受损友之损也。

接到此信，立即率厚二到觉庵师处受业。其束脩，今年谨具钱十挂。兄于八月准付回，不至累及家中。非不欲从丰，实不能耳。兄所最虑者，同学之人无志嬉游，端节以后放散不事事，恐弟与厚二效尤耳。切戒切戒。凡从师必久而后可以获益。四弟与季弟今年从觉庵师，若地方相安，则明年仍可从游；若一年换一处，是即无恒者，见异思迁也，欲求长进难矣。

此以上答四弟信之大略也。

六弟之信，乃一篇绝妙古文。排奡似昌黎，拗很似半山。予论古文，总须有倔强不驯之气，愈拗愈深之意。故于太史公外，独取昌黎、半山两家。论诗亦取傲兀不群者，论字亦然。每蓄此意，而不轻谈。近得何子贞意见极相合，偶谈一二句，两人相视而笑，不知六弟乃生成有此一支妙笔。往时见弟文，亦无大奇特者。今观此信，然后知吾弟真不羁才也。欢喜无极，欢喜无极！凡兄所有志而力不能为者，吾弟皆可为之矣。

信中言兄与诸君子讲学，恐其渐成朋党。所见甚是。然弟尽可放心。兄最怕标榜，常存暗然尚絅之意，断不至有所谓门户自表者也。信中言四弟浮躁不虚心，亦切中四弟之病。四弟当视为良友药石之言。

信中又有荒芜已久，甚无纪律二语。此甚不是。臣子与君亲，但当称扬善美，不可道及过错；但当渝亲于道，不可疵议细节。兄从前常犯此大恶，但尚最腹诽，未曾形之笔墨。如今思之，不孝孰大乎是？常与阳牧云并九弟言及之，以后愿与诸弟痛惩此大罪。六弟接到此信，立即至父亲前磕头，并代我磕头请罪。

信中又言弟之牢骚，非小人之热中，乃志士之惜阴。读至此，不胜惘然，恨不得生两翅忽飞到家，将老弟劝慰一番，纵谈数日乃快。然向使诸弟已入学，则谣言必谓学院做情。众口铄金，何从辩起！所谓塞翁失马，安知非福。科名迟

早，实有前定，虽惜阴念切，正不必以虚名萦怀耳。

来信言看《礼记》疏一本半，浩浩茫茫，苦无所得，今已尽弃，不敢复阅，现读《朱子》纲目，日十余页云云。说到此处，兄不胜悔恨。恨早岁不曾用功，如今虽欲教弟，譬盲者而欲导人之迷途也，求其不误难矣。然兄最好苦思，又得诸益友相质证，于读书之道，有必不可易者数端：

穷经必专一经，不可泛鹜。读经以研寻义理为本，考据名物为末，读经有一耐字诀。一句不通，不看下句；今日不通，明日再读；今年不精，明年再读。此所谓耐也。读史之法，莫妙于设身处地。每看一处，如我便与当时之人酬酢笑语于其间。不必人人皆能记也，但记一人，则恍如接其人；不必事事皆能记也，但记一事，则恍如亲其事。经以穷理，史以考事。舍此二者，更别无学矣。

盖自西汉以至于今，识字之儒约有三途：曰义理之学，曰考据之学，曰辞章之学。各执一途，互相诋毁。兄之私意，以为义理之学最大。义理明则躬行有要而经济有本。辞章之学，亦所以发挥义理者也。考据之学，吾无取焉矣。此三途者，皆从事经史，各有门径。吾以为欲读经史，但当研究义理，则心一而不纷，是故经则专守一经，史则专熟一代，读经史则专主义理。此皆守约之道，确乎不可易者也。

若夫经史而外，诸子百家，汗牛充栋。或欲阅之，但当读一人之专集，不当东翻西阅。如读昌黎集，则目之所见，耳之所闻，无非昌黎。以为天地间，除昌黎集而外，更别无书也。此一集未读完，断断不换他集，亦专字诀也。六弟谨记之。

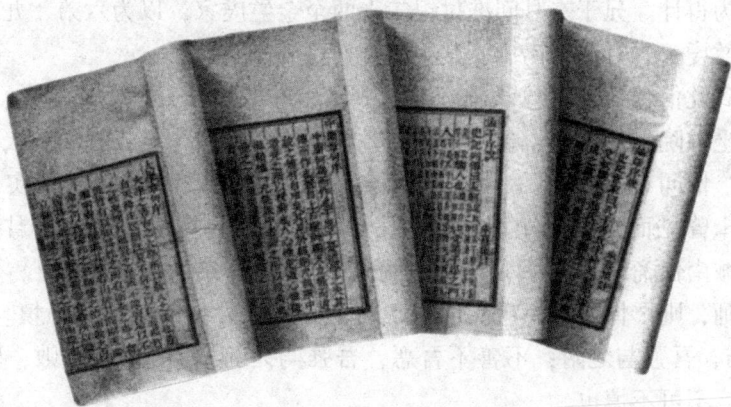

《四书》书影

读经、读史、读专集、讲义理之学，此有志者万不可易者也。圣人复起，必从吾言矣。然此亦仅为有大志者言之。若夫为科名之学，则要读四书文，读试帖、律赋，头绪甚多。四弟、九弟、厚二弟天质较低，必须为科名之学。六弟既有大志，虽不科名可也，但当守一耐字诀耳。观来信言读《礼记》疏似不能耐

者，勉之勉之。

兄少时天分不甚低，厥后日与庸鄙者处，全无所闻，窍被茅塞久矣。及乙未到京后，始有志学诗古文并作字之法，亦泊无良友。近年得一二良友，知有所谓经学者、经济者，有所谓躬行实践者，始知范、韩可学而至也，司马迁、韩愈亦可学而至也，程、朱亦可学而至也。慨然思尽涤前日之污，以为更生之人，以为父母之肖子，以为诸弟之先导。无如体气本弱，耳鸣不止，稍稍用心，便觉劳顿。每自思念，天既限我以不能苦思，是天不欲成我之学问也。故近日以来，意颇疏散。计今年若可得一差，能还一切旧债，则将归田养亲，不复恋恋于利禄矣。粗识几字，不敢为非以蹈大戾已耳，不复有志于先哲矣。吾人第一以保身为要。我所以无大志愿者，恐用心太过，足以疲神也。诸弟亦须时时以保身为念，无忽无忽。

来信又驳我前书，谓必须博雅有才，而后可明理有用。所见极是。兄前书之意，盖以躬行为重，即子夏"贤贤易色"章之意。以为博雅者不足贵，惟明理者乃有用，特其立论过激耳。六弟信中之意，以为不博雅多闻，安能明理有用？立论极精，但弟须力行之，不可徒与兄辨驳见长耳。

来信又言四弟与季弟从游觉庵师，六弟、九弟仍来京中，或肄业城南云云。兄之欲得老弟共住京中也，其情如孤雁之求曹也。自九弟辛丑秋思归，兄百计挽留，九弟当能言之。及至去秋决计南归，兄实无可如何，只得听其自便。若九弟今年复来，则一岁之内忽去忽来，不特堂上诸大人不肯，即旁观亦且笑我兄弟轻举妄动。且两弟同来，途费须得八十金，此时实难措办。弟云能自为计，则兄窃不信。曹西垣去冬已到京，郭云仙明年始起程，目下亦无好伴。惟城南肄业之说，则甚为得计。兄于二月间准付银二十两至金竺虔家，以为六弟、九弟省城读书之用。竺虔于二月起身南旋，其银四月初可到。

弟接到此信，立即下省肄业。省城中兄相好的如郭云仙、凌笛舟、孙芝房，皆在别处坐书院。贺蔗农、俞岱青、陈尧农、陈庆覃诸先生皆官场中人，不能伏案用功矣。惟闻有丁君者（名叙忠，号秩臣，长沙廪生），学问切实，践履笃诚。兄虽未曾见面，而稔知其可师，凡与我相好者，皆极力称道丁君。两弟到省，先到城南住斋，立即去拜丁君（托陈季牧为介绍），执贽受业。凡人必有师；若无师，则严惮之心不生。即以丁君为师，此外择友则慎之又慎。昌黎曰："善不吾与，吾强与之附；不善不吾恶，吾强与之拒。"一生之成败，皆关乎朋友之贤否，不可不慎也。

来信以进京为上策，以肄业城南为次策。兄非不欲从上策，因九弟去来太速，不好写信禀堂上。不特九弟形迹矛盾，即我禀堂上亦必自相矛盾也。又目下实难办途费。六弟言能自为计，亦未历甘苦之言耳。若我今年能得一差，则两弟今冬与朱啸山同来甚好。目前且从次策。如六弟不以为然，则再写信来商议可也。此答六弟信之大略也。

九弟之信，写家事详细，惜说话太短。兄则每每太长，以后截长补短为妙。

尧阶若有大事，诸弟随去一人帮他几天。牧云接我长信，何以全无回信？毋乃嫌我话太直乎？扶乩之事，全不足信。九弟总须立志读书，不必想及此等事。季弟一切皆须听诸兄话。此次折弁走甚急，不暇抄日记本。余容后告。

冯树堂闻弟将到省城，写一荐条，荐两朋友。弟留心访之可也。

正月十七日

【译文】

诸位老弟足下：

正月十五日接到四弟、六弟、九弟十二月初五日所发家信。

四弟的信三页，句句平实。批评我待人不够宽恕，说的很是。说每月来信只是用空话责备诸弟，却又不能有什么实际的好消息，令长辈看了，疑心弟等庸庸碌碌，不思进取，使弟辈无地自容云云。这些话，为兄的看了很惭愧，不觉汗下。

我去年曾与九弟闲聊，说为人子者，若使父母只见得自己好，说别的兄弟都不如自己，这便是不孝；若使家族乡党称道自己好些，说诸兄弟都不如自己，这便是不友爱兄弟。为什么？如果使父母心中有了贤能愚蠢的分别，使族人乡党口中有了贤能愚蠢的区别，那么他平日里必有讨好的意思，暗用心机计谋，使自己得个好名声，而使他的兄弟得坏名声，日后的矛盾必然由此而生。刘大爷、刘三爷都想做好人，最后闹得视如仇人。就是因为刘三爷得好名声于父母之前，族人乡党之间，而刘大爷得坏名声的缘故。今四弟所责备我的，正是这个道理，我所以读了汗颜。但愿我们兄弟五人，个个都明白这道理，彼此互相原谅。作兄长的以弟弟得坏名而忧虑，弟弟为兄长得好名声而快乐。兄不能使弟尽孝道得美名，是兄之罪，弟不能使兄尽孝道得美名，是弟之罪。若个个如此去想，那么亿万年也不会有一点矛盾了。

至于说到在家塾读书，我亦知道这很难，曾与九弟面谈至数十次。但四弟前一次来信，说想找个地方边教书边学习。愚兄以为这样做浪费时间耽误事情，比在家塾还厉害。与其出外教书，不如静坐家塾。至于说一离开家塾就有明师益友，家乡的所谓明师益友，我了解，而且彻夜筹划，觉得只有汪觉庵先生及阳沧溟先生，是为兄意中可以信赖的老师。不过衡阳风俗，只有冬学抓得紧，自五月以后，师生都只是应景走过场而已。同学的人，大都是些平庸无大志的人，又最好嘲笑人（其笑法不一，总之不离乎轻薄而已。四弟若到衡阳去，必要笑你是翰林之弟，薄俗可恶）。乡间无朋友，实是第一恨事。不只是没有益处，而且大有害处。习俗染人，所谓近朱者赤，近墨者黑。我曾与九弟说起，说衡阳不可以读书，涟滨这地方也不可以读书，因为坏朋友太多了。今四弟打定主意，一定要去衡阳跟觉庵先生学习，则千万听兄嘱咐，只要吸取明师的益处，不要受劣友的伤害。

接到此信，四弟立即带厚二到觉庵师处受业。学费，今年谨备下钱十挂。兄于八月准寄回，不至拖累家里。不是不想多寄些，实在是力不从心。兄所最担心

的，是同学中大多无志向只知嬉笑游玩，端午节以后放散无所事事，怕四弟与厚二学坏了。切戒切戒。凡是跟从老师学习，一定要有一段时间以后才可以受益。四弟与季弟今年随觉庵师学习，若地方安定，则明年还可以随觉庵师学习；若一年换一处，也是没恒心的人，见异思迁，欲求长进也难了。

以上答四弟信之大略也。

六弟的信，乃是一篇绝妙的古文。文笔矫健有力，很像韩昌黎，风格奔放不羁又很似毛半山。我说古文，总须有倔强不驯的文风，愈拗愈深的意境。故除了太史公外，独取昌黎、半山两家。论诗亦取傲兀不群的人，论字亦然。我早就想到这些，不轻易谈论。近与何子贞谈起来很谈得来，才偶尔说上一二句，两人相视而笑。我还真不知道六弟有此一支妙笔。以往读六弟的文章，亦无令人大奇特别的。今观此信，才知道吾弟真乃不羁之才也。欢喜无极，欢喜无极！我的有志去做而力不从心的事，我的弟弟都可以做到。

信中说到我与诸君子讲学，恐怕会渐渐形成小圈子。所见甚是。不过六弟尽可放心。我最怕招摇，常想着要自己留意，少说一句，断不至说自己是哪一门户的话，信中说到四弟浮躁不虚心，亦切中四弟的毛病。四弟应视为良友药石之言。

信中又有荒芜已久，甚无纪律二语。这就不对了。做大臣的敬爱国君，就只应称赞他善良美好的地方，不应说起国君的过错；只应当用"道"来使亲人省悟，而不应议论些小事。我从前常犯此大毛病，但还是在心里想，还未形之笔墨。如今想来，还有比这更不孝的吗？常与阳牧云和九弟说到这些，以后我愿与诸弟一起痛惩此大罪。六弟接到此信，立即到父亲面前磕头，并代我磕头请罪，请父亲原谅我以前在心里还对他有些意见。

信里又说到弟弟的牢骚，不是小人热衷功名而不得的牢骚，而是志士珍惜光阴的感叹。读到这，为兄不胜惘然，恨不能生出两翅一下飞回家中，将老弟劝慰一番，纵谈数日才痛快。不过假使诸弟已入学，则必有小人造谣说一定是学院做的人情。众口铄金，何从辩起！所谓塞翁失马，安知非福。科名迟早，实有前定，虽珍惜时间的念头很强烈，还也不必一天到晚想着中举的事。

来信说看《礼记疏》一本半，浩浩茫茫，若无所得，今已尽弃，不敢再读，现正读《朱子纲目》，每日十余页云云。说到此处，为兄不胜悔恨。恨早年不曾用功，如今想教教弟弟，就好比盲人想给人带路，不走错路才怪呢。不过我最好苦思冥想，又得到诸益友相互验证启发，觉得读书的道理，有必不可变易的几项原则：

研究经书必先专通一经，不可泛读，读经以研究寻求义理为本，考据名物为末。读经书有一"耐"字口诀。叫作一句不通，不看下句，今日不通，明日再读；今年不精，明年再读。这就是所谓耐心吧。读史书的法子，莫妙于会设身处地去想。每看一处描述，就好比我便与当时人物一起酬酢笑语。不必人人都能记诵，要记一人，就恍如接触认识这人；不必事事都能背，要记一事，则恍如亲身

经历过这事。经书学了是可以寻求道理的，史书学了是可以考证史事的。抛开这二条，就别无学问了。

自西汉至今，读书人做学问约有三条途径：一是义理之学，一是考据之学，一是辞章之学。各执一端，互相诋毁。我私下以为，义理之学学问最大。义理清楚则身体力行有原则，待人处世有根基。辞章之学，亦是用以发挥义理的工具。考据之学，我没从中得到什么。这三条途径，都可为研习经书史学服务，各有门径。我以为，欲读经书史学，就应当研究义理，那样专心一致而不会心绪杂乱。由此学经则应专守一经，学史则当专熟一代，读经书史学则专心致意于义理。这都是专的道理，确实是不可改易的。

至于经史以外，诸子百家之学，书籍汗牛充栋。如想阅读，只应读某一人的专集，不应东翻西翻。比如读昌黎集，就应目之所见，耳之所闻，都是韩昌黎。以为天地间，除了昌黎集以外，更别无他书了。这一人的集子未读完，万万不可换他人的集子，这也是所谓"专"字秘诀吧。六弟谨记之。

读经、读史、读专集、讲义理之学，这都是有志者万不可改变的。就是圣人再生，也一定按我的话做。不过这些亦仅仅是对那些有远大志向的人说的。如是为科举功名，那就要读四书，读试帖、律赋等等，头绪甚多。四弟、九弟、厚二弟天分低些，必须做科举功名的学问。六弟既有大志，虽不参加科举考取功名也可以，但当谨守一耐字诀，平心静气。看来信说读《礼记疏》似乎不耐烦，是不行的。勉之勉之。

我少年时天分不太低，后来每日与平庸寡鄙之辈相处，无所见闻，很不开窍。等到乙未年到京城后，才开始有志于学诗、古文并书法，亦是没有良友。近年得一二良友，知道有所谓经学、经济，有所谓躬行实践之说，才知道范、韩是可以通过学习而达到他们的境界的，司马迁、韩愈亦是可以学习而达到他们的境界的，程、朱亦是如此。慨然思尽扫前日之污，自以为更生为人，自命为父母的好儿子，诸弟弟的先导。无奈身体虚弱，耳鸣不止，稍稍用心，便觉劳累。每次自己想到这些，心想这是老天让我不能苦思，老天不想成全我的学问。故而近日以来，心灰意冷。计划今年若可得一官差，能还清一切旧债，就回老家奉养双亲，不再恋恋于做官了。粗识几字，懂些道理，也就是不敢为非作歹犯下大罪而已，不再有志于走前贤的路了。我这样的人以保重身体为第一。我所以无大志了，是因为怕用心太过，足以劳神。诸弟亦须时时以保护身体为念，千万不要忽视。

来信又驳斥我上封信，说必须博学多才，而后才能明理致用。所见极是。我上封信的意思，是强调身体力行、实践的重要性，即子夏"贤贤易色"章之意。认为博学不足贵，惟明理才有用，也是观点有些过激。六弟信中的意思，是说不博学多才，怎能明理有用？立论极精，但弟须身体力行，不能只是与我辩驳对错争个短长。

来信又说四弟与季弟跟随觉庵师学习，六弟、九弟仍来京城，或肄业城南云

云。我想念老弟一起共住京中，就像孤雁寻找雁群的感情一样。自九弟辛丑年秋天想回家，我百般挽留，九弟都知道的。及至去年秋天决定回南方老家，我实在也是无所奈何，只得听其自便。如果九弟今年又来，则一年之中一会来一会去，不要说堂上诸位长辈不肯同意，就是旁观者也会笑我兄弟轻举妄动。再说两位弟弟一起来，旅费须要八十金，实难筹办。弟说能自己解决，为兄我私下不敢相信。曹西垣去年冬天已到京城，郭云仙明年才上路，目下也无好伴。只有城南肄业一说，还比较切合实际。我于二月间一定送银二十两到金竺虔家，充作六弟、九弟省城读书的费用。竺虔于二月起身去南方，这笔银子四月初可收到。

弟接到此信，立即去省城学习。省城中我的好友，如郭云仙、凌笛舟、孙芝房，都在别处的书院学习。贺蔗农、俞岱青、陈尧农、陈庆覃诸先生皆官场中人，不能伏案用功的。只听说有丁君（名叙忠，号秩臣，长沙廪生）学问扎实，为人忠厚。我虽未曾见过面，但早就知道这个人是可以为师的。凡是我的朋友，都极力称道丁君。两弟到了省城，先到城南住下，然后立即去拜访丁君（托陈季牧为介绍），执贽受业，拜为老师。凡人必有师；若是没有老师，则不知道严格要求自己。就以丁君为师吧。此外择友一定要慎之又慎。昌黎说："善不吾与，吾强与之附；不善不吾恶，吾强与之拒。"一生成败，都与朋友是否贤能有关，不可不慎重。

来信中以进京为上策，以肄业城南为次，为兄不是不欲从上策，是因为九弟来去间隔太短，不好写信禀告堂上老人。不仅九弟形迹矛盾，就是我禀告长辈也必前后自相矛盾，再者眼下实难筹办旅费。六弟说能自己去设法，亦是未吃过苦头的话。若我今年能得一官差，则两弟今年冬天与朱啸山同来甚好。目前暂且从次，如六弟不以为然，则再写信来商议也可。以上大略答复六弟来信。

九弟的信，写家里的事很详细，可惜话说得太短。我写信每每太长，而九弟又太短，以后能截长补短才好。尧阶若有大事，诸弟随去一人帮他几天。牧云接了我的长信，不知为何至今无回信？不会是嫌我说话太直吧？扶乩之事，全不足信。九弟总须立志读书，不必去想这些事情。季弟一切要听诸位哥哥的话。这次信差走得很急，没时间抄日记了。余容后告。

冯树堂听说弟将去省城，写了一封推荐信，推荐两个朋友。弟可留心访求。

正月十七日

近服补肝之品

【原文】

男国藩跪禀父母亲大人万福金安：

正月初三日发第一号家信。初七日彭棣楼太守出京，男寄补服四副、蓝顶二个，又寄欧阳沧溟先生江绸褂料一件、对联一副、高丽参二两、鹿胶一斤，又寄彭莆庵表叔鹿胶一斤。二月初寄第三号家信。想俱收到。

男等在京合室平安。男病尚未痊愈，二月初吃龙胆泻肝汤，甚为受累，始知

病在肝虚。近来专服补肝之品，颇觉有效。以首乌为君，而加以蒺藜、山药、赤芍、茯苓、兔丝诸味。男此时不求疮癣遽好，但求脏腑无病，身体如常，即为如天之福。今年虽不能得差，男亦毫无怨尤。

同乡张钟涟丁艰，男代为张罗一切，令之即日奔丧回里。黎樾乔于二月十四到京。

四弟近日读书，专以求解为急，每日摘疑义二条来问。为男煮药求医及纪泽教书，皆四弟独任其劳。六弟近日文思大进，每月作四书文六首、经文三首，同人无不击节称赏。

请封之事，大约六月可以用玺，秋冬可以寄家。余详四弟书中。

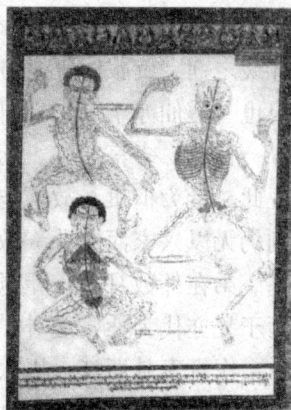

藏医《脉络图》 清

男谨禀 二月十六日

【译文】

男国藩跪禀父母亲大人万福金安：

正月初三日发出第一号家信。初七日彭棣楼太守离京赴任，儿托他带补服四套、蓝顶二个，又带给欧阳沧溟先生江绸褂料一件、对联一副、高丽参二两、鹿胶二斤，还有带给彭莘庵表叔的鹿胶一斤。二月初寄出第三号家信。想来都应收到了。

儿等在京合家平安。儿的病尚未痊愈，二月初开始吃龙胆泻肝肠，甚为受累，才知道病根在肝虚。近来专服补肝的东西，颇觉有效。此药方以首乌为主，加以蒺藜、山药、赤芍、兔丝诸味药。儿此时不求疮癣好得快，只求内脏没病，身体正常，就是天大的福气了。今年虽不能得任官差，儿亦毫无怨言。

同乡张钟涟家老人去世，儿代为张罗一切，让他当天就回乡奔丧。黎樾乔于二月十四日到京城。

四弟近日读书，专以求解为急务，每日摘录二条看不懂的地方来问。为儿煮药求医及教纪泽读书这些事，都是四弟一人在承担。六弟近日文思大有长进，每月作四书文六篇、经文三篇，同人看了无不击掌称赞。

请封的事，大约六月可得皇上恩准，秋冬之际可以寄回家。余详见给四弟的信。

男谨禀 二月十六日

愿共鉴戒二弊

【原文】

沅浦九弟左右：

二十日胡二等归，接弟十三夜书，俱悉一切。

所论兄之善处，虽未克当，然亦足以自怡，兄之郁郁不自得者，以生平行事

有初鲜终；此次又草草去职，致失物望，不无内疚。

朱尧阶于初九日来家。刘霞仙侍其叔父镜湖于十三日来家，悉心诊视。先用开痰之剂，旋服解郁之方，日有效验。镜叟于十九日归去，以二十五日为季子完娶也。霞仙亦于二十三日归去。

长傲，多言二弊，历观前世卿大夫兴衰及近日官场所以致祸福之由，未尝不视此二者为枢机，故愿与诸弟共相鉴诫。第能惩此二者，而不能勤奋以图自立，则仍无以兴家而立业。故又在乎振刷精神，力求有恒，以改我之旧辙而振家之丕基。弟在外数月，声望颇隆，总须始终如一，毋怠毋荒，庶几于弟为初旭之升，而于兄亦代为桑榆之补。至嘱至嘱。

次青奏赴浙江，以次青之坚忍，固宜有出头之一日，而咏公亦可谓天下之快人快事矣。

弟劝我与左季高通书问。此次暂未暇作，准于下次寄弟处转递。此亦兄长傲之一端。弟既有言，不敢遂非也。

家中四宅小大平安。纪泽尚未归，闻二十一日在省起行。韩升二十二日来家，渠二人当酌派一人前赴弟营。余不一一，顺问近好，统惟心照。

兄国藩手草　三月十三日

【译文】

沅浦九弟左右：

二十日胡二等回来，接到弟十三日夜来信，俱悉一切。

所说兄的好处，虽然未必合适，但也足以使我高兴。兄所以郁郁不安，是由平生做事很多都有始无终，这次又草草离职，致失很多人失望，不无内疚。

朱尧阶于初九到家。刘霞仙服侍他叔父镜湖于十三日来家，悉心诊视。先用化痰之药，再服解忧之方，一天比一天灵验。镜叟十九日回去，准备二十五日为小儿子完婚，霞仙也于二十三日回去。

长傲、多言二大毛病，历观前代卿大夫兴衰及近来官场祸福的由来，未必不是与二者相关，所以愿与诸弟共相鉴戒。如果只以此二者为戒，而不勤奋以图自立，那么仍不能兴家立业。所以又要振奋精神，力求持之以恒，以改变我的旧法而振兴我家基业。弟在外边数月，声望颇高，总应始终如一，不要懈怠，不要荒废。弟如旭日初升，而对兄来说也可代为弥补桑榆。至嘱至嘱。

次青上奏奔赴浙江，以次青的坚忍，总要有出头之日，而咏公也可以说是天下的快人快事。

弟劝我与左季高通信问候。这次暂时没功夫写了。一定在下次写信时寄到弟处，由弟转送，这也是为兄长傲的一个表现。弟既然说到不敢不做了。

家中四宅小大平安。纪泽还没有回来。听说二十一日从省城起行。韩升二十日来家，他们二人中当选择一人前赴弟营。余不一一，顺问近好，统惟心照。

兄国藩手草　三月十三日

宜平心静气幸勿焦灼

【原文】

沅弟左右：

昨信书就未发，初五夜玉六等归，又接弟信，报抚州之复，他郡易而吉州难，余固恐弟之焦灼也。一经焦躁，则心绪少佳，办事不能妥善。余前年所以废弛，亦以焦躁故尔。总宜平心静气，稳稳办去。

余前言弟之职以能战为第一义，爱民第二，联络各营将士、各省官绅为第三。今此天暑困人，弟体素弱，如不能兼顾，则将联络一层少为放松，即第二层亦可不必认真，惟能战一层，则刻不可懈。目下壕沟究有几道？其不甚可靠者尚有几段？下次详细见告。九江修濠六道，宽深各二丈，吉安可仿为之否？

高人静坐图　清

弟保同知花翎，甚好甚好。将来克复府城，自可保升太守。吾不以弟得升阶为喜，喜弟之吏才更优于将才，将来或可勉作循吏，切实做几件施泽于民之事，门户之光也。阿兄之幸也。

龙翰臣方伯与弟信，内批胡中丞奏折，言有副本，勿与他人看。是何奏也？并问。余续具。

兄国藩　五月初六日

【译文】

沅弟左右：

昨天信写好未发，初五夜玉六等回来，又接到弟来信，报告抚州克复，其他各郡好办而吉州比较困难。我唯恐弟过分焦虑。一旦焦躁，就心绪不安，办事不

能妥善。我前年所以荒废，也是因为焦躁的缘故，总还是要平心静气，稳稳地办事。

我前次写信讲弟的职责以作战为第一，爱民为第二，联络各营将士，各省官绅为第三。现在天热人困，弟身体素弱，如不能兼顾，可将联络一项少为放松，就是第二项也可不必认真。只有作战一项，却时刻不能松懈。现在壕沟究竟有几道？不太可靠之处还有几段？下次写信详细告我。九江修壕沟六道，宽深各二丈，吉安是否可以仿照？

弟得保同知花翎，甚好甚好。将来攻克府城，自可以保升太守。我并不以弟得升阶为喜，喜的是弟做官的才能更优于统兵的才能，将来或者能成为一个循吏，切实做几件施泽于民的善事。这样定能光大门户，也是阿兄之幸。

龙翰臣方伯给弟的信中，批有胡中丞奏折，说有副本，不要给他人看。上奏的是什么内容？并问。其余以后续具。

兄国藩　五月初六日

读名人文集足以养病

【原文】

澄、温、沅、季四位老弟足下：

二十五日春二、维五到营，接奉父亲大人手谕并澄沅来信、纪泽儿禀函，俱悉一切。

此间自四月十九小挫之后，五月十三各营在青山与该逆大战一次，幸获全胜。该逆水战之法尽仿我军之所为，船之大小长短，桨之疏密，炮之远近，皆与我军相等。其不如我军处，在群子不能及远，故我军仅伤数人，而该逆伤亡三百余人。其更胜于我处，在每桨以两人摧送，故船行更快。

罗山克复广信后，本可即由饶州、都昌来湖口会剿，因浙江抚台札令赴徽州会剿，故停驻景德镇，未能来湖口。顷又因义宁州失守，江西抚台调之回省城，更不能来南康、湖口等处。事机未顺，处处牵掣，非尽由人力作主也。

永丰十六里练团新集之众，以之壮声威则可，以之打仗则恐不可，澄弟宜认真审察一番。小划子营，如有营官、哨官之才，望即告知荫亭，招之以出。沅弟荐曾和六，其人本有才，但兵凶战危，渠身家丰厚，未必愿冒险从戎。若慷慨投笔则可，余以札调则不宜也。朱楚成之才，不过能带一舢板。闻父亲所办单眼铳甚为合用，但引眼宜略大，用引线两三根更为可靠。

沅弟买得方、姚集，近已阅否？体气多病，得名人文集静心读之，亦自足以养病。凡读书有难解者，不必遽求甚解。有一字不能记者，不必苦求强记，只须从容涵泳。今日看几篇，明日看几篇，久久自然有益。但于已阅过者，自作暗号，略批几字，否则历久忘其为已阅未阅矣。筠仙来江西时，余作会合诗一首，一时和者数十人，兹命书办抄一本寄家一阅。

癣疾近已大愈，惟今年酷暑异常，将士甚苦，余不一一，即问近好。

父亲大人前，即此跪票万福金安。叔父大人前，诸弟送阅禀安。

兄国藩手草　五月二十六日

【译文】

澄、温、沅、季四位老弟足下：

二十五日春二、维五到营中，接奉父亲大人手谕和澄、沅二弟来信，纪泽儿的禀函，详悉一切。

我这里自四月十九日小败之后，五月十三日各营在青山与该股逆匪（注：指太平军）大战一次，幸而获得大胜。该逆匪水战的方法全仿照我军所作所为，船的大小长短、桨的疏密、炮的远近，都和我军相同。该逆匪不如我军之处，在于他们的炮子不能打到远处，所以我军仅伤数人，而该逆匪伤亡三百多人。他们也有胜于我军之处，在于每桨用两人划送，所以船走得更快。

罗山克复广信后，本可马上由饶州、都昌来到湖口会剿，因为浙江抚台来札命令他赴徽州会剿，所以停军驻在景德镇，未能来湖口。不久又因义宁州失守，江西抚台调他回军保卫省城，更不能来南康、湖口等处。时机不顺，处处受到牵制，不光由人力决定。

永丰十六里团练新聚集的兵众，用来壮壮声威还可以，用来打仗则怕不行。澄弟应认真审查一番。小划子营中如有营官、哨官才干者，希望马上告知荫亭，招募他们出来。沅弟推荐曾和六，此人本有才能，但兵凶战危，他又身家丰厚，未必肯冒险从军。如果他能慷慨投笔从戎则可，要我用信札去调他则不可。朱楚成的才干，不过能带一只舢板。听说父亲所制造的单眼铳很合用，但引眼应稍大，用引火线两三根更可靠。

沅弟买到方、姚文集，近来已阅读否？体气多病，得到名人文集静心阅读，也自足以养病。凡读书有难解的地方，不必马上求甚解。有一字不能记住，也不必苦求强记，只需从容领会，今天看几篇，明天看几篇，久后自然有益，只是对已读过的自己做出暗号、稍微批几个字，否则时间久了就忘记是已读过还是未读过的了。筠仙来江西时，我做会合诗一首，一时间唱和的有几十人，现命书办抄录一本寄回家中一阅。

癣病近来已经大愈，只是今年酷暑异常，将士很苦。余不一一，即问近好。

父亲大人面前，就此跪禀万福金安。叔父大人面前，诸弟送阅禀安。

兄国藩手草　五月二十六日

望慎之又慎以克终为贵

【原文】

沅浦九弟左右：

正七归，接一信。启五等归，又接一信。正七以疟，故不能遽回营。启五求于尝新后始去。兹另遣人送信至营，以慰远廑。

三代祠堂或分或合，或在新宅，或另立规模，统俟弟复吉后归家料理。造祠

之法，亦听弟与诸弟为之，落成后，我作一碑而已。看地之事，宽十现在代觅，冒暑裹粮，一出动十日半月，又不取我家盘缠，颇为可感。惟吉壤难得，即仅图五患之免，亦不易易。余意欲王父母、父母改葬后，将神道碑立毕，然后或出或处，乃可惟余所欲。

目下在家意绪极不佳。回思往事，无一不惭愧，无一不偏浅。幸弟去秋一出，而江西、湖南物望颇隆。家声将替，自弟振之，兹可欣慰。"靡不有初，鲜克有终"，望弟慎之又慎，总以克终为贵。

家中四宅大小平安。二十三四大水，县城、永丰受害颇甚，我境幸平安无恙。闻季洪有油在永丰，亦已被淹，渠信未之详也。澄弟以三十日赴永丰，因修丞署及蝗虫事。

弟寄归之书皆善本，林氏续选古文雅正，虽向不知名，亦通才也。如有《大学衍义》《衍义补》二书可买者，望买之。学问之道，能读经史者为根柢，如两《通》（杜氏《通典》、马氏《通考》）两《衍义》及本朝两《通》（余乾学《读礼通考》、秦蕙《五礼通考》）皆萃《六经》诸史之精，该内圣外王之要。若能熟此六书，或熟其一二，即为有本有末之学。家中现有四《通》而无两《衍义》，祈弟留心。弟目下在营不可看书，致荒废正务。天气炎热，精神有限，宜全用于营事中也。余近作《宾兴堂记》，抄稿寄阅。久荒笔墨，但有间架，全无精意。愧甚愧甚。顺问近好。

兄国藩手草　五月三十日

再，弟尚有二女未许字人。余前与次青约请两家订为婚姻，以申永好。渠二子皆已定聘，余许以渠若于三年之内续生男子，即以弟本年生女许之。当复信之时，未曾与弟往返函商，亦因弟与温、季两弟平日皆佩服次青之为人也。兹特奉告，望弟莞允。次青节孝之后，此次赏不偿劳，余实负之。将来天佑其家，必有余庆也。又及。

此次信交龙勇六送营。勇六即愿留营，不复带回信归也，望弟收用之。倘有家信，另派长夫送归可耳。抚、建之贼，究系窜闽？抑仍入浙？望查明寄归。

玉班观察家订婚之说，余主持之，尽可对，九弟妇意欲少缓，仍请弟为主。月半道场亦待弟归再办也。

余有戈什四人（陈考元、向子荣、蒋魁宾、詹鸿宾）在得胜营，望告知普钦堂，遇便保之。又罗德煌从我最久，现在刘培元营，宜设法优保之，可与刘一商也。余不一一。

再，近日天气炎热，余心绪尤劣，愧恨交集。每中夜起立，有怀吾弟，不得相见一为倾吐。外间讥议之辞，弟应得闻十一，便中可密及也。弟近日所事俱合于理，余甚欣慰。惟闻早间晏起，临事少庄敬之象，是亦宜速改者。至嘱至嘱。外江西抚藩粮道信三件，次青信一件，即日专丁驰送。前杨、李、彭公信尚无复音，何也？浙抚信一件，浙绅信一件，专勇飞送次青处，由次青派丁送杭州也。又行。

兄国藩再具　五月三十日

【译文】

沅浦九弟左右：

正七回来，接到一信。启五等人回来，又接到一信。正七患疟疾，所以不能马上回营。启五要求尝新后再回去。现另派人送信到营，以慰远廑。

三代祠堂分建还是合建，或者建在新宅，或者另行建筑，均等弟攻克吉安回家后料理。造祠堂的方法，也由弟与其他兄弟商议，落成之后，我只不过立上一块碑。看地之事，现在由宽十代为寻觅，他冒着酷暑带着口粮，一出去就是十天半月，又不要我家的盘缠，很是感人。只是好地难得，就是仅要求避免五患，也不容易。我的意思是祖父母、父母改葬以后，将神道碑立完，然后或出去或留下，才能唯我所欲为。

眼下在家情绪不好，回想往事，无不惭愧，无不偏浅。幸亏弟去年秋天一出去，在江西、湖南声望日威，家门兴旺，自弟振兴，兹可欣慰，"靡不有初，鲜克有终"，望弟谨慎又谨慎，总要以有始有终为贵。

家中四宅大小平安。二十三日大水，县城、永丰受灾很重，我们这里幸而平安无恙。听说季洪有油在永丰，也已经被淹，他来信没有详细说明。澄弟在三十日赴永丰，为的是修建丞署和蝗虫的事。

弟寄回来的书都是善本，林氏续选的《古文雅正》，虽以前不太知名，但也是通才。如果有《大学衍义》《衍义补》二书可买，望买下。学问之道，能读经史是为根底。如果"两通"（杜氏《通典》、马氏《通考》）两衍义及本朝"两通"（徐乾学《读礼通考》、秦蕙田《五礼通考》）都是集《六经》诸史的精华，为内圣外王之摘要。如能熟读这六部书，或熟读其中一二，就是有本有末的学问。家中现在藏有《四通》，而无两衍义，望你留意。弟目前在军营中不能看书，以免荒废军务正事。天气炎热，精神有限，应全用在军务之上。我最近作了一篇《宾兴堂记》，现将抄稿寄去一阅。笔墨荒疏，只有间架，全无精意。愧甚愧甚。顺问近好。

兄国藩手草　五月三十日

再，弟还有二女未许配人家。我上次与次青相约请两家结为婚姻，以申永好。他两个儿子都已订婚。我答应他如三年以内他能再生男孩，就以弟今年生的女子许配他。当时复信未曾与弟写信商议，也是因为弟与温、季两弟平日都佩服次青的为人。现特奉告，望弟应允。次青是节孝之后，这次又赏不偿功，我实在对不起他。将来天保佑他家，必有余庆，又及。

这次信交龙勇六送去营中。勇六愿意留营，不用带信回来，请弟收留他。如果有家信，另派人送来就行。抚、建之敌，究竟是要入闽，还是要入浙，望查明寄信告知。

玉班观察家订婚，由我主持，尽可应对。九弟妇意思要等一等，仍请弟主持。月半的道场也等弟回来再办。

我有戈什四人（陈考元、向子荣、蒋魁南、詹鸿宾）在得胜营，望告知普

钦堂，遇到便利的时候保举他们。另外罗德煌跟我时间最长，现在刘培元营，应当设法破格保举，可同刘商量一下，余不一一。

再，近日天气炎热，我心情很坏，愧恨交集。每天半夜起立，怀念我弟，不能相见而一一倾诉。外边的讥讽之辞，弟应能听到一些，顺便可密信告我。弟近日做事都很合理，我甚欣慰。只是听说，早上迟起，遇事不够庄重，应迅速改正。至嘱至嘱。另外有江西抚、藩、粮道第三封信，次青一封信，即日派专人送去。上次杨、李、彭诸公还未复信，为什么？浙抚一封信、浙江士绅一封信，派专人飞送次青处，由次青派人送往杭州。又行。

兄国藩再具　五月三十日

望讲求将略品行学术

【原文】

季弟左右：

顷接沅弟信，知弟接行知，以训导加国子监学正衔，不胜欣慰。官阶初晋，虽不足为吾季荣，惟弟此次出山，行事则不激不随，处位则可高可卑，上下大小，无人不翕然悦服。因而凡事皆不拂意，而官阶亦由之而晋。或者前数年抑塞之气，至是将畅然大舒乎？《易》曰："天之所助者顺也，人之所助者信也。"我弟若常常履信思顺，如此名位岂可限量？

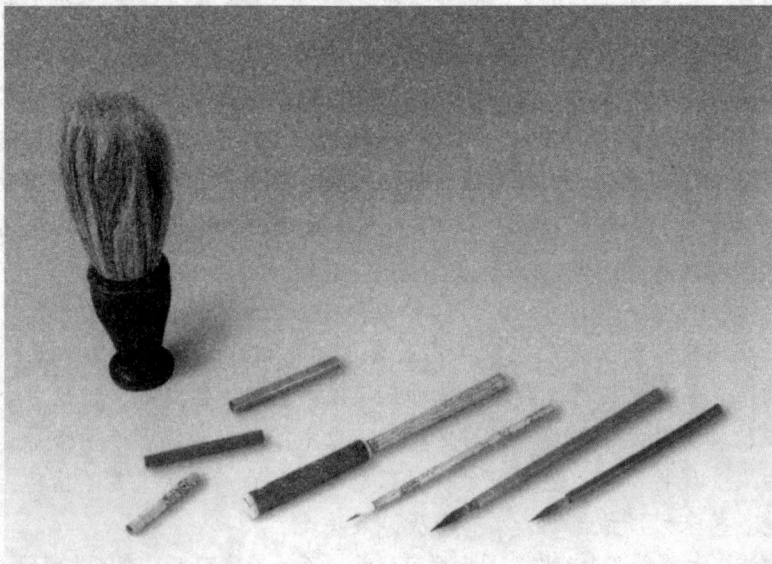

毛笔　清

吾湖南近日风气蒸蒸日上。凡在行间，人人讲求将略，讲求品行，并讲求学术。弟与沅弟既在行间，望以讲求将略为第一义，点名看操等粗浅之事必躬亲之，练胆料敌等精微之事必苦思之。品、学二者，亦宜以余力自励。目前能做到

湖南出色之人，后世即推为天下罕见之人矣。大哥岂不欣然哉！哥做几件衣道贺。

沅弟以陈米发民夫挑濠，极好极好！此等事，弟等尽可作主，兄不吝也。

六月二十七日

【译文】

季弟左右：

刚接到沅弟来信，知道弟接到任命，以训导加国子监学正衔，不胜欣慰。刚刚晋升官阶，虽然不足以为荣耀，但弟此次出山，行事不激进不随波，处位可高可卑，上下大小，无人不全然悦服。因此凡事无不如意，而官阶也因此得以晋升。或许前几年郁闷堵塞之气，至今将畅然舒畅了吗？《易》曰"天之所助者顺也，人之所助者信也。"我弟如能常常履信思顺，那功名岂可限量？

我们湖南近些年来风气蒸蒸日上。凡是在军中，人人讲求将略，讲求品行，并讲求学术。你与沅弟既在军中，也希望以讲求将略为第一义，点名看操等粗浅事务也必亲自办理，磨炼胆略预料敌情等精微事体也必苦苦思考。品、学二者，也应努力自勉自励。目前能做到湖南的出色之人，后世就可被推为天下罕见之人。大哥岂不欣然！哥做几件衣服道贺。

沅弟用陈米发放给民夫，用以挖濠，极好极好！这类事，你等尽可做主，我不在乎。

六月二十七日

习字须先摹欧字

【原文】

沅、季弟左右：

二十二日申刻接专丁二十日发缄，二十三日辰刻接马递十八、九两日发缄，得悉一切。应复各件，条列如左：

一、骆去文继，湖南局势不能不变。裕公赴粤，似难留。南公之局，且待文公莅任后，认准题目再行具奏。吾非怕硬也，恐难为南老耳。

一、建德二马业已到祁，尚有要证未到，难遽结案，一月后再说。

一、武明良改扎南岸甚好。添人之详，已照准矣。吾方欲另招一营以防南岸，添一哨岂不便益？

一、沈霍鸣已未令其当巡捕矣。渠好体面，保和县后即不愿当巡捕，例也情也。咨回江西一节尚可略缓。

一、彭山屺因濠墙草率而摘顶，并革营务处，所以儆河溪兵也。现患疟未愈，迟当以中军位置之。

一、辛秉衡、李熙瑞均可留弟处当差。辛、李、卫、霍（西汉之名将）也，弟好待之。

一、细阅来图，办理真为妥善。战守既有把握，则皖城早迟终可成功。特守

国学经典文库

濠之法尚未详言及之，不知已定章程否？

一、纪泽以油纸摹欧字非其所愿，然古今书家实从欧公别开一大门径，厥后李北海及颜、柳诸家皆不能出其范围。学书者不可不一窥此宫墙也。弟作字大有心得，惜未窥此一重门户。如得有好帖，弟亦另用一番工夫，开一番眼界。纪泽笔乏刚劲之气，故令其勉强习之。

一、公牍之繁，深以为苦。节后少荃赴淮，仅余一手为之，则更苦矣。今日飞函去请意城，不知其肯来否？

一、季弟错诸枉之道，极为当今要务。爱禾者必去稗，爱贤者必去邪，爱民必去害民之吏，治军必去蠹军之将，一定之理也。弟所谓诸枉者何人？弟如有所闻，飞速告我。

日内闻广德收复，此心略为舒畅，然宁国尚未解围，焦灼仍深。字之忙乱，与九弟之忙相似。

七月二十三日

【译文】

沅、季弟左右：

二十二日申时接到专丁二十日发来的信，二十三日辰刻接到驿马传递的十八、十九两日来信，得悉一切。答复各件，条例如下：

一、骆去职文继任，湖南局势不可能不变。裕公赴广州，看来很难留住。关于南公之事，且等到文公到职后，看准机会再行奏明。不是我怕硬，唯恐使南老为难。

一、建德二马已经到祁，但还有重要人证未到，难以很快结案，一月之后再说。

一、武明良改为驻扎南岸很好。添募兵勇的详细报告已经批准。我正准备再招募一营兵勇以防御南岸，添一哨兵勇还不是很方便吗？

一、沈霍鸣在己未年被命当了巡捕。他很好体面，保举知县之后就不愿当巡捕了，这也是常情。调回江西一节还可以再缓一缓。

一、鼓山屺由于修筑濠墙草率而被摘去顶戴，并革出营务处，目的是儆戒河溪兵。现在他患疟疾未愈，将来可以中军之位安置。

一、辛秉衡、李熙瑞都可以留在弟处当差。辛、李具有卫、霍（西汉名将）之才，弟要好好对待他们。

一、仔细审阅寄来的形势图。办的确实很妥善。可战可守都有把握，那么皖战之战早晚定可成功。只是防守壕沟的方法还没有详细说到，不知是否已定有章程？

一、纪泽不愿意用油纸临摹欧体字帖。但古今书法家实是从欧公别开一大门径的，以后李北海及颜、柳诸家都不能脱出欧体的范围。学习书法的人不可不从此入门。弟在习字方面大有心得，可惜未从此入门。如果能得到好字帖，弟也应另下一番功夫，开一开眼界。纪泽笔下缺乏刚劲之气，所以强迫他练习。

一、公文繁杂，很是苦恼。过节之后少荃赴淮，只剩下我一人经办，就更辛苦了。今天发出急信去请意城，不知他是否能来？

一、季弟处治各种小人的办法，正是当今要务。爱惜禾苗的人必然要除去稗草，爱惜贤才的人必然要除去奸邪，爱民的人必然要除去害民的贪官污吏，治理军队的人必然要除去败坏军队的将领，这是必然的道理。弟所说的小人究竟指的是什么人？你如有所闻，望飞速告我。

近日听说广德已收复，我心中略感舒畅。但是宁国还没有解围，焦虑仍重。字写的忙乱，同九弟的忙乱相似。

七月二十三日

浙江之敌已退

【原文】

沅、季两弟左右：

十一日接沅弟初六日信，是夕又接两弟初八日信，知有作一届公公之喜。初七家信尚未到也。应复事，条列如左：

一、进驻徽州，待胜仗后再看，此说甚是。目下池州之贼思犯东、建，普营之事均未妥协，余在祁门不宜轻动，已派次青赴徽接印矣。

一、僧邸之败，沅弟去年在抚州之言皆验，实有当验之理也。余处高位，蹈危机，观陆、何与僧覆辙相寻，弥深悚惧，将有何道可以免于大戾？弟细思之而详告我。吾恐诒先人羞，非仅为一身计。

一、癸冬屏绝颇严，弟可放心。周之翰不甚密迩，或三四日一见。若再疏，则不能安其居矣。吴退庵事，断不能返汉，且待到后再看。文士之自命过高，立论过亢，几成通病。吾所批其硬在嘴、其劲在笔，此也。然天分高者，亦可引之一变而至道。如罗山、璞山、希庵皆极高亢后乃渐归平实。即余昔年亦失之高亢，近日稍就平实。周之翰、吴退庵，其弊亦在高亢，然品行究不卑污。如此次南坡禀中胡镛、彭汝琮等，则更有难言者。余虽不愿，而不能不给札，以此衡之，亦未宜待彼太宽而待此太褊也。大抵天下无完全无间之人才，亦无完全无隙之交情。大者得正，而小者包荒，斯可耳。

一、浙江之贼之退，一至平望，一至石门，当不足虑，余得专心治皖南之事。春霆尚未到，殊可怪也。

八月十三日

【译文】

沅、季两弟左右：

十一日接到沅弟初六来信，当晚又接到两弟初八来信，知道有作了爷爷的喜事。初七的家信还没有收到。应答复的事项，条例如下：

一、关于进驻徽州，等打了胜仗再看情况，此说很有道理。目前池州敌军想进犯东、建等地。普营的事还未办好，我在祁门不宜轻举妄动，已派次青赴徽州

接管印信去了。

一、僧王战败，沅弟去年在抚州的预言都已应验，确实应当应验的理。我身处高位，而临危机，看到陆、何与僧相继失败，深感恐惧。有什么办法能够免于大灾大难？请弟好好想一想后，详细告我。我唯恐使先人蒙羞，并非仅为自己。

一、我已严格屏绝癸冬，弟可以放心。对周之翰也不很亲密，或者三、四天见一次，如再疏远，就不能使他安心了。关于吴退庵决不能让他回汉，且待以后再说。文士自视过高，立论过傲，几乎是通病。我批他说嘴太强硬，笔太刚劲，就是这个意思。但是天分高的人，也可能引导得法变为至道之士。如罗山、璞山、希庵都是极高傲后来才渐渐归于平实。我过去也失之过傲，近来稍就平实。周之翰、吴退庵的毛病也在于过傲，但品行上绝不算卑污。如这次南坡信中说的胡镛、彭汝琮等人，就更不好说了。我虽然不很愿意，而不能不下公文，以此来平衡一下，也不宜厚此薄彼。大致上说天下没有完全没有毛病的人才，也没有完全没有矛盾的友情。大的方面正直，小的毛病可以包涵，也就行了。

一、浙江的敌军已退，一部分去了平望，一部分去了石门，应不足为虑了。我得以专心治理皖南之事了。春霆还没有到，真有些怪了。

八月十三日

初五信满纸骄矜悖谬

【原文】

沅弟左右：

初九夜接初五日一缄，初十早又接初八日巳、午刻二缄，俱悉一切。

初九夜所接弟信，满纸骄矜之气，且多悖谬之语。天下之事变多矣，义理亦深矣，人情难知，天道亦难测，而吾弟为此一手遮天之辞、狂妄无稽之语，不知果何所本？恭亲王之贤，吾亦屡见之而熟闻之，然其举止轻浮，聪明太露，多谋多改。若驻京太久，圣驾远离，恐日久亦难尽惬人心。僧王所带蒙古诸部在天津、通州各仗，盖已挟全力与逆夷死战，岂尚留其有余而不肯尽力耶？皇上又岂禁制之而故令其不尽力耶？力已尽而不胜，皇上与僧邸皆浩叹而莫可奈何。而弟屡次信来，皆言宜重用僧邸，不知弟接何处消息，谓僧邸见疏见轻，敝处并未闻此耗也。

分兵北援以应诏，此乃臣子必尽之分。吾辈所以忝窃虚名，为众所附者，全凭忠义二字。不忘君，谓之忠；不失信于友，谓之义。令銮与播迁，而臣子付之不闻不问，可谓忠乎？万一京城或有疏失，热河本无银米，从驾之兵难保其不哗溃。根本倘拔，则南服如江西、两湖三省又岂能支持不败？庶民岂肯完粮？商旅岂肯抽厘？州县将士岂肯听号令？与其不入援而同归于尽，先后不过数月之间，孰若入援而以正纲常以笃忠义？纵使百无一成，而死后不自悔于九泉，不诒议于百世。弟谓切不可听书生议论，兄所见即书生迂腐之见也。

至安庆之围不可撤，兄与希庵之意皆是如此。弟只管安庆战守事宜，外间之

端砚　清

事不可放言高论毫无忌惮。孔子曰"多闻阙疑，慎言其馀"，弟之闻本不多，而疑则全不阙，言则尤不慎。捕风捉影，扣盘扪烛，遂欲硬断天下之事。天下事果如是之易了乎？大抵欲言兵事者，须默揣本军之人才，能坚守者几人，能陷阵者几人；欲言经济，须默揣天下之人才，可保为督抚者几人，可保为将帅者几人。试令弟开一保单，未必不窘也。弟如此骄矜，深恐援贼来扑或有疏失。此次复信，责弟甚切。嗣后弟若再有荒唐之信如初五者，兄即不复信耳。

九月初十日

【译文】

沅弟左右：

初九夜接到初五来信，初十早又接到初八巳时，午时二信，俱悉一切。

初九夜接到的信，满纸骄矜之气，并且有很多荒谬的语言。天下的事变化很多，义理更深。人情难知，天道更难测，而我弟写出这样一手遮天、狂妄无稽的言辞，不知为了什么？恭亲王的贤明我也是多次见过，并且常听人称道，但他举止轻浮、聪明太露，虽然多谋但也爱时常改变，如果驻在京师太久，而圣驾远离，恐怕时间长了也难以使人满意。僧王所带领的蒙古诸部在天津、通州各战役中，已是全力与洋夷死战，怎么会留有余力而不肯尽力呢？皇上又怎么会禁止他们死战而故意命令他们不要尽力呢？力已尽了但打不胜，皇上和僧王都只能叹息而没有办法。而弟多次来信都说应该重用僧王。不知弟听到何处的消息，说僧王被皇上疏远，我这里并没听到这方面的消息。

分兵北上救援以应皇上之诏，这是做臣子必尽的义务。我们之所以能有些虚名，为众人所附，全凭忠义二字。不忘君，谓之忠；不失信于友，谓之义。圣驾远徙，而做臣子却不闻不问，这叫忠吗？万一京城或许有疏失，热河本无银米，从驾军兵难保不哗变溃散。如根本之地丧失，那么在南边即使收服了江西、两湖三省又岂能支持不败呢？百姓岂有粮食？商旅还岂能抽取厘金？州县将士还岂肯听从号令？与其不入援京师而同归于尽，先后迟早不过数月时间；但不如入援京师以正纲常以明忠义。即使百无一成，死后也不会自悔于九泉之下，不遗议于后

世。弟说千万不可听书生议论，为兄的见解就是书生的迂腐之见。

至于安庆之围不能撤，兄与希庵的意见都是如此。弟只管安庆的战守事宜，别处的事情不要毫无忌惮的大加议论。孔子说"多闻阙疑，慎言其馀"，弟的听闻本来不多，而疑则全不阙，言则更不慎。捕风捉影，扣盘扪烛，就要硬断天下之事。天下的事情果真就这样容易了解吗？大致上说要讲军事的人，必须心中有数，本军的人才善坚守的几个人，善冲锋陷阵的几个人；要讲经济天下，必须对天下的人才心中有数，可保举为督抚的有几个人，可保举为将帅的有几个人。如果令弟开一个保单，我想你未必不感到窘态。弟如此骄矜，我深恐援敌前来进攻，或有疏失。这次复信，对弟的批评指责很恳切。以后弟若再有像初五这样的荒唐之信，兄就不复信了。

九月初十

子侄须教以谦勤

【原文】

澄侯四弟左右：

日内皖南局势大变。初一日德兴失守，初三日婺源失守，均经左季翁一军克复。初四日建德失守，而余兴安庆通信之路断矣。十二日浮梁失守，而祁门粮米必经之路断矣。现调鲍镇六千人进攻浮梁，朱、唐三千人进攻建德。若不得手，则饷道一断，万事瓦裂，殊可危虑。

余忝窃高位，又窃虚名，生死之际，坦然怡然。惟部下兵勇四五万人，若因饷断而败，亦殊不忍坐视而不为之所。家中万事，余俱放心，惟子侄须教一勤字一谦字。谦者骄之反也，勤者佚之反也。骄奢淫佚四字，惟首尾二字尤宜切戒。至诸弟中外家居之法，则以考、宝、早、扫、书、蔬、鱼、猪八字为本，千万勿忘。顺问近好。

兄国藩手草　十一月十四日午刻

【译文】

澄侯四弟左右：

近日皖南局势大变。初一德兴失守，初二婺源失守，都由左季翁一军收复。初四建德失守，而我与安庆通信的道路被切断。十二日浮梁失守。祁门粮米的必经之路也被切断。现调遣鲍镇六千人进攻浮梁，朱、唐三千人进攻建德。如不能得手，那么粮饷一断，万事崩溃，实在太危险了。

我身居高位，又窃虚名，生死之际，坦然怡然。只是部下兵勇四、五万人，如果由于断粮而兵败，也真不忍坐视而无所作为。家中万事，我都放心。只有子侄须教育一个勤字一个谦字。谦虚是骄傲的反面，勤劳是安逸的反面。骄奢淫逸四字，只有首尾二字更要严戒。到于诸弟在内在外居家之法，就要以考、宝、早、扫、书、蔬、鱼、猪八字为本，千万勿忘。顺问近好。

兄国藩手草　十一月十四日午刻

不信巫仙医药以绍家风

【原文】

澄侯四弟左右：

十六日接弟十一月二十三日手书，并纪泽二十五日禀，俱悉。弟病日就痊愈，至慰至幸。惟弟服药过多，又坚嘱泽儿请医守治，余颇不以为然。

吾祖星冈公在时，不信医药，不信僧巫，不信地仙。此三者，弟必能一一记忆。今我辈兄弟亦宜略法此意，以绍家风。今年白玉堂做道场一次，大夫第做道场二次，此外祷祀之事，闻亦常有，是不信僧巫一节，已失家风矣。买地至数千金之多，是不信地仙一节，又与家风相背。至医药，则合家大小老幼，几于无人不药，无药不贵。迨至补药吃出毛病，则又服凉药以攻伐之，阳药吃出毛病，则又服阴药以清润之，展转差误，不至大病大弱不止。弟今年春间多服补剂，夏末多服凉剂，冬间又多服清润之剂。余意欲劝弟稍停药物，专用饮食调养。泽儿虽体弱，而保养之法，亦惟在慎饮食节嗜欲，断不在多服药也。洪家地契，洪秋浦未到场押字，将来恐仍有口舌。地仙、僧巫二者，弟向来不甚深信，近日亦不免为习俗所移。以后尚祈卓识坚定，略存祖父家风为要。天下信地、信僧之人，曾见有一家不败者乎？北果公屋，余无银可捐。己亥冬，余登山踏勘，觉其渺茫也。

此间军事平安。左、鲍二人在鄱阳尚未开仗。祁门、黟县之贼，日内并未动作。顺问近好，并贺新喜。

国藩手草　十二月二十四日

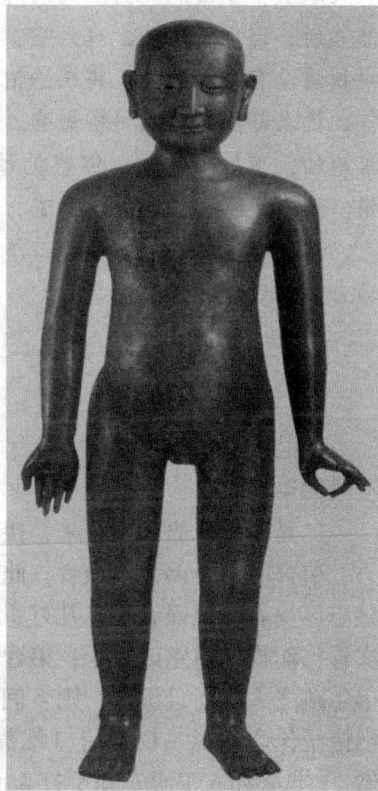

针灸铜人　清

国学经典文库

【译文】

澄侯四弟左右：

十六日接弟十一月二十三日来信及纪泽二十五日信，俱悉。弟病日益痊愈，至慰至幸。只是弟服药太多，又坚持让泽儿请医生来治，我很不以为然。

我祖父星冈公在时，不信医药，不信僧巫，不信地仙。这三样，弟必能一一记忆。现在我辈兄弟也应遵守此意，以承继家风。今年在白玉堂做了一次道场，在大夫第做了两次道场，此外祈祷祭祀之事，也听说常有，不信僧巫一节，已失了家风。买地达数千两银子之多，不信地仙一节，又与家风相违背。至于医药，

合家大小老幼几乎无人不吃药，而且无药不贵。至到吃补药吃出了毛病，却又要吃凉药以攻伐；吃阳药吃出了毛病，却又要吃阴药以清润，辗转差错，不至得了大病或身体太弱就没完没了。弟今年春天服了很多补药，夏末服了很多凉药，冬天又服了很多清润之药。我的意见是劝弟停一停药物，专门用饮食调养。泽儿虽然体弱，但保养之法，也只在慎饮食节嗜欲，决不在多吃药。关于洪家的地契，洪秋浦没有到场画押，将来恐怕仍有口舌之事。地仙、僧巫二项，弟向来不很相信，近来却不免受到习俗影响。以后还希望坚定信念，维持祖父家风为要。天下信地仙，信僧巫的人，你曾见过有一家不衰败的吗？北果公的房屋，我没有捐银。己亥年冬天，我登山勘查，觉得它很渺茫。

这里军事平安。左、鲍二军在翻阳还未开仗。祁门、黟县敌军，近日也无举动。顺问近好，并贺新喜。

国藩手草　十二月二十四日

谈戒骄戒傲

【原文】

澄候四弟左右：

二月初一日唐长山等来，接正月十四日弟发之信，在近日可谓极快者。

弟言家中子弟无不谦者，此却未然，余观弟近日心中即甚骄傲。凡畏人，不敢忘议论者，谦谨者也，凡好讥评人短者，骄傲者也。弟于营中之人，如季高、次青、作梅、树堂诸君子，弟皆有信来讥评其短，且有讥至两次三次者。营中与弟生疏之人，尚且讥评，则乡间之与弟熟识者，更鄙睨嘲斥可知矣。弟尚如此，则诸子侄之藐视一切，信口雌黄可知矣。谚云："富家子弟多骄，贵家子弟多傲。"非必锦衣玉食、动手打人而后谓之骄傲也，但使志得意满毫无畏忌，开口议人短长，即是极骄极傲耳。余正月初四信中言戒骄字，以不轻非笑人为第一义；戒惰字，以不晏起为第一义。望弟常常猛省，并戒子侄也。

此间鲍军于正月二十六大获胜仗，去年建德大股全行退出，风波三月，至此悉平矣。余身体平安，无劳系念。

二月初四日

【译文】

澄侯四弟左右：

二月初一唐长山等来，接到正月十四日弟发的信，在近日可算是极快了。

弟说家中子弟没有不谦虚的，此话未必。我看弟近日心中就很骄傲。凡是畏人不敢随便议论的是谦谨的人，凡是好讥讽议论别人的短处的是骄傲的人，弟对营中之人，如季高、次青、作梅、树堂等人，弟都有信来讥笑评论他们的短处，并且有评论两三次的。营中人与弟生疏都做评论，那乡间与弟熟识的，更是鄙睨嘲斥了。弟都如此，那子侄们藐视一切、信口雌黄也就可想而知了。谚语说"富家子弟多骄，贵家子弟多傲"。不一定锦衣玉食、动手打人才叫骄傲，志得意满毫无顾忌，开口议人短长，就是极骄极傲。我正月初四信中谈戒骄字，以不轻非

笑人为第一义；戒惰字，以不晚起为第一义。望弟常常检查自己，并告子侄。

这里鲍军在正月二十六日大获胜仗，去年建德大股敌军全部退出，三个月的风波，至此平息。我身体平安，无劳系念。

二月初四

再嘱诸子弟谨守家训

【原文】

澄、沅、季弟左右：

余于初二日自祁门起行至渔亭，初三日至休宁。初四日派各营进攻徽州。所有祁门、渔亭各营，皆派七八成队来此，老营空虚。闻景德镇于二月三十日失守，陈一军溃散，左京堂亦被围困，不知能守住营盘否？景镇既失，祁、黟、休三县之米粮接济已断。如能打开徽州，尚可通浙江米粮之路；若不能打开徽州，则四面围困，军心必涣，殊恐难支。

余近年在外勤谨和平，差免衍尤，惟军事总无起色。自去冬至今，无日不在危机骇浪之中。所欲常常告诫诸弟与子侄者，惟星冈公之八字，三不信及余之八本、三致祥而已。八字曰"考、宝、早、扫、书、蔬、鱼、猪"也，三不信曰"药医也，地仙也，僧巫也"，八本曰"读书以训诂为本，做诗文以声调为本，事亲以得欢心为本，养生以少恼怒为本，立身以不妄言为本，居家以不晏起为本，做官以不爱钱为本，行军以不扰民为本"，三致祥曰"孝致祥，勤致祥，恕致祥"。兹因军事日危，旦夕不测，又与诸弟重言以申明之。家中无论老少男妇，总以习勤劳为第一义，谦谨为第二义。劳则不佚，谦则不傲，万善皆从此生矣。此次家信，专人送安庆后再送家中，因景镇路梗故也。顺问近好。

兄国藩手草　三月初四日辰正于休宁城中

外黄南坡挂屏交安庆转寄，柳帖二幅寄家交纪泽。

【译文】

澄、沅、季弟左右：

我于初二自祁门出发至渔亭，初三日到休宁。初四派各营进攻徽州。祁门、渔亭之营，皆派七、八成队伍来此，老营空虚。听说景德镇于二月三十日失守，陈一军溃散，左京堂也被围困，不知能否守住营盘？景镇既然失守，祁、黟、休三县之米粮接济已断。若能打开徽州，还可打通浙江米粮通路；如不能打开徽州，四面围困，军心必然涣散，只恐怕难以支持。

我近年在外勤谨和平，没有什么差错，只有军事总无起色。自去年冬天至今，无有一天不是在危机之中。所以要常常告诫诸弟与子侄，只有星冈公之八字，三不信及我之八本、三致祥而已。八字是"考、宝、早、扫、书、蔬、鱼、猪"，三不信是"药医也，地仙也，僧巫也"，八本是"读书以训诂为本，做诗文以声调为本，事亲以得欢心为本，养生以少恼怒为本，立身以不妄言为本，居家以不晚起为本，做官以不爱钱为本，行军以不扰民为本"，三致祥是"孝致

祥，勤致祥，恕致祥"。现因军事日益危机，旦夕不测，才又与诸弟再一次申明。家中无论老少男妇，都要以勤劳为第一义，谦虚谨慎为第二义。劳则不佚，谦则不傲，万善皆从此生。此次家信，专人送安庆后再送家中，因景镇路途阻塞的原因。顺问近好。

兄国藩手草 三月初四日辰正于休宁城中

另外黄南坡的挂屏交安庆转寄，柳帖二幅寄家交纪泽。

公牍中须有一记事册

【原文】

沅弟左右：

专人至，接来信，城池未克，而遽索犒赏之古文，未免揭盖太早。湖南主考放王昉、胡家玉。毛公之奏停，系听胡恕堂言浙江之失，由先年借办江南乡试，招引奸细入城云云。兹将毛信抄寄一阅。虽不免士子之讥议，而为慎守省城起见，毛固不失为贤者耳。润公专人守候，余因作《箴言书院记》，勉强交卷，文不称意，抄寄弟阅。四伪王究由宿松至怀、桐否？查明见告。日内闻池州之贼已退，不知确否？即问近好。

再，望溪先生之事，公私均不甚惬。

碧玉双婴耳洗 清

公牍中须有一事实册，将生平履历，某年中举中进士，某年升官降官，某年得罪，某年昭雪，及生平所著书名，与列祖褒赞其学问品行之语，一一胪列，不作影响约略之词，乃合定例。望溪两次获罪，一为戴名世《南山集》序入刑部狱，一为其族人方某（忘其名）挂名逆案，将方氏通族编入旗籍，雍正间始准

赦宥，免隶旗籍，望溪文中所云因臣而宥及合族者也。今欲请从祀孔庙，须将两案历奉谕旨——查出，尤须将国史本传查出，恐有严旨碍眼者，易干驳诘。从前入祀两庑之案，数十年而不一见，近年层见迭出，几于无岁无之。去年大学士九卿等议复陆秀夫从祀之案，声明以后外间不得率请从祀，兹甫及一年，若遽违新例而入奏，必驳无疑。右三者，公事之不甚惬者也。

望溪经学勇于自信，而国朝巨儒多不甚推服，《四库书目》中于望溪每有贬词，《皇清经解》中并未收其一册一句。姬传先生最推崇方氏，亦不称其经说。其古文号为一代正宗，国藩少年好之，近十余年，亦别有宗尚矣。国藩于本朝大儒，学问则宗顾亭林、王怀祖两先生，经济则宗陈文恭公，若奏请从祀，须自三公始。李厚庵与望溪，不得不置之后图。右私志之不甚惬者也。

六月二十九日

【译文】

沅弟左右：

你派的专人到了，又接到你的来信，城池还未攻克，而又有急于索要犒赏的古文，未免揭盖太早了。湖南主考放王昉，胡家玉。毛公奏停科考，是听胡恕堂说浙江官军失利，是由于早年主办江南乡试时，招引了奸细入城之故。现将毛的信抄寄一份给你看。虽然不免是士子的讥议，但为谨慎守省城起见，毛氏当然不失为贤者。润公现有专人守候，我因为写《箴言书院记》，勉强交卷，文章不太称意，现抄寄给弟弟。四个伪王（指太平军将领）是否要从宿松到怀、桐？查明后报告给我。近日听说池州的贼军（指太平军）已经退却，不知是否属实？顺问近好。

再有，望溪先生的事，公私都不很痛快。

公牍中必须有一个事实册子，将生平履历、某年中举中进士、某年升官降官、某年得罪、某年昭雪及生平所著书名，和列祖夸赞其学问品行的话，——罗列，不要写影响约略的词语，这样才合体例。望溪两次获罪，一是为戴名世《南山集》作序，入刑部监狱，二是为他的族人方某（忘记他的名字了）挂名逆案，将方姓的全族编入了旗籍。到雍正年间才准许赦宥，免去旗籍。望溪文中所说的因臣而宥及全族，即是指此事。现在要请从祭祀孔庙，必须奉旨将两案一一查清，尤其需要将国史中的本传查出，恐怕有严旨碍眼，容易被驳。从前入祀两庑的案件，几十年看不见一次，近年来层出迭起，几乎没有一年不出这类案子。去年，大学士九卿等人议论恢复陆秀夫从祀案件，声明以后外面不许率人请求祭祀。现刚达一年，如果急于违犯而上奏，必被驳回无疑。以上三方面，表明公事不很愉快。

望溪的经学勇而自信，但当朝大儒们多不推服他。《四库书目》中对望溪常用贬低词语，《皇清经解》中没有收录他的一册书或一句话。姬传先生最推崇方氏，也不称赞他的经学。他的古文号称一代正宗，国藩从小爱好，近十多年来，也另有崇尚了。国藩对本朝的大儒，学问上追宗顾亭林、王怀祖两位先生，经济

上宗师于陈文恭公，如果奏请从祀，必须从这三公开始。李厚庵与望溪，不得不被放在后面。以上是我心里不很愉快的原因。

六月二十九日

傲为凶德惰为衰气

【原文】

澄侯四弟左右：

十三日刘德四、王厚一来，接弟信并纪泽儿信，俱悉家中五宅平安。弟以捐事赴娄底一带，尚未集事否？

此间军事，四眼狗纠同五伪王救援安庆，其打先锋者十二已至集贤关。九弟屡信皆言坚守后濠，可保无虞。但能坚持十日半月之久，城中粮米必难再支，可期克复矣。徽州六属俱平安，欠饷多者（凯）七个月，少者（左、朱、唐、沅、鲍）四五六月不等，幸军心尚未涣散。江西省城戒严，附近二三十里处处皆贼。余派鲍军往救，十一二应可到省。湖北之南岸已无一贼，北岸德安、随州等处有金、刘与成大吉三军，必可日有起色。余癣疾未痊，日来天气亢燥，甚以为苦。幸公事勉强能了，近日无积搁之弊。总督关防、盐政印信于初四日到营，余即于初六日开用。

家中雇长沙园丁已到否？菜蔬茂盛否？诸子侄无傲气否？傲为凶德，惰为衰气，二者皆败家之道。戒惰莫如早起，戒傲莫如多走路、少坐轿，望弟时时留心儆戒。如闻我有傲惰之处，亦写信来规劝。即问近好。

国藩手草　七月十四日

【译文】

澄侯四弟左右：

十三日那天，刘德四，王厚一来这里了，我又收到弟弟的信和纪泽儿的信，详知家中五宅平安。弟弟因筹捐之事去娄底一带，还没有募集吗？

这阵子的军事形势是，四眼狗（指李秀成）纠集五个伪王（指太平军将领）救援安庆，其先锋军已到达集贤关。九弟屡次来信说要坚守后濠，可保证没有危险，只要能坚持十天半个月，城中的粮食必然难到支持，可望攻克城敌。徽州六个属县都很平安，欠饷多的（凯）达七个月，少的（左、朱、唐、沅、鲍）四五六个月不等。幸亏军心还没有涣散。江西省城戒严，附近二、三十里处都有贼（指太平军），我派鲍军前往援救，十一、二日可以到达省城。湖北的江南岸已无一贼，北岸德安、随州等地有金、刘和成大吉三军，必然会一天比一天有起色。我的癣病还没痊愈，近几天天气燥热，极为痛苦。幸亏公事勉强能办，近日不再积压了。总督关防、盐政印章已经于初四那天送到我营，我将于初六那天启用。

家中雇佣的长沙园丁到了吗？菜蔬长得茂盛吗？各位子侄没有傲气吧？傲是凶德，惰生衰气，这两个东西都是败家之道。戒掉懒惰最好是早起，戒傲最好是多走路、少坐轿，希望弟弟时刻留心教育子侄。如果听说我有傲惰之处，也要写

信来规劝。即问近好。

国藩手草　七月十四日

论沅弟字及季弟挽联

【原文】

沅、季两弟左右：

接沅弟初五日申刻一缄、季弟初五夜一缄，俱悉一切。沅弟之字，骨秀得之于天，手稳本之于习，所欠者势与味耳。此二信写瘦硬一路，将来必得险峭之势。当见旧拓《颜家庙碑》，圭角峭厉，转折分明，结类欧书，不似近日通行本之痴肥也。

季弟所作润帅挽联，"载"字改"年"，即协韵（平一仄二。）通首妥惬，不必多改。裁料尽可代出，缮写似不宜顶替，待弟来安庆时，再面定缮送不迟。余拟候接到饰终谕旨再送礼也。今日接官相咨到夹片二件，抄去送阅，不知何以二十余日始到。顺问近好。

顷又得沅弟一信，厘金盐每石改为四百，甚是。吾意可改五百也。

九月初六日

【译文】

沅、季两弟左右：

收到沅弟初五申时的信一封、季弟初五夜的信一封，俱悉一切。沅弟的字骨劲秀丽，得力于你的天分，写得极稳，归之于你的练习。欠缺的是体势与意味。这两封信字写得一样瘦硬，将来一定会成险峭之势。我曾见到旧拓本《颜家庙碑》，圭角俏丽，折转分明，结构类似欧体。不像近来流行本字体的痴肥。

季弟所做的润帅挽联，将"载"字改为"年"，就合韵了（平一仄二）。全联妥当，不必多改了。挽联的材料完全可以代出，但缮写似乎不应该让人顶替，等弟弟来安庆时再面议缮写，送出的事也不迟。我打算等接到为润帅加尊荣的谕旨后再送丧礼。今天接到官相咨问的文件两份，抄去送给你看，不知为什么二十多天才到。顺问近好。

近来还收到沅弟的信一封，将盐的厘金改为每石四百，很对。我的意思是改为五百。

九月初六日

写字可用油纸摹帖

【原文】

季弟左右：

接十二日信，俱悉一切。写字一纸有秀劲之气，若常写不间断，必有猛进之时。余自八年起，每日用油纸摹帖，不甚间断，近日常常长进。弟亦可用油纸试摹也。

寿州于二十六日失守。苗练进城，不杀翁中丞，求翁奏明渠是报仇，并非叛

逆云云，想翁公必不允许矣。

龙三表弟来数日，思至弟处一行。十一日余未见一客。《劝诫浅语》再发五本查收。即候近好。

十月十四日

【译文】

季弟左右：

收到了十二日的信，俱悉一切。你写的一张书法，很秀丽苍劲，如果不间断地经常写下去，一定会有很快的长进。我从咸

清代文具

丰八年起，每天用油纸临摹字帖，不怎么间断，近来常有长进。弟弟也可以用油纸试着摹写。

寿州在二十六日失陷了。苗兵进城了，未杀掉翁中丞，苗沛霖求翁中丞奏明苗兵进城是为了报仇，不是叛逆等等。想必翁公一定不会答应。

龙三表弟来了几天，想到弟弟那里走一下。十一日我没有会见一个客人。《劝诫浅语》再寄去五本，请查收。即候近好。

十月十四日

询巢县敌果有投诚意否

【原文】

季弟左右：

五舅父归，接弟信，辩"爱人以德"四字之不确。十三日又接十二夜两信。俱悉一切。

吾兄弟三人在外，一人归尚不着迹，两人归则嫌太多。吾心中恐弟遽归，故以希帅之批待沅来为是。

油纸摹帖，初为之，则写次行而首行未干，揩摩墨迹，狼藉满纸，迫摹习称久，则手腕不甚粘滞，纸上墨迹自少矣。弟习油纸，即以此自试效验可也。

巢县铜林闸之贼果有投诚之意否？余身上痒尚未愈并告。即问近好。

十一月十四日

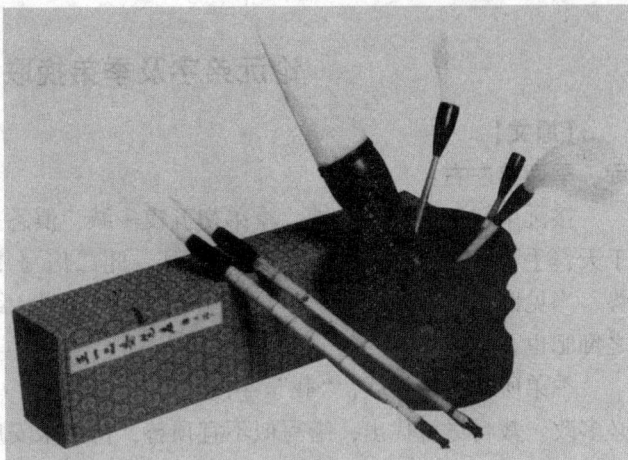

【译文】

季弟左右：

五舅父回来，收到弟弟的信，你辩论的"爱人以德"四个字不确切，十三日又接到你十二日夜的两封信。俱悉一切。

我们兄弟三人在外面，连一个人回家都不可能，两个人回去就嫌太多了。我心中恐怕弟弟归乡，所以希帅的批令等沅弟来了以后再定。

油纸摹帖，初写时会发生这种情况：写下一行时第一行的墨迹未干，擦抹墨迹，满纸狼藉。等到摹写稍长一段时间，手腕就不太粘纸了，纸上的墨迹自然就少了。弟弟可以在练习油纸摹写时自己试验其效果。

巢县铜林闸的敌人到底有没有投诚的意向？我身上的痒癣还没治好。即问近好。

十一月十四日

望兼程来营筹商一切

【原文】

沅弟左右：

十七日钦奉谕旨，兄拜协办大学士之命，弟拜浙江按察使之命。一门之内，迭被殊恩，无功无能，忝窃至此，惭悚何极？惟当同心努力，仍就拼命报国，侧身修行八字上切实做去。前奉旨赏头品顶戴，尚未谢恩，此次一并具折叩谢。到省后，或将新营交杏南等带来，而弟坐轻舟先行，兼程赴营，筹商一切，俾少荃得以速赴上海。至要至要。少荃现有四千五百人，望弟再拨一二营与之，便可独当一路。渠所部淮扬水师，余嘱其留两营在上游归弟调遣。弟将来若另造炮船，自增水师，此二营仍退还黄、李，弟自有水师两营。其余大处仍请杨、彭协同防剿，庶几可分可合，不伤和气。

正月十八日

【译文】

沅弟左右：

十七日钦奉谕旨，任命我协办大学士，任命弟弟为浙江按察使。一家之内，接连地受特殊恩宠，无功无能，窃居如此高位，实在惭愧！只应该同心努力，仍在拼命报国、侧身修行这八个字上切切实实地去做。前些日子奉赏头品顶戴，还没有谢恩，这一次一并上折叩谢吧。你到省以后，或者将新营交给杏南等人带来，而你要坐轻舟先来，兼程赴营，筹商一切，使少荃迅速赴往上海。至关重要。少荃现有四千五百人，望弟弟再拨一两个营给他，那样他才可独当一面。他所率的淮扬水师，我已嘱咐他留下两个营在上游，归弟弟你调遣。弟弟将来如果另造炮船，自己增设水师，这两个营仍然退还给黄、李，弟弟自有水师两个营。其他大的地方仍请杨、彭协同防守和清剿，大概可分可合，不会伤和气。

正月十八日

宜休养锐气不遽进兵

【原文】

沅弟左右：

东梁、芜湖已克，由金柱关进兵，二险已化险为夷，四妙已验其三。至幸至幸。

各处败贼俱萃宁国，杨七麻以著名枭悍之渠，当拚命力争之际，鲍军屡胜之后，杂收降卒，颇有骄矜散漫之象，余深以为虑。目下弟与雪军、季军且坚守芜、太、金柱、南陵、黄池等处，休养锐气，不遽进兵。待鲍军札围宁国，十分稳固，多军进至九洑洲，弟与雪、季再议前进。其秫陵关、淳化镇两处，为进兵之路，须派人先去看明。弟信言从太平至金陵百四十里，中不隔水。以古书证之，则尚隔一秦淮河，余处无好图可看，弟亦须先行查明。

弟以金柱关之破，水师出力最多，厘卡当雪二季二，甚善甚善。兹定为沅五、雪三、季二，尤为惬当。

袁午帅之办事，本属浮而不实，然饷项之绌，亦足令英雄短气，且胜公欺之太甚，余当少为护持。

四月二十八日

【译文】

沅弟左右：

东梁、芜湖已被攻克，从金柱关进兵，两个险关都化险为夷了，四妙已有三妙得到验证，万幸万幸。

各处的败敌都聚集到了宁国，杨七麻是著名的枭悍之辈，他会拼命力争，鲍军在屡胜之后，杂收了许多降兵，很有些骄矜散漫的现象，我很感忧虑。眼下弟与雪军、季军暂且坚守芜、太、金柱、南陵、黄池等处，休养锐气，不要急于进兵。等鲍军安营包围了宁国，十分稳固之后，多军进到了九洑洲，弟弟与雪、季再合议前进。秫陵关、淳化镇两处，是进兵之路，必须派人先去看明路线。弟弟信中说从太平至金陵一百四十里，中间不隔河水。但从古书上看，中间还隔一条秦淮河。我这里没有好地图可以看，弟弟也须先查明。

弟弟认为攻克金柱关，水师出力最多，厘卡应分属雪、季各两个，这是很好的。现定为沅五处、雪三处、季二处厘卡，尤其妥当。

袁午帅办事，本属浮而不实，但饷项奇缺，也足可以使英雄气短，并且胜公欺他太甚，我应该稍微护着他一些。

四月二十八日

愿以劳谦廉三字自惕

【原文】

沅、季弟左右：

帐棚即日赶办，大约五月可解六营，六月再解六营，使新勇略得却暑也。抬

小枪之药，与大炮之药，此间并无分别，亦未制造两种药。以后定每月解药三万斤至弟处，当不致更有缺乏。王可升十四日回省，其老营十六可到。到即派往芜湖，免致南岸中段空虚。

　　雪琴与沅弟嫌隙已深，难遽期其水乳。沅弟所批雪信稿，有是处，亦有未当处。弟谓雪声色俱厉。凡目能见千里，而不能自见其睫，声音笑貌之拒人，每苦于不自见，苦于不自知。雪之厉，雪不自知；沅之声色，恐亦未始不厉，特不自知耳。曾记咸丰七年冬，余答骆、文、耆待我之薄，温甫则曰："兄之面色，每予人以难堪。"又记十一年春，树堂深咎张伴山简傲不敬，余则谓树堂面色亦拒人于千里之外。观此二者，则沅弟面色之厉，得毋似余与树堂之不自觉乎？

　　余家目下鼎盛之际，余忝窃将相，沅所统近二万人，季所统四五千人，近世似此者曾有几家？沅弟半年以来，七拜君恩，近世似弟者曾有几人？日中则昃，月盈则亏，吾家亦盈时矣。管子云：斗斛满则人概之，人满则天概之。余谓天之概无形，仍假手于人以概之。霍氏盈满，魏相概之，宣帝概之；诸葛恪盈满，孙峻概之，吴主概之。待他人之来概而后悔之，则已晚矣。吾家方丰盈之际，不待天之来概、人之来概，吾与诸弟当设法先自概之。

　　自概之道云何，亦不外清、慎、勤三字而已。吾近将清字改为廉字，慎字改为谦字，勤字改为劳字，尤为明浅，确有可下手之处。沅弟昔年于银钱取与之际不甚斟酌，朋辈之讥议菲薄，其根实在于此。去冬之买犁头嘴、栗子山，余亦大不谓然。以后宜不妄取分毫，不寄银回家，不多赠亲族，此廉字工夫也。谦之存诸中者不可知，其着于外者，约有四端：曰面色，曰言语，曰书函，曰仆从属员。沅弟一次添招六千人，季弟并未禀明，径招三千人，此在他统领所断做不到者，在弟尚能集事，亦算顺手。而弟等每次来信，索取帐棚子药等件，常多讥讽之词，不平之语，在兄处书函如此，则与别处书函更可知矣。沅弟之仆从随员颇有气焰，面色言语，与人酬接时，吾未及见，而申夫曾述及往年对渠之词气，至今饮憾。以后宜于此四端痛加克治，此谦字工夫也。每日临睡之时，默数本日劳心者几件，劳力者几件，则知宣勤王事之处无多，更竭诚以图之，此劳字工夫也。

　　余以名位太隆，常恐祖宗留诒之福自我一人享尽，故将劳、谦、廉三字时时自惕，亦愿两贤弟之用以自惕，且即以自概耳。

　　湖州于初三日失守，可悯可敬。

五月十五日

【译文】

沅、季弟左右：

　　帐篷今天赶制，大约五月份可送去六个营的，六月份再送去六个营的，以使新营的兵勇可以稍微去暑。抬小枪的药，与大炮的药，在这里并没有什么区别，这里也没制造两种药。今后定期每个月向弟弟那里送去三万斤药，应该不至于再缺乏了。王可升十四日回省城，他的老营十六日可以到达。到了以后马上派他去芜湖，以免使南岸中部空虚。

雪琴与沅弟的矛盾已经较深，难于在短期内堪洽。沅弟批评雪琴的话，有对的地方，也有不妥的地方。弟弟说雪琴声色俱厉。凡是眼睛能看见千里之外，却不能看见自己的眉睫，声音笑貌拒绝别人，往往是不能自见，不能自知。雪琴之厉，在于雪琴不自知；沅之声色，恐怕开始也不是不厉，只是不自知。曾记得在咸丰七年冬天，我责备骆、文、耆对我刻薄，温甫则说："兄的面色，常给人以难堪。"又记得咸丰十一年春天，树堂深刻责备张伴山骄傲不敬，我对树堂说他的面色能拒人千里之外。观这两件事，沅弟面色的严厉，是不是像我和树堂那样不自觉呢？

我们家眼下处在鼎盛时期，我身居将相之位，沅弟统领近两万人，季弟统领四五千人，近世以来像这样的人家能有几家？近半年来，沅弟七次拜受皇恩，近世以来像弟弟这样的人能有过几个人？日中则昃，月盈则亏，我们家也是月盈之时了。管子说：斗斛满则人概之，人满则天概之。我说天之概是无形的，仍然是借人手来概的。霍氏盈满，魏相概之，宣帝概之；诸葛恪盈满，孙峻概之，吴主概之。等他人来概而后悔，已经晚了。我们家刚刚丰盈，不要等天来概、人来概，我与各位弟弟应当设法先自概。

自概的方法是什么？也不外乎清、慎、勤三个字而已。我最近将清字改成了廉字，将慎字改成了谦字，勤字改为劳字，更加明白浅显，实在有下手之处。沅弟在去年取给银钱时没有很好地斟酌，朋辈们对你进行了讥讽菲薄，其根本原因就在于这里。去年冬天买犁头嘴、栗子山，我也很不以为然。以后不应该再妄取分毫，不要寄银钱回家，不要多赠亲族，这是廉字的工夫。谦字的内涵不可知，但其谦字的外表之意应有四点：曰面色、曰言语、曰书函、曰仆从属员。沅弟一次添招六千人，季弟并未请示，直接招了三千人，这是其他统领绝对做不到的，在弟弟那里还算能成事，也算顺手。但弟弟每次来信，索要帐篷弹药等物，经常有许多讥讽的话，不平之词，给你的兄长写信是这样，你给别人写的信更可知其用词语不当了。沅弟的仆从随员很有气焰，面色言语方面与人接触时是什么样子，我没能看到，但申夫曾对我说过去年你的仆从对他说话的语气，使我至今感到遗憾。以后应从这四点上痛加克服，这是谦字的工夫。每天临睡时，要默默地数一下这天有几件事操心，有几件事费力，这样就会知道你为国家办的事不多，而更要努力去做。这是劳字的工夫。

我因为名位太重，经常怕祖宗留下的福分被我一人享尽了，所以时常用劳、谦、廉三个字警诫自己，也希望两位贤弟用此三字自警，并且以此自概。

湖州于初三那天失守了，可悯可敬。

五月十五日

治身应以不药二字为药

【原文】

沅、季弟左右：

季弟病似疟病，近已痊愈否？吾不以季病之易发为虑，而以季好轻下药为

虑。吾在外日久，阅事日多，每劝人以不服药为上策。吴彤云近病极重，水米不进已十四日矣。十六夜四更，已将后事料理，手函托我，余一概应允，而始终劝其不服药。自初十日起，至今不服药十一天，昨夜竟大有转机，疟疾减去十之四，呃逆各症减去十之七八、大约保无他变。希庵五月之季病势极重，余缄告之，云治心以广大二字为药，治身以不药二字为药、并言作梅医道不可恃。希乃

晚清算命先生旧照

断药月余，近日病已痊愈，咳嗽亦止。是二人者，皆不服药之明效大验。季弟信药太过，自信亦太深，故余所虑不在于病，而在于服药。兹谆谆以不服药为戒，望季曲从之，沉力劝之。至要至嘱。

季弟信中所商六条皆可允行。回家之期，不如待金陵克后乃去，庶几一劳永逸。如营中难耐久劳，或来安庆闲散十日八日，待火轮船之便，复还金陵本营，亦无不可。若能耐劳耐烦，则在营久熬更好，与弟之名曰贞、号曰恒者，尤相符合。其余各条皆办得到，弟可放心。

上海四万尚未到，到时当全解沉处。东征局于七月三万之外，又有专解金陵五万，到时亦当全解沉处。东局保案，自可照准，弟保案亦日内赶办。雪琴今日来省，筱泉亦到。

七月二十日

【译文】

沅、季弟左右：

季弟的病好像是疟疾，近来已经全好了吗？我不忧虑季弟的病容易发作，而忧虑季弟好轻易吃药。我长久在外，见到的事情多，常劝人不要以服药为上策。吴彤云近来病很重，已经水米不进十四天了，十六日夜四更时，已将后事都料理了，写信给我，我一律答应，但始终劝他不吃药。从初十起至今十一天不服药，

昨天夜里竟然大有转机，疟疾减轻十分之四，呃逆等症减轻十分之七八，大体上可保证没有其他变化了。希庵五月的病极为危重，我去信告诉他，说治心要以"广大"二字为药，治身以"不药"二字为药，并说作梅医术不可靠。于是，希庵断了一个多月的药，近日病全好了，咳嗽也止住了。这两个人，都是不吃药而大见成效。季弟太过于信药，又太自信，所以我所虑的不是病，而是服药。现谆谆告诫你不要服药，望季弟屈从我，沅弟要尽力劝阻。至要至嘱。

季弟信中所商量的六条都可以允许去办。回家的日期，不如等金陵克复以后再回去，那时差不多就是一劳永逸了。如果军营中难耐久劳，或者可以到安庆闲散十天八天，等有方便的火轮船，再乘船回金陵本营，也不是不可以。如果能耐得住劳烦，在营中久熬更好，与弟弟的名字叫贞、号曰恒，更相符合。其余各条都办得到，弟弟可以放心。

上海的四万还没有到，到了以后就全部送到沅弟那里。东征局于七月的三万之外，又专送金陵五万，到时也应全部送到沅弟那里。东征局保案，自可照标准执行，弟弟的保案，也将在近几天赶紧办。雪琴今天来省了，筱泉也到了。

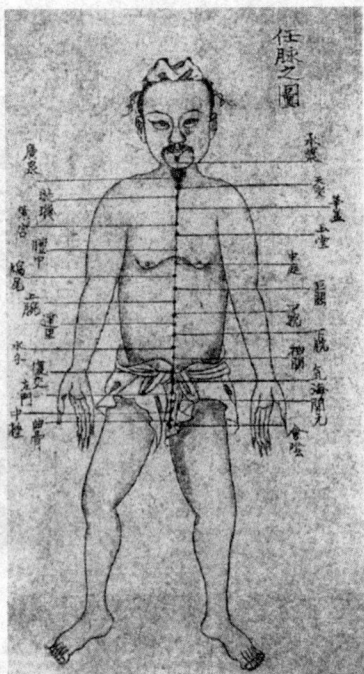

任脉图

七月二十日

询金陵援敌近况

【原文】

沅、季弟左右：

日内未接弟信，想季疟痊愈为祝。余日日至希庵处看视，其体瘦多咳，略似内伤，而神气尚凝聚，静心调养，当可痊愈。即日自行具折陈情，恳请回籍一行，计二十八九可奉批旨。如再不蒙谕允，则续行陈情，拜疏即行。渠于送奠仪者，一概辞谢，虽余兄弟与雪琴者皆不受，此外则并祭幛而辞之。

袁帅病势颇重，断难久留。余之责任太重，深为焦虑。东局五万，上海四万，至今未到。昨日江西解到四万，今日飞解弟处，稍济眉急。金陵援贼，近日何如？各营病痛，比来少愈否？

澄弟寄到家信，嘱专人送金陵，兹专足送去。弟处送家信者，常失之太慢，余定限自皖至家十八天。以后弟逢八日写信，排递余处，余逢四送家，则弟缄达湘，不满一月矣。

八月初七日

【译文】

沅、季弟左右：

近日没接到弟弟的信，想必季弟的病全好了，祝贺你。我天天到希庵那里看望他，他身体瘦弱咳喘不止，好像内伤，但神气还凝聚着，静心调养，当可以恢复。今天他自上奏折陈情，恳请回家一趟，估计二十八九日可得到谕旨。如果再不允许他回家，他则要再次上疏陈情，奏疏马上就发出去。他对于送祭礼一概辞谢，就连我们兄弟和雪琴的礼物也不接受，此外的连祭幛他都辞谢了。

袁帅病势很重，决不能久活了。我担负的责任太重了，很为此而焦虑。东征局的五万军饷，上海的四万，至今没到。昨天江西送到四万，今天马上飞速送到弟弟那里，可稍解燃眉之急。金陵的援敌，近况怎样？各营的病情，近来稍好些了吗？

澄弟寄到的家信，嘱咐派专人送到金陵，现我派专差送给你。弟弟那里送来的家信，经常有失太慢，我定的限期是从皖到家的信要十八天。以后弟弟逢八日写信，送到我这里，我逢四送去家中，那么弟弟的信到湖南，不过一个月了。

八月初七日

能死于金陵不失为志士

【原文】

沅弟左右：

兹请峰山至金陵一行，劝慰老弟宽怀，专以国事为重。不带勇则已，带勇则死于金陵，犹不失为志士。弟以季之殁于金陵为悔为憾，则不可也。袁简斋诗云"男儿欲报君恩重，死到沙场是善终"，当时以为名句。季榇到安庆，余必加漆五次，大约停住两旬。峰山至金陵小住十日可也。

十一月二十四日

【译文】

沅弟左右：

现在请峰山去金陵一趟，劝慰老弟宽解胸怀，专以国家大事为重。不带领军队则已，只要带了军队则死在金陵，不失为有志之士。你因为季弟死在金陵而后悔遗憾。就不太好了。袁简斋有诗云："男儿欲报君恩重，死到沙场是善终"，当时人们都以之为名言。季弟灵柩运到安庆，我必然会加漆五遍，大概要停住二十天。峰山到金陵小住十天即可。

十一月二十四日

我兄弟所得赐物概藏于先大夫庙内

【原文】

沅弟左右：

弟处气象日稳，为之少慰。

萧军克复运漕，闻将进剿铜城闸。鲍军粮路虽未大通，而古、赖等专人至霆营投诚，黄、胡等逆亦自炫而不悍。或者支撑此局、风波渐定亦未可知。季弟棺漆过三次，而匠工不甚精细，此后当亲监教之。铭旌必须改写，旧者对灵焚化。

余生平不信鬼神怪异之说，而八年五月三日扶乩，预料九江一军之必败，厥后果有三河之变。及昨二十九日写铭旌时，异香满室，余所亲见亲闻，又觉神异之不尽虚妄也。

弟蒙赏之衣料，宜制成后，拜赐服之。服数次后，敬谨收藏。将来兄弟所得赐物、诰轴，概藏于先大夫庙内。

十二月十五日

【译文】

沅弟左右：

你处形势日渐稳定，为之得到一些安慰。

萧军攻占运河，听说将要进剿铜城闸。鲍军粮路虽不大通畅，但古、赖等派专人到霆营投诚，黄、胡等敌人为保存自己不敢悍然进攻。如果能支持这种局面，风波逐渐平定下来也很可能。季弟棺木油漆了三遍，但是木匠手工不很精细，以后应当亲自监督指导。墓志铭必须改写，原来的在灵前焚化。

我平生不相信鬼神怪异之说，而在咸丰八年五月三日扶乩时，预料在九江的部队会吃败仗，以后果然出现了三河之变。在昨天二十九日写铭文表彰时，异香满室，这是我亲自经历，又觉得神异怪诞不尽之说也并非全部是虚妄之说。

你蒙圣恩赏赐之衣服面料，在缝制成衣后，拜谢恩赐后再穿着。穿着数次之后，恭敬谨慎收藏。以后咱们兄弟得到的赏赐之物品、诰命之轴，一律收藏在先大夫庙内。

十二月十五日

去忿欲以养体存倔强以励志

【原文】

沅弟左右：

十九日接弟十四日缄，交林哨官带回者，俱悉一切。

肝气发时，不惟不和平，并不恐惧，确有此境。不特弟之盛年为然，即余渐衰老，亦常有勃不可遏之候。但强自禁制，降伏此心，释氏所谓降龙伏虎。龙即相火也，虎即肝气也。多少英雄豪杰打此两关不过，亦不仅余与弟为然。要在稍稍遏抑，不令过炽。降龙以养水，伏虎以养火。古圣所谓窒欲，即降龙也；所谓惩忿，即伏虎也。释儒之道不同，而其节制血气，未尝不同，总不使吾之嗜欲戕害吾之躯命而已。

至于倔强二字，却不可少。功业文章，皆须有此二字贯注其中，否则柔靡不能成一事。孟子所谓至刚，孔子所谓贞固，皆从倔强二字做出。吾兄弟皆秉母德居多，其好处亦正在倔强。若能去忿欲以养体，存倔强以励志，则日进无疆矣。

新编五营，想已成军。郴桂勇究竟何如？殊深悬系。吾牙疼渐愈，可以告慰。刘馨室一信抄阅，顺问近好。

兄国藩手草　正月二十日

【译文】

沅弟左右：

十九日接到弟弟十四日写的、交给林哨官带回来的信，详悉一切。

肝火上升时，不只是不和平，也不恐惧，确实是这种意境。不只是弟弟年轻气盛是这样，即使我渐渐老了，也经常有怒不可遏的时候。但是要强迫控制自己，降服自己的心，这就是佛教所谓的降龙伏虎。龙就是相火，虎就是肝火。多少英雄豪杰都过不了这两关，也不仅仅是我和弟弟这样。主要是要稍稍控制，不要让肝火过分高涨。降住龙用来养水，伏虎用来养火。古人所说的止息欲望，就是降龙；所说的惩忿，就是伏虎。佛家、儒家方法不一样，但节制血气，没有不同，总是要不让自己的欲望残害自己的身体寿命。

至于倔强这两个字，却不能缺少。功业文章，都须要有这两个字的精神贯穿其中，不然软弱无力，一事无成，孟子所说的至刚，孔子所说的贞固，就是从这两个字引出。咱们兄弟都是继承了母亲的品德，它的好处正是倔强。如果能除去愤恨的欲望而使身体强壮，多些倔强来激励志气，那么就可以无限长进。

新编的五个营，想必已经成了队伍。郴桂的兵勇究竟怎么样？深为惦念。我的牙疼病逐渐好转，可以欣慰地告诉你。刘馨室的一封信抄寄给你看，顺问近好。

兄国藩手草　正月二十日

紫砂彩釉汉方壶　清

累世俭朴之风不可尽改

【原文】

澄弟左右：

接弟三月二十五日县城发信，知已由长沙归，带陈婿夫妇回门。希庵之病，不知近日何如？此间望之真如望矣岁。

六安州以初六日解围，闻伪忠王因太仓州为少荃中丞所克，遂率大股回援苏州，不复上犯湖北。鄂之幸，亦余之幸也。鲍军现由庐州进攻巢县，萧为则与彭杏南初九日攻破铜城闸，毛竹丹、刘南云初七日攻破东关，北岸之事大有转机。苗沛霖复叛，攻围寿州已半月，尚能坚守。城中仅五百人，苗之伎俩实不足畏也。南岸芜湖、金柱关、宁国皆极平稳，徽州近日亦松，江西之北边亦不致被贼冲入，此皆可喜之事。饷银虽极缺乏，然米粮充足，除度五、六、七荒月外，大约可剩谷二万

国学经典文库

余石。

余身体平安，入夏渴睡甚多。欧阳凌云于初八日赴金陵，晓岑于十一日抵皖。泽儿果起行东来否？如其来营，必约金二外甥与袁婿同来。甥到此读书可豁眼界，婿亦可略就范围耳。闻弟居家用费甚奢，务宜收啬，累世俭朴之风，不可尽改。至嘱至嘱。即问近好。

兄国藩手草　四月十四日

【译文】

澄弟左右：

我今天接到你三月二十五日从县城发出的信，得知你已经从长沙回来，带陈婿夫妇回门。希庵的病，不知近来怎么样了？我盼他的消息真是度日如年呀！

初六六安州解围，听说伪忠王（指李秀成）因为太仓州是少荃中丞攻克的，于是率大股敌军回师援救苏州，不再向上游进犯湖北。鄂的幸免，也是我的万幸。鲍军现在从庐州进攻巢县，萧为则和彭杏南于初九攻破铜城闸，毛竹丹、刘南云初七攻破东关，北岸的局势大有转机。苗沛霖再次叛变，围攻寿州已经半个月了，官军还能坚守。城中仅有五百人，苗的伎俩实在不用害怕。南岸芜湖、金柱关、宁国都很平安，近几天徽州也有松动，江西的北边也不会被敌人闯入，都是令人高兴的事。饷银虽然极为短缺，然而粮食充足，除了可以度过五、六、七三个荒月以外，大概还能剩二万余石谷子。

我身体很好，入夏以来很爱睡觉。初八欧阳凌云到达金陵，晓岑于十一日到达安徽。泽儿是不是已经起程向东来了？如果他到营中来，一定约金二外甥和袁婿一起来。外甥到这来读书可以开阔眼界，袁婿也可以在这里规矩一点。听说弟弟居家的费用太奢侈，务必要收敛一些，世代传下来的勤俭作风，不能丢弃。再三嘱咐。即问近好。

兄国藩手草　四月十四日

商军情并鼓励磨练文笔

【原文】

沅弟左右：

二十一日接弟十三日信，盖连日南风极大，故到省极迟。应商事件，条列如左：

一、十七晚有轮舟自金陵经过，亲见九洑洲实已克复。宜以萧军守二浦，南云酌留二营守九洑洲，非畏长毛之复来也，畏李世忠之盘踞耳。如李业已派兵扎二浦城内，则弟须商之厚、雪与萧，用蛮教驱之使去（李最欺善怕恶），令萧军速入，占守二城。李见我军威方盛，必不敢十分违抗。李有牍来，报渠兵克复桥林、二浦，余当批斥之，不准渠部再入二浦城也。

一、二浦、九洑既克，霆军日内必已南渡，或竟围扎孝陵卫一带，或先打二溧，均听弟与厚、雪、霆四人商办，余不遥制。昨已函告弟处，顷又函告雪琴

矣。余平日本主先攻二溧、东坝，不主合围之说。今见事机大顺，忠酋又已回苏，金陵城贼必甚惊慌，亦改而主合围之说。且天气太热，霆军奔驰太苦，不如令扎金陵东北，以资休息。待七月半间伏过暑退，弟与霆军各抽行队去打东坝、二溧，尚不为晚。届时江、席、李三军亦可由广德、建平以达东坝矣。

一、合围之道，总以断水中接济为第一义。百余里之城，数十万之贼，断非肩挑陆运所能养活。从前有红单船接济，有洋船接济，今九洑洲既克，二者皆可力禁。弟与厚、雪以全副精神查禁水次接济，则克城之期，不甚远矣。九洑洲可设一厘卡，弟处有贤员可派否？樊沛仁声名极坏，当严行查办。

一、余批折稿中，有一条不当于事理，弟亦不必怄气。余之意，不过想弟军常常有一大支活兵在外耳。今江北既一律肃清，则大局已好，或合围或游击，均无不可，余兄弟议论不至参差矣。至于云仙之意，则当分别观之。渠不以弟疏稿为然，诚所不免；谓渠遵例回避，愿入弟幕草奏尽出客气，却又不然。胡文忠八年初丁艰时，屡函称遵旨夺情，不愿做官，愿入迪庵幕中草奏帮办。人人皆疑其矫，余则知其爱迪敬迪出于至诚。云仙之爱弟敬弟，亦极诚挚，弟切莫辜负其意也。往时咸丰三、四、五年间，云仙之扬江、罗、夏、朱而抑鄙人，其书函言词均使我难堪，而日久未尝不谅其心。

制作精美的清代毛笔

至弟之文笔，亦不宜过自菲薄，近于自弃。余自壬子出京，至今十二年，自问于公牍书函、军事吏事、应酬书法无事不大长进。弟今年四十，较我壬子之时尚少三岁，而谓此后便无长进，欺人乎？自弃乎？弟文有不稳之处，无不通之处；有不简之处，无不畅之处，不过用功一年二载便可大进。昔温弟谏余曰："兄精神并非不足，便吝惜不肯用耳。"余今亦以此意谏弟也。顺问近好。

国藩手草　五月二十一日

【译文】

沅弟左右：

二十一日接到弟弟十三日的来信，因为这几天南风极大，所以到省城很晚。应该商量的事情，条例如下：

一、十七日晚上有路过金陵的轮船，亲眼看见九洑洲确实已经被攻克。应该用萧军守住二浦比较合适，南云酌留两个营守九洑洲，不是害怕敌人反扑，而是怕李世忠盘踞在那里。如果李已派兵驻扎在二浦城内了，那么弟弟就应该和厚、

雪、萧商量，用蛮教将他赶走（李最欺善怕恶）。命令萧军快速进入，占领守住两城。李看见我军军威振奋，一定不敢拼命抵抗。李来信，报告他们又攻下桥林、二浦，我批斥他，不准他的军队再进二浦城。

一、二浦、九洑已攻克，霆军近几天一定已经南渡，或者在孝陵卫一带驻扎，或者先攻打二溧，都听从弟弟和厚、雪、霆你们四个人商量办理，我不遥控了。昨天已经写信告诉弟弟，又写信告诉雪琴了。我平常本来主张先攻打二深、东坝，不主张合围。现在看来军事很顺利，忠酋（指李秀成）又已经回苏州了，金陵城里的敌人一定很惊慌，所以也就同意合围的意见了。而且天气太热，霆军奔走太辛苦，不如先令他们驻扎在金陵东北，以资休息。等到七月中旬以后伏天过去天气不太热了，弟弟和霆军各抽一队人马去攻打东坝、二溧，也不算晚。到那时江、席、李三军也可以从广德、建平到东坝了。

一、合围的计策，应该从截断水中的接济为第一要点。一百多里的城，几十万的敌人，肯定不是肩挑陆运背扛能养活的，从前有红单船接济，有洋船接济，现在九洑洲已被攻克，这两个接济都可以彻底切断。弟弟和厚、雪用全部精力查禁水中的接济，那么攻克城池的日期，不会太远了。九洑洲可以设一厘卡，弟弟那里有贤才可派吗？樊沛仁名声极坏，应该严惩。

一、我批改的稿中，有一条不合事理，弟弟不必恼气。我的意思，不过是想让弟弟有一支大的机动部队能常常在外活动。现在江北既然已全部肃清了敌军，大局已经好转，或是合围或者游击，都可以，你我兄弟的意见不会相差太大呀。至于云仙的意见，则应该分别对待了。他认为弟弟的疏稿有不对的地方，那是必然的；说他遵守惯例回避，愿到弟弟幕下起草奏折全出于客气，却又不是那样。胡文忠咸丰八年初兵力艰难的时候，多次写信说遵从旨意而又不免绝情，不愿做官，愿加入迪庵的幕下任帮办起草奏折，人人都怀疑他是骄横，而我却深知他对迪的敬爱是出于真诚。云仙对弟弟的敬爱，也是极其真诚的，弟弟千万不要辜负了他的情意。过去，咸丰三、四、五年间，云仙赞扬江、罗、夏、朱，反而鄙视我，他的书信言词都使我很难堪，但是时间长了我倒理解了他。

至于弟弟的文笔，也不要对自己过于菲薄，近乎自暴自弃。我自从壬子年离开京城，到现在已经十二年了，自问对公文书信，军事吏事，应酬书法没有不大大长进的。今年弟弟四十岁了，比壬子年时的我还小三岁，而说此后便没有长进，这是骗人呢？还是自暴自弃呢？弟弟文章有不稳妥的地方，没有不通顺的地方；有不简练的地方，没有不畅达的地方，用功不超过一年二载就可以有大的进步。过去温弟规劝我说："兄精神不是不足，只是吝惜不肯用呀。"今天我也用这个意思规劝弟弟。顺问近好。

国藩手草　五月二十一日

强字须从明字做出

【原文】

沅弟左右：

初十夜接初六日专人来信，俱悉一切。

鹤侪揹留弟营委员至三个月之久，宜弟恚怒不平。弟去之严札，其是处余以圆圈识之，其太繁处余以尖圈识之。乔来之戆禀，余亦以圆圈尖圈识之。何铣之事，本拟俟筠仙查复后再行严办。今筠公有抚粤之行，后来者不知为谁。意欲严惩何铣，竟不知如何下手乃为恰如题分。盖谴罚有罪，亦须切当事理，乃服人心。筠、南二公日内必到此间，商定后再行举发可也。

近人折稿，弟处咨到者少，余当饬抄成本，陆续寄去，每月寄送二份。古人奏疏，亦当抄二三十篇，以备揣摹。

强字原是美德，余前寄信亦谓明强二字断不可少。第强字须从明字做出，然后始终不可屈挠。若全不明白，一味横蛮，待他人折之以至理，证之以后效，又复俯首输服，则前强而后弱，京师所谓瞎闹者也。余亦并非不要强之人，特以耳目太短，见事不能明透，故不肯轻于一发耳。又吾辈方鼎盛之时，委员在外，气焰薰灼，言语放肆，往往令人难近。吾辈若专尚强劲，不少敛抑，则委员仆从等不闹大祸不止。

盐务规复引地，余有寄南坡一信，抄稿付阅。所索子药太多，候酌发之，即问近好。

国藩手草 七月十一日

【译文】

沅弟左右：

初十晚上接到你六日派专人送的信，内情尽知。

鹤侪留难住你的营委员达三个月之长，宜弟愤怒不平。你写去严厉斥责的信札，其中讲的好的地方我用圆圈划出，其中太繁杂之处我以尖的圆圈识别出。乔写的愚而刚直的报告，我也用圆圈和尖圈分别圈出。对何铣如何处理，本来拟定待筠仙复查后再予以严厉惩办。现在筠公任广东巡抚，继任者不知是谁。打算严惩何铣，竟不知如何下手是才恰如其分。因为谴责处罚有罪之人，也必须事实确凿，才能以理服人。筠、南二公这几天必会到我这里，等我们商量后再进行处理。

近来各地的奏折稿，你那里得到的较少，我要命令手下将我这儿的奏稿抄写成册，陆续寄给你，每月寄送两份。古人的奏折疏稿，也一同抄写二、三十篇，你可以随时揣摩。

强字的原意是美好的品德，我以前写信也讲到明、强二字万不可少。但是强非要从明字开始做起，然后始终不屈不挠。如若不明事理，一味蛮横无理，对待别人讲大道理来压服，等后来证明自己错了，又要向人家鞠躬赔不是，这种做法

就是前强而后弱，正所谓北京人讲的瞎胡闹。我也并非不是要强之人，主要是因为耳目不聪，遇到事情不能了解得明白透彻，因故不肯轻易发表意见。又咱们这一辈人现在正是事业兴盛之时，委任官职在外，气焰逼人，言语放肆，往往令人难以接受。吾辈如果只倚仗强权为势，不收敛压抑，则手下仆从等人不闹出大祸是不会停止的。

盐务规定又恢复盐引（地），我有一封寄给南坡的信，抄写出来交给你一阅。你处索要子弹火药太多，等候酌情发给，即问近好。

国藩手草　七月十一日

望能自为宽解无稍抑郁

【原文】

沅弟左右：

十一日接弟初六日信，尚不甚怫郁。至慰至慰！然此间余与一二知者皆恐弟触动肝气，极不放心。惠甫则语次几欲垂涕，足见其知己之感，血性过人。渠本定于十月起程，余催其九月即行，与南坡翁同赴金陵，大约二十外始可泛舟东下。此半月中，弟当自为宽解，无稍抑郁。盖此七船乃恭邸数年苦心经营之事，近则既经怄气，又复抱歉，正在十分不自得之际（将来回我十二日一信亦必有微词），疑弟折意含讥讽，故触其怒，而一为发舒，非皇太后另有所咎于弟也。

晓岑即决计不赴湖口，派何敦五往代其役。西岸盐务折将金之刊本章程十六条改为八条，兹寄弟处，请专人送泰州许、金、张一阅。如有不妥，签出飞送寄来。弟营应分之厘与利，较金之原议更加矣。顺问近好。

兄国藩手草　九月十三日

【译文】

沅弟左右：

十一日接你初六日的来信，知你不甚忧郁，甚为宽慰！但我与一两个熟悉你的人都唯恐触动你使肝气上升，极不放心。惠甫说到这点时几乎流下眼泪，足以见到他视若知己的感情，血性过人。他原定于十月起程，我催促他九月份即动身，与南坡翁共同赴金陵，大约二十日后可以乘船东下。这半个月中，你应当自己开解自己，不要有一点忧郁。那七只船乃是恭邸多年来苦心经营的，近来既然已因之怄气，随得以赔礼道歉，正在十分不愉快之际（以后回答我十二日的来信也必会表示不满），怀疑在你的奏折中意含讥讽，故而触动他发怒，所以他一经发泄以图舒服，并不是皇太后另有所责备于弟。

晓岑既然已决定不前往湖口，派遣何敦五代替他前往。西岸盐务奏折已将金君之刊本章程十六条改为八条，现寄给你处，请派专人送给泰州许、金、张传阅。如有不妥之处，签署后飞速派人送来。你的部队应分的厘金与利益，比较金的原来提议更加多了。顺问近好。

兄国藩手草　九月十三日

克城之迟早仍有天定

【原文】

沅弟左右：

接十七、二十一日两次来信。上海解银三万，至弟营之轮船在无为境内炸裂沉坏，伤毙数十人，钱万串及军装全失，故弟函到此亦迟。

弟将续募八大营停止，甚善甚善。惟刘连捷之数营、辰沅一带之数营俱未停止，犹嫌人数太多，粮米不继。闻贼中米足者可支年余，不足者难支一月，克城之迟早，仍有天定，不关人谋也。

厚庵请归养亲养病，缄牍俱到，拟仍作书坚留之。弟心中欲做之文章，余亦久怀此意。将来或兄先发，或弟先发，须熟商明白，再行举动。晏彤翁处，余于十五日专差送一幛、一联、如意、燕菜，不知赶上否？黄中瓒来，当优待之。江军门来此五日，病势极重，殆不可支，悯虑之至！顺问近好。

国藩手草　十月二十八日

十二日保折，二十七日接到。刘、张赏黄马褂。

【译文】

沅弟左右：

收到十七、二十一两次来信。上海运送白银三万两，开往你营的轮船在无为县境内爆炸沉船，死伤数十人，钱万串及军装全部损失，所以你的信到此也迟了。

你将继续招募八大营士兵的工作停止了，非常非常好。唯有刘连捷之数营、辰沅一带数营都未停止，仍嫌人数太多，米粮供应不及。听说敌人中粮米充足的可支持一年多，不足的难以支持一个月，攻克城市之早晚，仍是天数所决定，不关系到人的谋策。

厚庵请求归家饴养亲人保养病体，信及公文都收到，打算仍写信坚决挽留他。你心中打算写作文章想法，我也长久怀有这个意思。将来如果我先出发，或者你先出发，须仔细商量清楚，然后行动。晏彤翁那里，我于十五日派专人送去一幛、一联、如意、燕菜，不知道能不能赶上？黄中瓒来了，应当好好招待。江军门来了五天，病势非常严重，看来活不了多久了，可怜之极！顺问近好。

国藩手书　十月二十八月

十二日的保举折子，二十七日才收到。刘、张赏了黄马褂。

无贪功之速成但求事之稳适

【原文】

沅弟左右：

接十月二十五日来信，俱悉一切。

御赏诗文集谢折久已专差拜发，竟忘寄稿与弟，兹由公牍寄去。

湘后左右营应即由金陵粮台发饷，以归划一。王远和、黎定志既不明白，弟

应速放管带或帮带官,切勿瞻徇迟疑。余在此与王柱堂说明,王、黎只暂带至金陵,即由弟另派人带。并无王、黎长带之说,公牍亦斟酌详明也。莘田叔所带两营,日内亦将到营,望弟无贪功之速成,但求事之稳适。厚庵告假,闻与雪琴微有不协,弟知其详否?即问近好。

国藩手草　十一月初二

正封缄间,闻苏州二十五克复,虽未得少荃信,而上海来人甚多,事甚确也。余保少荃,弟让程镇,大有益于东南全局,可慰可慰。弟二十八日夜信,顷亦接到。皖票昨夜始由麓轩送弟处,立意早定,而办事太慢,余之咎也。

国藩又行　初二申正

【译文】

沅弟左右:

收到十月二十五日来信,得知一切。

御赏诗文集的谢恩折子很早已派专人送往,竟然忘了将底稿寄给你,现和公文一起寄去。

湘后左右营应该马上由金陵粮台发粮饷,以求整齐划一。王远和、黎定志既然不明白,你应该立刻任管带或帮带官,切勿观望迟疑。我在这里向王柱堂说明,王、黎只是暂时将兵带到金陵,就由你另派人带领。并没有让王、黎长久带领,公文上已详细说明。莘田叔带领两营,马上也将到营,希望你不要贪功而求速成,但求每件事都要稳妥适宜。厚庵请假,听说他与雪琴稍微有些不协调,你知道详情吗?即问近好。

国藩手书　十一月初二日

正要把信封上,听到苏州二十五日攻克,虽没有得到少荃的来信,但从上海来的人很多,事情是确实的。我保举少荃,你让给了程镇,大大有益于整个东南局势,很是安慰。弟二十八日晚的信,刚刚才收到。安徽的票证从昨天晚上开始由麓轩送到你家,主意已定,而办事效率太慢,我的罪责。

国藩又及　初二申正

有福不可享尽

【原文】

澄弟左右:

十一月十七日接弟十月二十八衡州一缄,俱悉一切。

此间近事,惟李少荃在苏州杀降王八人最快人意。兹将渠寄总理衙门信稿一件抄寄弟阅。戈登虽屡称欲与少荃开仗,少荃自度力足制之,并不畏怯,戈登亦无如之何,近日渐就范围矣。

衡州之粤盐,只禁船载,不禁路挑,弟所见极为有理。江西新城县亦为禁闽盐之路挑,竟被私贩将委员殴毙。现在衡州每挑既补二百四十,若再加,亦必激变。从前道光年间,衡州严禁粤私,从未禁遏得住。将来新章到衡,弟可与府县

及厘卡说明，只有水卡查船载之私每斤加作八文，其陆卡查路挑之私概不再加分文。亦不必出告示，亦不必办公牍，但得水卡一处稽查，便算依了我之新章目。兹将新刻章程三本寄回。

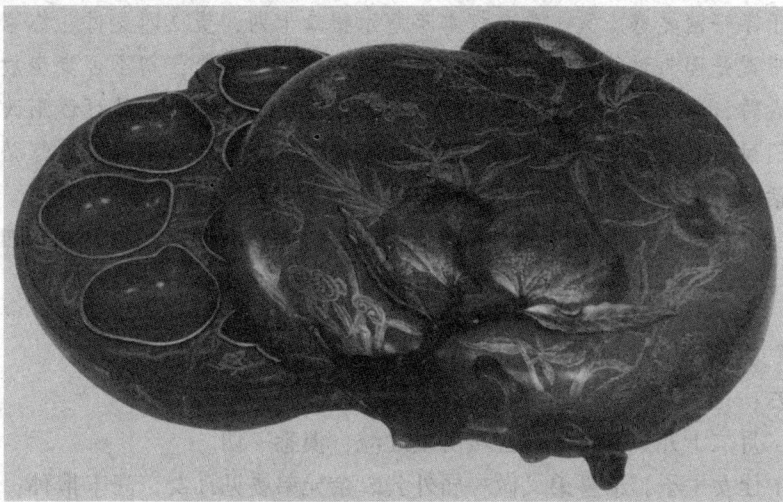

红漆描金桃式盒　清

　　牧云于十七日回籍，带去银二十余封。兹将原单寄去，请弟照单查收。又内人寄澄弟妇菲仪五十两，余亦寄弟银百两，弟得毋笑，黄河千年而始一清乎？又朱金权本年薪水银二十两，望即转给。弟家之渐趋奢华，闻因人客太多之故。此后总须步步收紧，切不可步步放松。禁坐四轿，姑从星冈公子孙做起，不过一二年，各房亦可渐改。总之，家门太盛，有福不可享尽，有势不可使尽。人人须记此二语也。即问近好。

国藩手草　十一月二十四日

【译文】

澄弟左右：

　　十一月七日收到你十月二十八日在衡州写的信，详悉一切。

　　这里近日发生的事，只有少荃在苏州杀太平军降者八人最让人高兴。这里把少荃呈寄总理衙门的信稿一件抄寄给你一阅。戈登虽然几次声称要与少荃开仗，少荃自己判断其实力足以控制局势，并不畏惧洋枪队。戈登拿他也没办法，近日已逐渐就范。

　　衡州的粤盐，只禁止船运，不限制路挑，你的看法很有道理。江西新城县也为严禁闽盐路挑，派去的专员竟被私盐贩打死。现在衡州每挑已经补二百四十元，如果再加钱，一定会激起民变。从前道光年间，衡州严禁粤盐走私，但从未遏制住。将来新颁章程到衡州，你可以与府县及厘卡等有关方面说明，只有水路厘卡稽查船载私盐每斤加八文，路卡稽查路挑的私盐一概不再加分文。也不必出告示，不必发公函，只要有水路厘卡一处稽查，就算执行了我的新章程。这里寄

回新刻章程三本。

牧云已于十七日回原籍,带去白银二十余封。这里将原物品单寄去,请弟照单查收。又,内子寄弟妹薄礼五十两,我也寄你百两银。弟归家博老母一笑,大有黄河千年一清之感。又,朱金权本年薪水银二十两,望立即支付。你家越来越奢华,听说是因为过往人客太多的缘故。以后应步步收紧,切不可步步放松。禁止坐四人轿,暂从星冈公之子孙做起。不过一两年,各房子孙就可逐渐改过。总之,家门过于兴旺,有福也不可以享尽,有势力也不可以使尽。人人都必须记住这两句话。即问近好。

国藩手草 十一月二十四日

以俭字相勖则可久矣

【原文】

澄弟左右:

十二月二十九日接十五日县城所发之缄,俱悉一切。

五十侄女生子,恭喜弟又做一届外公。余兄弟屡见孙女,尚未抱孙,不知何年乃做真公公。科四今春完娶,想三家之中不久必有佳音耳。

此间年底平安。各营腊月皆放一个月满饷,近岁所仅见也。惟米贵异常,年前已卖至五千二百文一石。九弟及各军近日均无战事。苗沛霖既诛,其部下头目为僧王擒斩殆尽。李世忠亦知畏罪。近有文书来,将渠所据城池交出,请我派人去守,其枪炮亦愿缴出。将来江北可无后患。

余身体平安,合署内外俱好,惟俭字日减一日。余兄弟无论在官在家,彼此常以俭字相勖,则可久矣。顺问新岁吉好。

国藩手草 正月初四日

【译文】

澄弟左右:

十二月二十九日收到你十五在县城发的信,一切尽知。

五十侄女生孩子,恭喜老弟又做一回外公。你我兄弟有好几个孙女,只是还没有抱上孙子,不知哪一年才能做真祖父。科四将于今年春天娶亲完婚,我想三家之中不久会有生孙之佳音吧。

我这里年底诸事平安。各营腊月里都发放一个月全额饷银,这是近年仅有的一次。只是米价昂贵异常,年前已卖到五千二百文一石。九弟及各军近日均无战事发生。苗沛霖已被杀,苗部头目被僧格林沁擒斩将尽。李世忠也知道畏惧自己罪行,近日有文书前来,要将他所盘踞的城池交出来,请我派兵去守卫,所部之枪炮军械也情愿交出,以后江北一带就可以没有后患了。

我身体平安,官衙内外人等都好,只有"俭"字一天不如一天。我等兄弟不论为官或是平居在家,彼此如经常以俭朴互相勉励,就可以保持长久。顺问新岁吉好。

国藩手草 正月初四日

由奢返俭难

【原文】

澄弟左右：

接弟信，知临三生子，兰姊可慰于九泉矣。兹付去银十两为贺。五十侄女生子，亦寄十两为贺。请弟妥交。

此间近状平安。上海李军于十二日克复常州。金陵之贼外援已绝，计瓜熟蒂落之期当亦不远，惟米粮昂贵，且无处可买，颇以为虑。江西之贼自席军在金溪获胜，大局不致糜烂。然窃寇觅食纷窜，闽广两湖均属可虑，不可以其为残败之匪而忽之。如省城、衡州有与弟商及贼情者，宜互相诚慎也。

俭之一字，弟言时时用功，极慰极慰，然此事殊不易易。由既奢之后而返之于俭，若登天然。即如雇夫赴县，昔年仅轿夫二名，挑夫一名，今已增至十余名。欲挽回仅用七八名且不可得，况挽至三四名乎？随处留心，牢记有减无增四字，便极好耳。顺问近好。

国藩手草　二月二十四日

【译文】

澄弟左右：

接到老弟来信，得知临三生了儿子，此可告慰兰姊于九泉。此付白银十两表示祝贺。五十侄女生孩子，也寄上十两银子祝贺。请老弟妥为转交。

这里近来诸事平安。上海李少荃军已于十二日收复常州。金陵城中敌军外援已经断绝，预计瓜熟蒂落，事成之日该不会太远。只是米价昂贵，而且没地方能买到，很为此忧虑。自从席砚香军在金溪获胜，江西大局不致崩溃。但我以为敌军为求得粮食，四处乱窜，则福建、广东、湖南、湖北都是让人担心的地方，决不能因为是残存败溃的敌人就忽视他们。如果省城、衡州等方面有与老弟讨论敌情的，应该互相告诫，慎之又慎。

一个俭字，老弟说时刻刻下功夫，大慰我心。但这可绝不是特别容易的事。从已经奢侈以后回归俭朴，就像登天一样难。就拿雇民夫到县上去来说，往年只有轿夫二人、挑夫一人，现在已经增加到十几人。想恢复到只用七八人都做不到，何况要恢复到雇用三四人呢？随处都要留心，心中牢记有减无增这四个字，就很好啦。顺问近好。

国藩手草　二月二十四日

牢记虚心实力勤苦谨慎八字

【原文】

沅弟左右：

接初七夜一缄，欣悉句容克复，从此城贼冲出益无停足之地，当不至贻患他方，至以为慰。弟增十六小垒，开数处地道，自因急求奏功，多方谋之。闻杭城克复之信，想弟亦增焦灼，求效之心尤迫于星火。惟此等大事，实有天意与国运

为之主，特非吾辈所能为力、所能自主者。虚心实力勤苦谨慎八字，尽其在我者而已。

春霆既克句容，宜亲驻句容，专打金陵破时冲出之贼。麓轩办捐之札，专人坐轮船送去。刘方伯札亦发。惟少荃近日与余兄弟音信极稀，其名声亦少减。有自沪来者，言其署中藏珍珠灯、八宝床、翡翠菜碗之类，值数十万金，其弟季荃好货尤甚等语，亦非所宜。将来沪局劝捐，恐又得与余处龃龉。幼丹截分厘金之事，今日具疏争之，竟决裂矣。

奉初六日寄渝，恐金陵军心不一，欲余亲往督办，盖亦深知城大合围之难。余拟复奏仍由弟一手经营。惟常常怕弟患病，弟千万保养，竟此大功。顺问近好。

国藩手草 三月十二日

【译文】

沅弟左右：

收到初七夜一信，很高兴得知句容已收复。从此金陵城中敌军就算突围而出也更没有驻足歇脚的地方，该不至于贻留祸患于其他地区，因此我感到十分欣慰。老弟增加十六座小营垒，增开几处地道，自然因为急于求功，多方设法攻打金陵。得知杭州收复的消息，推想老弟也会加重焦虑的心情，追求速效的焦急心情急得流星一样。这样的大事，实际上是上天意旨和国家命运做主，唯独不是我等所能够努力，所能做的。在虚心、实力、勤苦、谨慎这八字上，竭尽我辈所有而已。

鲍春霆既然收复句容，就应该亲自驻扎在句容，准备专门打击金陵城破时从城中冲出来的敌军。着麓轩办理捐务的信札，派专人乘轮船送去。致刘方伯信也已发出。李少荃近来与我等兄弟通信极少，少荃的名誉声望也稍有降低。有人从上海来，说少荃官署中收藏有珍珠灯、八宝床、翡翠菜碗之类物品，价值在数十万两白银，而且他弟弟季荃尤其喜好财物等，这是李氏兄弟不应如此的。将来沪局鼓励厘捐，恐怕又要和我们发生矛盾。沈幼丹主张截留厘金分归江西的事，今天具列奏章力争，没想到终于破裂了。

奉到初六日寄到谕旨，担心金陵外围军心不一，想要我亲自到前线督办军务，因朝廷也深知对金陵这样的大城实行合围的难度。我准备再奏上朝廷仍然由老弟一人负责。只时常担心，怕老弟得病。老弟千万注意保养身体，完成这件大功绩。顺问近好。

国藩手草 三月十二日

兄弟间惟有互劝互勖而已

【原文】

沅弟左右：

接二十七、八日两信，俱悉一切。

地道既难中止，听弟加工再挖，余不复遥制。徽、休、祁、黟俱无恙，贼已

由婺境横窜遂安、华埠，将仍走玉山、广信以犯抚、建，闻剃头者甚多，并不杀人放火，或有各自逃散之意亦未可知。弟军今年饷项之少为历年所无，余岂忍更有挑剔，况近来外侮纷至迭乘，余日夜战兢恐惧，若有大祸即临眉睫者。即兄弟同心御侮，尚恐众推墙倒，岂肯微生芥蒂？又岂肯因弟词气稍戆藏诸胸臆？又岂肯受他人千言万怵遂不容胞弟片语乎？老弟千万放心，千万保养。此时之兄弟，实患难风波之兄弟，惟有互劝互勖互恭而已。

余日内所患者三端：一则恐弟过劳生病，弁勇因饷绌而散漫；二则恐霆营人心涣散，另生祸变，兹将霆营周委员寄鄂台一信抄阅；三则恐汉中大股东窜，庐（普守）、巢（何绍彩守巢）、和、滁俱不能守，西梁山亦无兵可以拨防。此三事中，弟有法可以补救一二否？即问近好。

四月初三日

【译文】

沅弟左右：

收到二十七、八两封信，一切尽知。

挖地道攻城既然难以中止，当然听凭老弟增加人丁继续挖下去，我不可遥加控制。徽州、休宁、祁门、黟县都平安无事。敌人已从婺源境内窜向遂安、华埠，将仍取道玉山、广信进犯抚州、建昌。听说敌众剃头而不再蓄长发的很多，而且并不杀人放火，或许已有各自逃散的意图，也未可知。老弟一军今年军饷之少是历年以来没有过的，我怎么忍心对你更加挑剔指责呢？何况近来外间对我等之欺负接踵而至，我白天黑夜战战兢兢，深为恐惧，好像有大灾难迫在眉睫一样。就是兄弟们同心同德，一齐抗御外人欺负，还恐怕众人齐推墙必倒，又怎么肯于这时在兄弟哪怕些微产生一点隔阂呢？又怎么肯因为老弟言辞之间略带刚直而心怀不满呢？又怎么会甘受别人百般怵我却不能容亲弟弟几句话呢？老弟千万放心，千万注意保养身体精神。这种时候的兄弟，实际就是共患难、同闯风浪的兄弟，只有互相劝慰互相勉励互相恭维才是。

近日我所担忧的有三件事：一是恐怕老弟劳累过度而生病，麾下兵勇因欠饷而涣散；二是恐怕鲍春霆营中人心涣散，另外生出变故，这里将春霆营中之周委员寄湖北道台的一封信抄至弟阅；三则恐怕汉水中流大股敌军向东流窜，庐州（普所守）、巢县（何绍彩守巢县）、和州、滁州都守不住，西梁山也没有兵可以拨去防守。这三件事当中，老弟可有办法略加补救？即问近好。

四月初三日

顶珠　清

心肝之病究以自养自医为主

【原文】

沅弟左右：

　　初九日接弟初六日书，俱悉一切。厚庵亦于是夜到皖，坚辞督办一席。渠之赴江西与否，余不能代为主持。至于具折，则必须渠亲自陈奏，余断不能代辞。厚帅现拟在此办折，拜疏后仍回金陵水营。春霆、昌岐闻亦日内可到。春霆回籍之事，却不能不代为奏恳也。弟病近日少愈否？肝病余所深知，腹疼则不知何症。屡观朗山脉按，以扶脾为主，不求速效，余深以为然。然心肝两家之病，究以自养自医为主，非药物所能为力。今日偶过裱画店，见弟所写对联，光彩焕发，精力似甚完足。若能认真调养，不过焦灼，必可渐渐复元。

　　五月份之火药三万斤，拟于日内起解，银亦可解三万。江西之贼，初四日尚未至漳树。省城援兵已到，当安稳矣。复问近好。

五月初十日

套蓝玻璃螭经朝冠耳三足炉　清

【译文】

沅弟左右：

　　初九日收到老弟初六日来信，一切尽知。杨厚庵也在初九到安徽，坚持推辞督办军务一职。关于他是不是赶往江西，我不能代他主张。至于写奏折，则一定要他亲自上奏陈述，我断然不能代他辞职。厚庵现在准备在此地写奏折，呈上之后仍回金陵水军。据悉春霆、昌岐可以在几天内到达。春霆回原籍治丧的事，我却不能不代他上奏恳求呢。老弟的病这几天稍微好一点没有？你的肝病我知道是怎么回事，肚子疼我就不知道是什么病了。我老读《朗山脉按》，以扶养脾为主，不追求立即见效，我以为他说得很对。然心、肝两处的疾病，终究还是以自我保养、自我医疗为主，不是药物所能起作用的。今天我偶尔经过裱画店，看到老弟所书写的对联，可以说光彩焕发，神完气足。如果能够认真调养，不致过于焦虑着急，一定能够逐渐复原的。

　　五月份的三万斤火药，准备几天内就起运。白银也能解去三万两。江西敌军

至本月初四没有到临江府清江的漳树镇。省城派出的援兵已到，应该平安稳妥。复问近好。

五月初十日

望弟以保身为主

【原文】

沅弟左右：

三日未接弟信，不知弟身体何如？接吾十二暨十四五六日各信，不更加焦灼增疾否？余闻昌岐言弟精神完足、小恙无碍而放心，闻曾恒德、刘高山言弟病势不轻而悬念，见弟信劝科一乡试，字迹奇润而喜慰，见弟信言贼米日发一斤四两而忧灼。春霆过此，其于吾弟感激钦佩，迥异寻常。厚庵于弟亦契合无间言。故余十五日与少荃之一咨一信，惟愿弟之速送，又惟恐弟之径送，反复无定，为弟所笑，亦必为弟所谅也。

今日命纪泽赴金陵省视老弟。余于六月初间亦必往，兄弟畅叙。届时少荃若到，余即在彼，不遽回皖。如少荃不到，余即坐轮船速归。总之，弟以保身为主。无论少荃与余会剿与否，于弟威名微减，而弟之才德品望毫无损也。顺问近好。

五月十七日

【译文】

沅弟左右：

三天没有接到老弟来信，不知弟身体怎么样？你接到我十二日及十四、十五、十六日诸信，不知是否更加焦虑着急、加重病情了呢？我听昌岐说老弟神完气足，只是小病并无大碍，才放下心来。又听曾恒德、刘高山说弟病势不轻，因此又很挂念。见到弟来信劝纪鸿儿参加乡试，信中字迹奇劲润泽，感到欣喜宽慰。见到老弟信中说敌人米粮尚能每天每人发给一斤四两，又感到焦虑。春霆路经此间，他所表现出来的对老弟的感激钦佩之情，大大地异乎寻常。杨厚庵与老弟的关系也是塙洽无嫌隙。所以我十五日给少荃的一件咨文、一封书信，又希望老弟迅速送去，又担心老弟直接就送去了，心中反复不定，定被老弟所笑，也一定为老弟所体谅。

今天命纪泽儿赶赴金陵探望问候老弟。我到六月初时也一定前往金陵，兄弟见面畅叙。到那时少荃如果来了，我就留在金陵，不立即返回安徽。如果少荃不来金陵，我就乘轮船立即返回。总之，老弟以保全身体为主。不管少荃和我是不是赶赴金陵会同剿敌，对弟至多只是威名稍有减损，而于老弟的才具德行、人品名望实际上毫无损伤。顺问近好。

五月十七日

养生以少恼怒为本

【原文】

沅弟左右：

二十五日辰刻接弟二十一夜信，知地道又被斗穿三洞，实堪愤闷。然与其轰开而被贼以火球堵住伤亡尤多，又不如被其掘穿，我之士气不大挫减也。弟须多方劝慰诸将无过忧郁。凡子弟生徒，平日懒惰，场文荒谬而不售者，则当督责之；至平日劳苦，场文极佳而不售者，则当奖慰之。弟所统诸将，皆劳苦佳文之生徒也。余中厅悬八本堂匾，跋云："养生以少恼怒为本，事亲以得欢心为本。"弟久劳之躯，当极力求少恼怒。纪泽事叔如事父，当极力求得欢心也。

又闻江西之贼将由青阳、芜湖回救金陵。厚庵调湘后三营，撤金柱关之防，余极不放心。渠言当面商吾弟，果商及否？望弟加意慎重。陆防江西、湖州之援贼，水防江西之接济，只要此二事办得认真，金陵终有蒇事之日，无以地道无成、苏军将至稍涉大意了。千万千万！顺问近好。

五月二十五日

【译文】

沅弟左右：

二十五日辰刻收到老弟二十一日夜的信，得知弟军攻打金陵的地道又被守敌打穿三个，实在令人愤懑。然而相比较而言，与其用地道装火药轰倒城墙而被敌军用火球堵住，使我军伤亡很大，则不如如今地道被敌人挖穿，我军士气尚不致大受挫折。老弟要想方设法鼓励、安慰诸位将领，不要过分忧郁。凡是子侄、学生门徒之辈，平日里懒惰，致科场之上交字荒谬而不能考取功名的，就应当督促、责备他们。至于那些平日里勤劳辛苦，科场文字很好却没有考上的人，则应该奖掖安慰他们。老弟麾下所统领的诸位将领，都是经勤劳辛苦而能写好文章的学生。我在中厅悬挂八块匾额，有跋文道：摄养身心当以少恼怒为本，事奉双亲以得其欢心为本。老弟身体久承劳顿，应当极力要求减少恼怒。纪泽儿侍奉三叔应该像侍奉父亲一样，应极力求得三叔欢喜才是。

又听说江西敌军将经青阳、芜湖回师救援金陵。厚庵调动湖军后三营，又撤除金柱关的守军，我非常不放心。他说要当面和老弟商量，果真商量这事了吗？望老弟加意慎重。陆上要预防江西、湖州敌人的援军，水路要防止敌人的接济供给。只要这两件事办得认真，金陵城终会有解决战事的那一天。可不要因为地道没有成功、苏州援军要来就略有大意。千万千万。顺问近好。

五月二十五日

男儿自立须有倔强之气

【原文】

沅弟左右：

接弟十二夜信，知连日辛苦异常，猛攻数日，并未收队，深为惦念。弟向来

督攻，好往来于炮子如雨之中，此次想无二致也。少荃前奏至湖州一看，仍回苏州。此次十六启行，不知径来金陵乎？抑先至湖州乎？难禁风浪四字璧还，甚好甚慰。古来豪杰皆以此四字为大忌。吾家祖父教人，亦以懦弱无刚四字为大耻。故男儿自立，必须有倔强之气。惟数万人困于坚城之下，最易暗销锐气。弟能养数万人之刚气而久不销损，此是过人之处，更宜从此加功。

子弹日内装就，明日开行，不知果赶得上否？余启行之期，仍候弟一确信也。顺问近好。

六月十六日午初

【译文】

沅弟左右：

收到老弟十二日夜间来信，得知老弟连日来异常辛苦，猛攻金陵好几天还没有收兵，非常惦念。老弟一向好往来于枪林弹雨之中督战，想来这一次也不会有什么不同。李少荃日前奏上朝廷，要到湖州巡视一下，还回苏州去。这一次十六日出发，不知他直接来金陵呢？或是先到湖州去呢？"难禁风浪"这四个字老弟奉还给我，很好，大慰我心。自古以来，豪杰之士都以这四个字为大忌。我家祖父教导别人，也说以"懦弱无刚"四字为大耻。所以男儿自立于世，一定要有倔强之气。只是好几万人被困在坚固城池之下，最容易暗中消磨锐气，老弟能保持数万人的刚强士气，长时间不致销磨折损，这正是老弟过人之处，更要在这一点上下功夫。

今日将把子弹装好，明天出发，不知道是不是果真能赶得上我启程的日期，仍等候老弟给一个确切的消息。顺问近好。

六月十六日午初

询家中对勤俭做得几分

【原文】

澄弟左右：

日内未接弟信，想七月底到县即至李家陪吊客矣。

此间诸事平顺，拟于九月初全家移至金陵。袁婿自五月赴金陵，至今未归。罗婿于八月十六日先去，为沅弟叩寿。沅弟湿毒与肝郁二者总未痊愈。湿毒因太劳之故，肝疾则沅心太高之故。立此大功，成此大名，而独怀郁郁，天下何一乃为快意之事？何年乃是快意之时哉？余于本月为代具请假折，九月再奏请开缺，十月当可成行。余之精神日疲，亦难当此重任，然目下不能遽行引退，且待沅弟退后再作计议。

纪鸿抵家后，九月初仍可命之东来。过汉口时，应至淮盐督销局杜小舫处一行，其妻舅郭慕徐在杜处寄寓，约定留信在彼也。近日家中内外大小，勤俭二字做得几分？门第太盛，非此二字断难久支，务望慎之。即问近好。

八月十四日

【译文】

澄弟左右：

近几天没有收到老弟来信，想来是七月底老弟一到湘乡县就去李家陪同前来哀悼的客人了。

这里各方面事务平安顺利，准备在九月初全家都迁到金陵去。袁婿从五月份去金陵，到现在没有回来。罗婿将于八月十六日先去金陵为沅弟祝寿。沅弟所患湿毒之症和肝气郁结总是不能痊愈，湿毒之症是因为太过劳累的缘故，肝病却是因为沅弟心志太高的缘故。立下如此大功绩，成就如此大名声，而自己却心怀抑郁，那么天下有什么才能算是高兴的事？哪一年才算是痛快的时候呢？这个月之内我替他写一份请假的奏折，九月份再上奏请求辞职，估计十月份应能办好上路回家，我的精神也日渐疲惫，难以承当现在担负的责任，然而眼下还不能立即辞职，要等沅弟退职以后再考虑。

纪鸿到家以后，九月份还可以让他来我这里。他过汉口时，应到淮盐督销局杜小舫哪里去一趟，他的妻舅郭慕徐寄住在杜小舫那里，事先曾约定有信都留在那里的。近日来家中内外大小人等，于勤勉、俭朴方面表现如何？曾家太过兴盛，不抵住这两方面是肯定难以持久的，希望一定要谨慎对待这个问题。即问近好。

八月十四日

皮肤病可不必服药

【原文】

沅弟左右：

十八日专人送家信一包，是夕接弟初十日信。哨官易光南行至九日始到，可恶也。湿毒更炽，遍身发烧，是秋天秋燥之故。余于二十六年秋亦遍身发烧，医者皆言是杨梅疮毒气发作，余不敢服攻伐猛剂。吴竹如劝每日服槐花一碗，亦无寸效。其时余又彻夜不寝，则是别有心肝之疾，与皮肤烧热了不相涉。总之，皮肤之病，世间无甚于我者，尚非要命之症。弟疾较我轻松数倍，尽可不必服药，切不可因肝郁之症牵连而杂治之。至嘱至嘱。

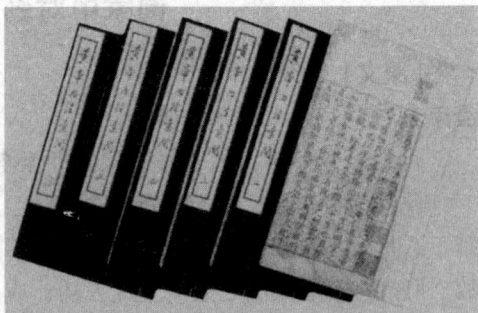

《黄帝内经·素问》书影

期票既不可行，一切听弟料理。病假之事，接弟咨复，八月杪发第一折，九月发第二折，可赶至家中过年，却不能赶十一月初三祭期。"荩臣谋国，尚未尽善"，此温旨非微词也。金陵功成，中外于弟必无闲言，切不可多心多疑。顺问近好。

兰泉信附去。

八月十九日

【译文】

沅弟左右：

十八日派专人送去家信一包，当天晚上收到老弟初十日来信。哨官易光南走了九天才到，真可恶。老弟湿毒更加厉害，全身发热发烧，这是秋天燥烈之气的缘故。我在道光二十六年秋天也曾全身发热发烧，给我看病的人都说是杨梅疮的毒气发作，我却不敢服用药性过于猛烈的方剂。吴竹如劝我每天服食槐花一碗，也是一点用都没有。那时候我还彻夜不眠，那是另外有心、肝疾病，与皮肤发热发烧毫无关系。总的说来，皮肤病这世上没有谁比我更严重了，这也还不是要命的病症。老弟你的病比我的病轻得多，完全可以不必吃药，切不可和肝郁之症扯在一起，胡乱送治。至嘱至嘱。

限期钱票既然行不通，一切就听凭老弟处理吧。请病假的事，接到老弟回复的咨文以后，八月底发出第一道奏折，九月份发第二道奏折，应能赶得上回家去过年了，却不能赶上十一月初三日星冈公的祭期。"王臣理当尽心谋划国事，这方面还没有尽善尽美"，这是很温和的词旨，不是委婉隐晦的批评。收复金陵的大功建立以后，朝野对老弟一定不会再有嫌隙之言，切不可为此多心多疑。顺问近好。

兰泉信附上。

八月十九日

功成身退愈急愈好

【原文】

沅弟左右：

初二日接弟二十九夜信，知弟气已稍畅，痛亦少止，至以为慰。余于初一日自安庆登舟，行六十里住李阳河。初二阻风，一日未开。初三行九十里住王家套。日日逆风，惟尚可略行耳。

篪轩信阅过，已作札调之。黄南坡翁信言湘盐极好，抄阅。十一月举行乡试，断无更改。弟回籍之折，余斟酌再三，非开缺不能回籍。平日则嫌其骤，功成身退，愈急愈好。弟阅折稿，毫无牵强之处，当放心矣。顺问近好。

九月初三日

【译文】

沅弟左右：

初二日收到老弟二十九日夜间来信，得知老弟肝气已经稍微舒畅，疼痛也略停，极为欣慰。我已于初一日从安庆上船，行六十里水路宿住李阳河。初二日被风所阻，一天没有开船。初三日走了九十里住在王家套。天天顶风，只是还能稍微走一点路。

篪轩来信已看过，我已作札文去调停了。黄南坡老先生来信说到湖南盐非常好，将信抄弟一阅。十一月举行乡试，日期断然不会更改。老弟请求回老家的奏

折，我反复考虑，不辞职就不能回老家。平日里就嫌这样做太急促，成就功业以后引退，则越快越好。老弟你看过奏折原稿，文字丝毫没有牵强附会之处，应可放心了。顺问近好。

九月初三日

沅弟医病宜以不用心为良方

【原文】

澄、沅弟左右：

接两弟信并渠侄夫妇安禀，欣悉。新妇有和顺载福之象，从此和室宜男，家庆绵长，企慰无似。纪鸿儿于四月二十一日完婚，外间既无一客。衙门办喜事，似较家乡稍简易也。

沅弟寄到折稿，当略为修饰，日内拜发。陈舫仙、朱心槛到此陈谢恩折，亦于日内附报发去。魏柳南自京师归，亦恰至此。凡徒弟当差者，无不恩明谊美，将来出任，当能束躬自爱。

弟病以怔忡不寐为最要之症，外毒及善忘多感伤皆不甚要紧。开卷心疼，总由于心肝血亏之故。治之之道，非药力所能遽效，自以不看书不用心为良方。

余因闻霆营之变，近日毫无欢悰。又接两弟信，梁葆颐在衡既不相宜，余即批令归湖南酌委署事，不复与闻盐务耳。

西洋药书　清

四月二十四日

【译文】

澄、沅弟左右：

收到二位老弟来信以及纪渠侄儿夫妇的请安禀帖，很高兴地得知新娘子有和协顺从、承受福惠之象，从此家庭和睦，多子多福，家中喜庆之事绵绵不绝，这是最大的期望，最大的欣慰。纪鸿儿已于四月二十一日完婚，没有一位外来的客

人。衙门当中办喜事似乎比在家乡要简单一些。

沅弟寄来的奏稿，要略微加以修饰，这几天就发出。陈舫仙、朱心檗来金陵呈上谢恩奏折，也在几天内附奏报之后一同发出。魏柳南从京师归来，也正好到此地。凡是老弟旧部，没有一个人不是明白知遇之恩，念袍泽之谊的，将来出去做官，应该能做到检束自己，爱惜名声。

老弟的病主要症状是心悸，睡不着觉，外患温毒、健忘、容易感伤都没什么要紧。一看书就心痛，总是因为心肝血亏的缘故。治疗的办法，不是药力所能迅速见效的，自然是以不读书、不用心思为好。

我因为得知春霆军哗变，近日里没有一点欢乐。又，接两位弟弟信，梁葆颐既不适合在衡州，我就批示让他回湖南，适当在官署安排个职位，不让他过问盐务了。

四月二十四日

劝沅弟不必抑郁

【原文】

澄、沅弟左右：

沅弟病虽愈，而尚黄瘦，实深悬系：建非常之功勋，而疑谤交集，虽贤哲处此，亦不免于抑郁牢骚。然盖世之事业既已成就，寸心究可自怡而自慰，悠悠疑忌之来，只堪付之一笑。但祝积年之劳伤湿毒，日渐轻减，则正气日旺，固可排遣一切耳。舫仙知沅颇深，感恩尤切。每言沅公精神极好，后来勋业方长，区区小病，不足为虑。余闻之常为一慰。李季荃与舫仙亲如骨肉，言其功劳极大，牢骚甚深，而病颇可虑。余观季荃虽瘦削异常，而精神尚足，当无他虑。

套蓝玻璃蟠螭经朝冠耳三足炉　清

兄抵临淮，罗、张、朱六营于初二日到，刘松山亦到。雉河集之围危急如故。刘铭传一军日间可到，不知能解围否。若果解围，则西窜河南、湖北，恐不出沅弟所料；若各路重兵齐到，而卒不能解围，则中原糜烂矣。余身体尚好，惟朱、唐、金三军闹饷，处置宽严皆有不宜，寸心忧灼。蒙、亳、宿、颍一带人心甚坏，亲近捻匪，仇视官兵，亦久乱之气象也。

六月初五日

【译文】

澄、沅弟左右：

沅弟的病虽然好了，而人还是黄瘦，实在极为挂念。建立大不寻常的功勋，而疑忌与诽谤交集，就是圣人贤哲处在这种境地，也免不了心情抑郁，发点牢骚。然而盖世的伟大事业既然已经成就了，心中终究可以感到愉快、欣慰。庸俗的怀疑、猜忌，只配付之一笑而已。我只祝沅弟长年的劳累伤痛及湿毒之症逐渐减轻，正气逐渐旺盛，当然就能排除一切烦恼了。舫仙对沅弟了解很深，感恩也很恳切。他总说沅公精神极好，将来功勋事业还很久远，眼下这点小病不必担心。我听了常会感到安慰。舫仙和李季荃亲近得像一家人，说季荃功劳很大，发牢骚也很严重，得的病实在让人担心。我看季荃虽说非常消瘦，但精神还很充足，应该没什么可担心的。

为兄我到临淮以后，罗、张、朱六营人马于初二日赶到，刘松山部也来了。雉河集被围，情况仍然很危险。刘铭传军近日可以到哪里，不知能不能解围。如果真能解围，则敌军西向流窜到河南、湖北，恐怕就会像沅弟所预料的那样。如果各路重兵一齐开到，而最终不能解雉河集之围，那中原形势就崩溃了。我的身体还好。只是朱、唐、金三军因军饷闹事，处理上不管宽大或严格都有不便之处，内心十分忧虑。蒙城、亳州、宿州、颍州一带民心衰败得厉害，竟然亲近捻军、长毛，仇视官军，这可是长久混乱的迹象啊。

六月初五日

养老之法不在进食补药

【原文】

澄弟左右：

九月八日接八月初九信，二十六日接八月二十二日信，十月初一日接九月初五之信，俱悉一切。弟之两孙元五、元六派名广文、广敷，余孙元七拟取派名广钧，既无偏旁合为一律，惟广字下一字用十一真、十二文之韵，声调较为清亮。科三侄以直隶州知州用，系克复金陵后第二次恩旨。季洪弟赠内阁学士，亦系确有其事，即日当查出付回，尽可不花部费。蔡贞斋投营，无好差使可派。若其果来，不过如邹至堂、沈霭亭之数，赠银百金，附案保奖。在我已属竭力周旋，而在渠仍无大益。或渠不来，余便寄百金遥周故旧，不知可否？弟一酌之。

服药之事，余阅历极久，不特标病服表

飞升图 明

剂最易错误，利害参半，即本病服参茸等味亦鲜实效。如胡文忠公、李勇毅公（希庵）以参茸燕菜作家常酒饭，亦终少补救。余现在调养之法，饭必精凿，蔬菜以肉汤煮之，鸡鸭鱼羊豕炖得极烂，又多办酱菜腌菜之属，以为天下之至味，大补莫过于此。孟子及《礼记》所载养老之法、事亲之道皆不出乎此。岂古之圣贤皆愚，必如后世之好服参茸燕菜鱼翅海参而后为智耶？星冈公之家法，后世当守者极多，而其不信巫医地仙和尚，吾兄弟尤当竭力守之。

兄近日身体平安。军事总无起色，西股已过洛阳，东股尚在山东，无术制之，实深焦灼。余详日记中。顺问近好。

十月初六日

【译文】

澄弟左右：

九月八日接到弟八月初九日信，二十六日接到八月二十二日来信，十月初一日接到九月初五的信，一切尽知。老弟两个孙子元五、元六排名广文、广敷，我的孙子元七准备排名广钧，就没有偏旁使他们各字一致了，只是广字下面的一个字用十一真、十二文韵部的字，声调比较清亮。科三侄儿被委任为直隶州的知州，这是攻克金陵以后的第二次恩旨了。季洪弟得追赠内阁学士，也确有其事，近日内当查出抄件寄回，完全能够不花部里费用。蔡贞斋投奔大营，没有什么好差事可以分派给他。如果他真来，也不过是像邹至堂、沈霭亭那样，赠银百两，附于案中保举恩奖。在我来说，

藏医制药器具

这样已属竭力周旋，对他来说则仍然没有什么大帮助。如果他不来大营，我就给他寄去一百两，周济一下旧友，不知这样行不行？请老弟斟酌。

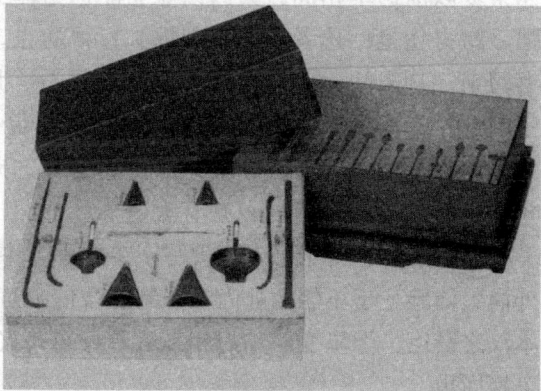

服药的事，我经历很多。不仅是外表有病服用治标的药剂最容易出错，属利弊各半，就是根本之病，服用人参、鹿茸之类也少有实际效用。像胡林翼、李希庵，把参茸燕菜当作家常便饭一样，也终于不能补救身体。我现在的调养方法，米饭一定要精，蔬菜用肉汤来煮，鸡鸭鱼羊猪，都要炖得极烂，又多用酱菜、腌菜之类。我认为这是天下最好的饮食，大补身体的没有比这更好的了。《孟子》以及《礼记》所记载敬礼老者、事奉双亲的方法都是如此。难道说古代圣贤都是愚蠢的，一定要像后代那样喜好服食人参、鹿茸、燕窝、鱼翅、海参才算是明智吗？星冈公的家法，后人所应该遵守的有很多，而他的不相信巫师、医生、地仙、和尚这一条，我兄弟尤其应该竭力遵守。

为兄近日身体平安。军事形势一点也没好转，捻军西路已过洛阳，东路还在

山东，没有办法对付他们，实在是极为焦虑。其余详日记中，顺问近好。

十月初六日

近年得力惟有一悔字诀

【原文】

沅弟左右：

鄂署五福堂有回禄之灾，幸人口无恙，上房无恙，受惊已不小矣。其屋系板壁纸糊，本易招火。凡遇此等事，只可说打杂人役失火，固不可疑会匪之毒谋，尤不可怪仇家之奸细。若大惊小怪，胡思乱猜，生出多少枝叶，仇家转得传播以为快。惟有处处泰然，行所无事。申甫所谓"好汉打脱牙和血吞"，星冈公所谓"有福之人善退财"，真处逆境者之良法也。

弟求兄随时训示申儆。兄自问近年得力惟有一悔字诀。兄昔年自负本领甚大，可屈可伸，可行可藏，又每见得人家不是。自从丁巳、戊午大悔大悟之后，乃知自己全无本领、凡事都见得人家有几分是处。故自戊午至今九载，与四十岁以前迥不相同，大约以能立能达为体，以不怨不尤为用。立者，发奋自强，站得住也；达者，办事圆塆，行得通也。吾九年以来，痛戒无恒之弊。看书写字，从未间断，选将练兵，亦常留心。此皆自强能立工夫。奏疏公牍，再三斟酌，无一过当之语自夸之词。此皆圆塆能达工夫。至于怨天本有所不敢，尤人则常不能免，亦皆随时强制而克去之。弟若欲自儆惕，似可学阿兄丁戊二年之悔，然后痛下箴砭，必有大进。

立达二字，吾于己未年曾写于弟之手卷中，弟亦刻刻思自立自强，但于能达外尚欠体验，于不怨尤处尚难强制。吾信中言皆随时指点，劝弟强制也。赵广汉本汉之贤臣，因星变而劾魏相，后乃身当其灾，可为殷鉴。默存一悔字，无事不可挽回也。

正月初二日

【译文】

沅弟左右：

湖北衙门的五福堂最近发生了火灾，所幸的是没有人受伤，上房也没有损失，但受的惊吓可实在不小。这里的房子都是木制隔扇、用纸裱糊的，本来很容易着火。凡是遇着这样的事情，只能说是杂役们不小心失火，一定不要怀疑是会匪的阴谋，更不该责怪什么仇家的奸细，要是我们大惊小怪、胡乱猜想，生出许多事端，反倒让仇家传出去当笑柄。我们只有泰然处之，若无其事才好。申甫所说的"好汉打脱牙和血吞"，星冈公所说的"有福之人善退财"，真是身处逆境者的处世良方。

你请求为兄随时对你教导、警诫。我觉得近年来给我帮助最大的只有一个悔字诀。前些年我总认为自己有很大本事，能屈能伸，既可在朝为官，又能隐居田园，还常常盯着别人做得不对的地方。自从丁巳年（公元一八五七年）、戊午年

大悔大悟以后，才知道自己并没有什么本事，许多事情上也能发现别人做得对的地方。所以从戊午年到现在这九年，和四十岁以前大不相同，大致上是以能立能达为根本，以不怨不尤为表现。立，就是发奋自强，站得住的意思；达，就是做事圆塌，行得通的意思。我这九年以来，努力戒除做事没有恒心的毛病，看书写字，从未间断，选择将领，训练士卒，也很用心。这都是在自强能立方面下的功夫。起草奏疏、公文，无不反复斟酌，从没有一句过头的话，一个自夸的词，这都是在办事圆塌练达方面下的功夫。至于怨天本是我所不敢的，尤人却常常难免，但也都是随时可以强制克服的。如果你想自我警诫，似乎可以学为兄丁巳、戊午两年的悔悟，然后努力鞭策自己，这样一定会大有进益。

"立""达"这两个字，我曾经在己未年（公元一八五九年）给你的手卷里写过，你也时时刻刻想着自强自立，只是在做事练达之外还缺少一些体验，在不怨天不尤人方面还做得不够。我信中的话都是对你随时指点，劝导你努力自制的。赵广汉原是汉朝的贤臣，以星相有杀戮大臣的征兆，而弹劾丞相魏相，结果灾祸却应验在自己身上。这件事情应该引之为鉴。心里总暗自想着一个悔字，则没有什么不能挽回的。

正月初二日

心病还须自心医

【原文】

沅弟左右：

弟手痛极苦，字迹亦露艰难之状，殊深忧系。若专由于风湿，自非药物不能为力；若肝家积郁血不养筋所致，则心病还须自心医，非药力所能达，非他人所能谋也。

春霆果系真病。余前日误信人言，谓渠尚在襄城演戏燕乐，是以初七调娄云庆疏内未将霆大加褒赞，于宋国永且有贬辞。发折后接霆信，颇用悔之，幸疏中亦未说坏春霆耳。

四月十二日

【译文】

沅弟左右：

你手疼得很厉害，字迹上就能看出写字困难的样子，真让我替你担心、发愁。如果仅仅是因风湿病造成的，当然除了药物别的也不管用，要是因为肝气积郁，血液不畅导致的，那么心病还要从心里医治，不是药物力量能达到的，也不是别人能替你想办法的。

春霆果然是真病了。我前些天误信别人的话，说他还在襄城听戏游乐。所以初七调娄云庆的奏章里没有对春霆大加赞扬，对宋国永还有责备的话。发出奏章以后才收到春霆的信，很是后悔，幸亏奏章中没说什么有损春霆的话。

四月二十日

以耕读为本乃长久之计

【原文】

澄弟左右：

吾乡雨水沾足，甲五、科三、科九三侄妇皆有梦熊之祥，至为欢慰。吾自五十以后百无所求，惟望星冈公之后丁口繁盛，此念刻刻不忘。吾德不及祖父远甚，惟此心则与祖父无殊。弟与沅弟望后辈添丁之念，又与阿兄无殊。或者天从人愿，鉴我三兄弟之诚心，从此丁口日盛，亦未可知。且即此一念，足见我兄弟之同心，无论那房添丁，皆有至乐。和气致祥，自有可卜昌盛之理。

沅弟自去冬以来忧郁无极。家眷拟不再接来署。吾精力日衰，断不能久作此官，内人率儿妇辈久居乡间，将一切规模立定，以耕读二字为本，乃是长久之计。

五月初五日

【译文】

澄弟左右：

我们家乡雨水充足，甲五、科三、科九三个侄媳都生了男孩，我真为他们高兴。我从五十岁以后没有其他愿望，只是盼望我们曾家的后代人丁兴旺，这个想法我从未忘记。我的德性比起祖父差得远，只有这个心思和祖父相同。你和沅弟盼望晚辈多生男孩的念头，又和为兄一样。或者天从人愿，知道我们三兄弟的心愿，这以后家里人丁兴旺，也未可知。就是这个想法，足见我们兄弟同心，不论哪家得了男孩，都非常高兴。全家和睦以得到吉祥，当然预示着家族的兴旺。

沅弟自从去年冬天以来抑郁忧愁。家眷不打算接到江宁官署。我的精力日见衰退，决不能长期担任这个职务，我的妻子带着儿子、儿媳久居乡间，把所有事情的格局都已确定，以耕田、读书为根本。这才是能够长久的办法。

五月初五日

总以保养身体为第一着

【原文】

沅弟左右：

湘乡土匪业已扫灭，为之一慰。余日来有焦虑者四事：大者则恐枯旱终不下雨，又恐捻匪窜至运河以东；小者则恐湘乡之会匪与阜宁之海匪养成气候。今幸两处之匪皆已扫除，金陵已得大雨，不至竟成旱灾，三事可放心矣。惟捻匪由东平境内窜过运河，大局弥坏，凶焰弥炽，江苏之东北四府处处可虑。

顷见邸抄，御史佛尔国春参弟之案，尚有劾官相、肃党不实照例反坐之说，虽经渝旨平反调停，而痕迹殊重。弟见之心更懊恼，又增几分退志。余观军务日形吃紧，朝廷必不允弟告病之请，而弟之中怀郁郁，勉强久留，恐致生病，兄亦踌躇不能代决。弟之主意定后，如决志告病，望派专弁搭轮船前来，将折稿送兄斟酌商定再发。盖世局日变，物论日涌，吾兄弟高爵显官，为天下第一指目之

家，总须于奏疏中加意检点，不求获福，但求免祸。云仙得借词规避之批，盖乃遵前旨进京候简等语，本不稳妥也。弟此时无论如何懊怫，如何穷窘，总以保养身体为第一着。

五月二十一日

炼丹炉　明

【译文】

沅弟左右：

　　湘乡的土匪已经扫灭，听说之后很是高兴。我最近焦虑的事有四件：主要的是担心长期干旱，总不下雨，又怕捻匪流窜到运河以东；其次是担心湘乡的哥老会和阜宁的海匪发展成大祸害。现在所幸两地的土匪都已被消灭，江宁又下了大雨，不会成为旱灾，三件事都可以放心。只是担心捻匪从东平县境流窜到运河以东，果真如此，那大局更糟，敌人气焰更嚣张，江苏东北部的四个府都很危险。

　　不久前见到朝廷官报，御史佛尔国春参奏你的事情中，还有你参奏官相、肃党失实，照例应该反坐的说法，虽由圣旨为你平反、调解了，但责备你的意思很明显。你看了心里会更烦恼，又多了一些引退的打算。我看军事形势日益紧张，朝廷肯定不会准你的病假，而你又闷闷不乐，勉强留任，我怕时间长了你会生病。而我也犹豫，不能代你下这个决心。你想定主意以后，如果是决心要请病假，请你专门派遣随从武官搭乘轮船到江宁来，把奏稿送到我这里，等我反复掂量、商议决定之后再寄出去。主要是现在时局日变，舆论混乱，我们兄弟又都是高官显爵，是全国最引人注目的一家，必须要对奏疏里仔细检查，不求得到福气，只求免除祸殃。云仙遭到皇上借词规避的指责，就是由于遵照先前的圣旨到京师等候选拔这些话，原本就不稳妥。你这时候无论多么烦恼，多么困窘，总要把保养身体放在首要位置。

五月二十一日

眩晕未发唯左目甚蒙

【原文】

澄、沅弟左右：

　　连接沅弟两函、澄弟一函，俱悉一切。符卿侄之次子殇亡，家中丁口不旺，殊深焦虑。

　　兄自十一月发眩晕后，每日服药一帖，服二十余日而停止。刻下眩晕未发，而左目甚蒙，恐又将如右目之废视。饭量少减，间食面条、薄饼之类，以换味而利脾。内人近无所苦，阖家大小平安。

　　澄弟汇督销局之银三千，不知已收到否？闻吾乡银钱奇窘。不练团，则有事难于应变；常练团，则中广难于捐资。此中大费斟酌，两弟为一邑之望，此等处

颇难措手。

　　兄自患目病，肝郁日甚，署中应治之事，无一能细心推求。居官则为溺职之员，不仕又无善退之法，恐日趋日下，徒为有识所指摘耳。惟望兄弟各善调摄，异日相见，尚各康强为幸。

十二月二十一日

　　【译文】

澄、沅弟左右：

　　接连收到沅弟的两封信、澄弟一封信，都知道了。符卿侄子的次子夭折了，家中人丁不兴旺，很是焦虑。

　　我从十一月出现眩晕后，每天服药一帖，服用了二十多天停用。眼下眩晕没有发作，但左眼看东西更是模糊，恐怕又要像右眼一样不能看东西了。饭量减少，有时吃面条、薄饼一类的，用来换换口味也有利于脾脏。内人近来没怎么受苦，全家大小平安。

　　澄弟汇去的督销局银子三千两，不知是否已经收到？听说我们乡银钱奇缺。不办团练，那么出事难于应变；常办团练，那么中广又难于捐献资财。这其中是大费斟酌，两位弟弟作为一地有声望的人，这些地方很难筹办的。

　　我自从眼睛患病，肝脏郁结日甚一日，官衙中应办的事，没有一一细心办理。做官是渎职之人，不走仕途又没有好的退身之法，恐怕是每况愈下，白白地让有识之士指摘。只希望兄弟各自善于调理，他日相见，还能各自康健为最好。

十二月二十一日

卷二　治军为政篇

禀军中要务

【原文】

男国藩跪禀父亲大人万福金安：

二十二日接到十九日慈谕，训戒军中要务数条。谨一一禀复：

一、营中吃饭宜早，此一定不易之理。本朝圣圣相承，神明寿考，即系早起能振刷精神之故。即现在粤匪暴乱，为神人所共怒，而其行军，亦系四更吃饭，五更起行。男营中起太晏、吃饭太晏，是一大坏事。营规振刷不起，即是此咎，自接慈谕后，男每日于放明炮时起来，黎明看各营操演。而吃饭仍晏，实难骤改，当徐徐改作未明吃饭，未知能做得到否。

一、扎营一事，男每苦口教各营官，又下札教之。言筑墙须八尺高，三尺厚；濠沟须八尺宽，六尺深；墙内有内濠一道，墙外有外濠二道或三道；濠内须密钉竹签云云。各营官总不能遵行。季弟于此等事尤不肯认真，男亦太宽，故各营不甚听话。岳州之溃败，即系因未能扎营之故。嗣后当严戒各营也。

一、调军出战，不可太散。慈谕所戒，极为详明。昨在岳州，胡林翼已先至平江、通城，屡禀来岳请兵救援，是以于初五日遣塔、周继往。其岳州城内王璞山有勇二千四百，朱石樵有六百，男三营有一千七百。以为可保无虞矣，不谓璞山至羊楼司一败，而初十开仗，仅男三营与朱石樵之六百人，合共不满二千人，而贼至三万之多，是以致败，此后不敢分散。然即合为一气，而我军仅五千人，贼尚多至六七倍，拟添募陆勇万人，乃足以供分布耳。

曾国藩像

一、破贼阵法，平日男训戒极多，兼画图训诸营官。二月十三日，男亲画贼之莲花抄尾阵。寄交璞山，璞山并不回信；寄交季弟，季弟回信言贼了无伎俩，并无所谓抄尾阵；寄交杨名声、邹寿璋等，回信言当留心。慈训言当用常山蛇阵法，必须极熟极精之兵勇乃能如此。昨日岳州之败。贼并未用抄尾法，交手不过一个时辰，即纷纷奔退。若使贼用抄尾法，则我兵更胆怯矣。若兵勇无胆无艺，任凭好阵法。他也不管，临阵总是奔回，实可痛恨。

一、拿获形迹可疑之人，以后必严办之，断为姑息。

以上各条，谨一一禀复，再求慈训。

男谨禀　三月二十五日己刻

【译文】

男国藩跪禀父亲大人万福金安：

二十二日接到十九日慈谕，训戒我在军中要务数条。谨一一禀复：

一、营中吃饭应早，这是一个一定不变的道理。本朝各位圣上相承袭，有如神明且获高寿，就是因早起能振作精神的缘故。就是现在粤匪暴乱，为神人所共怒，而他们行军，也是四更饭，五更出发行军。儿男营中起得太晚，吃饭太晚，是一件大坏事。营规振作不起来，就是这一罪咎所造成。自接大人慈谕后，儿男每天在放明炮时起床，黎明看各营操练。而吃饭仍晚，实在难于骤然改变，我会慢慢改做天色未明就吃饭，不知能做得到否。

一、扎营一事，儿男常常苦口教各营官，又下札教他们，说筑墙需要八尺高，三尺厚；壕沟需挖八尺宽，六尺深；墙内挖有一道内濠，墙外有外濠二道或三道；壕内还需要密密地钉上竹签云云。各营营官不能遵照执行。季弟对这等事尤其不肯认真对待，儿男也太宽容，所以各营不十分听话。岳州的溃败，就是因为未能扎营的缘故。以后当严格训诫各营。

一、调兵出战，不可太分散。大人慈谕所训诫的，极为详明。昨日在岳州，胡林翼已先到了平江、通城，屡次禀告来岳州请兵救援，因此在初五日派遣塔、周相继前往。岳州城内王璞山有兵勇二千四百人，朱石樵有六百人，儿男三营有一千七百人。以为可保无虑了，不料璞山在羊楼司一败，而初十日开仗，仅儿男三营与朱石樵的六百人，合兵共不竭二千人，而贼兵达三万之多，因此打了败仗。此后不敢再分散兵力。然而即使合成一军，我军也仅五千人，贼还是多至六七倍。准备添募陆勇万人，才够用来供分布。

一、破贼阵法，平日里儿男训诫极多，兼画图教训诸位营官。二月十三日，儿男亲画贼军的莲花抄尾阵。寄交璞山，璞山并不回信；寄交季弟，季弟回信说贼军全无伎俩，并说无所谓抄尾阵；寄交杨名声、邹寿璋等，回信说应留心。大人慈训说当用常山蛇阵法，但必须有极熟练极精强的兵勇才能如此。昨日岳州之败，贼军并未用抄尾法，交手不过一个时辰，我军就纷纷奔退。如让贼用抄尾阵法，则我兵更加胆怯了。如兵勇无胆量无技艺，任凭什么好阵法，他们也不管，临阵总是奔逃，实在可痛恨。

一、捉获形迹可疑的人，以后一定严办，决不姑息。

以上各条，谨一一禀复，再求慈训。

男谨禀　三月二十五日己刻

塔副将在潭大胜

【原文】

澄、温、沅三位老弟足下：

初四日午刻安五等来，接到家信，俱悉一切。父大人声色不动，毫无惊怖，实我辈所万不能及。

贼于二十七早辰刻破湘潭，即刻分股窜至朱亭、渌口、朱洲一带掳大河及一宿河之船，又分股窜至湘乡掳涟江之船。二十八早，塔副将在潭大获胜仗，踏破贼营三座，烧毁木城一座，杀贼至六百余人。是夜贼又筑营垒。二十九日，塔副将与大战二次。初次烧贼营二座，杀贼七百人。二次真长发老贼拚命出战，塔将又大胜，杀贼千余。初一、初二皆大战，官兵大捷五仗。共杀贼至四千人，三日连破贼营三次。至第四日，贼不敢筑营矣。凡自贼中逃出者，皆言自广西起事以来，官兵从无此非常之胜。褚太守、彭玉麟、杨载福、邹世琦至湘潭水战。自初一日黎明起至初三止，烧毁贼船至七百余号之多，亦为近来所仅见。

现在湘潭贼势甚为穷蹙。若能破城，剿灭此股，则靖江以下之贼、朱亭以上之贼皆为易办。湘潭大战之时，贼调回湘乡一枝兵，我县得以无恙，我家得以安全，皆塔副将之功也。

所可恨者，吾于初二日带水师五营、陆勇八百至靖江攻剿贼巢，申刻开仗，仅半顿饭久，陆勇奔溃，水勇亦纷纷奔窜。二千余人，竟至全数溃散，弃船炮而不顾，深可痛恨！惟钓钩子未出队者。略存子药炮位，而各水手亦纷纷尽散。红船之水手仅存三人，余船竟无一水手，实为第一可怪之事。刻下兄已移寓妙高峰，留数百陆勇护卫。如使湘潭一股竟就扑灭净尽，则天下事大有可为；若湘潭贼不遽灭，则贼集日众，湖南大局竟多棘手之处。尽人事以听天，吾惟日日谨慎而已。余俟续布。

兄国藩草　四月初四夜

【译文】

澄、湿、沅三位老弟足下：

初四日午时安五等人来，接到家信，详悉一切。父亲大人不动声色，毫无惊怖，实在是我辈所万不能及的。

贼兵于二十七日早晨时攻破湘潭，立刻分股窜到朱亭、渌口、朱洲一带掳掠大河以及一宿河的船只，又分股窜到湘乡掳掠涟江的船只。二十八日早晨，塔副将在湘潭大获胜仗，踏破贼营三座，烧毁木城一座，杀贼六百余人。这天夜里，贼又筑营垒。二十九日，塔副将与他们大战二次，初次烧贼营二座，杀贼七百人。二次是真留长发的老贼拼命出战，塔副将又获大胜，杀贼千余。初一、初二

日都大战，官兵大捷五仗，共杀贼四千人。三日连破贼营三次。到第四日，贼兵不敢筑营了。凡是从贼营中逃出来的人，都说自广西起事以来，官兵从无这样的非常之胜仗。褚太守、彭玉麟、杨载福、邹世琦至湘潭水战，自初一日黎明起至初三日止，烧毁贼船达到七百余号之多，也是近来所仅见的。

现在湘潭贼势很是穷蹙。如能破贼，剿灭这股贼兵、则靖江以下的贼兵，朱亭以上的贼兵都容易对付。湘潭大战时，贼调回湘乡的一支军队，我县得以无恙，我家得以安全，都是塔副将的功劳啊。

所可恨的，我于初二日带水师五营，陆勇八百到靖江攻剿贼巢，申刻开仗，仅半顿饭之久，陆勇就崩溃了，水勇也纷纷逃窜。二千多人，竟然全部溃散，丢弃船炮而不顾，深可痛恨！唯有钓钩子未离队的，稍稍保存子药炮位，而各船水手也纷纷散尽。红船的水手仅存三人，其余船只竟然不剩一个水手，实在是第一等可怪的事。时下为兄已移居妙高峰，留数百名陆勇护卫。如使湘潭这一股贼兵终被扑灭干净，则天下事还大有可为；如湘潭贼兵不能马上消灭。则贼兵聚集日渐增多，湖南大局终会多有棘手之处。尽人事以听天命，我只有天天谨慎而已。余待续布。

兄国藩草　四月初四日夜

告各地胜败军情

【原文】

澄侯、温甫、子植、季洪四位老弟左右：

十四日刘一、名四来，安五来，先后接到父大人手谕及洪弟信，俱悉一切。

靖江之贼现已全数开去，窜奔下游，湘阴及洞庭皆已无贼，直至岳州以下矣。新墙一带土匪皆已扑灭，惟通城、崇阳之贼尚未剿净，时时有窥伺平江之意。湘潭之贼，在一宿河以上被烧上岸者，窜至醴陵、萍乡、万载一带。闻又新裹胁多人，不知其尽窜江西，抑仍回湖南浏、平一带。如其回来，亦易剿也。安化土匪现尚未剿尽，想日内可平安。

吾于三月十八发岳州战败请交部治罪一折，于四月初十日奉到朱批"另有旨"。又夹片奏初五邹国彫被火烧伤、初七大风坏船一案，奉朱批"何事机不顺若是，另有旨"。又夹片奏探听贼情各条，奉朱批"览其片已存留军机处矣"。又有廷寄一道、谕旨一道，兹抄录付回。十二日会同抚台、提台奏湘潭、宁乡、靖江各处胜仗败仗一折，兹抄付回。其折系左季高所为。又单衔奏靖江战败请交部从重治罪一折。又奏调各员一片，均于十二日发六百

湘军记　清

里递去，兹抄录寄家呈父、叔大人一阅。兄不善用兵，屡失事机，实无以对圣主。幸湘潭大胜，保全桑梓，此心犹觉稍安。现拟修整船只，添招练勇，待广西勇到、广东兵到再作出师之计。而饷项已空，无从设法。艰难之状，不知所终！人心之坏，又处处使人寒心。吾惟尽一分心作一日事，至于成败，则不能复计较矣。

魏荫亭近回馆否？澄弟须力求其来。吾家子侄半耕半读，以守先人之旧，慎无存半点官气。不许坐轿，不许唤人取水添茶等事。其拾柴收粪等事，须一一为之；插田莳禾等事，亦时时学之。庶渐渐务本而不习于淫佚矣。至要至要，千嘱万嘱。

兄国藩草　四月十四日

【译文】

澄侯、温甫、子植、季洪四位老弟左右：

十四日刘一、名四来，安五来，我先后接到父亲大人手谕及洪弟的信，详悉一切。

靖江的贼兵已全部开走，窜奔下游，湘阴和洞庭都已无贼，直到岳州以下都如此。新墙一带的土匪都已被扑灭，唯有通城、崇阳的贼兵还未剿灭干净，而且时时有窥伺平江的意思。湘潭的贼兵，在一宿河以上被烧船上岸的，窜到酸陵、萍乡、万载一带，听说他们又裹胁很多人，不知道他们是全部窜至江西，还是仍回湖南浏阳、平江一带。如他们回来，也容易剿灭。安化的土匪现在还未剿尽，想近日内就可平安。

吾在三月十八日所发关于岳州战败请交刑部治罪的一道奏折，于四月初十日迎奉到圣上朱批"另有旨"。又夹片奏初五日邹国彭被火烧伤、初七日大风吹坏船只一案，迎奉到朱批"何事机不顺若是，另有旨"。又有夹片奏探听贼情各条，迎奉到朱批"览其片已存留军机处矣。"又有廷寄一道，谕旨一道，现都抄录寄回。十二日会同抚台、提台上奏湘潭、宁乡、靖江各处打胜仗、败仗的一道奏折，现抄录寄回。这道折子是左季高所写。又我个人具衔奏靖江战败请交刑部从重治罪的一道折子，又奏调各位官员的一个夹片，都于十二日发给六百里急递送京。现抄录寄回家中，呈上父亲大人、叔父大人一阅。为兄不善于用兵，屡失时机，实在无颜以对圣主。幸而湘潭大胜，保全家乡，这颗心才觉得稍稍安定。现准备修整船只，添招练勇，等广西兵勇、广东兵来到后再作出师的计划。而饷银已空，无从设法。艰难的情况，不知何时终了！人心的败坏，又处处让人寒心。我只是尽一分心做一日事，至于成败，则不再能计较了。

魏荫亭近来回学馆了吗？澄弟必须尽力求他来。我家子侄半耕半读，恪守祖先的旧规，注意不存半点官气，不许坐轿，不许唤人为自己倒水添茶等事。捡柴拾粪等事，也必须一一做到。插秧锄地等事，也要时时学做。以便渐渐务农而不至溺于淫逸。至要至要，千嘱万嘱。

兄国藩草　四月十四日

湖北失守

【原文】

澄、温、沅、季四弟左右：

十三日接塔军门信，知湖北又于六月初二失守，官勇全溃奔来南。南省经费支绌，周济为艰。彭、杨水师于十三日起行，褚、夏今日可起行，余与陈镇台须月底乃可行也。余不一一。夏憩亭于十三日赴四川按察任矣。

　　　　　　　　　　　　　　　　　兄国藩手草　七月十四日

【译文】

澄、温、沅、季四弟左右：

十三日接到塔军门信，知道湖北又于六月初二日失守，官员兵勇全都溃散奔逃到湖南来。湖南省经费入不敷出，周济十分艰难。彭、杨水师于十三日出发，褚、夏今天也可出发，我和陈镇台要等月底才能出行。余不一一。夏憩亭于十三日赴四川按察使任去了。

　　　　　　　　　　　　　　　　　兄国藩手草　七月十四日

东南大局数日可定

【原文】

澄侯、温甫、子植、季洪四弟足下：

安五至，接到家书，俱悉一切。

自十八日一战后，二十一日陆路开仗，小有挫创。诸殿元阵亡，千总刘士宜阵亡，余兵勇伤亡二十余人，贼亦歼毙数十人。二十六日，贼从湖北纠集悍贼二万人，由临湘陆路前来，意欲扑塔周、罗山等之营盘。陆路既得，水军自然失势，拼拼死攻扑，满止满坑无非黄旗红巾，比三月初十人数更多。幸罗山之湘勇得力，将头起杀退。以后如周凤山之营、杨名声之营亦俱奋勇，杀贼共七八百名。此股贼来甚多，必有屡次血战。东南大局，在此数日内可定。如天之福，陆路得获大胜，水路亦可渐次壮盛也。带水师者，有战阵之险，有风波之苦，又有偷营放火之虑，时时提防，殊不放心。幸精神尚好，照料能周耳。

霞仙定于本月内还家。渠在省实不肯来，兄强之使来。兵凶战危之地，无人不趋而避之。平日至交如冯树堂、郭云仙等尚不肯来，则其他更何论焉！现除李次青外，诸事皆兄一人经理，无人肯相助者，想诸弟亦深知之也。甄甫先生去年在湖北时，身旁仅一旧仆，官亲、幕友、家丁、书差、戈什哈一概走尽，此亦无足怪之事。兄现在局势犹是有为之秋，不致如甄师处之萧条已甚。然以此为乐地，而谓人人肯欣然相从，则大不然。

兄身体如常，癣疾不作，乞告禀父、叔大人千万放心。

　　　　　　　　　　　　　　　　　兄国藩顿首　七月二十七日

好茶叶望寄数斤来

【译文】

澄侯、温甫、子植、季洪四弟足下：

安五到来，接到家信，详悉一切。

自十八日一战后，二十一日陆路开仗，受到小小挫败创伤。诸殿元阵亡，千总刘士宜阵亡，其余兵勇伤亡二十余人，贼兵也被歼毙数十人。二十六日，贼党从湖北纠集悍战贼兵二万人，由临湘陆路前来，意思是想扑塔、周、罗山等营

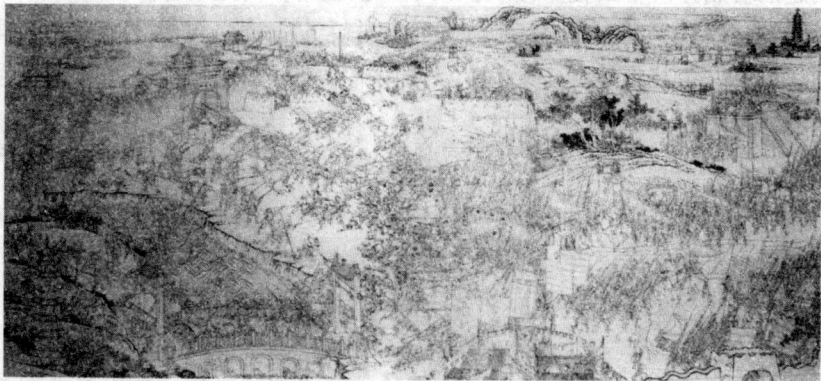

金陵各营获捷图　清

盘。陆路既已得到，水军自然失势，拚死攻扑，满山满坑无处不是黄旗红巾，比三月初十日人数更多。幸而罗山的湘勇得力，把头一起贼兵杀退。以后如周凤山的营盘、杨名声的营盘也都奋勇作战，杀死贼兵七八百名。这股贼兵来得很多，必定会有屡次血战。东南大局，在这几天内可以安定。如老天降福，陆路能获大胜，水路也可渐渐壮盛。带领水师的，有战阵的风险，有风波的艰苦，又有偷营放火的忧虑，时时提防，极不放心，幸而我精神还好，还能照料周到。

霞仙定在本月内回家。他在省城本不肯来，为兄强使他来。兵凶战危之地，没有人不赶快逃避的。平日里至交如冯树堂、郭云仙等尚且不肯来此，则其他人更不必说。现有除李次青外，诸种事务都是为兄一人办理，无人肯相助，想来诸弟也深深知道这一点。甄甫先生去年在湖北时，身旁仅有一个旧仆人，官亲、幕友、家丁、书差、戈什哈一律走光，这也是不足为怪的事。为兄现在的局势仍是可有作为之秋，不至于如甄师所处那么萧条已极。然而把这里当作乐园，而认为人人都肯欣然相从，则大不然。

为兄身体如常，癣病未发，请告禀父亲、叔父大人千万放心。

兄国藩顿首　七月二十七日

好茶叶希望能寄几斤来。

营中如常望多寄信来

【原文】

澄侯、温甫、子植、季洪老弟足下：

十月初一日宽十等归，寄一函，县城专差来，又寄一家信，想均收到。

营中日内如常。周凤山九江陆军三千余人尚属整顿。次青在湖口，因分去千三百人往剿吉安，刻拟添募五百人，以厚兵力。吉安之事，闻周臬台带千人已至，或足以资剿办。罗山在羊楼峒，二十六获胜后，尚无嗣音。

兹因春二串病，维五送之还家，复寄数行，以慰堂上老人悬念。罗山在岳、鄂间军气单弱，余甚不放心。家中上而衡、郴，下而岳、平，均多可虞，望多送信几次来大营也。

兄国藩　十月十九日早于屏风水次

【译文】

澄侯、温甫、子植、季洪老弟足下：

十月初一日宽十等回家乡，带寄一信，县城派专差来此，又带寄一封家信，想都已收到。

营中近来如常。周凤山九江陆军三千余人还在整顿之中。李次青在湖口，因为分走一千三百人往吉安剿匪，准备马上添募五百人，用来加强兵力。吉安的事，听说周臬台带领千人已经赶到，或者足够剿办匪寇。罗山在羊楼峒，二十六日获胜后，还没有新消息。

现因春二病，维五送他回家，我又让他们带寄数行字的信，宽慰堂上老人的悬念。罗山在岳州、武昌之间兵力单弱，我很不放心。家中上到衡州、郴州，下到岳州、平江，都有很多可忧之处，希望多送几次信到我大营里来。

兄国藩　十月十九早书于屏风水次

带勇勿存畏难之念

【原文】

澄侯、温甫、子植、季洪四位老弟左右：

十月二十八日在十等到营，接奉父亲大人手谕、纪泽儿禀件及儿侄外甥等寿诗，俱悉一切。

澄弟在朱亭带勇，十八九可以撤营，欣慰之至。兵凶战危，一经带勇，则畏缩趋避之念决不可存。兵端未息。恐非二三年所能扫除净尽，与其从事之后而进退不得自由，不如早自审度，量而后入，想诸弟亦必细心筹维也。

南康水师，二十八日开仗一次，失长龙船一号。九江陆军相持如故。李次青在湖口亦未开仗。黄莘农先生今年为我军办理捐输，已解银六十余万两，未收者尚有二十余万。水陆兵勇自入江西境内，已用口粮百余万。此项捐款，实为大宗。目下捐款将次用毕。莘翁又接办盐务，盐务之可以筹饷者有二端：一则四月间奏请浙盐三万引，现在陆续运行，大约除成本外，可获净利十万两；一则于江

西饶州、吴城、万安、新城四处设卡，私盐过境，酌抽税课，大约每月亦可得银万余两。若此两举刻期办齐，则明年军饷竟可无虑。黄司寇之为功于我军者大矣。浙江盐务，先须成本十余万，现请郭云仙往浙一行，张罗本钱，虽未必有济，姑试图之。

罗山自入湖北境内克复崇、通后，忽有濠头堡之挫，旋于二十六日、初三日两获大胜，军威大振。伪北王、伪翼王俱上犯岳、鄂之交，楚事孔棘。乃十月初二早，庐州克复，杀贼近万，官兵即日可捣安庆，上游之贼均须回救安省，韦、石二逆或俱退回下游。两湖之事，近日必可渐松。此吾省之福，而亦国家之厚泽，冥冥中巧为布置，使悍贼不得逞志于两湖也。

兄身体如常，癣疾未愈。昨日系先妣七旬晋一冥寿，军中不得备礼以祭，负罪滋深。莘翁自省来营，商议盐事，军中亦无盛馔款之，故未将冥寿之期告之也。余不一一。

兄国藩手草　十一月初四日于南康府水营

【译文】

澄侯、温甫、子植、季洪四位老弟左右：

十月二十八日在十等人来营中，接奉父亲大人手谕、纪泽儿禀件及子侄外甥等祝寿诗，详悉一切。

澄弟在朱亭带领兵勇，十八九日可以撤营，我欣慰之至。兵是凶器；战是危事，一旦带领兵勇，则畏缩逃避的念头决不能存在。兵端不息，恐怕不是二三年所能扫除干净的，与其从事带领兵勇之后而进退不得自由，还不如及早自己考虑清楚，量才而后入，想来诸弟也一定细心筹划过了。

南康水师，二十八日开了一仗，失去长龙船一号。九江陆军与敌人相持如前。李次青在湖口也未开仗。黄莘农先生今年为我军办理捐输，已解送银子六十余万两，未收到的还有二十余万两。水陆兵勇自进入江西境内，已耗用口粮百余万。这项捐款，实在算得上是大宗了。眼下捐款将要用完，莘翁又接办盐务。盐务可以用来筹办饷银的有两种方法：一是四月间奏请到浙盐三万引，现在正陆续运行，大约除成本以外，可获得净利十万两；一是在江西饶州、吴城、万安、新城四处设关卡，私盐运输过境，都要酌情抽取税课，大约每月也能得到万余两白银。如果这两项举措按期办齐，那么明年的军饷就可不必忧虑。黄司寇之有功于我军者太大了。浙江盐务，必须先有成本十余万两，现在请郭云仙前往浙江一趟，张罗本钱，虽然未必能成，姑且让他尝试着办。

罗山自从进入湖北境内克复崇、通后，忽然遇到濠头堡的挫败，紧接着又在二十六日、初三日两次获得大胜，军威大振。伪北王、伪翼王都逆流而上进犯岳州、武汉之间，湖北军事形势极为复杂。而十月初二日早晨，庐州被我军克复，杀死贼匪近万人。官兵马上可直捣安庆，上游的贼兵都需要回救安徽省，韦、石二逆或者都会退回下游。两湖的形势，近日来必定可以渐渐松弛。这是我省的福分，也是国家的丰厚德泽在冥冥之中巧为布置，使悍贼不能在两湖逞志。

为兄身体如常，癣病未愈。昨日是亡母七十一岁冥寿，我在军中不能备礼祭祀，负罪越深。莘翁从省城来营中，商量浙江盐务的事，军中也没有丰盛的菜肴可款待他，所以没有把母亲冥寿的日子告诉他。余不一一。

兄国藩手草　十一月初四日于南康府水营

贺沅弟移新宅

【原文】

澄侯、沅浦两弟左右：

十四日发信后，十五日接弟信，知沅弟初一日移新宅，贺贺。吾弟以孝友之本，立宏大之规，气魄远胜阿兄。或者祖父之泽，得吾弟而门乃大乎？余之贺礼：御赐福字一个（即去冬所赏者），红缎对一副，书十种（现尚未配定），兰十盆（愿弟之子孙众多也）。明年正月再专妥人送回。

此间日内警报频闻，援贼四眼狗纠合捻匪宫瞎子带五六万人来援，鲍超扎小池驿御之，已在太湖之前四十里。蒋之纯扎龙家凉亭，多都护扎新仓，相去各十里内外。二十二日开仗，我军先获大胜，穷追二十余里，因遇伏而小挫。伤亡若干，现尚未得确信。太湖城外留唐义渠一军三千四百人，太形单薄。余派前帮十营六千人前往助扎（朱、唐三营，湘后三营，振、岳、嘉、务四营），派朱云岩、李申夫统领（朱管战守，李管禀报），不知前敌多、鲍等军果站得住否？余在宿松身边仅四千三百人，除吉中、吉左之外均不甚可恃，心殊焦灼。萧浚川奉旨调赴黔蜀，希闇亦以母病不来。此间统将乏人，不知所以为计。前札调朱惟堂招勇五百前来，顷渠亦禀假不能遽来，望弟催之速来。至要至要。祖父母地已买得否？若未得，望弟即来营也。

余癣疾大发，为十余年所仅见，夜不成寐，幸温书未甚间断耳。顺问岁祺。

兄国藩手草　十二月二十四日辰正

并叩叔父母大人万福，兼问新禧。

【译文】

澄侯、沅浦两弟左右：

十四日发出信后，十五日接到弟来信。知道沅弟初一搬入新宅，贺贺。我弟以孝友为本，立规宏大，气魄远胜过为兄，或者是祖父的辉泽，因我弟而使门户发扬光大。我的贺礼有御赐福字一个（即去冬所赏赐的），红缎对一副，书十种（现在还未配齐），兰花十盆（愿弟的子孙众多）。明年正月再派专人送回。

这里近日警报不断，伪英王联合捻军宫瞎子带领五六万人来救援。鲍超驻扎在太湖之前四十里的小池驿防御。蒋之纯驻扎在龙家凉亭，多都护驻扎在新仓，相距各在十里左右。二十二日开仗，我军先获大胜，穷追二十多里，由于遇伏小败，伤亡若干人，现在还未有确切消息。太湖城外只留下唐义渠一军三千四百人，势力单薄，我派前部十营前往援助（朱、唐三营，湘后三营，振、岳、嘉、务四营），派朱云岩、李申夫统领（朱负责军务，李负责禀报），不知道前敌多、

鲍各军能否站得住脚？我在宿松，身边仅有四千三百人，除吉中、吉左两营之外，其余都不可依靠，心里很焦急。萧浚川奉旨调往贵州、四川，希庵也因母病未来。这里将领缺人，不知如何安排为好。前次公文调朱惟堂招集兵勇五百人前来，接着他又来信请假不能很快就来，望弟催他速来。至要至要。祖父母的地是否已买好？若未买好，望弟立即来营。

我的癣疾大犯，为这十几年来最厉害的一回，夜不成寐。幸亏读书还没什么间断。顺问岁祺。

兄国藩手草　十二月二十四日辰正

并叩拜叔父、叔母大人万福，兼问新禧。

沅弟来时可带纪泽来

【原文】

澄侯、沅浦两弟左右：

除夕接两弟腊月十二家书并纪泽儿一禀，欣悉家中四宅平安。惟叔父病未痊愈，至以为念。

沅弟移居后，新屋气象闻尚宏敞，不知居之俱适意否？凡屋有取直光者，有取斜光者，有取反光者。闻新屋极高而天井不甚阔，则所取皆直光矣。未、申以后，内室尚不黑暗否？装修及制器皿二事殊不易易，颇有头绪否？余在此望沅弟来甚切，而恐弟应办之三事皆未办妥，未也遽催也。

前敌多、鲍、蒋三军自腊月二十二大战后，贼于二十四、六等日包围鲍营，二十七日遂长围鲍营，层层包裹。霆左营四面皆合，水米文报不通。幸顿定心窝子，坚守几日，二十九日贼解围，少退五里以外。除日多都护另派精选前营扎于霆左营之垒，而令霆左弁勇暂入鲍之中军休息数日。从此前敌应稍安稳矣。

余自去冬以来癣疾大发，目蒙异常，而工课及应办之事未甚间断。今新年军事紧急，少为将息，除公事外不敢多作一事也，纪泽儿所论八分不合古义。至欲来营省觐，余亦思一见。沅弟来时可带纪泽来，展谒一次，住营一月，专人送归。牧云坠马，右手尚未痊愈。季弟在界牌石一切平安，余日日与之通信。兹将季信付回（内季寄余信四件，季寄家信四件）。顺问近好。

兄国藩手草　正月初四日

【译文】

澄侯、沅浦两弟左右：

除夕接到两弟腊月十二日家书和纪泽儿的来信，欣悉家中四宅平安。只是叔父的病还未痊愈，至以为念。

沅弟搬家后，新房听说很敞亮宽大，不知住着是否如意。房屋采光有的是直光，有的是斜光，有的是反光。听说房屋极高而天井不太宽阔，采光就是直光。未时、申时内屋还不至于太暗吧？装修房屋和购置用具这两件事也很不容易，都有头绪了吗？我这里急着等沅弟来营，但又恐你应办的三件事都未办好，也不敢太催。

前线上多、鲍、蒋三军自从腊月二十二日大战后，敌军于二十四日、二十六日包围了鲍营，二十七日开始长围，层层包围。霆左营已被四面合围，水米情报书信都已断绝。幸亏心中安定，坚守了几天，二十九日敌军解围，退到五里地以外去了。除夕时多都护又精选前营派往霆左营驻扎，而命令霆左营的兵勇暂时转入鲍营中军休整数日。这样前线上应稍微安稳一些。

我自从去年冬天以来癣疾大发作，眼睛也模糊异常，而工课和应办的公事都没有间断。新年以后军情紧张，稍微休息。除开公事之外，再不敢多作一件事。纪泽儿所说的"八分"不符合古时原义。至于要来军中探亲，我也很想和他见一见。沅弟来时可以带纪泽一起来。拜见一次，在营中住上一个月，再派专人送回。牧云从马上摔下，右手还没有痊愈。季弟在界牌石一切平安，我天天和他通信。现将季信带回（内有季弟寄给我的信四封，寄回家的信四封）。顺问近好。

兄国藩手草　正月初四日

杭城已于三日克复

【原文】

澄侯、光浦两弟左右：

三月十八日接二月二十五日沅弟一信，得悉四宅平安。

此间自初十日闻浙江被围之信，十三日闻失守之信，寸心焦灼，全军为之警扰。一则恐有援浙之行；二则大局一坏，一木难支。所谓一马之奔无一毛而不动，一舟之覆无一物而不沉也。兹幸于十八日接张筱浦先生来信，杭城于三月三日克复，欣慰无极。特专人驰告家中，亦以慰陈作梅将母之怀。前有信嘱沅弟来营，或酌募一二营带来，兹浙事既已平定，此间即不必再添营头。沅弟信中意于今冬谋为蝉蜕之计，尤可不必再行添募。盖凡勇皆服原募之人，不甚服接带之人，多一营头，则蝉蜕时多一番纠结也。

澄弟三月十一日果移居否？寄云赠沅弟四物，少荃寄《经籍撰诂》，统俟弟来营再交。即问近好。

兄国藩手草　三月十九日

【译文】

澄侯、沅浦两弟左右：

三月十八日接到二月二十五日沅弟一信，得悉四宅平安。

这里自从初十听到浙江被围的消息，十三日听说已经失守，非常焦虑，全军也为之惊扰。一则是恐怕

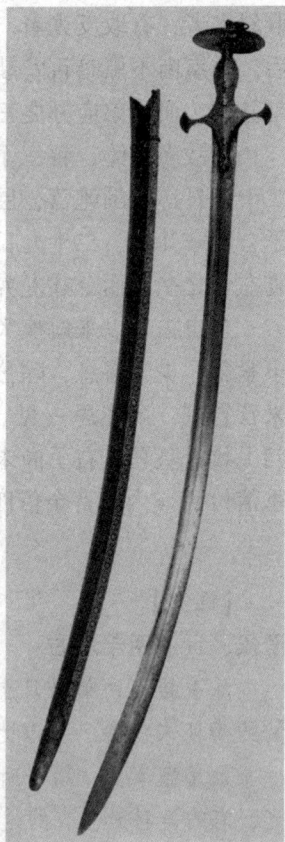

清代从国外传入的战刀

有援救浙江之行，二则大局一坏，独木难支。即所谓一马之奔无一毛而不动，一舟之覆无一物而不沉。现幸亏于十八日收到张筱浦先生来信，杭州城已于三月三日收复，欣慰无限。特此派专人驰赴家中转告，也以此安慰陈作梅怀念母亲的安危。上次信中嘱咐沅弟来营时，或者酌情招募一二营兵带来，现在浙江事既已平安，这里就没必要再添营头了。沅弟信中表示在今年冬天准备退役，那就更不必再添募兵勇了。凡是兵勇一般只服从原来征募的将领，不大服从后来接管的人，多一个营头，那么退役时就多一番麻烦。

澄弟三月十一日是否已移居。寄云赠送沅弟的四种礼物，少荃寄来的《经籍撰诂》都等弟来营时再交付。即问近好。

兄国藩手草　三月十九日

建德敌屡为我创

【原文】

沅弟左右：

昨日专戈什哈送信，风大，不知能渡江否？今日风狂如故。水涨自初十起，至今已涨高六尺，四眼狗已渡河回怀宁否？建德之贼，即系池州一股，刘官方为主将，古、赖为佐将，曾在羊栈岭及历口、箬坑等处，屡为我军所创。如左军不能迅回景镇一带，将来趁云岩回祁之时，调唐、沈诸营与朱会剿。如此大水，弟处围师尽敷，竟可不必借他军之力矣。

瑞州初二之败，省城大震。然李金旸叛去之说，吾尚不深信，盖张光照未战先逃，恐其架言以诬人也。顺问近好。

四月十七日

【译文】

沅弟左右：

昨天专派戈什哈送信，风大，不知能否渡江？今日风狂如故。自初十起至今江水已涨六尺，伪英王是否已渡河回怀宁？建德敌军，就是池州一股，刘官方为主将，古、赖为佐将，曾在羊栈岭及历口、箬坑等处，多次被我军打败。如左军不能迅速回到景镇一带，将来趁云岩回祁之时，调唐、沈诸营与朱共同进剿。如此大水，弟处的围攻兵力已足够，完全可不必借他军之力。

瑞州初二的败仗，震惊省城。然而李金旸叛变的说法，我还不太信，张光照未战先逃，恐怕也是谎话诬陷。顺问近好。

四月十七日

初三日黟县失守

【原文】

沅弟左右：

昨日得信，贼破漳岭而入，初三日黟县失守。余不肯弃三县，恐诸将自弃之矣。幸云岩于初四日已赶到家，或能保住祁门亦未可知。余日内愁闷，可令二甥

来此见我，或轮替来亦可。顺问近好。

五月初八日辰刻

【译文】

沅弟左右：

昨天接到你的信，得知贼已破漳岭而入，初三那天黟县失守。我不肯放弃三县，恐怕是诸将领自己放弃的。幸亏云岩于初四那天已赶到家，是否能保住祁门也不知道。我近日愁闷，可让两个外甥来这里看看我，或轮流来也可以。顺问近好。

五月初八日辰时

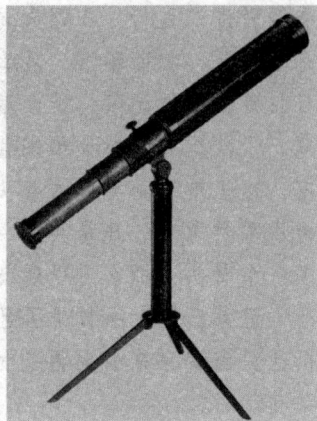

望远镜　清

慎以图之六月即可克安庆

【原文】

沅弟左右：

初二早接初一未刻一缄，知菱湖两岸贼垒十八座一律荡平，欣悉无已。从此慎以图之，六月上半月定可克复。

兄疮痒且痛，难于作字，手此贺喜。即候近好。

六月初二日辰刻

【译文】

沅弟左右：

初二早晨接到弟弟初一未时的来信一封，得知菱湖两岸贼营十八座被一扫而平，欣然无比。从今以后，谨慎作战，六月上半旬定可克复安庆。

我的疮病既痒又疼，写字都很困难，书此信贺喜，顺问近好。

六月初二日辰时

此时以围攻安庆为要

【原文】

沅弟左右：

二十日未刻周万倬来，请示弟札饬嘉字营移萧家嘴，渠是否应赴枞阳？余谓枞阳尽可不去，此时自以围攻安庆为要。第萧家嘴闻在后濠之外，不知嘉字一营能站得住否？若临时站不住，则摇动众心，弟再酌之。兴国、大冶皆已克复，鄂之南岸已无一贼。鲍公于十八日自武穴回，至九江有禀来请示，或援怀、桐，或援德、建。余昨夜批令径捣建昌县矣。顺问近好。

六月二十日未初

【译文】

沅弟左右：

二十日未时周万倬来这里，请示弟弟要整顿嘉字营，移到萧家嘴，他是否应

该赴枞阳？我说枞阳尽可以不去，现在最要紧的是围攻安庆。听说萧家塥在后濠之外，不知一个嘉字营能不能站得住？如果临时站不住，则会动摇军心，请弟弟再斟酌一下。兴国、大冶都已克复，鄂南岸已经没有一个贼。鲍公于十八日自武穴回，到九江后曾有禀文请示，或去援怀、桐，或去援德、建。我昨夜给他的批令是直捣建昌县。顺问近好。

六月二十日未初

弟军仍须坚守章门

【原文】

沅弟左右：

十四未刻接十三午刻专人来信，得悉知程学启攻破北门外石垒二座，多军亦获大捷，极慰极慰。程学启屡立大功，花翎游击，尽可尽可。惟城之能克与否，仍看援贼到时，官兵守后濠之能稳与否。山亏于一篑，病勿于新愈，不可不慎。

江西省城外对河之贼，初三四已退至万寿宫、瑞州一带，章门安稳，是余一大落心之事。以后调鲍军回援集贤关，或缓或急皆可，但水陆程途将近半月，仍须弟军能如三月杪之坚守乃妙耳。顺问近好。

七月十四日酉刻

【译文】

沅弟左右：

十四日未时接到你十三日午时派专人送来的信，得知程学启攻破了北门外两座石垒，多军也获取了大胜利，极为欣慰。程学启屡次立下大功，授花翎游击之官衔，是可以的。只是能不能攻克安庆城，仍然要看援贼到了以后，官军能不能稳守后濠。功亏一篑，病了不要再添新病，这是必须谨慎的。

江西省城外面对河的敌人，初三、四已退到了万寿宫、瑞州一带，章门安稳，是我的一件放心的大事，以后调鲍军回援集贤关，快慢都可以，只是水陆路程将近半个月，仍然要弟弟像三月末那样坚守为妙。顺问近好。

七月十四日酉时。

宝吉骝图轴　清

子药勿浪打浪用

【原文】

沅、季弟左右：

段清和归，接沅弟二十九日信。专差到，接两弟信并多公信，俱悉一切。

只闻地道破城，断无地道破濠之理。城本壁立，药轰则崩裂，濠则无崩裂之虞，轰陷之后，不过深者愈深而已。余却不甚以为虑，弟能早为之防，更放心耳。

厚庵近日起程回籍。其信来，言城中广老尚有积粮一二月者，令人气闷。此间接润帅十九日信，无随州十二克复之信，且德安十一日克后，金军并往随州，已见公文。怀三之信，不知何日所发？弟处各营领子药，弟须过目酌核。闻日内安庆领子至十六万之多，此必不可得之数。用子极难。大子远行有声，徐徐始落，只可吓新贼，不能中老贼；群子最易伤贼，而又不能及远。弟将炮子之长处短处细细讲求一番，与各营官细细教导之，则无浪打浪用之弊矣。余前欲令贼过现天濠之内（勇夫俗呼外一层后濠为现天濠）、大濠之外，始开群子打之，盖恐群子不能过现天濠也。究竟余所料的当否，弟查实详复。顺问近好。

家信二件、多信一件寄去。

七月三十日

【译文】

沅、季弟左右：

段清和回来了，收到了沅弟二十九日写的信。专差到这里后，又收到了两位弟弟的信和多公的信，具知一切。

我只听说过地道破城，定无地道破濠的道理。城是用墙壁建起来的，用弹药轰击便会使城崩裂，而濠则没有崩裂的危险，轰陷之后，只不过是深而更深。我却不很为此忧虑。弟弟若早做防备，我就更放心了。

厚庵近几天起程回老家了。他来信说，城中的人还有一两个月的存粮，让人听了感到郁闷。最近收到润帅十九日

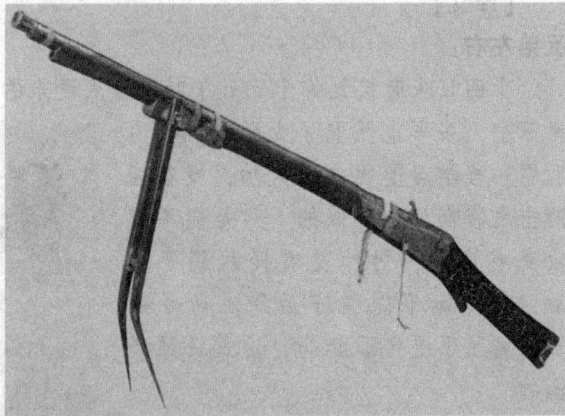

枪 清

的信，没有二十日克复随州的消息。而且十一日克复德安后，金军一并到了随州，这已有公文。怀三的信，不知道他是哪天发出的？弟弟那里各营领取的弹药，弟弟要过目核准，听说安庆近日领到的弹药多达十六万，这是不可能得到的数字。使用弹药是极难的事情，大的炮弹打得远又有声响，慢慢落下，只能吓唬新敌，不能打中敌人老兵，群弹最容易中伤敌人，但又打不远。弟弟要把炮弹的长处和短处细细研究一番，对各营的军官认真教导一下，那样就会避免乱打浪费的弊病。我以前曾说等敌人到现天濠之内（勇夫俗称外面的一层后濠为现天濠）、大濠之外时，再用群弹击打，恐怕群弹打不到现天濠。我的估计究竟是否

恰当，弟弟查实后将详情告诉我。顺问近好。

寄去两封家信和一封多公的信

七月三十日

鲍军在丰城大获胜仗

【原文】

沅弟左右：

接三十日巳刻信，俱悉一切。地道不肯停工，弟当确有所见。既为此举，即不能不拼命猛攻。不知除轰口外，尚有他处可以扒梯缘绳否？鲍军在丰城大获胜仗，杀贼近万，实数也。有此一捷，以后调鲍援剿安庆，无内顾之患矣。东征局米八千石，闻近日可到。顺问近好。

八月初一日辰刻

【译文】

沅弟左右：

收到了你三十日巳时的信，具知一切。地道不肯停工，弟弟应有正确的见地。既然挖了地道，就不能不拼命猛攻。不知道除了轰开的城口之外，还有没有其他可以扒梯攀绳入城的地方？鲍军在丰城打了大胜仗，杀敌近万人，这是实数。有了这一大捷，以后再调鲍军援剿安庆，就没有内患了。东征局的米八千石，据说近日可到。顺问近好。

八月初一日辰刻

此刻只争盛家桥与无为二地

【原文】

沅弟左右：

得两甥信，知弟坐船由罗昌河赴庐江矣。庐江陈、刘等日内无信来，想已入城防守。庐江既为我有，则安庆之藩篱已固，以后进攻无为，或缓或急，听弟酌度行之。

三河、盛家桥两处，距庐江有若干里？或云守盛家桥，即可造船以攻焦湖（即巢湖）；湖为我有，则三河、庐州皆可早破云云。若盛家桥无贼，弟可至该处一看否？如无为州难于攻破，陈军可扎盛家桥否？

写至此，接弟汤家沟之信。巢县、运漕镇、庐郡皆在湖之东岸、北岸，庐江、无为皆在湖之西岸、南岸，官军此刻只争盛家桥、无为二处，俟水师夺得焦湖后，再争东北岸之一府一县一镇。此一定之序，不可紊也。

寄云中丞已补抚实缺，渠信与二郭信寄阅。顺候近好。

九月初九日

【译文】

沅弟左右：

收到两位外甥的信，得知弟弟已坐船由罗昌河赴庐江了。庐江的陈、刘近日

都没来信，想必已经入城防守。庐江已经为我所有，那么安庆的藩屏会更加巩固，以后再进攻无为，或慢或快，听任弟弟斟酌进行了。

三河、盛家桥两处地方，距离庐江有多少里？有人说守住盛家桥，就可以造船攻打焦湖（即巢湖）；巢湖被我占据后，三河、庐州都可以早些被攻破等等。如果盛家桥没有敌人，弟弟是否可以到那里去看一下？如果无为州难以攻破的话，陈军是否可以驻扎在盛家桥？

写到这里，接到弟弟自汤家沟的来信。巢县、运漕镇、庐郡都在湖东岸、北岸，庐江、无为都在湖的西岸、南岸，官军这时只争夺盛家桥、无为两处，等水师夺取焦湖以后，再争夺东北岸上的一府一县一镇。这是必然的次序，不可紊乱。

寄云中丞已补巡抚的缺员，现将他的信和二郭的信寄给你看。顺候近好。

九月初九日

告江南江北敌情

【原文】

澄侯四弟左右：

日来未接弟信，想五宅平安。

此间一切尚顺。九弟于二十日克复无为州，二十三日克复运漕镇，一路布置妥当，又于十月初一日回安庆省城。江北之贼，现仅占庐州、巢县二城，江南之贼各立门户，不肯帮助北岸，计江北肃清尚不甚难。惟恐其勾结捻匪，勾结苗逆，又致蔓延为患耳。自新主继序以来，八、九两月英夷退出广东省城，楚军克复安庆省城，又江西，湖北两省肃清，气象颇好。闻大行皇帝梓宫于九月二十三日奉移进京，新主于十月初九日登极。从此否极泰来，寰宇又安，则中外臣民之福也。

余身体平善。今年自三月以来，因疮疾未服补药，精神尚能支持。九弟拟于日内旋湘。此间诸务，家中可以放心。九月日记付去查收。即问近好。

十月初四日

【译文】

澄侯四弟左右：

近来没有接到弟弟来信，想必五宅平安吧。

这里一切顺利。九弟于二十日克复无为州，二十三日克复运漕镇，一路布置妥当，又于十月初一回安庆省城。江北的敌人，现在只占领了庐州、巢县两座城，江南的敌人各立门户，不肯帮助北岸，估计肃清江北还不算很难。只恐怕敌人勾结捻匪，勾结苗逆，又使敌势蔓延成患。自从新皇帝确定以来，八、九两个月英国人退出了广东省城，楚军克服了安庆省城，又肃清了江西、湖北两省的敌人，气象很好。据说大行皇帝的梓宫于九月二十三日移到京城，新皇帝于十月初九日登基。从此否极泰来，天下安宁，这是中外臣民的福祉。

水师战船图　清

　　我身体平安，今年从三月以后，因疮病未服补药，精神也还能支持。九弟打算近日内回湖南。这里的一切事情请家中放心。九月份的日记寄给你查收。即问近好。

十月初四日

函告皇太后垂帘听政

【原文】

澄、沅弟左右：

　　沅弟十月二十六七自长沙发信，澄弟自湘乡发信并寄张父台联幅各纸，沅弟亦寄四纸，俱悉一切。

　　此间日内平安。三河复后，余派振、开两营往守，吴竹庄团防营替守庐江，十九日到防，开营二十一日全赴三河。另札将吴、罗、程归多都护调度。运漕等处日内如故。以理揆之，环巢湖四面庐郡及舒、庐、无、巢五城，运漕、东关、三河三隘，八者，官兵已占其六，想贼并此二者亦不能久守矣。惟浙江危急，上海亦有唇齿之忧，务望沅弟迅速招勇来皖，替出现防之兵，带赴江苏下游，与少荃、昌岐同去。得八千陆兵、五千水师（淮扬水师），必能保朝廷膏腴之区，慰吴民水火之望。弟言银钱枪炮须咨湖南，顷已咨行矣。公牍应行知弟处者，已有两月未行。此后照常行知也。

　　京师十月以来，新政大有更张。皇太后垂帘听政，前此受遗赞襄之八人者，肃斩决，郑、怡赐自尽，穆军台，匡、景、杜、焦革职，恭王议政居首，桂、周、宝、曹入军机，中外悚肃。余自十五至二十二日连接廷寄谕旨十四件，倚畀

太重，权位太尊，虚望太隆，可悚可畏。浙事想已无及，但求沅弟与少荃二人能为我保全上海。人民如海，财货如山，所裨多矣。庐、巢一克，余与弟中无梗隔，事局尚可为也。

疮癣奇痒未愈，而近数夜稍能成寐。饮食如恒，家中不必挂念。顺问近好。

外《说文斠诠》八本寄与纪泽儿。

兄国藩手草　十一月二十四日

【译文】

澄、沅弟左右：

沅弟十月二十七日从长沙发的信，澄弟从湘乡发的信及寄给张父台的对联字幅，沅弟也寄了四纸，俱悉一切。

这段时间这里平安无事。收复三河以后，我派振、开两个营去驻守，吴竹庄的团防营替守庐江，十九日到防，开字营二十一日全部赴三河。我另外去信将吴、罗、程三军归多都护调度。运漕等地一切如故。按理推测，环巢湖四面有庐郡及舒、庐、无、巢五座城，运漕、东关、三河三处要塞，这八处之中，官军已占了六处，想必敌人并占两处也不能久守了。只是浙江危急，上海也有唇亡齿寒的忧虑，务必望沅弟迅速招募兵勇来安徽，替出来现在的驻防兵员，并带领去江苏下游，与少荃、昌岐同去。得到八千陆军、五千水师（淮扬水师），一定能保住朝廷的膏腴之地，抚慰吴地百姓的水火之灾。弟弟说银钱枪炮必须询问湖南，最近已经咨询了。公文应该送去弟弟那里的，已经两个月没送去。以后要照常送知弟弟。

京师从十月以来，新政大有更张。皇太后垂帘听政，以前受遗嘱辅佐幼主的八个大臣，肃顺被斩杀了，郑、怡赐自尽，穆军台、匡、景、杜、焦被革职了。恭王居议政首位，桂、周、宝、曹进入军机处，中外悚然。我从十五日到二十二日接连收到十四件朝廷寄的谕旨，朝廷给予我的太多，我的权位太尊贵了，虚望也太隆盛，实在可怕。浙江的事想来已来不及了，只求沅弟与少荃两个人能为我保全上海。人多如海，财货如山，保住上海益处极多。庐、巢一被攻克，我与弟弟之间便无阻隔了，局势还可以好转。

我的疮癣奇痒未好，最近几天夜里能睡点觉了。食饮正常，家中不必挂念。顺问近好。

另外，将《说文斠诠》八本寄给纪泽儿。

兄国藩手草　十一月二十四日

用兵以审势为第一要义

【原文】

沅弟左右：

和城已克，大约裕溪口、西梁山两处俱难站脚。若得庐郡速下，则江北可一律肃清矣。雪琴已派水师三营进清巢湖。若弟能派四千人助围庐郡，东路多公更

易得手，但须与守巢县之兵声气联络，万一有大股援贼上犯，我之局势本紧，方能立于不败之地。

至弟欲亲率五千人南渡，助攻芜、鲁，则断不可。用兵以审势为第一要义。以弟军目下论之，若在下游采石渡江，隔断金陵、芜湖两贼之气，下窥秣陵关，是为得势。若在上游三山渡江，使巢、和、西梁留守之师与分攻鲁港之兵隔气，是为失势。余已调鲍公全军与季弟会攻芜、鲁。弟军破西梁山后，将巢、和、西梁山三处派兵守定，即作为弟军后路根本，然后亲率七八千人由采石渡江。闻太平府城已拆，该逆毫无守御，应易收复。弟驻军太平一带，与隔江和州、西梁之兵阴相犄角。水师自裕溪口起至乌江止，联络屯扎，两岸亦易通气。如此布置，则弟军上可夹攻东梁、芜湖，下可规取金陵，似为得势。余意如此，弟再细询熟于地形者，或亲赴南岸一看，乃可定局。

其渡江之早迟，由弟自行酌度。或待庐州克后，或庐未克而先渡，弟与多公函商行之。

至进兵金陵之早迟，亦由弟自行审察机势。机已灵活，势已酣足，早进可也；否则不如迟进。与其顿兵城下，由他处有变而退兵，不如在四处盘旋作势，为一击必中之计。兄不遥制也。

三月二十七日

【译文】

沅弟左右：

和城已经克复，大概裕溪口、西梁山两处都难站住脚了。如果占据了庐郡后迅速向下，那么江北的敌人就可以一律肃清了。雪琴已派水师三个营进剿巢湖，弟弟若能派四千人援助围攻庐郡，东路的多公更容易得手了，但必须与防守巢县的兵通气联络，万一有大股敌军来援向上进犯，我方的局势本来紧凑，才能立于不败之地。

至于弟弟要亲自率五千人南渡，助攻芜、鲁，决不可以。用兵要以审势为第一重要，以眼下弟军的情况而论，如果在下游采石渡江，隔断金陵、芜湖两处敌人的气息，下窥秣陵关，就是得势。如果在上游三山处渡江，使巢、和、西梁留守之师与分攻鲁港的兵隔开，就是失势。我已经调鲍公全军与季弟会攻芜、鲁。弟军破了西梁山之后，要将巢、和、西梁山三处派兵守住，作为弟军后路的根基地，然后再亲自率七、八千人由采石渡江。听说太平府城已拆掉，该敌毫无守御工事，应该容易收复。弟弟驻军在太平一带，与隔江的和州、西梁山的兵成犄角之势。水师从裕溪口起到乌江止，联络屯扎，两岸也容易通气。这种布置，可使弟弟的军队上可以夹攻东梁、芜湖，向下可以攻取金陵，似乎是得势。我的意思就是这样，弟弟再找一个熟悉地形的人细问一问，或是亲自到南岸看一看，才可定局。

渡江的早晚，由弟弟自行斟酌。或是等庐州克复以后，或是不等庐州克复而先渡江，弟弟与多公去信商量再行动。

至于进兵金陵的早与晚，弟弟也要审势察机而行，机会灵活，势已充足，早进也可以，否则不如晚些进兵。与其屯兵城下，因他处有变再退兵，不如在四处盘旋作势，这才是一击必中的妙计。我不遥控了。

三月二十七日

再嘱由太平关南渡

【原文】

沅弟左右：

和州有四千劲旅，弟自守西梁，吉左、振字守巢县，守御已固，即狗逆自庐郡冲出，当足扼之。由太平南渡一着，余意在必行。陆师能扎金柱关，水师能入内河扎黄池、湾址，则全局皆振，筋摇脉动，芜湖、宁国皆易于得手矣。至渡江之迟早，则由弟作主，余不为遥制。

四月初八日

【译文】

沅弟左右：

和州有四千劲旅，弟弟自己守西梁，吉左、振字营守巢县，防守坚固了，即使狗逆（指李秀成）从庐郡冲出来，也足可以抵御得住。从太平南渡这一着，我的意思是一定要进行。陆军能驻扎在金柱关，水师能够进入内河驻扎在黄池、湾让，就会振动全局，筋摇脉动，芜

陈明远款方壶　清

湖、宁国都容易得手了。至于渡江的早晚，则由弟弟做主，我不遥控了。

四月初八日

皖南金柱关克复

【原文】

沅弟左右：

今早接雪琴信，知金柱关克复，并谣传东梁、芜湖亦克。无论确实与否，金柱为皖南众水出口之所，百脉会聚之区，扼扎该处，则金陵、宁、芜各贼巢皆失所恃，此理之有可信者。得此以后，可催多军来打九洑洲，会攻金陵也。

四月二十五日

【译文】

沅弟左右：

今天早上收到雪琴的信，知道金柱关被克复，并有谣传东梁、芜湖也被攻克。无论是不是确实，金柱关是皖南许多河的出水口，是百脉会聚之地，扼扎在

这个地方，金陵、宁、芜各处的敌人老巢都会失去依靠，这个道理是可信的。得到这个地方之后，可以催促多军来打九洑洲，会攻金陵。

四月二十五日

认沅弟进兵太速

【原文】

季弟左右：

春霆军既不散漫，当足以御宁国大股。至慰至慰。沅弟进兵，究嫌太速，余深以为虑。一则北岸多军未到，二则后面句容一路无兵，恐援贼来抄官军之尾，望弟与沅稳慎图之。第一莫使金柱、太平稍有疏失，第二莫使贼出江边，梗陆军之粮道。金陵地势太宽。弟等宜多看多问。至嘱。

五月初八日

【译文】

季弟左右：

春霆军已经不散漫了，应该足可以抵御宁国的大股敌人。很是欣慰。沅弟进兵，终究嫌太快了，我很以为忧虑。一来北岸多军还没有到，二来后面句容一路没有兵，恐怕援敌会来抄官军的尾部，希望弟弟与沅弟稳慎作战。第一不要使金柱关、太平稍微有疏忽。第二不要让敌人出到江边，阻塞了官军运粮的道路。金陵的地势太宽，弟弟等人要多看多问。至嘱。

五月初八日

于极冲次冲处择人守之

【原文】

沅弟左右：

专丁来信，正值望信极切之际，得之一慰。弟此次进兵太快，不特余不放心，外间亦人人代之危虑。余以该逆凶焰犹盛，未可骤图，百足之虫，虽死不僵。外间则议弟处新营太多，兵不可靠，几于众口一词。

今进兵已近两旬，墙高濠深，应可立定脚跟。万里长濠，大众公守，最易误事。一蚁蛀堤，全河皆决。去岁之守安庆后濠，余至今思之心悸。此次在金陵，不可再守长濠，仍以各守各垒为稳。地方虽宽，分别极冲、次冲究无多处，前围城贼当冲者不过数处，后拒援贼当冲者亦不过数处。于极冲、次冲之地，择人守之，则他处虽有劣营，亦可将就支持。望弟将何营扎极冲，何营扎次冲，开单见告。

五月二十五日

【译文】

沅弟左右：

专丁送来的信，正是我盼信急切之时，很是欣慰。这一次弟弟进兵太快，不只

是我不放心，外面也是人人为你忧虑。我认为这支敌人气焰还很盛，不可以图谋全歼，百足之虫，虽死不僵。外面议论弟弟那里新兵太多，兵不可靠，几乎是众口一词。

现在进兵时间已近二十天，墙高濠深，应该可以立住脚跟。万里长濠，大兵共守，最易误事。一只蚂蚁毁堤，全河都要决口。去年守安庆后濠，我至今心有余悸。这次在金陵，不要再守长濠，仍然要各守各垒才会稳当。地方虽宽，要分别出最重要和次要冲，这样的地方终究没有多少处，上一次围攻城中的敌人，要冲不过只有几处，后来抵御援敌的要冲也不过几处。对于要冲、次要冲之地，要选人防守，那样其他地方虽有差一点的营垒，也可以将就支持。希望弟弟将哪个营驻扎在要冲、哪个营防守次要冲的情况，列出单子告诉我。

五月二十五日

宜了解地势处处严防

铭印及印文　清

【原文】

沅、季弟左右：

贼匪于地势之远近、方向之东西全不了了，宜其屡败不振，然官兵亦自当处处严防。今宁国虽已克复，吾于旌德、三溪一路，犹不敢疏忽也。

闻九洑洲之北，李世忠已开河一道，可通舟楫。洲上之贼，应不能再犯北岸。吉左两营，弟调至金柱关，当无他虑。多公调石清吉十营至金陵会剿，鲍军亦可由东坝、溧水而至金陵。八月以后，弟处当不孤矣。

六月二十二日

【译文】

沅、季弟左右：

敌人对于地势的远近、方向的东西，全不了解，应该是他们屡败不振的原因。但官军也应该处处严防。现在宁国虽然已经克复，我对于旌德、三溪一路，还是不敢疏忽。

听说九洑洲北面，李世忠已开了一道河，可以通船只。洲上的敌人，应该不能够再进犯北岸了。吉左两个营，弟弟调他们到金柱关，应该没有什么其他忧虑。多公调石清吉十营到金陵会剿，鲍军也可以从东坝、溧水到金陵。八月以后，弟弟那里就不会孤立了。

六月二十二日

处绝地只有死中求生

【原文】

沅浦九弟左右：

多帅回顾金陵之说，万办不到。陕西大乱，死者已四五十万人，较三江两湖之劫更巨。余前复奏一疏，言多公果不入秦，当令驻军南阳。其时盖深知多之必入秦中，又不料弟与鲍、张各军病势如此之甚也。厥后官相与陕帅屡疏奏催多公入陕，朝旨亦屡次催之，分派胜剿渭北，多剿渭南兼保省城。入关以后，万不能东返。顷多公飞调庐州石清吉部下三营入陕，余已咨复截留，尚不知留得住否？且即奏调多军回援金陵，至速亦在五个月以后，而金陵与鲍军之危迫，必在两月以内，远水不能救近火。弟惟就现有兵力，专谋坚守，不图出战，早早布置，或尚可为。

两弟共统兵二万，若责以合围，责以攻城，诚有不能；若责以专守营垒，似亦无辞可以诿谢。病疫乃是天意，弟与鲍、张、朱、唐各军皆病，多军东返，遂能保其不大病乎？弟当与各营官力图自固。身居绝地，只有死中求生之法，切不可专盼多军，致将卒始因求助而懈弛，后因失望而气馁也。

弟若另求保营之法，只有两法略可补救：一法商之毛、郭、黄、赵在湖南飞募新卒前来补缺；一法调竹庄团防营与周万倬共守芜湖，而腾出王可升之兵为活兵，危急之际，或助弟，或助鲍也。然二万人不能守营，添王可升遂守乎？殊深焦虑。

八月十六日

【译文】

沅浦九弟左右：

多帅回援金陵的说法，万万办不到。陕西大乱，死的人已经四五十万，比三江两湖的劫难还大。我前些天又上一份奏疏，说多公最后不能入秦，应当令他驻军南阳。当时已知道多公必须入秦，又不料弟弟与鲍军、张军病情如此厉害。其后朝臣及陕帅又屡次奏疏，催促多公入陕，朝廷圣旨也屡次催他，分派胜军剿渭北，多军剿渭南兼保护省城。入关以后，决不能够再东还。近来多公飞调庐州石清吉部下的三个营入陕，我已去信截留这三个营，还不知能不能留得住。并且，我还奏请调多公回援金陵，再快也要在五个月以后，而金陵与鲍军的危急之紧迫，一定是在两个月内，远水不能救近火。弟弟只有就现有兵力，专谋坚守，不图出战，早早布置，或许还可有作为。

两位弟弟共统兵二万，如果责令你们合围，责令你们攻城，实在不可能；如果责成你们坚守营垒，似乎你们也无辞可以推谢。疫情乃是天意，弟弟与鲍、张、朱、唐各军都有病情，多公东返，能够保证多公不染大病吗？弟弟应该与各营官们力图自固。身居绝处，只有死中求生之法，切不可专盼多军，致使将士因求助而开始松懈，再因求助失望而气馁。

弟弟如果另外寻求保营的办法，只有两个办法可以补救：一是与毛、郭、黄、赵商量，让他们在湖南快速招募新兵来补缺；二是调竹庄的团防营与周万倬共同守卫芜湖，腾出王可升的兵为活兵的军队，在危急之时，或来助弟弟，或来助鲍军。但两万人都不能守营，添上王可升的兵就可以守住了吗？深为焦虑。

八月十六日

御敌应求自保不可依赖援兵

【原文】

沅弟左右:

昨日未接弟信,忧系不释。兄弟相隔太远,不能相顾,虽欲百计救助,而信到金陵,已在贼到十日之外,凶锋已过矣。

计此三日内,已发军火一批、饷银二万、护军湘后营挑勇共四百人;发信请厚庵救助,请任星元救助;发札调陈东友、赖荣光二营归弟调遣;今日发炸炮炸弹,派人去放;调石清吉亲带三营前往,扎保江边饷道。此数者,若件件做到,亦自不无小补。特患最危最急在二十五六七等日,而余所发之援兵,均在九月初五日后乃到。乃知军事呼吸之际,父子兄弟不能相顾,全靠一己耳。

今日接奉廷寄,极可钦感,录寄一阅。

错金银团花纹流鼎　战国

九月一日

【译文】

沅弟左右:

昨天没有接到你的信,忧心忡忡。兄弟相隔太远,不能相顾,虽然我要千方百计救助你,但信到金陵时,已是敌人到后的十天之后了,凶锋已经过去了。

这个救助之计是,三天之内,发去一批军火,二万赏银,护军湘后营挑出的勇士共四百人;发信请厚庵救助,请任星元救助;发信调陈东友、赖荣光两个营归弟弟调遣;今天发炸炮炸弹,派人去放;调石清吉亲自带三个营前往,驻扎在江边供军饷的道上。这几条,如果件件做到,也自然不是没有小补。最怕最危急的时候会在二十五六七日,我发的援兵,都在九月初五以后才会到。这才使我懂得了军事呼吸之际,父子兄弟不能相顾,全靠一个人了。

今天接到朝旨,极感欣慰,抄录下来寄给你看看。

九月一日

避其锐气击其惰归

【原文】

沅弟左右:

接专差携归之信,俱悉守局已定。都部及升营现尚未派汛地,自是行有余力之象。至慰至慰。鲍军病者死者,比之金陵更多,又有新河庄之挫,副中及峰礼等六营折损颇多,不复成队。又有宁国县城之失,韦、洪两部全数溃败,是霆军之元气大亏,威望亦损。朱云岩既因坚守旌德,不能随鲍远行,则鲍亦独立单

薄，未敢令其由官圩直取小丹阳，仍须以稳重为主。昨日已专缄靠之，嘱其专剿宁国之贼，不必作援金陵之想。弟处守城，皆须全靠自己，切莫盼望他人。其可盼者，只有都部与程、王两军及回湘续招之三千人而已。

多礼堂一军，余与官、都、李四处具奏，渠亦迫思东还，大约十一月必到和州一带。只要处处守定，至冬间不患无转机也。火药实接济不上，弟当极力节省，子与银米，尚可敷衍。

再，去年三月十四日左季帅在乐平之战，全在善于蓄势审机。兹将渠原信寄弟一阅。兵无常法，弟不可泥左之法以为法，拘左之机以为机，然亦可资参采。大约与巨寇战，总须避其锐气，击其惰归，乃为善尔。

九月十五日

【译文】

沅弟左右：

接到你派专差送来的信，知道守势已定。都部和升营现在还没有派往最紧张的阵地，弟弟自是有余力的状态，极为欣慰。鲍军将士病的死的比金陵还多，又加上新河庄的失败，副中和峰礼等六营损伤极大，不再成军伍了。又有宁国县城失守，韦、洪两军全部溃败，因此霆军元气大伤，威望也有损失。朱云岩已经派守旌德，不能随鲍军远行了，那么鲍军也很孤立单薄，不敢令鲍军从官圩直取小丹阳，仍需要以稳重为主。昨天我已去专信告诉他，嘱咐他专门对付宁国的敌人，不做援救金陵的打算。弟弟守城，必须全靠自己，决不要依靠他人。可盼支援的，只在都部与程、王两军及回湖南招募的三千人而已。

多礼堂一军，我与官、都、礼四处具奏，他也迫切想向东去，大约十一月必到和州一带。只要处处守住，不怕到冬秋间不有转机。火药实在接济不上，弟弟要极力节约，子弹和银米还可以凑合。

再有，去年三月十四日左季帅在乐平的战斗，全在他善于蓄势力审时机。现将他的原信寄给你看看。用兵无常法，弟弟不可以拘泥于左帅的战法进

隋侍胄，据《清会典》图绘制

行效法，仿效左帅的时机以你的战机，但这也是可以参考采用的。大体上与大股敌人作战，总是要避其锐气，击其惰处，才是善策。

九月十五日

再嘱危急时莫靠他人

【原文】

沅弟左右：

日内因风雨严寒，长夜深黑，正切焦虑。防守严密，实有把握，为之大慰。只要雨后墙坍无变症，江滨水涵无变症，则虽久不解围，亦自无妨。

柴炭一项，今日派人至张家滩、殷家汇收买，若买得几十船装下金陵，亦有小补。白齐文来援之事，余信语气与弟寄少荃信语气相吻合。总之，危急之际，莫靠他人，专靠自己，乃是稳着。弟惟专待新勇到齐出濠一战，不必别有盼望。

硼炮交委员带回，甚是。在人不在器之说，余言终当验也。

九月二十八日

【译文】

沅弟左右：

近几天因风雨严寒，夜长漆黑，真是十分焦急。防守严密，很有把握，很是欣慰。只要雨后坍墙无变症，江边水势无变化，虽然久不解围，也无妨碍。

柴炭一项，今天派人到张家滩、殷家汇收买，如果买到几十船运到金陵，也会有个小补。白齐文来救援的事，我去信的口气和弟弟给少荃信的口气相吻合。总之，危急之际，不要靠别人，专靠自己，才是稳着。弟弟只有等新兵到齐后再出濠一战，不必有别的盼望。

硼炮交委员带回来，很对。在人不在于武器的说法，我的话终要应验的。

九月二十八日

是否株守金陵再行筹议

【原文】

沅弟左右：

连接九月两次来缄，俱悉一切。

弟决计不肯少退，不肯改由东坝一路进兵，则余续寄一缄，弟亦必不以为然。弟株守金陵，恐又成三年五年之局，援贼退则苦其太闲，援贼来又苦其太险，反复筹思，不得所以两全之法，且看张、鲍两军在宁国果能坚守否。如鲍军能击退杨、黄大股，再能乘势规复东坝，则金陵之后路亦不至十分空虚，从弟之策亦无不可。若鲍军不能却敌，或有疏虞，再行筹议。

少荃解来饷银五万，今日派长龙船送弟处。其洋枪洋药尚未到齐，到即专人解金陵也。少荃大获胜仗，忠酋不久必分兵回援苏、昆。其调张树声等赴沪，已飞札应之矣。

十月初五日

【译文】

沅弟左右：

接连收到你九月的两封来信，俱悉一切。

弟弟决计不肯稍微退一退，不愿从东坝一路进兵，我再续寄一封信，弟弟也一定不以为然。弟弟死守金陵，恐怕又会造成三年五年的局势，援敌退了则苦于太清闲，援敌来了则又苦于太危险，反复思考，不能有两全的办法，且看张、鲍两军在宁国能不能坚守。如果鲍军不能打退敌人，或有失败，再作筹划。

少荃送来饷银五万，今天派长龙船送到弟弟那里。洋枪洋药还没到齐，到了以后马上派专人送到金陵。少荃大获胜仗，忠酋不久便会分兵回援苏、昆，他调张树声去上海，已飞速回信答应了。

十月初五日

退兵与否仍听自行作主

【原文】

季弟左右：

此次保全粮道，联络水师，援应东路，厥功甚伟。皇天不负苦心人，或终有树立勋名之日。

余近来心绪忧灼，迥异往年。前以金陵勇夫三万余众，一有疏失全无归路，近以鲍军三次小挫，恐宁国不支全局瓦裂；又见兵勇日增而可靠者少，饷项日绌而掣肘者多，日夜愤郁，绝少欢惊。

雨花台此次幸得保全，千辛万苦成此规模，本无言退之理。惟恐鲍、张宁国或有差池，则上游糜烂，下游金陵一军亦难孤立，故余三次寄信与沅弟，商所以退兵之法。然关系太大，余亦不敢遥制，听沅与季自行作主可也。至弟仍伸前议，亦听两弟自主。若不退兵而坚扎原处，弟回籍一行，当无不可。

十月十六日

【译文】

季弟左右：

这次保全粮道，联络水师，援助东路，其功伟大。皇天不负苦心人，或许终有建功立名的一天。

我近来心情忧灼，完全不同于往年。前些天以为金陵勇夫三万多人，一有闪

将军阅兵图 清

失便会全无退路，近来又因鲍军三次受挫，恐怕宁国支持不住而使全局瓦解；又

看到兵勇日增而可靠的少，军饷日绌而掣肘的多，日夜愤忧，绝少欢欣。

这次雨花台幸得保全，千辛万苦才有这种形势，本来说没有退兵的道理。只是恐怕鲍、张的宁国或许有闪失，那就上游糜烂了，下游的金陵一军也难孤立了，所以我三次寄信给沅弟，商量之所以退兵的办法。但这关系太大，我不敢遥控，可以听从沅弟和季弟自行做主。至于弟弟仍坚持原来的主张，也听任两位弟弟做主。如果不退兵而驻扎在原地，弟弟回家一趟，也不是不可以。

十月十六日

再申活兵呆兵之议

【原文】

沅弟左右：

来信欣悉。季弟之病已愈六七分，能进饮食，为之大慰。

李世忠虽十分危迫，然渠始终亲驻九洑洲行营，当非遽不能支之象。惟浦口官营被贼攻扑。颇不可解。岂新开口业已干涸，贼已遍行北岸耶？否则贼能渡大江而至九洑洲，不能遽渡新开河而至北岸。若贼已遍行北岸，则和、含、巢、庐，上至舒、桐、潜、太，处处可虑。余拟将希庵部下之驻寿州、霍邱、三河尖等处者陆续抽出，移到六安、庐州、巢、含等处，免致已复之城尽隳前攻。

苗沛霖前后所上僧邸各禀，痛诋楚师，令人阅之发指。僧邸所与苗党之札，亦袒护苗练而疏斥楚师。世事变化反复，往往出乎意想之外。所谓道高一尺，魔高一丈，不饱历事故，焉如局中之艰难哉！

弟信均已接到。添募新营，尽可允许；不变换局面，则断不能允许。前此向、和以重兵株守金陵，不早思变计，以图灭贼，吾尝讯其全无智略。今岂肯以向、和为师，而蹈其覆辙乎？再添十营，从弟之请可也。金陵老营永不拨动，从弟之计可也。至以数万人全作呆兵，图合长围，则余断断不从。余之拙见，总宜有呆兵，有活兵，有重兵，有轻兵，缺一不可。以万人为呆兵、重兵屯宿金陵，以万人为活兵、轻兵进攻东坝、句容、二溧等处，以八九千人保后路芜湖、金柱，随时策应，望弟熟审，以此次回信定局。

十月二十七日

【译文】

沅弟左右：

来信欣悉，季弟的病已经好了六七分，能进饮食了，我为此十分安慰。

李世忠虽然十分危急，但他始终亲自驻在九洑洲的行营中，应该不是不能支持的状况。只是浦口的官营被敌人攻打，很不可理解。难道新开口已经干枯了，敌人已遍及北岸了吗？否则的话，敌人决不能渡过长江而到九洑洲，也不能很快渡过新开口而到北岸。如果敌人已遍及北岸，那么和、含、巢、庐，上至舒、桐、潜、太，到处危急。我打算把希庵部下驻守寿州、霍邱、三河尖等地的兵陆续抽回来，移到六安、庐州、巢、含等处，免得使已经收复的城池全毁于前功。

苗沛霖先后上报到僧邸的请示，痛骂楚师，令人看后发指。僧邸给苗党的信札，也袒护苗练而斥责楚师。世事变化反复无常，往往出乎意想之外，所谓道高一尺，魔高一丈，不饱经事件，怎么知道局中的艰难呀！

弟弟的信均已收到。添募新营，完全可以允许；不变换局面，则决不允许。以前向、和用重兵株守金陵，不早思变计，以图灭敌，我曾经责备他全无智略。现在怎么能以向、和为师，重蹈覆辙呢？可以听从弟弟的计划，再添十个营。金陵老营永不拨动，也可按弟弟的计策去做。至于用几万人全作呆兵，企图合围，我是决不能允许的。我的拙见，总应该有呆兵有活兵，有重兵有轻兵，缺一不可。以万人为呆兵、重兵屯驻金陵，以万人为活兵、轻兵进攻东坝、句容、二溧等处，以八九千人保后路芜湖、金柱，随时策应，望弟弟熟审，以这次的回信定局。

十月二十七日

望专重南岸军事

【原文】

沅弟左右：

季弟病略转轻，为之少慰。

日内心中有大虑：一曰季病，二曰皖北，三曰宁国。今季病有转机，略纾一虑。皖北之事，得弟信，派树字五营守为卅，初一业已过江，初三或可进州。守此一城，则骊珠在握矣。余又留吴长庆四营守庐江，调萧、毛等七千人来庐州，中旬可到。调江味根来皖北，新年可到。是皖北之大虑，或可徐纾。惟宁国一虑，反无把握。伪侍王似尚在东坝、小丹阳一带，日内或攻弟营，或攻金柱、芜湖，皆意中事。望弟商之诸公，专重南岸。其北岸之事，只要无为州失矣，自可徐徐料理，余能担当也。

至弟处轻兵、重兵之说，且待此三虑纾后再行熟商。到明年二三月后，弟或以余之言为然，亦未可知。

十一月初六日

【译文】

沅弟左右：

季弟的病稍微轻了，为之稍慰。

近日我心中有三大忧虑：一是季弟的病，二是皖北，三是宁国。现在季弟的病有了转机，略除一虑。皖北的事，得到弟弟的信，已派树字五营守无为州，初一已经过江，初三或可进州城。守住这一城，就骊珠在握了。我又留吴长庆四营守庐江，调萧、毛等七千人来庐州，中旬可到。调江味根来皖北，新年可到。这样，皖北的忧虑或许可以解除了。只在宁国的忧虑，反而没有把握。伪侍王好像还在东坝、小丹阳一带，近日或攻打弟营，或攻金柱、芜湖，都是意料之中的事。望弟弟与诸公商量，专门重视南岸。北岸的事，只要不失去无为州，自然可

国学经典文库

以慢慢料理，我能担当。

至于弟弟那里轻兵、重兵之说，且等我这三大忧虑解除后再进行仔细商量。到明年二三月以后，弟弟或许会认为我的话对，也不一定。

十一月初六日

雨花台老营必须坚固

【原文】

沅弟左右：

接弟捷报，知谷里村、六郎桥、朱门等处贼巢一时剿洗。此后自弟营以至金柱关，除太平府城外，尚有贼卡贼垒若干，先打贼馆，后破垒卡，此法处处可行。

此次出队打行仗至六七十里之远，将来推广变通，便可打至百余里二百余里。惟雨花台老营，须十分坚固。能于最冲地方筑石垒数处，宜以五百人守者可以三百守之而无虑，宜用劲旅守者可以次等守之而无妨，则临分兵之时，便益多矣。

余前要弟明年分兵出剿二溧、东坝，弟深以为难。现在拨兵出防东西梁山、裕溪口、龙山桥、黄麻渡、三山，多至六七千人，而弟毫无难色。然而明年军威丕振之时，弟分兵出剿二溧、东坝，必更高兴无难色耳。

十二月二十七日

【译文】

沅弟左右：

接到你的捷报，知道谷里村、六郎桥、朱门等处敌营一时间围剿干净。从此以后从你营垒直到金柱关，除了太平府城而外，还有敌人路卡敌人营垒若干处，先攻打敌人住所，后攻击营垒路卡，这个办法什么地方都行得通。

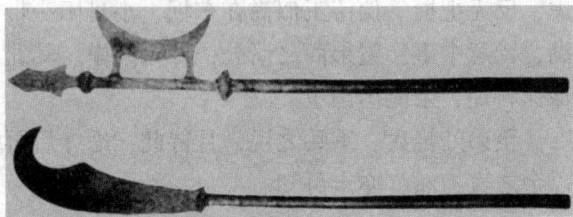

戟与战刀

这次出兵打仗走了六七十里路远，将来可将这个办法推广变通，便可以打击百余里二百余里远之敌。只是雨花台老营，必须十分坚固。能在最为要冲之地筑石堡垒数处，以可安置三五百人防守而不用担心，也可用精锐部队防守或用稍次一些的部队守卫也无妨。则临时分兵抗敌时，那好处就多了。

我以前要求你明年分兵围剿二溧、东坝，你认为十分困难。现在拨出军队出防东西梁山、裕溪口、龙山桥、黄麻渡、三山，多达六七千人，而你毫无困难。等到明年军威大振之时，你分兵围剿二溧、东坝，必然更加高兴而毫无难色。

十二月二十七日

已拨六安两营助毛军

【原文】

沅弟左右：

昨日发信后接吴大安塘角来禀，如季榇于初五日至汉口。兹将原信寄弟一阅。昨夕今日奇风甚雨，不知辆舟停泊何处？深以为念！

春霆信来，拟俟春水涨时再行进剿。余以其缺额尚未补齐，亦不催之也。铜城闸之贼近方修造石垒，断非萧军所能下，毛军屡请济师，已拨六安两营助之，月底当可到防。李世忠函请于大通设卡抽厘，万难允许。闻刘履祥所办之票盐，弟曾函请渠卡免厘放行。不知所免之数究有若干？此人恐终不免决裂耳。顺问近好。

国藩手草　正月十五日

【译文】

沅弟左右：

昨天发完信后接到吴大安从塘角来的请示信，得知季弟的灵柩已在初五到达了汉口。现在把原信寄给你看。昨天傍晚和今天狂风骤雨，不知道车辆船只停在哪里？我很挂念！

春霆来信，初步打算等春天发水季节再进行围剿。我也因为他的兵缺额还没有补齐，也就不催他了。铜城闸的敌人最近开始大修石头堡垒，绝对不是萧军能够攻下来的。毛军已多次请求援兵，我已经调拨六安的两个营去助阵了，月底能够抵达防线。李世忠来信请求在大通设一道关卡征收厘金税，绝对不能允许。听说刘履祥办的票盐，弟弟曾经写信请求他设的卡放行并免收厘金税。不知道究竟免收了多少钱？恐怕到头来还要与这个人决裂。顺问近好。

国藩手草　正月十五日

闻芜湖日内吃紧

【原文】

沅弟左右：

二月初一日大通舟次接弟二十三、二十六日两缄，俱悉一切。

余于二十八日巳刻登舟，夜宿黄皮夹，二十九宿池州府，今日在大通停泊时许，拟在土桥湾宿。闻芜湖日内吃紧，春霆处贼亦奇多。物论多道余身到而目击者，战事辄不顺，余以是惴惴也。

弟开缺一牍尚未接到。余去冬复倭艮峰相国、罗椒生两信已有开缺之说，春间不能不进一疏，恐难更为弟会奏；少荃亦未必肯奏耳。季榇过鄂时，胡公若在必不如此。即温榇过黄，胡公登舟四次奠祭，亦极可感。顺问近好。

国藩手草　二月初一日

【译文】

沅弟左右：

二月初一我在大通船上连续接到弟弟二十三、二十六日的两封信，俱悉一切。

我已于二十八日巳时上船，夜里住在黄皮夹，二十九日住在池州府，今天船在大通停靠了一会儿，打算在土桥湾住一晚。听说近几天芜湖局势紧张，春霆那儿的敌人也特别多。各种说法和我亲眼目睹的，动不动就是战事发展不顺利，我也是惴惴不安呀。

弟弟开缺的信还没有接到。我去年冬天又收到倭艮峰相国、罗叔生的两封信已提到开缺说法，春天又不得不上奏皇上，恐怕很难再为弟弟上奏了；少荃也不见得愿意上奏。季弟的灵柩经过湖北时，如果胡公在一定不会像这样做。灵柩过黄河时，胡公四次上船祭奠，也是应该非常感谢的。顺问近好。

国藩手草　二月初一日

石涧埠近日危急之至

【原文】

沅弟左右：

初八夜接初四来信，得悉吾弟肝气平和，身体日好，至以为慰。

石涧埠初四五日危急之至，文报不通。毛竹丹初四夜派一亲兵来省，余问来人，云初四日贼受伤者以七八百计，我军仅伤十余人，阵亡二人，但与运漕并州城皆被贼隔断耳。兹将萧、毛二信抄寄弟阅。

徽、休十日无信，以建德有贼之故。袁国祥带信于初三接到，松峻即日当派一差，酌给薪水二十金。老三降潼商道，犹霞大副将也。粮台竟无分文，专盼粤厘四万与东局三万到乃可解北台耳。顺问近好。

国藩手草　三月初八夜

外寄《圣祖庭训》一册。

【译文】

沅弟左右：

初八夜里接到你初四的来信，知道弟弟肝气平和，身体日见好转，很是欣慰。

石涧埠初四、五日局势极其危急，文报都断了。初四夜里毛竹丹派一亲兵到省里来，我问来人，说初四日敌军有七、八百人受伤，我军仅有十几人受伤，两人阵亡，但和运漕及州城的联络都被切断了。现在把萧、毛两人的信抄给你看。

徽、休十多天没有消息，是因为建德有敌军的缘故。袁国祥带来的信已经于初三日接到了，松峻今天就派一个差吏，酌情付给他二十金的薪水。老三被降为潼商道，还是霞大的副将。粮台竟然连分文都没有，只盼着粤的四万厘金和东局的三万厘金到了，才能解送到北台呀。顺问近好。

国藩手草　三月初八夜

另外寄去《圣祖庭训》一册。

述对敌进剿意见不合之处

【原文】

沅弟左右：

十八早接十三日弟信，俱悉一切。

弟意石涧埠解围后，各军不可株守，宜急进攻，正与余意相合。所微不合者：余令萧守运漕，而以彭、毛、刘为进剿之师，弟令彭守运漕，而以萧、毛、刘为进剿之师。弟意贼将上窜，故追剿庐江、三河、桐、舒等处；余意贼将下窜，故速剿闸镇、巢县、和、含等处。此所以微不合也。合、庐、舒、桐、三河五处，余皆有劲兵守之；潜、太以上又有成、李两军，巢贼断无上窜之理。石涧埠解围以后，贼必仍归东关、巢县、闸镇三处，我军向下追击，仍宜以萧守运漕，而以彭、毛、刘为进剿之师，省得纷纷换防，耽搁工夫也。

弟统二万余人，必须分出一支活兵在外。半活半呆，半剿半守，更番互换，乃能保常新之气。此次彭带七营，刘带六营在外恰好成一支活兵矣。若再分吉左、敏字三营过江，则十六营更成一大支活兵。杏、云、芳浦三人尽可以当大敌，弟不必过虑，恐活兵在外吃亏也。惟金陵老营兵力尚单，恐须调回一二营，弟自酌之。至于上游合、庐、舒、桐、三河、六安等城皆已守定，弟尽可放心。

咸丰、同治年间的军阵图　清

捻匪至广济后并未下窜黄梅、宿、太一带，想已至英山以内矣。南岸景镇、祁门初十以内尚无警信，或者不至决裂。顺问近好。

国藩手草　三月十八日

饷银九江关六万、粤四万、赣四万均数日内可到，到即飞解弟处。

【译文】

沅弟左右：

十八日早晨接到弟弟十三日的来信，俱悉一切。

弟弟的意见石涧埠解围后，各军不能死守，应该快速进攻，正合我的意。有一点不同的是：我命令萧守卫运漕，而把彭、毛、刘作为进攻剿敌之师，弟弟命令彭守卫运漕，而用萧、毛、刘部队进军。弟的意见是敌军将要向上游流窜，所

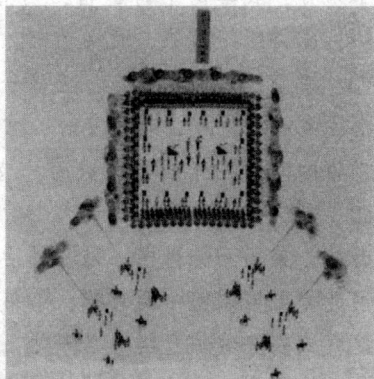

以追杀围剿庐江、三河、桐、舒等地；我的意见是敌军将要向下游流窜，所以要迅速围剿闸镇、巢县、和、含等地。这就是不同之处。合、庐、舒、桐、三河这五个地方，我都有强兵守卫；潜、太以上又有成、李两军驻守，巢县的敌军肯定没有向上游流窜的道理。石涧埠解围以后，敌军一定会还回东关、巢县、闸镇三个地方，我军向下游追击，仍然应该用萧守运漕，而用彭、毛、刘作为攻击部队，省得纷纷换防，耽误功夫。

弟弟统领两万多人，应该分出一部分机动部队在外。一半灵活一半固定；一半围剿一半固守，轮番交替，才能使部队保持良好的战斗力。这次彭带的七营、刘带的六营在外面正好成为一支机动部队。如果再把吉左、敏字三个营分配过江，那么就更成为一支十六个营的大机动部队。杏、云、芳浦三军完全可以抵挡大敌，弟弟不必过虑，恐怕灵活部队都在外而吃亏。只有金陵总部兵力薄弱，恐怕还需要再调回一两个营，弟弟自己看着办吧。至于上游的合、庐、舒、桐、三河、六安等城都已经牢牢守住，弟弟尽管放心。

捻军到广济后并没有向下游流窜到黄梅、宿、太一带，想必已经到英山里了。初十以内南岸景镇祁门都没有警报，也许不会有大的变动。顺问近好。

国藩手草　三月十八日

九江关六万饷银、广东四万、江西四万，近几天可以到来，到后立刻解送到弟弟那里。

苗沛霖复叛皇上震怒

【原文】

沅弟左右：

初九日接初二日来信，俱悉一切。

此间日内无警，惟曾璞山于初六日报贼复至六安，旋又于初七日报回窜之贼被围击退，皆不足信。究之忠酋之或东或否，陈大憙、马塕和与忠酋之或分或否，苗沛霖、李世忠与酋之或通或否，皆不深知，故调度多不合宜也。

春霆由巢北进兵，数百里内寸草不生，办柴极难，子药米粮转运亦殊不易，不知何日始至枯皋、炯炀。苗逆复叛，皇上震怒，命僧邸由山东返旆旋皖会剿，命余与希庵堵剿，此后或不至更行议抚。只要贼不犯鄂，蒋、毛、成三军或足以了办苗案。

六安搜得忠酋伪文，似李世忠亦与之暗通。刻下兵力只此，不敢扬薪下之火也。皖南久无来信，但闻二十五日大捷之后，歙、休、黟三县肃清。刘克庵将由黟赴景镇，自内打出，不知果成行否？顺问近好。

国藩手草　四月初十日

再，李宝贤带来六百余人，据称精壮老勇，意欲另开一营，余断不允。弟处每营病者百余人，如需补缺之勇，则飞速寄信，可令李之新勇赴雨花台也。又行。

【译文】

沅弟左右：

初九接到弟弟初二的来信，俱悉一切。

近来没有警报，只有初六曾璞山报告说敌军又到六安，随后又在初七报告说回窜的敌军被团团围住并击退，这些都不可全信。究竟忠酋是不是向东，陈大漟、马塙和与忠酋（指李秀成）是不是分开了，苗沛霖、李世忠和忠酋是不是又勾结了。这些都不能很清楚，所以不应该多调度。

春霆从巢北进军，方圆数百里以内寸草不生、柴草极为难找，转运粮草弹药也很不容易，不知道什么时候才能到枯皋、炯炀。苗沛霖再次叛变，皇上震怒，命令僧邸从山东回师转向皖会合剿杀，命令我和希庵堵截剿杀，从此之后不再改变剿杀的政策。只要敌人不进犯湖北，蒋、毛、成三支军队也许完全可以解决苗沛霖。

从六安搜出忠酋的伪文，似乎李世忠也与他暗地里勾结。眼下兵力较少，不敢再捅柴扬火了。皖南很久时间没有来信了，但是听说二十五日大胜之后，歙、休、黟三县扫清了敌军。刘克庵将从黟到景镇，从里向外打，不知能不能成功？顺问近好。

国藩手草 四月初十日

再有，李宝贤带来了六百多人，据说是精壮勇敢，想再成立一个营，我绝对不答应。弟弟军中每个营都有近百人伤病，如果需要添补兵力，就迅速来信，可以命令李宝贤带来的新兵到雨花台去。又行。

多用活兵少求速效

【原文】

沅弟左右：

昨日寄去二缄，一交来勇，一交解洋火之舢板。夜间接蒋、毛二公信，知寿州城外苗之营垒甚多而坚，二十八日虽破贼二垒，而伤亡颇众，余垒尚多。且闻苗将另调逆党截蒋、毛之粮道，调周军门赴六安，而萧军遂仍守巢县等处，不能进剿矣。苗逆既不易破，余须分力专顾北路。其东路二浦等处，望弟稳慎图之，总不外多用活兵、少求速效二语而已。霆军饷项极绌，而勇丁间有怨言，逃亡亦多，余时时惧其败挫。弟若果至北岸，望就近察看霆军气象何如？弊病安在？有何法可以整理？诸维留心，密以告我。顺问近好。并贺节喜。

国藩手草 五月初五日巳刻

【译文】

沅弟左右：

昨天寄去两封信，一封交给前来的兵勇，一封交给押解洋火的舢板。夜里接到蒋、毛两位的来信，知道寿州城外苗军的营垒很多而且很坚固，二十八日虽攻破敌人的二个营垒，但是伤亡惨重，剩下的敌垒还有很多。并且听说苗将另外调派逆党截断蒋、毛的粮路，调周军门奔赴六安，而萧军仍然守住巢县等地，不能

前往剿敌。既然苗军不容易攻破，我必须分出兵力专门对付北路。东路的二浦等地，还望弟弟谨慎对待，总的来说不外乎多用机动部队，少追求快的效果这两句话而已。霆军的军饷非常紧张，而且丁勇们已有怨言，逃跑的也很多，我时刻担心霆军垮了。弟弟如果到北岸去，希望就近察看一下霆军的士气怎样？弊病在哪里？有什么整治的办法？诸事留心察看、秘密地告诉我。顺问近好，并贺节喜。

国藩手草　五月初五日巳刻

待至八月再行合围

【原文】

沅弟左右：

初七夜接初二夜排单信，在近日驿递中犹为不甚慢者，然已五日矣。

厚庵调萧军及新后营合围金陵，尚未接其来信。江浦无三四营驻防，似不妥适。一切听弟与厚庵商酌行之，余不遥制也。若兵力太薄，扬、镇二防可各调二三千人前来会剿。扬防则弟去年曾调过杨心纯一军，去年调之来共患难，今年亦可调之来共功名。镇营则冯萃亭有信来，求调之助剿。兹将渠信及余回信抄寄一阅。惟调他处之兵，流弊极多，或暗中通贼助送接济，或援贼大至一蚁溃堤。此害之最大者，其他如号令纷歧、是非唇舌亦均不可不虑。望弟斟酌，一心断定。或兼调扬、镇之兵，或调扬而不调镇。候复信到日，由余咨调可也。余意目下暂不合围，且待八月再合。届时江、席、李三军皆到。各军之病痛多寡已有定象，援贼之来势衰旺亦有定局。可否，均由弟作主料理。复问近好。

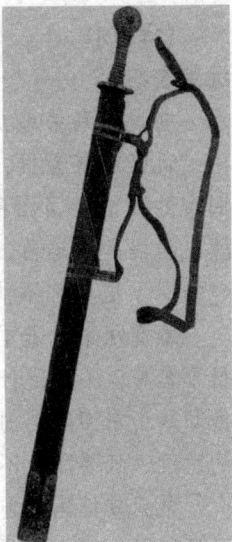

国藩手草　六月初八日

刘、李二信寄还。

【译文】

沅弟左右：

初七夜里接到弟弟初二夜里的信，在近些天的驿递中还算不太慢的，然而也已五天了。

厚庵调萧军和新后营合围金陵，还没接到他的来信。江浦没有三四个营驻防，似乎不合适。一切听从弟弟和厚庵商量办理，我就不遥控了。如果兵力太薄弱，扬、镇二个防线可以各调出二、三千人增援清剿。扬防去年弟弟曾调过杨心纯的军队，去年调来共患难，今年也可以调他来共享功名。镇营有冯萃亭的来信，要求调他去帮助围剿。现在将他的信和我的回信抄给你看，只是调其他处的士兵，流弊极多，有的暗中通敌帮助送接济，有的帮助敌人如同一蚁溃堤。这是危害最大的。其他例如号令分歧，是非唇舌也都令人忧虑，希望弟弟斟酌，果断

刀　清

决定。或者兼调扬、镇的兵力，或者只调扬的兵而不调镇的兵力。等回信到了以后，由我写信调派也行。我的意思眼下暂时不要合围，等到八月再合围。到那时江、席、李三军都到了。各军的伤病员多少也基本确定了，增援的敌人是多是少也大致定了。行不行，都听从弟弟做主办理。复问近好。

刘、李的二封信寄还。

国藩手草　六月初八日

合围缓急全由弟作主

【原文】

沅弟左右：

日内未接弟信，酷暑想平安也。自寿州失后，吾心日益忧灼。蒙城马方伯一军万难保全，临淮唐中丞恐亦孤危难支。昨东征局解到三万，已全供防苗诸军，致弟与霆军毫无接济。乃知军事悉如弈棋，各路失势，一隅虽胜无益也。

调冯、都两处之兵咨文各件总为一包，派滕副将送至弟处。弟以为可调，则发之。合围之或缓或急，全凭弟作主，官阶与物望所在，弟不必推诿。只要水路无接济进城，陆路纵有接济文报，贼亦终无可久之道。若必围得水泄不通，恐困兽犹将死斗。一蚁溃堤，全局皆震，不可不防。余所求者，水陆无接济、弟与霆军不打败仗二事而已。此外都不要紧，不求如安庆、九江之围攻严密也。滕将于金陵之形势、镇扬各营之优劣颇能周知，弟一详询可也。顺问近好。

国藩手草　六月十二日慈忌日

正封缄间，接春霆来信，以各营病者太多，意欲俟秋凉再进孝陵卫。余批令歇伏后再行进扎。且令就近事事商之于弟，以取进止。鲍军既不进孝陵，则萧军渡江或急或缓，听弟斟酌。余已备牍饬萧归弟调度矣。萧部下各营战事究竟何如？又行。

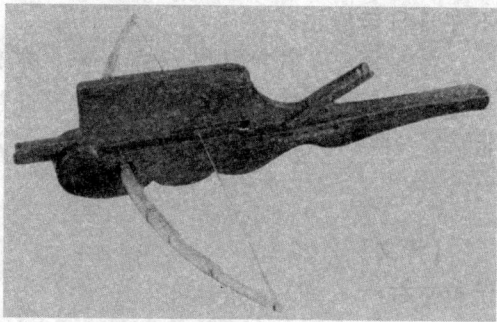

三国时诸葛亮发明的连弩复原图

【译文】

沅弟左右：

今天没有接到你的来信，想必酷暑之时身体还好吧。自从寿州失陷之后，我心里日益忧灼。蒙城马方伯的军队在万难之中得以保全，临淮唐中丞也孤立危险难于支撑。昨天东征局押送到三万钱，已经全部用于防苗的各军，使你和霆军没有得到一点接济。于是我才知道军事行政犹如下棋，各路失去势力，一个角落虽然活了也无益于大局。

调动冯、都两处兵力的文书各件汇总好一起，派滕副将送到你处。你如认为能调派，就送发出去。合围是暂时停顿还是迅速进攻，全凭你做主，官阶与物望

所在，你不必推辞。只要敌人不能从水路接济进城，从陆路纵然接济文报，敌人最终没有可持久的办法。如果一定要把敌人围困的水泄不通。恐怕被围困的敌军会做困兽之斗。一蚁穴之使堤溃，全局都受到震动，不可不防备。我所要求的是，没有水路陆路的支援、你和霆军不打败仗这两件事而已。此外全都不要紧，不要求像九江、安庆的围攻那么严密。滕将对于金陵的形势、镇江扬州各营之优劣知道的特别清楚，你可以详细地向他询问。顺问近好。

国藩手书 六月十二日慈忌日

正要封信的时候，接到春霆的来信，因为各营伤病员太多，他想等到秋天天气凉爽之后，再进到孝陵卫，我批示命令他们过了伏天后再进兵驻扎，而且命令他近来要事事和你商量，来决定进退。鲍军既然不进扎孝陵卫，那么萧军渡江的时间是快还是慢，听从你的安排。我已经准备批示令萧军归你调派了。萧部下各营的战况现在究竟如何？又及。

若非敌来扑营不必寻敌开仗

【原文】

沅弟左右：

十四夜接初十日巳刻信，知初九日大获胜仗。凡逼城开伏，向不能多杀贼。此次杀贼甚多，想是群贼欲趁此猛战，扑我营盘，解其城围，故能得机得势如此。然傍城而战，例为彼此杀伤相当之局，以后若非贼来扑营，似不必常寻贼开仗。盖贼之粮路将绝，除开仗别无生路；我军则断粮路为要着，不在日日苦战也。

春霆各营，有言其极不整齐者，究竟何如？家眷船泊河下者，闻有千余号之多，将弁多不在营歇宿，信否？此事关系于弟者极大，望再细察。顺问近好。

国藩手草 七月十五日

【译文】

沅弟左右：

十四日接初十巳刻之信，得知初九这天大获全胜，以前攻城之战，一向不能杀死很多敌人。这次杀死敌人这么多，估计是众敌打算趁机猛攻，扑击我营垒，以解被围之城，所以才能得此机会局势有利。然而依城而战，一般的战例是彼此相互被杀受伤人数相等，今后除非敌人来进攻我营垒，似乎不必经常找机会与敌人交战。因为敌人运粮之路已被断绝，除了交战别无生路；我军最要紧的是截断敌军粮道，不必每天与敌人苦苦交战。

春霆所率各营，有人说他们驻扎极不整齐，究竟是怎么一回事？我军家眷乘坐船只沿河停泊，听说有一千多艘，将士大多不回军营住宿，有没有这件事？这件事对弟的关系极大，希望再去仔细视察。顺问近好。

国藩手草 七月十五日

古人用兵最贵变化不测

【原文】

沅弟左右：

数日未寄信与弟，亦未接弟来信，想平安也。

青阳米粮太少，援兵不得至城下，万难久支。青邑若失，则南陵、泾县、宁国殆将瓦解，不得不调霆军救援皖南。昨日已备牍咨行，请弟速催春霆启行，无贪城北地道万不可成之功，而忘上游数城万不可失之地。弟兵暂扎小河以西，只要背后无援贼，但御前面之城贼，力自有余。待至秋末冬初，春霆击退黄、李、古、赖各股，或可进攻东坝。弟之新勇募到，亦可扎过小河以东，暂达教陵卫矣。

古人用兵，最贵变化不测。吾生平用兵，失之太呆，弟亦好从呆处着想。霆军五月从燕子矶南渡，本是呆着，挖地道则更呆，此际皖南危急，不能不调之使活耳。

临淮三日内无信，闻米粮可支一月。上海解七月分银四万至弟处，已接到否？霆营开差，望略多拨些。即问近好。

国藩手草　八月初九日

【译文】

沅弟左右：

数天没寄信给你，也未接到你的来信，想来一切平安。

青阳米粮太少，援兵又到不了城下，很难支持长久。青阳城若丢失，则南陵、泾县、宁国大概也将丢失，不得不调霆军救援皖南。昨天已准备好公文让其行动，请弟速催促春霆出发，不要贪图所攻城北地道一定要成功，而忘记上游数个城池万万不可丢失。你的军队暂时驻扎在小河以西，只要背后没有援救之敌，一心抵御面前城中的敌人，力量自是有余。等待秋末冬初，春霆击退黄、李、古、赖各股敌人，大约可以进攻东坝。你新近征募的战士，也可以挂扎小河以东，暂时在孝陵卫。

古人用兵，最重视变化多端使敌人防不胜防。我平生用兵，失误之处在于太呆，你也是经常从呆处考虑问题。霆军五月从燕子矶南渡，本来就是呆着，挖地道则更为呆也，这个时候皖南危急，不能不调走使整盘棋活起来。

临淮三天之内没有信来，听说米粮可支持一个月。上海押解七月份银两四万到你那里，已经接到了吧？霆营的卅支，希望稍微多拨一些。即问近好。

国藩手书　八月初九日

派程尚斋至江西设局督销

【原文】

沅弟左右：

久不得弟信，想十一二三等日至浦口一晤筠仙，未暇作书耶？

西岸认运一案大致已定，公牍亦均批发。此间派程尚斋至江西设局督销。如楚岸办动，即派杜小舫至汉口设局督销。青阳日内无信，云岩十二日寄申夫一信抄阅。申夫所部陈、郑二营十二夜打一败仗，江、席尚无进兵之信，深为可虑。接毛寄帅信，内录驳固本京饷一疏，极为明快透辟。又密片一件一并寄览，仍望密封寄还。纪泽等二十一日可雇船回皖，将令至上海一行也。顺问近好。

国藩手草　八月十九日

【译文】

沅弟左右：

好久没有收到你的来信，想必是十一到十三日到浦口会晤筠仙，没有空写信吧？

西岸认运一案大致已经决定下来，公文也都批复发出。我这派程尚斋到江西设局督促销售。如果楚地办理好，即派杜小舫到汉口设立办事机构督导销售。青阳日内没有来信，云岩十二日寄申夫一信抄你传阅。申夫所报陈、郑二营十二日晚上打了一个败仗，江、席还没有进兵的消息，实为可忧虑。接到毛寄给大帅的信，内中抄录了驳固本京饷一疏，写的极为明快彻。另有密信一件一起寄给你观览，看完后仍然密封寄回。纪泽等人二十一日可以雇船回安徽，将命令到上游去一次。顺问近好。

国藩手书　八月十九日

于李则主安慰于苗则主坚守

【原文】

沅弟左右：

初一日得弟八月二十七日信，俱悉一切。

通江关、石埠桥济贼之事，弟意不宜再事姑息，已咨李军门速撤矣。李之考语过优，弟所见良是。然余之兵力有限，业已因苗逆而占住许多官兵，若再使李不自安，又兴一重兵端，则断非都、富所能了，所扯动者，非弟兵即鲍兵也。故余于李则专主安慰，于苗则专主坚守，腾出兵力以专谋金陵专谋皖南。譬弈家之腾出先手，专保一块，不得不姑丢一块也。

筠仙详请罚何铣钱十万串，并无二十万两之说。其来缄告余不必遽出奏，而其当面告弟却谓

炮　清

急宜出奏，不知何以自相矛盾？兹将筠信寄弟一阅。此等罚款，近年极多。大约一参之后，反不肯多缴。如杨坊已缴五万余，经左帅严参后，停顿不缴。盖一经破面，渠更悍然不顾，即再参，亦不过军台而止，法有所穷也。袁帅严参许惇诗，勒法十万，许缴款寥寥。南坡此来，又锐意欲用许君。庄生所谓彼一是非，此一是非，吾辈不可不参观而熟计耳。

惠甫薪水，此间可于渠到家之日截停。眉生已离弟营，甚好甚好！渠之长处在识广而才多，其短处在不畏人言。十月十日万寿贺折，余已代弟缮发。颁发御制诗文集谢折，当代弟拟折稿寄金陵缮发。纪泽与袁婿以初一日回皖，岱三、金二则二十六日先到矣。顺问近好。

国藩手草　九月初二日

【译文】

沅弟左右：

初一接到你八月二十七日来信，内情尽知。

通江关、石埠桥接济敌人之事，你的意思不宜再姑息，已告之李军门迅速撤退。李的考评之语过于好，你所见是很正确的。但是我的兵力有限，主要因为苗沛霖而占用了许多官兵，如果再使李感到不安，又兴起一个重大兵变，则断断不是都、富所能平定的，因此而牵动的不是你的部队就是鲍的部队。所以我对李则主张安慰，对苗则主张坚守，腾出兵力专门图谋金陵、专门图谋皖南。好像是下棋时腾出先手，专门保一块棋，不得不姑且丢去一块棋。

筠仙请求罚何铣十万串钱，并没有二十万两之说。他来信告诉我不必马上上奏，但是他当面对你讲却说应急速上奏，不知道为什么自相矛盾？现将筠仙的信寄你一阅。像这样的罚款，近年来非常多。大概在一参劾之后，反而不肯多缴罚款了。比如杨坊已缴了五万余，但经左帅严厉参劾以后，反而停顿不缴了。大概是已经面子扯破，他反更加悍然不顾了，即使再次参劾，也不过到军台而止，法也有不尽之处。袁帅严厉参劾许惇诗，勒令交纳十万，许只交了寥寥可数的数额。南坡这次来，又执意打算任用许君。这就是庄生讲的所谓那时是一是非，这时又是一是非，咱们不可不观而熟记呀。

惠甫薪金，可在他到家之日停发。眉生已离开你的驻地，非常之好！他的长处在于见识广而多才能，他的短处在于不怕流言蜚语。十月十日寿的祝贺折子，我已代弟缮写发出。颁发御制诗集的谢恩奏折，也应当代你拟定折稿寄往金陵发出。纪泽与袁婿于初一日回到安徽，岱三、金二则在二十六日先行到来。顺问近好。

国藩手书　九月初二日

杉条大炮等二日内可起行

【原文】

沅弟左右：

二十八夜接弟二十四日信并附仙屏二页，俱悉一切。当即札饬梁美材、介正等三营归弟调遣，除留一营守西梁外，以二营移驻江浦。弟可调为则一营过江，即再调一营南渡，江浦仅留一营可也。今日易良豹带新勇四营到此，约计近三千人，特专船飞告弟处。略发钱二千串，明日即可起行。杉条、大炮、劈山等事，二日内准可起行。黄南翁亦明日成行。弟处近日气机颇好，所虑后濠空虚，黄老虎大股自湖州往援，不可不防耳。纪鸿母子昨日到华阳镇，今明日可到并告。即问近好。

兄国藩手草　九月二十九日

正封缄间，又接二十四夜三更来信，知七桥瓮"瓮桥"三石垒已破。弟于军事确有把握，快慰之至。水师添募之说，余于意城业经写信，于彭、杨尚未写信。盖未接弟之回信，恐弟别有深意，故斟酌未发，不比意城之知弟较深也。又及。

【译文】

沅弟左右：

二十八日夜晚收到你二十四日来信并附于仙屏的两页，得知一切。立刻下令梁美材、介正等三营部队归你调遣。除留下一营守西梁外，以两营移驻到江浦。你可以先调一营过江，然后再调一营南渡，在江浦只留下一营。今天易良豹带领四营新勇到来，大约有三千人，特地派专船飞速前往你处告之。稍后运送铜钱二千串，明天即可起程。杉条、大炮、劈山炮等事物，二天内一定可起程。黄南翁也于明天出发。你那里最近气势机会非常好，所考虑后方空虚，黄老虎大股地从湖州增援，不可不做防备。纪鸿母子昨天已到华阳镇，今明两天可以到来并立刻告知于你。即问近好。

兄国藩手书　九月二十九日

正待把信封上，又收到二十四日晚上三更写的信，得知七桥瓮'瓮桥'三石垒已攻打下来。你对于军事行动确是能把握时机，高兴欣慰之极。水师增加的想法，我与意城已经通信，与彭、杨还未通信。主要是没有收到你的回信，唯恐你别有深意，故而斟酌未发表看法，不如意城那样对你了解得比较深。又及。

专意守营或亦制胜之法

【原文】

沅弟左右：

十五、十六日连接初十、十二日来缄，俱悉一切。

忠酋此次来援，自必拼命苦战。我军反客为主，专意守营，不必出队与之开仗，或亦制胜之一法。英逆之救安庆，三月一次，七月一次。忠逆之救金陵，去秋已一次矣。若此次再行击退，则克复真有把握矣。火药缺乏，此间今日起解一批三万斤，过三日再解一批三万斤。但北风连日不息，不知十日内可解到否？饷银亦于今日起解三万，炮船应可先到耳。

牧云定于十七日南归，少荃克复苏州后至今无一字书函，颇不可解。西岸头批之盐，今日始到安庆。甚矣！盐务之不能应急也。顺问近好。

国藩手草　十一月十六日

【译文】

沅弟左右：

十五、十六日接连收到你初十、十二日的来信，俱悉一切。

忠酋这次来援，一定会拼命苦战。我军反客为主，专心守营，不必出阵与敌人开仗，或许这也是取胜的方法之一。英逆救安庆，三月份一次，七月份一次，忠逆救金陵，秋天以后已有一次。如果这次再将他击退，那么克复金陵就真有把握了。火药缺乏，这里今天送去一批三万斤，过三天再送去一批三万斤。但北风连日来不停，不知十天内能不能送到？饷银也于今天送去三万，炮船应该可以先一步到达。

牧云定于十七日南归，少荃克复苏州后至今无一字书信，很不理解。西岸头批盐，今天才到安庆。哎呀！盐务不能应急呀。顺问近好。

国藩手草　十一月十六日

少荃克苏州后迄未来信

【原文】

沅弟左右：

二十三日得十九日巳刻来信，俱悉一切。

丹阳、句容大股贼已动，日内必有大战猛扑。余所虑者在七瓮桥、孝陵卫一带，亦犹去秋之外八营也。趋犯金柱关者，当仍是侍逆一股。弟派芳浦回防，从此等处着眼，极是极是，弟不知孝陵卫、七瓮桥果稳否耳？

米粮明日起解三千石，腊月再解二千石。银之在途者颇多，今冬可解弟营十二万两，但不知本月能解若干。上海应解弟处两批六万，当必不误。

少荃克苏州后亦无一字与我，闻因杀降王郜云官等八人之故，与戈登大相忤。各洋酋亦咸抱不平。少荃业经入奏，谕旨谓其并无错处，而英法借此生波，则少荃之无暇写信，或由于此。

与吾事，余复厚庵之咨已咨弟处，兹又将回信寄弟一阅。弟元旦贺折已代发矣。即问近好。

兄国藩手草　十一月二十三日

【译文】

沅弟左右：

二十三日收到你十九日巳刻写的信，俱悉一切。

丹阳、句容等地大股敌军已经发动，近日里必会有大战猛攻。我所担忧的是七瓮桥、孝陵卫一带我军，也会像去年秋天江南大营外八营受攻一样。进犯金柱关的，应该还是侍王李世贤一部。沅弟派芳浦回防，从以上一些地方着眼，非常

正确。但不知孝陵卫、七瓮桥一带是否已确实布防稳妥？

从明天起解运粮食三千石往你处，腊月再解运二千石。银饷很多已在押解途中，今年冬天可以解往弟营十二万两，只是不知这个月能够解运多少。上海方面应解往你处两批共六万两白银，当不致有误。

少荃克复苏州以后至今没来过信。听说因为杀掉投降的太平军纳王郜永宽等八人的缘故，与戈登意见大相抵触。洋枪队头目也都对此事打抱不平。少荃已经上奏朝廷，谕旨说他此事处理没有失误，而英法等国借此生事。少荃没有时间写信，也许是由于这个原因吧。

关于我的事，我回复厚庵之咨文已咨询你处。这里又把其回信寄你一阅。你的元旦贺折已代你发出。即问近好。

兄国藩手草 十一月二十三日

太平神策二处拟不遽合围

【原文】

沅弟左右：

接十八日专足一缄，二十日排递一缄，俱悉一切。

余日内所忧弟营之事，专在米粮一宗。赈米二千石，日内必解赴金陵。江西之米，官固认真稽查，民间尤阻遏其紧。余顷已札行各卡，正二三月一律免厘。此风一播，应可松活也。

太平、神策二门，余意不遽合围，实因另无统领之故。如东头初一日开仗，西头之兵初二日驰援，尚只能走路，不能接仗，必须初三日乃能交手。而东头存亡呼吸之顷，固不能靠西兵以救危急，又岂能向西帅以问计策哉？欲求东头另立统领，近则调鲍春霆，远则调程学启，或竟请少荃亲来，乃可当此一面。余顷有信寄少荃，商调程学启还弟麾下。如少荃不允，余于正二月必设法调一统领大员围扎神策、太平二门，并拟于灯节后坐轮船与弟一会。

弟宜以保身体为主，不必焦灼也。弟此次两信，胸怀颇宽舒，心志颇敬慎。以后须常存此意，总觉得人力虽尽到十分，而成功纯是天意，不可丝毫代天主张。至嘱至嘱。

萧为则八营保举尚未接到部文，今岁不能办行知也。许、丁两处均当以厚道待之。南坡于此已二月，兴趣尚不甚减，可慰可慰。筠仙续弦之事竟尔大不适意，殊骇听闻。吃食诸物略付少许照收。顺问近好，兼贺年禧。

国藩手草 十二月二十六日

【译文】

沅弟左右：

收到十八日专人送来一信及二十日传递一信，一切尽知。

近日里我对弟营所担心的，只是米粮这一件事，赈米二千石，近日一定解送金陵。江西米粮，官方当然认真稽查，民间尤其阻碍重重。方才我已行

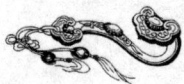

文各厘卡，正、二、三月内一律免征厘金。此风一吹，各种限制应该可以松动了。

太平、神策这两门，我意以为不必立即合围，实在也是因为再没有统领可派的缘故。比如，东头初一日开战，西头之兵初二日赶往东头援助，这一天还只能走路行军，不能交锋，必须等到初三日才能与敌交手。而东头我军存亡危急在于呼吸之间，固然不能靠西头之兵以救危解难，又怎能向西头之统领请示部署、命令呢？如果想在东头另立统领，近处就调鲍春霆，远则就调程学启，或者就请李少荃亲自来，才能独当一面。我刚有信寄少荃处，商量把程学启调来还归你部。如果少荃不允，我在正、二月间一定设法调一位统领来驻扎，合围神策、太平二门。我还准备在正月十五灯节之后坐轮船去与弟见一面。

弟当以保养身体为主，不必过于焦虑。此番

和田青玉花卉纹双耳瓶　清

收到弟两封来信，可见弟心胸宽广舒展，心志恭敬审慎。以后应时常保存这种意向，总认为虽然人力已尽到十分，而成功与否完全是天意，不可有一丝一毫代上天做主张。至嘱至嘱。

萧为则受八营保举一事还没有接到部里行文，今年无法备办起身已可知。许、丁二位那里都应该以优厚条件来接待。南坡到这里已经两个月，兴致仍然没怎么降低，可慰我心。筠仙续弦再娶之事竟如此大不顺心，实在骇人听闻。食物带去少许，照单查收，顺问近好。兼贺新年之喜。

国藩手草　十二月二十六日

继芳将苗党诛戮殆尽深可佩服

【原文】

沅弟左右：

接弟二十三日、二十六日两缄，俱悉一切。

秣陵关虽扎营，而贼盛时仍可至金柱关、三汊河等处。此理余深知之。弟之不守秣陵关，自必实有所见，外间则纷纷疑其应守，余概不遥制也。留朱惟堂二营与志字五营同守金柱关，自可万无一失。明年以芳浦、张、梁同扎神策门一边，本属稳着。吾犹嫌号令概归弟处，缓急不能一一请示，不甚放心。

李与吾一案，吾兄弟处置均为妥善，将来尽可缓奏。继芳将苗党诛戮殆尽，捻首亦次第芟夷，深可佩服。淮上水无复患矣。皖藩一席，须待谷山到此，篔轩乃能交卸赴泰州也。顺贺新禧。

国藩手草　十二月除日巳刻

【译文】

沅弟左右：

收到弟二十三日、二十六日两信，一切尽知。

秣陵关虽然派兵驻扎，而敌势强时仍能打到金柱关，三汊河等处，这道理我很清楚。所以弟不派兵驻守秣陵关，一定是有自己见解。外界议论纷纷，以为应守秣陵关。此等事我一概不遥控。留下朱惟堂二营和志字五营一同把守金柱关，自然可以万无一失，明年以芳浦、张、梁各部共同驻扎神策门一带，本属稳健的部署，我还嫌这样做指挥权全归弟处，有情况又无法一一请示，不太放心。

李与吾一案，咱们兄弟处置都很妥善，将来完全可以缓奏。继芳将苗沛霖一党诛杀将尽，捻军首领也依次铲除干净，非常佩服。淮河流域将永远没有祸患了。安徽布政使一职，要等谷山到这里，簏轩乃能卸职交接，前往泰州。顺贺新禧。

国藩手草　十二月除日巳刻

连日大雪各军不能成行

【原文】

沅弟左右：

初八日接弟两缄：一则戈什哈赉回，一则由驿递到，内有霞仙奏稿两本。俱悉一切。

连日大雪弥漫，平地几至四尺。弟军临前敌，士卒困苦异常，而弟素有畏寒之象，深以为念。探报侍逆上犯，已至绩溪。余调毛军赴徽，沈中丞调江、席赴婺，日内俱不能成行。不知贼行迟速果何如也。

金眉生与簏轩信言里下河之米实不过二两五六钱一石，此间拟即发银二万购办弟营之米。继芳可让而不可佩，弟论允当之至。霞仙所处之境，其艰难似倍于皖。吴奏疏委曲圆达，则近日好手也。余有复李良臣信一件，抄寄弟阅。即问近好。

国藩手草　呵冻正月十三日

【译文】

沅弟左右：

初八日接弟两信，一信由戈什哈带回，一信由驿站递送到，其中有霞仙奏稿两本，一切尽知。

连日来大雪弥漫，连平地雪深也几乎有四尺。弟军面临前线敌军，士卒极为困苦，而老弟一向畏惧严寒，我非常惦念。据探报侍王李世贤向北进犯，已经到了绩溪。我调毛部前往徽州，沈中丞调江、席部经婺州，但近日都不能出发。不知敌军行动速度如何。

金眉生给簏轩的信说里下河的米价不过每石米值白银二两五六钱，这里准备立即发放白银二万两购买弟营所需之米。继芳可以责备，但不足敬佩，弟来

信所论公允恰当之至。刘霞仙处境艰难，似乎比安徽倍觉困难。吴之奏疏详尽畅达，是为近日技艺高超的作者。我有回复李良臣的信一封，抄寄弟一阅。即问近好。

国藩手草　呵冻正月十三日

金陵合围望加倍小心

【原文】

沅弟左右：

初一日接二十五申刻信，知金陵业经合围，只空后湖一段，大致不能以全股冲出，贻患他处，且喜具惧。喜则喜弟之苦心经营，渐有藏事之望；惧者惧窃寇拼命决战，如黄河将合龙之际，恐大溜冲决走扫也。望弟加倍小心，竟此大功。

天保城山下修二新营垒，湘后二营恐不足当此要路。其营官由水师出身，不知陆路事宜。周围九十余里，围数十万悍贼于其中，吾弟布置之劳，责任之重，思之不觉惴栗。

谕旨前令都与阿南渡至句容一带助剿，本日改调都赴山西，派富将军南渡，饬余区画调度。余因富公无本领而有脾气，拟复奏不必南渡。徽州之贼虽退，已从浙境上窜玉山、广信，势将蹂躏江西腹地。金陵若克，请弟拔二万人回顾江西、湖南，即为遣散地步。顺问近好。

国藩手草　二月初二日

【译文】

沅弟左右：

二月初一日收到你正月二十五申时来信，已知金陵外我军已经合围，只空着后湘一带而已。大体上金陵守敌不可能全部从城中突围冲出，给其他地方造成灾难，我又高兴又担心。高兴的是经老弟一番苦心经营，渐渐有了解决事情的希望。担心的事则是势穷力竭的敌军会拼老命决一死战，就像黄河堤坝将要合龙的时候，恐怕大水会冲开堤坝，冲走堤料。希望老弟加倍小心，完成这件大功业。

天保城山下修筑两座新营垒，以湘军后二营恐怕还不足以担当如此重要路段的守卫任务。该营官从水师出身，不懂陆军事物。金陵城外围达九十多里，我军把几十万强悍敌军围在当中，老弟部署全军的辛苦，责任的重大，我想起来都觉得恐惧战栗。

日前谕旨命令都兴阿南下渡江到句容一带协助围剿，今天又改调都兴阿往山西，派富明阿将军南渡，令我分别策划安排。因为富公没有本事而脾气不小，我准备复奏请富公不必南下。进入徽州境内的敌军虽然撤退，已经从浙江境内流窜到玉山、广信一带，势必要践踏江西的中心地位。如能克复金陵，请老弟拔出两万军队回师江西、湖南，也为将来遣散部队预留余地。顺问近好。

国藩手草　二月初二日

闻常州克复广德之贼已退遁

【原文】

沅弟左右：

十九日接弟十六夜信，二十二日又接十九日信，俱悉一切。

此间得洋船信，知常州于十二日克复，广德州之贼亦因无米全数退遁。看来苏皖两省可于端节前一律肃清。江西之贼，研香在金溪大捷，韩字祥字各军云集，计必逃入闽中。后股为徽浙各军所扼，不能续至，当无大碍。

弟营米粮，六安曾处万石已有着落，里下河金处万石，弟当自行谆催。少荃处新借二万石，渠力绰然有余，弟须屡函催之。将来四川万石亦尽弟营。其安庆新耷之米则分给各营，未知能度此四个荒月否？

乔中丞到此七日，明日可往临淮。义渠明日可回省垣。泽儿体弱，已照弟意，谕令服余之参茸丸茸，即弟送内人者也。顺问近好。

兄国藩手草　二月二十三日

【译文】

沅弟左右：

十九日收到弟十六日夜来信，二十二日又收到十九日来信，一切尽知。

这里收到洋船传信，得知常州已于十二日被我军收复，广德州的敌军也因米粮匮乏而撤兵逃走。看来江苏、安徽两省可以在端午节之前彻底肃清敌军。席研香在金溪大胜敌军，韩字、祥字各军已云集，江西境内敌人估计一定逃向福建。拖后的敌军被安徽、浙江我军所控制，不会相继入闽，应该没什么大妨碍。

弟营所需米粮，六安县曾某那里的一万石已经有着落，里下河金眉生那里采办的一万石，老弟你应该自己多催几次。李少荃那里新近所借二万石，从他的力量来说自然是绰绰有余，你应多去几封信催促

象牙雕楼船　清

他。将来四川方面解来的一万石也全数送弟营。至于安庆新耷的米粮则分别供给各营。不知道能不能靠这些米粮度过这四个荒月？

乔中丞到这里已七天，明天大约去临淮。唐义渠明天大约回到省城。纪泽儿体质虚弱，已按照你的意思，让他服用我的参茸、丸茸之类补药，就是老弟送我内人的药。顺问近好。

兄国藩手草　二月二十三日

湖北发捻交集甚为震恐

【原文】

沅弟左右：

接二十六日信，俱悉一切。

张仙舫禀食盐事并未与弟说及，殊为大谬，当严饬。此后凡事当先禀弟处。其人似尚胆小，或不至敢违吾与弟之训。

抚恤一局，万难裁撤，听弟斟酌。吾因安庆、池州饥民纷纷赴江南大营就食，吾恐此名一播，万难应付，故劝停也。

上海拨五十万至金陵之旨，二十八日续奉廷寄一道，重言以申明之。余笔告人曰，官司虽输，和得一注现钱。大约可实得二十四万。湖北发、捻交集，甚为震恐。天气阴寒，余深虑别有祸变。但求每月除米以外，凑得十余万金，俾弟军、鲍军不至决裂，竟此一篑之功。然后兄弟熟商引退之法，则大幸矣。顺问近好。

兄国藩手草　三月三十日酉刻

兰泉信附去。欧阳氏家传墨刻付去。

【译文】

沅弟左右：

收到二十六日来信，一切尽知。

张仙舫禀报食盐一事事先并未与老弟说起，实为大错，应当严加告诫。以后凡有事应该先行禀告老弟处。这人好像还算胆小，也许不致敢于违反我与老弟的训诫吧。

抚恤之局，实在难以取消，听凭老弟斟酌决定。因为安庆、池州饥民纷纷赶赴我江南大营，趋向有粮之地，我很担心这个名声传开去，就确实难以应付了，所以劝你停止赈济。

从上海拨五十万两白银到金陵大营的谕旨，二十八日又再接到廷寄一道，再三强调说明。我笑着告诉别人说，官司虽然输掉，可就像打麻将和了一把赢现钱一样，大约实际上能得到二十四万两。湖北长毛与捻军交集，甚感震惊恐惧。天气阴暗寒冷，我极担心发生其他祸患变故。只求每月里除米粮花销以外，能凑出十几万两，使老弟一军及春霆之军不致崩溃，以完成这件只差一步的大功业。事成之后你我兄弟再仔细商量如何引退的办法，这才是最大的幸运。顺问近好。

兄国藩手草　三月三十日酉刻

兰泉来信附去。欧阳氏家传的雕版图书也带去。

克复金陵须稳固图之

【原文】

沅弟左右：

前寄弟信，言湖州业于三月初九日克复。系二十五日接准左季帅十一日之咨

而云然，并于二十五日奏片中亦言之。顷接蒋芗泉三月二十五日之禀，则湖州并未克复，余不特于奏片中错报三处（王可升报丹阳克复，亦已入奏，常州有克复之说，）且调度亦因之而谬。湖州、丹阳既皆未克，则鲍军未可轻动，而浙江群逆亦必由东坝、丹阳等处援救金陵。特此飞函商吾弟，细告彭、刘、萧、张诸将蓄养锐气，专为前打城贼后御援贼之用，断不可因地道将成，竭力猛攻，致多损锐，反不能力破援贼也。千嘱千嘱！好事多磨，自古而然，即东坝疏失，鲍军小挫，亦未始非意中或有之事，虽有其事，而弟军仍安如泰山，乃为铁汉。

自苏杭克复，人人皆望金陵之速克。吾独不期其速，而期其稳，故发信数十次，总戒弟之欲速。盖深知洪逆非诸贼可比，金陵非他城可比也。此等处吾兄弟须有定识定力，望老弟巍然不动，井然不紊。将克未克之际，必有一番大风波。吾弟若破地道，且待大风波经过之后再行动手，实不为晚。吾所虑者，一恐弟求速效而焦灼生病，一恐各营猛攻地道，多损精锐而无以御援贼耳。弟其体我此意，稳慎图之。至于弟军银米，九月以前必可敷衍。顺问近好。

四月初六日

【译文】

沅弟左右：

日前寄弟信中说到湖州已于三月初九被收复，这是三月二十五日接到的左季高十一日咨文的说法，并且在二十五日所奏折附片中也谈到此事。刚接到蒋芗泉三月二十五日的禀帖，则知湖州并没有收复，我不仅在奏折当中报错了三件事（王可升报收复丹阳事，也已奏上。还有收复常州的话。）而且兵力调动也因这些情报而出差错。湖州、丹阳既然都没有攻克，则鲍春霆军不能轻易调动，而浙江敌众也一定从东坝、丹阳等地去援救金陵。为此特地快信与老弟商量，仔细告知彭、刘、萧、张诸位将领养精蓄锐，专门用于进攻金陵、反击援敌。决不能因为地道即将挖好，就竭尽全力猛烈进攻，以致过多损失精锐，反而不能有力地打败敌人援军。千万千万！好事多磨，从来如此。就算东坝偶有疏失，鲍春霆军受到挫折，也未必不是我等意料之中可能发生的事，就算实有其事，而老弟一军仍能安稳如泰山屹立，这才是钢铁汉子。

自从苏杭相继收复，大家都盼望着金陵能尽快收复。只有我并不期望快速攻克，我期待的是稳健，所以写信几十封，总是力戒老弟的追求速成。因我深知洪秀全并非其他敌人可比，金陵城也不是其他城池所能比拟的。这些地方我等兄弟要有坚定的见解、坚定的信念。望老弟领军岿然不动，一切井然有序，有条不紊。在金陵城将要攻克但还没有攻下的时候，一定会有一场大风大浪。老弟如果想由地道攻破金陵，暂等到这场风浪过去以后再行动，其实并不算晚。我所担心的事，一是怕老弟追求速见功效而焦急得病，一是怕各营从地道猛烈攻城，过多损失精锐部队而没有力量抵御敌人援军。请老弟体会我的这些意思，稳健、审慎地策划。至于老弟一军的银米饷给，一定能应付到九月以前。顺问近好。

四月初六日

广德未克日内必有大变

【原文】

沅弟左右：

昨日书一片寄蓝泉封内，想已得达。今日天雨如注，气象阴森，寒似深秋，实增焦灼，想老弟亦同此愁闷。然事至今日，惟有小心安命、埋头任事二语兄弟互相勖勉，舍此更无立脚之处。据窦蓝泉云，大丹将成，众魔环伺，必思所以败之。雪琴上赴九江过此则云金陵贼粮尚足，夏秋难望克复。二说虽微不同，总之事局艰难，吾兄弟适当其任。湖州、广德未克，日内必有大变。

弟所挖地道，如于四月告成，不宜于四月装药轰发。吾观天时人事，似非于月内遽获大捷者。危心苦口，弟其亮之。弟派沈鹤鸣赴沪提银二十六万两零，而余已先拨九万与霆军，弟心不免郁郁。余实因周纲堂之信，恐生他变，故待霆军独厚，亦望吾弟亮之。李世忠之三十万串尚无来文，余昨日复一信，抄稿寄阅。应道、沈丞劝捐，即日加札。顺问近好。

四月初九日

【译文】

沅弟左右：

昨天有书信一件于蓝泉封内一同寄去，想必已经送到你处。今天大雨如注，天色阴森，寒冷得像深秋天气，实在增加我的焦急，想必老弟也跟我一样愁闷难解。然而事情发展到今天这种地步，只有小心而安于命运安排、低头努力地承担起我们的职责这两句话可以用于兄弟之间互相勉励，不这样做将连立足之地都没有了。据窦蓝泉说，炼丹当大丹即将炼成的时候，会有众多魔鬼在周围窥伺，一定要想好如何挫败他们。彭雪琴往上游去九江时路经此地，则说金陵敌军米粮还充足，对今年夏秋收复金陵很难抱什么期望。这两种说法虽然有所不同，总之大局仍属艰难，而我等兄弟正巧赶上这一重任。湖州、广德没有攻克，近日里一定有大变化。

老弟所部挖的地道，如果在四月份完成，也不适宜在四月份装火药引爆轰城。我观察天时和人事，似乎都不像这个月之内就立即能获大胜的样子。心存戒惧，规劝逆耳，请老弟体谅。老弟季派沈鹤鸣去上海提取白银二十六万两，可是我已经先拨出九万两给鲍春霆军，老弟心中不免忧闷不快。实际上我是因为接到周纲堂的来信，恐怕出现其他变故，所以只对鲍军特别优待，也希望老弟能体谅这一点。李世忠的三十万贯钱，他还没有发文来，我昨天给他写一封信，抄件寄弟阅。应道及沈丞劝办捐事，即日札复。顺问近好。

四月初九日

闻江西省城人心惊惶

【原文】

沅弟左右：

自二十六夜接弟二十三夜一信，近日未接续报，殊深疑虑，不知弟之病羔何如？

此间日内无他信息，惟闻江西省城人心惊惶，纷纷搬徙。雪琴已带船晋省，借助声威。抚州解围后，贼于二十日攻扑建郡，亦不得逞。谕旨派厚庵督办江西、皖南军务，大约系在左帅奏请，亦因余屡奏责重事烦，分此仔肩也。官帅参严把持兵柄，奉旨以道员降补。吴昌寿补授鄂抚，唐义渠暂署，即日咨达弟处。

日内又凑得银四万，听弟处信息。若弟续得沪饷九万，需银不甚迫切，则余拟以此四万作运湘盐本。昨已解四万作盐本矣。即问近好。

五月初一日申刻

【译文】

沅弟左右：

自从二十六日夜收到老弟二十三夜的一封来信，近日里没有再来信，疑虑特甚，不知老弟的病怎么样了？

这里近来没有什么别的消息，只听说江西省城人心惊慌惶恐，民众纷纷搬家出城。雪琴已带船队进江西，以助我军声威。抚州解围以后，敌人于二十日攻建昌府，也没有得逞。谕旨派杨厚庵督办江西、皖南军务，大概是出于左季高的奏请，同时也因为我屡次奏称责任重大、事务繁忙，所以让厚庵分担一下。官帅参劾严把持兵权，所以奉旨以道员降补。吴昌寿已补授湖北巡抚，唐义渠暂时署理其职，几日内咨文将到弟处。

近日里又凑得白银四万两，现等着老弟处的消息，如果老弟再得到上海饷银九万两，对银两的需求不是特别迫切，则我准备拿这四万两作为运送湖南官盐的资本。昨天已经解运四万两充作运盐资本了。即问近好。

五月初一日申刻

金陵之敌援虽绝而粮未断

【原文】

澄弟左右：

前次发信后，旋接弟四月初一夜之信并茶叶十篓，又二篓系寄金陵沅弟者，俱悉一切。

此间近状平安。金陵之贼，援虽绝而粮实未断，沅弟焦灼之至而无如之何。幸身体平安。余派盛四去看，归云面色甚好也。江西之贼攻扑抚、建，两府俱得保全。鲍军于二十六、七等日自东坝起程，初六日自芜湖拔行，五月必可到江。又奉旨派杨厚庵督办江西、皖南军务，应可渐有起色。惟湖北之贼蹂躏过久，二十一日副都统舒保阵亡，系一马队名将，殊有关系。严中丞以道员降补，义渠暂

署鄂抚，不知能平此风波否。

安徽麦收甚丰，惟天气太寒，五月初尚着棉衣二件，不知湖南亦如此否？余详日记中。顺问近好。

五月初三日

【译文】

澄弟左右：

上一次的信发出以后，随即收到老弟四月初一日夜来信以及茶叶十篓，另外二篓是寄给金陵沅弟的，一切尽知。

这里近来诸事平安。金陵敌军外援虽断，而实际上粮食还没有耗尽，沅弟对此极为焦虑而又没什么办法，值得庆幸的是沅弟身体平安。我派盛四去看望他，回来说沅弟面色很好。江西敌军进攻抚州、建昌，两座府城都得以保全。鲍春霆一军于四月二十六、七日从东坝出发，初六日将从芜湖出发，五月之内一定能到江西。又，奉旨派杨厚庵督办江西、皖南军务，应该能够逐渐有些起色。只是湖北敌军活动时间太长了，而二十一日我副都统舒保阵亡，这是一位马军名将，他的阵亡很有影响。严中丞以道员降补，唐义渠临时署理湖北巡抚，不知能不能平息这场风波。

安徽麦收很丰盛，只是天气太寒冷，五月初还要穿两件棉衣，不知湖南是不是也是这样冷？其余详载日记中。顺问近好。

五月初三日

金陵内城未破克复大势已定

【原文】

沅弟左右：

连日发信，不得飞至金陵与弟晤谈。二十日接弟十七早信并咨文折稿，知洪酋之内城未破，而克复之大势已定，弟身体平安，至为欢慰。不知十七八日内城已攻破否？洪、李未幸逃否？南风极大，下水极易，上水甚难，吾得弟详细情形咨出奏后，想到金陵亦速耳。

厚庵于十三日到江西，尚无信来。纪鸿定于二十日回湘乡试，墨卷工夫极浅，聊副弟期望殷殷之意耳。顺问近好。

六月二十一日巳正

剔红婴戏瓶 清

【译文】

沅弟左右：

连日给弟发信，恨不能飞到金陵与老弟畅谈一番。二十日接到弟十七日早上来信以及咨文、奏稿，知道洪秀全所盘踞的金陵内城还没有被攻破，但收复金陵的大局已定；老弟身体平安；极为欢喜欣慰。不知

道十七、十八日已攻破内城没有？洪、李等人未曾侥幸逃脱吧？南风很大，往下游去极容易，而顺水往上游来很难，等我得到老弟报告详细情形的咨文如实上奏以后，想来要到金陵也是很快的事。

杨厚庵已于十三日到江西，还没有信来。纪鸿已定于二十二日回湖南参加乡试。纪鸿现考试上功夫还很浅，聊以此举应合老弟的殷切期望而已。顺问近好。

六月二十一日巳正

军务毫无起色心绪恶劣

【原文】

沅弟左右：

六月寄弟三信、纪泽二信，不知均到鄂否？其澄弟一信，则舢板送彭芳四至镇江搭轮船以达武汉，想早到矣。二十八日接弟六月十三日函，并附澄弟五月二十八及黄麓西之信。吾湘哥老会公然有谋反之意，可恶可畏，若一连惩创几次，当可戢其凶志。目下犹耽耽思逞也。

兄于二十五日至宿迁，衰年怕热，登岸小住。闻任、赖又窜睢州，将回山东，檄调铭、鼎、盛三军追剿，不知何日乃能见贼接仗。军务毫无起色，加以大水成灾，酷势迥异寻常，心绪实为恶劣。然亦只好安命，耐烦做去。拟日内由杨庄换船溯淮西上，八月可达周口耳。闻弟近甚辛苦，前示养生五诀：一眠食有恒，一饭后散步，一惩忿，一节欲，一洗脚。曾行之否？老年兄弟，相勉惟此而已。余详日记中。即问近好。

七月初三日

【译文】

沅弟左右：

六月间寄给老弟三封信，给纪泽两封信，不知是不是都到了武昌？带给澄弟的一封信，是用舢板送彭芳四到镇口，然后搭乘轮船去武昌，我想早送到了吧。二十八日接到老弟六月十三日信，附来澄弟五月二十八日以及黄麓西先生的信。湘乡哥老会竟公然表示出谋反的意思，可恶也可怕，如果能够一连惩治重创他几次，应该能够收敛一些凶残的想法吧。眼下他们还是虎视眈眈，只求一逞。

为兄于二十五日到宿迁，年近衰老，很怕热，上岸小住几天。据悉任柱、赖文光又窜至睢州，将要回师山东，飞檄调动铭、鼎、盛三军追击捻军，不知哪一天才能见到捻军并与之交锋。军事上情况一点不见好转，加上大水泛滥成灾，酷热也不同寻常，心情实在糟透了。然而也只好安于命运，耐着性子做下去。我准备这几天里从杨庄换大船沿淮河逆流西上，八月可以到达周口。据悉老弟近来极其辛苦，前次告诉你的养生五诀，一是睡眠饮食有规律，一是饭后散步，一是克制愤怒，一是节制欲望，一是洗脚。你有没有照着做呢？上了年纪的兄弟，互相勉励的也就是这些内容了。余详日记中。即问近好。

七月初三日

济宁至临淮一带大水

【原文】

沅弟左右：

七月九日连接弟六月初一、四、六三日信，并五月二十八日抄件，俱悉一切。此时计折弁已归，如何揭晓，殊深悬系。

兄以七夕至清江，初十渡洪泽湖，十六日至临淮。十五酉刻在临淮之下十里遇大风暴，危险之至，幸免于难。今年大水，自济宁至临淮千三百里，民无栖息之所，业已伤心惨目，而又值非常之酷热，受非常之大惊，殊觉行役劳苦，老境不能堪此。惟闻刘松山、张诗日等在上蔡、郾城一带剿张总愚一股屡获大胜，差堪一慰。尚未接禀，不知其详。春霆迭奉严旨诘催，弟须嘱其迅入豫境，不可再缓。渠制车二千辆之多，不知做法何如，恐未必适于用。闻捻逆用长矛者，进身极矮，湘、淮洋枪均失之高而不中。此次刘、张系以劈山炮取胜，近亦习跪装洋枪，请弟告之鲍、郭、彭、熊也。英、法因天主教事即日进兵高丽，此即与中华寻衅之由，实为可虑。兄身体尚好，惟出汗太多，目光愈蒙，老境日逼。惟望弟与澄弟讲求前信养生之五条，日臻康胜耳。顺问近好。

王瑞徵写日记，十二三四等日船尚未赶到，故此次迟四日，日记则写半月矣。

七月十六日

【译文】

沅弟左右：

七月初九日连续接到老弟六月初一、初四、初六三天的来信，及五月二十八日的抄件，一切尽知。这时候送奏折的专差应该回来了，究竟事情会怎样，我很惦念。

为兄七月初七到清江浦，初十日渡洪泽湖，十六日到临淮。十五日酉刻在临淮下游十里处遇到大风暴，极为危险，幸运地逃脱了灾难。今年大洪水，从济宁到临淮一千三百里的广大地区内，百姓无处可住，景象极其悲惨，这已经让人不忍看，又赶上不同寻常的酷热，又受到不同寻常的大惊恐，觉得旅途上特别劳累辛苦，岁数大了，受不了这个，只有获悉刘松山、张诗日等部在上蔡、郾城一带攻剿张总愚部，屡获大胜，稍感欣慰。还没有接到禀报，不知道详细情形。春霆已连续接到谕旨，严厉地催促责问，老弟要嘱咐他迅速进入河南境内，不能再迟缓拖延。他制造车辆达到两千辆之多，不知道他的制造方法是怎样的，恐怕不一定适合应用。据了解，捻军用长矛的部队，进攻时身姿很矮，湘军和淮军的洋枪失误在高而不能击中。这次刘、张是用劈山炮取胜的，近来也学着采用跪装洋枪，请老弟将这些情况转告鲍、郭、彭、熊。英、法等国因为天主教的事这几天出兵高丽，这就是向我中华寻衅生事的开端，实在让人担心。为兄身体还好，只是出汗太多，视力模糊，老年境况也已经临近了。只希望老弟和澄弟讲求前次信

中所讲的养生五条，身体越来越健康。顺问近好。

王瑞征抄日记，因十二、十三、十四等日船没有赶到，所以迟了四天，日记则抄了半个月。

七月十六日

捻军尚在运河西岸

【原文】

澄弟左右：

八月二十八接弟七月三十日信，俱悉一切。旋闻弟于八月初一、初四得生二孙，而兄亦于初十日得生一孙。祖宗之泽，家庭之幸。兄年来衰态日增，他无所图，专盼家中添丁，闻此喜慰无量。昔星冈公于四十七岁得见五孙，二男三女。今弟四十七岁，做第五届公公，亦系二男三女。将来弟之福泽，可继星冈公而起，贺贺，祝祝。

此间军事，自贼于八月十六窜过沙河之防复犯山东，二十七八尚在运河西岸，未能抢渡。如运河防守坚固，不久又将回窜皖豫。

富垾承弟修整完好，谢谢。大器三百金，弟之语气似乎不要，兄即不另寄矣。六月十五与沅弟信，问与各绅曾否见面通信，非谓皆好朋友也，不过为鄂中露面之人而已。譬如官长沙者，曾否会见南坡、荫云？官衡州者，问曾否会见题五、春浦？岂即为举贤而始问乎？

余身体将次复元，惟衰年不能用心，不愿再肩艰巨，急切不得脱卸之法。云仙已归，霞、厚亦先后告病开缺，殊为可羡。季高有陕甘之行，则较我尤难，渠精力过人，或足了之。家中妇女渐多，外则讲究种蔬，内则讲究晒小菜、腌菜之类，乃是兴家气象，请弟倡之。顺贺大喜。

玛瑙光素杯　清

九月初六日

【译文】

澄弟左右：

八月二十八日接到老弟七月三十日来信，一切尽知。旋即听说老弟于八月初一、初四得了两个孙子，为兄也于初十日得一个孙子。这是祖宗的恩泽，家庭的幸运。为兄近年日渐衰老，别无所求，就盼着家里添丁进口，知此喜讯，欣慰无比。当初星冈公于四十七岁见到五位孙儿，二男三女。现老弟四十七岁，做了第五回祖父，也是二男三女。将来老弟的福气，可以继星冈公而兴起呢。祝贺

此间军情，自捻军八月十六日窜过沙河防线再次进攻山东，二十七、八日还有运河西岸，没有抢渡运河。如果运河防守坚固，不久捻军又将向回流窜安徽、河南。

富埠房屋等承蒙老弟修整完好，谢谢。购买木器的三百两，看老弟语气似乎不要，为兄也就不另寄了。六月十五日给沅弟信中，曾问他与各位绅士有没有见面或通信，不是说那些都是好朋友，只不过是些在湖北出头露面的人士而已。就像在长沙做官，问有没有会见南坡、荫云，在衡州做官，问有没有见过题五、春浦，哪里就是为了保举贤能才问的呢？

我身体快要复原了，只是衰老不能用心思，不愿意再担当重任。急切又没有解脱的办法。云仙已回家，霞仙、厚庵也先后告病辞职，非常羡慕，左季高有陕甘之行，则比我还更艰难，他精力过人，也许足以成事。咱家中妇女渐多，在外则讲求种植蔬菜等，在内则讲究晾晒小菜、腌菜一类，这才是家庭兴旺的气象，请老弟倡导。顺贺大喜。

九月初六日

捻军西路犯宜阳东路攻运河

【原文】

沅弟左右：

二十九日接弟二十三日排递之函，十月一日接十九日专兵之函并抄示密件，俱悉一切。焦虑弥月，得阅正文，稳惬评明，足以放心矣。于阿兄引退之局，亦无妨碍，十三日仍决计吁请开缺。

此间军务，竟无确耗。西路张逆一股，据报二十一日犯宜阳，二十二日犯永宁，已在洛阳之西。其势可由陕州入秦，然折回南窜，亦仍可由南阳入鄂。东路任、赖一股，二十二日已至山东之袁口攻扑运河。幸山东防守甚严，未能抢渡，不久恐又将回窜。弟以黄、麻东路为虑，若任、赖由凤、颖以达光、固，则差可虑耳。

兹派李鼎荣与二兵同赴弟辕，既以迎接纪鸿。起程之迟速，听弟斟酌。绵、谭所带司员开单付阅（原参之折既无批回，又无军机处知会留中之片子，密云必系皇太后密交绵、谭，并未令军机阅看，事或然与？九月下旬日记附去）。顺问近好。

十月初二日

【译文】

沅弟左右：

二十九日接到老弟二十三日粘排单寄来的信，十月一日接到十九日派专兵送来的信以及抄来的密件，一切尽知。我焦虑着急一个月，现在看到奏稿正文，稳妥惬意，详细明白，完全放心了。对为兄引退也没有妨碍，十三日我仍坚决请示辞职。

军情上竟然会没有什么确切消息。西路张宗禹部，据报二十一日进犯宜阳，二十二日进犯永宁，已在洛阳川西。即可以从陕州进入陕西，又可以回身向南，从南阳进湖北。东路任柱、赖文光部，二十二日已到山东的袁口，进攻运河一线。幸亏山东防守很严，捻军没有抢渡成功，恐怕不久又要向回流窜。弟担心黄州、麻城东线，如果任、赖部从凤阳、颖州到光州、固始一带，就比较让人担心了。

现派李鼎荣以及兵勇两名一同前往老弟行辕，以迎接纪鸿。何时动身，听凭老弟决定。钦差绵、谭所带的司官，开列一名单付去一阅（原先参劾的奏折没有批回，又没有军机处通知留中的片子，子密以为一定是皇太后秘密交给绵森、谭廷襄，并没有让军机处看过。也许是这样？九月下旬日记付去。）顺问近好。

十月初二日

打捻要能走得快打得稳

【原文】

沅弟左右：

自二十二以后，旬日之内连接初四、初十使差之信，二十、二十三、二十六七八排递之信，俱悉一切。二十七日报郭军小挫，二十八日言尚无妨碍，至以为慰。

春霆尚无起行之期，此间咨令在南阳数十里会剿任、赖，起行则不必回顾太远，亦未令探剿，盖恐对不住陕西也。省三、仲良两军，二十八日由周口拔行，示知可在唐县、新野等处遇贼否？周、张两军可在鄂打一二仗否？

二十三日寄渝仍令回江督本任，拟再具折固辞，明日拜发后咨行弟处。十三日谕旨一道抄付弟阅。本日接二十七日寄渝，谭暂署楚督，不知官相系暂革乎？抑解任乎？李少帅信来，似京师于此事甚为骇怪。刘韫翁信来，又似不甚骇异者。兹将两信抄付弟阅。

打捻与打长毛迥不相同。弟教诸将平日要走得快，临阵要打得稳。小挫一次则贼焰立长，要以不挫为好。贼所以屡衰屡振，总由官兵常有挫时也。余详日记中。顺问近好。

国藩顿首　十二月初二日

【译文】

沅弟左右：

从二十日以来，十天之内连续接到初四、初十派专人送来的信，二十日、二十三、二十六、二十七、二十八日粘排单驿递而来的信，一切尽知。二十七日探报称郭军小受挫折，二十八日说还没有什么妨碍，很欣慰。

春霆启程还没有确切日期，此间发咨文令鲍部在南阳数十里外会同剿灭任柱、赖文光，如已启程则不必回师太远，也没有让他全力参与攻剿，因恐怕对不住陕西方面。省三、仲良两军二十八日从周口拔寨出发，不知可曾在唐县、新野

等处遇到敌军呢？周、张两军可不可以在湖北打一两仗呢？

二十三日寄谕仍然令我回两江总督原职，我准备再上折坚持辞职，明日发出以后再用咨文发往老弟衙署。十三日谕旨一道也抄付弟一阅。今天接到二十七日寄谕，由谭某暂署湖广总督，不知官文是不是暂时革职？还是解职离任？李少帅来信，似乎京师之内对此事十分惊骇。刘韫翁来信，又像是不很惊骇。现将两信抄付老弟一阅。

打捻军跟打长毛完全不同，老弟要教导诸位将领，平时要走得快，临阵要打得稳。我军受一次小挫，敌人气焰立即上涨，还以不受挫折为好。敌军之所以屡次衰落又屡次振兴，总是因为官兵常有受挫的时候。其余详见日记。顺问近好。

国藩顿首 十二月初二日

论捻军的长技与短处

【原文】

沅弟左右：

二十日接弟十三四及十六日两信，比即复信，想可先到。

日来贼窜何处？由孝感而东南，则黄陂、新洲及黄州各属处处可虑。此贼故智，有时疾驰狂奔，日行百余里，连数日不少停歇；有时盘于百余里之内，如蚁旋磨，忽左忽右。贼中相传秘诀曰："多打几个圈圈，官兵之追者自疲矣。"僧王曹县之败，系贼以打圈圈之法疲之也。吾观捻之长技约有四端：一百步贼长竿，于枪子如雨之中冒烟冲进；二曰马贼周围包裹速而且匀；三曰善战而不轻试其锋，必待官兵找他，他不先找官兵，得粤匪初起之诀；四曰行走剽疾，时而数日千里，时而旋磨打圈。捻之短处亦有三端：一曰全无火器，不善攻坚，只要官吏能守城池，乡民能守堡寨，贼即无粮可掳；二曰夜不扎营，散住村庄，若得善偷营者乘夜劫之，协从者最易逃溃；三曰辎重妇女骡驴极多，若善战者与之相持而别出奇兵袭其辎重，必大受创。此吾所阅历而得之者。弟素有知兵之名，此次于星使在鄂之际，军事甚不得手，名望必为减损，仍当在选将练兵切实用功。一以维持大局，扫净中原之氛；一以挽回令名，间执谗慝之口。

吾复奏折昨日拜发。新正赴徐，暂接督篆，三月必切实恳辞。辛苦半生，不肯于老年博一取巧之名，被人窃笑也。余详日记中。顺问近好。

十二月二十二日

【译文】

沅弟左右：

二十日接到老弟十三、四以及十六日两封信，同时回信，想已先到。

近日来捻子窜往什么地方？从孝感往东南，则黄陂、新洲以及黄州各属县处处让人担忧。捻子老法子，有时狂奔一阵，一天跑一百多里，连续几天不停歇，有时在百多里的范围之内兜圈子，就像蚂蚁转磨，忽左忽右。捻众中相传的秘诀是："多打几个圈圈，追赶我们的官军自然就疲乏了。"僧格林沁曹县之败，就

是捻子用绕圈圈的办法疲劳他。我看捻子所擅长的有四项，一是步兵持长枪，在枪子像雨一样密集射击时冒硝烟冲锋；二是马军实施包围，迅速而且均匀；三是善于作战而并不轻易开仗，一定要等官军来找他，他不先找官军，这是得了太平军刚起事时的秘诀；四是行进速度极快，时而一日千里，时而转磨绕圈。捻子的短处也有三项：一是完全没有火器，不善打攻坚战，只要官吏能够守住城池，乡民能够守住堡寨，捻子就抢不到粮食；二是夜间从来不扎营，散住到各村庄去，如果能有善于偷袭敌营的人乘夜间去强攻，被迫从捻的人最容易逃跑、溃

青铜尊　商代

散；三是辎重、妇女、骡驴很多，如果善战之人与捻相持，出奇兵袭击捻子的辎重，捻子一定受到重创。这些是从我所经历的战事中总结出来的。老弟一向就擅长军事的名声，这一次钦差大臣在武昌的时候，军事上不大顺手，名望一定受影响，仍应选择将领、训练士兵，努力扎实地用功，一来维持全局，扫清中原之敌；一来挽回名声，堵住说闲话的人的嘴。

我又写了奏折，昨天发出。新年正月去徐州，暂时接掌总督之印，三月间一定实实在在恳请辞职。辛苦了半辈子，不愿意到老了博得一个取巧的名声，被人耻笑。其余详日记中。顺问近好。

十二月二十二日

两军相对哀者胜矣

【原文】

沅弟左右：

今日至蒙城之太阳集，接弟两信并抄与春霆来往信，俱悉一切。余与少荃皆坐视贼太轻，以致日久无功，弟则视贼尤轻。庄子云，两军相对哀者胜矣。咸丰三年以前，粤匪为哀者；咸丰十年以后，官军为哀者。今捻匪屡胜，而其谨畏如故；官军屡败，而其骄蹇如故。是哀者尚在捻也，可虑孰甚。

正月十二日

【译文】

沅弟左右：

今天到了蒙城县的太阳集，接到你的两封信以及抄送给我的你和春霆的往来信件，一切情况都已知道。我和少荃（李鸿章）都因为太轻敌，所以长期以来不能消灭敌军，你就比我们更加轻敌了。《庄子》（按，当为《老子》）上说，两军相对，悲愤的一方必胜。咸丰三年（公元一八五三）以前，粤匪是哀兵；咸丰十年以后，官军是哀兵。如今捻匪多次获胜，但仍像以前一样谨慎戒备；而官军不断战败，却依然傲慢不顺。可见悲愤的情绪还在捻军一方，实在令人

忧虑。

拟于初十外移驻金陵

【原文】

沅弟左右：

省三挫败，春霆大胜，所得似多于所失。惟窜回河南者，究未知尚有若干耳。

余接印已十余日，公牍尚可了办。惟见客太多，甚以为苦，说话稍多，舌端蹇滞如故。两奉寄渝饬回金陵，拟于初十外移驻金陵。四月十九满三个月后，再行陈请开缺。少荃屡言疏语不可太坚，徒觉痕迹太重，而未必能即退休，即使退休一二年，而他处或有兵事，仍不免诏旨促行，尤为进退两难等语，皆属切中事理。余是以反复筹思，泪无善策。申夫自京回，亦言都下公论皆以求退为非。云仙新授两淮运使，霞仙与鹤济互相纠参，计两君皆不能尤郁郁。

《船山集》尚在舟次未来，余至江宁，计已近三月矣。请弟寄书筱岑，令其迅速开刷，不必等余信修改也。

二月初三日

【译文】

沅弟左右：

刘省三大败，鲍春霆大获全胜，所得似乎多于所失。只是窜回河南的捻匪，也不知到底有多少。

我上任已经十多天了，公文还能办好。只是接见客人太多了，实在是劳累，说话稍微多一些，舌尖就像以前干涩。两次接到命令我去江宁府的谕旨，我打算初十以后去往江宁。四月十九日满三个月以后我再要求辞去总督职务。少荃多次劝我奏章里不要太坚决，这样除了让人觉得虚伪之外没什么用，并不能一定马上退休，即使退休一两年，别处爆发战事，还免不了被朝廷征召，那么更加进退两难了。这些话都很切中事理。于是我反复考虑，到现在也没好办法。申夫从京师回来，也说京师的舆论都认为辞职是不对的。云仙新近被任命为两淮运使，云仙和鹤侪互相弹劾，我想他们两位都难免抑郁不安吧。

《船山集》还在船上没有运来，我到江宁，算来已快半个月了。请你给筱岑写信。让他马上印刷，不用等我修改了。

二月初三日

沅弟治军甚不得手

【原文】

澄弟左右：

沅弟治军甚不得手。二月十八之败，杏南、葆吾而外，营官殉难者五人，哨勇死者更多；而春霆又与沅弟龃龉。运气一坏，万弩齐发，沅弟急欲引退。余意

此时名望大损，断无遽退之理，必须忍辱负重，咬牙做去。待军务稍转，人言稍息，再谋奉身而退。作函劝沅，不知弟肯听否？

处兹乱世，凡高位、大名、重权三者皆在忧危之中。余已于三月六日入金陵城，寸心惕惕，恒惧罹于大戾。弟来信劝我总宜遵旨办理，万不可自出主意。余必依弟策而行，尽可放心。祸咎之来，本难逆料，然惟不贪财、不取巧、不沾名、不骄盈四者，究可弥缝一二。

三月初七日

【译文】

澄弟左右：

沅弟带兵打仗很不顺手。二月十八日的败仗，除杏南、葆吾外，营官阵亡的有五个人，士兵战死的更多；春霆又和沅弟发生矛盾。运气一坏，便一发不可收拾，沅弟现在想着马上引退。我想他这时名望大损，绝无立即引退的道理，必须忍辱负重，努力把事情做好，等军务稍有起色，大家的议论渐渐平息以后，再想撤步抽身的主意。我写了封信劝沅弟，不知道肯不肯听。

处在这样的乱世中，凡是地位高、名声大、权势重的人无不在忧患、危难之中。我已于三月六日进入江宁城，心里很紧张，总怕陷入大罪。你来信劝我，说总要遵照圣旨行事，千万不要自己另有主意。我一定按你的办法去做，尽管放心。灾祸的降临，本来无法预料，但只要有不贪财、不取巧、不沾名钓誉、不骄傲自满这四种品质，到底可以弥补一些。

三月初七日

敬体父训应公而忘私

【原文】

澄侯、温甫、子植、季洪四位老弟足下：

四月初三日发第五号家信。厥后折差久不来，是以月馀无家书。五月十二折弁来，接到家中四号信，乃四月一日所发者。俱悉一切。植弟大愈，此最可喜。

京寓一切平安。癣疾又大愈矣，比去年六月更无形迹。去年六月之愈，已为五年来所未有，今又过之。或者从此日退，不复能为恶矣。皮毛之疾，究不甚足虑，久而弥可信也。

四月十四日考差题"乐民之乐者，民亦乐其乐"，经文题"必有忍，其乃有济；有容，德乃大"，赋得"濂溪乐处"得"焉"字。

二十六日，余又进一谏疏，敬陈圣德三端，预防流弊。其言颇过激切，而圣量如海，尚能容纳，岂汉唐以下之英主所可及哉！余之意，盖以受恩深重，官至二品，不为不尊；堂上则诰封三代，儿子则荫任六品，不为不荣。若于此时再不尽忠直言，更待何时乃可建言？而皇上圣德之美出于天生自然。满廷臣工，遂不敢以片言逆耳，将来恐一念骄矜，遂至恶直而好谀，则此日臣工不得辞其咎。是以趁此元年新政，即将此骄矜之机关说破，使圣心日就兢业而绝自是之萌。此余

区区之本意也。现在人才不振，皆谨小而忽于大，人人皆习脂韦唯阿之风。欲以此疏稍挽风气，冀在廷皆趋于骨鲠，而遇事不敢退缩。此余区区之余意也。

折子初上之时，余意恐犯不测之威，业将得失祸福置之度外矣。不意圣慈含容，典赐矜全。自是以后，余益当尽忠报国，不得复顾身家之私矣。然此后折奏虽多，亦断无有似此折之激直者。此折尚蒙优容，则以后奏折，必不致或触圣怒可知矣。诸弟可将吾意细告堂上大人，毋以余奏折不慎，或以戆直干天威为虑也。

父亲每次家书，皆教我尽忠图报，不必系念家事。余敬体吾父之教训，是以公而忘私，国而忘家。计此后但略寄数百金偿家中旧债，即一心以国事为主，一切升官得差之念，毫不挂于意中。故昨五月初七大京堂考差，余即未往赴考。侍郎之得差不得差，原不关乎与考不与考。上年己酉科，侍郎考差而得者三人：瑞常、花沙纳、张芾是也。未考而得者亦三人，灵桂、福济、王广荫是也。今年侍郎考差者五人，不考者三人。是日题“以义制事以礼制心论”，诗题“楼观沧海日”得“涛”字。五月初一放云贵差，十二放两广、福建三省，名见京报内，兹不另录。袁漱六考差颇为得意，诗亦工妥，应可一得，以救积困。

朱石翘明府初政甚好，自是我邑之福。余下次当写信与之。霞仙得县首，亦见其犹能拔取真士。

刘继振既系水口近邻，又送钱至我家求请封典，义不可辞。但渠三十年四月选授训导，已在正月二十六恩诏之后，不知尚可办否？当再向吏部查明。如不可办，则当俟明年四月升祔恩诏，乃可呈请。若并升祔之时推恩不能及于外官，则当以钱退还。家中须于近日详告刘家，言目前不克呈请，须待明年六月乃的的信耳。

澄弟河南、汉口之信皆已接到。行路之难，乃至于此！自汉口以后，想一路载福星矣。刘午峰、张星垣、陈谷堂之银皆可收，刘、陈尤宜受之，不受所似拘泥。然交际之道，与其失之滥，不若失之隘。吾弟能如此，乃吾之所以欣慰者也。西垣四月二十九到京，住余宅内，大约八月可出都。

此次所寄折底，如欧阳家、汪家及诸亲族不妨抄送共阅。见余忝窃高位，亦欲忠直图报，不敢唯阿取容，惧其玷辱宗族，辜负期望也。余不一一。

兄国藩手草　五月十四日

【译文】

澄侯、温甫、子植、季洪四位老弟足下：

四月初三日发出第五号家信。这以后折差久不来，因此月余无家信来。五月十二日折差来京，接到家中第四号信，乃是四月一日所发出的。详知一切。植弟病体大愈，这是最可喜的事。

京寓一切平安。我的癣病又大好了。比去年六月更无痕迹。去年六月的治愈，已是五年来所未有的，而现在又超过了去年。或者从此会日逐消退，不再能作恶了。皮毛之病，究竟不很值得深虑，这话说久了越发可信。

四月十四日考差题是"乐民之乐者，民亦乐其乐"；经文题"必有忽，其乃有济；有容，德乃大"；赋题"濂溪乐处"，得"焉"字。

二十六日，我又进呈一道谏疏，恭敬地陈述三项圣德，以预防流弊。疏中语言颇有些过于激烈，而圣上肚量如海，还能容纳，岂是汉唐以下的英明君主所能企及的呢！我的意思，大约是因为受恩深重，官至二品，不算不尊；祖上则诰封三代，

黑漆描金海棠式几　清

儿子则荫任六品官，不算不荣。如在这时再不尽忠直言，更待何时才能上言？而皇上圣德的美好出于天生，出于自然，满朝臣工，便不敢有只言片语逆耳，将只怕一念之间骄矜自大，发展到厌恶直言而喜好谄谀，则这时臣工便不能推卸自己的罪过。所以趁着这元年行新政之机，就把这产生骄矜自大的关键说破，使圣心日渐兢兢业业而断绝自大的萌生。这是我区区的本心。现在人才不振作，都谨小慎微而忽略大德，人人都熟习油滑阿顺的风气。所以要用这道谏疏稍稍挽回风气，希望在朝臣工都能趋于正直有骨气，遇事不敢退缩。这是我区区的余意。

折子初上的时候，我心中恐怕触犯不测之威，已把得失祸福置之度外了。不想圣上仁慈含容，对我的狂妄曲加全护。从此以后，我越当尽忠报国，不能再顾及身家的私事了。但此后奏折虽然会有很多，也绝没有像这道折子那样激烈直言的了。这个折子还能承蒙圣上优礼宽容，则以后的奏折，必定不至于触犯圣怒，又可想知。诸弟可以把我的意思细告父亲大人，不要因我奏折不够谨慎，或者会因愚直而干犯天威过分担忧。

父亲每次家信，都教我尽忠图报，不必挂念家事。我恭敬地体谅父亲的教训，所以公而忘私，国而忘家。估计此后我只是大约寄上数百两银子偿还家中旧债，其他就一心以国事为主，一切升官得差遣的念头，丝毫不挂在心中。所以前不久五月初七日在京堂官大考差，我就未去赴考。侍郎之得差遣和不得差，原不在于参考和不参考。上年己酉科，侍郎考差而得的有三人：瑞常、花沙纳、张芾。未考而得差的也有三人：灵桂、福济、王广荫。今年侍郎考差的五人，不考的三人。此日考题是"以义制事以礼制心论"，诗题是"楼观沧海日"，得"涛"字。五月初一日外放云贵差，十二日外放两广、福建三省差，名字见于京报内；兹不另录。袁漱六考差颇为得意。诗也写得工整妥帖，应能考中一次，好救济他的积困。

朱石翘明府开始政绩很好，这当然是我乡邑的福分。我不久当写信给他。霞仙能得到县中首选，也可见他还能提拔真正的人才。

刘继振既是水口近邻，又送钱至我家求请朝廷封典，义不可辞。但他在道光

三十年四月曾选授训导，已在正月二十六日恩诏颁布之后，不知还能办吗？我当再向吏部查明。如不能办，则当等明年四月颁布升祔（注：指新去世之道光帝与其祖先合享的祭祀）恩诏，才能呈请。如连升祔之时推恩都不能包括外官，则当把钱退还给他。家中需在近日详告刘家，说目前不能呈请，需要等到明年六月才能有明确的结果。

澄弟在河南、汉口所发的信都已收取到。行旅的艰难，竟到这种地步。从汉口以后，想来一路上载有福星保佑了。刘午峰、张星垣、陈谷堂的银两都可收下，刘、陈的尤其应该接受，有接受反而似乎限于拘泥。但交朋结友的规则，与其失于滥，不如失于隘。我弟能做到这样，才是我所感到欣慰的。西垣四月二十九日到京，住我宅内，大约八月可离京。

这次所寄奏折底稿，如欧阳家、汪家以及诸亲族都不妨抄送共阅，让他们也看看我虽然窃居高位，也想忠直图报，不敢阿顺取容，惧怕玷辱宗族，辜负期望。余不一一。

兄国藩手草　五月十四日

已兼署刑部右侍郎

【原文】

澄侯、温甫、子植、季洪四位老弟足下：

五月十四日发第六号家信，内有四月二十六日具奏一疏稿。余虽不能法古人之忠直，而皇上圣度优容，则实有非汉唐以下之君所能及者，已将感激图报之意于前书内详告诸弟矣。五月二十六日，又蒙皇上天恩，兼署刑部右侍郎。次日具折谢恩，即将余感戴之忱写出。兹将原折付归。

日内京寓大小平安。癣疾大好，较去年澄弟在此时更好三倍，头面则毫无踪影，两腿虽未净尽，不复足为患也。同乡周子佩之母病体不轻，下身不仁，恐成偏枯。徐寿蘅放四川主考。湖南放四川者向极吉利，嘉庆辛酉之杨刚亭先生、庚午之陶文毅、道兴甲午之李文恭、乙未之罗苏溪，有成例矣。邝炉青、陈俊臣两人皆已来京。陈携眷而邝则否，邝富而陈寒，所为似相反。然究以携眷为是，邝一二年亦必悔之耳。林昆圃事，余为写知单，得百余金，合之开吊，共二百金，将来可以赡其七十四岁之老母也。漱六望差甚切，未知能如愿否。现在已放一半，而实录馆当差人员尚未放一人也。唐镜海于十八日到京，二十三日召见，垂询一切。天颜有喜，极耆儒晚遇之荣。现已召见五次，将来尚可入对十余次也。

罗山前有信来，词气温纯，似有道者之言。余已回信一次。顷又有信来，言纪泽未定婚，欲为贺耦庚先生之女作伐，年十二矣。余嫌其小一岁，且耦庚先生究系长辈。从前左季高与陶文毅为婚，余即讥其辈行不伦。余今不欲仍蹈其辙，拟敬为辞谢。现尚未作书复罗山，诸弟若在省见罗山兄，可将余两层意思先为道破，余它日仍当回书告知一切耳。余近思为纪泽定婚，其意颇急切。夏阶平处一说，本可相安，因其与黄子寿为亲家，余亦嫌辈行少屈，是以未就。黄莅卿有女

年十三矣，近托袁漱六往求婚。荗卿言恐余升任总宪，渠须回避（例给事回避改郎中，御史回避改员外，最为吃亏）。不知渠是实意，抑系不愿成婚而托辞以谢也，故现未说定。弟可一一禀告堂上大人。又余意乡间若有孝友书香之家，不必问其贫富，亦可开亲，澄弟盖为我细细物色一遍？然余将同邑各家一想，亦未闻有真孝友人之家也。

余至刑部，日日忙冗异常，迥不与礼部、工部、兵部相同。若长在此部，则不复能看书矣。湖南副主考乔鹤侪在部，颇称博雅。今年经策必须讲究古茂。曹西垣办分发，本月可引见，七月可出京。朱石翘明府昨有信来，言澄弟四月底到县。此次折弁到京，石翘有信，而澄弟无信，殊不可解。兹有书覆朱，家中封好送去。诸惟心照。余俟续布。

国藩手草　六月初一日

【译文】

澄侯、温甫、子植、季洪四位老弟足下：

五月十四日发出第六号家信，内有四月二十六日上奏的一件疏稿。我虽然不能效法古人的忠直，而遇到皇上圣度优容，则确有非汉唐以下的君主所能及的，已将感激图报的意思在前信中详告诸弟了。五月二十六日，又承蒙皇上天恩，兼署刑部右侍郎之职。等两天备好奏折谢恩，就把我感戴的真心写出，现将原折寄回。

近日内京寓大小平安。我的癣疾已大好，比去年澄弟在这里时更好三倍，头脸上已毫无踪影，两腿虽然还未彻底干净，但已不足为患。同乡周子佩的母亲病体不轻，下半身已麻木不仁，恐怕要成偏枯了。徐寿蘅外放四川主考官。由湖南放四川的人向来都非常吉利，如嘉庆辛酉年的杨刚亭先生、庚午年的陶文毅、道光甲午年的李文恭、乙未年的罗苏溪，有现成的例子。邝炉青、陈俊臣两人都已来京。陈携带家眷而邝则未带。邝富有而陈贫寒，所作所为却似乎相反。然而终究以携带家眷为正确。邝一二年里也一定会后悔的。林昆圃的丧事，我为他写知单，得到百余两银子，加上开吊，共二百两，将来可用这些银子赡养他的七十四岁老母。漱六盼望得差，心情非常急切，不知能够如愿否？现在已放差一半，而实录馆当差人员还未放一人。唐镜海于十八日到京，二十三日蒙受皇上召见，垂询一切。皇上天颜有喜色，他享尽老儒晚遇的荣耀。现已召见五次，将来还能入宫召对十余次。

罗山前次有信来，语气温纯，似是有道德人说的话。不久又有信来，说纪泽未定婚，要为贺耦庚先生的女儿作谋，其年龄十二岁了。我嫌她小了一岁，况且耦庚先生毕竟是长辈。从前左季高与陶文毅结亲，我就讥笑他们辈分行第不伦。我现在不想再蹈覆辙，准备恭敬地婉言谢绝。现在还未写信回复罗山，诸弟如在省城见到罗山兄，可把我这两层意思先给他说破，我在另外的日子仍当回信告诉他一切。我近来想为纪泽订婚，心意颇急切。夏阶平处说过一次，因为他和黄子寿做亲家，我也嫌他辈行稍低，所以未成。黄荗卿有个女儿年龄十三，我近来托

袁漱六前往求婚。莤卿说恐怕我升任刑部尚书，他必须回避（照例给事中需回避改任郎中，御史回避改任员外郎，最为吃亏了）。不知他是真心实意，还是不愿成婚而托词谢绝，所以现在还未说定。诸弟可以一一禀告父母大人。又我的想法是乡间如有孝友书香人家，不必问他们贫富，也可联姻。澄弟何不为我细细物色一遍？但我把同县各家想了一遍，也未听说有真正的孝友人家。

我至刑部，天天忙碌异常，远不与礼部、工部、兵部相同。如长期呆在此部，就不再能看书了。湖南副主考乔鹤侪在刑部，颇称博学高雅。今年科举考试经策必须讲究文字古茂。曹西垣办理分发，本月可受皇上引见，七月可以离京。朱石翘明府昨有信来，说澄弟四月底到县，这次折差到京，石翘有信带来，而澄弟无信，很不好理解。现在信回复朱，家中可封好送去。诸惟心照，余俟续布。

国藩手草　六月初一日

堂上诰封已领到

【原文】

澄侯、温甫、子植、季洪四位老弟足下：

十二月十一日发家书十六号，中言纪泽儿姻事，求家中即行与贺家订盟，其应办各物，已于书中载明，并悔前此嫌是庶出之咎云云，想已接到。如尚未到，接得此信，即赶紧与贺家订盟可也。

诰封各轴已于今日领到，正月二十六恩诏四轴（曾祖父母、祖父母、父母、叔父母），四月十三恩诏亦四轴，三月初三恩诏一轴（本身妻室），凡九轴。八月初六用宝一次，我家诸轴因未曾托人，是以未办。曾于闰八月写信告知，深愧我办事之疏忽。后虽托夏阶平，犹未放心，又托江苏友人徐宗勉，渠系中书科中书，专办诰敕事宜。今日承徐君亲送来宅，极为妥当，一切写法行款俱极斟酌，比二十六年所领者不啻天渊之别，颇为欣慰。虽比八月用宝者亦迟五个月，而办法较精，且同年同乡中有八月领到者，或只一次，未能三次同领，或此番尚未用宝者颇有之。诸弟为我敬告父母大人、叔父母大人，恭贺大喜也。惟目前无出京之人，恐须明年会试后乃交公车带归。重大之件，不敢轻率。向使八月领到，亦止十二月陈泰阶一处可付（与雨苍同行），此外无便。

余于十八日陈奏民间疾苦一疏，十九日奏银钱并用章程一疏，奉朱批交户部议奏，兹将两折付回。文任吾于十三日搬至我家，庞省三于二十四日放学政，寓中一切如常，内外大小平安。今年腊底颇窘，须借一百金乃可过年，不然，恐被留住也。袁漱六亦被年留住。刘佩泉断弦，其苦不可名状，儿女大小五六人无人看视。黎越翁尚未到京，闻明年二月始能到，未带家眷。涂心畬已到京，尚未来见我。公车中惟龙翯臣及澧州馆到二人而已。粤西事用银已及千万两而尚无确耗，启部日见支绌，内库亦仅余六百万。时事多艰，无策以补救万一，实为可愧！明年拟告归，以避尸位素餐之咎，诸弟为我先告堂上可也。余不一一。

国藩手草　十二月二十二日

【译文】

澄侯、温甫、子植、季洪四位老弟足下：

十二月十一日发出第十六号家信，信中说到纪泽儿的亲事，请求家中马上就和贺家订婚，那应置办的物品，也已在信中载明，并悔恨先前嫌贺家女儿是庶出的过失云云，想已接到。如还未到。接得此信，就赶紧和贺家订婚即可。

诰封各轴已在今天领到，正月二十六日恩诏四轴（曾祖父母、祖父母、父母、叔父母），四月十三日恩诏也是四轴，三月初三日恩诏一轴（我自身和妻室），共九轴。八月初六日用宝玺一次，我家诸轴因未曾托人，所以未办成。曾在闰八月写信告知家中，深深惭愧我办事的疏忽。后来虽然托了夏阶平，还不放心，又托江苏友人徐宗勉，他是中书科中书，专门办理诰敕事宜。今天承蒙徐君亲自送来宅中，极为妥当，一切写法行款都极费斟酌，比二十六年所领到的不外有天渊之别，颇感欣慰。虽然比八月用过宝玺的诰轴晚了五个月，然而办法较精致。况且同年同乡人士中有八月领到的，或只领到一次，没有能三次同领的，或连这一次还未能用过宝玺的也颇有其人。诸弟为我敬告父母大人、叔父母大人，恭贺大喜。只是目前没有离京的人，恐怕要等明年会试后才交应试举人带回。重大的物件，不敢轻率从事。向来即使八月领到，也只有陈泰阶一处可以托付（与雨苍同行），此外并无方便之人。

我在十八日陈奏民间疾苦一道章疏，十九日奏银钱并用章程一道章疏，奉皇上朱批交户部议奏，现将两折寄回。交任吾于十三日搬至我家，庞省三于二十四日放学政，寓中一切如常，内外大小平安。今年腊月底家境颇窘乏，需借一百两银子才能过年，不然，恐怕被留住过不了年。袁漱六也被本年留住。刘佩泉夫人去世，他的苦处不能用话来表达，儿女大小五六人无人看护。黎越翁还未到京，听说明年二月才能到，未带家眷。涂心畬已到京，还未来见我。举人中惟龙皞臣及澧州馆到了二人而已。粤西事用银已及千万两，而还未有确切耗费上报，户部开支日渐紧张，内库也仅余六百万两。时势多艰，无策可补救于万一，实在可愧！明年准备告假归乡，以避免尸位素餐的罪责，诸弟替我先禀告父母大人可也。余不一一。

国藩手草 十二月二十二日

水晶匣 清

拟派员赴里下河等地办捐

【原文】

沅弟左右：

初四日接弟初一日信，俱悉一切。

京察考语，此间至今未接军机处附片知会，亦未接到部文。甚矣！小军机无应酬馈赠，真一步不可行也（元年京察系军机抄谕旨知会）。

里下河之捐，拟于此间派一员赴泰，而仍以簏轩作主。兹有复簏轩信，弟阅后加封专人送。沪局之捐，拟派张仙舫前往。张办捐最为精细娴熟，可以胜任。特大胜关查盐，一时未得替人耳。

杭州于二十四日克复，湖、常二郡计亦可速复。金陵最后乃复，此理之固然者，弟不必焦灼，总以保养精神细心照料为要。南云今日到此，体气尚疲。顺问近好。

国藩手草　三月初七日

丹畦之姊丈窦兰泉，日内将往弟营拜访。

【译文】

沅弟左右：

初四日收到老弟初一日来信，一切尽知。

今年京察的考核评语，我这里到现在还没有接到军机处附片通知，也没有接到部里行文。对军机章京不注意应酬馈赠，真是寸步难行，太厉害了（元年京察就是军机抄谕旨通知的）。

里下河的厘捐，我准备从这里派一官员住泰州，而仍然让簏轩负责。这里附上回复簏轩的信，老弟阅过再加封，派专人送去。上海局的厘捐事务，准备派张仙舫前往。张仙舫办理捐务特别精明细致，业务娴熟，可以胜任此职，只是大胜关查办私盐一时找不到接替他的人。

杭州已于二十四日收复，湖州、常州二地预计也可以迅速收复。金陵将最后才能收复，这是理所当然的，老弟不必为收复金陵过分焦虑，总还是安以保养精神、细心照料为主。南云今天到此地，身体还很疲惫。顺问近好。

国藩手草　三月初七日

何丹畦的姊丈窦兰泉近日要到弟营中拜访。

徽州被围攻但保守无恙

【原文】

沅弟左右：

昨日寄去二信，言余将赴金陵，旋因徽州危急，上游无所禀承，决计不复出省，日内将复奏也。徽州十四日被贼围攻，保守无恙。十五早闻获一胜仗，自徽至祁之路尚梗。未接唐桂生信，仅得祁门张道信，大约徽、休可以幸保。惟贼之大股已由休南续犯江西，江省万不能支。江省民心本颂沈而谤我，今又因争厘金而意气参商之时，绅民怨我久用江西之厘而又不能拨一兵以援救。江西此贼又适由徽境放入，将来谤议之纷腾，正有不堪设想者。

寸心本十分郁悒，本日接澄弟信，惠妹病势沉重，尤为煎灼，已定于十九日

和田碧玉龙凤花插　清

派长龙送叶亭归湘。兹将澄弟寄余与弟二信附去查阅。弟担荷之重，古今少有，望宽怀释虑保重身体。只要老弟无病无忧，东坝不至疏失，则余亦畅然矣。顺问近好。

国藩手草　三月十八日

庞省三昨日到此，拟派至上海办捐，以其与少荃熟也。

【译文】

沅弟左右：

昨天寄去两封信，说到我要去金陵。随即因为徽州形势危急，我一走则上游地区就无从禀告下情，承受指示，所以决定我不再出安徽省境。近日内就要将此事再奏上朝廷。十四日徽州受敌军围攻，保全无忧。十五日早上听说打了一个胜仗，但从徽州到祁门县的道路还受阻不通。没有接到唐桂生的信，仅收到祁门张道的信，大约徽州，休宁可以侥幸保全。只是敌军大部已由休宁以南接着进犯江西，江西省是绝对支撑不住的。江西省民心本来就称颂沈幼丹而公开指责我，现又因为争夺厘金支配权即意气用事，有伤和气的时候，江西绅士民众将怨恨我长时期征用江西厘金而又不能分派一兵一卒援救江西。而入江西的这股敌军又恰巧从安徽境内纵入江西。将来毁谤物议骤然增多，会发展到什么地步简直难以设想。

内心本来就忧郁愁闷，今天又接到澄弟来信，蕙妹病势已沉重，心里更是特别感到焦灼痛苦。已定于十九日派长龙送外甥叶亭回湖南。这里把澄弟寄给我和你的两封信附上，查收并阅。老弟负担国家重任，责任重要实为古往今来所罕见。深望老弟放宽胸怀，解除顾虑，保重身体。只要老弟你不得病，无忧无虑，东坝不至于疏忽失守，那我也就心情舒畅啦。顺问近好。

国藩手草　三月十八日

庞省三昨天已到我这里，我准备派他到上海办理捐务，因为他和少荃熟悉。

奉旨赴山东进剿月底起行

【原文】

澄、沅弟左右：

日内未接弟信，想家中各宅平安。

余于初二日接奉廷寄，饬余出省督师剿贼，尚未开江督之缺，不过驻江南境内。初三日接奉廷寄，则僧邸在郓城阵亡，饬余赴山东督剿，以李少荃署江督，刘松岩护苏抚。现约少荃于月半后来宁，余于月底起行。金陵之八千人，现札令

愿随征者，自告奋勇，愿撤散者，遣发回籍，各营自行具禀。或北征，或西归，拟令同日起行。但留一营护卫衙署，暂不搬动。家眷应否回湘，秋凉再作计较。

淮勇现有刘铭传等万余人在徐州，张树声三千五百在清江，余拟带此万四千人赴东，此外又调寿春镇易开俊三千人以行。金陵之告奋勇者，无论多少，皆与易同打一路。此外，令申甫至山东就地新募马勇数百。合计二万余人，当足以御寇氛。

沅弟复奏之折业已拜发，兹将原稿寄回。

五月初五日

【译文】

澄、沅弟左右：

近日没有接到老弟来信，想来咱家各宅中都平安吧。

初二日我接到廷寄谕旨，命我出省督师剿敌，还没有解去两江总督之职，不过驻扎在原江南省境内。初三日又接到廷寄，因僧格林沁在郓城阵亡，命我去山东督师剿敌，以李少荃署理两江总督，刘松岩护理江苏巡抚。现约李少荃于本月中旬来江

顶戴　清

宁，我于月底启程。金陵湘勇八千人，我已发札文，让愿意随我出征的人主动请求，愿意销号遣散的，一律遣送原籍，各营将本营情况详细禀告。或北上进剿，或西向回籍，我准备让他们同一天上路。只留下一营兵力护卫衙署。暂时不搬家。家眷是不是应回湖南，秋天凉快了再说。

淮军现有刘铭传等部一万多人在徐州，张树声部三千五百人在清江浦，我准备带领这一万四千人去山东。除此以后，又调寿春镇的易开俊部三千人去。金陵湘勇中主动请求去山东作战的，不管有多少人，都和易部同行。此外，命令申甫到山东去，就地招募马军丁勇数百人。合计有两万人，应能足以对付敌人。

沅弟回奏的章疏已发出，现将原稿寄回。

五月初五日

画配引地以销食盐始能便民

【原文】

澄、沅弟左右：

衡、永、宝三府改食粤引，澄弟所陈，本系便民之举。然盐法不便民者极多，如瓜洲系淮盐出产之区，然对岸之镇江府仅隔八里，例食浙引，不准食淮引，不便孰甚焉？盖处处求便于民，则近者只食三四文之盐，而远者虽出钱一二百而尚无盐可买，故不能不画配引地以销货，均匀贵贱以裕课也。吾今不为江督，不复与闻盐政，遂不言衡、永、宝之事矣。

米捐保奖，俟有保案即当附奏。吾经手事件，拟一一清理完竣。朱、唐、金三军现均遣撤将毕。三军遣峻，即遣撤刘、朱、朱三军。至明年夏，遣王可升一军，则大致粗了矣。

十月二十五日

【译文】

澄、沅弟左右：

衡州、永州、宝庆三府改食广东盐引，澄弟所讲的，本来就是便利民众的举措。然而盐法不便于民众的地方很多，比如瓜洲本来是出产淮盐的地方，然对岸镇江府与瓜洲仅相隔八里，向例食浙江盐引，不准食淮引，不便于民还有比这更严重的吗？处处追求便利民众，则离盐区较近的所吃盐每斤三四文钱，离盐区远的就是出钱一二百文还是买不到盐，所以不能不为盐引划定地域以销售食盐，使盐价均匀使盐课增加。我现在不担任两江总督，不再过问盐政，所以不提衡州、永州、宝庆三府的事情。

米捐保奖一事，等到有保案时立即就附奏。我经手的事务，准备一一都清理了结。朱、唐、金三军现在遣散裁撤工作都将完成，这三军遣散工作结束以后，立即着手遣散裁撤刘、朱、朱三军。到明年夏天，遣散王可升军，则大致上可以了结了。

十月二十五日

奉谕旨弟调湖北巡抚

【原文】

沅弟左右：

顷奉正月二十六日谕旨，弟调湖北巡抚，且令即赴新任。虽明发谕旨中无"无庸来京"字样，而寄谕中似饬弟就近履任，即办鄂境之捻。朝廷为地择人，亦即为人择地。圣恩优渥，无以复加。而余办捻事，正苦鄂中血脉不能贯通，今得弟抚鄂，则三江两湖均可合为一家，联为一气。论公论私，均属大有裨益。

余前调张诗日、刘松山二镇带十九营赴鄂助剿，定于二月中旬起程。又春霆一军，谕旨令赴楚豫之交，归余调度。余正虑相离太远，呼应不灵，弟在湖北，则就近调遣，节节灵通。弟奉旨后，即于谢恩折内声明一面酌带营勇赴鄂剿贼，俟鄂难稍平人心稍定，即行进京陛见。如谕旨不令来京，亦尽可带兵出境，兄弟相会。

赴鄂行期，或可不待六个月假满。如待假满，亦断不可展限。君恩过厚，无令外人疑为装腔作势也。余俟续致。顺贺大喜，并问澄弟近好。

二月初二日

【译文】

沅弟左右：

　　刚接到正月二十六日谕旨，老弟调任湖北巡抚，且令弟随即赶赴新任所。虽然明发谕旨中没有"无庸来京"字样，但寄谕的意思似乎是命弟就近上任，立即剿办湖北境内捻军。朝廷即为某一地区选择合适人选，也为某人选择合适的地区，皇朝优厚，到了无以复加的地步。而我对付捻军，正苦于不能与湖北贯通一气，现老弟巡抚湖北，那么三江两湖都能够合作如一家人，联为一气，于公于私，都是大有好处的事。

　　我日前调张诗日、刘松山二总兵带十九营前往湖北协助围剿，定于二月中旬启程。另外春霆一军，也有谕旨令前往湖北、河南交界处，归我调度，我正顾虑相距太远，指挥不灵，老弟在湖北，就可以就近调遣，十分灵活了。老弟接到谕旨以后，就在谢恩折当中声明一方面酌情带一些兵勇前往湖北剿敌，待到湖北灾难稍微平息、人心有所安定，立即进京城陛见皇上。如果有谕旨令你不必来京，你就完全可以带兵离湖南，我们兄弟相会。

　　前往湖北的出发日期，也许可以不等六个月假期已满的时候，如果等到假期期限到，也决不能再延期。皇上恩礼已很优厚，不要让外人怀疑你是在装腔作势。其余以后再谈。顺贺大喜，并问澄弟近好。

二月初二日

沅弟到任须首重治兵自强

【原文】

澄、沅弟左右：

　　三月十五日接沅弟二月二十四自县城发信，俱悉赴鄂履任业已起程，此时计将抵武昌，计高一句矣。

　　此间军事，初四日潘军获胜。初六日马队小挫，步队小胜。初七日，李幼荃一军小挫。渠所部万人，尚有一半未到，视贼太轻，遂致损折。十三日贼退窜西南，潘军追之。十四日获一小胜，贼又折回北窜，锐意窥犯运河，不知山东诸军能御之否，深为焦虑。前闻捻匪不如发逆，张总愚一股又不如任、赖等一股，不知张逆狡悍若此，竟无术可以制之。

　　沅弟至任后，仍须以治兵自强为第一义。小宋到鄂藩任，已作函商之。乔鹤侪请其一面派人接署，一面附片奏明。颜光杰亦转饬令赴鄂矣。

　　弟驻襄阳甚好，春霆可驻南阳，其粮台则设于襄阳，刘仲良则改驻徐州等处。谢恩折尚稳适。好折奏手竟不可得，余亦久思觅一高手，殊难其选。能强浼意城一出，相助二三个月，或可从容求得替人。其有另称名士，眼高手低不切事理不合事宜者，却不可请。

　　顺斋排行虽为身旁小人所愚弄，然心术亦欠光明，惟最善联络京官，牢笼乡绅，鄂人官京师者津津乐道。近年如沈幼丹在江，蒋香泉在浙，皆以联络绅士大得名誉，跪道攀留。而云仙以疏斥绅士，终不得久于其位。闻渠与左季高甚为龃

龉，罢官后必更郁郁。弟此次赴鄂，虽不必效沈、蒋之枉道干誉，然亦不可如云仙之讥侮绅士，动成荆棘。大约礼貌宜恭，银钱宜松，背后不宜多着贬词，纵不见德，亦可以远怨矣。

接两弟正月二十三日信。澄弟以金陵驳案宜一办再办，现拟拊片办之。尧阶痊愈，至慰至慰。老年服大黄，体气诚不可及。然谓是乾隆间生人，则实非也。此后凡兄寄鄂之信，或将原信付澄一阅，或抄一分寄湘，听沅弟斟酌。顺问近好。

三月十六日

【译文】

澄、沅弟左右：

三月二十五日接到沅弟二月二十四日从县城发出的信，知道弟往湖北上任已经启程，此时估计要到武昌了。

此间军情：初四日潘鼎新军获胜，初六日马队小受挫折，步队小胜，初七日李幼荃军受小挫。幼荃所部万人，还有一半没有赶到，因太过轻敌，就导致受挫。十三日捻子向西南撤退，潘部追击，十四日获小胜。捻子又折回来向北逃窜，坚决要进犯运河，不知山东各军能不能抵抗得了，极感焦虑。以前听说捻军不如长毛，张总愚部又不如任柱、赖文光部，不知道张总愚这样狡猾凶悍，竟没有什么办法能制服他。

沅弟上任以后，仍然要把整治军队，增强实力为第一要紧事。小宋任湖北布政使事，已写信去商量。乔鹤侪请他一面派人接应，一面于附片中奏明皇上。颜光杰也已转让他前往湖北。

老弟驻扎襄阳是很好的，春霆可以驻扎在南阳，该粮台则设在襄阳，刘仲良则改为驻扎徐州等处。谢恩折还算稳妥。写奏折的好手竟然找不到，我已早就想找一位高手，这人选很难遇到。如能勉强请出郭意城，帮两三个月的忙，也许还有时间从容寻找接替他的人。至于号称名士，眼高手低，或者是不明事理，不合时宜的人，是不能延请的。

顺斋排行一事虽然被身边小人所愚弄，然而他本人心术也不够光明，只是最善于联络朝廷官员，拉拢当地乡绅，湖北人在京师做官的对他津津乐道。近年像沈幼丹在江西，蒋香泉在浙江，都是靠拉拢当地士绅而声誉大增，甚至到了离任时有人跪在路上拉拉扯扯希望他能留位的地步。而郭筠仙因为对当地士绅疏远排斥，自己的官终究也做不长。据悉他和左季高矛盾很深，罢官之后一定更加抑郁忧闷了。老弟此次前往湖北，虽然没有必要效法沈、蒋等人不用正道去邀求名誉，然而也不能郭筠仙那样讥刺侮辱绅士，致使荆棘满路，寸步难行。大致上礼貌要恭敬，银钱上要松动，背后也不要多用贬抑之词，纵然不能得到感激，也不致招来怨恨了。

接到两位弟弟正月二十二日来信。澄弟认为金陵驳案要一办再办，现在我就

准备上附片办此事。尧阶已痊愈，很欣慰。老纪大的人服用大黄，这样的身体是别人比不了的。然而说他是乾隆年间生人，其实不是的。以后凡是为兄寄到湖北的信，或者把原信交澄弟一阅，或者抄一份寄往湖南，听凭沅弟斟酌。顺问近好。

三月十六日

右眼失明身体衰弱

【原文】

澄、沅弟左右：

接澄弟十二月初三、初七、十六日等信，沅弟初六、十六日等信，知如九到家后得见吾九、十、闰月日记。澄弟以心中舒畅以养福躬为劝，聆之生惭。余向来本多忧郁，自觉生平之事多可愧者，近因右眼失明，身体衰弱，尤念从前愆咎难再补救，此生学业毫无成就，用是愧郁交乘，有如圣人所称长戚戚者。以视澄弟之处逆境而善自排遣，沅弟之归林下而善寻乐趣，自谢不如矣。

新年以来，余体尚平安，眩晕之症未发。惟目疾日甚，右目久盲，左目亦极昏蒙。日间见客较多，凡改折稿信稿之类不能不于灯下起草，故夜间不能安心静养。内人目病尤深，无可挽回。瑞臣甥于后阴生毒，去粪门稍偏，坐立俱疼，睡时颇适，尚未服药。陈松生夫妇于十三夜入署，一路平安。其余阖署清吉，足慰远念。

郑小山尚书除夕抵江宁，初二日即关门审案，今已研讯十四日。该犯一味狡展，毫无确供，将来只好仍照魁、张二公原奏之法奏结。徐寿蘅侍郎因奏保俞荫甫等十七人，上干严谴，吏部议以降四级调用。渠现尚在苏州一带，尚未还京复命，颇觉进退两难。余观其所奏之折、所保之人并无不妥之处，其在浙江学政任内声名甚好。此次斥谪，必别有所指也。

鼎三侄文章长进，大慰大慰。余老年他无所望，但望星冈公之后丁口蕃衍，文学蔚起。后辈若体不壮实，即不敢催督加功。闻鼎三身体充实，亦足为切实苦读之基。

沅弟意欲移居省城，已定计否？乡间人客动须留饭留宿，殊觉烦劳。近来日日练团，夜夜防匪，自不如住省之得以妥枕。惟桑梓之地一离则后难再归，妇女幼孩惯于住城者，每不乐于居乡。由乡迁城则易，由城返乡则难，亦不可不预为熟计。至于阳宅阴基风水之说，确有是理。然有缘则可遇，强求则不得，亦定理也。顺问近好。

描金彩漆葵瓣式盘　清

兄国藩手具　正月十五日

【译文】

澄、沅弟左右：

收到弟弟十二月初三、初七、十六日的来信，沅弟初六、十六日的来信，得知如九到家后得见我九、十、闰月日记。澄弟用心情舒畅保养身体来劝我，听了感到很惭愧。我一向就多忧郁，自我感觉生平很多事都很羞愧。近来由于右眼失明，身体衰弱，更是想到从前的过错难以补救，这一生学业毫无成就，更是羞愧与忧郁交相袭来，正如圣人所说的忧愁悲伤。看到澄弟身处逆境而善于自我排遣，沅弟归于林下而善于寻找乐趣，自愧不如啊。

新年以来，我身体还好，眩晕的病症没有发作。只是眼疾更加厉害，右眼失明很久，左眼也十分地模糊。白天见的客人较多，凡是改折稿信稿的事不得不在灯下起草，所以夜间不能安心静养。内人眼病更厉害，无法挽回。瑞臣甥在后阴生毒，离肛门不远，坐立都疼，睡时还好，还没有服药。陈松生夫妇在十三日夜里进入衙署，一路平安。其他的全衙署清静平安，足以安慰你们遥远的思念。

郑小山尚书除夕到达江宁，初二日就到关门审案，至今已经研究案情审讯十四日。该犯一味狡赖，丝毫没有确切供词，将来只好仍然按照魁、张二公原来上奏的办法结案。徐寿蘅侍郎由于奏保俞荫甫等十七人，皇上严厉谴责，吏部讨论要降四级调用他处。他现在还在苏州一带，还没有回京复命，非常感到进退两难。我看他的奏折、他所保的人并没有什么不妥当之处，他在浙江学政任内名声很好。此次遭到斥责与贬官，一定另有其他原因。

鼎三侄文章长进，很感欣慰。我老年没其他希望，只盼星冈公之后丁口繁衍，学问很有起色。后辈如果身体不壮实，就不敢督促过于用功。听说鼎三身体强健，也可以说是苦读的基础。

沅弟想要移居省城，已计划好了吗？在乡间对客人动不动就要留饭留宿，很感麻烦与辛劳。近来每日练团，夜夜防匪，自然不如住在省城得以稳妥。只是家乡一离开就很难再回归，妇女儿童习惯于住在城里的，都不愿意住在乡间。由乡间迁到城里容易，由城里返乡就很难，也不能不考虑好。至于阳宅阴基风水的说法，确实有道理。不过缘是可遇而不可求的，这也是定理。顺问近好。

兄国藩手具　正月十五日

谷山之案仍照原拟定谳

【原文】

澄、沅弟左右：

澄弟正月十六、十八两次家信先后接到，而十八由胡万昌之信二十九日即到，十六由院排递之信后三日乃到。二月初六又接澄弟二十二日在湘潭所发之信，并沅弟十九日一信，附聂一峰与弟一信。俱悉一切。

乡间银钱紧迫，萧条气象，亦殊可虑。此间近日平安。纪鸿儿于正月二十六

日又生一子。乙丑四月完婚，六年未满，已生四子，亦云密矣。纪泽之子名曰广铭，纪鸿之子名曰广诠。只求易于长成，将来各房丁口或者不至甚少。

郑小山于正月二十八日出来拜客一日，二十九日拜折后即行起程，干礼水礼一概不收，一清彻骨。小钦差程仪则已收去（每人五百耳）。谷山之案，竟未审出别情，仍照魁、张原拟定谳。

徐寿蘅学使于二月初五日来此。一则由浙回京，必由扬州，迂道来宁见访；一则渠以奏事上干严谴，亦欲与余一商进退之宜。余劝之回京复命（学政任满），一面谢降调之恩；如久不得缺，再行引退。渠以为然。其精力才气，将来尚当再跻崇秩。

兄身体平安，目疾则日甚一日。春天肝旺，宜其更不如冬之静。署中大小清吉。来此求差事者，惟熊午亭（焕南）派祁门办茶税，余均无可位置，瑞臣甥、厚九弟亦尚无可安之席。世上之苦人太多，好事太少，殊焦闷也。

长沙督销局派叶介唐。如叶不遽到，先派伊尹耕代理。今观澄弟信中云云，将来恐不相安。聂一峰处喜期，待渠信到即当照办。余之目光决难久保，渠既有回家之意，余亦恐当以目废还家，大约在湘完婚耳。前信在扬接到，久已复书，此信亦当速复。

云仙前信言当带子妇及二孙来宁，不知果否成行？

正、二两月人客极多，应酬甚忙，尚可勉强支持，附告一慰。顺问近好。

兄国藩手具 二月初七日

【译文】
澄、沅弟左右：

澄弟正月十六、十八两次家信先后收到，十八经由胡万昌的信二十九日才到，十六日粘排单驿递的信迟三日才到。二月初六又收到澄弟二十二日在湘潭所发的信，还有澄弟十九日的一封信，附有聂一峰给弟弟的一封信。知道一切了。

乡下的银钱紧缺，一派萧条气象，也很忧虑。目前这些日子还平安。纪鸿儿在正月二十六日又得一子。乙丑年四月完婚，六年不到，已经生了四个孩子，可以说间隔很密。纪泽的儿子叫广铭，纪鸿的儿子叫广诠。只是希望好养活，将来各房的丁口不至于很少。

郑小山在正月二十八日来这拜访一天，二十九日拜折后就起程了，干礼水礼一概不收，十分清廉。小钦差程仪则已收了（每人五百两）。谷山的案子，竟然没有审出其他的情节，仍然按照魁、张的原判定罪。

徐寿蘅学使在二月初五来到这里。一是由浙江回到京城，必经扬州，拐道来宁波访问；一是他因为奏事皇上严厉谴责了他，也想和我一起商量一下进退之法。我劝他回京复命（学政任期已满），一方面谢降调的恩典；如果长时间没有缺职，再引退。他认为对。他的精力才气，将来还应当再跻身于高官。

兄长我身体还好，眼病是日甚一日。春日肝气旺盛，不像冬天平息。衙署大

小都好。来这里求差事的，只有熊午亭（焕南）派到祁门办理茶税，其他人没有职位，瑞臣外甥、厚九弟弟也还没有安身之所。世界上受苦之人太多，好事太少，特别地焦虑。

长沙督销局派叶介唐来。如果叶介唐不能马上到，先派伊尹耕代理。今天看澄弟信中所说的，将来恐怕不能相安无事。聂一峰正在大喜的时候，等到他的信到了就应当照办一切。我的眼睛绝难保全很久，他已经有了回家的意思，我也恐怕应该以眼疾为由还家，大约是在湖南完婚吧。前面的信在扬州接到。已经回信很久了，这封信也应该赶快复信。

云仙的前一封信说要带上孩子妻子和两个孙子来宁波，不知道是否成行？

正月、二月两个月的客人非常多，应酬很忙，还可以勉强支持，让你们放心。顺问近好。

兄国藩手具 二月初七日

告知至扬州等地阅兵

【原文】

澄、沅弟左右：

自八月十三日出门至淮、扬等处，久未寄信，殊以为歉。而接弟等信三次。第一次沅弟信中有欧阳牧云讣音，阅之不胜忧惋。本日得澄弟寄纪泽信，中有筱澄侄八月十九生子喜报，阅之不胜欢欣。兄之望甲三得子，与澄弟之望甲五得子，此其心之同，众人所共知者也。沅弟之与两兄同心，亦众所共知者也。今甲五上托祖宗之福，如愿而偿，将来甲三或亦相继而起。老年兄弟心中只有此事要紧。贺贺。

兄自八月十八至扬，阅操三日，二十二日起行。二十八日至清江，阅操三日，九月初三起行。初七至徐州，已阅一日。日内身体小有不适，幸渐痊愈。即当南旋至常、镇、苏、松等郡校阅，大约十月二十前后可以完竣。人客繁多，较之在署更为劳剧。所幸江南今年丰熟，所过无颠连憔悴之状，为之少慰。老年记性愈坏，精力益散，于文武贤否、军民利弊全无体察，在疆吏中最为懈弛，则又为之大愧。

闻法国于天津之事总输服，现已派轮船七八号前来中国搦战，不知确否。果尔，则上海、江宁皆将震扰。久作达官，深虑蹈叶相末路之衍。少荃时望其好，而为各灾所困，亦颇棘手。筱荃则皂名交泰，无往不顺。

仕途巨细，皆关时运。余持此说久矣，然亦只可言于仕宦；若家事，亦虽有运，然以尽人事为主，不可言运也。何如何如？顺问近好。

兄国藩手具 九月初十日

前信未发，九月十二又于邳州旧城途次接沅弟八月二十八信，俱悉一切。同孙之殇，兄于七月二十六日函告两弟，不知何以久未接到？然则彼此家信之不到

者多矣。剑农侄两试皆未高取，拨贡自已难望。苻卿侄则大有可图，须从大卷切实用功。二陈书法何如？诗赋何如？所争只有一二人间耳。

舒伯鲁之子运昌即为意臣所托，自应即予督销局一差。惟盐销极滞，而余屡札支空衔薪水，亦颇畏局中讥议。

《文征·序》业已寄去，到否？兄阅毕徐州弁兵归来，已行二日。他病皆愈，惟目疾似又增剧，但冀留得一隙之光与两弟相见。再候近好。兄又草（十二夜旧邳州）。

外，刘毅斋信托速寄。

【译文】

澄、沅弟左右：

自从八月十三日出门到淮、扬等处，很久没有寄信，很是抱歉。收到弟弟等人的信三封。第一次沅弟信中有欧阳牧云的讣讯，看了非常忧伤。今天收到澄弟寄给纪泽的信，里面有筱澄侄儿八月十九日生了孩子的喜报，看了以后非常高兴。兄长望甲之年得了三个孩子，和澄弟在望甲之年得了五个儿子，心情是相同的，大家都能理解的。沅弟和两个兄弟心相通，也是大家都知道的。现在甲五上托祖宗之福，如愿以偿，将来甲三也许也能继续下去。老年兄弟心中有这样的事是十分要紧的，可贺呀。

我从八月十八日到扬州，阅操三天，二十二日起程。二十八日到清江，阅操三日，九月初三起程。初七到徐州，已经阅操一天。近来身体稍有不适，幸好渐渐痊愈。马上要南下到常州、镇江、苏州、松江等地检阅，大约十月二十日前后可以办完事情。客人很多，比在官衙累多了。所幸的是今年丰收，所到的地方没有明显的憔悴的情形，稍感安慰。人老了记性更不好，精力多多分散，对于文武贤否、军民利弊完全没有体察，在封疆之吏中是最松懈的，又十分的惭愧。

听说天津的事法国不服，现在已经派了轮船七八艘到中国来挑战，不知是不是确有此事？真是这样，那么上海、江宁都将震动被骚扰。久做高官，非常担心会重蹈叶相穷途末路之覆辙。李少荃此时声望很好，却让各种灾祸困住，很是棘手。筱荃则是时运亨通，无往而不顺。

银鞘象牙柄刀　清

仕途上大小事情，都和时运有关。我有这种说法已经很长时间了，但也只能在仕宦之途上说；如果是家事，也虽然有运气之说，不过更多是以为事为主，不能说是运气。如何？顺问近好。

兄国藩手具　九月初九日

前一封信没有发，九月十二日又在邳州旧城途中接到八月二十八日的信，知

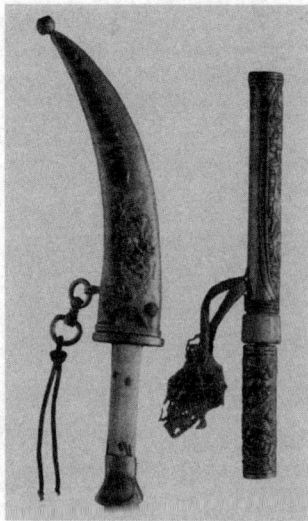

道了一切。同孙的死，我在七月二十六日写信告诉了两位弟弟，不知道为什么没有收到？不过家信收不到也是很多的。剑农侄儿两次应试都没有高中，拔贡是很难的了。符卿侄儿还是大有希望的，需要从大卷处切实用功。二陈书法怎么样？诗赋怎么样？所争的只是在一二人中间罢了。

舒伯鲁的儿子运昌既然是意臣所托的，自然应当给一个督销局的差事。只是盐的销售不景气，我屡次写信空衔支薪，也很是害怕局中的议论。

《文征·序》经已经寄去，收到了吗？兄看完徐州弁兵回来，已经上路两天了。其他的病都好了，只是眼疾更厉害了，只是希望能和两位弟弟相见。再候近好。兄又草。十二夜旧邳州。

外，刘毅斋的信托你们赶快寄去。

卷三 教子持家篇

读书明理

【原文】

字谕纪鸿儿：

家中人来营者，多称尔举止大方，余为少慰。凡人多望子孙为大官，余不愿为大官，但愿为读书明理之君子。勤俭自持，习劳习苦，可以处乐，可以处约。此君子也。余服官二十年，不敢稍染官宦气习，饮食起居，尚守寒素家风，极俭也可，略丰也可，太丰则吾不敢也。凡仕宦之家，由俭入奢易，由奢返俭难。尔年尚幼，切不可贪爱奢华，不可惯习懒惰。无论大家小家、士农工商，勤苦俭约，未有不兴，骄奢倦怠，未有不败。尔读书写字不可间断，早晨要早起，莫坠高曾祖考以来相传之家风。吾父吾叔，皆黎明即起，尔之所知也。

讲经训子图　清

凡富贵功名，皆有命定，半由人力，半由天事。惟学作圣贤，全由自己做主，不与天命相干涉。吾有志学为圣贤，少时尔居敬工夫，至今犹不免偶有戏言戏动。尔宜举止端庄，言不妄发，则入德之基也。手谕。

父涤生字　九月二十九夜在江西抚州门外

【译文】

字谕纪鸿儿：

家中人来营中的，多称赞你举止大方，我为之稍感欣慰。大凡人们多希望子孙能做大官，我不希望做大官，只希望做个读书明理的君子。勤俭自持，习劳习苦，可处安乐中，可处俭约中，这就是君子。我做官二十年，不敢稍微沾染官场习气，饮食起居，仍遵守寒素家风，极为俭朴也行，稍之丰盛也行，太丰厚那我就不敢了。大凡做官人家，由俭朴到奢侈容易，由奢侈回到俭朴就难。你年纪还幼小，切不可贪爱奢华，不可习惯懒惰。无论大户人家、小户人家，士农工商各种人，只要勤苦俭约，没有不兴旺的，骄奢怠倦，没有不败落的。你读书写字，

不可间断，早晨要早起，不要丢失高曾祖父以来相传习的家风。我父我叔，都是黎明就起床，这是你所知的。

大凡富贵功名，都有命运注定，一半由于人力，一半由于天命。唯有学做圣贤，全由自己做主，不与天命相关涉。我有志学做圣贤，小时候少了居家恭敬的功夫，所以至今仍不免偶尔有戏谑言语和戏谑行为。你应举止端庄，话不妄说，那是进入道德的基础。手谕。

父涤生字　九月二十九夜在江西抚州门外

勿浪掷光阴

【原文】

字谕纪泽儿：

胡二等来，接尔安禀，字画尚未长进。尔今年十八岁，齿已渐长，而学业未见其益。陈岱云姻伯之子号杏生者，今年入学，学院批其诗冠通场，渠系戊戌二月所生，比尔仅长一岁，以其无父无母家渐清贫，遂尔勤苦好学，少年成名。尔幸托祖父余荫，衣食丰适，宽然无虑，遂尔酣拳佚乐，不复以读书立身为事。古人云劳则善心生，佚则淫心生，孟子云生于忧患，死于安乐，吾虑尔之过于佚也。新妇初来，宜教之入厨作羹，勤于纺织，不宜因其为富贵子女不事操作。大、二、三诸女已能做大鞋否？三姑一嫂，每年做鞋一双寄余，各表孝敬之忱，各争针线之工；所织之布，做成衣袜寄来，余亦得察闺门以内之勤惰也。余在军中不废学问，读书写字未甚间断，惜年老眼蒙，无甚长进。尔今未弱冠，一刻千金，切不可浪掷光阴。四年所买衡阳之田，可觅人售出，以银寄营，为归还李家款。父母存，不有私财，士庶人且然，况余身为卿大夫乎？

余癣疾复发，不似去秋之甚，李次青十七日在抚州败挫，已详寄沅浦函中。现在崇仁加意整顿，三十日获一胜仗。口粮缺乏，时有决裂之虞，深用焦灼。

尔每次安禀详陈一切，不可草率，祖父大人之起居，合家之琐事，学堂之工课，均须详载，切切此谕。

父涤生字　十月初二日

【译文】

字谕纪泽儿：

胡二等来大营，接到你写的安禀，字体仍未有长进。你今年十八岁，年龄已渐大，而学业未见有增益。陈岱云姻伯的儿子叫杏生的，今年入学，学长批阅他的诗作为全场之冠。他是戊戌年二月出生的，比你仅年长一岁，因为他家境较为清贫，于是便勤苦好学，少年成名。你幸而靠着祖父余荫，衣食丰厚舒适，宽松无忧，于是便安养逸乐，不再把读书立身当作大事。古人说："劳则善心生，逸则淫心生。"孟子说：生于忧患，死于安乐。我担心你的是过于安逸。新媳妇刚过门，应教她进厨房做饭菜，勤于纺织，不应因为是富贵人家子女就不从事劳作，大、二、三诸位女儿已经能做大鞋了吗？三姑一嫂，每年都做一双鞋寄给

我，各自表示孝敬我的热忱，各自表现针线工夫；所织的布，做成衣袜寄来，我也好看看闺门之内的勤劳或懒惰。我在军中并未废弛学问，读书写字并未怎么间断，只可惜年老眼花，没有什么长进。你现在还未到二十岁，正是一刻值千金之时，千万不可虚掷光阴。咸丰四年所购买的衡阳田产，可寻买家卖出，把所得银两寄来营中，作为归还李家的款项。父母健在，子孙不应有私财，一般人士尚且如此，况且我身为卿大夫呢？

我的癣病复发，但不像去年秋天那么厉害。李次青十七日在抚州挫败，已在寄沅浦信中详述。现他在崇仁认真整顿军队，三十日打了一个胜仗。军中口粮缺乏，时时有断绝的危险，为此深感焦灼。

你每次写安禀都详细陈述一切，不可草率，祖父大人的起居，全家的琐事，学堂的功课，都需详载，切切此谕。

父涤生字 十月初二日

曾纪泽像

读《汉书》须通小学

【原文】

字谕纪泽儿：

接尔安禀，字画略长进，近日看《汉书》。余生平好读《史记》《汉书》《庄子》韩文四书，尔能看《汉书》，是余所欣慰之一端也。

看《汉书》有两种难处，必先通于小学、训诂之书，而后能识其假借奇字；必先习于古文辞章之学，而后能读其奇篇奥句。尔于小学、古文两者皆未曾入门，则《汉书》中不能识之字、不能解之句多矣。欲通小学，须略看段氏《说文》《经籍纂诂》二书。王怀祖（名念孙，高邮州人）先生有《读书杂志》，中于《汉书》之训诂极为精博，为魏晋以来释《汉书》者所不能及。欲明古文，须略看《文选》及姚姬传之《古文辞类纂》二书。班孟坚最好文章，故于贾谊、董仲舒、司马相如、东方朔、司马迁、杨雄、刘向、匡衡、谷永诸传全录其著作；即不以文章名家者，如贾山、邹阳等四人传、严助朱买臣等九人传、赵充国屯田之奏、韦元成议礼之疏以及贡禹之章、陈汤之奏狱，皆以好文之故，悉载巨篇。如贾生之文，既著于本传，复载于《陈涉传》《食货志》等篇；子云之文，既著于本传，复载于《匈奴传》《五贡传》等篇，极之充国《赞酒箴》，亦皆录入各传。盖孟坚以典雅瑰玮之文，无一字不甄采，尔将十二帝纪阅毕后，且先读列传。凡文之为昭明暨姚氏所选者，则细心读之；即不为二家所选，则另行标识之。若小学、古文二端略得途径，其于读《汉书》之道思过半矣。

　　世家子弟最易犯一奢字、傲字。不必锦衣玉食而后谓之奢也，但使皮袍呢褂俯拾即是，舆马仆从习惯为常，此即日趋于奢矣。见乡人则嗤其朴陋，见雇工则颐指气使，此即日习于傲矣。《书》称："世禄之家，鲜克由礼。"《传》称："骄奢淫佚，宠禄过也。"京师子弟之坏，未有不於由于骄、奢二字者，尔与诸弟其戒之。至嘱至嘱。

十一月初五日

【译文】

字谕纪泽儿：

　　接到你的安禀，字体稍有长进，知你近日来在看《汉书》。我生平好读《史记》《汉书》《庄子》、韩文四部书籍，你能看《汉书》，是我感到欣慰的一件事。

　　看《汉书》有两个困难地方，一定要先弄通小学、训诂类书籍，而后才能认识它的假借奇字；一定要先学习古文辞章的学问，而后才能读懂它的奇篇奥句。你对小学、古文两者都未曾入门，则《汉书》中不能认识的字，不能解释的文句就很多了。要弄通小学，必须大略看段氏《说文》《经籍纂诂》二书。王怀祖（名念孙，高邮州人）先生有《读书杂志》，其中对《汉书》的训诂极为精深渊博，是魏晋以来解释《汉书》的人所不能及的。要懂得古文，必须大略看《文选》以及姚姬传的《古文辞类纂》二书。班孟坚最喜好文章，所以对于贾谊、董仲舒、司马相如、东方朔、司马迁、扬雄、刘向、匡衡、谷永诸传，都全文抄录他们的著作；即使不以文章著称的，如贾山、邹阳等四人传、严助朱买臣等九人传、赵充国屯田的奏疏、韦元成议论礼制的奏疏以及贡禹的文章、陈汤的狱中奏疏，都因喜好文章的原因，全载入长篇。如贾生的文章，既已著录于本传，又载入《陈涉传》《食货志》等篇；子云的文章，既已著录于本传，又载入《匈奴传》《五贡传》等篇，极顶如赵充国的《赞酒箴》，也就抄录在各传中。大概班孟坚对于典雅瑰玮的文章，是无一字不抄录。你把十二帝纪读完后，暂且先读列传。凡是被昭明太子和姚姬传所选用的，就细心读，即使是未被两家所选用的，也另行做标记。如在小学、古文两种学问能大略得到途径，那对读《汉书》的门道就思考过半了。

　　世家子弟最容易犯一个奢字、傲字的毛病。不必锦衣玉食而后称之为奢，只要皮袍呢褂俯拾皆是，车马仆从习以为常，这就一天天趋向于奢了。见到乡下人就嗤笑他们朴陋，见到雇工就颐指气使，不可一世，这就一天天习惯于傲了。《尚书》称："世禄之家，鲜克有礼，"《左传》称："骄奢淫逸，宠禄过也。"京师子弟的变坏，没有不是因为骄、奢二字的，你和诸弟们要引以为戒。至嘱至嘱。

十一月初五日

读经宜常阅校勘记

【原文】

字谕纪泽：

初一日接尔十二日一禀，得知四宅平安，尔将有长沙之行，想此时又归也。少庚早世，贺家气象日以凋耗，尔当常常寄信与尔岳母，以慰其意。每年至长沙走一二次，以解其忧。耦耕先生学问文章，卓绝辈流，居官亦恺恻慈祥，而家运若此，是不可解！尔挽联尚稳妥。

《诗经》字不同者，余忘之。见经文板本不合者，阮氏校勘记最详（阮刻《十三经注疏》，今年六月在岳州寄回一部，每卷之末皆附校勘记，《皇清经解》中亦刻有校勘记，可取阅也）。凡引经不合者，段氏撰异最详（段茂堂有《诗经撰异》《书经撰异》等著，俱刻于《皇清经解》中）。尔翻而校对之，则疑者明矣。

十二月初三日

【译文】

字谕纪泽：

初一接到你十二日一信，得知四宅平安。你将去长沙一行，想这时已经回来。少庚早亡，贺家日益衰落，你应常常写信安慰你岳母，每年到长沙去一、二次，好为她解除忧虑。耦耕先生的学问和文章，出类拔萃，做官也快乐慈祥，然而却家运如此，真不可理解。你的挽联还算得宜。

《诗经》中字不同之处，我已忘了。凡是经文中有版本不同的，阮氏校勘记最详细（阮刻《十三经注疏》，今年六月在岳州寄回去一部，每卷末都附有校勘记。《皇清经解》中也刻有校勘记，可取出看看）。凡是引用经文不同的，段氏撰异最详细（段茂堂有《诗经撰异》《书经撰异》等著作，都刻在《皇清经解》中）。你翻阅并对照看看，那样疑问的地方就明白了。

十二月初三

写字用笔之法

【原文】

字谕纪泽：

三月初二日接尔二月二十日安禀，得知一切。

内有贺丹麓先生墓志，字势流美，天骨开张，览之欣慰。惟间架间有太松之处，尚当加功。大抵写字只有用笔、结体两端。学用笔，须多看古人墨迹；学结体，须用油纸摹古帖。此二者，皆决不可易之理。小儿写影本，肯用心者，不过数月，必与其摹本字相肖。吾自三十时，已解古人用笔之意，只为欠却间架工夫，便尔作字不成体段。生平欲将柳诚悬、赵子昂两家合为一炉，只为间架欠工夫，有志莫遂。尔以后当从间架用一番苦功，每日用油纸摹帖，或百字，或二百字，不过数月，间架与古人逼肖而不自觉。能合柳、赵为一，此吾之素愿也。不

能，则随尔自择一家，但不可见异思迁耳。不特写字宜摹仿古人间架，即作文亦宜摹仿古人间架。《诗经》造句之法，无一句无所本。《左传》之文，多现成句调。扬子云为汉代文宗，而其《太玄》摹《易》，《法言》摹《论语》，《方言》摹《尔雅》，《十二箴》摹《虞箴》，《长杨赋》摹《难蜀父老》，《解嘲》摹《客难》，《甘泉赋》摹《大人赋》，《剧秦美新》摹《封禅文》，《谏不许单于朝书》摹《国策》《信陵君谏伐韩》，几于无篇不摹。即韩、欧、曾、苏诸巨公之文，亦皆有所摹拟，以成体段。尔以后作文作诗赋，均宜心有摹仿，而后间架可立，其收效较速，其取径较便。前信教尔暂不必看"经义述闻"，今尔此信言业看三本，如看得有些滋味，即一直看下去。不为或作或辍，亦是好事。惟《周礼》《仪礼》《大戴礼》《公》《谷》《尔雅》《国语》《太岁考》等卷，尔向来未读过正文者，则王氏《述闻》，亦暂可不观也。

　　尔思来营省觐，甚好，余亦思尔来一见。婚期既定五月二十六日，三四月间自不能来，或七月晋省乡试，八月底来营省觐亦可。身体虽弱，处多难之世，若能风霜磨炼、苦心劳神，亦自足坚筋骨而长识见，沅浦叔向最羸弱，近日从军，反得壮健，亦其证也。赠伍嵩生之君臣画像乃俗本，不可为典要，奏折稿当抄一目录付归。余详诸叔信中。

三月初三日

【译文】
字谕纪泽：
　　三月初二接到你二月二十日来信，得知一切。信内有贺丹麓先生墓志铭，见字势流美，天骨开张，览之欣慰。只是间架之间有些地方太松，还应当加功。大致上说习字只有用笔和结构两个方面。学习用笔，须多看古人墨迹；学习结构，须用油纸临摹古帖。这两个方面，都是不可替代的。小儿写影本，肯用功的，不过几个月，必然同摹本的字体相似。我从三十岁开始，已理解古人用笔的意境，只因为欠缺间架工夫，便写字不成体统。一生要将柳诚悬、赵子昂两家书法合为一炉，只因为间架方面欠工夫，结果有志莫成。你以后应当从间架上下一番苦功，每天用油纸摹帖，或百字，或二百字，不过几月，间架必然与古人酷似而不自觉。能合柳、赵为一，这是我的夙愿。如不能，就随你自选一家，但不可见异思迁。不只写字要模仿古人的间架，就是做文章也应模仿古人的间架。《诗经》的造句之法，没有一句无所本。《左传》的文句，多是现成句调。扬子云为汉代文宗，而他的《太玄》模仿《易》，《法言》模仿《论语》，《方言》模仿《尔雅》，《甘泉赋》模仿《大人赋》，《剧秦美新》模仿《封禅文》，《谏不许单于朝书》模仿《国策·信陵君谏伐韩》，几乎无一篇不是模仿。即使韩、欧、曾、苏诸位文坛巨匠的文章，也都有所模拟，以成体裁。你以后做文章作诗赋，均应用心模仿，以后间架可以自立，这样收效较为迅速，入门较为便利。前信教你暂时不必看《经义述闻》，现在你信中说已经看了三本，如看得有些滋味，就可一直看下去，不为或作或不作，也是好事。只是《周礼》《仪礼》《大戴礼》《公》

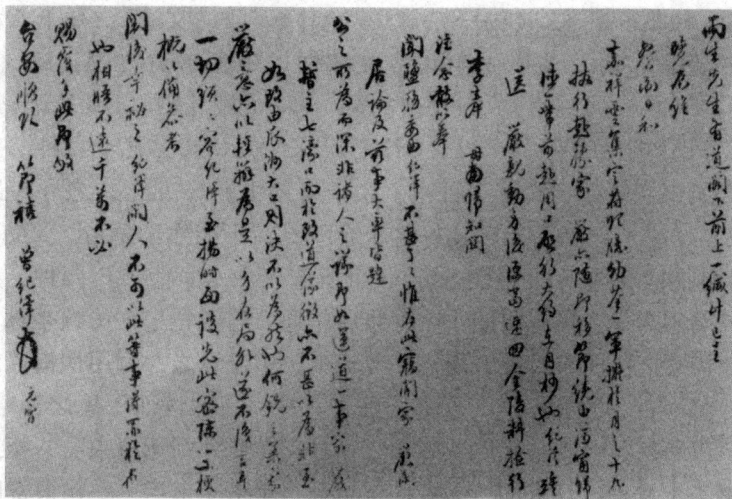

曾纪泽手札

《谷》《尔雅》《国语》《太岁考》等卷，你从来没有读过正文的，就是王氏《述闻》也暂时可以不看。

你想来营中探亲，很好。我也想你来此一见。婚期既然定在五月二十六日，三、四月间自然不能来，或许七月晋省城乡试，八月底来营探亲也行。身体虽然很弱，处于多难之时，如能经受风霜磨炼，苦心劳神，也是以锻炼筋骨而增长见识。远浦叔一向身体最弱，近日从军，反而健壮，也是证明。赠给伍嵩生的君臣画像是俗本，不可作为典要。奏折稿准备抄一个目录带回。其余详情在各位叔叔的信中。

三月初三日

看书不可不择

【原文】

字谕纪泽：

前次于诸叔父信中，复示尔所问各书帖之目。乡间苦于无书，然尔生今日，吾家之书，业已百倍于道光中年矣。买书不可不多，而看书不可不知所择。以韩退之为千古大儒，而自述其所服膺之书，不过数种：曰《易》、曰《书》、曰《诗》、曰《春秋左传》、曰《庄子》、曰《离骚》、曰《史记》、曰相如、子云。柳子厚自述其所得，正者：曰《易》、曰《书》、曰《诗》、曰《礼》、曰《春秋》；旁者：曰《谷梁》、曰《孟》《荀》、曰《庄》《老》、曰《国语》、曰《离骚》、曰《史记》。二公所读之书，皆不甚多。本朝善读古书者，余最好高邮王氏父子，曾为尔屡言之矣。今观怀祖先生《读书杂志》中所考订之书：曰《逸周书》、《曰《战国策》、曰《史记》、曰《汉书》、曰《管子》、曰《晏子》、曰

《墨子》、曰《荀子》、曰《淮南子》、曰《后汉书》、曰《老》《庄》、曰《吕氏春秋》、曰《韩非子》、曰《杨子》、曰《楚辞》、曰《文选》，凡十六种。又别著《广雅疏证》一种、伯申先生《经义述闻》中所考订之书：曰《易》、曰《书》、曰《诗》、曰《周官》、曰《仪礼》、曰《大戴礼》、曰《礼记》、曰《左传》、曰《国语》、曰《公羊》、曰《谷梁》、曰《尔雅》，凡十二种。王氏父子之博，古今所罕，然亦不满三十种也。余于《四书》《五经》之外，最好《史记》《汉书》《庄子》韩文四种，好之十余年，惜不能熟读精考。又好《通鉴》《文选》及姚惜抱所选《古文辞类纂》、余所选《十八家诗抄》四种，共不过十余种。早岁笃志为学，恒思将此十余书贯串精通，略做札记，仿顾亭林、王怀祖之法。今年齿衰老，时事日艰，所志不克成就，中夜思之，每用愧悔。泽儿若能成吾之志，将《四书》《五经》及余所好之八种一一熟读而深思之，略做札记，以志所得，以著所疑，则余欢欣快慰，夜得甘寝，此外别无所求矣。至王氏父子所考订之书二十八种，凡家中所无者，尔可开一单来，余当一一购得寄回。

学问之途，自汉至唐，风气略同，自宋至明，风气略同；国朝又自成一种风气，其尤著者，不过顾、阎（百诗）、戴（东原）、江（慎修）、钱（辛楣）、秦（味经）、段（懋堂）、王（怀祖）数人，而风会所扇，群彦云兴。尔有志读书，不必别标汉学之名目，而不可不窥数君子之门径。凡有所见闻，随时禀知，余随时谕答，较之当面回答，更易长进也。

四月二十一日

【译文】

字谕纪泽：

上次在给各位叔父信中，答复你问的各种书帖目录。乡间苦于无书，但是你生在今日，我家的藏书比起道光中时已多出百倍。买书不能不多，而看书不能不知选择。如韩退之是为千古大儒，而自称所钦佩的书不过数种：有《易》《书》《诗》《春秋左传》《庄子》《离骚》《史记》及相如、子云等。柳子厚自称所得书中，正者有《易》《书》《诗》《礼》《春秋》；旁者有：《谷梁》《孟》《荀》《庄》《老》《国语》《离骚》《史记》等。二人读的书都不算多。本朝会读古书的是高邮王氏父子，我最喜好他们，曾和你说过多次。怀祖先生在《读书杂志》上所考订的书有，《逸周书》《战国策》《史记》《汉书》《管子》《晏子》《墨子》《荀子》《淮南子》《后汉书》《老》《庄》《吕氏春秋》《韩非子》《杨子》《楚辞》《文选》等共十六种，又别著《广雅疏证》一书。伯申先生《经义述闻》中

《国语》书影

所考订的书有《易》《书》《诗》《周官》《仪礼》《大戴礼》《礼记》《左传》《国语》《公羊》《谷梁》《尔雅》共十二种。王氏父子的博学，古今罕见，但也不到三种。我在《四书》《五经》之外，十多年来最喜好《史记》《汉书》《庄子》、韩文四种，可惜未能熟读和精考。又喜好《通鉴》《文选》及姚惜抱所撰《古文辞类纂》，我自选的《十八家诗抄》四种，一共不过十几种。早岁年立志钻研学问，常想将这几种书贯串精通，略仿札记，效法顾亭林、王怀祖。现在年纪大了，时事艰难，立志无所成就，夜里想起来，每每悔恨。泽儿如能完成我的志向，将《四书》《五经》及我所喜好的八种书，一一熟读而深入思考，略做札记，记下心得，记下疑难，那我就欢欣快慰，夜得安寝了，此外也别无所求了。至于王氏父子考订的二十八种书，凡是家中没有的，你可开一个清单来，我准备一一购买寄回。

学问之道，从汉至唐，风气略同；从宋至明，风气略同；国朝又自成一种风气。特别突出的不过有顾、阎（百诗）、戴（东原）、江（慎修）、钱（辛楣）、秦（味经）、段（懋堂）、王（怀祖）等数人，然而由于形成风气，人才也不少。你有志读书，不必标榜汉学的名目，但不能不了解以上几位的治学之道。凡是所见所闻，要随时禀告，我也随时作答，这样比起当面回答，更易于长进。

　　　　　　　　　　　　　　　　　　　四月二十一日

学文宜分类手抄

【原文】

字谕纪泽儿：

余送叔父母生日礼目，鱼翅二斤太大，不好带，改送洋带一根。此带颇奇，可松可紧，可大可小，大而星冈公之腹可用也，小而鼎二、三之腰亦可用也。此二根皆送轩叔，春罗送叔母。

"尔作时文，宜先讲词藻，欲求词藻富丽，不可不分"类抄撮体面话头。近世文人，如袁简斋、赵瓯北、吴谷人，皆有手抄词藻小本。此众人所共知者。阮文达公为学政时，搜出生童夹带，必自加细阅。如系亲手所抄，略有条理者，即予进学；如系请人所抄，概录陈文者，照例罪斥。阮公一代阔儒，则知文人不可无手抄夹带小本矣。昌黎之记事提要、纂言钩玄，亦系分类手抄小册也。尔去年乡试之文，太无词藻，几不能敷衍成篇。此时下手工夫，以分类手抄词藻为第一义。

尔此次复信，即将所分之类开列目录，附禀寄来。分大纲子目，如伦纪类为大纲，则君臣、父子、兄弟为子目；王道类为大纲，则井田、学校为子目。此外各门可以类推。尔曾看过《说文》《经义述闻》，二书中可抄者多。此外如江慎修之《类腋》及《子史精华》《渊鉴类函》，则可抄者尤多矣，尔试为之。此科名之要道，亦即学问之捷径也。此谕。

　　　　　　　　　　　　　　　父涤生字　五月初四日

【译文】

字谕纪泽儿：

我送给叔父、叔母生日礼物中，鱼翅二斤太大，不好带，改送洋带子一根。此带很奇妙。可松可紧，可大可小。大时星冈公那样的腰围可以用，小时鼎二、鼎三那样的腰围也可以用。这二根都送给轩叔，春罗送给叔母。

"尔作时文，宜先讲词藻，欲求词藻富丽，不可不分"这一类体面的抄文，近代文人，如袁简斋、赵瓯北、吴谷人都有手抄词藻的小本，这是大家都知道的。阮文达公做学政的时候，搜查出考生夹带之物，必定亲自细细阅读。如果是亲手抄录，而略有条理的，就准许入学；如果是请别人代抄的，并且都是照录旧文，就照例论罪斥退。阮公是一代鸿儒，知道文人不可没有手抄小本。昌黎的《记事提要》，《纂言钩玄》，也是分类手抄小册。你去年乡试的作文，太缺少词藻，几乎不能写成文章。此时入门工夫，以分类手抄词藻为第一重要。

你这次回信，就将分类目录开出，附信寄来。要分大纲子目，如伦理纲纪为大纲，而君臣、父子、兄弟为子目；王道类为大纲，而井田、学校为子门。此外各门可以类推。你曾经看过《说文》《经义述闻》，二书可抄的很多。此文如江慎修的《类腋》及《子史精华》《渊鉴类涵》那可抄的就更多了，你试着做一做。这是参加科场考试的重要之道，也是治学问的捷径。此谕

父涤生字　五月初四日

看经不可无恒

【原文】

字谕纪泽儿：

初四夜接尔二十六号禀。所刻《心经》微有《西安圣教》笔意，总要养得胸次博大活泼，此后当更有长进也。

尔去年看《诗经》注疏已毕否？若未毕，自当补看，不可无恒耳。讲《通鉴》，即以我过笔者讲之。亦可将来另购一部，尔照我之样过笔一次可也。

冯树堂师诗草曾寄营矣。尔复信言十二年进京，程资不敢领。新写闳深肃穆四匾字，拓一分付回。余不多及。

父涤生字　五月初四日

再，同县拔贡生傅泽鸿寄朱卷数十本来营，兹付去程仪三十两，尔可觅便寄傅家，或专人送去，又示。

【译文】

字谕纪泽儿：

初四接到你第二十六封信。所刻写的《心经》已有些《西安圣教》的笔意。总是应该养成胸怀博大活泼，以后才能再有长进。

你去年看《诗经》注疏是否已经看完？若未完，自应补看。不可没有恒心。

讲《通鉴》，就用我批注过的讲解，也可以将来另买一部，你按照我的样子批注一次。

冯树堂老师的诗稿曾寄到军营。你回信说十二日进京，路费没有领。新写了闳、深、肃、穆四个匾字，拓写一份付回。余不多及。

父涤生字　五月初四日

再：同县拔贡生傅泽鸿寄来朱卷数十本，现付去程仪银三十两，你可寻便寄给傅家，或派专人送去。又示。

辨别尚书之正伪

【原文】

字谕纪泽儿：

接尔二十九、三十号两票，得悉《书经》注疏看《商书》已毕。《书经》注疏颇庸陋，不如《诗经》之赅博。我朝儒者，如阎百诗、姚姬传诸公皆辨别古文《尚书》之伪。孔安国之传，亦伪作也。盖秦燔书后，汉代伏生所传，欧阳及大小夏侯所习，皆仅二十八篇，所谓今文《尚书》者也。厥后孔安国家有古文《尚书》，多十余篇，遭巫蛊之事，未得立于学官，不传于世。厥后张霸有《尚书》百两篇，亦不传于世。后汉贾逵、马、郑作古文《尚书》注解，亦不传于世。至东晋梅赜始献古文《尚书》并孙安国传，自六朝唐宋以来承之，即今通行之本也。自吴才老及朱子、梅鼎祚、归震川，皆疑其为伪。至阎百诗遂专著一书以痛辨之，名曰《疏证》。自是辨之者数十家，人人皆称伪古文、伪孔氏也。《日知录》中略著其原委。王西庄、孙渊如、江艮庭三家皆详言之（《皇清经解》中皆有江书，不足观）。此亦《六经》中一大案，不可不知也。

尔读书记性平常，此不足虑。所虑者第一怕无恒，第二怕随笔点过一遍，并未看得明白。此却是大病。若实看明白了，久之必得些滋味，寸心若有怡悦之境，则自略记得矣。尔不必求记，却宜求个明白。

邓先生讲书，仍请讲《周易折中》。余圈过之《通鉴》，暂不必讲，恐污坏耳。尔每日起得早否？并问。此谕。

涤生手示　六月十四日辰刻

【译文】

字谕纪泽儿：

接你二十九、三十日两来封来信，得知《书经》注疏已看完《商书》。《书经》注疏很浅陋，不如《诗经》博大完备。我朝大儒，如阎百诗、姚姬传等人都辨明古文《尚书》是伪书，孔安国所传，也是伪作。秦焚书以后，汉代伏生所传，欧阳和大小夏侯所讲授的仅有二十八篇，就是所谓今文《尚书》。以后孔安国家有古文《尚书》十多篇，但因遭巫蛊之祸，没有立于学官，所以不传于后世。以后张霸又有《尚书》一百零二篇，也不传于后世。后汉人贾逵、马、

郑作古文《尚书》注释，也不传于后世。到了东晋梅赜献古文《尚书》并说为孔安国所传，自六朝唐宋以来一直沿袭下来，这就是现在的通行本，自从吴才老及朱子，梅鼎祚、归震川，都怀疑他是伪造的。到了阎百诗就专门著书痛加辨析，书名为《疏证》。以后辨伪的有数十家，都说这些是伪古文、伪孔氏。《日知录》中对这些原委略有说明，王西庄、孙渊如、江艮庭三家都讲得很详细（《皇清经解》中有江书，没有必要看）。这也是六经中的一大案件，不可不知。

你读书记性平常，这不用担心。所怕的是第一"无恒"，第二是随笔点过一遍，并未看明白，这可是大毛病。如果确实看明白了，时间长了定能体会其中的意味，心中就会出现心旷神怡的境界，那样再笔录下来。你不必追求笔录，但要求个明白。

邓先生讲书，仍请讲解《周易折中》。我圈阅过的《通鉴》，暂时不必讲解，唯恐弄脏弄坏。你每天起得可早？并问。此谕。

涤生手示　六月十四日辰时

示学书法门径

【原文】

字谕纪泽儿：

尔前寄所临《书谱》一卷，余比送徐柳臣先生处，请其批评。初七日接渠回信，兹寄尔一阅。十三日晤柳臣先生，渠盛称尔草字可以入古，又送尔扇一柄，兹寄回。刘世兄送《西安圣教》，兹与卷并寄回查收。

尔前用油纸摹字，若常常为之，间架必大进。欧、虞、颜、柳四大家是诗家之李、杜、韩、苏，天地之日星江河也。尔有志学书，须窥寻四人门径。至嘱至嘱！

涤生手示　七月十四日

【译文】

字谕纪泽儿：

你前所寄临摹的《书谱》一卷，我已送徐柳臣先生之处，请其批评。初七日接到他的回信，现寄给你一阅。十三日会晤柳臣先生，你称赞你的草字可以比美古人，又送你扇子一柄，现寄回。刘世兄送来《西安圣教》，现同手卷一同寄回，查收。

你以前用油纸摹写字帖，若常常这样做，间架必然大有长进。欧、虞、颜、柳四大家相当于诗家之李、杜、韩、苏，天地之日、星、江、河。你有志学习书法，必须掌握这四人的入门之径。至嘱至嘱！

涤生手示　七月十四日

看注疏及写字方法

【原文】

字谕纪泽儿：

接尔七月十三、二十七日两禀，并赋一篇，尚有气势，兹批出发还（尚未批，下次再发）。凡作文，末数句要吉祥；凡作字，墨色要光润。此先大夫竹亭公常以教余与诸叔父者。父谨记之，无忘祖训。尔问各条，分列示知：

尔问《五箴》末句"敢告马走"。凡箴以《虞箴》为最古（《左传·襄公》），其末曰"鲁臣司原，敢告仆夫"。意以鲁臣有司郊原之责，吾不敢直告之，但告其仆耳。扬子云仿之作《州箴》。冀州曰：牧臣司冀，敢告在阶。扬州曰：牧臣司扬，敢告执筹。荆州曰：牧臣司荆，敢告执御。青州曰：牧臣司青，敢告执矩。徐州曰：牧臣司徐，敢告仆夫。余之"敢告马走"，即此类也。走犹仆也（见司马迁《任安书》注、班固《实戏》注）。朱子作《敬箴》，曰"敢告灵台"，则非仆御之类，于古人微有歧误矣。凡箴以官箴为本，如韩公《五箴》、程子《四箴》、朱子各箴、范浚《心箴》之属，皆失本义。余亦相沿失之。

尔问看注疏之法，"'书经'文义奥衍，注疏勉强牵合"，二语甚有所见。《左》疏浅近，亦颇不免。国朝如王西庄（鸣盛）、孙渊如（星衍）、江艮庭（声）皆注《尚书》，顾亭林（炎武）、惠定宇（栋）、王伯申（引之）皆注《左传》，皆刻《皇清经解》中。《书经》则孙注较

《左传》书影

胜，王、江不甚足取。《左传》则顾、惠、王三家俱精。王亦有《书经述闻》，尔曾看一次矣。大抵《十三经注疏》以三《礼》为最善，《诗》疏次之。此外皆有醇有驳。尔既已看动数经，即须立志全看一过，以期作事有恒，不可半途而废。

尔问作字换笔之法，凡转折之处，如"丁"之类，必须换笔，不待言矣。至并无转折形迹，亦须换笔者。如以一横言之，须有三换笔（末向上挑，所谓磔也；中折而下行，所谓波也，右向上行，所谓勒也；初入手，所谓直来横受也）。以一直言之，须有两换笔（直横入），所谓横来直受也，上向左行，至中腹换而右行，所谓努也。捺与横相似，特末笔磔处更显耳（直波磔入）。撇与直相似，特末笔更撇向外耳（停掠横入）。凡换笔，皆以小圈识之，可以类推。凡用笔，须略带敧斜之势，如本斜向左，一换笔则向右矣；本斜向右，一换则向左矣。举

一反三，尔自悟取可也。

李春醴处，余拟送之八十金。若家中未先送，可寄信来。凡家中亲友有废弗事，皆可寄信由营致情也。

涤生手示　八月十二日于黄州

【译文】

字谕纪泽儿：

接你七月十三、二十七日两信及赋一篇，文笔还有气势，现批改寄回（还未批改，下次再寄）。凡是做文章，末尾几句要吉祥；凡是写字，墨色要光润，这是先大夫竹亭公经常教诲我和诸位叔父的。父谨记之，不忘祖训。你所问的各项，现分条告知：

你问《虞箴》最后一句"敢告马走"。凡是箴以《虞箴》为最古《左传·襄公》，最后一句是"鲁臣司原，敢告仆夫"。意思是鲁臣有管理郊原的职责，我不敢直接告知，只告诉他的仆人。扬子云仿作的《州箴》。冀州"牧臣司冀，敢告在阶"；扬州"牧臣司扬，敢告执筹"。荆州"牧臣司荆，敢告执御"。青州"牧臣司青，敢告执矩"。徐州"牧臣司徐，敢告仆夫"。我的"敢告马走"，就是这类的文字。走就是仆的意思（见司马迁《任安书》注，班固《实戏》注）。朱子作《敬箴》，"敢告灵台"，就不是讲仆御之类了，在古人来说有些小误会了。凡是箴以官箴为本，如韩公《五箴》、程子《四箴》、朱子各箴、范浚《心箴》之类，都失去本义，我也是相沿失去本义。

你问看注疏的方法，说"《书经》文义奥衍，注疏勉强牵合"，这两句话很有见解。《左传》注疏很浅显，也不免这样。国朝如王西庄（鸣盛）、孙渊如（星衍）、江艮庭（声）都注释《尚书》，顾亭林（炎武）、惠定宇（栋）、王伯申（引之）都注释《左传》，全刻在《皇清经解》中。《书经》是孙注较好，王、江不足取。《左传》顾、惠、王三家都很精深。王还有《书经述闻》，你也曾看过一次。大致上说《十三经注疏》以"三礼"为最好，《诗》疏次之，此外都有好有坏。你既然已看过数部经书，就应立志全看一遍，以达到做事有恒，不可半途而废。

你问写字换笔的方法。凡是转折之外，如"丁"之类，必须换笔，这不用说了。至于没有转折形迹的地方，也有须换笔的。如以一横来说，须有三次笔（末笔向上挑，就是磔，中折后下行，就是波，右向上行，至中间换而右行，就是勒，初起笔是所谓直来横变）。如以一直来说，须有两次换笔（直横入，就是所谓横来直受，上向左行，至中间换而右行，就是努）。捺与横相似，只是末笔磔处更明显（直波磔入）。撇与直相似，只是末笔更撇向外边（停掠横入）。凡是换笔，都以小圈识别，可以此类推。凡是用笔，须略带倾斜之势，如本来斜向左，一换笔就转向右了；本来斜向右，一换笔就转向左了。举一反三，你自己体会就行了。

李春醴之处，我准备送银八十两。如果家中还未送，可以寄信来。以后凡是家中亲友有红白喜事，都可寄信来营，由营送礼致情。

涤生手示八月十二日于黄州

嘱寄通鉴等书

【原文】

字谕纪泽：

二十一日得家书，知尔长沙一次，何不寄安票来管？婚期改九月十六，余甚喜慰。余老境侵寻，颇思将儿女婚嫁早早料理。袁漱六亲家患血疾，昨专人走松江看视，若得复元，吾即思明春办大女儿嫁事。袁铁庵来我家时，尔禀问母亲，可以吾意商之。

京中书到时，有胡刻《通鉴》一部，留家中讲解，即将吾圈过一部寄来营可也。又汲古阁初印《五代史》一部，亦寄来。皮衣等件，速速寄来。吾头帖数十部，下次寄尔。此谕。

九月二十四日

【译文】

字谕纪泽：

二十一日得家信，知道你去了长沙一次，为什么不寄信来？婚期改在九月十六日，我很高兴。我年纪渐老，很想将儿女婚嫁之事早早料理。袁漱六亲家患咳血之病，昨天派专人往松江看视，若能复原，我就想在明年春天操办大女儿出嫁。袁铁庵来我家时，你可禀告母亲，将我的意思商量。

京中书籍运到时，有一部胡刻《通鉴》可留在家中讲解，将我圈点过的一部寄到军营就行了。又有汲古阁初印的《五代史》一部也寄来。皮衣等物件，快快寄来。我买了字帖数十部，下次寄给你。此谕。

九月二十四日

须从有恒下功夫

【原文】

字谕纪泽儿：

接尔十九、二十九日两禀，知喜事完毕，新妇能得尔母之欢，是即家庭之福。

我朝列圣相承，总是寅正即起，至今二百年不必。我家高曾祖考相传早起，吾得见星希公、星冈公皆未明即起，冬寒起坐约一个时辰，始见天亮。吾父竹亭公亦甫黎明即起，有事则不待黎明，每夜必起看一二次不等，此尔所及见者也。余近亦黎明即起，思有以绍先人之家风。尔既冠授室，当以早起为第一先务。自力行之，亦率新妇力行之。

余生平坐无恒之弊，万事无成。德无成，业无成，已可深耻矣。逮办理军事，自矢靡他，中间本志变化，尤无恒之大者，用为内耻。尔欲稍有成就，须从有恒二字下手。

余尝细观星冈公仪表绝人，全在一重字。余行路容止亦颇重厚，取法于星冈公。尔之容止甚轻，是一大弊病，以后宜时时留心。无论行坐，均须重厚。早起也，有恒也，重也，三者皆尔最要之务。早起是先人之家法，无恒是吾身之大耻，不重是尔身之短处，故特谆谆戒之。

吾前一信答尔所问者三条，一字中换笔，一"敢告马走"、一注疏得失，言之颇详，尔来禀何以并未提及？以后凡接我教尔之言，宜条条禀复，不可疏略。此外教尔之事，则详于寄寅皆先生看读写作一缄中矣。此谕。

十月十四日

【译文】

字谕纪泽儿：

接到你十九、二十九日两信，知喜事办完。新媳妇能得到你母亲喜欢，这是全家之福。

我朝历代圣皇，总是寅正就起床，至今二百年不必。我家从高曾祖父就相传早起，我曾见到竟希公、星冈公全是天未亮就起床，冬天起坐约一个时辰才见天亮。我父亭公也是黎明就起床，如有事就不待黎明起床，每天夜里一定要起身看一、二次，这是你曾经见到的。我近些年也是黎明就起床，想着是继承先人家风。你既然已经成人结婚，也应以早起为第一要务，努力行之，也要让新媳妇努力行之。

我一生缺乏恒心这个毛病，使我万事无成。德无成，业无成，深感耻辱。直到办理军务，取代其他志向，这中间本志发生变化，更表现出缺乏恒心的大问题，更感到内心耻辱。你要有些成就，必须从"有恒"二字下手。

我曾经仔细观察过星冈公仪表绝人，全在一个"重"字。我走路行止也很重厚，就是效法星冈公。你的容颜举止很轻浮，这是一大毛病，以后要时时注意。无论行走起坐，均须重厚。早起、有恒、重厚三个方面是你当前最重要的。早起是先人家法，无恒是我之大耻，不重是你之短处，所以特别谆谆戒之。

我上封信回答你问的三条：一是写字中途换笔，一是"敢告马走"，一是注疏得失，讲得很详细。你来信为什么没有提到。以后凡是接到我教你的言论，都要一条一条的答复，不可疏忽。此外我教你的东西，更详细的在我给寅皆先生有关看读写作的一封信中。此谕。

十月十四日

言语举止要稳重

【原文】

字谕纪泽、纪鸿儿：

十月二十九日接尔母及澄叔信，又棉鞋瓜子二包，得知家中各宅平安。泽儿在汉口阻风六日，此时当已抵家。举止要重，发言要慎。尔终身要牢记此二语，无一刻可忽也。

余日内平安，鲍、张二军亦平安。左军二十二日在贵溪获胜一次，二十九日在德兴小胜一次，然贼数甚众，尚属可虑。普军在建德，贼以大股往扑，只要左、普二军站得住，则处处皆稳矣。

泽儿字，天分甚高，但少刚劲之气，须用一番苦工夫，切莫把天分自弃了。家中大小，总以起早为第一义。澄叔处，此次未写信，尔等禀之。

涤生手示 十一月初四日

【译文】

字谕纪泽、纪鸿儿：

十月二十九日接到你母及澄叔来信，另外有棉鞋、瓜子两包，得知家中各宅平安。泽儿在汉口因风被阻六天，这时应当已经到家。举止要稳重，出言要慎重。你们终身要牢记这两句话，无一时可以疏忽。

我近日平安，鲍、张二军也平安。左军二十二日在贵溪获胜一次，二十九日在德兴小胜一次，但是敌军数量很多，还真存些忧虑。普军在建德，敌军以大股进攻，只要左、普二军能站得住，那么就处处安稳了。

泽儿的字，天分很高，但缺少刚劲之气，须用一番苦功夫，千万不要把天分自己抛弃了。家中大小，总要以起早为第一要义。澄叔那里，这次没有写信，你们禀告他。

涤生手示 十一月初四日

饭后数千步乃养生要诀

【原文】

字谕纪泽儿：

曾名琮来，接尔十一月二十五日禀，知十五、十七尚有两禀未到。尔体甚弱，咳吐咸痰，吾尤以为虑，然总不宜服药。药能活人，亦能害人。良医则活人者十之七，害人者十之三；庸医则害人者十之七，活人者十之三。余在乡在外，凡目所见者，皆庸医也。余深恐其害人，故近三年来，决计不服医生所开之方药，亦不令尔服乡医所开之方药。见理极明，故言之极切，尔其敬听而遵行之。每日饭后走数千步，是养生家第一秘诀。尔每餐食毕，可至唐家铺一行，或至澄叔家一行，归来大约可三千余步。三个月后，必有大效矣。

尔看完《后汉书》，须将《通鉴》看一遍。即将京中带回之《通鉴》，仿照余法，用笔点过可也。尔走路近略重否？说话略钝否？千万留心，此谕。

涤生手示 十二月二十四日

【译文】

字谕纪泽儿:

曾名琮来，接到你十一月二十五日信，知道还有十五、十七日两信未到。你身体很弱，咳嗽有痰，我更是担心，但是却不宜总吃药。药能活人，也能害人。良医能治活的人十分有七，害死的人也十分有三；而庸医却是害死的人十分有七，治活的人十分有三。我在家乡和在外边，凡是亲眼所见的都是庸医。我很怕他们害人，所以最近三年决不吃医生所开处方的药，也不让你们吃乡下

砚 清

医生所开处方的药。道理极为明显，所以说起来极为恳切，你必须听命而遵行。每天饭后走上数千步，是养生的第一秘诀。你吃完每顿饭，可到唐家铺走一趟，或到澄叔家走一趟，回来大约可有三千余步，三个月之后必然大有成效。

你看完《后汉书》，必须将《通鉴》看一遍。就将我从京中带回的《通鉴》按照我的办法，用笔圈点一遍。你最近走路是否稳重些了？说话是否慎重些了？千万留心。此谕。

涤生手示 十二月二十四日

此间军事幸能化险为夷

【原文】

字谕纪泽、纪鸿儿:

得正月二十四日信，知家中平安。此间军事，自去冬十一月至今，危险异常，幸皆化险为夷。目下惟左军在景德镇一带十分可危，余俱平安。余将以十七日移驻东流、建德。

付回银八两，为我买好茶叶陆续寄来。下手竹茂盛，屋后内仍须栽竹，复吾父在日之旧观。余七年在家芟伐各竹，以倒厅不光明也。乃芟后而黑暗如故，至今悔之，故嘱尔重栽之，劳字、谦字，常常记得否？

涤生手示 二月十四日巳刻

【译文】

字谕纪泽、纪鸿儿:

收到正月二十四日信，知家中平安。这里军事，自去冬十一月至今，危险异常，幸好都化险为夷。目前只有左军在景德镇一带十分危险，其他的都平安。我将在十七日移驻东流、建德。

附回八两银，为我买好茶叶陆续寄来。下手竹茂盛，屋后山里仍须栽竹，恢

复我父在世时的旧景观。七年时，我在家由于后厅不光明砍伐各竹，但砍伐后，仍黑暗如故，后悔至今，因此嘱咐你重新栽竹，劳字、谦字，是否常记得？

涤生手书　二月十四日巳刻

长大后不可涉历兵间

【原文】

字谕纪泽、纪鸿儿：

接二月二十三日信，知家中五宅平安，甚慰甚慰。

余以初三日至休宁县，即闻景德镇失守之信。初四日写家书，托九叔处寄湘，即言此间局势危急，恐难支持，然犹意力攻徽州，或可得手，即是一条生路。初五日进攻，强中、湘前等营在西门挫败一次。十二日再行进攻，未能诱贼出仗。是夜二更，贼匪偷营劫村，强中、湘前等营大溃。凡去二十二营，其挫败者八营（强中三营、老湘三营、湘前一、震字一），其幸而完全无恙者十四营（老湘六、霆三、礼二、亲兵一、峰二），与咸丰四年十二月十二夜贼偷湖口水营情形相仿。此次未挫之营较多，以寻常兵事言之，此尚为小挫，不甚伤元气。目下值局势万紧之际，四面梗塞，接济已断，加此一挫，军心尤大震动。所盼望者，左军能破景德镇、乐平之贼，鲍军能从湖口迅速来援，事或略有转机，否则不堪设想矣。

余自从军以来，即怀见危授命之志。丁、戊年在家抱病，常恐溘逝牖下，渝我初志，失信于世。起复再出，意尤坚定。此次若遂不测，毫无牵恋。自念贫婆无知，官至一品，寿逾五十，薄有浮名，兼秉兵权，忝窃万分，夫复何憾！惟古文与诗，二者用力颇深，探索颇苦，而未能介然用之，独辟康庄。古文尤确有依据，若遽先朝露，则寸心所得，遂成广陵之散。作字用功最浅，而近年亦略有入处。三者一无所成，不无耿耿。至行军本非余所长，兵贵奇而余太平，兵贵诈而余太直，岂能办此滔天之贼？即前此屡有克捷，已为侥幸，出于非望矣。尔等长大之后，切不可涉历兵间，此事难于见功，易于造孽，尤易于治万世口实。余久处行间，日日如坐针毡，所差不负吾心，不负所学者，未尝须臾忘爱民之意耳。近来阅历愈多，深谙督师之苦。尔曹惟当一意读书，不可从军，亦不必作官。

吾教子弟不离八本、三致祥。八者曰：读古书以训诂为本，作诗文以声调为本，养亲以得欢心为本，养生以少恼怒为本，立身以不妄语为本，治家以不晏起为本，居官以不要钱为本，行军以不扰民为本。三者曰：孝致祥，勤致祥，恕致祥。吾父竹亭公之教人，则专重孝字。其少壮敬亲，暮年爱亲，出于至诚，故吾纂墓志，仅叙一事。吾祖星冈公之教人，则有八字，三不信。八者曰：考、宝、早、扫、书、蔬、鱼、猪。三者，曰僧巫，曰地师，曰医药，皆不信也。处兹乱世，银钱愈少，则愈可免祸；用度愈省，则愈可养福。尔兄弟奉母，除劳字俭字

之外，别无安身之法。吾当军事极危，辄将此二字叮嘱一遍，此外亦别无遗训之语，尔可禀告诸叔及尔母无忘。

三月十三日

【译文】

字谕纪泽、纪鸿儿：

接二月二十三日信，知家中五宅平安，甚慰甚慰。

我初三到休宁县，就听说景德镇失守的消息。初四写家信，托九叔处寄湘，只说这里局势危急，恐难支持，可是还力主攻打徽州，或许可以得手，就有一条生路了。初五进攻，强中、湘前等营在西门挫败一次。十二日再次进攻，未能诱敌出仗。当夜二更，敌军偷袭营地，强中、湘前等营大败。二十二营败者八营（强中三营、老湘三营、湘前一、震字一），幸而完好无损的有十四营（老湘六、霆三、礼二、亲兵一、峰二），与咸丰四年十二月十二夜敌人偷袭湖口水营情形相仿。这次未挫之营较多，以寻常兵事言之，此次还算小败，不太伤元气。目前正值局势万分紧急之际，四面阻塞，接济已断，加上这一败，军心更是震动。所盼望的是左军能破景德镇、乐平之敌，鲍军能从湖口迅速来援，事情可能略有转机，否则不堪设想。

我自从军以来，就怀有见危授命之志。丁、戊年在家抱病，常恐溘然窗下，改变我的初志，失信于世。起复再出，意志更为坚定。此次若有不测，毫无牵挂。我自认为贫寒无知，官至一品，寿逾五十，落有浮名，兼掌兵权，心中惭愧万分，还有什么可遗憾的呢！唯有古文与诗，二者用力极深，探索极苦，而未能独特用之，另辟康庄大道。尤其对古文确有所心得。如果只是依据先人所阐发的见解，那么我心中所得将成为绝唱《广陵散》了。习字用功最少，但近年也有所领悟。三者一无所成，不无耿耿之心。至于行军作战本不是我所长，兵贵奇而我太平，兵贵诈而我太直，岂能对付这些滔天大敌？即使以往屡打胜仗，已是侥幸，并非出于所望。你们长大之后，千万不可从军，此事难于立功，易于造孽，更易于遗留给万世口实。我久处其中，日日如坐针毡，总算不负我心，不负所学，时刻不曾忘记爱民的本志。所来阅历渐多，深谙指挥军队之苦。你们唯有应当一心一意读书，不可从军，也不必做官。

我教育子弟不离八本、三致祥。八本是：读古书以训诂为本，作诗文以声调为本，养亲以得欢心为本，养生以少恼怒为本，立身以不妄语为本，治家以不晚起为本，居官以不要钱为本，行军以不扰民为本。三致祥是：孝致祥，勤致祥，恕致祥。我父亲竹亭公教育人，则专重孝字。少壮敬亲，暮年爱亲，出于至诚，因此我纂写墓志，仅叙一事。吾祖父星冈公教育人，则有八字，三不信。八字是：考、宝、早、扫、书、蔬、鱼、猪。三不信是：僧巫、地师、医药全不信。处于乱世，银钱愈少，愈可免祸；用度愈省，愈可养福。你兄弟侍奉母亲，除劳字俭字之外，别无安身之法。我处于军事极危之地，就将此二字叮嘱一遍，此外

也无别的遗训之语，你们可禀告诸叔及你母亲勿忘。

三月十三日

宜雇人至家种蔬

【原文】

字谕纪泽儿：

三月三十日建德途次接澄侯弟在永丰所发一信，并尔将去省时在家所留之禀。尔到省后所寄一禀，却于二十八日先到也。

余于二十六日自祁门拔营起行，初一日至东流县。鲍军七千余人于二十五日自景德镇起行。三十日至下隅坂。因风雨阻滞，初三日始渡江，即日进援安庆，大约初八九可到。沅弟、季弟在安庆稳守十余日，极为平安。朱云岩带五百人，二十四自祁门起行，初二日已至安庆助守营濠，家中尽可放心。此次贼救安庆，取势乃在千里以外，如湖北则破黄州，破德安，破孝感，破随州、云梦、黄梅、蕲州等属，江西则破吉安，破瑞州、吉水、新淦、永丰等属，皆所以分兵力，亟肆以疲我，多方以误我。贼之善于用兵，似较昔年更狡更悍。吾但求力破安庆一关，此外皆不遽与之急得失。扭转之机，只在一二月可决耳。

乡间早起之家，蔬菜茂盛之家，类多兴旺。晏起无蔬菜之家，类多衰弱，尔可于省城菜园中，用重价雇人至家种蔬，或二人亦可。其价若干，余由营中寄回。此嘱。

涤生手示　四月初四日东流县

此次未写信与澄叔，尔禀告之。

【译文】

字谕纪泽儿：

三月三十日在赴建德途中接澄侯弟在永丰所发一信，及你将去省城在家所留之禀。你到省后所寄一禀，却于二十八日先到。

我于二十六日自祁门拔营起行，初一到东流县。鲍军七千余人于二十五日自景德镇启程，三十日到下隅坂。因风雨阻滞，初三开始渡江，当日进援安庆，大约初八、九可到。沅弟、季弟在安庆稳守十多天，极为平安。朱云岩带五百人，二十四日自祁门启程，初二日已到安庆助守营濠，家中尽可放心。这次敌人援救安庆，攻取之势却是在千里之外，如在湖北破黄州，破德安，破孝感，破随州、云梦、黄梅、蕲州等地，在江西则破吉安，破瑞州、吉水、新淦、永丰等地，他们所以分散兵力，竭力使我疲惫，用各种方法算计我。敌人善于用兵，似乎比前几年更狡猾更凶悍。我只求力破安庆一关。此外都不急于与敌争得失。转旋之机，只在一两个月即可决定。

乡间早起之家，蔬菜茂盛之家，多很兴旺。晚起无蔬之家，多很衰弱，你可在省城菜园中，用重价雇人到家中种菜，也可以雇两个人。其价多少，我由营中

寄回。此嘱。

涤生手示　四月初四日东流县

此次未写信给澄叔，你禀告之。

《说文》中原有逸字

【原文】

字谕纪泽：

六月二十日唐介科回营，接尔初三日禀并澄叔一函，俱悉一切。

今年彗星出于北斗与紫微垣之间，渐渐南移，不数日而退出右辅与摇光之外，并未贯紫微垣，亦未犯天市也。占验之说，本不足信，即有不祥，或亦不大为害。

省雇园丁来家，宜废田一二丘，用为菜园。吾现在莒课勇夫种菜，每块土约三丈长，

清朝文人爱读书，且对书非常珍爱，创造了多种装帧和保存图书的方法

五尺宽，窄者四尺余宽，务使芸草及摘蔬之时，人足行两边沟内，不践菜土之内。沟宽一尺六寸，足容便桶。大小横直，有沟有浍，下雨则水有所归，不使积潦伤菜。四川菜园极大，沟浍终岁引水长流，颇得古人井田遗法。吾乡一家园土有限，断无横沟，而直沟则不可少。吾乡老农，虽不甚精，犹颇认真，老圃则全不讲究。我家开此风气，将来荒山旷土，尽可开垦，种百谷杂蔬之类。如种茶亦获利极大，吾乡无人试行，吾家若有山地，可试种之。

尔前问《说文》中逸字，今将贵州郑子尹所著二卷寄尔一阅。渠所补一百六十五文，皆许书本有之字，而后世脱失者也。其子知同，又附考三百字，则许书本无之字，而他书引《说文》有之，知同辨为不当有者也。尔将郑氏父子书细阅一遍，则知叔重原有之字，被传写逸脱者，实已不少。

纪渠侄近写篆字甚有笔力，可喜可慰。兹圈出付回。尔须教之认熟篆文，并解明偏旁本意。渠侄、湘侄要大字横匾，余即日当写就付归。寿侄亦当付一匾也。家中有李少温篆贴《三坟记》《迁先茔记》，亦可寻出，呈澄叔一阅。澄弟作篆字，间架太散，以无贴意故也。邓石如先生所写篆字《西铭》《弟子职》之类，永州杨太守新刻一套，尔可求郭意诚姻叔拓一二分，俾家中写篆者有所摹仿。家中有褚书《西安圣教》《同州圣教》，尔可寻出寄营，《王圣教》亦寄来一阅。如无裱者，则不必寄也。《汉魏六朝百三家集》，京中一分，江西一分，想俱在家，可寄一部来营。

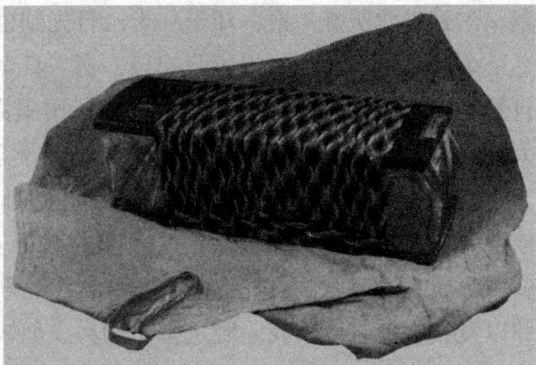

余疮疾略好，而癣大作，手不停爬，幸饮食如常。安庆军事甚好，大约可克复矣。此次未写信与澄叔，尔将此呈阅，并问澄弟近好。

六月二十四日

【译文】

字谕纪泽：

六月二十日唐介科回军营时，接到你初三那天的禀文和澄叔的一封信，一切皆知。

今年彗星出现在北斗和紫微垣之间，然后逐渐南移，不几天便退出右辅与摇光星之外，而且没有贯穿紫微垣，也未犯天市星宿。占验的说法，本不当相信，即使有不祥之兆，或许也不会成大害。

从省里雇园丁到家来后，应该废掉一二丘粮田，用作菜园。我现在在军营，督课兵夫种菜，每畦土地约三丈长，五尺宽，窄的四尺多宽，一定要在耘地除草或摘菜的时候，能让人的脚站在两边的沟里，不致踩到种菜的土。沟宽一尺六寸，足可以放下个便桶。每畦地大小横竖，有沟有浍，下雨时使水所处流，不至于让水伤菜。四川菜园非常大，沟浍中长年引水流动，得像继承了古代人的井田遗法。我们家乡中每家的菜园地有限，没有横沟，但竖沟一定不可少。我们家乡的老农，虽然农艺不很精湛，但还是很认真的，老菜农则全不讲究方法了。我家要开创这种风气，将来使荒山闲土都开垦出来，种上百谷杂菜之类的作物。比如种茶获利也非常大，我们家乡没有人试种，我家如有山地，可以试着种种。

你以前问我《说文》中的逸字问题，现将贵州郑子尹著的两卷书寄给你。他所补的一百六十五字，都是许慎书中原有的字，但后世脱漏掉的。他的儿子知同，又附考了三百个字，这些是许书中本来就没有的，别的书中引《说文》有的。知同认为是不应该有的。你将郑氏父子的书细读一遍，就知道许叔重（许慎）原有的字了。被后人传写脱逸的字，着实不少。

纪渠侄近来写的篆字很有笔力，可喜可慰。现在圈出来寄回。你必须认熟篆文，并弄明白偏旁的本意。渠侄、湘侄向我要大字横图，我近几天写好后送给他们。也应该送给寿侄一块图。家中有李少温的篆贴《三坟记》和《迁先茔记》，你也可以找出来，送给你澄叔看看。澄弟写的篆字，间架太散，原因是没有字帖。邓石如先生所写的篆字《西铭》《弟子职》之类的字帖，永州杨太守新近刻了一套，你可以去求郭意诚表叔拓印一两份，使家中写篆字的人有所模仿。家中有褚写的《西安圣教》《同州圣教》，你可以找出寄到我军营中来，《王圣教》也寄来看一下。如果没有裱装好的，就不要寄了。《汉魏六朝百三家集》，京中一份，江西一份，想必都在家，可寄一部来。

我的疮病略好了，但癣病发作，手不停地抓挠，幸亏吃食正常。安庆军事情况很好，大致可以攻破了。这次没给你澄叔写信，你把这封信送给他看看，并问

澄弟近好。

六月二十四日

宜努力看读写作

【原文】

字谕纪泽：

前接来禀，知尔抄《说文》，阅《通鉴》，均尚有恒，能耐久坐，至以为慰。去年在营，余教以看、读、写、作，四者阙一不可。尔今阅《通鉴》，算看字工夫；抄《说文》，算读字工夫。尚能临帖否？或临《书谱》，或用油纸摹欧、柳楷书，以药尔柔弱之体，此写字工夫，心不可少者也。尔去年曾将《文选》中零字碎锦分类纂抄，以为属文之材料，今尚照常摘抄否？已卒业否？或分类抄《文选》之词藻，或分类抄《说文》之训诂，尔生平作文太少，即以此代作字工夫，亦不可少者也。尔十余岁至二十岁虚度光阴，及今将看、读、写、作四字逐日无间，尚可有成。尔语言太快，举止太轻，近能力行迟重二字以改救否？

此间军事平安。援贼于十九、二十、二十一日扑安庆后濠，均经击退。二十二日自巳刻起至五更止，猛扑十一次，亦竭力击退。从此当可化险为夷，安庆可望克复矣。余癣疾未愈，每日夜手不停爬，幸无他病。皖南有左、张，江西有鲍，均可放心。目下惟安庆较险，然过二十二之风波，当无虑也。

七月二十四日

【译文】

字谕纪泽：

前几天接到你的来信，知道你抄《说文》、看《通鉴》，都能持之以恒，耐得住久坐，我很高兴。去年在营垒时，我教你看、读、写、作，四者缺一不可。你现在看《通鉴》，算是看字的工夫；抄《说文》，算是读字的工夫。你还能临字帖吗？或者临摹《书谱》，或是用油纸摹写欧、柳的书法，以此来医治你写字的柔弱笔体，这是写字的工夫，用心是不可少的。去年，你曾经将《文选》中的零碎锦字分类抄写，用作写文章的材料，现在还照常摘抄吗？是否已经抄完？分类摘抄《文选》中的词藻，或是分类摘抄《说文》中的训诂内容，因你平时作文太少，这种摘抄也是不可少的。你在十几岁至二十几岁时，虚度了时光，到今天才去终日不间断地看、读、写、作，或许还会有所成就。你说话太快，举止轻浮，你能不能尽力去行迟重二字，以改掉你的轻率？

这段时间军事平安。援敌在十九、二十、二十一日攻打安庆后濠，都被击退了。二十二日那天，从巳时到五更，援敌又猛攻十一次，也被竭力击退。从此以后应当可以化险为夷，安庆有望克服了。我的癣病还没有痊愈，每天日夜手搔不止，幸好没有其他病。皖南有左、张，江西有鲍军，都可以放心。眼下只有安庆

比较危险，但过了二十二日的风波，也应当无忧虑了。

七月二十四日

惟崇俭可长久

【原文】

字谕纪泽：

八月二十日胡必达、谢荣凤到，接尔母子及澄叔三信，并《汉魏百三家》《圣教序》三帖。二十二日谭在荣到，又接尔及澄叔二信。具悉一切。

蔡迎五竟死于京口江中，可异可悯！兹将其口粮三两补去外，以银二十两赈恤其家。朱运四先生之母仙逝，兹寄去奠仪银八两。蕙姑娘之女一贞，于今冬发嫁，兹付去奁仪十两。家中可分别妥送。大女儿择于十月初三日发嫁，袁家已送期来否？余向定妆奁之资二百金，兹先寄百金回家，制备衣物，余百金俟下次再寄。其自家至袁家途费暨六十侄女出嫁奁仪，均俟下次再寄也。居家之道，惟崇俭可以长久，处乱世尤以戒奢侈为要义，衣服不宜多制，尤不宜大镶大滚，过于绚烂。尔教导诸妹，敬听父训，自有可久之理。

牧云舅氏书院一席，余已函托寄云中丞，沅叔告假回长沙，当面再一提及，当无不成。余身体平安。二十一日成服哭临，现在三日已毕。疮尚未好，每夜搔痒不止，幸不甚为害。湖叔近患疟疾，二十二日痊愈矣。此次未写澄叔信，尔将此呈阅。

八月二十四日

【译文】

字谕纪泽：

八月二十日，胡必达、谢荣凤到这里，接到你们母子及你澄叔的三封信，并收到《汉魏百三家》《圣教序》三件字帖。二十二日谭在荣到这里，又收到你及你澄叔的两封信，俱悉一切。

蔡迎五竟然死在了京口的江中，真是奇怪又实在可怜！现在将他的银钱三两补作口粮，其余二十两赈恤家中。朱运四先生的母亲去世了，现寄去奠银八两。蕙姑娘的儿女一贞，于今天出嫁，现寄去嫁妆钱十两。家中可以分别妥善送去这些银钱。大女儿选在十月初三出嫁，袁家送来期约了吗？我一向定下了嫁妆费是二百金，现先寄回百金到家中，制备衣物，余下的百金等下次再寄。从咱家到袁家的途中费用及六十侄女出嫁的嫁妆钱，都等下次再寄。居家之道，只有崇尚节俭才可长久，处在乱世，尤其要戒掉奢侈，衣服不要多制，尤其不应该大镶大滚，过于绚烂。你教导各位妹妹，要敬听父训，自然有长久的道理。

牧云舅氏要取得书院的一个席位，这事已写信托了云中丞，你沅叔请假回长沙，再当面谈谈，定会成功。我身体平安。二十一日丧服哭悼皇帝驾崩，现在三日已毕。疮还没好，每天夜里搔痒不止，幸好不是要害。你湖叔近来患了疟疾，二十二日全好了。这次未给你澄叔写信，你把此信呈给他一阅。

八月二十四日

女儿出嫁不可奢侈

【原文】

字谕纪泽儿：

　　昨见尔所作《说文》分韵解字凡例，喜尔今年甚有长进，固请莫君指示错处。莫君名友芝，字子偲，号侣亭，贵州辛卯举人，学问淹雅。丁未年在琉璃厂与余相见，心敬其人。七月来营，复得畅谈。其学于考据、辞章二者皆有本原，义理亦践修不苟。兹将渠批订尔所作之凡例寄去，余亦批示数处。

　　又寄银百五十两，合前寄之百金，均为大女儿于归之用。以二百金为奁具，以五十金为程仪，家中切不可另筹银钱，过于奢侈。遭此乱世，虽大富大贵，亦靠不住，惟勤俭二字可以持久。又寄丸药二小瓶，与尔母服食。尔在家常早起否？诸弟妹早起否？说话迟钝、行路厚重否？宜时时省记也。

涤生手示　九月二十四日

【译文】

字谕纪泽儿：

　　昨天看到你所做的《说文》分韵解字凡例，高兴你今年很有长进，一定要请莫君指出错误之处。莫君名友芝，字子偲，号侣亭，贵州辛卯举人，学问博雅。丁未年和我在琉璃厂相见，我心中敬重这个人。七月份到营中后，我们再次深谈。他在考据和辞章学方面都有本原，义理也认真修习，现将他批订的你所做的凡例寄去，我也批示了几处。

　　又寄去一百五十两银，加上前一次寄去的一百金，都用作大女儿出嫁使用。用二百金办嫁妆，五十金作仪式用，家中一定不要再另外筹银钱，过于奢侈。遇到这样的乱世，虽然是大富大贵，也靠不住，只有勤俭两个字可以持久。再有，寄去丸药两小瓶，给你母亲服食。你在家是不是经常早起？各位弟、妹起得早吗？说话迟钝、走路厚重吗？你应该时刻反省并牢记住。

涤生手示　九月二十四日

寄银为二女奁资

【原文】

字谕纪泽儿：

　　接沅叔信，知二女喜期，陈家择于正月二十八日入赘，澄叔欲于乡间另备一屋。余意即在黄金堂成礼，或借曾家坳头行礼，三朝后仍接回黄金堂。想尔母子与诸叔已有定议矣。兹寄回银二百两，为二女儿奁资。外五十金，为酒席之资，俟下次寄回（亦于此次寄矣）。

　　浙江全省皆失。贼势浩大，迥异往时气象。鲍军在青阳，亦因贼众兵单，未能得手。徽州近又被围。余任大责重，忧闷之至。疮癣并未少减。每当痛痒极苦之时，常思与尔母子相见，因贼氛环逼，不敢遽接家眷。又以罗氏女须嫁，纪鸿须出考，且待明春察看。如贼焰少衰，安庆无虑，则接尔母

来此一行。尔夫妇与陈婿在家照料一切。若贼氛日甚，则仍接尔来此一行。明年正二月，再有准信。纪鸿县府各考，均须请邓师亲送。澄叔前言纪鸿至书院读书，则断不可。

绣龙马褂　清

前蒙恩赐遗念衣一、冠一、搬指一、表一，兹用黄箱送回（宣宗遗念衣一、玉佩一，亦可藏此箱内），敬谨尊藏。此嘱。

涤生手示　十二月十四日

【译文】

字谕纪泽儿：

收到了你沅叔的信，知道了二女儿的婚嫁日期，陈家选在正月二十八日入赘，澄叔要在乡里另外准备一处房屋。我的意思是就在黄金堂成婚，或借曾家坳头举行婚礼，三天之后仍然接回黄金堂。想必你母子及你各位叔叔已有定议。现寄回二百两银子，作为二女的嫁妆费用。另外五十金，作为酒席费用，等下次寄回去（也于这次寄了）。

浙江全省都失陷了，敌势强大，与过去形势迥然不同。鲍军在青阳，也因敌众兵少，没能得手。近日徽州又被围困。我责任重大，极为忧闷。疥癣并没有减少，每当我痛痒极苦之时，常思念与你母子相见，因敌势环逼，不敢接来家眷。又因罗氏女要出嫁，纪鸿要科考，暂且等到明年春天再看。如果敌势减弱，安庆安全，就接你母亲带纪鸿来这里一趟，你们夫妇与陈婿在家照料一切。如果敌势日益厉害，就仍然只接你前来。明年正、二月，再有准信。纪鸿县、府的各次科考，均应请邓师亲自送去。澄叔前封信说让纪鸿到书院读书，决不可以。

以前承蒙恩赐，得到先皇帝遗赐的一件衣、一顶冠、一扳指和一块表，现用黄箱送回（宣宗遗念衣一件、玉佩一副，也可藏在这个箱子内），要恭敬谨慎地珍藏。此嘱。

涤生手示　十二月十四日

劝妹妹耐劳忍气

【原文】

字谕纪泽儿：

萧开二来，接尔正月初五日禀，得知家中平安。罗太亲翁仙逝，此间当寄奠仪五十金、祭幛一轴，下次付回。

罗婿性情乖戾，与袁婿同为可虑，然此无可如何之事。不知平日在三女儿之前亦或暴戾不近人情否？尔当谆嘱三妹柔顺恭谨，不可有片语违忤。三纲之

道，君为臣纲，父为子纲，夫为妻纲，是地维所赖以立，天柱所赖以尊。故《传》曰：君，天也；父，天也；夫，天也。《仪礼》记曰：君至尊也，父至尊也，夫至尊也。君虽不仁，臣不可以不忠；父虽不慈，子不可以不孝；夫虽不贤，妻不可以不顺。吾家读书居官，世守礼义，尔当诰戒大妹三妹忍耐顺受。吾于诸女妆奁甚薄，然使女果贫困，吾亦必周济而覆育之。目下陈家微窘，袁家、罗家并不忧贫。尔谆劝诸妹，以能耐劳忍气为要。吾服官多年，亦常在耐劳忍气四字上做工夫也。

此间近状平安。自鲍春霆正月初六日泾县一战后，各处未再开仗。春霆营士气复旺，米粮亦足，应可再振，伪忠王复派贼数万续渡江北，非希庵与江味根等来恐难得手。

余牙疼大愈，日内将至金陵一晤沅叔。此信送澄叔一阅，不另致。

涤生手示　正月二十四日

【译文】

字谕纪泽儿：

萧开二来了，接到你正月初五的请教信，知道家中一切都好。罗太亲翁逝世，现在应当寄五十两礼金、一轴祭幛以表念奠。下次寄回去。

罗婿性格乖张暴戾，和袁婿一样让人忧虑，但是这也是没有办法的事。不知道平时他对三女儿是不是也暴戾无常、不近人情？你应该耐心叮嘱三妹要温柔顺从恭敬谨慎，不能说一点违背反抗的话。三纲之道，君为臣纲、父为子纲、夫为妻纲，地维依赖这三纲而立，天柱依赖这三纲而至尊。所以《传》说：君，天也；父，天也；夫，天也。《仪礼》记载：君至尊也，父至尊也，夫至尊也，君虽不仁，臣不可以不忠；父虽不慈，子不可以不孝；夫虽不贤，妻不可以不顺。我们家读书做官世代遵守礼仪，你应当告诫大妹三妹忍耐顺从。我给各女的嫁妆很少，但是如果诸女们真的贫困，我也一定会尽力帮助的。眼下陈家家境窘迫，袁家和罗家并不很贫穷。你要多多耐心劝导各位妹妹，要以吃苦耐劳忍气吞声作为最重要的。我做官这么多年，却也要经常在耐劳忍气四个字上下功夫。

这段时间一切都平安。自从正月初六鲍春霆在泾县打了一仗后，其他地方还没有再打仗。春霆兵营中士气很高，粮草也很充足，应当可以更加振奋，伪忠王（指李秀成）又派几万名敌军继续渡到江北，看来希庵和江味根等军不会很顺手地取得成功。

我的牙疼病已经全好了，近几天将要到金陵去见你沅叔。这封信也让澄叔看看，我就不另写了。

涤生手示　正月二十四日

言孝以保身为重

【原文】

字谕纪泽儿：

二月二十一日在运漕行次，接尔正月二十二日、二月初三日两禀，并澄叔两信，俱悉家中五宅平安。大姑母及季叔葬事，此时均当完毕。尔在团山嘴桥上跌而不伤，极幸极幸。闻尔母与澄叔之意欲修石桥，尔写禀来，由营付归可也。《礼》云："道而不径，舟而不游。"古之言孝者，专以保身为重。乡间路窄桥孤，嗣后吾家子侄凡遇过桥，无论轿马，均须下而步行。吾本意欲尔来营见面，因远道风波之险，不复望尔前来，且待九月霜降水落，风涛性定，再行寄谕定夺。目下尔在家饱看群书，兼持门户。处乱世而得宽闲之岁月，千难万难，尔切莫错过此等好光阴也。

余以十六日自金陵开船而上，沿途闻看金柱关、东西梁山、裕溪口、运漕、无为州等处，军心均属稳固，布置亦尚妥当。惟兵力处处单薄，不知足以御贼否。余再至青阳一行，月秒即可还省。南岸近亦吃紧。广匪两股窜扑徽州，古、赖等股窜扰青阳。其志皆在直犯江西以营一饱，殊为可虑。

澄叔不愿受沅之赐封。余当寄信至京，停止此举，以成澄志。尔读书有恒，余欢慰之至。第所阅日博，亦须札记一二条，以自考证。脚步近稍稳重否？常常留心。此嘱。

涤生手示　二月十四日

澄叔此次未另写信，将此禀告。

【译文】

字谕纪泽儿：

二月二十一日在运漕行船时，接到你正月二十二日、二月初三日的两封信和澄叔的两封信，知道家中一切都好。大姑母和季叔的葬礼，现在都应该办完善了吧。你在团山嘴桥上跌倒而没有受伤，真是万幸呀。听说你母亲和澄叔的意思是想修座石桥，你写信来，从营中转付也可以。《周礼》中说："道而不径、舟而不游。"古人所说的孝，专以保身为重，乡间路窄桥孤，以后我们家的后代凡是遇到要过桥的时候，无论是坐轿、骑马都应该下来步行，我本来想让你来营地见我，但因路途太远而且有风险，不再希望你来，等到九月份下霜停雨之后，气候不再变化无常了，再给你寄信告诉你来营的日期。现在你在家博览群书，兼管主持门户。处在乱世，能得到比较宽闲岁月，实在难得，你一定不要错过这样的好时光呀。

我十六日从金陵坐船而上，沿途视察了金柱关、东西梁山、裕溪口、运漕、无为州等地，军心还算稳定，布置也还算稳妥。只是兵力到处都较薄弱，不知道能不能抵挡敌人。我再去春阳走一走，月末就可以回省。南岸近来也很紧张。两股广东的敌军进攻徽州，古、赖等几股敌军进攻青阳。其目的都是要直接进犯江

西才获满足，我深为忧虑。

澄叔不愿意接受给沅叔的赐封。我应该马上给京城寄封信，停止这项举措，成全澄叔的意志。你读书有恒心，我特别欣慰。只是读书一天天广博，也必须做一两条札记，用来自己考证。最近走路脚步是不是稳重些了？要常常小心，此嘱。

这次没有另外写信给澄叔，你把这封信转给他看。

涤生手示 二月十四日

学文须手抄熟读

【原文】

字谕纪泽儿：

接尔二月十三日禀并《闻人赋》一首，俱悉家中各宅平安。

尔于小学训诂颇识古人源流，而文章又窥见汉魏六朝之门径，欣慰无已。余尝怪国朝大儒如戴东原、钱辛楣、段懋堂、王怀祖诸老，其小学训诂实能超越近古，直逼汉唐，而文章不能追寻古人深处，达于本而阂于末，知其一而昧其二，颇所不解。私窃有志，欲以戴、钱、段、王之训诂，发为班、张、左、郭之文章（晋人左思、郭璞小学最深，文章亦逼两汉，潘、陆不及也）。久事戎行，斯愿莫遂，若尔曹能成我未竟之志，则至乐莫大乎是。即日当批改付归。尔既得此津筏，以后便当专心志，以精确之训诂，作古茂之文章。由班、张、左、郭上而扬、马而《庄》《骚》而《六经》，靡不息息相通，下而潘、陆而任、沈而江、鲍、徐、庾，则词愈杂，气愈薄，而训诂之道衰矣。至韩昌黎出，乃由班、张、扬、马而上跻《六经》，其训诂亦甚精当。尔试观《南海神庙碑》《送郑尚书序》诸篇，则知韩文实与汉赋相近。又观《祭张署文》《平淮西碑》诸篇，则知韩文实与《诗经》相近。近世学韩文者，皆不知其与扬、马、班、张一鼻孔出气。尔能参透此中消息，则几矣。

尔阅看书籍颇多，然成诵者太少，亦是一短。嗣后宜将《文选》最惬意者熟读，以能背诵为断，如《两都赋》《西征赋》《芜城赋》及《九辩》《解嘲》之类皆宜熟读。《选》后之文，如《与杨遵彦书》（徐）《哀江南赋》（庾）亦宜熟读。又经世之文如马贵与《文献通考》序二十四首，天文如丹元之子之《步天歌》（《文献通考》载之，《五礼通考》载之），地理如顾祖禹之州域形势叙（见《方与纪要》首数卷，低一格者不必读，高一格者可读，其排列某州某郡无文气亦不必读）。以上所选文七篇三种，尔与纪鸿儿皆当手抄熟读，互相背诵，将来父子相见，余亦课尔等背诵也。

尔拟以四月来皖，余亦甚望尔来，教尔以文。惟长江风波，颇不放心，又恐往返途中抛荒学业，尔禀请尔母及澄叔酌示。如四月起程，则只带袁婿及金二甥同来，如八九月起程，则奉母及弟妹妻女合家同来，到皖住数月，孰归孰留，再行商酌。目下皖北贼犯湖北，皖南贼犯江西，今年上半年必不安静，下半年或当

稍胜。尔若于四月来谒。舟中宜十分稳慎，如八月来，则余派大船至湘潭迎接可也。余详日记中，尔送澄叔一阅，不另函矣。

涤生手示 三月初四日

【译文】

字谕纪泽儿：

接到你二月十三日的来信和《闻人赋》一首，知道家中一切平安。

你在文字学、训诂学方面很识有古人的源流，而且所作的文章又可以看出你入了汉魏六朝的门径，我太高兴了。我曾经责怪当朝的大儒如戴东原、钱辛楣、段懋堂、王怀祖等各位老先生，他们的文学训诂才华远远越过了近古之人，更逼近汉唐时期文学训诂学，但做文章却不能追求古人文章深刻的内含，至本阻末，只知其一不知其二，我很不理解。我曾经偷偷立志，要用戴、钱、段、王他们那样的训诂功夫，作班、张、左、郭那样的文章（晋人左思、郭璞在文字学方面学问最深，文章也更接近两汉时的水平，潘、陆不如他们）。长期戎马生涯，我的愿望没能实现，如果你能成就我没达到的志愿，那么我就乐不可比于此了。今天我批改后就给你寄回去。你得到这次的批改之后，更应该刻苦专心，用准确的训诂，作古朴的文章。从班、张、左、郭上到扬、马，再到《庄子》《离骚》《六经》，无不息息相通。下到潘、陆、任、沈，再到江、鲍、徐、庾，他们用词越杂，文章的气势也越单薄，而且训诂的学问也衰弱了，到韩昌黎出世，才从班、张、扬、马上朔至《六经》，训诂也十分情恰。你试着看看《南海神庙碑》《送郑尚书序》等文章，就知道韩昌黎的文章实在与汉赋很接近。再看《祭张署文》《平淮西碑》等几篇文章，就知道韩昌黎的文章又与《诗经》很相近。近代学习韩昌黎文章的人，都不知道他和扬、马、班、张是一个鼻孔出气。你能看透其中的奥秘，就差不多了。

你读的书籍很多，但能背诵的太少，这是不足之处。以后应把《文选》中最好的文章熟读，到能背诵为止。例如《两都赋》《西征赋》《芜城赋》和《九辩》《解嘲》之类的文章都应该熟读。《选》后边的文章如《与杨遵彦书》（徐）、《哀江南赋》（庾）也应该熟读。还有传留世代的文章，例如马贵与的《文献通考》序二十四首，天文学方面的例如丹元之子的《步天歌》（《文献通考》有载，《五礼通考》有载），地理学方面的如顾祖禹的州域形势叙（见《方舆纪要》首数卷，低一格的内容不必读，高一格者可读，其中排列某州某郡无文气也不必读。）以上我选的三种共七篇文章，你和纪鸿儿都要抄写并熟读，互相背诵，将来我们父子见面，我也要考你们背诵。

你打算四月份来安徽，我也很希望你来，教你做文章。只是长江风浪太大，我很不放心，又怕你在往返的途中荒废学业，你请示你母亲和澄叔请他们斟酌决定。如果四月份起程，就只带袁婿和金二外甥一起来，如果八、九月份起程，就陪同母亲和弟妹及其妻子女儿全家一起来。到安徽住几个月，谁回去谁留下，到时再商量。现在皖北的敌军进犯湖北，皖南的敌军进犯江西，今年上半年一定不

会平静，下半年也许好一些。如果你四月份来看我，坐船要十分谨慎，如果八月份来，那我就派大船到湘潭去接你们。其余的事情详细地记在日记里了，你送给澄叔看看，不再另写信了。

涤生手示　三月初四日

须得老成者同伴

【原文】

字谕纪鸿儿：

接尔禀件，知家中五宅平安，子侄读书有恒，为慰。

尔问今年应否往过科考？尔既作秀才，凡岁考科考，均应前往入场，此朝廷之功令，士子之职业也。惟尔年纪太轻，余不放心，若邓师能晋省送考，则尔凡事有所禀承，甚好甚好。若邓师不赴省，则尔或与易芝先生同住，或随罩山、镜和、子祥诸先生同伴，总须得一老成者照应一切，乃为稳妥。尔近日常作试贴诗否？场中细检一番，无错平仄，无错抬头也。此次未写信与澄叔，尔为禀告。

涤生手示　五月十八日

【译文】

字谕纪泽儿：

接到你的来信，知道家中五宅平安，子侄读书持之以恒，我深感欣慰。

你问今年是否参加科考？既然你作为秀才，凡是岁考科考，都应该前往参加，这是朝廷的命令，士子的职业呀。只是你年纪太小，我不放心，如果邓师傅能送你到省城参加考试，那么你的许多事情就能得到照应，这样是最好。如果邓老师不到省城，那么你就和易芝先生一块住，或者跟罩山、镜和、子祥各位先生同伴，总须要有一个老先生照顾一切，才比较稳妥。近来你经常作试帖诗不做？在考场中要仔细检查一下，平仄错了没有，抬头错了没有。这次没给澄叔写信，你代我禀告。

涤生手示　五月十八日

高贤读书图　清

可协修湘乡县志

【原文】

字谕纪泽、纪鸿儿：

六月六日接纪泽五月十七、二十六日两禀，俱悉一切，沅叔足疼痊愈，深可

喜慰。惟外毒遽瘳，不知不生内疾否？

　　唐文李、孙二家，系指李翱、孙樵。八家始于唐荆川之文编，至茅鹿门而其名大定，至储欣同人而添孙、李二家。御选《唐宋文醇》，亦从储而增为十家。以全唐皆尚骈俪之文，故韩、柳、李、孙四人之不骈者为可贵耳。

　　湘乡修县志，举尔纂修。尔学未成，就文甚迟钝，自不宜承认，然亦不可全辞。一则通系公事，吾家为物望所归，不得不竭力赞助；二则尔惮于作文，正可借此逼出几篇。天下事无所为而成都是极少，有所贪有所利而成者居其半，有所激有所逼而成者居其半。尔篆韵抄毕，宜从古上用功。余不能文，而微有文名，深以为耻，尔文更浅而亦获虚名，尤不可也。或请本县及外县之高手为撰修，而尔为协修。

　　吾友有山阳是鲁一同通父，所撰《邳州志》《清河县志》（下次专人寄回），即为近日志书之最善者。此外再取有名之志为式，议定体例，俟余核过，乃可动手。

　　纪鸿前文申夫改过，并自作一文三诗，兹寄去。申夫订于八月至鄂，教授一月，即行回川。渠善于讲说，而讲试帖尤为娓娓可听。鸿儿、瑞侄听渠细讲一月，纵八股不进，试帖必有长进。鸿儿文病在太无拄意，以后以看题及想拄意为先务。

　　余于十五日自济宁起程，顷始行二十余里。身体尚好，但觉疲乏耳。此谕。

涤生手示　六月十六日

【译文】

字谕纪泽、纪鸿儿：

　　六月六日接到纪泽五月十七日，二十六日两信，一切尽知。沅叔脚病完全好了，值得喜悦，值得欣慰。只是外面的湿毒迅速痊愈，不知道是不是会有什么内科疾病？

　　唐朝文章的李、孙两家，是指李翱、孙樵。八家的说法始于唐荆川（顺之）的《文编》，到茅鹿门（坤）就大致确是了八家所指，到储欣（同人）又增加了李、孙两家。御选《唐宋文醇》，也依从储欣的说法而增加为十家。因为整个唐朝都崇尚骈俪回文之风，所以韩、柳、李、孙不做骈文就是可贵的了。

　　湘乡要修县志，推举你为纂修。你的学业还没有成就，作文很迟钝，当然不宜就此接受，但也不能彻底推辞。一则这是全县人大家的事，我家乃人心所归，不能不竭尽全力赞助此事；二则你一向畏惧做文章的，还可以借此机会逼你写出几篇文章来。天下的事情什么都不想干却能成功的很少，因为有贪欲、有利益去努力而成功的占到一半，受到激励，受到逼迫而成功的占到一半。你抄完了《篆韵》，应该在古文上用功。我不能写文章，而竟小有能文之名，我感到很耻辱的，你的文章更加肤浅也有一些虚名，这更不行了。或者可以请本县或外县的文章高手担任撰修，你为协修。

　　我的友人山阳鲁一同（通父）所撰的《邳州志》，《清河县志》（下次派专人

送去），就是近来志书当中最出色的。此外你再找些有名的方志做样子，商定全书体例。待我审核以后，才能着手编写。

纪鸿日前文章已经申夫改过，和我作的一文三诗，现寄去。申夫已订于八月到湖北，教授一个月，就回四川，他善于讲解说明，而讲解试帖诗尤其娓娓动听。鸿儿、瑞侄听他仔细讲上一个月，纵使八股文不能进步，试帖诗一定会有进步。鸿儿文章症结在全无支撑，以后应该把审题以及构思支撑为首。

我于十五日从济宁起身，刚刚出走了二十多里，我身体还好就是觉得疲乏。此谕。

涤生手示　六月十六日

曾国藩手札

中秋前可到周家口

【原文】

字谕纪泽、纪鸿儿：

十六日寄信与沅叔，载十五日遇风舟危之状，想已到鄂。余自近三月以来，每月发家信六封：澄叔一封，专送沅叔三封·尔等二封。皆排递鄂署，均得达否？在临淮住六七日，拟由怀远入涡河，经蒙、亳以达周家口，中秋前必可赶到。届时沅叔若至德安，当设法至汝宁、正阳等处一会。

余近来衰态日增，眼光益蒙。然每日诸事有恒，未改常度。尔等身体皆弱，前所示养生五诀，已行之否？泽儿当添不轻服药一层，共六诀矣。既知保养，却宜勤劳。家之兴衰，人之穷通，皆于勤惰卜之。泽儿习动有恒，则诸弟七八人皆学样矣。鸿儿来禀太少，以后半月写禀一次。泽儿六月初三日禀亦嫌太短，以后可泛论时事，或论学业也。此谕。

涤生手示　七月二十日

【译文】

字谕纪泽、纪鸿儿：

十六日寄信给沅叔，提到十五日遇大风，我坐的船十分危险的情况，这封信想来已到武昌。我这三个月以来，每个月寄六封信，其中给澄叔一封，专人送沅叔三封，寄你们两封，都是排单驿递湖北巡抚衙门，都寄到了吗？我在临淮住六七天，准备从怀远进入涡河，经蒙城、亳州到达周家口，中秋前一定能够赶到。到那时如果沅叔在德安，应设法至汝宁、正阳等地一见。

我近来更加衰老，视力更加模糊。然而每天做各事都有规律，还没有改变旧规矩。你们身体都虚弱，前次告你们的养生五诀，已经照办了吗？泽儿应该加上不轻易吃药这一条，共是六诀。已经知道保养身心，还要勤劳。家族兴盛衰落、

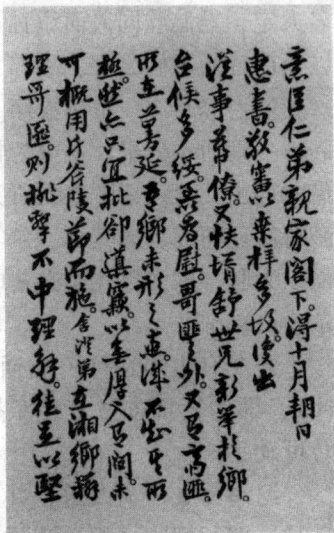

人的穷困通达，都可以从勤奋懒惰预先看出来。泽儿能坚持勤奋，则七八位兄弟都会学你的榜样了。鸿儿来信太少，以后半个月要写一次禀帖。泽儿六月初三日禀帖也嫌太短了，以后写禀帖可以随意议论时事或学业。此谕。

涤生手示 七月二十日

读史须作史论咏史诗

【原文】

字谕纪泽、纪鸿儿：

接纪泽六月二十三、七月初三日两禀，并纪鸿及瑞侄禀信、八股。两人气象俱光昌，有发达之概，惟思路未开，作文以思路宏开为必发之品。意义层出不穷，宏开之谓也。

余此次行役，始为酷热所困，中为风波所惊，旋为疾病所苦。此间赴周家口尚有三百余里，或可平安耳。尔拟于《明史》看毕，重看《通鉴》，即可便看王船山之《读通鉴论》，尔或间作史论或作咏史诗。惟有所作，则心自易入，史亦易熟，否则难记也。余近状详日记中。到周口后又专人送信。此示。

涤生手谕 八月初三日

早间所食之盐姜已完，近日设法寄至周家口。吾家妇女须讲究作小菜，如腐乳、酱油、酱菜、好醋、倒笋之类，常常做些寄与我吃。《内则》言事父母舅姑，以此为重。若外间买者，则不寄可也。

【译文】

字谕纪泽、纪鸿儿：

接到纪泽六月二十三日、七月初三日两信，以及纪鸿、瑞侄来信及八股文章。两人气象都显出光大昌明，有盛大兴旺的气概，只是思路还没有敞开，作文以思路宏大开阔的才算必定兴旺的作品。所谓意向层出不穷，说的就是宏大开阔。

我这次旅途，先为被酷热所困扰，中间为风波所惊恐，旋即又被疾病所苦。从这里到周家口还有三百多里路，或许可以平安了吧。你准备把《明史》看过以后重看《通鉴》，可以就便看王船山《读通鉴论》。你也可以偶尔写一些史论或咏史诗，正因为要写作，心思就容易进入，史事也容易熟悉，不这样也很难记忆。我近来情况详日记中。到周家口以后又会派专人送信。此示。

涤生手示 八月初三日

早上吃的盐姜已完，近日设法寄些到周家口来。我家的女人要讲求制作小菜，比如腐乳、酱油、酱菜、好醋、倒笋之类。可常做一些寄给我吃。《内则》讲侍奉父母公婆，以这一项最重要。如果是从外间买的，则不寄也行。

望买朱子纲目一书

【原文】

字谕纪泽、纪鸿儿：

接尔等八月初十日禀，知鸿儿生男之喜。军事棘手，衰病焦灼之际，闻此大为喜慰。排行用浚、哲、文、明四字。此儿乳名浚一，书名应用广字派否，俟得沅叔回信再取名也。

九月初十后，泽儿送全眷回湘，鸿儿要来周家口侍奉左右。明年夏间，泽儿来营侍奉，换鸿儿回家乡试。余病已痊愈，惟不能用心。偶一用心，即有齿痛出汗等患，而折片不肯假手于人。责望太重，万不能不用心也。

朱子《纲目》一书，有续修宋元及明合为一编者，白玉堂忠愍公有之，武汉买得出否？若有而字大明显者，可买一部带来。此谕。

涤生手示　八月二十二日

【译文】

字谕纪泽、纪鸿儿：

接到你们八月初十日信，得知鸿儿生了男孩的喜讯。军事难办，老病交加，焦虑之至，此时听到这个消息，感到极为喜悦，欣慰。排行应用浚、哲、文、明四字，这孩子乳名就叫浚一，学名是不是应该用广字排名吧？等接到沅叔回信时再取名。

九月初十以后，泽儿送全体家眷回湘乡，鸿儿可以到周口来侍奉在我左右。明年夏天，泽儿来大营侍奉我，替换鸿儿回家参加乡试。我的病已经痊愈，只是不能用心思。稍一用心思，就有牙疼，出汗等毛病，而奏折、束片等不肯让别人替我写。责任太重大，决不能不用心。

朱熹《通鉴纲目》一书，有把后人续修宋元及明朝部分合为一书，白玉堂忠愍公家有这书，武汉能买得到吗？如果有字大而清晰的本子，可以买一部带来。此谕。

涤生手示　八月二十二日

紫檀百宝嵌花卉纹笔筒　清

拟于十月奏请开缺

【原文】

字谕纪泽、纪鸿：

接泽儿八月十八日禀，俱悉。择期九月二十日还湘，十月二十四日四女喜事，诸务想办妥矣。凡衣服首饰百物，只可照大女二女三女之例，不可再加。纪鸿于二十日送母之后，即可束装来营，自坐一轿，行李用小车，从人或车或马皆可，请沅叔派人送至罗山，余派人迎至罗山。

淮勇不足恃，余亦久闻此言，然物论悠悠，何足深信。所贵好而知其恶，恶而知其美。省三、琴轩均属有志之士，未可厚非。申夫好作识微之论，而实不能平心细察。余所见将才杰出者极少，但有志气，即可予以美名而奖成之。

余病虽已愈，而难以用心，拟于十二日续假一月，十月奏请开缺，但须沅弟无非常之举，吾乃可徐行吾志耳。否则别有波折，又须虚与委蛇也。此谕。

九月初九日

【译文】

字谕纪泽、纪鸿：

接到泽儿八月十八日信，尽知。你选订日子，九月二十日回湘乡，十月二十四日四女喜期，各种事务我都想已备办停当了吧。大凡衣服首饰物品等，只能依照大女、二女、三女的先例，不能再增加。纪鸿于二十日送母亲走后，就可以收拾行装来大营了。自己坐一轿子，行李用小车，从人乘车骑马都行，请沅叔派人送到罗山，我派人到罗山迎接。

淮勇不足依靠恃仗，我也早有耳闻，然而议论纷纷，哪值得相信。可贵的是喜好而能知其恶，厌恶而能知道美在何处。刘省三、潘琴轩都属有志向的人才，不能评价过低。申夫为人工作一些洞察秋毫的议论，实际上都不能细心观察，我所见过的将才里面，杰出的极少，只要有大志，就可以给他美名，奖励他，成就他。

我的病虽已好，而难以用心思，准备于十二日续假一个月，十月奏请辞职。但要沅弟没有什么不寻常的举动，我才能慢慢实现我的愿望。否则的话更生波折，又要敷衍应付了。此谕。

九月初九日

读古文当先认其貌后观其神

【原文】

字谕纪泽儿：

九月二十六日接尔初九日禀，二十九、初一等日接尔十八、二十一日两禀，俱悉一切。二十三如果开船，则此时应抵长沙矣。二十四之喜事，不知由湘阴舟次而往乎？抑自省城发喜轿乎？

尔读李义山诗，于情韵既有所得，则将来于六朝文人诗文，亦必易于契合。

凡大家名家之作，必有一种面貌、一种神态，与他人迥不相同。譬之书家义、献、欧、虞、褚、李、颜、柳，一点一画，其面貌既截然不同，其神气亦全无似处。本朝张得天、何义门虽称书家，而未能尽变古人之貌。故必如刘石庵之貌异神异，乃可推为大家。诗文亦然。若非其貌其神回绝群伦，不足以当大家之目。渠既回绝群伦矣，而后人读之，不能辨识其貌，领取其神，是读者之见解未到，非作者之咎也。尔以后读古文古诗，惟当先认其貌，后观其神，久之自能分别蹊径。今人动指某人学某家，大抵多道听途说，扣盘扪烛之类，不足信也，君子贵于自知，不必随众口附和也。余病已大愈，尚难用心，日内当奏请开缺。近作古文二首，亦尚入理，今冬或可再作数首。

唐镜海先生没时，其世兄求作墓志，余已应允，久未动笔，并将节略失去。尔向

唐家或贺世兄处（庶农先生子，镜海丈婿也，）索取行状节略寄来。罗山文集年谱未带来营，亦向易芝先生（渠求作碑甚切）索一部付来，以便作碑，一赏夙诺。

纪鸿初六日自黄安起程，日内应可到此，余不悉。

涤生手示　十月十一日

【译文】

字谕纪泽儿：

九月二十六日接到你初九日禀帖，初一等日又接到你十八、二十一日两道禀帖，一切尽知。二十三日如果能够开船，现在应该到长沙了。二十四的喜事，不知是从湘阴乘船前去呢，还是从长沙发出喜轿呢？

你读李义山（商隐）的诗，既然能对情韵方面有心得，那么将来必然容易对六朝文人的诗文堛洽相合。

凡是大家、名家的作品，一定有一种面貌、一种神态和别人完全不同。比如书法家王羲之、王献之、欧阳修、虞世南、褚遂良、李北海、颜真卿、柳公权，一点一画，面貌都截然不同，神气也完全没有相似之处，本朝的张得天、何义门虽然号称书法家，而没有能够完全改变古人的面貌。所以一定要像刘石庵那样，面貌、神态都与古人不同，才能被推为大家。诗文的

松下读书图　清

道理也是一样的。如果面貌神态不能和常人截然不同，就没有资格享大家的名声。如果他的作品与别人风格不同，而后人读起来不能辨别认识他的面貌，领会他的神气，那是读者的见识理解还没有到那个境界，不是作者的问题。你以后读古文古诗，应该先去辨别作品的面貌，以后再去看神态，久而久之就能分清流派。今天人们动不动就指称某某人学某一家，这大抵都是道听途说，扣盘扪烛一类，不值得相信的。君子所贵在于自己的见解，不必附和众人的议论。我的病已经大好，还难用心思，近日要上奏请求辞职。近来作古文两篇，也还合理，今年冬天也许还能再作几篇。

唐境海先生去世时，他儿子央求我做墓志，我已答应，但久久没有动笔，并且把事迹概略搞丢了。你向唐家或是贺贤侄（庶农先生之子，镜海大人的女婿），索取镜海先生生平事迹寄来。《罗山文集》《年谱》没有带到大营来，也向易芝先生（他极恳切地要求我做碑文）要一部着人带来，以便作碑文，实现过去的诺言。

纪鸿已于初六日从黄安启程来此，这几天应该到了。其余不详说。

涤生手示　十月十一日

决计此后不复做官

【原文】

字谕纪泽儿：

二十六日寄去一信，令尔于腊月来营，侍余正月进京。继又念尔体气素弱，甫经到家，又行由豫入都，驰驱太劳，且余在京不过半月两旬，尔不随侍亦无大损。而富圫新造家室，尔在家即有所损。兹再寄一信止尔之行。尔仍居家侍母，经营一切，腊月不必来营，免余惦念。

余定于正初北上，顷已附片复奏抄阅。届时鸿儿随行，二月回豫，鸿儿三月可还湘也。余决计此后不复做官，亦不作回籍安逸之想，但在营中照料杂事，维系军心。不居大位享大名，或可免于大祸大谤。若小小凶咎，则亦听之而已。

余近日身体颇健，鸿儿亦发胖。家中兴衰，全系乎内政之整散。尔母率二妇诸女，于酒食纺绩二事，断不可不常常勤习。目下官虽无恙，须时时作罢官衰替之想。至嘱至嘱。初五将专人送信，此次未另寄澄叔信，可送阅也。

涤生手示 十一月初三日

【译文】

字谕纪泽儿：

二十六日给你寄去一信，令你腊月到大营来，随侍我正月间进京师。接下来又想到你一向体弱，刚刚到家，又要经河南入京都，奔走驱驰，过于劳累。而且我在京都不过半个月、二十天的光景，你不陪我前去也没有大妨碍。而富圫新造房屋，你如不在家，就会有损坏。现在再寄一信阻止你出行。你还待在家里侍奉母亲，照料各方面。腊月间不必再来大营，免得又让我惦念。

我定于正月初北上，日前已用附片回奏，抄寄一阅。到时有鸿儿随我前去。二月间回河南，鸿儿三月间可以回湖南。我已决心以后不再做官，也不想回原籍去享受安逸，只在大营中处理杂务，维系军心。不居高位，不享大名，或许可以避免大灾祸，避免严厉毁谤。如果是小小不吉，小小灾祸之类，也就随它去了。

我近日来身体相当健康，鸿儿也发胖了。家中兴盛或衰败，完全取决于内政的整齐或闲散。你母亲率二位儿媳、女儿们，对酒食、纺绩这两件事，决不能不常常勤奋操习。眼下官运虽然没有问题，也要时时做罢官、衰落的思想准备。至嘱至嘱。初五将派专人送信。这一次没有另外寄给澄叔的信，可送澄叔一阅。

涤生手示 十一月初三日

奏请开去各缺未必果准

【原文】

字谕纪泽儿：

自接尔十月初九日一禀，久无续音。不知二十四日果办喜事否？全家已抵富圫否？

此间军事，东股任、赖窜入光、固，贼势已衰。西股张宗禹久踞秦中华阴一

带，余派春霆往援，大约腊初可以成行。霞行迫不及待寄来一信，峻辞苛贵，甚至以杨嗣昌比我，余不能堪，此后亦不复与通信矣。

十七日复奏不能回江督本任一折，刻木质关防留营自效一片，兹抄寄家中一阅。前有一信令尔来营侍余进京，后又有三信止尔勿来，想俱接到。若果能开去各缺，不过留营一年，或可请假省墓。但平日虽有逸谤之言，亦不乏誉颂之人，未必果准悉开诸缺耳。

纪鸿在此体气甚好，月余未令作文，听其潇洒闲适，一畅天机。腊月当令与叶甥开课作文。尔胆怯等症由于阴亏，朱子所谓气清者魄恒弱。若能善晓酣眠，则此症自去矣。此函呈澄叔一阅。特谕。

涤生手示　十一月十八日

粉彩龙凤牡丹纹双耳瓶　清

【译文】

字谕纪泽儿：

自从接到十月初九日禀帖一件以后，很久没有接到你的再来信。不知二十四日是不是真的办了喜事？全家都到了富埠了吗？

此间军情，捻军东路任、赖部流窜到光州、固始，敌人势头已经衰落。西路张宗禹长时间盘踞陕西华阴一带，我派春霆前去援助陕西，大约腊月初可以出发。霞仙那里急迫得不容等待，寄来一信，措辞严厉，指责一番，甚至拿我比杨嗣昌，我不能再承受，以后也不再跟他通信了。

十七日回奏不能再回两江总督本任的奏折一道，刻一木头印，留在军中效力的附片一道，现抄寄家中一阅。日前曾有一信让你来大营随侍我进京师，其后又有三封信让你不要来了，我想都已接到。如果真能辞去各项职衔，不过营中一年，或许就能请假回家扫墓。但平日里虽然有诽谤之言，也不乏称誉赞颂之人，未必真能批准全部辞去各项职务。

纪鸿在我这里身体很好，一个多月没有让他做文章，听任他潇洒闲适，敞开他天赋的聪明悟性。腊月间要让他和叶外甥开课作文了。你的胆怯等症状是由于阴亏，就是朱熹所说气息清凉的人总是体质虚弱。如果能够酣睡，则你这症状自然就消除了。此信呈澄叔一阅。特谕。

涤生手示　十一月十八日

决计不为疆吏不居要任

【原文】

字谕纪泽儿：

十二月初六日接尔十一月二十一日排递之信，十八日接二十七日专勇之信，

俱悉一切。

余自奉回两江本任之命，十七、初三日两次具疏坚辞，皆未谕允，训词肫挚，只得遵旨暂回徐州接受关防，令少荃得以迅赴前敌，以慰宸廑。兹将初九日寄谕、二十一日奏稿抄寄家中一阅。余自揣精力日衰，不能多阅文牍，而意中所欲看之书又不肯全行割弃，是以决计不为疆吏、不居要任。两三月内，必再专疏恳辞。

军务极为棘手。二十一日有一军情片，二十二日有与沅叔信，兹抄去一阅。

朱金权利令智昏，不耐久坐，余在徐州已深知之。今年既请彭芳六照管书籍、款接人客，应将朱金权辞绝之，并请澄叔专信辞谢，乃有凭据。

余近作书箱，大小如何廉舫八箱之式。前后用横板三块，如吾乡仓门板之式。四方上下皆有方木为柱为匡，顶底及两头用板装之。出门则以绳络之而可挑，在家则以架乘之而可累两箱三箱四箱不等。开前仓板则可作柜，并开后仓板则可过风。当作一小者送回，以为式样。吾县木作最好而贱，尔可照样作数十箱，每箱不过费钱数百文。读书乃寒士本业，切不可有官家风味。吾于书箱及文房器具，但求为寒士所能备者，不求珍异也。家中新居富圫，一切须存此意，莫作代代作官之想，须作代代做士民之想。门外挂匾不可写侯府相府字样。天下多难，此等均未必可靠，但挂宫太保第一匾而已。

吾明年正月初赴徐，纪鸿随往。二月半后天暖令鸿儿坐炮船至扬州。搭轮船至汉口，三月必可到家。郭婿读书何如？详写告我。此信呈澄叔一阅。

涤生手示　十二月二十三日

【译文】

字谕纪泽儿：

十二月初六日接到粘排单驿递来的十一日二十一日的信，十八日接到二十七日派专勇寄来的信，一切尽知。

我自从接到回两江总督本职的命令，十七日、初三日两次写奏折坚持推辞，都没有得到批准，谕旨言词真挚，只得遵旨暂时回到徐州接受总督大印，让李少荃能够迅速赶赴前线，以慰圣上惦念之心，现将初九日的寄谕，二十一日的奏稿等抄寄家中一阅。我自己以为精力日见衰退，不能多看公文，而心中想看的书又不肯全部放弃不读，所以决心不做封疆大吏，不但任重要职务，两三个月之内，一定再次上专门奏折恳请辞职。

军事非常棘手难办。二十一日有军情奏片一道，二十二日有给沅叔的信，现抄去一阅。

朱金权贪图私利，头脑发昏，不能久住，我在徐州时已对此十分了解。今年既然请彭芳六来照管书籍、款待客人，应将朱金权辞退。请澄叔专门去信辞谢，才有凭证。

我近来所做的书箱，大小就像何廉舫八箱的式样。前后用横木板三块，如同湘乡仓门板的样子。四方上下都有方木作柱子，作框架，顶、底以及两头用板装

上，出门时用绳子拢住就能挑起，在家用架子搭起来，可以叠放两箱、三箱、四箱不等。打开前仓板就可以当柜子，连后仓板一同打开就能过风，应做一个小的送回家去当样子。我们湘乡木工最好，而且价格便宜，你可照着样子做上几十个箱子，一个箱子不过花钱几百文。读书本是贫寒之士根本事业，切不可有做官人家的味道。我对书箱以及文房器物用品，止追求寒士所能够备办的，不追求珍贵、奇异。富垲家中新居，各方面都须抱着这种念头，不要有世世代代做官的想法，要有代代做士人平民的想法。门外挂匾，不要写什么侯府、相府一类字样。天下多难之时，这些东西都不一定靠得住，就挂官太保第一的匾额就行了。

明天正月初我去徐州，纪鸿随我前去。二月过半，天气暖和，令鸿儿坐炮船到扬州，再搭乘轮船到汉口，三月间一定能到家。郭贤婿读书上怎么样？详细写信告我知道。此信呈澄叔一阅。

涤生手示 十二月二十三日

愿闻办祖母丧事情形

【原文】

男国藩跪禀父母亲大人礼次：

正月十五日接到父亲、叔父十一月二十所发手书，敬悉一切。但折弁于腊月二十八在长沙起程，不知四弟何以尚未到省？

祖母葬地，易敬臣之说甚是。男去冬已写信与朱尧阶，请渠寻地。兹又寄信与敬臣。尧阶看妥之后，可请敬臣一看。以尧阶为主，而以敬臣为辅。尧阶看定后，若毫无疑义，不再请敬臣可也；若有疑义，则请渠二人商之（男书先寄去，若请他时，四弟再写一信去）。男有信禀祖父大人，不知祖父可允从否？若执意不听，则遵命不敢违拗。求大人相机而行。

大人念及京中恐无钱用。男在京事事省俭，偶值阙乏之时，尚有朋友可以通挪。去年家中收各项约共五百金，望收藏二百勿用，以备不时之需。丁、戊二年不考差，恐男无钱寄回。男在京用度自有打算，大人不必挂心。

仿古铜彩牺耳尊　清

此间情形，四弟必能详言之。家中办丧事情形，亦望四弟详告。共发孝衣几十件？飨祭几堂？远处来吊者几人？一一细载为幸。

男身体平安。一男四女，痘后俱好。男妇亦如常。

闻母亲想六弟回家，叔父信来，亦欲六弟随公车南旋。此事须由六弟自家做主，男不劝之归，亦不敢留。家中诸务浩繁，四弟可一人经理。九弟、季弟必须读书，万不可耽搁他。九弟、季弟亦万不可懒散自弃。去年江西之行，已不免为人所窃笑，以后切不可轻举妄动。只要天不管地不管，伏案用功而已。男在京时

时想望者，只望诸弟中有一发愤自立之人，虽不得科名，亦是男的大帮手。万望家中勿以琐事耽搁九弟、季弟，亦望两弟鉴我苦心，结实用功也。

男之癣疾近又小发，但不似去春之甚耳。同乡各家如常。刘月槎已于十五日到京。余俟续呈。

男谨禀　正月十八日

【译文】
男国藩跪禀父母亲大人礼次：

正月十五日接到父亲、叔父十一月二十日发出的亲笔来信，敬悉一切。但折差于腊月二十八在长沙起程，不知四弟为何还未到达省城？

祖母葬地，易敬臣说得很有道理。儿去年冬天已写信给朱尧阶，请他帮忙寻一块地方。随即又寄信给敬臣。尧阶看妥之后，可请敬臣再看一看。以尧阶为主，以敬臣为辅。若尧阶看定后，觉得毫无问题，不再请敬臣看也可以，如有问题，则请他们二人商议（儿的信已先寄去，若要请他时，四弟再写一信去）。儿曾写信就祖母葬地事发表意见，禀告祖父大人，不知祖父可否垂听？若祖父执意不听，做晚辈的则遵命不敢违拗。求父亲大人相机而行。

大人挂念京中家里恐怕没有钱用。儿在京事事节俭，偶尔有过不去的时候，还有朋友可以通塇挪借。去年家中收到的各项银钱总共约有五百金，望收藏二百金不要花了，以防备万一有什么开销。丁、戊二年儿不考差，恐怕也没有钱寄回来。儿在京花销自有打算，大人不必挂心。

这边的情况，四弟一定能详细说的。家中办丧事的情况，还希望四弟详告。共发放孝衣几十件？飨祭几堂？从远地方来吊丧的有几个人？一一详细写明才好。

儿身体平安，一男四女五个孩子，出痘后都好。儿妻亦好。

听说母亲想让六弟回家，叔父的来信，亦想让六弟随进京赶考的举人一起回南方老家。这件事得六弟自家做主，儿不劝他回去，也不敢留他。家中诸事繁忙，四弟可一人料理。九弟、季弟必须读书，万不可耽搁他们。九弟、季弟亦万不可懒散成性，自暴自弃。去年江西之行，已不免被人暗中取笑。以后千万不可轻举妄动。只要天不管地不管，埋头用功就是。我在京时时想往期待的，只是期望诸弟中有一个发愤自立的人，虽得不到科举功名，亦是儿的大帮手。万望家中不要以琐事耽搁九弟、季弟，亦望两弟明了我的苦心，着实用功。

儿的癣疾近日又有点犯，但不像去年春天那么厉害。同乡在京各家都好。刘月槎已于十五日到京。余俟续呈。

男谨禀　正月十八日

述寄银物诸事

【原文】
澄侯、温甫、子植、季洪足下：

二月二十六发家信第三号，想可早到。兹乘乔心农先生常德太守之便，付去纹银六十三两零，共六大锭。外又一小锭，系内子寄其伯母，乞寄阳牧云转交。又邓星阶寄银六两，亦在此包内，并渠信专人送去。又高丽参一布包。内顶上者一两，共十四枝，专办与祖父大人用。次等者三两，共五枝。又次等者白参半斤，不计枝。今年所买参，皆择其佳者，较往年略贵，故不甚多。又鹿胶二斤，共一布包。又一品补服四付，共一布包。前年所寄补服，内有打籽者，系一品服。合此次所寄，共得五付。补服不分男女，向来相传鸟嘴有向内向外之分，皆无稽之言也。一品顶戴三枚，则置高丽参匣之内。望诸弟逐件清出，呈堂上大人。乔太守要由山西再转湖南，到长沙大约在闰四月底。

此信不祥他事，容下次再详也。

国藩手草　三月初一日

【译文】

澄侯、温甫、子植、季洪足下：

二月二十六日发出第三号家信，想早已收到。现在乘乔心农先生任常德太守之便，托他带去纹银六十三两，共六大锭。外加一小锭，是内人寄给她伯母的，请寄给阳牧云转交。又有邓星阶附寄银六两，也在这个包里，连同他的信派专人送去。又有高丽参一布包，其中最上等的一两，共十四枝，专供祖父大人用。次等的三两，共五枝。又次一等的白参半斤，不计枝。今年所买的高丽参，都选择那上好的，价较往年略贵些，所以不很多。又鹿胶二斤，共一布包。又有一品补服四套，共一布包。前年所寄的补服，其中有打籽的，是一品补服。加上这次所寄，共有五套。补服不分男女，过去相传鸟嘴有向内向外的区别，都是无稽之谈。一品顶带三枚，则放在高丽参匣内。望诸弟逐件清点出来，呈上父母大人。乔太守要从山西再转道湖南，到长沙大约在闰四月底。

这封信其他事不详写，容我下次再详述。

国藩手草　三月初一日

孝莫辞劳转眼既为人父母善勿望报回头但看汝儿孙
印及印文　清

希追查正月十六日家信

【原文】

澄侯、温甫、子植、季洪四位老弟足下：

五月十五日发家信第八号并京报一厚包，二十四日由广西主考孙渠田太史（镠鸣）处发第九号信，并澄弟监照户部照二纸，又今年主考车顺轨乡试文一篇、徐元勋会试文三篇共为一包，不审何日可到？孙太史于五月二十八在京起

程，大约七月中旬可过长沙。待渠过去后，家中可至岱云处接监照也。

京寓近日平安。癣疾服邹墨林丸药方最为有效。内人腹泄七八天，亦服邹所开方而效。

昨日折弁到，又未接信。澄弟近日写信极勤且详，而京中犹时有望眼欲穿之时。盖不住省城，则折弁之或迟或早无由查问。正月十六第一号家信，至今尚未接到。予屡次以书告诸弟，又书告岱云，托其向提塘并肖辛五处确查。昨岱云回信内夹有肖辛五回片，写明正月十六之信已于二十一日交提塘王二手收。又言四月十四日周副爷维新到京，此信已交京提塘云云。予接辛五来片，比遣人去京提塘问明。据答云周维新到京，并无此信；若有，万无不送之理。且既系正月二十一交省提塘，则二月二十三有韩折弁到京，三月十八有张折弁到京，何以两人俱未带而必待四月十四之周维新哉？今仍将辛五原片付回家中，望诸弟再到提塘细查，正月二十一辛五送到时，提塘曾挂收信号簿否？并问辛五兄，何以知二月之韩弁、三月之张弁俱未带此信而直待周维新始带？且辛五片称四月十四信交京提塘门上收，系闻何人所言。何以至今杳然？——查得水落石出，覆示为要。予因正月十六之信至为详细，且分为两封，故十分认真。若实查不出，则求澄弟再细写一遍，并告邓星阶家、曾厨子家，道前信已失落也。

纪泽儿读书如常。兹又付呈论数首，皆先生未改一字者。纪鸿儿体甚肥胖。前闻排行已列丙一，不知乙字一排十人何以遽满？乞下次示知。得毋以乙字不佳，遂越而排丙乎？予意不必用甲乙丙丁为排，可另取四字，曰甲科鼎盛，则音节响亮，便于呼唤。诸弟如以为然，即可遍告诸再从兄弟。

山西巡抚王兆琛，钦差审明各款，现奉旨革职拿问。将来不知作何究竟？此公声名狼藉，得此番镜示，亦足寒贪吏之胆。

袁漱六病尚未全好。同乡各家如常。季仙九先生放山西巡抚，送我绿呢车。现尚未乘，拟待一二年后再换。凌荻舟、徐芸渠并考取军机，引见记名，黄正甫、张润农未记。余不悉具。

兄国藩手草　六月初一日

【译文】

澄侯、温甫、子植、季洪四位老弟足下：

五月十五日发出家信第八号和京报一厚包，二十四日由广西主考官孙渠田太史（锵鸣）处发出第九号信，以及澄弟的监照、户部照两份，又今年主考车顺轨乡试文一篇，徐元勋会试文三篇，工作一包，不知何日可带到？孙太史五月二十八日在京起程，大约七月中旬可经过长沙。等他过去后，家中可到岱云处接监照。

京寓近日平安。癣病服用邹墨林的丸药方最有效。内人腹泻七八天，也是服用了邹所开的药方而痊愈的。

昨天折差到来，又未接到信。澄弟近日写信极勤且详，而我在京中犹时时有望眼欲穿的时候。大概因你们不住在省城，则邮差或迟或早出发无由查问。正月十六

日第一号家信，至今尚未收到。我屡次写信告知诸弟，又写信告诉岱云，托他向提塘及肖辛五处查实。昨天岱云回信内夹有肖辛五所回信片，写明正月十六日信已于二十一日交省提塘（注：提塘是专管传递各省与京师往来文书的机构）王二亲收。又说四月十四日周副爷（维新）到京，此信已交京提塘云云。我接到辛五来片，随即派人去京提塘问明。据答云周维新到京，并无此信带来；如有，万无不送之理。况且既是正月二十一日交省提塘，那么二月二十三日有韩折弁到京，三月十八日有张折弁到京，如何两人都未带信而一定要等待四月十四日的周维新呢？现仍将辛五原片附信中寄回家中，望诸弟再到省提塘细查，正月二十一日肖辛五送信到提塘时，提塘曾登记收信号簿上未？并问辛五兄，如何知道二月来京的韩折弁、三月来京的张折弁都未带此信而一直等到周维新来京才带？况且辛五信片称四月十四日信交给京提塘门上人收，是听何人所言？为何至今音讯杳然？一一查得水落石出，复信告我为要。我因为正月十六日的信极为详细，而且分为两封，所以十分认真。如果实在查不出来，则请澄弟再详细写一遍，并转告邓星阶家、曾厨子家，说前信已丢失了。

纪泽儿读书如常日。现又附呈论文数篇，都是他的先生未改一字的。纪鸿儿十分肥胖。先前听说儿辈排行他已列丙字第一，不知乙字一排十人为何突然满员？请下次来信告知。是否因为乙字不佳，就越过而排到丙字行列吗？我的想法是不必用甲乙丙丁作排行，可另取四字，曰甲科鼎盛，则音节响亮，便于呼唤。诸弟如认为对，即可遍告诸位再从兄弟。

山西巡抚王兆琛，钦差大臣已审查清楚各项罪状，现已奉旨革职拿问。将来不知作何等处理？此公名声狼藉，得到这一番严厉惩治，也足以使贪官污吏胆寒。

袁漱六病还未全好。同乡人士各家如常。季仙九先生外放山西巡抚，送我绿呢车。现还未乘坐，准备等一二年后再换。凌荻舟、徐芸渠都考取军机，蒙皇上引见记名，黄正甫、张润农则未记名。余不详悉。

兄国藩手草　六月初一日

思明年乞假归省

【原文】

澄侯、温甫、子植、季洪四位老弟足下：

八月十二日发第十五号家信，九月二十二日发第十六号家信，想次第收到。十月初二日接到澄弟八月二十六一书，俱悉一切。是日又从岱云书内见南省题名录，三弟皆不与选，为之怅惘。

吾家累世积德，祖父及父、叔二人皆孝友仁厚，食其报者，宜不止我一人。此理之可信者。吾邑从前邓、罗诸家官阶较大，其昆季子孙皆无相继而起之人。此又事之不可必者。吾近于宦场，颇厌其繁俗而无补于国计民生，惟势之所处，求退不能。但愿得诸弟稍有进步，家中略有仰事之资，即思决志归养，以行吾

素。今诸弟科第略迟，而吾在此间公私万事丛集，无人帮照。每一思之，未尝不作茫无畔岸之想也。吾现已定计于明年八月乞假归省，后年二月还京，专待家中回信详明见示。

今年父亲六十大寿，吾竟不克在家叩祝，悚疚之至。十月初四日，奉旨派作较射大臣。顺天武闱乡试，于初五六马箭，初七八步箭，初九十技勇，十一发榜，十二覆命。此八日皆入武闱，不克回寓。父亲寿辰，并不能如往年办面席以宴客也。然予既定计明年还家庆寿，则今年在京即不称觞，犹与吾乡重逢一不重晋十之例相合。

家中分赠亲族之钱，吾恐银到太迟，难于换钱，故前次为书寄德六七叔祖，并办百折裙送叔曾祖母。现在廷芳宇（桂）尚未起行，大约年底乃可到湖南。若曾希六、陈体元二家必待照到乃送钱来，则我家今年窘矣。二家捐项，我在京共去京平足纹二百四十一两六钱，若合南中曹平，则当二百三十六两五钱。渠送钱若略少几千，我家不必与之争。盖丁酉之冬，非渠煤垅则万不能进京也。明年春间应寄家用之钱，乞暂以曾、陈捐项用之。我上半年只能寄鹿茸，下半年乃再寄银耳。

《皇清经解》一书，不知取回否？若未取回，可专人去取。盖此等书，诸弟略一涉猎，即扩见识，不宜轻以赠人也。明年小考，须送十千，大场又须送十千。此等钱家中有人分领，便是一家之祥瑞，但澄弟须于在省城时张罗此项付各考者，乃为及时。

京寓大小平安。纪泽儿已病两月，近日痊愈，今日已上书馆矣。纪鸿儿极结实，声音洪亮异常。仆婢辈皆守旧。同乡各家，亦皆无恙。邹墨林尚住我家。

张雨农之子闱艺佳而不得售，近又已作文数首，其勇往可畏爱也。

书不详尽，写此毕即赴武闱，十二始归寓。余俟后报。

国藩手草　十月初四日

【译文】

澄侯、温甫、子植、季洪四位老弟足下：

八月十二日发出第十五号家信，九月二十二日发出第十六号家信，想来都已依次收到。十月初二日接到澄弟八月二十六日一信，详知一切。同日又从岱云信中见到南方各省乡试及第题名录，三位老弟都未中选，不禁为之怅然喟叹。

我家几代积德，祖父及父、叔二人都为人孝友仁厚，得到善报的，应当不止我一人。这是可信的道理。我县从前邓、罗诸家官阶较高，但其兄弟子孙都没有相继而起的人物。这又是事物之不可必知的例子。我近来对于官场，颇讨厌其繁琐俗气而无补于国计民生，只是因我所处的态势，求退不能。但愿能让诸弟小有进步，家中略有侍奉父母的钱财，就想决计回乡养老，实行我平素的志向。现诸弟在科举及第上稍迟，而我在这里公私万事丛杂堆集，无人帮我照料。每一想到这里，我未尝不做茫茫然无边无岸的退思。我现已决定计划于明年八月请假回乡省亲，后年二月还京，专等家中回信将详尽明确的意见告诉我。

今年父亲六十大寿，我竟然不能在家叩头祝寿，恐惧内疚之至。十月初四日，我奉圣旨被派作较射大臣。顺天府武举乡试。在初五初六日试马箭，初七初八两日试步箭，初九初十两日试技勇，十一日发榜，十二日回复朝命。这八天都在武举考场，不能回寓。父亲寿辰，我并不能如同往年办面席宴请宾客了。然而我既已决定计划明年回家庆寿，则今年在京即使不举酒，仍与我乡里看重逢一而不看重晋十的例子相合。

家中分赠亲族的钱，我怕银子到得太迟，难以换成铜钱，所以上次写信寄给德六七叔祖，并置办百褶裙送给叔曾祖母。现在廷芳宇（桂）还未离京起行，大约年底才能到湖南。如果曾希六、陈体元二家一定要等官照到手才送钱来，那我家今年境况就窘迫了。二家捐官，我在京共用京平秤足纹银二百四十一两六钱，如果折合南方曹平秤，则相当于二百三十六两五钱。他们送钱如稍少几千钱，我家不必和他们争执。大概在丁酉年的冬天，没有他们的煤垅资助，则我万万不能进京。明年春天里应寄给家用的钱，请暂且将曾、陈捐官银用来代替。我明年上半年只能寄回鹿茸，下半年才再寄银子。

《皇清经解》一书，不知取回没有？如未取回，可派专人去取。大概这一等书籍，诸弟稍一涉猎，就会扩大见识，不应轻易赠送他人。明年小考，需送十千钱，大考又需送十千钱。这种钱家中有人分担，便是一家的祥瑞，但澄弟必须在省城时张罗着把这些钱分别付给各位主考人，才是及时。

京寓大小平安。纪泽儿已生病两月，近日痊愈，今天已经到书馆上学了。纪鸿儿非常结实，声音洪亮异常。仆人婢女都各守旧职。同乡各家，也都无恙。邹墨林还住在我家。

张雨农之子应试的技艺很高而未能考中，近来又写了几篇文章，他勇往直前的精神真是可畏可爱。

信不详尽，写此信完后马上就赴武举考场，十二日才能回寓。余事待以后再报。

国藩手草 十月初四日

在京祭祖父

【原文】

澄侯、温甫、子植、季洪四弟左右：

十一月十五日接到祖父大人讣音，中肠惨痛。自以游子在外，不克佐父母襄办大事，负罪婴疚，无可赎挽。比于十八日折差之便，先寄银百零五两，计元宝二锭，由陈岱云宅专足送至家中，不知刻已收到否？

国藩于十六日成服，十七日托军机大臣署礼部侍郎何大人（汝霖）代为面奏，请假两月，在家穿孝。自十七以后，每日吊客甚多。二十九日开吊，是早祭奠。因系祖妣冥寿之期，一并为文祭告。开吊之日，不收赙仪。讣帖刻"谨遵遗命，赙仪概不敢领"二语，共发讣帖五百余分。凡来者不送银钱，皆送祭幛、挽

联之类，甚为体面。共收祭文八篇、祭幛七十五张、挽联二十七对、祭席十二桌、猪羊二副。其余香烛纸钱之类，不计其数。送礼物来者，用领谢帖；间有送银钱来者，用"奉遗命璧谢"帖。其原封上粘贴红签璧去，签上刻"旋吉"二字。兹将讣帖等印发者，付回样子与家中一看。纪梁侄名一时偶忘，遂刻作纪沅。

各处送祭幛来者，哈喇大呢甚多，亦有缎布江绸者。余意欲将哈喇作马褂数十件，分寄家中族戚之尤亲者（另开一单于后，乞诸弟斟酌或添或减，以书覆我）。盖南中老人考终，往往有分遗念之说。或分衣，或分银钱。重五伯祖曾以貂皮马褂一件与王高七作遗念衣，即其证也。

各处寄布，既多且精，令我歉然难安。诸弟先代我趋谢，并言往后万不可如此。盖京中买布甚易，而家中纺纱织布，则难于登天，我受之甚抱愧也。

澄弟之信，劝我不可告假回家。所言非不是，余亦再四思维，恐难轻动。惟离家十年，想见堂上之心，实为迫切。今祖父大事既已办过，则二亲似可迎养。然六旬以上之老人，四千有余之远道，宿聚之资既已不易，舟车之险尤为可畏。更不敢轻举妄动。烦诸弟细细商酌，禀知父母亲及叔父母，或告假归省，或迎养堂上，二者必居其一，国藩之心乃可少安。父母亲近来欲见国藩之意，与不愿国藩假归之意，孰缓孰急？望诸弟细细体察，详以告我。祷切望切。

国藩草　十二月初三日

【译文】

澄侯、温甫、子植、季洪四弟左右：

十一月十五日接到祖父大人讣音，心肠惨痛。自己认为游子在外，不能帮助父母襄办大事，负罪抱疚，不可赎挽。已于十八日乘折差回省之机，先寄银一百零五两，计有元宝二锭，由陈岱云专人送至家中，不知已收到未？

国藩于十六日成丧服，十七日托军机大臣署理礼部侍郎何大人（汝霖）代为面奏皇上，请假两月，在家穿孝。自十七日后，每天来吊唁的客人很多。二十九日开吊，这天早上祭奠。因为是祖母冥寿的日期，一并写文祭告。开吊之日，不收赙仪。讣帖刻"谨遵遗命，赙仪概不敢领"二语，共发出讣帖五百余分。凡来人不送银钱，都送祭幛、挽联之类，十分体面。共收到祭文八篇、祭幛七十五张、挽联二十七对、祭席十二桌、猪羊两副。其余香烛纸钱之类不计其数。凡送礼物来的，领走一张谢帖；间或有送银钱来的，用"奉遗命璧谢"帖婉拒。凡原来封皮上粘贴红签的恭敬地取下，并在签上刻"旋吉"二字。现将讣帖等印发的物品，将样子交付回家中一看。纪梁侄名字我一时偶忘，于是刻成了"纪沅"。

各处送来的祭幛，哈喇大呢的特多，也有缎布红绸的。我意中想用哈喇大呢制成马褂几十件，分寄给家中亲戚族人尤其亲近的人（另开一单在后，请诸弟斟酌或添或减，用书信回复我）。大约南方老人寿终，往往有分遗念的说法，或是分衣物，或是分银钱。重五伯祖曾将一件貂皮马褂给王高七做遗念衣，就是

明证。

各处寄来的布，既多又精，让我抱歉难安。诸弟先代我往致谢意，并说往后万万不可如此。大约京中买布十分容易，而家中纺纱织布，则比登天还难，我受之非常有愧。

澄弟的信，劝我不能请假回家，所说的并非不对，我也再三再四的思考，恐怕难以轻动。只是我离家十年，想见父母大人的心情实在迫切。现在祖父的大丧既已办过，则二亲似可迎来京中奉养。但六十岁以上的老人，四千里有余的远道，多年积聚的家资要撇下已是不易，路途中舟车之险尤其可怕，更不敢轻举妄动。烦诸弟细细商议斟酌，禀告父母亲及叔父母，或是我告假归乡省亲，或是我迎养父母，二者必居其一，国藩之心才能稍得安宁。父母亲近来想见国藩的心意，和他们不愿国藩告假归乡的心意，孰缓孰急？望诸弟细细体察，详细地告诉我。祷切望切。

国藩草　十二月初三日

绿地粉彩开光花卉
纹寿字方璧瓶　清

温弟遗骸经寻获

【原文】

澄侯、沅浦、季洪三弟左右：

正月二十三日发第四号家信，并福字、手卷等件，想出月初间可到。二十七日亥刻接胡润公专丁来信，知温甫弟忠骸业经寻获，是犹不幸中之一幸。惟先轸丧元，又幸中之一大不幸。计胡中丞亦必有专信另达舍间，沅弟此时自不便遽出，应觅地两所。一面改葬先考妣，一面安厝温弟。润公待我家甚厚，温弟灵榇归舟，想必妥为照料。吾即派杨名声等三弁送湘乡，建昌不另派人，以赶不上也。墓志铭作就，再行专丁送归。胡信及霍山王令信，杨信附去一觅。顺问近好。

正月二十八日

【译文】

澄侯、沅浦、季洪三弟左右：

正月二十三日发出第四封家信及福字、手卷等物，料想下月初可到。二十七日亥时接到胡润公派专人送来的信，得知温甫弟遗骨已经寻获，这是不幸中之一幸。但遗体没有头，又是幸中之一大不幸。估计胡中丞也必然有专信送到家中。沅弟现在不应外出，应找两块地，一面改葬先父母，一面安葬温弟。润公对我家一直厚待，温弟的灵船想必会安排妥当。我立即派杨名声等三人送回湘乡。因为赶不上，不从建昌另派人了。墓志铭写好后再派专人送回。胡信及霍山王令信，

杨信附去一阅。顺问近好。

正月二十八日

目下不宜起祠宇

【原文】

澄侯、沅浦、季洪老弟左右：

二月十五日，曾恒五等来，接家信：澄弟一件、沅弟一件、纪泽一件。二十二日，宋顺理等到，接家信，仅沅弟一件，应复之事分列于后：

一、夏家之地既经买得，可否即于三月改葬？贼氛方盛，人事之变不可知，早改一日，即早放一日之心。沅弟来营一次，能否如期告归，尚未可必；且周璧冲之有凶煞，众议金同。自温弟遭难后，余常以七年择地不慎为悔，故此时求改葬之意尤形迫切。

一、沅弟晋省迎接温弟忠榇，计日内已在省接到矣。温弟读书颇有识，而生前于科名之途太蹇，死后又有阙憾。余拟作哀辞、墓志、家传等文，沅弟亦宜作文以摅其意。将来汇刻一本，俾纪寿长大有所考核。文成后寄来营中，一为订定。

一、南安之贼窜入湖南，连陷桂阳、宜章、兴宁三县，吾乡必大震动。现派萧浚川速赴吉安，如贼犯茶陵、安仁等处，即由吉安横出截剿。浚川稳而且悍，或者足资防御。

一、起祠宇之事，本系要务不可缓者，刻下湖南贼氛正盛，我家为众人所瞻仰，举动不可不慎，目下不宜兴工。

一、纪泽禀中问看书之法。《经义述闻》博洽精深，非初学所能看，目下不必看也。看注疏时有不能解者，偶一翻查则可耳。做赋亦可不必。李次青劝多做八股，渠极善教八股，不过讲批数篇，即能启发无限天机，沅弟亦常催泽儿多做时艺，与次青意同。趁此时光，即认真讲求八股，免得将来吃亏。余不一一，顺问诸弟近好。

二月二十三夜

【译文】

澄侯、沅浦、季洪老弟左右：

二日十五月曾恒五等来接到家信：澄弟一封、沅弟一封、纪泽一封，二十二日宋顺理等到营，接到家信，仅沅弟一封。要答复的事项分列于下：

一、夏家的地既然已经买了，是否就在三月改葬？敌军气势正盛，人事的变化不可预知，早改一日，就早一日放心。沅弟来营一次，能不能如期回归，还不一定。况且周璧冲有凶煞是大家都认同的。自从温弟遭难后，我常为七年择地不慎而后悔，所以现在希望改葬的心意极为迫切。

一、沅弟到省城迎接温弟的灵柩，估计日内在省城已经接到。温弟读书很有见解，但是生前科场考试的命运不佳，死后又有缺憾。我准备作悼词、墓志，家传等文，沅弟也应作文以表示哀悼之意，将来汇刻成一本，使纪寿长大后有所考

核。文字作成寄来营中，一同定稿。

一、南安敌军窜入湖南，接连攻陷桂阳、宜章、兴宁三县，我乡也必然震动。现派萧浚川速往吉安。如敌军进犯茶陵、安仁等处，就由吉安派兵截击。浚川稳健而且凶悍，或许足以防御。

一、关于修建祠堂的事，本是大事不能推迟。目前湖南敌军气势正盛，我家为众乡人所敬仰，举动不能不慎重，目前不宜动工。

一、纪泽信中问看书的方法。《经义述闻》博大精深，不是初学的人能看的，眼下不必看。看注疏时有不理解的地方，偶然查一查就行了。作赋也可不必，李次青劝人多做八股，他极善于教八股，只不过是讲解批改几篇，就能启发出无限的天机。沅弟也常催泽儿多做八股，同次青的主张相同。趁现在时光，就认真讲求八股，免得将来吃亏。余不一一，顺问诸弟近好。

二月二十三日夜

切望沅弟速来

【原文】

澄侯、沅浦、季洪三位老弟左右：

三月二十五日王长清等来营，接澄弟一信、沅弟一信、纪泽一信，二十七日王贵和等来营，接澄、沅各一信，俱悉一切。

洪弟坠马，不知近日全好否？吾自七年见澄弟坠马，即有戒骑马之意，曾与澄弟言之。因乡间有马较便，故未果戒之。闻三七治跌打伤最好，不知乡间办得出否？邱恩跰子法水已退，不可用。以后须物色一个极好法水，不特我家可防不测之患，即亲族地方偶有跌打损伤，亦可行方便，即远在领县衡、清、邵阳、宁乡等处，我家去请亦尚易为力。或熬三七膏，以待不虞之需，与人方便，自己亦方便也。

温弟归榇，族戚地方迎接者多，足征祖父、叔父感人之深。吾前请孙芝房作温弟墓志。顷接芝房信，乃垂死告别之词，以后事托我。发信后，芝房死矣。孙氏家运之坏，可悯可叹！二杨、张、朱四人，即照沅弟所拟，归南安案内保之。王自、刘步瀛诸人，待杨、张回营，再议所以酬之。迪庵之忠骸，即系刘步瀛所觅得，胡公必已酬之，此间略缓无碍也。沅弟谢恩折本不甚好。次青之稿，吾未甚改。叔父封典谢恩折、纪寿引见谢恩折，似尚妥协。诸弟以为何如？吾身体尚好，惟眼蒙日加，此后恐难多看书耳，顺问近好。

沅弟似宜速来，吉营望之极切也。张凯章于二十八日获一胜仗。又行。

四月初三日

【译文】

澄侯、沅浦、季洪三位老弟左右：

三月二十五日王长清等来营，接到澄弟一信、沅弟一信、纪泽一信，二十七日王贵和等来营，又接澄、沅各一封信，俱悉一切。

洪弟坠马摔伤，不知近日是否痊愈。我自从七年见澄弟坠马摔伤，就有戒骑马的想法，曾经和澄弟说过。但由于在乡下有马比较方便，所以没有真的戒骑。听说三七治跌打损伤最好，不知乡里能否买到。邱恩蹄子的法水已经退了，不能用。以后要物色一个极好的法水，不只我们家可以防范不测，即使是亲族中，地方上偶有跌打损伤，也可行个方便。就是远在邻县衡、清、邵阳、宁乡等地，我家去请也是容易办到的。或者熬些三七膏，以待需要。与人方便，自己也方便。

温弟灵柩归乡，宗族、亲戚、乡亲前去迎接的人很多，足以证明祖父、叔父感人之深。我前时请孙芝房为温弟作墓志，随即接到芝房来信，都是临死告别的话语，并将后事托我。发信后，芝房已死。孙家家运之坏，可悯可叹！二杨、张、朱四人，都按沅弟计划的在南安案内保奏。王自、刘步瀛等人，等张、杨回营，再商议如何酬劳。迪庵的遗骨是刘步瀛找到的，胡公必定已经酬谢，这边缓一缓没关系。沅弟谢恩折写得不很好。次青原稿，我没大改。叔父的封典谢恩奏折、纪寿的引见谢恩奏折，还算可以。诸弟以为如何？我身体还好，只是眼睛看不清，越来越厉害，以后恐怕不能多看书了，顺问近好。

沅弟应早日来营，吉营将勇深切盼望。张凯章在二十八日打了一胜仗，又行。

四月初三

如闻我过错请函告

【原文】

澄侯四弟左右：

初四早发家信，是夕接弟二十三夜之信。今年以来，贤弟实太劳苦，较之我在军营，其劳殆过十倍，万望加意保养也。祁阳之贼或可不窜湘乡，万一窜入，亦系定数，余已不复悬系。

余自去年六月再出，无不批之禀，无不复之信。往年之嫌隙尤悔，业已消去十分之七八。惟办理军务仍不能十分尽职，盖精神不足也，贤弟闻我在外近日尚有些什么错处，不妨写信告我。

内人问纪泽招赘之事，予复信请弟做主，或五月招赘，或八月成婚皆可，余无成见耳。科三、九读书之进否，家信须提及，即候近佳。

兄国藩手具 五月初六日

【译文】

澄侯四弟左右：

初四早上发出家信，当夜又接到弟二十三日来信。今年以来，贤弟实在太辛苦，比我在军营中劳苦十倍，万望注意保养。祁阳敌军可能不向湘乡流窜，万一窜入，也是天数，我已不再悬念。

我自从去年六月再次离家，来信没有不复信的。对以前的那些嫌隙，尤其感到悔恨，现已经消除了十之七八。只是办理军务还是不能尽职，主要是精神不

足，贤弟如听说我在外面有什么错处，不妨写信告诉我。

我内人问纪泽招赘之事，我复信请弟做主。或者五月招赘，或者八月成婚都可以，我没有什么成见，科三、科九读书有否长进，以后家信要说一下，即候近佳。

兄国藩手具　五月初六

言坟墓建筑方式

【原文】

澄、沅两弟左右：

六月十八日刘得一归，寄一信。二十四派吉中营二人送信。计皆当有复信，而至今未到，颇为悬系。伍少海人来，接澄老十七夜信，知宝庆解围，团勇当撤，贼窜祁、衡，吾邑遂可驰防乎？

子在湖口住十日，八月初一日开至浔阳。因等候送者耽搁二日，初四五本可开行，又以阻风不克成行。好在上游无事，贼不入蜀，余行虽迟滞，尚不误事。日内守风此间，可游览庐山近处胜景。朱品隆等各营已由陆路先至黄州。季弟奉胡中丞札，募勇千人，闻初四日自黄州起行归湘矣。吉字中营之饷，到黄州再派人起解；如已开船北来，则不远解亦可。

先考妣改葬之期已近，果办得到否？须略置墓田，令守墓者耕之。凡墓下立双石柱，方柱圆首。柱高而远不刻字者，谓之华表；柱矮而刻字者，谓之阙。四柱平立，上有横石二条，谓之坊。凡神道，有上覆以亭者（陵上圣德神功碑之亭，四面皆有拱门，民间亦有用此式者）；有左右及后面皆以此砖石贴砌，上盖圆筒瓦者（北道上多有）；有露立全无覆盖者（不耐风日）。三者随弟斟酌。要之上用螭首，下用龟趺，则一定之式，不可改易。公卿大夫之家有隆礼者，于墓门之南（专指向南者言之）立墓表碑（上刻文章），又于极南远处立神道碑（上刻大字，某官某人神道碑。不刻文）。稍简者仅立一碑。二者听弟斟酌。要之宜立于墓门之外。江西立于坟堆之趾，湖南立于罗匡之头，皆非古法，亦欠大样，不可学也。至筑坟结顶，上年周璧冲结顶最合古法。今京师王公贝勒及品官之家坟茔多用此式，勿以其为吾乡所创见骇闻而不用也。吾之所见如此，望弟细心详酌。

吾于祖父坟墓祠庙皆未尽心，实怀隐疚。今沅弟能力办之，澄弟能玉成之，为先人之功臣，即为余弥此阙憾，且慰且感。余此次在外专了从前未了之事，而弥缝过失，亦十得七八耳。顺问近好。

兄国藩手草　八月初八日于九江舟次

去年曾托雪琴一保胡维峰，以答其数年之殷殷，兹雪琴禀官帅保举。原札寄归，望交维峰也。又行。

【译文】

澄、沅两弟左右：

六月十八日刘得一回去，寄发一信。二十日又派吉中营二人送信。估计都应有信，但至今未到，很是惦念。伍少海的人来，接到澄老十七日来信，知道宝庆解围，团练应当撤回，敌军逃窜到祁、衡一带，我县怎么可以放松防御呢？

我在湖口住了十天，八月初一开到浔阳。因等候相送耽误了两天，初四、五本可启行，又因为风向不对，未能成行，好在上游无事，敌军不进入四川，我行军虽慢，还不误事。近日因风留在此地，可以游览近处庐山胜景。朱品隆等各营已由陆路先到黄州。季弟奉胡中丞之命，招募兵勇千人，听说初四从黄州起程回湖南了。吉中营的军饷到黄州后再派人解运。如果已经开船北来，不用远程解送，也行。

先考妣改葬日期已临近，果真能否办成？应购置一些墓田，命守墓人耕种。凡是墓碑之下立双石柱，方柱圆首。柱高而远不刻字，称为华表；柱矮而刻字，称为阙。四柱平立，上有横石二条，称为坊。凡是神道碑，有上面覆盖有亭子（陵上圣德神功碑之亭，四面都有拱门，民间也有用此式样的）；有左右及后面都以砖石贴砌，上面盖有圆筒瓦（北道上很多）；有露天而立，全无覆盖的（不耐风吹日晒）。三种形式，随弟斟酌。注意上面要用螭首，下面要用龟趺，这是一条规格，不可更改。公卿大夫之家隆重的在墓门南面（专指向南的来说）立墓表碑（上刻文章），又在南面远处立神道碑（上刻大字，某官某人神道碑，不刻文章）。稍微简单的仅立一碑。二种形式也听弟来斟酌。注意要立在墓门之外，江西是立在坟堆脚下，湖南是立在罗匡头上，都不合古法，也缺乏大模样，不能学。至于筑坟结顶，去年周璧冲的结顶就最符合古法，现在京师的王公贝勒及品官之家的坟茔就多用这种式样，不要认为这是我们所创造，骇人听闻而不用。我的意见如此，望弟细心斟酌。

我对于祖父的坟墓、祠堂都没有尽心，深刻内疚。现在沅弟能尽力办好，澄弟能相助玉成，是为先人的有功之臣。也为我弥补缺憾，且慰且感。我这次在外面，专门了结从前未了之事，弥补过失，也十得七八了。顺问近好。

　　　　　　　　兄国藩手草　八月初八日于九江舟次

去年曾托雪琴保举胡维峰，以答谢他数年以来尽心尽力。现雪琴禀告官帅保举，原来的公文寄回，望交给维峰。又行。

温弟奉追赠为太常寺卿

【原文】

澄侯四弟左右：

九月二十一日接初七日一缄，具审一切。泽儿姻事改为十六。五十侄女喜期，前缄亦是十六，不知何时改为十九？江南老名士今年亦极忙矣！湘乡防堵，以曾沅浦第一，朱岚轩第二，岂老名士反居第三耶？阅卷大臣似亦不甚公平。

途近尚有腹泄之疾，每日一二次不等，幸不甚剧。寅皆先生明年仍请之教书。余去风信中谓当连请五年，盖其端坐有恒，可即为法。甲五近在书房听讲否？甲五颇有外才，只要笔下水路清楚，则将来到处去得。温甫弟奉部议追赠太常寺卿，可望得谥。余身体平安，足慰远念。顺问近好。

此信于二十五早发后，长夫行至汉口翻船，失去信件，兹命下人再抄一通寄家。

九月二十四日

【译文】

澄侯四弟左右：

九月二十一日接到初七一信，具审一切。泽儿婚姻改为十六日。五十侄女的喜期，前信说也是十六日，不知何时改为十九日？江南老名士今年也够忙的了。湘乡考试以曾沅浦第一、朱岚轩第二、怎么老名士反而排在第三？阅卷大臣看来也很不公平。

青花粉彩描金荷花纹盖碗　清

我近日还有些腹泻，每天二、三次不等，幸好不厉害。寅皆先生明年仍请他教书。我去年信中曾说应当连请五年。因为这样连续有恒，可以效法。甲五近来在书房听课吗？甲五很有些外才，只要文笔清楚，将来哪都能去。温甫弟奉部议追赠太常寺卿，可望得到谥号。我身体平安，足慰远怀。顺问近好。

这封信二十五日早发出后，送信人至汉口翻船，失去信件，现命人再抄一遍寄回家。

九月二十四日

乱世婚嫁宜及时早办

【原文】

澄弟左右：

十二日易汉山等来，接弟九月二十夜一缄、二十二早一缄。又朱凤四、唐界山等先后到营，接纪泽母子三缄，系九月二十、二十五日所发者。均悉一切。

大女与袁家喜期，既定腊月初三，即可不必再改。大乱之世，婚嫁宜及时早办。六十侄女、七十侄女喜期已定否？二女儿喜期，余托沅弟在长沙与陈世兄面定也。诸女及儿妇所做鞋等件收到，均尚适用。鞋底若不用牛皮，更合用耳。

此间军事平安。鲍春霆已到五日，将以月底进攻宁国、石埭之贼。初七八复破羊栈岭。闻业经逐击而出，不知确否。余身体平安。惟疮久不愈，癣疾如常，夜间彻晓不寐，手不停爬。人多劝买一妾代为爬搔。季弟代买一婢，现置船上居住，余意尚未定。大约此是积年痼疾，非药饵所能愈，亦非爬搔所能愈也。十一日全未见客，心绪常不免郁闷，幸办事尚不间断耳。

纪泽所作《张良李泌论》，命意极好，惜措词多不圆稳。功名之地，古人所

畏，余亦常存临深履薄之念。

沅弟已到家否？余本日发一奏片，兹先行抄回。顺问近好。

国藩手草　十月十四日

【译文】

澄弟左右：

十二日易汉山等来了，接到弟弟九月二十日夜里一封信，二十二日早上一封信。另外，朱凤四、唐界山等先后到营中来了，收到了纪泽母子的三封信，是九月二十、二十五日发出的。均悉一切。

大女儿嫁给袁家的喜期，已经定在了腊月初三，可不必再改变了。大乱之世，婚嫁应该及早办。六十侄女、七十侄女的喜期已经定了吗？二女儿的出嫁日期，我托沅弟在长沙与陈世兄当面商定了。诸女及儿媳妇做的鞋等物我已收到了，都很合适。鞋底如果不用牛皮就更合适了。

这阵子军事平安。鲍春霆已经到了五天，将在月底进攻宁国、石埭的敌人。初七、八再破羊栈岭。听说该军已经出击了，不知是否准确。我身体平安。只有疮疾长期不好，癣疾如常，夜间彻底不能痳，手不停地抓搔。很多人都劝我买一个妾为我挠痒。季弟代我买了一个女婢，现放在船上居住，我的主意还未决定。大概这是多年的痼疾了，不是药饵所能治好的，也不是爬搔所能治愈的。十一日全天未见客人，心绪不免有些郁闷，幸好办事没有间断。

纪泽所做的《张良李泌论》，命题极好，只惜措辞不很妥当。功名之地，连古人都很害怕，我也常有临深池履薄冰的感觉。

沅弟到家了吗？我今天发去一张奏折，现先抄录寄回。顺问近好。

国藩手草　十月十四日

以徽州危急为念

【原文】

季弟在右：

得手函，承送肥羊，欢喜谢谢。《江南通志》，余在京曾买一部，弟又得佳本，或明年均饮马秦淮乎？新年弟来省，总以大晴天为定，断不可冒风寒也。徽州日内危急，极以为念。即颂岁祉。

十二月二十七日巳刻

【译文】

季弟左右：

得到你的亲笔信函，承蒙你送来肥羊，很高兴。谢谢。《江南通志》，我在京时曾买过一部，弟弟又得到好版本，或许明年我们都可以饮马秦淮了？新年弟弟来看我，总是要定在大晴天，千万不可冒风寒了。近日徽州危急，我极为挂念。即颂岁祉。

十二月二十七日巳刻

季弟权厝事宜由弟作主

【原文】

澄弟左右：

接到排递一函，弟意拟将季椁权厝于修善堂屋后，从容再觅佳壤，合葬季弟夫妇。马公塘葬定未久，弟意不欲轻动，自有一番谨慎不得已之苦衷，余虽不明地理，而启土禁忌之说，亦不敢不小心遵信。一切即由弟做主，权厝修善堂屋后，俟寻得吉域，再东迁葬。余已寄信与沅，沅在三千里外，想亦不敢专主，当仍由弟做主也。

除日

【译文】

澄弟左右：

接到排递送来一信，你的意思打算将季弟灵柩暂时安放在修善堂屋后，以便有时间从容选择风水好的墓地，合葬季弟夫妇。马公塘安葬好没有多少时间，你认为不宜再动，自有一番不得已之苦衷，我虽不清楚土地之风水，而动土有关禁忌，不能不小心遵守。一切全由你做主，暂时安放在修善堂屋后，一经寻找好地点，再迁葬于彼。我已经寄信给沅弟，沅弟远在三千里外，想来也不敢独断专行，理当由你做主。

除日

青花鹿鹤圆瓶　清

季弟追赠按察使

【原文】

沅弟左右：

二日未接弟信，想军中诸事平安。东征局保案，昨日奉到朱批谕旨，一概照准。恽次山已超擢湖南藩司，而南坡翁仅以道缺提奏，想尚有后命也。李筱泉调广东粮道，圣意亦为广东厘务而设。王文瑞擢赣南道，则因克复祁门新得记名故耳。季弟追赠按察使，昨日具折谢恩，抄稿寄阅。

少荃调浦东各营潘鼎新、刘铭传等救援常熟，盖因常熟贼目周兴隆等投诚后，伪忠王以大股贼前往围攻。少荃欲力争常熟一城、福山一隘，为克复苏州张本，专函来调树字五营。余不得已，调书部五营守无为州，而腾出树字五营赴沪。兹将少荃信抄阅。少荃麾下之将，仅程学启一人能当大敌，余不足深恃。余屡劝其约旨卑思，不宜多拓疆土，而少荃不甚相信，颇为虑之。顺问近好。

国藩手草　正月十三日

【译文】

沅弟左右：

　　两天没接到弟弟的来信了，想必军中各项事情都平安吧。东征局的案子，昨天接到皇上的谕旨，已经全部批准。恽次山已被破格提拔为湖南藩司，但是南坡翁仅以道缺被提奏，想必以后也还会有任命吧。李筱泉调任广东粮道，皇上的意图也是要为广东厘务而设此职。王文瑞被提拔为赣南道，这是因为他攻克收复祁门而新被提名的缘故。季弟被追赠按察使，昨天上了谢恩奏折，现抄一份寄给弟弟看。

　　少荃调派浦东各营的潘鼎新、刘铭传等救援常熟，都是因为常熟的敌人头目周兴隆等投诚后，伪忠王（指李秀成）派大批兵力围攻常熟。少荃想拼命争夺常熟城和福山这个险要的地方，为今后收复苏州创造条件，专门来信要调树字五营。我不得已，只好调书部五营守卫无为州，腾出树字五营去上海。现在把少荃的信抄来给你看。少荃手下的将领，只有程学启一个人能独挡大敌，其余的都不能负重任。我多次劝他遵从圣旨不要狂妄自大，不要过多地扩大领地，但是少荃不太相信我的话，我很为此担心。顺问近好。

　　　　　　　　　　　　　　　　　　国藩手草　正月十三日

请葬季弟于马公塘

【原文】

澄弟左右：

　　萧开二来，接弟初五日信，俱悉家中诸事平安。弟所陈二事，如紫田、曹禾冲不肯作邓升禄先生祀田，目下姑不必深争，且待沅弟与弟徐徐商酌。至季弟葬地，则请决计葬马公塘。既为季弟生前所深爱，又为沅弟平生所笃信，何必不从沅与逝者之意而勉强他卜乎？同一兄弟也，分之亲疏相等，而情之浅深各殊。沅之爱季，其情更深于余，并深于澄弟。沅之看地，亦较余与澄稍精。若一切从沅，吾知季弟必含笑于九泉矣。至于开新坟无碍于鼎三，吾前信已详言之。余与沅之爱鼎三，与弟等也。沅弟近日肝气颇旺，恐因此而更加怫郁，余甚不放心，故再行飞寄此函，请弟决计葬季于马公塘。顺问近好。

　　　　　　　　　　　　　　　　　兄国藩手草　正月二十一日

【译文】

澄弟左右：

　　萧开二来了，接到弟弟初五写来的信，知道家中一切都好。弟弟信中说到的两件事，像紫田、曹禾冲不愿意为邓升禄先生作祀田，眼下不必深加争论，等沅弟和你慢慢商量斟酌，至于季弟的安葬地点，就请下定决心葬在马公塘。既是季弟生前深深喜爱的，也是沅弟平生心愿，何必不依从沅弟和已死去的人的心愿而勉强服从于其他说法呢？一样的兄弟，论亲疏都相等，但情意深浅很不相同。沅弟对季弟的家，情意比我更深，并且也比澄弟深。沅弟选的墓地，也比我和澄弟

更精心些。如果一切听从沅弟的主张，我想季弟一定会含笑九泉。至于开新坟不妨碍鼎三，我前封信已经详细说过了。我和沅弟对鼎三爱的和弟弟你一样。沅弟最近肝火很盛，恐怕因此会更加愤懑，我很不放心，所以再速寄此信，请弟弟决意把季弟葬在马公塘。顺问近好。

兄国藩手草　正月二十一日

季榇已于正月十八日抵长沙

【原文】

沅弟左右：

二月初二早安庆寄到弟二十四日一缄，俱悉一切。适接家中元旦及十二日信，兹并送弟阅。

澄弟接余第一次复信，知余不主决葬季于马公塘，故来信云云。若接弟两信与余后两次信，当不复执上要里屋后之议矣。惟季榇业于正月十八日抵长沙，家中二十外便须迎接，不知澄能幡然改图否？正月十五六七日大风雪，余方深以为虑，而季榇竟未停舟。甚矣，渠辈之不晓事也。兹将哨官吴大安信寄阅。顺问近好。

国藩手草　二月初二日于土桥下十里舟次

【译文】

沅弟左右：

二月初二日的早晨从安庆寄来弟弟二十四日的一封信，俱悉一切。正好还接到元旦和十二日从家中寄来的信。现一起寄给你阅读。

澄弟接到我的第一封回信，知道我未决定把季弟葬在马公塘，所以来信说了许多。如果他接到弟弟的两封信和我后来又去的两封信，应该不再坚持上要里屋的要求了。只是季弟的灵柩已经于正月十八日抵达长沙，家里应该在二十里以外迎接，不知道澄弟能不能从根本上改变主张？正月十五、六、七日大风雪，我深为忧虑，但是季弟的灵柩竟然没有停船，哎呀！这些人真是不懂事呀。现在我把哨官吴大安的信寄给你看。顺问近好。

国藩手草　二月初二日于土桥下十里舟次

季弟立祠等事拟会衔具奏

【原文】

沅弟左右：

初五日夜接弟初二日信，俱悉一切。

辞谢之说，余亦孰思之。谓才不胜任，则现在并不履浙江任；谓请改武职，则廪生忧贡出身，岂有改武之理？且过谦则近于伪，过让则近于矫。谓请改京卿，则以巡抚而兼头品顶戴，必改为侍郎，断无改三品卿之理。三者均难着笔，只得于谢折之中，极自明其惴栗之意。其改武一层，弟以后不宜形诸笔墨，恐人疑为矫伪不情也。谢折应专弁赍京。季弟立祠予谥谢折，拟兄弟会衔具奏。

　　六安于初二日解围，闻忠酋未上英、霍，已回庐郡一路，大约仍由巢、含下窜。所虑者有三层：一则由九洑洲南渡，再行猛扑雨花台大营，如十年春得杭不守，速回攻扑和、张之故智；一则不得志于上游，将力攻扬州、里下河，以图一逞；一则因太仓州已故，回救苏州（六安州探报忠逆传令救苏）。余拟檄蒋、成、毛攻苗以援寿州，檄鲍由拓皋进巢北，檄彭、刘、萧由东关以进巢左。俟六安确信到，再行分别咨札。弟处防忠酋，已妥为堤备否？尚须调营回金陵否？顺问近好。

国藩手草　四月初六日

【译文】

沅弟左右：

　　初五夜里接到弟弟初二的来信，俱悉一切。

　　关于辞谢之事，我也仔细考虑过。你说自己的才华不能胜任，现在并不马上去浙江府上任；请求改任武职，而你是廪生优贡出身，哪有改武的道理？而且过分谦虚就接近于虚伪，过分谦让就近似于矫假，说是请求改为京官，那么由巡抚兼任头品顶戴，就应该改为侍郎，肯定没有改为三品朝臣的可能。三个要求都很难下笔，只能在谢恩奏折中，极力表现你恐惧的意思。你请求改任武职一层意思，弟弟以后不应该再写，恐怕别人怀疑是虚假之情。谢恩的折子应专门送上京城。为季弟立祠、赠谥号的谢折，打算和弟弟认定职务后一起奏请。

戗金彩漆云龙纹炕桌　清

　　六安已于初二解围，听说忠酋（指李秀成）没有到英、霍，已经回到庐郡一带，可能仍要从巢、含下窜。令人担心的有三点：一是敌人从九洑洲向南渡，再向雨花台大营猛扑，像咸丰十年春在取得杭州却不守，迅速回头猛攻和、张的老计谋；二是敌军在上游不得志，就要猛攻扬州、里下河，乞求得逞；三是因为太仓州已经被攻破，回头救苏州（六安州的探报说忠王传令救苏州）。我打算令蒋、成、毛进攻苗沛霖来援救寿州，令鲍从拓皋进军巢北，令彭、刘、萧从东关进攻巢县左侧。等到六安的确切消息到了，再商量分别发去书札。弟弟防备忠酋是否准备妥善了？还需要调兵回金陵吗？顺问近好。

国藩手草　四月初六日

沅弟攻克雨花台军事甚顺

【原文】

澄弟左右：

初一日发去一缄，报陈氏妾之丧，由意城处转递，想可速到。旋于初三日出殡，暂停庙内。此女性情尚属平和，惟其母贪而且狠。因女病常住此间，若渐染母教太久，亦必变成狠性，殆非吾家之福。今女既物故，母之技亦无所施矣。

余身体平安，惟眼蒙日甚。沅弟于二十八日攻克雨花台石垒并南门外各垒，军事甚顺。惟饷项极绌，米粮颇足可支至八月中旬，全仗东征局之功。余详日记中。顺问近好。

国藩手草　五月初四日

【译文】

澄弟左右：

初一发去一封信，报告陈妾的丧事，从意城那转递，想必可以很快送到了。随后于初三出殡，暂时停尸在庙里。这个女人性情还算平和，只是她母既贪又狠。因为女儿病了就长时期住在这里，陈妾如果长时间的接受母亲的教养，也定会沾染上凶狠的性情，恐怕不是我们家的福气。今天她已经死了，母亲的恶习也无处可遗传了。

我身体很好，只是眼睛越来越看不清东西。二十八日沅弟攻克了雨花台的石垒和南门外的各条石垒，军事极其顺利。只是饷银非常紧张，粮食很多，足可以吃到八月中旬，全是东征局的功劳呀。其他的记在日记里。顺问近好。

国藩手草　五月初四日

寿州久未解围

【原文】

澄弟左右：

六月初一接弟五月二十日信，勇夫送信者迅捷如飞，弟所云由意城处排递之信，则至今未到也。纪泽等初二亦到，一切平安。

下游自攻克九洑洲后，续无战事。寿州久未解围，二十六日毛、蒋、周军猛战一次，未破贼垒，而我军受伤千余人，看来该城恐难保矣。

余近日胸胃间微有不适，饮食少减，尚未服药。今年天气奇热，幸此间岁事可望八九分收成，差足喜慰。家中下手台上竹与柞树太密，闻不甚肯长，请弟雇人大为删减。柞树可全行删去，或酌留二三株，仿白玉堂下手之例，亦系先年树多，后陆续芟去也。竹则存其大者，芟其小者，两竹之间总须留空隙一二尺，以为生笋之地，望弟斟酌行之。纪鸿儿二十日票，将以秋凉侍母与全家来安庆省视。现在各路军事平顺，尽可前来。待鸿儿过科考后即可送全眷东下，此间派盛四回家迎接。纪泽尚须至金陵一行，不宜再回长沙，将来在九江

一带迎接可也。顺问近好。

国藩手草　六月初四日

【译文】

澄弟左右：

　　六月初一接到弟弟五月二十日的来信，勇夫送信快速如飞，弟弟所说的从意城那里排送的信，到现在也没到呀。初二纪泽等也到了，一切平安。

　　下游自从攻克九洑洲以后，再没有战事。寿州长时间没有解围，二十六日毛、蒋、周军猛攻了一次，没有攻破敌垒，而我军一千多人受伤，看来这个城池恐怕难保了。

　　近些天我胸胃间有些不舒服，饭食减少，还没有吃药。今年天气出奇的热，幸好今年可望能有八、九分的收成，我很欣慰。家里下手台上的竹子和柞树太密了，听说不太爱长，请弟弟雇人修剪。柞树可以全部剪去，或者只留二三株好的，模仿白玉堂下手那样，也是由于早年老树太多，后来陆续全砍了。竹子则把大的留下，把小的砍掉，两棵竹子之间总应留一、二尺的空隙，用来作为长笋的地方。希望弟弟酌情处理。纪鸿儿二十日的禀告，等到秋凉之后送母亲和全家来安庆省亲。现在各路的军事都很平稳、尽可以前来。等鸿儿科考完毕之后就可以送全家东下，这里派盛四回家迎接你们。纪泽还需要去金陵一趟，不应再回长沙了，将来在九江一带迎接就行了。顺问近好。

国藩手草　六月初四日

派人送诰命等回家

【原文】

澄弟左右：

　　兹派盛四送诰命九轴及荫生执照回家，请弟敬谨收藏。或藏先大夫新祠，或藏各家，均听弟酌。纪鸿侍母及兄嫂姊妹来营，八月当可成行，此间另派大船至湘潭迎接。寅皆先生即可不必同来，明年若无馆，余可代为荐馆也。云亭妹夫家、尧阶兄家各有信并礼物数件。重五、中和二公之轴亦有信与丹阁叔，兼配微礼。望弟一一查明，照单分送。顺问近好。

国藩手草　七月十二日

【译文】

澄弟左右：

　　特派盛四送诰命九轴及荫生执照回家中，请你恭敬谨慎地收藏好。可保存在先大夫新祠堂，或者收藏在各家中，悉听于你的安排。纪鸿陪同母亲及兄嫂姐妹来军营一事，八月份可以出来，我这另外派遣大船到湘潭迎接，寅皆先生可以不必同行，明年如果没有学生教，我可以代为推荐。云亭妹夫家、尧阶兄家分别有信和礼物数件。重五、中和二公的诰命之轴里有信交给丹阁叔，还有一些小礼

物。希望你一一查清，照单子分发送达。顺问近好。

国藩手草 七月十二日

已派人船回湘接眷属

【原文】

澄弟左右：

十八日萧开二等到，接弟七月初四日信，俱悉一切。

纪鸿送眷属于八月十九日起程，时候极好，此间已于十三日遣盛四回湘迎接。又张德富所管余之大座船，定于二十日自安庆起行至湘，大约八月中旬可抵湘潭。外有张德富与盛四照料，内有纪鸿照料，又有炮船护送，尽可放心，不须再请邓寅翁、欧阳牧翁护送。盖此二公皆不可远离家者，牧云之老亲新愈，尤不宜也。特此寄缄，请寅、牧二公无庸东来。余之座船本人（人称为长江第一船），若再雇一大船，则官气太重矣。若须添雇，只雇倒扒可也。至嘱。即问近好。

国藩手草 七月十八日

【译文】

澄弟左右：

十八日萧开二等人到达，收到七月初四日信，内情尽知。

纪鸿送眷属于八月十九日起程，那个时间非常好，我这已于十三日派遣盛四回湖南迎接。还有张德富所管我的大座船，定于二十日从安庆出发开往湖南，大约八月中旬可以抵达湘潭。外面的事物有张德富与盛四照料，内有纪鸿照料，还有炮船护送，尽可以放心。不用再请郑寅老、欧阳牧老护送。主要因为这两个老人都不能远离家乡，牧云之老亲病刚痊愈，尤为不适宜远行。特寄此信，请寅牧二老不用一同东来。我的座船很大（人称为长江第一船），若再雇一艘大船，则使人感觉官势太大。真要添雇船只，只需雇一只倒扒即可以了。至此停笔。

即问近好。

国藩手书 七月十八日

纪瑞侄完婚实嫌太早

【原文】

澄弟左右：

前接弟信，已将寅皆、牧云两兄不宜送眷之故，致函排递至家，不知到否？途次有曾恒德、张德富照料，又系自己之座船，又有水师炮船护送，千稳万慎。寅皆、牧云二公如已成行，请于中途婉辞谢之。吾家富贵气不可太重也。

纪瑞侄完姻，吾实嫌其太早。不知系沅弟之信与？抑沅弟妇谋之于弟而成与？兹寄银五十两暨五品顶戴、补褂、朝珠以为贺礼。吾恐家中日习于奢，故诸事从俭薄也。

此间军事平安。江西已一律肃清，惟兵勇病痛尚多。苗逆猖獗，唐中丞十分

掐丝珐琅缠枝莲纹象首足炉　明

危急，袁午帅业已仙逝，淮事殆无了日耳。即问近好。

国藩手草　七月二十四日

【译文】

澄弟左右：

　　前接你的来信，已经将寅皆、牧云两兄不宜送家眷的缘故，写信速送到家，不知收到没有？一路上有曾恒德、张德富照料，又有自己的座船，还有水师炮船护送，十分稳妥安全。寅皆、牧云二公如果已经出发，请在途中婉言谢绝。我家富贵之气不可太过招摇。

　　纪瑞侄儿结婚，我实在是嫌其太早。不知是沅弟写信让他早完婚的？还是沅弟媳妇的主意而沅弟也同意的？现寄去白银五十两和五品官员项戴、补褂、朝珠当成贺礼。我唯恐家里日常生活过于奢华，所以诸事办理都要从俭为好。

　　这里军事活动平静。江西境内敌人已肃清，只是士兵因伤病员很多。苗匪猖獗，唐中丞那里十分危急，袁午帅已经逝世，淮地各事是没完没了。即问近好。

国藩手书　七月二十四日

初六日入主之事尽可照办

【原文】

澄弟左右：

　　十七日接九月初二日县城一信，俱悉一切。

　　十月初六日入主之事尽可照办。余本不善择日，又去家太远，断不遥制。家中之事，概由老弟主持可也。兹特排递一函，不知初六以前可到否？丹阁叔帮助之数，计须若干，弟便中为我一筹，却不必先许愿也。顺问近好。

国藩手草　九月十七日

国学经典文库

【译文】

澄弟左右：

十七日收到九月初二日在县城写的信，尽知一切。

十月初六日入主的事尽可以照办。我本来不善于选择日子，又离家太远，断不可以遥控之。家中一切事情，一概由老弟你主持即可。现特写一信由驿车送去，不知道初六以前能到否？丹阁叔需帮助数目，计算一下要多少，你就为我筹划，却不必先许愿。顺问近好。

国藩手书　九月十七日

纪鸿母子及全家已平安到营

【原文】

澄弟左右：

九月二十九日纪鸿母子及全家到营，一路平安，足慰家中悬系。寅皆先生意欲速行旋里，订二十外即可启程，牧云当度岁乃归也。袁婿在此，尚无为非之事，惟不肯读书作字，难期有成。内人以下，历述老弟数年以来照料黄金堂诸事，心思之细，仪节之恭，送情之厚，均为近世兄弟中所未见。吾家敬宗收族、承先启后诸大端，毕发于沅弟之手（萧先生好手）。沅弟费财（八老爷好财），老弟费心，均可为祖父累代之功臣，余愧未能悉心经营，幸两弟有以补余之过也。

此间近事平安。沅军连克上方桥、七桥瓮（瓮桥）等贼垒，城外接济将断。朱云岩招降古隆贤一股，收复石埭、太平二城。春霆进攻水阳、金宝圩一带，尚无开仗之信。临淮唐中丞处近亦平安，惟蒙城粮尽援绝，断难保全。发逆稍衰，而苗逆方盛，良可虑也。闻蕙姑娘病未痊愈，兹寄去高丽参半斤，望弟专人送交昆八外甥为要。余事详日记中。顺问近好。

国藩手草　十月初四日

【译文】

澄弟左右：

九月二十九日纪鸿母子及全家到了营中，一路平安，足以安慰家中人的惦念。寅皆先生打算立刻回到故里，订于二十日后即可启程，牧云过了年再回去。袁婿在此，还没有为非作歹之事，只是不肯读书写字，难以期望他成才。我的夫人，一件件叙述老弟你数年以来照料黄金堂诸多事务，心思之细致，礼节仪式的恭敬，送她们上路之厚情，都是近世兄弟中所没有见到过的。我家尊敬祖先收敛家族、承先启后之诸多大事，都发生于沅弟之手（萧先生好手）。沅弟破费钱财（八老爷好财），老弟你花费心血，都是为祖先父辈世代的功臣，我很惭愧没能全心经营，幸好你们两个弟弟补偿我的过失。

我这近来平安，沅弟之军接连攻克上方桥、七桥瓮（瓮桥）等敌人营垒，城外的接济将被断绝。朱云岩招降古隆贤一部，收复了石埭、太平两座城。春霆

进攻水阳、金宝圩一带，还没有收到开仗的来信。临淮唐中丞处近来也平定，唯有蒙城粮尽援绝，万难保全。太平军稍衰，而苗沛霖又兴盛起来，十分为之担忧。听到蕙姑娘病还未好，现寄去高丽参半斤，希望你派专人送交昆八外甥至为重要。其他事情详细记在日记中。顺问近好。

国藩手草　十月初四日

探知洪秀全誓于城破时自焚

【原文】

澄弟左右：

二月十三日接弟正月二十五日衡州一函，其萧开二等所带腊肉亦于十二始到。弟所寄食物多而且好，谢谢。

正月下冻冰雪太久，恐非佳兆，而弟决谷米之必贱，何也？此间亦苦风雪严寒，气象黯惨，几与庚申春间苏杭大变时景象相似，余深以为忧。幸二日内已放晴矣。

沅军平安如故。自正月底合围，贼至今未出城猛扑。探称洪逆积柴绕屋，自誓城破则放火自焚。上窜江西之贼近日未闻的报，不知已至抚、建否？寓中大小平安。

纪泽之病已愈，但尚禁风。后辈体气远不如吾兄弟之强壮也。吾所以屡教家人崇俭习劳，盖艰苦则筋骨渐强，娇养则精力愈弱也。老弟以为然否？顺问近好。

国藩手草　二月十四日

【译文】

澄弟左右：

二月十三日收到弟正月二十五日自衡州来的信一封，你托萧开二等所带的腊肉也是十二日才带到的。老弟寄来的食物又多又好，谢谢。

自正月大雪以来，天寒地冻，时间已久，这恐怕不是好兆头，而老弟敢肯定谷米价格一定下跌，是什么缘故呢？此地我等也苦于风雪交加，严寒难耐，周围景色昏暗惨淡，几乎与咸丰十年春季苏杭遭逢大变故时的景象十分相似，我对此十分担忧。值得庆幸的是这两天已经放晴了。

沅弟一军仍然平安无事。从正月底合围金陵城，敌军到现在还没有出城猛攻。探报洪秀全环绕房屋堆积柴草，立誓如金陵城被攻破则纵火自焚。向江西流窜的敌军情况，近日未曾得到确实的报告，不知是否已到抚州、建州一带？安庆寓中大小均平安。

纪泽的病已痊愈，但还不能着风。诸晚辈体质远远不如你我兄弟强壮。我之所以时常教导家里人要崇尚节俭、勤习劳苦，就是因为经历艰苦磨炼则身体筋骨越来越强壮，娇生惯养则精神体力越来越虚弱。老弟同意我的话吗？顺问近好。

国藩手草　二月十四日

欣悉家中妯娌子侄和睦

【原文】

沅弟左右：

初一日午刻接到二十七日一函，知二十六日苦攻无益，弟又以皖北空虚之故，心急如焚。我弟忧劳如此，何可再因上游之事，添出一番焦灼！上游之事，千妥万妥，僧邸即日可至三河尖，陈国瑞已至正阳关，其力足制此贼。而狗党数酋坚请投诚，已派刘维桢前往收降。刘亦狗部大酋，十一年在德安降蒋之纯。狗党陈、马等有信，约刘往黄州说事者也。若非真有降意，岂有徘徊黄、麻月余不下皖境之理？江西侍、康各股亦纷纷逃散，不出宜、崇城外一步。两岸之事，皆易收拾。弟积劳太久，用心太苦，不可再虑及外事。

弟以"博文约礼"奖泽儿，语太重大，然此儿纯是弟奖借而日进。记咸丰七年冬，胡帅寄余信，极赞三庵一琴之贤，时温弟在坐，告余曰："沅弟实胜迪、希、厚、雪。"余比尚不深信。近见弟之围攻百数十里而毫无罅隙，欠饷数百万而毫无怨言，乃信温弟之誉有所试。然则弟之誉泽儿者，或亦有所试乎？余于家庭有一欣慰之端。闻妯娌及子侄辈和睦异常，科一、三、四有姜被同眠之风，甲三、五等亦爱敬兼至。此足卜家道之兴。然亦全赖老弟分家时布置妥善，乃克臻此。大女儿病已大愈，殊出望外。余俟江西案办妥乃赴金陵，弟千万莫过忧灼。至祷至嘱。即问近好。

文辅卿今日到。

六月初一日未刻

【译文】

沅弟左右：

初一日午刻接弟二十七日一信，得知二十六日苦攻金陵，并无收益，老弟又因为皖北空虚的缘故而心急如焚。老弟已经这般忧闷辛劳，怎么能再为了上游军事增加焦虑呢？上游军事极为妥当，僧格林沁近几天里可以到达三河尖，陈国瑞已经到了正阳关，他们的力量完全可以控制这股敌人。陈玉成余党数位将领坚持要求允许他们投诚，已经派刘维桢前去受降。刘维桢原也是陈部大将，咸丰十一年在德安投降蒋之纯。陈部陈、马等人有信来，就是约刘维桢去黄州谈这事的。如果不是真有投降的意思，哪有在黄州、麻城一带徘徊一个多月不进安徽的道理呢？江西敌军侍

和四时印及印文　清

王、康王各部也纷纷逃散，不出宜黄、崇仁城外一步。两岸军事，最容易收拾，老弟积累已久，用心太苦，不能再思虑别的事务了。

老弟用博学于文、约之以礼来奖励纪泽儿，这话说得过于重大了，但这孩子完全是因老弟奖掖而日有进步的。记得咸丰七年冬天，胡赅生给我写信，极力称赞三庵一琴的贤能。读信时温弟在座，对我说：沅弟实际上胜过迪庵、希庵、厚庵、雪琴。当时我还不是很相信他的话。近来看到老弟指挥围攻金陵，连营一百几十里而毫无漏洞，拖欠军饷已达数百万两而丝毫没有怨恨之言，这才相信温弟对你的称誉有所应验。然则老弟今天称道纪泽儿，或许也会有所应验吧？我对家庭感到欣慰的一件事，是家中妯娌以及子侄辈非常和睦，科一、科三、科四兄弟有兄弟友爱的家风，甲三、甲五也是兼有友爱、恭敬美德。从此完全可以预见家门兴盛。然而这也全仗分家时老弟布置十分妥善，才能达到今天这种地步。大女儿已大好，大出意外。我等江西事办妥之后再去金陵，老弟千万不要过于焦虑着急。至祷至嘱。即问近好。

文辅卿今日到此。

六月初一日未刻

鲍春霆于初四日抵江西

【原文】

澄弟左右：

连接五月二十一二日信，俱悉一切。科四之文，一种清气浮溢纸上，科六之字秀润绝伦，两侄今年长进如此之大，可喜可慰。

此间近状平安。沅弟病已大愈，日来骑马周历各营，辛勤不辍，意气亦极平和。余偶有忿怒之事，沅反作书来劝。无论金陵克复之迟速，但求沅弟病痊而气平，则万事皆顺矣。科一本定于六月二十二日起程回湘乡试，因近日天气太热，而鸿儿作文太慢，迟疑未决。湖南正主考放庞宝生侍郎，盖皇上重视湖南如江浙大省矣。

鲍春霆于初四日抵江西，厚庵计亦赶到。周厚斋为江西官绅所留，未回皖北。湖北之贼至今未入皖境，未免太迟。余身体平安，惟怕热异常。合室大小均吉。嵩龄十二日到此，袁榆生尚在下游未归。顺问近好。

六月十四日

【译文】

澄弟左右：

连续收到五月二十一二日两信，俱悉一切。科四的文章自有一股清秀气息，科六的字迹秀利润泽、无与伦比。两位侄儿今年进步如此之大，值得欣慰。

这里近来平安。沅弟病已大好，近日以来骑马走遍各营，辛苦勤劳不停，而且意气极为平和。我偶尔有因事愤怒，沅弟反而写信来劝我。不管攻占收复金陵的时间是早还是晚，只祈求沅弟病体痊愈，心平气和，那就万事顺利了。科一原

定这个月二十二日上路回湖南参加乡试，因为近来天气太过炎热，而且纪鸿儿写文章的速度太慢，所以迟疑不决。今年湖南正主考官点的是庞宝生侍郎，大约是皇上拿江苏、浙江大省那样看重湖南吧。

鲍春霆于初四日抵达江西省城，估计杨厚庵已赶到。周厚斋被江西官吏绅民挽留，没有回安徽北部。湖北敌军到现在还没有进入安徽境内，不免太过迟缓。我身体平安，只是非常怕热，合家大小都好。嵩龄十二日到此间，袁榆生还在下游没有回来。顺问近好。

六月十四日

拟于七月下旬回皖

【原文】

澄弟左右：

初三日在金陵寄信，想已接到。初十日接奉恩旨，余蒙封侯爵、太子太保，沅弟蒙封伯爵、太子少保，均赏双眼花翎。沅部李臣典子爵，肖孚泗男爵。殊恩异数，萃于一门。祖宗积累阴德，吾辈食此厚报，感激之余，弥增歉悚。沅弟五六月来辛苦迥异寻常，近日湿毒十愈其七，初十、十一、十二等日戏酒宴客，每日百余席，沅应酬周到，不以为苦。谚称"人逢喜事精神爽"，其信然欤！

余拟于七月下旬回皖，九月再来金陵，十一月举行江南乡试。沅弟拟九、十月回籍。各营应撤二万人，遣资尚无着也。顺问近好。

七月十四日

【译文】

澄弟左右：

初三日在金陵寄出的信，想来老弟已接到。初十日接奉恩旨，我受封为侯爵、太子太保，沅弟受封伯爵、太子少保，均赏双眼花翎。沅弟部下李臣典封子爵，肖孚泗封男爵。特殊的恩典，非常的礼遇，都集于我家一门。历代祖宗所积阴德，使我辈得以享受如此优厚的报应，在心存感激之际，更增加了歉疚恐惧的心理。五月、六月以来沅弟辛苦得很，与以往大不相同。近日来他的湿毒之症已好了大半。初十、十一、十二等日演戏、摆酒，招待客人，每天摆百余桌，沅弟应酬周到，并不感到辛苦。谚语说"人逢喜事精神爽"，果然如此！

我拟于七月下旬回安庆，九月份再来金陵，十一月举行江南乡试。沅弟打算九、十月份回原籍。各营应撤兵勇达两万人，遣散队伍的资金还没有着落呢。顺问近好。

七月十四日

教儿女辈以勤俭谦为主

【原文】

澄弟左右：

八月初一接弟在长沙排单一信，知已得见科一，并在胡宅演戏三日。初二日又接弟十三在家所发之信，俱悉一切。

余在金陵二十日起行，二十八日至安庆，内外大小平安。门第太盛，余教儿女辈惟以勤俭谦三字为主。自安庆以至金陵，沿江六百里大小城隘皆沅弟所攻取。余之幸得大名高爵，皆沅弟之所赠送也，皆高曾祖父之所留贻也。余欲上不愧先人，下不愧沅弟，惟以力教家中勤俭为主。余于俭字做到六七字，勤字则尚无五分工夫。弟与沅弟于勤字做到六七分，俭字则尚欠工夫。以后各勉其所长，各戒其所短。弟每用一钱，均须三思，至嘱。

李宅二万金，上年十一月曾由东征局解去二千，此次应行扣除，顷已补札东局矣。余详日记中。即问近好。

耕织图　清

八月初四日

【译文】

澄弟左右：

八月初一日接到老弟在长沙粘排单发出的信，知老弟已见过科一，并且在胡宅上演戏三天。初二又接到老弟十三日在家中发出的信，俱悉一切。

我二十日从金陵出发，二十八日到安庆，内外孩子大人都平安。曾家一门太过昌盛，我教导儿女辈让他们从勤、俭、谦三字为主。从安庆到金陵，沿江六百里内大大小小的城池关隘都是沅弟所攻占夺取。我有幸得享大名气和高爵位，都是沅弟赠送给我，都是高祖、曾祖、祖父、父亲遗留的福泽。我要上不致愧对先人，下不致愧对沅弟，只有尽力教导家人以勤奋俭朴为主。俭朴这方面我大概做到六七分，而勤勉方面我可能还做不到五成。老弟与沅弟在勤勉上能做到六七分，俭朴方面则努力不够。以后咱们各人在自己的长处上陆续下功夫，让自己的短处尽量少有或没有表现的机会。老弟每花一文钱，都要反复想一想。至嘱。

为李家凑的二万两，去年十一月曾经通过东征局解送去两千两了，此次应扣除这一部分，刚已给东征局补发札文。其余详见日记中。即问近好。

八月初四日

奏请沅弟开缺不知谕允否

【原文】

澄弟左右：

接弟八月中旬信，内有尧阶贺信，俱悉一切。余于八月十八九间深以沅弟之病为虑，厥后二十四日光五自金陵归，见沅弟二十日宴客百余席，应酬周到，精神完足，余始放心。顷接沅二十九日之信，湿毒亦已大愈。余于二十七日奏请沅

弟开缺回籍调养，不知能邀谕允否?

朱金权之孙溺死，可悯之至。兹送去银三十两。以二十四两作本年之薪水，谢渠照料屋宇之资，以六两为其孙超度之费。黄金堂附近一带，近年溺人颇多，或当以俗见整治之。余身体平安，全家内外清吉。到金陵后，拟于初十日进署。盛南表弟，闻已自金陵起行，十月当可到家。顺问近好。

九月初四日于铜陵舟中

【译文】

澄弟左右：

收到老弟八月中旬来信，内附尧阶贺信，一切尽知。八月十八、十九日时，我非常担心沅弟的病。其后至二十四日贺光五从金陵回到安庆，他曾亲眼见到二十日沅弟宴客，摆一百多桌，沅弟应酬十分周到，显得神完气足，我这才放心。刚收到沅弟二十九日的信，其湿毒之症也已经好了大半。我于二十七日上奏请求准许沅弟辞职回原籍调理养护，不知能否得到谕旨恩准?

朱金权的孙子溺水而死，极可怜悯。现送去白银三十两。以其中二十四两作为今年的薪金，感激他照料房屋，以六两作为超度他孙子的费用。黄金堂附近一带近来淹死人相当多，也许应该用世俗见解来对这一带整顿治理。我的身体还平安，全家人都好。到达金陵以后，我准备于初十日进官署。听说盛南表弟已经从金陵出发，十月份应能到家了。顺问近好。

九月初四日于铜陵舟中。

宜自知爱惜保养不可过劳

【原文】

澄弟左右：

九月十七日接弟八月二十九日信，系在县城所发者。二十二三日连接弟九月初七、八日两缄，俱悉一切。

弟为送科一之考两次晋省，实觉过于勤劳，兄闻之深抱不安。且弟于家庭骨肉之间劳心劳力已历三十余年，今年力渐老，且宜自知爱惜保养，不特为家庭之际，不可过劳也。

吾入金陵署中已半月，大小平安。隔日至沅弟处看病。沅之湿毒未愈，尚尔疼痛，而肝郁少减，大约十月初登舟起行。其湿毒与我二十五六年之病相似，而我之病似更重。余劝沅不必吃药敷药，此等皮肤之疾，终可不治自愈。惟夜不成寐，却是要紧之症，须用养心和平之法医之。褚一帆事，不能请谥。盐局之事，全依次帅与黄、郭之言，断不掣肘。顺问近好。

九月二十四日

【译文】

澄弟左右：

九月十七日收到老弟八月二十九日来信，是从县城发出的。二十二、三两天

金葫芦 清

连续收到九月初七、初八日两封来信，一切尽知。

老弟为了送纪鸿参加考试而两次上省城，实在觉得弟过于辛苦劳累，为兄我得知以后深感不安。而且老弟你为全家人费心尽力已三十多年，现年纪、力气都渐入老境，也该自己知道爱护身体，保养身心，不仅是为了家族，就是为了你也不能过于劳累了。

我搬进金陵官署里已有半个月，家中大小都平安无事，隔天到沅弟那里看视病情。沅弟湿毒还没痊愈，还感到疼痛，而肝气郁结之症稍见减轻。大概十月初乘船启程。沅弟湿毒之症与我道光二十五、六年的病有相似之处，而我的病似乎更重一些。我劝说沅弟没有必要吃药、敷药，这类皮肤疾病，终究能够不经医治、自行痊愈的。只是夜间睡不着觉，却是重要的症状，要用保养心气和平的办法来治疗。褚一帆事，不能请求谥号。盐局的事，完全听从次帅以及黄、郭等人的意见，决不从旁掣肘。顺问近好。

九月二十四日

十月初一沅弟起程旋湘

【原文】

澄弟左右：

九月二十六日接弟初十夜在长沙所发一信，俱悉一切。

此间诸事平安。沅弟之肝疾日见轻减，而湿毒并未痊愈，大约如吾二十五六年请南宫张氏医治情形。其疮之颗较吾更大，而吾之患处较沅更多。吾力劝沅不吃药不敷药，沅近亦深以吾言为然。十月初一日，沅弟起程旋湘，吾送百里至采石矶。初四早，兄弟分手，吾于本日即还金陵，令纪泽送沅至芜湖以上矣。初五日巳刻，纪鸿与叶亭甥到金陵署内，不知初四日何以与沅船相左，不得一谒见也？

常仪庵所带《罗忠节集》，今尚未到。王载轩请封之事，去年已托京友赶办，至今尚未寄出。兹将寄来之执照付京，再一催取。余身体平安，惟诸事丛集，撤勇极多，欠饷难清，尚费周章耳。顺问近好。

十月初五日

【译文】

澄弟左右：

九月二十六日接老弟初十夜间在长沙所发的一封信，一切尽知。

这里各方面都很平安。沅弟的肝病日见减轻，而湿毒之症并没有痊愈，大约如我道光二十五、六年请南宫张氏医治时的情况。他的毒疮比我的大，而我的患处比沅弟更多一些。我极力劝说沅弟不吃药、不敷药，近来沅弟也认为我说得很有道理。十月初一日沅弟起身回湖身，我送他走了一百里到采石矶。初四早晨，兄弟分手，当天我就返回金陵，让纪泽儿送沅弟到芜湖以上。初五日巳刻，纪鸿与叶亭甥来到金陵衙署之内，不知道初四那天怎么就和沅弟的船错开，竟不能够见上一面呢？

常仪庵所带的《罗忠节集》，现还没有到。王载轩请封一事，去年就托付在京友人帮着办理，至今还没有寄出。现将寄来的执照带去京师，再次催促。我身体平安，只是各种事务都凑到一起了，裁撤湘勇很多，所欠饷银难以结清，还要费些周折。顺问近好。

十月初五日

沅弟奉召陛见拟复奏俟病愈后进京

【原文】

澄、沅弟左右：

初二日接奉寄谕，饬沅弟迅速进京陛见。兹用排单恭录谕旨咨至弟处。上年十二月，韫斋先生力言京师士大夫于沅弟毫无闲言，余即知不久必有谕旨征召，特不料如是之速。余拟于日内复奏一次，言弟所患夜不成寐之病尚未痊愈，赶紧调理，一俟稍痊，即行进京；一面函商臣弟国荃，令将病状详细陈明云云。沅弟奉旨后，望作一折寄至金陵附余发折之便复奏。

余意不寐屡醒之症总由元、二两年用心太过，肝家亦暗暗受伤。必须在家静养一年，或可奏效，明春再行出山，方为妥善。若此后再有谕旨来催，亦须稍能成寐，乃可应诏急出。不审两弟之意以为何如？

筱泉来抚吾湘，诸事尚不至大有更张。惟次山以微罪去官，令人怅怅。沅弟前函有长沙之行，想正值移宫换羽之际，难为情也。

三月初四日

【译文】

澄、沅弟左右：

初二日接到寄谕，命沅弟迅速进京城谒见皇上。现恭敬地录下谕旨，粘排单

递送咨文到老弟那里。去年十二月，韫斋先生极力称说京城士大夫对沅弟没有任何嫌隙之言，我就知道用不了多少时间一定有谕旨征召，只是没有料到会这么快。我准备近日里回奏一次，就说沅弟你得的夜里睡不着觉的病还没有好，现抓紧调养治理，一待稍有好转，立即进京师；同时写信与为臣之弟国荃商量，让他把他的病状详细陈述，等等。沅弟接到谕旨之后，希望写一道奏折寄到金陵，借我发出奏折之便回奏皇上。

我以为老弟睡不好、时常醒来的毛病总还是因为同治元年、二年心力太过劳累，而且暗中肝也受到伤害。一定要在家中静静地休养一年，也许能见成效。明年春天再出山，才比较妥当。如果以后又有谕旨来催促老弟，而弟也要稍能睡成觉，才能响应谕旨征召提前出山。不知两位老弟认为我的意见怎么样？

李筱泉来担任湖南巡抚，各方面事务还不至于有大变动。只是恽次山因小过失而离职，让人不痛快。

沅弟前来信提到有长沙之行，想来你去长沙时正赶上湖南巡抚交接班之时候，有时难以表态吧。

三月初四日

喜慰纪瑞侄得取县案首

【原文】

澄、沅弟左右：

纪瑞侄得取县案首，喜慰无已。吾不望代代得富贵，但愿代代有秀才。秀才者，读书之种子也，世家之招牌也，礼义之旗帜也。谆嘱瑞侄从此奋勉加功，为人与为学并进，切戒骄奢二字，则家中风气日厚，而诸子侄争相濯磨矣。

吾自奉督办山东军务之命，初九、十三日两折皆已寄弟阅看。兹将两次批谕抄阅。吾于二十五日启行登舟，在河下停泊三日，待遣回之十五营一概开行，带去之六营一概拨队，然后解维长行。茂堂不愿久在北路，拟至徐州度暑后，九月间，准茂堂还湘。勇丁有不愿留徐者，亦听随茂堂归。总使吉中全军人人荣归，可去可来，无半句闲话惹人谈论，沅弟千万放心。

余舌尖塞涩，不能多说话，诸事不甚耐烦，幸饮食如常耳。沅弟弟湿毒未减，悬系之至。药物断难奏效，总以能养能睡为妙。

五月二十五日

【译文】

澄、沅弟左右：

纪瑞侄儿被取为县试长案第一名，无限欢喜欣慰。我不奢望曾家世世代代都能富有显贵，我只希望每一代都能出秀才。所谓秀才，才是读书进学的好苗子，是名门大家的招牌，是礼法仁义的表率。诚心嘱咐纪瑞侄从此发奋努力加倍用功，做人与治学一起进步，切记力戒骄气、奢侈这两种毛病。果真如此，则曾家全家风气能日渐淳厚，而曾家各位子侄都会力争脱凡超俗、锻炼磨砺。

从我接到督办山东军务的命令，初九日和十三日的两道奏折都已经寄给老弟看过，现在把两次批示的谕旨抄寄弟阅。我于二十五日登船出发，在河下停泊了三天，等待遣散回湖南的十五营人马全都走了，我带去山东的六营全部出发，然后我也解缆开船远行。罗茂堂不愿意老在北路，准备到徐州度过暑天，到九月间准许茂堂回湖南。丁勇如有不愿留在徐州的，也听任他们跟着茂堂回去。总之，一定让吉字营中全军个个荣归故里。挥之能去，招之能来，这样就不会招来别人半句闲话，请沅弟一定放心。

我的舌头尖艰涩不便，不能多说话，对各项事务不很有耐心，值得庆幸的是饮食还和往常一样。沅弟湿毒之症没有减轻，我很挂念。药物绝对难有效果，总是以能保养、能睡觉为好。

五月二十五日

拟于九月份将家眷送回乡

【原文】

澄、沅弟左右：

八月初四日抵徐州府，接沅弟七月两缄并折稿二件。前颇以弟病甚深为虑，得此二缄，益为放心。年仅四十二岁，即再养二年，报国之日方长。此次固辞恩命，能认真调养年余，于保身之道、出处之节，均属斟酌妥善。特恐朝命敦促，不容久住林下耳。二折措辞均极得体。养病之期，总以养到自己能用心作奏时再行出山。接舫仙及各处信件，似前此谣诼之辞业已涣然冰释，尽可安心静摄。刘、朱撤营之早迟，金、唐各营之变否，余当细心料理，弟可概置不问。

青玉豆礼器　清

余决计不回江督之任，拟于九月间将全眷送回家乡。郭宅姻事，拟于十二月初二日在湘阴成礼。顷有与泽儿一信，抄寄弟阅。

八月初六日

【译文】

澄、沅弟左右：

八月初四日抵达徐州府城，收到沅弟七月份的两封信及奏稿两件。日前很担心弟病重，得到这两封信，更加放心。老弟才四十二岁，就是再调养两年，你报效国家的日子还长得很。这一次弟坚持辞职不就，能够认真地调养一年多时间，同时对保全自身的原则、仕途进退的节操，都要思虑周详。仅担心朝廷恩命再三敦促，不容你长久住在隐居之地。你寄来的二份奏折措辞都很得体。在家养病的

期限，总是要以调养到自己能够用心写奏稿时再出山。我接到舫仙以及各地来信，似乎以前那些造谣毁谤之词已经像冰的溶解一样消失了，老弟可以安下心来静静地保养。像刘、朱各营什么时间撤除，金、唐各营哗变与否这些事，我会仔细处理，老弟可以一概不过问。

我已决定不再回到两江总督职位上去，准备在九月间将家眷都送回老家去。郭家的婚事，准备于十二月初二日在湘阴举办仪式。日前给泽儿一信，抄寄弟等一阅。

八月初六日

转告鼎三小病不轻服药

【原文】

澄、沅弟左右：

本房连添二丁，尚有梦熊者五人，深为喜慰。星冈公之后，想亦必瓜瓞繁衍。吾近岁纯是老人情怀，专盼家中多添幼孩也。

鼎三体不甚弱，尤为欣慰。凡后天以脾为主。脾以谷气为本，以有信为用。望两弟常告鼎三，每日多吃饭粥，少吃杂物；无论正餐及点心，守定一个时辰，日日不差；若有小小病症，坚守星冈公之教，不轻服药。至要至要。

富坮本算一等屋场，弟若肯代为收拾，必是第一等妥当。乃必待纪泽母子到家看定再行修葺，且令先在大夫第小住，实属情文周至。手足至亲，不复言谢。

进退大吏伤易，余亦深以为虑。然少荃不果赴洛，霞仙不果去位，朝廷择善而从，不肯坚持自用，即恭邸大波亦不久即平，是非究不颠倒。沅弟自以再出为是，下次再详论也。

十二月初六日

【译文】

澄、沅弟左右：

本房连续添了两个男孩，还有五个要生男孩的，深感喜悦欣慰。星冈公的后代，我想一定会子孙繁盛。近年来我纯是老人情怀，只盼着家里多添小孩子。

鼎三体质不很弱，尤其感到欣慰。后天调养以脾为主。脾以谷气为主，以有规律为功用。望两位弟弟时常告诫鼎三，每天多吃粥饭之类，少吃零食杂物；无论是正餐还是点心，都要遵守时间，每日不差；如果有一些小病症，要坚守星冈公的教导，不要轻易吃药。至要至要。

富坮本来算是一等房屋，老弟如果愿意代我收拾房屋，一定是最为妥当的了。而老弟一定要等纪泽母子到家看定之后再行修葺，让他们先在大夫府第小住一段，实属于情于礼周到细致。兄弟情深，不再提谢字。

有感于封疆大吏的进退过于轻易，我也深感忧虑。然而少荃最终没有去洛阳赴任，霞仙最终还是没有去职，朝廷能选择、依从正确方案，不愿一味主张自己观点，就是恭亲王那样的大风波也不用很久就平息了，是非黑白终究不至于颠

倒，沅弟自然也以再度出山为好，下次再详谈此事。

十二月初六日

纪泽母子至弟署不宜久住

【原文】

沅弟左右：

四月三日接三月十八日来信，知弟于三月十六日抵鄂，十七接篆。所论治鄂之道，均与兄屡次去信相符，惟奏折朋友苦思不得其人。近日忆得倪豹岑（文蔚），壬子庶常改归刑部，在外多年，仕途蹭蹬。严渭春曾保以湖北道员，未蒙谕允，亦曾充官相营务处，去夏四月进京供职。余以其祖母年近九旬，恐有承重大，故劝其不必北上，而许每年济以四百金。后余仓猝北征，仅送过一次百金而已。本年渠在金陵坐凤池书院，若请至弟署，令作奏折，必有可观。若写公事信函，则写作俱佳，几与意城相近。其人和平敦厚，相处最好。惟渠奉祖母侨居金陵，安土重迁，必不愿赴武汉。余拟函告李雨亭为之劝驾（李、倪与范云吉皆严所特保，皆良才也）。弟每月宜送以百金，将来仍许以保留鄂省。渠济目前之窘况，顾后来之出路，当可允许。

此间军事，前月二十一日两折业咨弟处。近日战状略具于张子青、刘印渠两信中，抄寄弟览。

纪泽母子至弟署，不宜久住，前信已言及之。纪瑞侄母子至鄂，亦不宜久署中。风水之说，亦有不得不信者，望细思之。明日派勇送日记、信，兹先草此递慰。顺问近好。

四月初三日

【译文】

沅弟左右：

四月三日接到三月十八日来信，知弟已于三月十六日抵达武昌，十七日接过印鉴。弟信中所谈到的治理湖北的办法，都和为兄多次去信相符合，只是起草奏折的朋友，冥思苦想也想不出合适的人选。近日来想起一位倪豹岑（文蔚），咸丰二年庶吉士，改归刑部，外放多年，仕途困顿失意。严渭春曾经保举为湖北道员，没有能得到谕旨允准。也曾在官文营务处任职，去年夏天四月间进京供职。因为他祖母已近九十岁，恐怕会有闪失，所以曾劝他不必北上京师，而答应每年接济他四百两。后来因为我匆匆出师北征，仅送过一次，才一百两。今年他在金陵主讲凤池书院。如果把他请到老弟衙署当中，让他写奏折，一定不错。如果他写公事信函，则写字、作文都很好，几乎与郭意城相近。他为人平和敦厚，最好相处。只是他侍奉祖母寄居金陵，不会轻易迁居他乡，一定不会去武汉。我准备给李雨亭写信，请他劝驾（李雨亭、倪文蔚与范云吾都是严渭春所保举，都是优良人才）。老弟每个月要送致百两，答应他将来还保举他留在湖北。他又能渡过目前窘迫的境地，想到将来的出路，应当能够允许的。

此间军情，上个月二十一日两道奏折已经咨往弟处。近日战事情况大致都在张子青、刘印渠两封信里，抄寄弟阅。

纪泽母子到老弟衙署，不要住得太久，我前次去信已经提到了。纪瑞侄儿到武昌，也不宜长住署。风水的说法，也有的是不能不信的，希望老弟仔细考虑。明天派兵勇送去日记和信，现在先草就此信。顺问近好。

四月初三日

家中老幼不可轻服药

【原文】

沅弟左右：

五月初四日接弟四月二十一日信，十一日又接二十七日一缄，俱悉一切。纪瑞侄母子已于二十五日抵鄂，娣为东而妫为宾，客到先而主到后。乱离之世，骨肉相聚本极难得，老年得之为尤难也。弟足疾复发，极为廑系。湿毒在下，总非本原之病。然一求速效，杂投药剂，则难于见功。吾阅历极久，但嘱家中老幼不轻服药，尤不轻服克伐之药，即是善于养生之道。鄂抚衙署风水之说，弟能毅然不信，可谓卓识定力。如足毒不愈，亦须略为变通。兄向来不信择日风水，老年气怯，遂徇俗见，惟弟亮之酌之。

请倪豹岑赴鄂幕，系余见其毫无脾气，又耐劳苦，极好相处，笔下圆妥，善写公事信缄。因弟属函请余荐人，余去年四月本订聘豹岑入幕，旋以北征而止，遂于四月五日函致雨亭，嘱其代请豹岑赴鄂。今得弟书，湖北州县多疑豹者，兄又甚悔，未得弟回信而遽函聘，太涉孟浪也。兹将余寄雨亭信抄付弟阅。事已难于食言，请弟将就用之，为我弥缝其失。若豹不肯应聘入鄂，甚妙甚妙。如其翩然应命，拿舟武昌，请弟迎入署中，礼貌相待。豹之短处，则在无定识定力，好以疏野不应酬自命，而讥人之有官气。与雨亭、申夫、眉生、存之等至好，均言其长处多而短处少。弟信言豹知官将严而不以告。余近细询申、存二人，均知有此事。申曾面责之，豹言系司道公见时所说，并非对渠一人说。外间见渠为渭春所保，故咎渠耳。至州县疑豹，却系影响，并无实际。牧令怨渭之参劾，并怨渭幕刘植之招摇，又以豹为渭所敬重而并疑之，豹实无过也。豹若抵鄂，弟延之署中，毫不与外交际，则断无风声矣。至弟不能添延重金之友，弟只出五十金包火食，兄亦代出五十金，另寄豹家。数月之后，如不相安，婉为辞退，或荐一书院，则兄无食言之迹矣。

春霆为厚庵奏调入甘，有损于中原，无益于西事，兄当作疏留之。日内未接寄谕言及此事，或中旨欲令霆先办捻耶？鄂协霆饷二万（目下马尚未买，勇尚未募齐，弟与霆商，或可少减），望弟竭力筹之。至嘱至嘱。顺问近好，余详日记中，不具。

五月十一日

【译文】

沅弟左右：

五月初四日接到老弟四月二十一日的信，十一日又接到你二十七日的信，一切尽知。纪瑞侄母子已于二十五日抵达武昌，弟妹是东道嫂子是宾，结果客到在先而主到在后。动荡年代，亲人相聚本来就很难得，年老以后遇到这样的事就更难得。老弟足疾复发，我极为挂念。湿毒之症，总不是伤及根本的病。然而一旦追求迅速见效，杂用药物，就难见成效。我所见所经已很多，只是嘱咐家中老幼都不要轻易吃药，尤其不要轻易服用药性猛烈的药品，这也就是善于养生的办法了。关于武昌巡抚衙门风水的说法，老弟毅然决然不相信，可称得上见识高远，定力超人。如果脚上湿毒不好，也要略做变通。为兄一向不信挑选吉日或风水一类说法，老来气弱，因循俗人见解，希老弟谅察。

请倪豹岑赴湖北幕中，乃因我看他这个人没有脾气，又能耐得勤劳辛苦，非常好相处，文字圆通妥当，善于写作公事信件。因老弟屡次来信请我推荐人选，我去年四月本来已订好延聘豹岑为幕僚的，随即因为出师北征而停止，于是我就于四月五日给李雨亭去信，嘱咐他代为邀请豹岑去湖北。今天接到老弟来信，湖北州县官多有对豹岑心存疑忌的，为兄又很后悔，没有接到老弟回信就匆促去信延聘，办得太莽撞了。现将我给雨亭的信抄付弟一阅。事情已经如此，诺言难以背弃，就请老弟将就着用他，替我弥补这个过失。如果豹岑不肯应聘到湖北，那就太好了。如果他立即答应，乘舟来武昌，还请老弟把他迎到官署之内，以礼相待。豹岑的短处在于没有稳定的见解和沉着的定力，喜好自命为粗野不屑于应酬的人、而讥讽别人有官气。他与雨亭、申夫、眉生、存之等人关系极好，这些人士都说他长处多、短处少。老弟来信说豹岑知道官文要参劾严渭春而不告严知道。近来我仔细询问李申夫、方存之二人，他们都知道这件事。申夫还曾经当面责问他，豹岑解释说，话是两司及道员等因公谒见时官文说的，并不是对他一个人说的。外人只是看到他是渭春所保举的人，所以指责他。至于州县官员对他心存疑忌，则是捕风捉影，并没有什么实际事情。州县官员对严渭春受参心怀怨恨，对严渭春幕僚中刘植的招摇过市也很怨恨，又因豹岑曾受渭春敬重而一并猜疑到豹岑，其实豹岑并没有什么过失。豹岑如果到武昌，老弟将他延至衙署之中，完全不与外界交际，就不会有什么风声。至于老弟不能增加薪金来延聘幕僚之友，老弟只能出五十两，包伙食，为兄也代出五十两，另寄豹岑家中。几个月以后，如果不能友好相处，就婉言辞退，或推荐到一个书院去，则为兄就没有食言的迹象了。

杨厚庵上奏请求调鲍春霆去甘肃，这只对中原局势有损害，对西北局势没什么帮助，为兄要上奏挽留春霆。近日没有接到谈及此事的谕旨，或许朝廷的意思是让春霆先对付捻军？湖北协办春霆军饷银二万两（眼下马还没有买，兵勇也还没有招募满额，老弟与春霆商量一下，也许可以减少一点。），希望老弟竭力筹措。至嘱至嘱。顺问近好。其余详载日记中，不细谈。

五月十一日

告养生五事及治家之道

【原文】

澄弟左右：

五月十八日接弟四月八日信，俱悉一切。七十侄女移居县城，长与娘家人相见，或可稍解郁郁之怀。乡间谷价日贱，禾豆畅茂，尤是升平景象，极慰极慰。

此间军事，贼自三月下旬退出曹、郓之境，幸保山东运河以东各属，而仍蹂躏于曹、宋、徐、泗、凤、淮诸府，彼剿此窜，倏往忽来。直至五月下旬，张、牛各股始窜至周家口以西，任、赖各股始窜至太和以西，大约夏秋数月山东、江苏可以高枕无忧，河南、皖、鄂又必手忙脚乱。余拟于数日内至宿迁、桃源一带察看堤墙，即由水路上临淮而至周家口。盛暑而坐小船，是一极苦之事，因陆路多被水淹，雇车又甚不易，不得不改由水程。余老境日逼，勉强支持一年半载，实不能久当大任矣。因思吾兄弟体气皆不甚健，后辈子侄尤多虚弱，宜于平日讲求养生之法，不可于临时乱投药剂。

养生之法约有五事：一曰眠食有恒，二曰惩忿，三曰节欲，四曰每夜临睡洗脚，五曰每日两饭后各行三千步。惩忿，即余匾中所谓养生以少恼怒为本也。眠食有恒及洗脚二事，星冈公行之四十年，余亦学行七年矣。饭后三千步近日试行，自矢永不间断。弟从前劳苦太久，年近五十，愿将此五事立志行之，并劝沅弟与诸子侄行之。

掐丝珐琅缠枝莲纹喇嘛塔　清

余与沅弟同时封爵开府，门庭可谓极盛，然非可常恃之道。记得己刻正月，星冈公训竹亭公曰："宽一虽点翰林，我家仍靠作田为业，不可靠他吃饭。"此语最有道理，今亦当守此二语为命脉。望吾弟专在作田上用些工夫，而辅之以书、蔬、鱼、猪、早、扫、考、宝八字，任凭家中如何贵盛，切莫全改道光初年之规模。凡家道所以可久者，不恃一时之官爵，而恃长远之家规；不恃一二人之骤发，而恃大众之维持。我若有福罢官回家，当与弟竭力维持。老亲旧眷、贫贱族党不可怠慢，待贫者亦与富者一般，当盛时预作衰时之想，自有深固之基矣。

凯章家事，即照弟信办一札照收。湘军各营俱不在余左右，故每月仅能送信一次，俟至周家口后即送三次可也。余详日记中。顺问近好。沅弟在鄂拆阅，均此。

六月初五日

【译文】

澄弟左右：

五月十八日收到老弟四月八日来信，一切尽知，七十侄女搬到县城去住，经常能和娘家人见面，也许可以稍减郁闷的心情。乡间粮价降低，禾豆生长茂盛，尤其属于太平景象，极感宽慰。

此间军情：捻军从三月下旬退出曹县、郓城境，幸好保住了山东运河以东各府县，捻军还在曹州、宋州（？）、徐州、泗州、凤阳、淮安等府境活动，这里围剿他们就流窜到那里，往来飘忽。直到五月下旬，张总愚、牛洪等部捻军才流窜到周家口以西地区，任柱、赖文光等部才窜到太和以西，大概今年夏秋间的几个月里，山东和江苏可以高枕无忧了，河南、安徽、湖北一定又要手忙脚乱了。我准备在几天之内去宿迁、桃源一带视察河堤，就从水路上临淮到周家口去。盛暑之时乘坐小船，是一件很艰苦的事。因为陆路大多已被水淹了，雇车又很不容易，不得不改走水路。我已渐近老境只能勉强再支撑上一年半载的，实在是不能再长时间担当重任了。因此想到我兄弟身体都不是很健壮，后辈子侄当中更多虚弱之人，应该在平时多讲究保养身体的方法，不能到有病时乱用药剂。

养生的方法大概有五条，一为睡眠饮食有规律，二为克制愤怒，三为节制欲望，四为每天夜间临睡前洗脚，五为每天午饭、晚饭以后各走上三千步。克制愤怒，就是我在匾上所说的养生以少恼怒为根本。睡眠饮食有规律及洗脚这两条，星冈公坚持了四十年，我也学着做了七年了。饭后三千步我近日才试着做，自己发誓以后永不间断。老弟以前劳累辛苦的年头太长，现已年近五十，望能将这五条立下决心去做到，并劝说沅弟以及诸位子侄都去做。

我和沅弟同时受封爵位、自立衙署，曾家可以说门庭极为兴盛，然而这并非是长久的靠山。记得道光十九年正月间，星冈公教训竹亭公说："宽一虽然被点为翰林，我们还靠种田为业，不能靠他吃饭。"这话最有道理，现在也要抓住这两句话当作最重要的关键。希望老弟专心在种田上下些功夫，再辅之以书、蔬、鱼、猪、早、扫、考、宝这八个字，不管家里如何显贵兴盛，切记不要把道光初年曾家的气象全部改掉。大凡持家之道能够久远的，都不靠一时的官爵，而靠行之久远的家规；不靠一两个人的突然发迹，而靠大家共同维持。我如果有福能罢去官职回到老家，应与老弟一道竭力来维持这个家。对于支属疏远的亲誉、同族同党中贫贱之人，一概不能怠慢，对待贫困的人要像对待富有的人一样，在家门兴盛的时候要预先替衰落时着想，这样家族就会有深厚坚固的基础。

凯章家事，就按弟来信所说办一札文去，照收。湘勇各营都不在我身旁，所以每个月只能往家中送信一次，等我到周家口以后就能一个月送三次了。其余详见日记中。顺问近好。沅弟在武昌拆阅，均此致候。

六月初五日

到周口后将与弟共筹引退之法

【原文】

沅弟左右：

十六日寄来一缄到否？余在临淮，本不欲久住，定二十四日成行，已咨明弟处矣。乃二十一以后，病体日深，二十二夜殊觉支持不住。余力守不药之戒，竟不能坚持到底。二十三夜服张敬堂所开桂支汤，外感之寒已觉轻松，而积受之暑湿未能清理，腹痛作胀，屡思大便，而登厕辄不爽快。现定二十六日起行，不知届时能勉强登舟否。今年出汗太多，身体遽瘦，自问精力大减，断不能久当大行，到周口后与弟谋一会晤，共筹引退之法，但不以卤莽出之耳。

弟处五月二十八日一案分晓如何？殊切悬系。顺问近好。

临淮　七月二十四日

【译文】

沅弟左右：

十六日寄去一信，收到了吗？我在临淮本来不想久住的，原定于二十四日动身，这已用咨文告弟。可是二十一日以后，得病越来越重，到二十二日夜间觉得支持不住了，我一直极力坚守不轻易服药的戒条，竟然不能坚持到底，二十三日夜间服用张敬堂所开的桂支汤，外感风寒已感觉轻松，而积久的暑湿之气还未能清理，腹痛发胀，老想要大便，可一上厕所解手又不痛快。现定于二十六日启程，不知道到时候能不能勉强上船。今年出汗太多、身体就瘦下来，自己觉得精力大为衰退，决不能长时间担任重任。到周口以后想与老弟会晤一次，共同筹划引退之办法，只是不能鲁莽从事。

老弟那里五月二十八日一案结果如何？特别挂念。顺问近好。

临淮　七月二十四日

兄病已于八月初二日痊愈

【原文】

沅弟左右：

七月二十五日接弟六月二十三、七月初三日两缄，俱悉一切，兄以二十二日抱病，至八月初二而痊愈。现惟不能用心，稍用心则辄出汗如沈，此外似已复旧。溯涡河而西上，初四五可抵亳州，初十内外必达周家口。闻刘、潘等修理沙河、贾鲁河业已兴工，八月当可办竣。惟仅刘、张湘军追贼，恐其前后受敌。余至周家口后即当添设一二军跟追，请弟速嘱春霆进南、汝一路（弟所指定三五百里者，即南、汝、光三属可也，但不可再不动耳）。任、赖闻二十三四尚在舞阳，不知近日何如？余详日记中。顺问近好。

八月初三日　亳州之下八十里舟次

【译文】

沅弟左右：

七月二十五日接到弟六月二十三日、七月初三日两信,一切尽知。为兄于二十二日患病,到八月初二日痊愈。现只是不能用心思,稍用心思,汗出得就像沉没水中一样。除此一项以外,其他方面似乎都已恢复。沿涡河逆流而上,初四、初五日可以到亳州,初十日前后一定能到周家口。据悉刘、潘等修浚沙河、贾鲁河,现已开工,八月间应能竣工。只有仅剩刘、张两部湘勇追击捻军,恐怕会前后受敌。我到周家口以后就布置一二部队跟去追击,请老弟火速嘱咐春霆进军南阳、汝宁(老弟所指定的三五百里,就是南阳、汝宁、光州三府属县就可以,只是不能再按兵不动)。据悉任柱、赖文光二十三、四日时还在舞阳,不知近几天怎么样了,余详日记中。顺问近好。

八月初三日　亳州之下八十里舟次

函商家人排行事

【原文】

沅弟左右:

十九日寄去一信,言将奏请左、李办捻。发信后即接弟十二之信,知科一得生一子,于万分忧郁之中得一届公公之喜,老怀稍纾,病亦日痊。继思左若北来,则少荃部下、弟之部下、春霆部下无一人不畏而恶之,大局必且破坏。因改作一片,请少荃偶驻徐州、弟偶住南阳帮我调度,定于二十三日拜发,抄寄一览。想弟亦深以请左为非也。孙儿排行,拟用浚、哲、文、明四字,再多则添温、恭、允、塞,派名果应用广字辈否?庚子年修族谱,不应将辅臣公一辈之兴字改为芙字,星冈公之为字改为兴字,为孙曾者怒焉不安。一二年内必须续修家谱,将兴、儒、为三辈仍用旧派,上、国、桢三辈始改新派毓、传、纪字样。弟意若用广字,接复信再取派名可也。

捻匪北窜后毫无消息,想已达山东矣。若不过黄河,兄尚不至为天下所唾骂。霜降水涸,运、黄均可虑也。弟趁此无事之际,望奏请来周口一看兄病,兼商军情。

皖抚换西林。霞仙开缺,不久当至鄂矣。顺问近好。

八月二十三日

【译文】

沅弟左右:

十九日寄去一信,说到将奏请左、李督办剿捻军务。发同信以后就接到老弟十二日的信,知科一生了个儿子,在万分忧郁当中得到做一回祖父的喜悦,心怀稍觉舒展,病也渐渐好了。接着想到,如果左季高北上,则李少荃部下、老弟的部下,春霆部下等没有一个人不对他畏惧而又厌恶,而大局一定要受到破坏。因而改写一道夹片,请李少荃暂驻徐州、老弟暂驻南阳,帮我部署调遣。已定于二十三发出,抄寄弟阅。想来老弟也会深以请左来北为失策也。孙辈排行准备用浚、哲、文、明四字,再多就添上温、恭、允、塞等字,排名果真就用广字辈

吗？庚子年间修族谱，不应该把辅臣公一辈兴的兴字改为芙字，把星冈公的为字改为兴字，让孙子辈的曾家人忧虑不安。一二年内一定要续修家谱，将兴、儒、为三辈仍按旧名排行，上、国、桢三辈改用新排的毓、传、纪字样。老弟的意思如还用广字，接到你回信再排名也行。

捻军向北流窜以后再没有消息，我想已到山东了，如果捻子不过黄河，为兄还不至于被天下人所唾骂。霜降时水已干涸，运河、黄河都值得担心。老弟趁这没什么事的当口，望能奏请来周口探视我的病情，同时商量军务。

安徽巡抚换了西林。霞仙已辞职，不久应到湖北。顺问近好。

八月二十三日

望勤苦谨慎为子孙榜样

【原文】

欧阳夫人左右：

接纪泽儿各禀，知全眷平安抵家，夫人体气康健，全以为慰。余自八月以后，屡疏请告假开缺，幸蒙圣恩准交卸钦差大臣关防，尚令回江督本任。余病难于见客，难于阅文，不能复胜江督繁剧之任，仍当再三疏辞。但受恩深重，不忍遽请离营，即在周口养病，少荃接办。如军务日有起色，余明年或可回籍省墓一次。若久享山林之福，则恐不能。然办捻无功，钦差交出，而恩眷仍不甚衰，已大幸矣。

家中遇祭酒菜，必须夫人率妇女亲自经手。祭祀之器皿，另作一箱收之，平日不可动用。内而纺绩做小菜，外而蔬菜养鱼、款待人客，夫人均须留心。吾夫妇居心行事，各房及子孙皆依以为榜样，不可不劳苦，不可不谨慎。近来京买参，每两去银二十五金，不知好否？兹寄一两与夫人服之。澄叔待兄与嫂极诚极敬，我夫妇宜以诚敬待之，大小事丝毫不可瞒他，自然愈久愈亲。此问近好。

十二月初一日

恭俭惟德印及印文　清

【译文】

欧阳夫人左右：

接到泽儿各道禀帖，知全体家眷平安抵达家中，夫人身体康健，非常欣慰。我自八月以后，几次上疏请求告假辞职，庆幸承蒙圣恩允准解除钦差大臣一职，还让我回两江总督任。我有病，接见客又有困难，阅读文牍有困难，不能再负担两江总督这样事务繁重的工作，仍然要一而再，再而三地上疏恳辞。只是受到圣上深重的恩泽，不忍心一下子就请求离营回乡。就在周口养病，由少荃接办。如

果军事形势逐渐好转，我明年或许能够回原籍去扫墓。如现在就想长久享受隐居的幸福，恐怕一时还做不到。然而对付捻军没什么功绩，钦差之印已经交出，而圣恩眷顾仍然没怎么减退，这已是大幸了。

家中每逢祭礼所用的酒菜，一定要夫人率家中妇女亲自动手。祭祀所用的器皿，另用一个箱子收贮，平时不能动用。在内则纺绩、制造小菜，在外则种菜养鱼、接待客人，夫人都要留意。你我夫妇存心以及做事，兄弟各房以及子孙们都当作榜样的，所以我等不能不劳作辛苦，不能不恭谨审慎。近来在京师买人参，每两要用银二十五两，不知这参好不好？现寄去一两给夫人服用。澄叔对待为兄与嫂极其恭敬、极其诚恳，我夫妇也要以诚待之，大小事情一点都不要瞒住他，自然会越久越亲近。此问近好。

十二月初一日

家中子弟力戒傲惰

【原文】

澄弟左右：

军事愈办愈坏。郭松林十二月初六日大败，淮军在德安附近挫败，统领张树珊阵亡。此东股任、赖一股也。其西路张逆一股，十二月十八日，秦军在灞桥大败，几于全军覆没。捻匪凶悍如此，深可忧灼。

余二十一日奏明正初暂回徐州，仍接督篆。正月初三接奉寄渝。现定于正月初六日自周家口起行，节前后可到徐州。身体尚好。但在徐治军，实不能兼顾总督地方事件，三月再恳切奏辞耳。

沅弟劾官相，星使业已回京，而处分尚未见明文；胡公则已出军机矣。吾家位高名重，不宜作此发挥殆尽之事，米已成饭，木已成舟，只好听之而已。

余作书架样子，兹亦送回，家中可照样多做数十个。取其花钱不多，又结实又精致。寒士之家，亦可勉做一二个。吾家现虽鼎盛，不可忘寒士家风味，子弟力戒傲惰。戒傲以不大声骂仆从为首，戒惰以不晏起为首。吾则不忘蒋市街卖菜篮情景，弟则不忘竹山拗拖碑车风景。昔日苦况，安知异日不再尝之？自知谨慎矣。

正月初四日

【译文】

澄弟左右：

近来的仗越打越糟。郭松林部于十二月初六日大败，淮军在德安附近也打了败仗，统领张树珊阵亡。这是东路任化邦、赖文光一部，其西路张逆（张宗禹）一部，十二月十八日在灞桥打败了陕西的军队，陕西军队几乎全军覆没。捻匪如此的凶悍，实在令人焦虑，担忧。

我二十一日奏明皇上，正月初暂时回到徐州。仍然接受总督职务。正月初三日接到军机寄出的谕旨。现在定于正月初六日从周家口起程，灯节前后就能到达

徐州。我身体还好。只是徐州指挥军队，实在难以兼顾管理地方事务，三月当再次恳切奏明皇上，辞去总督职务吧。

沅弟弹劾，皇上的使者已经回到了京师，而处理决定还没有明确的公文；胡公已经被撤掉军机处的职务了。我们家地位高、名声大，不该做这样不留余地的事情。既然生米做成了熟饭，就只好听任它去吧。

我画了个书架图样，今也送回，家里也可以照样子多做几十个。这种书架看重它花钱不多，既结实又精致的好处，即使是穷书生家，一两个也是做得起的。我们家现在虽处在鼎盛时期，但不能忘记穷书生家庭的特色，家中的子弟要努力戒除傲气和惰性。戒除傲气，要从不大声责骂仆人开始，戒除惰性要从不睡懒觉开始。我不要忘记蒋市街卖菜篮的情景，你则要牢记竹山拗拖碑车的景象。当年的艰苦谁又能担保将来不会再次经历呢？自己该知道谨慎啊！

正月初四日

当乱世处大位殆人生之不幸

【原文】

沅弟左右：

澄弟之孙元五殇亡，忧系之至。家中人口不甚兴旺，而后辈读书全未寻着门路，岂吾兄弟位高名大，遂将福分占尽耶？

接吴竹庄信，捻似尚未入皖境。闻巴河、武穴焚掠一空，鄂饷日绌，军事久不得手，弟之名望必且日损，深以为虑。

吾所过之处，千里萧条，民不聊生。当乱世处大位而为军民之司命者，殆人生之不幸耳，弟信云英气为之一阻，若兄则不特气阻而已，直觉无处不疚心，无目不惧祸也。

二月二十一日

【译文】

沅弟左右：

澄弟的孙子元五天折了，我非常担忧，牵挂。家里人口不太兴旺，而晚辈们读书又完全没有入门，难道是我们兄弟地位高、名声大，就把福分都占尽了吗？

收到吴竹庄的信，捻军好像还没有进入安徽境内。听说巴河、武穴被敌军烧掠一空，湖北的军饷日益困难，仗也总是打得不顺手，你的名声威望一定越来越受到损害，我很为你担忧。

我经过的这些地方，千里萧条，民不聊生。生于乱世，身处高位，而且又是掌握百姓、军队命运的人，真是人生的不幸，你信中说这事让人泄气，而我不仅觉得泄气，更觉每件事情都让人揪心，每个问题都怕惹上灾祸。

二月二十一日

教儿孙时有谦恭省俭之思

【原文】

欧阳夫人左右：

自余回金陵后，诸事顺遂。惟天气亢旱，虽四月二十四、五月初三日两次甘雨，稻田尚不能栽插，深以为虑。科一出痘，非常危险，幸祖宗神灵庇佑，现已痊愈发体，变一结实模样。十五日满两个月后，即当遣之回家，计六月中旬可以抵湘。如体气日旺，七月中旬赴省乡试可也。

余精力日衰，总难多见人客。算命者常言十一月交癸运，即不吉利，余亦不愿久居此官，不欲再接家眷东来。夫人率儿妇辈在家，须事事立个一定章程，居官不过偶然之事，居家乃是长久之计，能从勤俭耕读上做出好规模，虽一旦罢官，尚不失为兴旺气象。若贪图衙门之热闹，不立家乡之基业，则罢官之后，便觉气象萧索。凡有盛必有衰，不可不预为之计。望夫人教训儿孙妇女，常常作家中无官之想，时时有谦恭省俭之意，则福泽悠久，余心大慰矣。余身体安好如常。惟眼蒙日甚，说话多则舌头蹇涩，左牙疼甚，而不甚动摇，不至遽脱，堪以告慰。顺问近好。

五月初五日午刻

【译文】

欧阳夫人左右：

自从我回到金陵以后，诸事顺心。只是天气干旱，虽然四月二十四日、五月三日两次下雨，可稻田插秧还很困难，我非常忧虑。科一（曾纪鸿）出天花，病情非常危险，幸亏祖宗神灵保佑，现在已经全好了，成了一副结实的样子。等到十五日满了两个月后，就把他送回家去。算来六月中旬就可以到达湖南了。如体质日益强壮，七月中旬可以到省城参加乡试。

我精力日益衰退，接见客人多了就很疲倦。算命先生说我十一月交癸运，就是不吉利，我也不想长久地当这个官，也不想把全家都接到江宁来。夫人带着儿子、儿媳住在家里，必须每件事都立个规矩，做官不过是一时的事。住在家里才是长久的事，能在勤俭耕田、勤奋读书上开创一个好局面，即使哪天罢了官，还是一番兴旺的景象。如果贪图衙门里的热闹，不立下家乡的基业，那么罢官之后就会觉得气象萧条了。凡是有盛必有衰，不可不预先做个打算。希望夫人教育儿孙晚辈，要经常从家里没人做官着想，时刻有谦让、恭敬、节省的想法，那么就会给后代带来永久的幸福，那样我心里就很高兴了。我的身本还像往常一样健康。只是眼睛起蒙更加严重，说话一多就觉舌头干涩，左边牙很疼，可不太活动，不会马上掉下来，还算给我一点快慰。顺问近好。

五月初五日午刻

内人之病已难挽回

【原文】

沅弟左右：

顷接来信——澄弟之信，弟批五行，知弟已移居长沙。此后兄寄两弟信，仍各分写，两弟接信，彼此互阅。

内人之病，自二月十三起，今已一月零五日。初系大热，谵语不止，三月转变为右脚大肿，疼痛异常，呻吟至于号泣，服药无效。近已肿至小腹，左脚及两手亦微肿，但不甚耳。以余观其症象，已难挽回，而医者谓脉无败象，尚有一线可望。李少荃送建昌板二付，交欧阳定果带来，昨已命工匠做成矣。

余于二月十三日发疝气疾，右肾坚肿下坠，近已消肿缩上，不甚为患。惟目疾日剧，右目久盲，左目亦极昏蒙，看文写字，深以为苦，除家信外，他处无一字亲笔。精神亦极衰惫，会客座谈，即已渴睡成寐，核稿时亦或睡去，实属有玷此官。幸江南目下无甚难事，新中丞张子青心气平和，与友山漕帅皆易于共事。

省三丁艰，孙琴西署盐道亦属顺手。若无洋务突出变端，尚不至遽蹈大戾耳。闻倭相病势甚重。李相在津，众务毕兴。精神之衰旺固全视乎年齿，两弟年不甚高，不知近日精力究竟何如？便中详书告我。郑小山在清江请假养病，闻其将有退志，不如果否。

三月十七日

【译文】

沅弟左右：

刚刚收到来信——澄弟的信，弟批五行附来，知道弟弟已经移居长沙。这之后我寄给两位弟弟的信，仍是分别写，两位弟弟收到信后，互相传看。

内人的病，从二月十三日起，到今天已经一个月零五天。开始是发高烧，胡说八道不止，三月时就转成右脚肿大，非常疼痛，呻吟的声音以至于变成哭号，吃药没有见效。近来已经肿到小腹了，左脚和两手也稍微肿起，但还不太厉害。以我来看这病症，已经难以挽回了，而医生说没

粉彩人物斗杯　清

有败象的脉息，还有一线希望。李鸿章送给建昌花板两副，交由欧阳定果带来，昨天已经让工匠做成了。

我在二月十三日得了疝气的病，右肾又硬又肿还下坠，近日来已经消肿往上缩了，不会成为病症。只是眼病越来越严重，右眼失明很久，左眼也十分地模糊不清，看书写字，感到很困难，除了家信以外，没有什么亲笔写了。精神也衰弱

疲惫，会客坐谈，也已经是想睡觉，核对稿件时有时也睡着了，实在是玷污我这个官职。幸而江南眼下没有什么不好办的事，新中丞张子青心气平和，与友山漕帅很容易共事。

省三丁艰回籍，孙琴西署理盐道，也算顺手。如果没有洋务突然生出事端，还不至于一下子遭大罪。听说倭仁病情很严重。李鸿章在天津，一切事务完全复兴。精神旺盛与否全在于年龄，两位弟弟年事不太高，不知道近来精力怎么样？写信详细告诉我，郑小山在清江请假养病，我听说他有引退的意思，不知道是不是这样。

三月十七日

家中奢靡入不敷出

【原文】

澄、沅弟左右：

四月初一日发出一缄交信号寄，不知可速到否？黄南翁仙逝，三月中旬始由钱子密处交到讣书。唁信及联幛等办好，又苦无便可寄，兹命彭芳四送归。自十月后日记久未付去，此次将十一、十二、正、二、三，五个月日记付去。弟观之亦足见余近来衰惫之状，但不可与外人看。老病如此，不知引退，亦可愧也。目光昏蒙日甚，较之右目之全盲者无甚区别。幸眠食如常，不似即亲近眼闭箱者，内人腿肿渐消，亦似不至遽死，殊非意料所及。

纪鸿之次子病白喉数日，今已痊愈。余合室小大平安。惟署中所用弁仆妪婢等太多，食口众，则用度浩繁。又兼治病医药，百端奢靡，入少出多，江督岁中进款竟不敷一岁之用。曩者尝怪澄弟日用太侈，不能节俭，以致欠债甚巨。今余亦因用度不俭，亦将欠债，深为可讶。今付甥女贺王氏处百金，黄南翁赙仪百金，皆嫌其轻，故将近状略告弟知，以明余不善经理也。

八年春在京用去一万金，九年冬在京用去万余金。在他人见为简啬，在余已筋疲力竭。近嘱戒纪泽等必须从上房、厨房两处节省，而后不至亏空。澄弟负累本重，沅弟亦无源之水，以后三家均须力行节俭。余平日誓不欲身后多留余财，亦不宜留债与后人耳。

扬州洋人近又与李世忠构衅，与陈国端构衅，并有因观剧观艺与士民争殴之事，不知能速否？余有复总署信，抄寄两弟一阅。顺问近好。

国藩手具 四月初七日

【译文】

澄、沅弟左右：

四月初一日发出一封信由信号寄去，不知道是不是很快收到？黄南翁仙逝了，三月中旬在钱子密那交到的讣闻。吊唁信和联幛等办好了，又不便寄去，让彭芳四送去。从十月以后日记很久没送去，这次将十一、十二、正、二、三，五个月的日记送去。弟弟看了也足可以看见我近日来的疲惫衰弱的情形了，但是不

可以给外人看。幸好睡眠饮食像平常一样，不像就亲近眼闭箱的人。内人的腿肿渐渐消退了，还不至于马上就死，实在不是意料之中的。

纪鸿的次子得白喉很多天了，现在已经痊愈。我全家大小平安。只是官衙中的用人马弁仆从侍女等太多，吃饭的人口多，花销很大。又加上治病的医药，各方面都很浪费，收入少支出多，江督每年中的进款竟然不够一年的开销。过去曾经责怪澄弟日用太奢侈，不能节俭，以至于欠债很多。现在我也因为花费不节俭，也将要欠债，深感惊讶。今天给外甥女贺王氏那里一百两，黄南翁的办丧事的钱一百两，都嫌太少了，所以把近来的状况大略告诉弟弟，来说明我不善于经营管理。

八年春在京城用去一万两，九年冬在京城用去一万多两。在他人看来很俭朴，在我看来已经是精疲力竭了。近来嘱咐告诫纪泽必须从上房，厨房两处节省，以后才不会亏空。澄弟负债很重了，沅弟也没有生计来源，以后三家都要力行节俭。我平常发誓不给后代留很多财产，也不应留下很多债务。

扬州的洋人近来又和李世忠闹矛盾，与陈国端有闹矛盾，而且又有与百姓观看剧艺争斗的事，不知道能不能很快了结。我有回复总署的信，抄寄给两位弟弟看看。顺问近好。

国藩手具　四月初七日

内人竟能逃出命来合室平安

【原文】

澄、沅弟左右：

四月二十日接初六日信，论救书、养廉等事。五月初二日接洋局寄信，报岳菘侄案首之喜。初七日又连接二十一日之排递信、二十八日之洋行信——论李廷章剿办等事，俱悉一一。鲁秋航带到好茶及前此寄来之早茶俱已收到，至情佳味，感谢感谢。纪寿早得入庠，足以少慰高轩公、愍烈公于地下，良为慰幸。惟府考院考尚须敬慎将事。

余昏眩之疾、疝气之症近皆未发，目光则昏蒙如常，无法挽回。内人右脚肿已全消，疼亦大减，能伸缩而不能行走，虽眼不光脚不健为极苦之境，而三月间势处必死，竟能逃出命来，亦不幸中之幸也。其余合室平安。

澄弟问余所作慎独、主敬等四条，兹抄一份寄去。澄与诸侄辈若能行之，于身心及治家俱大有益。《阅微草常笔记》系纪文达公所著，多言狐鬼及因果报应之事。长沙如有可买，弟亦可常常阅之。

云仙极言有笔之劣，而筱泉则谓是老实人耳。究以何说为宜？朱唐洲、喜霖系何处人？"俟其至当优待之"。此间差事亦极难逢，瑞臣及厚九近始各得一差，已候半年矣！

封爵敕书同治四年领得。错字极多，令纪泽带至湖北呈弟处。弟因其错误一笑而未收，纪泽即带回湘乡。不知今尚在富厚堂否？拟到京换领，尚未果行。养

廉有领与否？可在外省藩库领否？须托人到京一查（余之爵廉未曾领过一次）。

《湖南文征》收到。研翁去年寄书，意欲余为伯宜作碑传等，语甚沉痛。余顷为作伯宜墓志。其《文征》之序，少迟亦当一作，俟作就一并寄南，请弟先告研翁。精力日衰，文笔日陋，则不能强者也。

两处设卡之详未到。鲁、秦二君既十分可靠，将来任以卡务亦无不可。此案余已具奏，思稍收回鄂岸引地，现交户部核议。部若议准，尚须筱泉肯略相助，不一力祖川，乃可期有起色。

任鹤年系何处人？现居何官？督销局向无会办，且姑待之。此间雨已沾足，本月下旬再得甘霖则丰收矣。顺问近好。

　　　　　　　　　　　　　　　　兄国藩手具　五月初十日

本日另有一信交江西曾姓五人。

【译文】

澄、沅弟左右：

四月二十日接到初六日的信，说的是敕书、养廉等事情。五月初二日接到洋局寄来的信，报告岳荃侄儿案头的喜事。初七日又连着收到二十一日的排递信，二十八日的洋行信——说的是李廷章剿办等的事情，都全知道了。鲁秋航带到好茶和前一次寄来的早茶都已经收到，味道很好，非常感谢。纪寿早早进入县学，足可以稍稍安慰高轩公、愍烈公于地下，感到很是欣慰。只是府考院考还需要谨慎恭敬从事。

我的眩晕的毛病、疝气的毛病近来都没有发作，眼睛像平常一样模糊昏花，无法挽回。内人右脚肿已经消退了，疼痛也减轻了，能够伸缩但不能行走。虽然眼睛不发光亮脚不能动是最痛苦的情形，三个月看势头必死无疑，竟然能够逃命不死，也是不幸中的大幸了。其他的全家都好。

澄弟问我作的慎独、主敬等四条，这就抄一份寄去。澄弟和侄辈如果能做到，对身心和治家都是大有益处的，《阅微草堂笔记》是纪文达公所做的，多说的是狐鬼和因果报应的事。长沙如果能买到，弟弟可以常常看看。

云仙极力说有笔为人劣迹，而筱泉则可以说是老实人。究竟以哪种说法为合适？朱唐洲、彭霖是何处的人？"等他到了以后要好好优待他"。这个时候差事很不好找，瑞臣和厚九最近才得到一个差事，已经等了半年了。

封爵敕书同治四年领到。错字很多，让纪泽带到湖北呈弟处。弟因为这些错误一笑而没有收下，纪泽又马上带回湘乡。不知道现在是不是在富厚堂？打算到京城换领，还没成行。养廉领了吗？可以在外省藩库领吗？还须托人到京城查一查（我的爵廉一次没有领过）。

《湖南文征》收到。研翁去年寄信来，想让我为伯宜作碑传等，说得很沉痛。我马上作了伯宜的墓志。他的《文征》的序言，迟些时候应当再作，等做好了一起寄去，让弟弟先告诉研翁。精力越来越差，文笔越来越不好，那就不能勉强了。

两处设卡子的详情没有报告来。鲁、秦二人是十分可靠的，将来委任卡务也不是不可以。这件事我已经具奏了，打算收回鄂岸引地，现在交给户部核议。户部若是奏准，还需要筱泉稍稍相助，不要一力袒川，才希望有些起色。

任鹤年是哪里人？现任何职？督销局从前没有会办，暂且等着吧。这些日子雨水充足，本月下旬再有雨水则丰收了。顺问近好。

兄国藩手具　五月初十日

本日另有一封信交给江西曾姓五人。

令章合才招湘勇东来

【原文】

澄、沅弟左右：

久未寄函与弟，近日亦未接弟信，想各家皆清吉也。纪泽之子曰同儿者，于七月发慢惊风，二十三日酉刻便已殇亡。前此余不知其有病，直至二十二日始闻其腹泻已近二十日，痰涌已历七口（十七日起），因病状不甚要紧，未办医药。二十二日动风时，即已危险难治矣。此儿初生时，余观八字于五行中缺水缺火，与甲一儿之缺水缺木者相同，即已虑其难于长成，不料其如是之速。纪泽夫妇年逾三十，难免忧伤。然此等全凭天事，非人力所能主持，只得安命静听。余老年衰惫，亦畏闻此等事，强自排解，以惜余年，两弟尽可放心。

善长（即玉二）带一婢女来，云将为吾置篷，系昌明所办，而吾弟亦赞成之者。吾以精力太衰，理不久于人世，不欲误人子女，故不收纳，不久即当倩媒另行择配。

江境兵勇太少，缓急无可倚恃。现令章合才招湘勇三千东来，派朱唐洲、李健斋为营务处，梅煦庵为支应委员。薪水则朱六十金，李、梅各四十金，略为位置三人。此外谋差而无以位置者尚极多也。

余衰颓日甚，每日常思多卧多躺，公事不能细阅，抱愧之至。看书未甚间断，不看则此心愈觉不安。偶作古文，全无是处。研生兄处文二篇，兹有一信寄渠，请弟转交。伊辅先生一篇，托弟交丁子开（骅）。前曾寄信，此次未写也。祖、考两处墓表皆已作就，皆不称意，下次再行寄回。如其可用，则请沅弟书就刊刻。

左帅疏荐沅弟及芗泉，此间亦闻是说。其萌退志，则未尝闻之。章合才言其精神百倍，多酒健饭，现派刘省三出关剿新疆伊黎之贼。左帅平定甘肃之后，恐下文尚长，亦由天生过人之精力，任此艰巨也。

余拟于八月初出省大阅，大约两月后乃可旋省。此间岁事丰稔。高田间有伤旱之处，而亦可望七八分。涂朗仙放湖南臬司，本属有德，近更优于才，湖南之福也。此问近好。

兄国藩手具　七月二十六日

【译文】

澄、沅弟左右：

很久没有寄信给弟弟，近日里也没收到弟弟的信，想来各家都好。纪泽的儿子叫同儿的，在七月里发作慢凉风，二十三日酉刻就已经夭亡了（十七日开始）由于病情不很要紧，没有请大夫没有吃药。二十二日动风的时候，就已经危险很难治了。这个孩子出生的时候，我看他八字里五行中缺水缺火，和甲一儿子的缺水缺木相同，就已经想到他难以长大，不料竟是如此之快。纪泽夫妇年过三十，难免忧伤。不过这种事全凭天意，不是人力可以主持的，只有安心听命。我年老衰弱疲惫，也怕听此等事，强迫自己排解，来珍惜剩下的时光，两位弟弟尽可以放心。

善长（即玉二）带来一个婢女，说是为我做侧室，是昌明办的，我的弟弟也赞成这么做。我因为精力不旺，本是不久于人世的，不想耽误她，所以没有收纳，不久就让请媒人另行择人婚配。

长江境内兵勇太少，缓急的事情不可依靠，现在让章合才招纳湘勇三千人往东来，派朱唐洲、李健斋为营务处，梅煦庵为支应委员。薪水朱唐洲六十两，李、梅二人各四十两，只稍稍安置了这三个人。除此之外谋个差事但没有位置的人还非常多。

我衰弱得日甚一日，每天常想多卧多躺，公事不能仔细批阅，我感惭愧。看书还没什么间断，不看就心里越觉得不安。偶尔做些古文。全无是处。研生兄处的文章二篇，这里有一封信寄给他，请弟弟转交。伊辅先生一篇，托弟弟给丁子开（骅）。前次曾经寄信，这次没写。祖父，父亲两处墓表已经做好，都不称意，下次再寄。如果能用，就请沅弟写成刻上。

左帅上疏推荐沅弟和芗泉，这里也听说了。他萌生引退的意思，没有听说。章合才说他精神百倍，多饮酒能吃饭，现在派刘省三出关去新疆伊犁剿贼。左帅平定甘肃之后，唯恐以后还有事情，也是因为天生有过人的精力，才担当了艰巨的任务。

我打算八月初出省大检阅，大约两个月就可以回省了。这期间是丰收的时候。高田之间有伤旱的地方，还可以希望十分之七八。涂朗仙外放为湖南臬司，本来是有德行的，更是有才能的，湖南人的福气呀。此问近好。

兄国藩手具　七月二十六日

赞应纪鸿以一子出嗣纪泽

【原文】

澄、沅两弟左右：

近接澄弟一信、沅弟二信，俱悉一切。兄自大阅归来，倏已兼旬。身体尚好，眩晕、疝气、脚肿诸症俱未复发。惟目蒙日甚，小便太密，无非以一衰字蔽之。

亲戚来此者龙三及从三之子俱已归去，仅有远房曰江福田者，留老湘营当勇。李健斋、曹镜初俱归，订明春复来。刘毅斋亦已告归。其欠饷十五余万，余

已为之设法，约二年可以完清，渠甚以为感。盖寿卿固可敬，毅斋又极可爱，宜沅弟屡函思所以扶植之也。

王笛楼甥来祝寿，亦已返鄂。康侯拟于腊月旋归，因吾将以十一月二十二日迁新衙门，渠同移后始归也。历年有菲仪寄家乡族戚，今年亦稍为点缀。兹命彭芳四送去，乞弟即为分致。毫末之情，知无补于各家之万一。

纪鸿拟以一子出嗣纪泽。余自十月半由苏、沪归来始闻其说，力赞成之。本月拟即写约告祖，不作活动之语。中和公出嗣添梓坪，因活动而生讼端，不知李少荃抚幼荃之子作呆笔耳。

筱荃至湖南查案，必于韫帅有碍。夔石既置抚篆，藩席另放吴公，则中台开缺已无疑义。韫帅和平明慎，不知同乡京僚何以啧啧评贬？宦途信可畏哉！顺问近好。

兄国藩手具　十一月初八日

【译文】

澄、沅两弟左右：

近日接到澄弟一信，沅弟二封信，俱悉一切。我自从大阅回来，一晃已经二十天了。身体还好，眩晕、疝气、脚肿等症都没有复发。只是眼病一天天厉害，小便太频，无非是一个衰字罢了。

亲戚来这儿的龙三和从三之子都已经回去了，只有一个远房亲戚叫江福田的，留在老湘营当兵。李健斋、曹镜初都回去了，约定明春还来。刘毅斋也已回去。他欠的饷银超过十五万，我已经为他想办法，大约两年就可以还清，他很感激。寿卿可敬，毅斋又极可爱，这也是沅弟多次来函想法扶植他们的原因。

王笛楼外甥来祝寿，也已经回湖北了。康侯计划腊月回去，因为我将于十一月二十二日迁到新衙门，他跟我一块迁过去后才回去。历年有菲仪寄给家乡同族乡亲，今年也有一些作为点缀。就让彭芳四送去，希望弟帮助分给大家。一点微薄之意，不足以解决大家的困难。

纪鸿计划把一个儿子过继给纪泽。我从十月中旬从苏州、上海回来，听说此事，深表赞成。本月计划就写约告祖，就这么定下了。中和公给添梓坪过继了一个孩子，因犹豫不决而生事端，不知道李少荃抚养幼荃之子作呆笔的例子。

莜荃到湖南办案，一定对韫帅有碍。夔石既然已经署理巡抚大印，布政使另外又放了吴公，那么中台一职空缺已经毫无疑义了。韫帅为人平和慎明，不知同乡官僚为何口出微词，贬斥于他？宦途之险，可见一斑！顺问近好。

国藩手具　十一月初八日

李申夫回籍后光景甚窘

【原文】

澄、沅弟左右：

初八日彭芳四回家送菲仪子亲族，付去一函，不知何日可到。日内此间平

安，余身体粗健。眩晕、疝气诸症未发，脚肿因穿洋袜而消，幸未再发。惟眼蒙日甚，无术挽回。请医诊视，云两尺脉甚虚，然尚可以补救。惟目疾难治，近世亦无精于眼科者，不如不治为上策。署中大小平安。镜初、健斋前往署中，近皆归去。竹林亦即日告归。留此者惟陈松生、欧阳仲谐、刘康侯。本月二十二日移居新衙门，屋多人少，殊觉空旷。

聂宅世兄尚无来江之信。渠中间有一函，商及送女至粤成婚。兄回信，仍请送男来江，故耽延一二月也。接澄弟十月二十八日信及十一月初三与纪泽信，知刘、王二公急欲借洋饷六十万，余前复信虽已允许，而仍多筹商为难之辞，不知韫帅接到后如何定计？新任上海沈道月内必来敝处，当再与熟商之。

湘省督销局入款分拨甘省淮军，留湘用者无几，能还此巨款否？李筱帅查办之案已就绪否？韫帅无大处分否？宦途险峨，在官一日，即一日在风波之中，能妥帖登岸者实不易。如韫帅之和厚中正以为可免于险难，不谓人言藉藉，莫测所由，遽至于此。

李申夫回籍后光景甚窘，今年托兄追索浙江运使任内养廉。杨石泉慨然许给三千七百余金，亦小可慰也。

八、九、十月日记，此次专人送去。霞、筠二公复信，请即妥寄。顺问近好。

兄国藩手具　十一月十七日

【译文】

澄、沅弟左右：

初八日彭芳四回家送菲仪给亲族，发出一信，不知什么时候能到。近日一切平安，我身体粗健。眩晕、疝气等症未复发，脚肿因为穿了洋袜而消退，幸亏没有再发。只是眼病越来越厉害，没有办法挽回。请医生诊视，说两尺脉太虚，但是还可以补救。只是眼病难治，近代又没有精于眼科的，不如不治为上策。署中大小平安。镜初、健斋前往署中，近日都已经回去。竹林也即日要回去。留在这儿的只有陈松生、欧阳仲谐、刘康侯。本月二十二日移居新衙门，屋多人少，顿时觉得空旷。

聂宅世兄还没有来江陵的信。他中间曾来过一函，商量送女儿去广东成婚。我回信，仍希望男方来江陵，所以耽搁了一两月。接到澄弟十月二十八日的信和十一月初三给纪泽的信，知道刘、王二公急着想借洋饷六十万，我上次回信中虽然已经答应，但言语多有为难之辞，还有待商量，不知韫帅接到后如何打算？新任上海沈道这月一定会来我这儿，到时再与他商量。

湖南省销督局的进款分拨给甘省淮军，留给湖南的没多少，能还这笔巨款吗？李筱帅查办的案子已经就绪了吗？韫帅没有大处分吧？宦途险恶，在官一日，就一日在风波之中，能平安登岸的实在不容易。像韫帅这样宽厚平和的人，以为可以免于险难，没想到人言可畏，前途莫测，竟到如此地步。

李申夫回籍后光景很窘迫，今年托我追索浙江运使任内养廉，杨石泉慷慨地

答应给三千七百多两银子，也是可以稍微安慰一下了。

八、九、十月日记，这次专人送去。霞、筠二公的回信，请早日妥善寄来。顺问近好。

兄国藩手具 十一月十七日

望以勤俭自持以忠孝教子

【原文】

澄、沅弟左右：

久未寄信，想弟望之殷殷。接澄弟二月初九湘潭发信，十四长沙发信。顷如九又带到一封。沅弟正月二十二之信附聂一峰信，正方十七交加九之信，均已聆悉，并承腊肉等件极多且佳，谢谢。

孝经图 清

科六侄之女二月初七夜殇故，虽亦为门庭之不祥，然幼女尚未周岁，究非已成丁口可比，切勿过于郁损。

此间正月所生两孙俱已满月，小大平安。内人于二月十三日患病，初似温症，竟日发热谵语，十余天不愈。近日变为咳嗽，左手右腿肿疼异常，多方医调，迄无效验。余新患疝气疾，右肾偏坠，肿痛殊甚，旬日之后，渐见痊愈。日内痛已渐止，立坐均不碍事矣。瑞臣、厚九均尚无差可委。此外来找事者颇多，殊愧无以应之。

沅弟挈家移居长沙，不知即试馆旁之公馆否？住乡住城，各有好处，各有坏处。将来一二年后，仍望撤回二十四都，无轻去桑梓之邦为要。

省城之湘乡昭忠祠索匾字，自当写就寄去。惟目光昏蒙，字比往年更劣，徒

供人讪笑耳。

澄弟目光亦坏，申酉至卯刻直是废人。不知两目同病乎？一目独苦乎？沅弟亦近五十，迩来目光何如？牙齿有落者否？夜间能坐至四五更不倦否？能竟夜熟睡不醒否？

刘同坡翁恤典一事，即日当查明，行知湖南本籍。刘文恪公之后，至今尚有男丁若干？光景尚不甚窘否？吾乡显宦之家，世泽绵延者本少。吾兄弟忝叨爵赏，亦望后嗣子孙读书敦品，略有成立，乃不负祖宗培植之德。吾自问服官三十余年，无一毫德泽及人，且愆咎丛积，恐罚及于后裔。老年痛自惩责，思盖前愆。望两弟于吾之过失寄箴言，并望互相切磋，以勤俭自持，以忠恕教子，要令后辈洗净骄惰之气，各敦恭谨之风，庶几不坠家声耳。顺问近好。

国藩手具　三月初三日

【译文】

澄、沅弟左右：

很久没寄信，估计弟弟非常盼望。收到澄弟二月初九湘潭发的信，十四日长沙发的信。不久如九又带到一封信。沅弟正月二十二的信附着一封聂一峰的信，正当十七日交给如九的信，都已经知道了，而且非常感谢带来的腊肉等东西，非常多而且非常好。

科六侄儿的女儿二月初七日夜里夭折了，虽然也是家门不幸，不过幼女还不满周岁，并非是成年人口能比，千万不要过于郁闷不乐。

这里正月所生的两个孙子都已经满月了，大小平安。内人在二月十三日得病，开始像是温症，一天后发烧胡言乱语，十多天还没好。近来变成咳嗽，左手和右腿又肿又疼很异常，经多方医治调养，至今没什么好转。我新得了疝气的病，右肾旁边下坠，非常肿痛，十日之后，渐渐痊愈。现在疼痛渐渐止住，站立坐下都不碍事。瑞臣、厚九都没有什么差事可委任。此外来找事做的人很多，没有答应感到很惭愧。

沅弟带着家眷移居长沙，不知道是不是住在试馆旁的公馆里？住在乡下，住在城里，都各有好处，各有坏处。将来一两年后，仍然希望撤回二十四都，不要轻易离开家乡最为重要。

省城的湘乡昭忠祠索要我的匾字，应当写了寄去。只是目光模糊不清，字写得比往年更差，白白让人笑话罢了。

澄弟的眼睛也坏了，申酉时到卯时简直就看不见。不知道双眼都是这个毛病？一只眼睛这样就很苦了吧？沅弟也快五十岁了，近来目光怎么样？牙齿有没有脱落的？夜里能坐到四五更天不觉疲劳吗？能够整夜熟睡不醒吗？

刘同坡翁抚恤典故一事，马上应当查明，行文告湖南老家。刘文公的后代，至今还有几个男丁？光景是不是还不很窘迫？我们家乡显赫的官宦之家，世代受到恩泽的本来很少。我们兄弟侥幸获得封爵恩赏，也希望后代子孙读书人品敦厚，略有成就，才不辜负祖宗的栽培。我自问做官三十多年，没有一丝恩泽与德

行给人，而且错误很多，恐怕惩罚会累及后代。老年沉痛地惩罚与责备自己，想弥补以前的过失。希望两位弟弟针对我的过失多寄些劝诫的话，而且希望能够互相切磋，能以勤俭自持，用忠恕来教子。要让后辈洗净身上的骄气与懒惰，各自有敦厚恭谨的作风，才差不多不有损家里的声誉。顺问近好。

国藩手具　三月初三日

卷四 交友处世篇

教诸弟进德修业

【原文】

四位老弟足下：

九弟行程，计此时可以到家。自任丘发信之后，至今未接到第二封信，不胜悬悬。不知道上有甚艰险否？四弟、六弟院试，计此时应有信，而折差久不见来，实深悬望。

予身体较九弟在京时一样，总以耳鸣为苦。问之吴竹如，云只有静养一法，非药物所能为力。而应酬日繁，予又素性浮躁，何能着实养静？拟搬进内城住，可省一半无谓之往还，现在尚未找得。予时时自悔，终未能洗涤自新。

拜访图 清 选自《姑苏繁华图卷》

九弟归去之后，予定刚日读经，柔日读史之法。读经常懒散不沉着。读《后汉书》，现已丹笔点过八本；虽全不记忆，而较之去年读《前汉书》，领会较深。九月十一日起同课人议每课一文一诗，即于本日申刻用白折写。予文、诗极为同课人所赞赏。然予于八股绝无实学，虽感诸君奖许之殷，实则自愧愈深也。待下次折差来，可付课文数篇回家。予居家懒做考差工夫，即借此课以摩厉考具，或亦不至临场窘迫耳。

吴竹如近日往来极密，来则作竟日之谈，所言皆身心国家大道理。渠言有窦兰泉者（云南人），见道极精当平实。窦亦深知予者，彼此现尚未拜往；竹如必要予搬进城住，盖城内镜海先生可以师事，倭艮峰先生、窦兰泉可以友事。师友夹持，虽懦夫亦有立志。予思朱子言，为学譬如熬肉，先须用猛火煮，然后用慢火温。予生平工夫全未用猛火煮过，虽略有见识，乃是从悟境得来。偶用功，亦不过优游玩索已耳。如未沸之汤，遽用慢火温之，将愈煮愈不熟矣。以是急思搬进城内，屏除一切，从事于克己之学。镜海、艮峰两先生亦劝我急搬。而城外朋友，予亦有思常见者数人，如邵蕙西、吴子序、何子贞、陈岱云是也。

蕙西尝言："'与周公瑾交，如饮醇醪'，我两人颇有此风味。"故每见辄长谈不舍。子序之为人，予至今不能定其品。然识见最大且精，尝教我云："用功譬若掘井，与其多掘数井而皆不及泉，何若老守一井，力求及泉而用之不竭乎？"此语正与予病相合。盖予所谓掘井多而皆不及泉者也。

何子贞与予讲字极相合，谓我"真知大源，断不可暴弃"。予尝谓天下万事万理皆出于乾坤二卦。即以作字论之：纯以神行，大气鼓荡，脉络周通，潜心内转，此乾道也；结构精巧，向背有法，修短合度，此坤道也。凡乾以神气言，凡坤以形质言。礼乐不可斯须去身，即此道也。乐本于乾，礼本于坤。作字而优游自得真力弥满者，即乐之意也；丝丝入扣转折合法，即礼之意也。偶与子贞言及此，子贞深以为然，谓渠生平得力，尽于此矣。陈岱云与吾处处痛痒相关，此九弟所知者也。

写至此，接得家书。知四弟、六弟未得入学，怅怅。然科名有无迟早，总由前定，丝毫不能勉强。吾辈读书，只有两事：一者进德之事，讲求乎诚正修齐之道，以图无忝所生；一者修业之事，操习乎记诵辞章之术，以图自卫其身。进德之事难以尽言，至于修业以卫身，吾请言之：

卫身莫大于谋食。农工商劳力以求食者也，士劳心以求食者也。故或食禄于朝，教授于乡，或为传食之客，或为入幕之宾，皆须计其所业，足以得食而无愧。科名者，食禄之阶也，亦须计吾所业，将来不至尸位素餐，而后得科名而无愧。食之得不得，穷通由天作主，予夺由人作主；业之精不精，则由我作主。然吾未见业果精，而终不得食者也。农果力耕，虽有饥馑必有丰年；商果积货，虽有壅滞必有通时；士果能精其业，安见其终不得科名哉？即终不得科名，又岂无他途可以求食者哉？然则特患业之不精耳。

求业之精，别无他法，曰专而已矣。谚曰"艺多不养身"，谓不专也。吾掘井多而无泉可饮，不专之咎也。诸弟总须力图专业。如九弟志在习字，亦不必尽废他业。但每日习字工夫，断不可不提起精神，随时随事，皆可触悟。四弟、六弟，吾不知其心有专嗜否？若志在穷经，则须专守一经；志在作制义，则须专看一家文稿；志在作古文，则须专看一家文集。作各体诗亦然，作试帖亦然，万不可以兼营并骛，兼营则必一无所能矣。切嘱切嘱，千万千万。以后写信来，诸弟各有专守之业，务须写明。且须详问极言，长篇累牍。使我读其手书，即可知其

志向识见。凡专一业之人，必有心得，亦必有疑义。诸弟有心得，可以告我共赏之；有疑义，可以问我共析之。且书信既详，则四千里外之兄弟不啻晤言一室，乐何如乎？

予生平于伦常中，唯兄弟一伦抱愧尤深。盖父亲以其所知者尽以教我，而我不能以吾所知尽者教诸弟，是不孝之大者也。九弟在京年余，进益无多，每一念及，无地自容。嗣后我写诸弟信，总用此格纸，弟宜存留，每年装订成册，其中好处，万不可忽略看过。诸弟写信寄我，亦须用一色格纸，以便装订。

谢果堂先生出京后，来信并诗二首。先生年已六十余，名望甚重，与予见面，辄彼此倾心，别后又拳拳不忘，想见老辈爱才之笃。兹将诗并予送诗附阅，传播里中，使共知此老为大君子也。

予有大铜尺一方，屡寻不得，九弟已带归否？频年寄黄英（芽）白菜子，家中种之好否？在省时已买漆否？漆匠果用何人？信来并祈详示。

兄国藩手具　九月十八日

【译文】

四位老弟足下：

估计九弟的行程，此时应该是到家了。自在任丘发了一封信后，至今未接到第二封信，十分挂念。不知一路上艰苦危险不？四弟、六弟参加院试，估计此时应有信来，而信差久不见来，实在是翘首以盼。

我身体和九弟在京时一样，总是为耳鸣而苦恼。请教吴竹如，说是只有静养，不是药物所能解决的。而近来应酬一天比一天多，我又性情浮躁，怎么能塌下心来静养？打算搬进内城住，可省一半无谓往返的路程，现在尚未找得合适的房子。我时时自悔自己的言行，可总不能改过自新。

九弟回老家以后，我定下刚日读经，柔日读史的计划。可读经常懒散不沉着。读《后汉书》，现已用红笔圈点过八本，虽全部记不住，但比起去年读《前汉书》，领会较深。九月十一日起在一起温习功课的人商定每次保写一篇文章作一首诗，就在今天申刻用白折写好。我的文、诗都极为大家所赞赏。然而我于八股文绝无真才实学，虽然感谢诸位先生的赞扬好意，实则愈听愈觉得惭愧。等下次信差来，可带课文数篇回家。我待在家里懒得为考核在职官吏做准备，就借此机会练练笔头，或许亦不至临场发慌吧。

吴竹如近日往来极密，来了就交谈竟日，说的都是有关身心国家的大道理。他说有个叫窦兰泉的人（名序，云南人），学问极有见解而又极其朴实。窦亦很知道我，现在彼此尚未有机会一见。竹如坚持要我搬进城住，城内镜海先生可以为师，倭艮峰先生、窦兰泉先生可以为友。有如此师友推着，就是懦夫亦会立志。予思朱子说过做学问好比熬肉，先必须用猛火煮，然后用慢火温。我生平功夫全未用猛火煮过，虽略有见识，也是从悟境得来。偶尔用功，亦不过是兴趣来了而已。就好比未开锅的汤，用慢火温着，会愈煮愈不熟。于是急着想搬进城内，屏除一切杂事，从事于克己之学。镜海、艮峰两先生亦劝我快搬。而住在城

外的朋友，我亦有几位是常想见面的，如邵蕙西、吴子序、何子贞、陈岱云等。

　　蕙西说过："古人云'与周公瑾交，如饮醇醪'，我两人颇有此风味。"每次见面长谈不舍。子序的为人，我至今不能说出是好是不好。但他的见识最大也最精，曾教导我说："用功好比挖井，与其挖好几口井而都不出水，不若看好一口，力求挖出水来，如此可用之不竭。"这话正说到我的病根上。我正是所谓挖井多但都不出水的那种人。

　　何子贞与我讲书法很谈得来，说我"真知大源，断不可暴弃"。我常说天下万事万理皆出于乾坤二卦。即以书法论之：纯以神行，大气鼓荡，脉络周通，潜心内转，此乾道也；结构精巧，向背有法，修短合度，此坤道也。凡乾以神韵言，凡坤以形体言。礼乐不可斯须去身，即此道也。乐本于乾，礼本于坤。写字悠然自得发自内心的人，是得到了乐的韵意；写字丝丝入扣转折合法的人，是得到了礼的含义。然与子贞说到这些，子贞深以为然，并说他生平所追求的，尽在于此。陈岱云与我处处痛痒相关，这九弟是知道的。

　　写到这，接到家中来信。得悉四弟、六弟未得入学，心情不好。科举功名，能否得到，是早是晚，这也是由前世缘分定下的，丝毫不能勉强。我们读书，只是为了两件事：一是增进自己的道德修养，追求诚实正直修身齐家治天下的道理，以无愧此生，一是研习学业的事情，操守学习记忆诵读辞章的方法，以术自卫其身。增进道德的事一时难以说清，至于修业以自强自立，吾请言之：

　　要想自强自立最重要的莫过于求生存了。农民、工人、商人，这都是以劳力而求生存的人，士，则是以"劳心"来求生存的。故人或者在朝廷做官，或者在乡间教书，或者是管理民众的小吏，或者是出谋划策的幕僚，不管是劳力，还是劳心，都是兢兢业业于他所从事的职业，才能够问心无愧地生活。科举功名，是做官的阶梯，这亦需要兢兢业业的精神，将来不至于尸位素餐，而后实至名归，获得功名，这才问心无愧。科举能不能中，这全是由老天爷做主，不是个人所能左右的；学业精不精，则完全由我做主。我还没有见过学业果然高明，可总是不能生存的。农民如果真是花力气种田，虽是饥荒的年月也会有收获；商人如果真有奇货可居，虽是行情不利时也会买卖兴隆；士人如果真能精通其学业，谁见过终生不得科举功名的呢？就算终生不能中举做官，又岂能没有别的路可以谋生的呢？故而只是忧患自己的学业还不那么精通。

　　想求精通学业，也没别的办法，也就是要于心一致而已。俗话说："艺多不养身。"就是说做学问不能专心一意。我挖了许多井却喝不到水，就是因为有不专心致志的毛病。诸位弟弟总须力图专业。比如九弟有志于书法，自然亦不必别的一点都不学。但每天练字的功夫，是断不可不提起精神来做的，如此随时随事，都会有所感触省悟。四弟、六弟，我不知对什么有兴趣？如果有志学习经书，则必须专守一经；如果志在做制义，则必须专看一家文稿；如果志在作古文，则必须看熟一家文集。作各体诗道理也一样，作试帖亦是如此，万不可以兼营并鹜，那样则必会一无所能。切嘱切嘱，千万千万。以后写信来，诸弟若各有

感兴趣的学业，务须写明告诉我。写得愈详细愈好，哪怕是长篇累牍也没有关系。这样我看了信，就能知道诸弟的志向与识见。凡是专攻一门的人，必有心得，亦必能提出问题。诸弟有心得，可以告我共赏之；有疑义，可以问我一起分析。书信写得很详明，则四千里外之兄弟不啻共处一室，这是何等的乐趣？

我生平于天地君亲师几伦中，惟兄弟一伦抱愧尤深。父亲把他所知道的尽可能教给了我，而我却不能以我所知道的尽可能教给诸位弟弟，真是不孝之大者也。九弟在京年余，进步不多，每一念及，无地自容。以后我给诸弟写信，总用此格纸，诸弟最好保留下来，每年装订成册。这样做的好处，万不可忽略。诸弟写信寄我，亦最好用一色格纸，以便装订。

谢果堂先生离京后，来过信并附诗二首。先生年已六十余，名望很高，与我见面，彼此在内心很推崇，分别后又拳拳不忘，可见老一辈爱才之心。兹将诗并我和的诗附阅，传播里中，使大家都知道此位老先生是位大君子。

我有大铜尺一方，屡寻不得，是不是九弟带回去了？往年寄回家的黄芽白菜籽，家里种了还好吗？在省城时已买下漆了？漆匠用的是谁？来信时还请详告。

兄国藩手具　九月十八日

谈诸友进修情形

【原文】

诸位贤弟足下：

十月二十七日寄弟书一封，内信四页、抄倭艮峰先生日课三页、抄诗二页，已改寄萧莘五先生处，不由庄五爷公馆矣。不知已到无误否？

十一月前八日已将日课抄与弟阅，嗣后每次家信，可抄三页付回。日课本皆楷书，一笔不苟，惜抄回不能作楷书耳。冯树堂进功最猛，余亦教之如弟，知无不言。可惜九弟不能在京与树堂日日切磋，余无日无刻不太息也。九弟在京半年，余懒散不努力。九弟去后，余乃稍能立志，盖余实负九弟矣。余尝语岱云曰："余欲尽孝道，更无他事，我能教诸弟进德业一分，则我之孝有一分；能教诸弟进十分，则我孝有十分；若全不能教弟成名，则我大不孝矣。"九弟之无所进，是我之大不孝也。惟愿诸弟发奋立志，念念有恒，以补我不孝之罪。幸甚幸甚。

岱云与易五近亦有日课册，惜其识不甚超越。余虽日日与之谈论，渠究不能悉心领会，颇疑我言太夸。然岱云近极勤奋，将来必有所成。

何子敬近待我甚好，常彼此作诗唱和。盖因其兄钦佩我诗，且谈字最相合，故子敬亦改容加礼。子贞现临隶字，每日临七八页，今年已千页矣。近又考订《汉书》之讹，每日手不释卷。盖子贞之学长于五事：一曰《仪礼》精，二曰《汉书》熟，三曰《说文》精，四曰各体诗好，五曰字好。此五事者，渠意皆欲有所传于后。以余观之，此三者余不甚精，不知浅深究竟何如。若字，则必传千古无疑矣。诗亦远出时手之上，不能卓然成家。近日京城诗家颇少，故余亦欲多

做几首。

　　金竺虔在小珊家住，颇有面善心非之隙。唐诗甫亦与小珊有隙。余现仍与小珊来往，泯然无嫌，但心中不甚惬洽耳。曹西垣与邹云陔十月十六日起程。现尚未到。汤海秋久与之处，其人诞言太多，十句之中仅一二句可信。今冬嫁女二次：一系杜兰溪之子，一系李石梧之子入赘。黎樾翁亦有次女招赘。其婿虽未读书，远胜于冯舅矣。李笔峰尚馆海秋处，因代考供事，得银数十，衣服焕然一新。王翰城捐知州，去大钱八千串。何子敬捐知县，去大钱七千串。皆于明年可选实缺。黄子寿处，本日去看他，工夫甚长进，古文有才华，好买书，东翻西阅，涉猎颇多，心中已有许多古董。何世兄亦甚好，沈潜之至，虽天分不高，将来必有所成。吴竹如近日未出城，余亦未去，盖每见则耽搁一天也。其世兄亦极沈潜，言动中礼，现在亦学倭艮峰先生。吾观何、吴两世兄之姿质，与诸弟相等，远不及周受珊、黄子寿。而将来成就，何、吴必更切实。此其故，诸弟能看书自知之。愿诸弟勉之而已。此数人者，皆后起不凡之人才也。安得诸弟与之联镳并驾，则余之大幸也。

　　季仙九先生到京服阕，待我甚好，有青眼相看之意。同年会课，近皆懒散，而十日一会如故。

文人聚会图　清

　　余今年过年，尚须借银百五十金，以五十还杜家，以百金用。李石梧到京，交出长郡馆公费，即在公项借用，免出外开口更好。不然，则尚须张罗也。

　　门上陈升一言不合而去，故余作傲奴诗。现换一周升作门上，颇好。余读《易·旅卦》，"丧其童仆"。象曰："以旅与下，其义丧也。"解之者曰："以旅与下者，谓视童仆如旅人，刻薄寡恩，漠然无情，则童仆亦将视主上如逆旅矣。"余待下虽不刻薄，而颇有视如逆旅之意，故人不尽忠。以后余当视之如家人手足也，分虽严明而情贵周通。贤弟待人亦宜知之。

　　余每闻折差到，辄望家信。不知能设法多寄几次否？若寄信，则诸弟必须详写日记数天。幸甚。余写信，亦不必代诸弟多立课程，盖恐多看则生厌，故但将余近日实在光景写示而已，伏惟诸弟细察。

十一月十七日

【译文】

诸位贤弟足下：

十月二十七日寄给诸位贤弟一封信，内信四页，抄倭艮峰先生日记三页、抄诗二页，已改至肖莘五先生处，不由庄五爷公馆转交了。不知是否已收到无误？

十一月前八日已将日记抄与诸弟看，以后每次家信，可抄三页寄回。日记本都是楷书，一笔不苟，可惜抄录时不能用楷书了。冯树堂用功最猛，我亦教他就像教自己的弟弟一样，知无不言。可惜九弟不能在京与树堂日日切磋，我无时无刻不为此叹息。九弟在京半年，我懒散不努力。九弟走后，我才稍稍能够立志，实在对不起九弟。我曾和岱云说："我想尽孝，没别的途径，我能教导诸弟道德学问长一分，那么就有一分孝；能教诸弟长十分，就有十分孝，如果一点也不能引导诸弟成名，那我就是大不孝了。"九弟无所进步，是我大不孝了。只希望诸弟发奋立志，做事有恒，以弥补我不孝之罪。幸甚幸甚。

岱云与易五近来亦有日记，惜其见识不甚出众。我虽天天与他们谈古说今，他们似不能用心领会，反很怀疑我言语浮夸。不过岱云近来极勤奋，将来必有所成就。

何子敬近来待我甚好，常彼此做诗唱和。他很钦佩我的诗，谈论书法又最谈得来，故子敬对我十分尊敬。子贞现临隶字，每日临七八页，今年已有一千多页了。近来又考订《汉书》的错误，每日手不释卷。子贞的学问所长有五个方面：一曰《仪礼》精，二曰《汉书》熟，三曰《说文》精，四曰各体诗好，五曰字写得好。这五方面，他认为都想有所作为传与后人。以我来看，《礼》《汉书》《说文》这三方面我不太懂，不知浅深究竟如何。若说字，子贞的字必能传之千古无疑。诗亦远比现在这些人高明，能成一家之体。近日京城作诗能称上一家的人很少，故而我亦打算多做几首。

金竺虔在小珊家住，颇有面善心非之隙。唐诗甫亦与小珊有矛盾。我现仍与小珊来往，泯然无嫌，但还是不太交心。曹西垣与邹云陔十月十六日起程，现尚未到，汤海秋这个人与他处久了，发现此人谎言太多，十句话中仅一二句可信。今年冬天有两家女儿出嫁：一是杜兰溪的儿子，一是李石梧次子入赘。黎樾翁亦有次女招女婿。其婿虽未读书，但比冯舅强多了。李笔峰尚在海秋处教书，因替人代考，得银数十，衣服焕然一新。王翰城捐知府，花去大钱八千串。何子敬捐知县，花去大钱七千串。皆于明年可选任实缺。黄子寿那里，今天去看他，功夫甚有长进，古文亦有才华，喜好买书，东翻西阅，涉猎颇多，心中已装上不少掌故。何世兄亦很好，为人十分深沉，他虽天分不高，但将来必有所成。吴竹如近日未出城，我亦未去，因为每见一面则耽搁一天。他的世兄亦很深沉，一言一动都会平礼，现在亦在学倭艮峰先生。我观察何、吴两世兄之姿质天分，与诸弟一样，远不及周受珊、黄子寿。而将来有无成就，何、吴必然更靠得住。这是为什么，诸弟都能看书自己会明白。但愿诸弟努力。这几个人，以后都是了不起的人才。如果能够使诸弟与他们联手并进，那我真是太幸运了。

季仙九先生到京任职，待我甚好，有另眼相看的意思。同年会课，近皆懒

散，只是不像以前一样十日一会。

我今年过年，尚须借银一百五十金，以五十金还杜家，留百金自用。李石梧到京，交出掌管郡馆公费，就在公家钱中借用，免得出外开口更好。不然，则还须张罗费事。

用人陈升因一言不合走了，我作了一首傲奴诗。现换了一名叫周升的看门，颇好。我读《易·旅卦》"丧其童仆"。象曰："以旅与下，其义丧也。"解释的人说："以旅与下者，谓视童仆如旅人，刻薄寡恩，漠然无情，则童仆亦将视主上如逆旅矣。"我待下人虽不刻薄，但看他们不是一条道上的人，无话可说，故下人也不尽忠。以后我应当把用人也当自家手足兄弟看，主仆身份虽要严格分开但情义贵在交流。贤弟待人也应懂得这一点。

我每听说信差来了，总是盼有家信。不知能否设法多寄几次信吗？如来信，请诸弟一定详写日记数天。幸甚。我写信，亦不必告诉你们要学什么课程，恐怕这类话看多了生厌，故而只是把我近日平常生活多写写而已，伏惟诸弟细察。

十一月十七日

唐鹤九所寄挽联极佳

【原文】

沅弟左右：

季弟墓志作就，不甚称意。唐鹤九所寄挽联极佳，云：秀才肩半壁东南，方期一战成功，挽回劫运；当世号满门忠义，岂料三河洒泪，又陨台星。余欲改成功二字为功成，改洒泪二字为痛定，似更妥协。

余仅派戈什哈一人送季椁，盖以弟所派诸人，凡事皆有条理，不必更派文武委员，反虞纷乱也。

十二月十八夜于湖南会馆

【译文】

沅弟左右：

季弟的墓志已经写完，不是很满意。唐鹤九寄来的挽联做得非常好，是这样写的："秀才肩半壁东南，方期一战成功，挽回劫运；当世号满门忠义，岂料三河洒泪，又陨台星。"我打算改成功两字为功成，改洒泪两字为痛定，似乎更为妥当。

我仅派戈什哈一人护送季弟灵柩。因为你派的那些人，办事都有条理，不必再派文武委员，反而会出现纷乱。

十二月十八夜于湖南会馆

拟于二月上半月赴金陵

【原文】

沅弟左右：

十三日接弟初八日专人来信，俱悉一切。

金宝圩尚有四坝未陷，可谓铁汉。陈栋之勇夫究竟精壮否？李、滕谓好者不满三分之二，云岩却又言其可用。郑奠所招之勇夫，此间未经点名，想又不如陈矣。黄鹤汀信寄去，其吊季奠仪百金即在此间璧还。

余赴金陵计在二月上半月。弟今年专以操练为主，不宜出处打行仗。余近牙疼略愈，惟公事积搁极多，不知何日始能清厘。顺问近好。

国藩手草　正月十四日

【译文】

沅弟左右：

十三日接到弟弟初八派专人送来的信，俱悉一切。

金宝圩还有四坝没有陷落，真可说是铁打的营盘。陈栋的士兵是不是真的精壮？李、滕说其中好的不够三分之二，云岩又说还算可以。郑奠招募的士兵，到现在还没有点名，看来还不如陈栋的士兵啊。现将黄鹤汀的信寄去，吊祭季弟的礼金一百也在这里，一块寄还。

我打算二月上半月去金陵。今年弟弟应重点操练队伍，不应该出去打仗。最近我的牙疼稍有好转，只是公事积压太多，也不知什么时候才能清闲一下。顺问近好。

国藩手草　正月十四日

曾香海不宜主东皋讲习

【原文】

澄侯四弟左右：

日内未接家信，想俱平安。兰姊病已大愈否？季弟灵榇，闻腊月二十九日至黄州以上七十里之七矶滩，想未必能至汉口度岁，不知何时可抵长沙。沅弟坚欲葬季于马公塘，吾二人即可允从，不必各执己见。

此间军事尚平安。春霆于正月初六日在泾县大获胜仗，嗣后尚未开仗。余牙疼稍愈，身体如常。

弟前函询曾香海主东皋讲席，余意似觉非宜。大凡师道以专勤为第一义。香海近年亦办公事，未必能专；年逾六十，精力渐衰，未必能勤。且诸生志在举业，香海本非举贡出身，近于八股未免抛荒，恐不足以惬诸生之望，宜再酌之。罗老师不可兼书院之说，不知有专条定例否？余意中亦别无可请之人也。

恽次山超擢湖南方伯，未知文式岩作何下落，尚无明文。李筱泉调广东粮道，王铃峰擢赣南道并闻。顺问近好。

国藩手草　正月十四日

【译文】

澄侯四弟左右：

近几天没有接到家里的来信，想必一切都好吧。兰姐的病全好了吗？季弟的灵柩，听说腊月二十九日到黄州以上七十里的七矶滩，看来不能到汉口过年了，不知道什么时候能到长沙。沅弟坚持要把季弟埋葬在马公塘，我们俩就允许并顺

从吧，不必各执己见了。

这里的军事还算平安。春霆于正月初六在泾县大获胜仗，过后还没开仗。我的牙疼病稍有好转，身体还是那样。

弟弟上次来信询问曾香海主持东皋讲席一事，我觉得不太合适。一般当老师的都要把专心和勤奋放在首位。香海这几年还办理一些公事，未必能专门讲学；而且年过六十了，精力逐渐衰退，未必能勤奋。并且，各位学生都立志在科举事业，香海本来也不是贡生举人出身，稍懂八股文但也属于抛荒了，恐怕不能满足各位考生的要求。此事应该再三斟酌。罗老师不能兼任书院职务的说法是不是有专门的条款规定？我的意思是也没有另外可请的人了。

恽次山被破格提拔为湖南方伯，不知文式岩的下落如何，现还没有明确的文书。听说李筱泉调任广东粮道，王铃峰提升为赣南道。顺问近好。

国藩手草　正月十四日

寄银料理伯姊丧事

【原文】

澄弟左右：

二月初十日，在金陵沅弟营中接弟正月二十日信，痛悉兰姊于十四日仙逝。同产九人，二月之内，连遭季弟与伯姊之戚，从此只存吾等四人。抚今追昔，可胜伤恸。又闻临三外甥哀毁异常。其至孝可敬，其体弱又可怜。伯姊遗命不令长子入营，自当谨遵。吾即日当寄银二百两，料理伯姊丧事，即以为临三、临八甥家用之一助。

余于二月初六日抵金陵，在沅弟营中住五日，十一日仍回舟次。沅弟送至舟中，同住三日。俟风息即行西旋，周历芜湖、金柱关、无为州等处，再行回省。鲍春霆于二月初一日大战，将围营之贼击退，乘胜攻克西河、小淮窑、湾沚等贼巢十余处。自去秋以来，奇险万状，竟得转危为安，各军稳如泰山，国之福也。

余身体平安，齿痛痊愈。目下惟李世忠九洑洲、二浦危急，余无可虑。

二月十四日于金陵大胜关舟次

【译文】

澄弟左右：

二月初十日，在金陵沅弟的军营中接到弟弟正月二十日的来信，痛悉兰姐于十四日逝世。同胞九人，在两个月里，接连失去季弟和大姐两个亲人，从此只留下我们四个人了。思前想后，可真是悲痛。又听说外甥临三异常哀伤。如此孝顺令人可敬，但他的身体虚弱又令人可怜。大姐遗言不让长子入军营，自然应当谨遵其遗嘱。我今天就寄二百两银子料理大姐的丧事，也算帮助一下临三、临八外甥的生活。

我于二月初六日到达金陵，在沅弟的军营中住了五天，十一日又回到船中。

沅弟送我回到船上，和我一起住了三天。等风停了就往西走，周游芜湖、金柱关、无为州等地，再坐船回省城。鲍春霆于二月初一日打了一大仗，把围攻军营的敌人击退，并乘胜攻克了西河、小淮窑、湾沚等十几处敌垒。自从去年秋天以来，险象丛生，现在竟然转危为安，各军阵地稳如泰山，这是国家之福呀！

我的身体很好，牙痛全好了。现在只有李世忠的九洑洲和二浦还处在危急之中，其他没有可忧虑的了。

二月十四日于金陵大胜关舟次

北岸处处吃紧上海军事顺利

【原文】

澄弟左右：

二十一日接弟三月初八日在县城发信，俱悉一切。

罗教师掌教新东皋书院，通县悦服。开张既好，以后书院必诸事顺遂，人文蔚起，可喜可庆。罗允吉婿从邓师读书甚好。业经成婚之后，欲将各书一一温熟，势必不能。惟求邓师将"五经"点一遍讲解一遍，正史约亦讲一遍，不求熟，不求记，但求经过一番而已。邓师辛苦一年，明年或另择师专教罗婿亦可。

事恒系照二品赐恤，并无一品字样。弟寄挽联，本请余评定前三名，何以未见寄到。茶叶极好。余去年一年未吃得好茶，此次始交运也。

兰姊处，余备奠仪二百两，今付回临三甥处，下次再作函慰之。

此间军事，石涧埠自初三日被围，十七日内外夹击大胜，立解重围。发逆上犯，围逼庐江。捻匪由鄂下窜，连陷宿松、太、潜。北岸处处吃紧，南岸徽、池群盗如毛。祁门久无信来，不知保得住否。余身体平安。欧阳凌云昨日到此。上海军事近极顺利，大约苏杭均可图也。顺问近好。

国藩手草 三月二十四日

【译文】

澄弟左右：

二十一日我接到弟弟三月初八从县城发出的信，俱悉一切。

罗老师执教新东皋书院，全县都很乐意。既然有如此好的开端，以后书院的各项事情都会顺利的。文化大兴，值得高兴，应该庆祝。罗允吉婿跟邓老师读书学习很好。吉婿结婚后，想把所有的书一一熟读，恐怕不行。只有请邓老师把《五经》标点一遍，讲解一遍，正史也应该讲解一遍，不求熟，不求记，只求过一遍就行。邓老师辛苦了一年，明年另选一个教导罗婿的老师

曾文正公集 清 曾国藩著

也行。

　　事恒是按照二品赐给抚恤的，并没有一品字样。弟弟寄来挽联，本来是请我评定前三名，为什么还没见寄到。茶叶非常好，去年我一年没有喝过的茶叶，这次开始交好运了。

　　兰姐那里，我准备了奠仪二百两钱，今天寄回到临三外甥外，下次再写信安慰。

　　这期间的军事，石涧埠自从初三被围困，十七日内外夹攻获得大胜，立刻解围。发逆（指太平军）向上游进犯围攻庐江。捻军从鄂向下游流窜，连续攻陷宿松、太、潜等地。北岸的局势处处急迫，南岸徽、池等地敌军多如牛毛。祁门也很久没有来信了，不知能不能保住。我的身体还好。昨天欧阳凌云来了。上海的军事近来极为顺利，大概苏杭都有希望得到。顺问近好。

国藩手草　三月十四日

最宜畏惧敬慎者乃方寸之地

【原文】

沅弟左右：

　　接弟十一、十二日两信，俱悉一切。

　　辞谢一事，本可浑浑言之，不指明武职京职，但求收回成命。已请筱泉、子密代弟与余各拟一稿矣。昨接弟咨，已换署新衔，则不必再行辞谢。吾辈所最宜畏惧敬慎者，第一则以方寸为严师，其次则左右近习之人，如巡捕、戈什、幕府文案及部下营哨官之属，又其次乃畏清议。今业已换称新衔，一切公文体制为之一变，而又具疏辞官，已知其不出于至诚矣。欺方寸乎？欺朝廷乎？余已决计不辞，即日代弟具折。用四六谢折外，余夹片言弟愧悚思辞，请收成命。二十一二日专人赍京。弟须用之奏折各件，即由此次折弁带归。

　　弟应奏之事暂不必忙。左季帅奏专衔奏事之旨，厥后三个月始行拜疏。雪琴得巡抚及侍郎后，除疏辞复奏二次后，至今未另奏事。弟非有要紧事件，不必专衔另奏，寻常报仗，仍由余办可也。

　　李子真尽可分送弟处。莫世兄年未二十，子偲不欲其远离。赵惠甫可至金陵先住月余，相安则订远局，否则暂订近局。

　　五月杪以后之米，省局尽可支应。以三万人计之，每月需米万二千石（五百人一营者加夫一百八十名，每月需二百石）。弟部来此请米价及护票者已一万数知石，计六七月必到，不尽靠皖台也。顺问近好。

国藩手草　四月十六日

【译文】

沅弟左右：

　　接到弟弟十一、十二日的两封信，俱悉一切。

　　辞谢这件事，本应该泛泛说一下，不要指明确武职、京职，只请求收回成

命。我已经请筱泉、子密替弟弟各写了一文。昨天接到弟弟的询问，已经更换的新官衔，就不要再去辞谢了。我们最应该畏惧谨慎的，一是以人心为严师呀，其次是左右身边熟悉的人，例如：巡捕、戈什、幕府文案及其部下营哨官等，第三就是害怕文人的议论。现在既然已经换任新衔，所有公文体制都为之改变。而还写奏折辞官，让人以为不是出于诚心了。欺骗人心呢？还是欺骗朝廷呢？我已决定不辞了，今天就代弟弟写奏折。除用四六谢折以外，我再附加几句弟弟惭愧害怕想辞官，请求收回成命的话。二十一、二日派专人带到京城。弟弟要用的奏折文书等也由这次一块带回。

弟弟应该奏请的事暂时不必忙。左季帅奉专衔奏事的旨意，随后三个月开始执行。雪琴得到巡抚和侍郎官职后，除了疏辞和再次奏请二次后，到现在还没另外奏事。弟弟没有要紧的事，不用专门奏事，一般的报告事情，仍然由我办理也行。

李子真尽可以分送给弟弟，莫世兄年岁不满二十，子偲不想让他远离自己。赵惠甫可以先到金陵住一个多月，平安就做长远打算，否则就做近期打算。

五月底以后的米，省局还可以支付。按三万人计算，每月需要一万二千石米，（五百人一营加民夫一百八十名，每月需要二百石），部队来这里请示买价和护票的已经有一万几千石了。计划六、七月份一定到，不用全靠安徽粮台了。顺问近好。

国藩手草　四月十六日

大员之家望无涉公庭

【原文】

澄侯、子植、季洪三弟左右：

澄侯在广东前后共发信七封，至郴州、耒阳又发二信，三月十一到家以后又发二信，皆已收到。植、洪二弟今年所发三信亦俱收到。澄弟在广东处置一切甚有道理，易念园、庄生各处程仪，尤为可取。其办朱家事，亦为谋甚忠；虽无济于事，而朱家必可无怨。"论语"曰："言忠信，行笃敬，虽蛮貊之邦行矣。"吾弟出外，一切如此，吾何虑哉！贺八爷、冯树堂、梁俪裳三处，吾当写信去谢，澄弟亦宜各寄一书。即易念园处，渠既送有程仪，弟虽未受，亦当写一谢信寄去。其信即交易宅，由渠家书汇封可也。若易宅不便，即托岱云觅寄。

洪弟考试不利，区区得失，无足介忧。补发之案有名，不去复试，甚为得体。今年院试若能得意，固为大幸；即使不遽获售，去年家中既隽一人，则今岁小挫，亦盈虚自然之理，不必抑郁。植弟书法甚佳，然向例未经过岁考者不合选拔，弟若去考拔，则同人必指而目之。及其不得，人不以为不合例而失，且以为写作不佳而黜。吾明知其不合例，何必受人一番指目乎？弟书问我去考与否，吾意以科考正场为断。若正场能取一等补廪，则考拔之时，已是廪生入场矣；若不能补廪，则附生考拔，殊可不必，徒招人妒忌也。

我县新官加赋我家，不必答言，任他加多少，我家依而行之。如有告官者，我家不必入场。凡大员之家，无半字涉公庭，乃为得体。为民除害之说，为所辖之属言之，非谓去本地方言也。

排山之事尚未查出，待下次折弁付回。欧阳之二十千及柳衙叔之钱，望澄弟先找一项垫出，待彭大生还来即行归款。彭山屺之业师任千总（名占魁）现在京引见，六月即可回到省。九弟及牧云所需之笔及叔父所嘱之膏药、眼药均托任君带回。曹西垣教习报满引见，以知县用。七月动身还家。母亲及叔父之衣并阿胶等项，均托西垣带回。去年内赐衣料，袍褂皆可裁三件。后因我进闱考教习，家中叫裁缝做，渠裁之不得法，又窃去整料，遂仅裁祖父、父亲两套。本思另办好料为母亲制衣寄回，因母亲尚在制中，故未遽寄。叔父去年四十晋一，本思制衣寄祝，亦因在制，未遽寄也。兹准拟托西垣带回，大约九月可以到家，腊月服阕，即可着矣。

纪梁读书，每日百二十字，与泽儿正是一样，只要有恒，不必贪多。澄弟虽不读书，亦须常看"五种遗规"及"呻吟语"。来书想发财捐官云云，犹是浮躁气习。洗尽浮华，朴实谙练，上承祖父，下型子弟，吾于澄实有厚望焉。

兄国藩手草　五月初十日

【译文】

澄侯、子植、季洪三弟左右：

澄侯在广东前后共发信七封，到了郴州、耒阳又发了二封信，三月十一日回到家后又发展信，皆已收到。植、洪二弟今年所发的三封信亦都收到了。澄弟在广东处理事情甚有道理，退回念园、庄生各处送的路费钱，尤为可取。澄弟处理朱家的事，亦为人打算得很周到；虽无济于事，面朱家亦必可无怨。《论语》曰："言忠信，行笃敬，虽蛮貊之邦行矣。"我兄弟出门在外，处事如此，我还有什么可忧虑的！贺八爷、冯树堂、梁俪裳三处，我当写信去表示谢意，澄弟亦宜各去一信。就是易念园那里，他既送有路费，澄弟虽未接受，亦应当写一封信去表示谢意。信就交给易宅，由他家写好汇总封好即可。若有不方便，即托岱云找机会寄去。

洪季考试不利，区区得失，无足挂怀。补发的案卷上有名字，不去复试，这是得体的。今年院试若能得意，固为大幸；即使不能一下就得志，去年家中既然已有一人得到好事，则今年有些小小挫折，也是盈虚自然的道理，不必郁郁不得志。植弟书法甚佳，不过一向有旧例未经岁考的不应参加选拔，弟若去参加，则同人必在背后指指点点。等你未选上，别人不认为你是不合旧例而未选上，而是说你书法不佳而被淘汰。我明知这不合旧例，何必受人一番议论呢？弟弟来信问我是否去参加考核选拔，我的意见是视正式科举考试的情况来决定。如果正式考试时能取得一等补廪的成绩，则考核选拔时，你已是以廪生身份参加了，如果不能，则仅是以附生身份参加，大可不必，白白招人忌妒。

县里新来的官员增加了我们家的赋税，不必答复，任他加多少，我家依命而

地。如有人告做官的，我家不必参与。凡是大官的家庭，无半点涉及到法庭，才是得体。至于为民除害的说法，是指父母官的下属而说的，不是说去除掉父母官。

排山的事尚未查出，待下次折差来带回。欧阳的二十千及柳衡叔的钱，望澄弟先找出一笔钱垫上，等彭大生回来就能还上。彭山屺的业师任千总（名占魁）现在京等候皇上接见，六月即可回省城。九弟及牧云所需要的毛笔及叔父嘱托过的膏药、眼药均托任君带回。曹西垣教习任职期满皇上接见，任命为知县，七月动身回家。母亲及叔父的衣服还有阿胶等物，均托西垣带回。去年官里赏赐的衣料，袍褂都可裁三件。后因我受命入考场选拔教习，家中叫裁缝做，裁得不得法，又偷去一块整料，故仅裁祖父、父亲两套衣服。本想另找好衣料为母亲做套衣服寄回，因母亲尚着丧服，就未敢寄。叔父去年四十一岁寿辰，本想做套衣服寄去为叔父祝寿，亦因叔父尚着丧服就没寄。现都准备托西垣带回，大约九月可以到家，腊月服丧服期满，就可以穿了。

纪梁读书，每日百二十字，与泽儿正是一样，只要有恒，不必贪多，澄弟虽不读书，亦须常看《五种遗规》和《呻吟语》。来信说想发财花钱捐个官等等，尤为浮躁。应洗尽浮华，朴实话练，上奉养祖父，下为子弟楷模，我于澄弟实在是寄予厚望的。

兄国藩手草 五月初十日

行事宜谨慎

【原文】

澄侯、子植、季洪三弟左右：

五月二十四发第八号家信，由任梅谱手寄去。高丽参二两、回生丸一颗、眼药数种，膏药四百余张，并白菜、大茄种，用大木匣（即去年寄镜来京之匣）盛好寄回，不知已收到否？六月十六日接到家信，系澄侯五月初七在县城所发，俱悉一切。月内京寓大小平安。予癣疾上身已好，惟腿上未愈。六弟在家已一月，诸事如常。内人及儿女辈皆好。郭雨三之大女许配黄莆卿之次子，系予作伐柯人，亦因其次女欲许余次子故，并将大女嫁湖南。此婚事似不可辞，不知堂上大人之意如何？

澄侯在县和八都官司，忠信见孚于众人，可喜之至。朱岚轩之事，弟虽二十分出力，尚未将银全数取回。渠若以钱来谢，吾弟宜斟酌行之，或受或不受，或辞多受少，总以不好利为主。此后近而乡党，远而县城省城，皆靠澄弟一人与人相酬酢。总之不贪财、不失信、不自是，有此三者，自然鬼服神钦，到处人皆敬重。此刻初出茅庐，尤宜慎之又慎。若三者有一，则不为人所与矣。

李东崖先生来信，要达天听，予置之不论，其诰轴，则杜兰溪即日可交李笔峰。刘东屏先生常屈身讼庭，究为不美。澄弟若见之，道予寄语，劝其"危行言孙，蠖屈存身"八字而已。墓石之地，其田野颇开爽（若过墓石而至胡起三所

居一带尤宽敞），予喜其扩荡眼界，可即并田买之，要钱可写信来京。凡局面不开展、眼鼻攒集之地，予皆不喜，可以此意告尧阶也。何子贞于六月十二丧妻，今年渠家已丧三人，家运可谓乖舛。季弟考试万一不得，亦不必牢骚。盖予既忝窃侥幸，九弟去年已进，若今年又得，是极盛，则有盈之惧，亦可畏也，同乡诸家，一切如常。凌笛舟近已移居胡光伯家，不住我家矣。书不一一，余候续具。

　　　　　　　　　　　　　兄国藩手草　六月十七日

【译文】

澄侯、子植、季洪三弟左右：

　　五月二十四日发出第八号家信，是经任梅谱的手寄去的。高丽参二两、回生丸一颗、眼药数种、膏药四百余张，还有白菜、大茄种子，用大木匣（即去年寄镜来京时用的木匣）装好带回，不知已收到没有？六月十六日接到家中来信，是澄侯五月初七在县城发的，俱悉一切。本月内京城家中大小平安。我的癣疾上身已好，只是腿上未好。六弟在家已一个月了，诸事如常。内人及孩子们都好。郭雨三的大女儿许配给黄莆卿的二儿子，是我做的媒，这亦是因为郭的二女儿想许配给我的二儿子的缘故，想把大女儿嫁到湖南。这门亲事似乎不可推辞，不知堂上大人的意见如何？

　　澄侯在县里和八都官司，忠诚信义见孚于众人，可喜之至。朱岚轩的事，弟虽竭尽全力，尚未将银钱全部讨回。他若用银钱来表示谢意，我兄弟宜斟酌行事，或接受或不接受，或辞掉大数目接受小数目，总以给人不好银钱的印象为好。此后近则乡里乡亲，远则县城省城，都要靠澄弟一人应酬。总之要不贪财、不失信、不自以为是，有这三条，就是神鬼自然也要信服的，走到哪人人都敬重。现在澄弟初出茅庐，尤其应该慎之又慎。若上面说的三条有一条做不到，则不为人所信任了。

　　李东崖先生来信，有些事想通过我禀奏皇上，我置之不论。诰封，杜兰溪今天可交给李笔峰。刘东屏先生常常置身公堂，卷入讼事，终究不是好事。澄弟若见到他，可说我的话，劝他"危行言孙、蟠居存身"八个字而已。墓地，那一带田野颇开阔

青玉缠枝莲纹双耳瓶　清

（若过墓碑而至胡起三住的地方那一片更宽敞），我喜欢地势开阔的地方，可以和田亩一起买下，要钱可写信来京。凡是地势不开阔、眼睛鼻子挤在一块的狭窄地段，我都不喜欢，可将我这个意见告诉尧阶。何子贞于六月十二日丧妻，今年他家已死了三个人了，家运可谓乖舛。季弟考试万一不中，亦不必牢骚满腹。我私下倒觉得侥幸，九弟去年已进学，若今年家中又中一人，是极盛了，如此该有物极必反、盈满则亏的畏惧了，这亦是很可怕的。同乡诸家，一切如常。凌笛舟

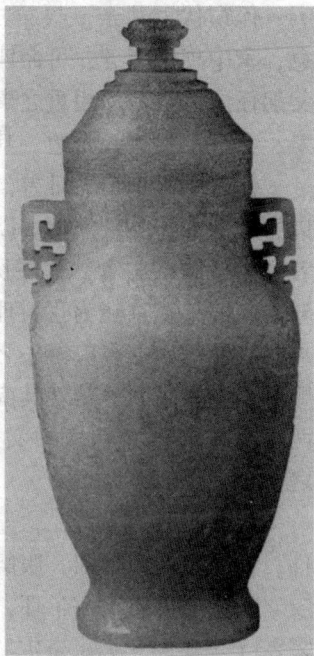

近日已搬到胡尧伯家，不在我家住了。书不尽言，余俟续具。

兄国藩手草　六月十七日

请勿过劳粗重事宜雇工为之

【原文】

侄国藩谨禀叔父母大人礼安：

六月十七发第九号信，七月初三发讵第十号信，想次第收到。十七日接家信二件，内父亲一谕、四弟一书、九弟、季弟在省各一书、欧阳牧云一书，得悉一切。

祖父大人之病不得少减，日夜劳父亲、叔父辛苦服事，而侄远离膝下，竟不得效丝毫之力，中夜思维，刻不能安。江岷樵有信来，言渠已买得虎骨，七月当亲送我家，以之熬膏，可医痿痹云云。不知果送来否？闻叔父去年起公屋，劳心劳力，备极经营。外面极堂皇，工作极坚固，费钱不过百千，而见者拟为三百千规模。焦劳太过，后至吐血，旋又以祖父复病，勤劬弥甚。而父亲亦于奉事祖父之余操理家政，刻不少休。

侄窃伏思父亲、叔父二大人年寿日高，精力日迈，正宜保养神气，稍稍休息，家中琐细事务，可命四弟管理。至服事祖父，凡劳心细察之事，则父亲、叔父躬任之；凡劳力粗重之事，则另添一雇工，一人不够则雇二人（雇工不要做他事，专在祖父大人身边，其人要小心秀气）。

侄近年以来精力日差，偶用心略甚，癣疾即发，夜坐略久，次日即昏倦。是以力加保养，不甚用功。以求无病无痛，上慰堂上之远怀，外间求做文、求写字者，求批改诗文者，往往历久而莫偿宿诺，是以时时抱疚，日日无心安神恬之时。前四弟在京能为我料理一切琐事，六弟则毫不能管。故四弟归去之后。侄于外间之回信，家乡应留心之事，不免疏忽废弛。侄等近日身体平安，合室大小皆顺。六弟在京，侄苦劝其南归。一则免告回避；二则尽仰事俯畜之职；三则六弟两年未作文，必在家中父亲、叔父严责方可用功。乡试渠不肯归，侄亦无如之何。

叔父去年四十晋一，侄谨备袍套一付。叔母今年四十大寿，侄谨备棉外套一件。皆交曹西垣带回，服阕后即可着。母亲外褂并汉布夹袄亦一同付回。

闻母亲近思用一丫环，此亦易办。在省城买不过三四十千；若有湖北逃荒者来乡（今年湖北大水奇灾），则更为便宜。望父命四弟留心速买，以供母亲、叔母之使令。其价，侄即寄回。侄今年光景之窘较甚于往年，然东支西扯尚可敷衍。若明年能得外差或升侍郎，便可弥缝家中。今年季弟喜事不知窘迫否？侄于八月接到俸银，即当寄五十金回，即去年每岁百金之说也。在京一切张罗，侄自有调停，毫不费力，堂上大人不必挂念。

侄谨禀　七月二十日

【译文】

侄国藩谨禀叔父母大人礼安：

六月十七日发出第九号信，七月初三日发出第十号信，想必都依次收到了。十七日接到家信二封，内有父亲亲笔来信一封、四弟的信一封、九弟、季弟在省城发出的信各一封，欧阳牧云的信一封，得悉一切。

祖父大人的病不见好转，日夜劳累父亲、叔父辛苦服侍，而侄儿远离膝下，竟不得效丝毫之力。夜半时分想起来，一刻也不能安宁。江岷樵有信来，说他已买得虎骨，七月份当亲自送到我家，以虎骨熬膏，可以医治偏瘫之病云云。不知果真能送来不？听说叔父去年造公屋，劳心费力。耗尽了心血。外观极堂皇，建筑极坚固，费钱也不过百千，而来看的人都以为得花上三百千的样子。操劳太过，后至吐血，不久因祖父又生病，又加受累。而父亲亦在奉养祖父大人之余还得操理家政，一刻也不得休息。

侄儿私下想父亲、叔父二大人年寿日高，精力日差，正应保养精神，稍稍休息，家中琐细事务，可命四弟处理。至于服侍祖父，凡操心细致的事情，还得父亲、叔父亲自来做；凡出力粗重的事情，则另添一雇工，一人不够则雇二人（雇工不要他做其他事，只专在祖父大人身旁照顾，其人要小心秀气）。

侄近年以来精力日差，偶然用心略多，癣疾就犯，夜里略坐久些，次日即昏昏欲睡，因此力加保养，不甚用功。以求无病无痛，以告慰堂上大人千里之外的挂念关怀。外头有人求我的文章、字，求我批改诗文，我往往很长时间也没能完成，因此时时感到抱歉和内疚，天天没有心安神怡的时候。从前四弟在京能为我处理一切琐事，六弟则一点也管不了。故四弟回家以后，侄儿在外头像回信、家乡应留心的事等一类事，不免疏忽忘记。侄等近日身体平安，合家大小皆无事。六弟在京，侄苦劝他回家，一来免得要告回避不能在此地参加科举考试；二则尽到自己为人儿孙，为人丈夫的责任；三则六弟两年未写文章，必得在家中父亲、叔父的严格督促下方可用功。乡试他不肯回来，侄亦没有办法。

叔父去年四十一岁寿辰，侄谨备袍套一件。叔母今年四十大寿，侄谨备棉外套一件。皆交给曹西垣带回，服丧服期满后即可穿。母亲的外裙及汉绿布夹袄亦一同带回。

听说母亲近来想用一个丫鬟，这亦容易办到，在省城买不过三四十千，若有湖北逃荒来到家乡的（今年湖北特大洪水），则更为便宜。望叔父令四弟留心，速速买下一个，以供母亲、叔母使唤。买丫头的钱，侄即将寄回。侄今年经济上比往年更窘迫，但东支西借尚可维持。如果明年能得到地方上任官差的机会或是升任侍郎，便可滋补家中。今年季弟办喜事不知钱够用不？侄于八月接到俸银，即当寄五十金回来，也就是去年说的每年寄百金回来。在京一切事务，侄自会调停，毫不费力，堂上大人不必挂念。

侄谨禀　七月二十日

诰轴日内即可发下

【原文】

澄侯、温甫、子植、季洪四位老弟足下：

七月初九日发家信第八号，想已收到。八月初十折差来京，接张湘纹书。计折弁当于七月二十外起行，诸弟正在省城而无家书，何也？诸弟发家书交提塘后，往往屡发次不带，或一次带数封。折弁颇为可恶！诸弟须设法与提塘略一往还，当面谆托，或稍有济。否则每次望信，甚闷损人也。

京寓小大平安。前月内人病数日，近已痊愈。曹西垣于八月四日出京之官安徽。张书斋于十一日出京之官贵州。张尚须回长沙，曾借我银八十金，言明内三十俟补缺再还，其五十到省送凌家。予收凌家奠分尚有二百金未寄。兹张处既寄五十，其百五十总于今冬妥寄孙筱石，不再借人也。今冬本欲寄银到家，因前次澄弟书言公车来京，家中尽可兑银，是以予不另寄。除凹里田价外，尚须送亲族年例银五十金，亦宜早早筹划。共计若干，概向各处公车妥兑。免致年底掣肘。如无处可兑，即须闰八月寄信来京，以便另办。然不如兑之为便也。

诰轴已经用宝，日内即可发下，准于乡试者带回，九月即可到家。

乡试题刻于京报上。诗题"得庤字"，系出高宗御制。是题诗中句云："即此供吟眺，奚烦事豁庤。"场中无人知之也。李子彦之文甚好。然苟得中式，印结竟不易取。镜云文尚未见。朱湘宾教习已传到，昨日专人去告知渠矣。

李石梧身后，恩典甚厚。乃七月末翰林院撰祭文、碑文进呈，朱批竟加严饬。谓其夸奖当当，辞藻太多，且贬其调度乖方，功过难掩，历任封疆，尤不足称云云。饬令翰林院另行改撰。其后复撰进呈，遂多贬词。将来建立家口，殊不冠冕。功名之际，难得始终完全也。

耦庚先生家亲事，予颇思成就。一则以耦翁罢官，予亦内有愧心，思借此联为一家，以赎予隐微之愆。二则耦翁家教向好，贤而无子，或者其女子必贤。诸弟可为我细访。罗罗山下次信来详告。若女子果厚重，则儿子十七岁归家省祖父母、叔祖父母时，即可成喜事也。前托在乡间择婚，细思吾邑读书积德之家如贺氏者，亦实无之。诸弟暂不必昌言耳。余俟续布。

兄国藩手草　八月十三日

【译文】

澄侯、温甫、子植、季洪四位老弟足下：

七月初九日发出第八号家信，想已收到。八月初十日折差来京，接到张湘纹信。估计折差当在七月二十日前出发，诸弟正在省城而无家信，这是为何？诸弟将家信发交提塘后，往往屡次不带到，有时一次带几封。折差颇为可恶！诸弟需设法和提塘稍稍来往，当面嘱托，或稍能办好。否则每次盼信，真闷坏人也。

京寓大小平安。前月内人病了几天，近来已全好了。曹西垣于八月四日离京到安徽做官。张书斋于十一日离京到贵州去做官。张还需回长沙，曾向我借八十两银子，说明其中三十两等补缺后再还，另外五十两到省城送往凌家。我收凌家奠分银还有二百两未寄。现在张书斋既寄五十两，剩下百五十两，一总在今冬寄给孙筱石，不再借人了。今冬本想寄银到家，因前次澄弟信中说应贡举人来京，家中尽可兑换银两，所以我就不另寄了。除凹里田价需付外，还需送给亲族年例

银五十两，也应早早筹备。共计若干两，一概向各处贡举人妥善兑换，以免年底受到牵制。如无处可兑付，即须在闰八月寄信来京，以便再办。但不如兑换了更方便。

诰轴已经盖过宝玺，在近日内即可发下，准备让参加乡试的人带回去，九月就可到家。

乡试考题刻在京报上，诗题"得庥字"，是出自高宗皇帝御制诗。此题出自诗中句云："即此供吟眺，奚烦事豁庥。"考场中无人知道。李子彦的文章很好。然而就算及第，印结也不容易得到。镜云的文章还未见到。朱湘宾的教习之职已传到，昨天我已派专人去告诉他了。

李石梧去世后，朝廷给予的恩典极厚。但七月末翰林院为他撰写的祭文、碑文进呈后，皇上朱批竟加严厉训斥，说是夸奖过头，词藻太多，而且说他调度无方，功过难掩，历任封疆大吏，政绩尤不足称云云，严令翰林院另行改撰。以后再撰进呈，便多贬词，将来建立坟墓，很不堂皇。功名之间，很难做到始终完全。

耦庚先生家的亲事，我很想使它成功。一则是因耦翁罢官，我也心有内愧，想借此机会联姻成为一家，来赎还我小小的罪过。二则耦翁家教向来还好，为人贤德而无子，或者他的女儿必定也贤惠。诸弟可以为我细心访察，等罗罗山下次信来后详告我。如他女儿果真厚道庄重，则等我儿子十七岁回家省视祖父母、叔祖父母时，就可办喜事了。先前托诸弟在乡间为儿子择婚，细细一想我县读书积德的人家，如贺氏这样的，也实在没有。诸弟暂不必把我这话传扬出去。余事待后续述。

兄国藩手草　八月十三日

祖母殡事宜俭约

【原文】

字谕纪泽儿：

予自在太湖县闻讣后，于二十六日书家信一号，托陈岱云交安徽提塘寄京；二十七日写二号家信，托常南陔交湖北提塘寄京；二十八日发三号，交丁松亭转交江西提塘寄京，此三次信皆命家眷赶紧出京之说也。八月十三日在湖北发家信第四号，十四日发第五号，二十六日到家后发家信第六号。此三次信皆言长沙被围，家眷不必出京之说也。不知皆已收到否？

余于二十三日到家，家中一切皆清吉，父亲大人及叔父母以下皆平安。余癣疾自到家后日见痊愈，地方团练，我曾家人人皆习武艺，外姓亦多善打者，土匪决可无虞。粤匪之氛虽恶，我境僻处万山之中，不当孔道，亦断不受其蹂躏。现奉父亲大人之命，于九月十三日权厝先妣于下腰里屋后山内，俟明年寻有吉地再行改葬。所有出殡之事，一切皆从俭约，惟新做大杠，六十四人舁请，给费钱十余千，盖乡间木料甚贱也。请客约百余席，不用海菜，县城各官一概不请。神主

即请父亲大人自点。

丁贵自二十七日已打发他去了。我在家并未带一个仆人，盖居乡即全守乡间旧样子，不参半点官宦习气。丁贵自回益阳，至渠家住数日，仍回湖北为我搬取行李回家，与荆七二人同归。孙福系山东人，至湖南声音不通，即命渠由湖北回京，给渠盘缠十六两，想渠今冬可到京也。

尔奉尔母及诸弟妹在京，一切皆宜谨慎。目前不必出京，待长沙贼退后余有信来，再行收拾出京，兹寄去信稿一件，各省应发信单一件，尔可将信稿求袁姻伯或庞师照写一纸发刻。其各省应发信，仍求袁、毛、黎、黄、王、袁诸老位妥为寄去。余到家后，诸务丛集，各处不及再写信，前在湖北所发各处信，想已到矣。

十三日申刻，母亲大人发引，戌刻下窆。十二日早响鼓，巳刻开祭，共祭百余堂。十三日正酒一百九十席，前后客席甚多。十四日开口，客八人一席，共二百六十余席。诸事办得整齐。母亲即权厝于凹里屋后山内，十九日筑坟可毕。现在地方安静。闻长沙屡获胜仗，想近日即可解围，尔等回家，为期亦近矣。

翠雕人物山水图山子　清

罗邵农（芸皋之弟）至我家，求我家在京中略为分润渠兄。我家若有钱，或十两，或八两，可略分与芸皋用。不然，恐同县留京诸人有断炊之患也。书不能尽，余俟续示。

涤生手示　九月十八日

【译文】

字谕纪泽儿：

我自在太湖县听到讣讯后，于二十六日写家信一号，托陈岱云交安徽提塘寄京；二十七日写二号家信，托常南陔交湖北提塘寄京；二十八日发三号家信，交丁松亭转交江西提塘寄京。这三次信都是命家眷赶紧离京的说法。八月十三日在湖北发出第四号家信，十四日发第五号家信，二十六日到家后发第六号家信。这三次信都是讲长沙被围，家眷不必离京的事。不知都已收到否？

我于二十三日到家，家中一切都清泰吉祥，父亲大人及叔父母以下人等都平安。我的癣病自到家后日渐痊愈。地方团练，我们曾家人人都熟习武艺，外姓人也多有善于打斗的，对付土匪绝无可虑。粤匪（注：按指太平天国起义军）的气势虽然凶恶，但我县境僻处于万山之中，并不在交通要道上，也绝不会受到蹂躏。现奉父亲大人之命，于九月十三日暂且埋葬亡母于下腰里屋后的山中，等明年寻找到吉祥地再改葬。所有出殡的事宜，一切都从俭约出发，只有新做的大

杠，需六十四人扛举，给人伕费钱十多千，这是因为乡间木料价钱很贱，请客大约有百余席，不用海味，县城各种官员一概不请。神主就请父亲大人亲自点定。

丁贵自二十七日已打发走了，我在家并未带一个仆人，大约住乡间就得全守乡间的旧样了，不能掺杂半点官场习气。丁贵自己先回益阳，到他家住几天，仍旧回到湖北为我搬取行李回家，和荆七两人同归。孙福是山东人，到了湖南言语不通，我就让他由湖北回京，给了他盘缠银十六两，想来他今年冬天可到京。

你侍奉你母及带诸弟妹在京，一切都应谨慎。目前不必离京，等长沙贼兵（注：按指太平天国起义军）退后我有信来，再作准备离京。现寄去信稿一件，各省应寄发的信单一件，你可把信稿送求袁姻伯或庞老师照抄一纸刻印。各省应寄发信件，仍求袁、毛、黎、黄、王、袁诸老先生妥为寄去。我到家后，诸事丛集，各处不及再写信，先前在湖北所发给各处的信，想已收到了。

十三日申时，母亲大人灵柩出发，戌时下葬。十二日早响鼓，巳时开祭，共祭百余堂。十三日正酒一百九十席，前后来客的酒席很多。十四日开口（注：原缺一字），来客八人一席，共二百六十余席。诸多事务都办得整齐。母亲就暂葬于凹里屋后山内。十九日可把坟筑好。现在地方安静。听说长沙屡获胜仗，想来近日内就可解围。你等回家的日期也接近了。

罗邵农（芸皋的弟弟）到我家，求我家在京中稍稍照顾他哥哥。我家如有钱，或十两，或八两，可稍稍分给芸皋用。不然的话，恐怕同县中留京诸人有断炊的忧患。信不能尽。余待续示。

涤生手示　九月十八日

盼急来瑞州

【原文】

沅浦九弟左右：

近十日复缄并周梧冈批禀，谅得速达。十二日接初三来缄。借悉近状。

黄、夏与周同赴吉安，既尽于昨书所云。十一日附片奏请此军颁发执照二千张，俾黄、夏劝捐稍得应手，兹趁来卒带往。

至札饬裕时兄接收捐款专济此军一节，黄、夏若果来瑞州，非中丞与季公初竟，亦即非司道、时、石诸公金同之议，强人以曲从吾说，不得不设法将捐项罗归此军。今既全数赴吉，则季公当能主持其事，捐款自为此军支用，不必更由余处下札，又多一重斧凿痕也。至入吉以后，或速行掣动，或久顿城下，亦难预决。惟沅浦则以半月为率，急来瑞州，俾温甫得以更替归省。此则家庭要事，弟当与南翁、憩翁坚确订约者耳。复候近好，不宣。

兄国藩手具　十月十三日

【译文】

沅浦九弟左右：

初十日复信及给周梧冈的批禀，想已很快寄到了。十二日接到弟初三日来

信，得知近况。

黄、夏与周同往吉安，既已都在前信中说到了，十一日为兄又用附片奏请给这支军队颁发执照两千张，以使黄、夏劝捐能稍稍得心应手，现趁来此的兵卒带往弟处。

至于去札命裕时兄接收捐款专门用来接济这支军队一事，黄、夏如果真来瑞州，就不是中丞与季公最初的意见，也就不是司道、时、石诸公都赞同的意见，这是强使他人曲从我的意见，所以不得不设法把捐款都交归这支军队使用。现在既已全部前往吉安，则季公应能主持这事，捐款自然归这支军队支用，不必再由我这里下发信札，又多一道斧凿痕迹。至于进入吉安地区之后，或者快速出击，或者久顿城下，也难以预先决定。唯有沅浦则以半月为限，赶快来瑞州，让温甫能够替换回乡省亲。这是家庭中要紧事，弟应与南翁、憩翁坚定、明确订立信约。复候近好，不宣。

兄国藩手具 十月十三日

盼以后勿常出门

【原文】

澄侯四弟左右：

初六日俊四等来营，奉到父大人谕帖并各信件，得悉一切。

弟在各乡看团阅操，日内计已归家。家中无人，田园荒芜，堂上定省多阙，弟以后总不宜常常出门。至嘱至嘱。罗家姻事，暂可缓议。近世人家，一人宦途即习于骄奢，吾深以为戒，三女许字，意欲择一俭朴耕读之家，不必定富室名门也。杨子春之弟四人捐官者，吾于二月二十一日具奏。闻部中已议准，部照概交南抚。子春曾有函寄雪芹，似已领到执照者，请查明再行布闻。

长夫在大营，不善抬轿，余每月出门不过五六次，每出则摇摆战栗、不合脚步。兹仅留刘一、胡二、盛四及新到之俊四、声六在此，余俱遣之归籍。以后即雇江西本地轿夫，家中不必添派人来也。

此间军务，建昌府之闽兵昨又挫败，而袁州克复，大局已转，尽可放心。十月内饷项亦略宽裕矣。

十一月初七日

【译文】

澄侯四弟左右：

初六日俊四等来大营，奉到父亲大人谕帖和各封信件，得悉一切。

弟在各乡观看团兵操练，近日内估计已回家。家中无人，田园荒芜，堂上大人平时省视一定多有缺乏，弟以后总不应常常出门。至嘱至嘱。罗家婚事，暂可缓议。近代人家，一进官途，就习惯于骄奢，我深以此为戒。三女儿出嫁，想选择一个俭朴的耕读人家，不必一定要富户名门。杨子春的四个弟弟捐官，我于二月二十一日已详奏上，听说部里已经讨论批准，部照一概交给南抚台。子春曾有

信寄给雪芹，似乎已领到执照，请查明后再传布消息。

长夫在大营城，不善于抬轿，我每月出门不过五六次，每次出去就摇摆战栗，不合脚步。现仅留刘一、胡二、盛四及新到的俊四、声六在这里，其余人都派他们回乡。以后就雇江西本地的轿夫，家中不必添派人来了。

我这里的军情是，建昌府的闽兵昨天又失败，而袁州已克复，大局已扭转，尽可放心。十月里饷款也稍宽裕些了。

十一月初七日

愧对江西绅士

【原文】

沅浦九弟左右：

十九日亮一等归，接展来函，俱悉一切。

临江克复，从此吉安当易为力，弟黾勉为之。大约明春可复吉郡，明夏可克抚、建。凡兄所未了之事，弟能为我了之，则余之愧憾可稍减矣。

余前在江西，所以郁郁不得意者：第一不能干预民事，有剥民之权，无泽民之位，满腹诚心无处施展；第二不能接见官员，凡省中文武官僚晋接有稽，语言有察；第三不能联络绅士，凡绅士与我营款惬，则或因吃醋而获咎（万篪轩是也）。坐是数者，方寸郁郁，无以自伸。然此只坐不应驻扎省垣，故生出许多烦恼耳。弟今不驻省城，除接见官员一事无庸议外，至爱民、联绅二端皆可实心求之。现在饷项颇充，凡抽厘劝捐，决计停之。兵勇扰民，严行禁之。则吾夙昔爱民之诚心，弟可为我宣达一二矣。

吾在江西，各绅士为我劝捐八九十万，未能为江西除贼安民。今年丁忧奔丧太快，若恝然弃去，置绅士于不顾者，此余之所悔也（若少迟数日，与诸绅往复书问乃妥）。弟当为余弥缝此阙。每与绅士书札往还，或接见畅谈，具言江绅待家兄甚厚，家兄抱愧甚深等语。就中如刘仰素、甘子大二人，余尤对之有愧。刘系余请之带水师，三年辛苦，战功日著，渠不负吾之知，而余不克始终与共

交椅 清

患难。甘系余请之管粮台，委曲成全，劳怨兼任，而余以丁忧遽归，未能为渠料理前程。此二人皆余所惭对，弟为我救正而补苴之。

余在外数年，吃亏受气实亦不少，他无所惭，独惭对江西绅士。此日内省躬

责己之一端耳。弟此次在营境遇颇好，不可再有牢骚之气，心平志和，以迓天休。至嘱至嘱。

承寄回银二百两收到。今冬收外间银数百（袁漱六、郭雨三各二百），而家用犹不甚充裕，然后知往岁余之不寄银回家，不孝之罪，上通于天矣。澄弟于十四日赴县，二十日回家。赖古愚十七日上任。亦山先生十七日散学。邓先生尚未去。萧组田、罗伯宜并已归去。韩升亦于十七日旋省矣。

四宅大小平安。余日内心绪少佳，夜不成寐，盖由心血积亏，水不养肝之故，春来当好为调理。甲三所作八股文近颇长进，科一、四、六三人之书尚熟。二先生皆严惮，良师也。一切弟可放心。即颂年祺，不一一。

兄国藩手草　十二月二十一日

【译文】

沅浦九弟左右：

十九日亮一等人回到我处，收到来信，俱悉一切。

临江府已经收复，这以后吉安方面形势好转，你要努力做好。大概明年春天可以收复吉安。明年夏天可以攻下抚、建。那些我没能了结的事，你能为我了结，那么我的惭愧和遗憾可减少一些。

我先前在江西，所以郁郁不得志的原因是：第一，不能干预民政事务，只有剥夺民众的权力，没有造福民众的地位，一片诚心无处施展；第二，不能和官员见面、交往。凡是省里的文武官员与我见面、交谈，总有人检查、监视；第三，不能和绅士们联系，凡是绅士们和我的军队关系塥洽的，有的就会因别人吃醋而得罪（万麓轩是也）。因为这几方面，所以我心里闷闷不乐，无法表达。但这就是因为不该驻扎在省城里，所以才生出这么多烦恼。如今你不驻在省城，除了和当地官员交往这件事不必再说以外，对于爱护民众，联系绅士这两方面要真心去做。现在军饷充足，凡是各种临时额外捐、税，一定要免除。士兵扰民，也要严令禁止。这样我以往爱民的诚意，你可以为我表达一些了。

我在江西省，绅士们为我的军队募捐了八、九十万两白银，而我没能为江西除贼安民。今年奔丧走得太快了，像这样突然离开，毫不理睬当地绅士的做法，我很后悔（如果稍微停留几天，和绅士们往还通信才好）。你要为我弥补一下这个缺憾。你在和绅士们互相通信，或者当面畅谈时，可以说一些江西绅士对我哥哥很热情，我哥哥觉得非常惭愧这样的话。其中像刘仰素、甘子大二人，我尤其愧对他们。刘仰素是我请来带水师的，三年辛苦，战功卓著，他没有辜负我的提拔，而我却不能始终和他共患难。甘子大是我请来管理粮台的，委曲求全，任劳任怨，而我因为奔丧很快回到老家，没能为他安排好前程。这两个人都是我所愧对的，你要为我补救一下。

我在外几年，吃亏、受气也真不少，没有别的可惭愧，就是对江西绅士。这是最近几天里我所思、责己的一方面。你这次在军中境遇很好，就不要再发牢骚了，心平气和，以迎天福。至嘱至嘱。

承蒙你寄回白银二百两，我已收到。今年冬天收到外面的银子几百两（袁漱六、郭雨三各二百），而家用还是不太富裕，这才知道我前些年不往家里寄钱，不孝之罪，上通于天。澄弟于十四日到县里，二十日回家。赖古愚十七日上任。亦山先生十七日歇馆散学。邓先生还没有离去。萧组田、罗伯宜都已回去了。韩升也于十七日回省城了。

四宅大小平安。我最近心情少有好时，夜里睡不着，大概是心血积亏，水不养肝的原因，明年春天要好好调理。甲三所写的八股文最近进步很快，科一、科四、科六三个人读书还算很熟。两位先生都很严格，是好老师。一切你都可以放心。即颂年祺，不一一。

兄国藩手草　十二月二十一日

民宜爱而刁民不必爱

【原文】

沅浦九弟左右：

正月十七日蒋一等归，接十一日信，借悉一切。兄于初五、十二、十四、十六共发四信，十六之信系交戈什哈李卿云带去，中有报销折稿，计二月初可到。次青处回信及密件，弟办理甚好。

民宜爱而刁民不必爱，绅宜敬而劣绅不必敬。弟在外能如此条理分明，则凡兄之缺憾，弟可一一为我弥缝而匡救之矣。昨信言无本不立，无文不行，大抵与兵勇及百姓交际，只要此心真实爱之，即可见谅于下。余之所以颇得民心勇心者，此也。与官员及绅士交际，则心虽有等差而外之仪文不可不稍隆，余之所以不获于官场者，此也。去年与弟握别之时，谆谆嘱弟，以效我之长，戒我之短。数月以来，观弟一切施行，果能体此二语，欣慰之至。惟作事贵于有恒，精力难以持久，必须日新又新，慎而加慎，庶几常葆令名，益崇德业。

亦山先生十六日到，十七日上学。科四、科六书尚熟。九弟妇近日平安。季洪所请乳母十七已到。六弟妇、二妹子、青山舅舅皆常在左右不离。南五舅爹十七日来，十九日归。郑先生十九日可到。余身体如常。请刘镜湖先生，要二十四五始至。四宅眷口均吉。母亲改卜吉城之事，余常常在念。现请刘为章来乡，大约正月可到。猫面脑之地，必须渠与尧阶等一看始可放心。此外寻新穴颇不易得，然余决志在今年办妥。新宁知县许九霞过此，自言于风水颇精，许来帮同寻觅。惟渠新被劾，未便在乡久住。弟在外亦尝闻有明眼人可延至家者否？若无其人，不必为此更纷心也。余俟续布，即候近好。

兄国藩手草　正月十九日

【译文】

沅浦九弟左右：

正月十七日蒋一等回来，接十一日信，知悉一切。兄于初五、十二、十四、十六共发四信，十六日信是交与戈什哈李云卿带去的，内中有报销奏折手稿，估

计二月初可以到。次青处的回信及密件，弟办理的很好。

百姓宜爱而刁民不必爱，乡绅宜敬而劣绅不必敬。弟在外能如此条理分明，那么凡是兄之缺憾，弟可一一为我弥补。昨日信中说，无本不立，无文不行。大体上与士兵及百姓交往，只要以真心爱之，即可谅解于士兵百姓。我之所以能得民心兵心，就由于此。与官员及绅士交往，内心中虽可有等级差别，但表面的礼仪上不可不稍微隆重些，我所以在官场上不得人心，也由于此。去年与弟握别之时，谆谆叮嘱，以效我之长，戒我之短。数月以来，看弟的一切措施，果然能体会此二语，欣慰之至。但是做事贵在持之以恒，精力难于持久，必须日新再新，慎而加慎，才能常葆英名，光大功业。

亦山先生十六日到，十七日上学。科四、科六读书还好。九弟妇近日平安。季洪所请乳母十七日已到。六弟妇、二妹子、青山舅舅都常在左右不离。南五舅爹十七日来，十九日回去。郑先生十九日可到。我身体如常，请刘镜湖先生，要二十四、五日才到。四宅眷口都好。母亲改葬之事，我常常挂念，现请刘为章来，大约正月可到。关于猫面脑的地，必须他和尧阶等看过才放心。此外，再另外寻找新地很不容易，但我决心今年要办好。新宁知县许九霞路过，自称对风水之学很精通，答应他来帮忙，一同寻地。但他刚被弹劾，未便久住。弟在外面可听说有精于风水能请到家中来的人吗？若没有，也不必为此费心。余俟续布，即候近好。

兄国藩手草　正月十九日

性拙不善联络地方官

【原文】

沅浦九弟左右：

二十九日发第六号信，交刘福一等带至营中，想已接到。

日内家中小大平安。澄侯初二未刻自县城归来，季洪初二可来新宅。父大人初四日周年忌辰，只请本房，余俱不便惊动。祭祀全依朱子家礼，早知至坟山泣奠，日中在家恭祭也。

吴贯槎（斋源）由桂东来此住二日。外间言萧浚川在樟树小败，究竟情形若何？下次可便述一二。

弟昨信劝我不必引前事以自艾。余在外立志以爱民为主，在江西捐银不少，不克立攻，凡关系民事者一概不得与闻。又性素拙

官印　清

直，不善联络地方官，所以龃龉。坐是中怀抑塞，亦常有自艾之意。春来闲服补

剂，医者以为水不养肝之所致，待刘镜湖来，加意调理，或可就痊。余自知谨慎，弟尽可放心。余俟续布，顺问近好，不戩。

兄国藩手草

再，九弟妇初一日微觉受寒，现服代三之剂，季洪亦间有参酌，已痊愈矣。镜湖先生来，当请其诊视，服大补剂也。又行。（初三日午刻）

再，余所为《水师得胜歌》《陆军得胜歌》，吉安各营尚有之否？望弟觅一二份寄回为要。

涤字　二月二日又行

【译文】

沅浦九弟左右：

二十九日发第六号信，交刘福一等带回营中，想已接到。

日内家中小大平安。澄侯初二未时自县城归来，季洪初二可来新宅。先父大人初四一周年忌辰，只请本房，其他人不便惊动。祭礼仪式全依照朱子家礼，早起到坟山哭奠，中午在家中恭祭。

吴贯槎（斋源）由桂东来此住二日。外间传言萧浚川在樟树小败，究竟情形如何？下次来信可叙述一二。

弟昨日信中劝我不必为从前事自疚。我在外面时立志以爱民为主，在江西捐银不少，不亚于立战功，凡是关系到民事一概不参与。又生性拙直，不善于联络地方官员，有不少矛盾。于是心中烦闷，也经常感到内疚。春天以来时常服些补剂，医生认为是水不养肝所致，等刘镜湖来后，加意调理，或可痊愈。我自会谨慎，弟尽可放心。余俟续布，顺问近好，不戩。

兄国藩手草

再：九弟妇初一有些受寒，现服了代三的药剂，季洪也一起参酌，现已痊愈了。镜湖先生来后，可以再请他诊视，服些大补之药。又行。（初三日午时）

再：我所作《水师得胜歌》《陆军得胜歌》，吉安各营中还有留存没有？望弟找寻一二份寄回为要。

涤字　二月二日又行

弟之职分以战守为第一义

【原文】

沅浦九弟左右：

二十一日春二等归，接手书，知九江克复，喜慰无量。迪安专人来报，十八夜始到。润芝中丞递报二十日到。屠戮净尽，三省官绅士民同为称快。从此抚、建、吉安贼胆愈寒。吉贼颇悍，常有出濠死斗攻扑营盘之意，宜时时防备。弟之职分，以战守为第一义，爱民次之，联络上下官绅及各营弁勇又次之。已屡言之矣，务望持之以恒，始终如一为要。

前书言先大夫竹亭公祠宇公费，不知弟意以为然否？如此举有成，则此后凡

有书籍、法帖、钟鼎、彝器皆可存
置祠中。先世之积累稍立基业，吾
兄弟之什物有所归宿，即如弟寄回
之"二十三史"，许仙屏"书谱"，
皆可收存，为之目录。若家运隆盛，
将来收积之物，兄弟子姓继继承承，
尚当不替也。

永丰杜秀才在新桥下看得二地，
据称的是佳城，日内当去亲看。

罗罗山之夫人张氏于二十一日
仙逝，定于五月一日发引，拟令甲
三前去吊唁。二十八日去，初一日
归也。余不一一。

许仙屏信阅毕封送。

用以毁坏城防设施的撞车　宋

兄国藩手具　四月二十三日

【译文】

沅浦九弟左右：

二十一日春二等回来，接弟手书，知道九江克复，喜慰无量。迪安派专人来报，十八日夜刚到，润芝中丞的递报二十日到。屠戮净尽，三省官员、乡绅同声称快。从此抚、建、吉安敌军胆寒。吉敌颇为凶悍，经常有冲出壕沟拼命进攻营盘的意图，应时刻注意防备。弟的职责，以打仗守土为第一，爱民次之，联络上下官绅及各营兵勇又次之。已经说过多次，务望持之以恒，始终如一为重要。

前信曾说到先大夫竹亭公祠宇的公费，不知弟的意见如何？如果此举办成，那么以后凡是有书籍、法帖、钟鼎、彝器等都可以存置在祠中。先辈的积累稍建功业，我兄弟的用物就有所归宿，例如弟寄回的《二十三史》，许仙屏的《书谱》，都可以收存，并做出目录。如果家运昌盛，将来收积物物品，兄弟子孙不断继承，可以永不衰落。

永丰的杜秀才在新桥下面看了二块地，据说是好地，近日当去亲看。

罗罗山的夫人张氏于二十一日仙逝，决定五月一日发葬，打算命甲三前去吊唁。二十八日去，初一回来。余不一一。

许仙屏的信阅读后封好送去。

兄国藩手具　四月二十三日

弟太辛苦须常服补药

【原文】

澄侯四弟左右：

五月二十四早接弟十三夜所发一缄，俱悉一切。

萧浚川又至宝庆，大局当不足虑。贼至十万之多，每日需食米千石，需子药数千斤。渠全无来源，粮米掳尽，断无不走之理，可不须大胜仗也。沅弟启行后，日日大雨，甚为辛苦。

余右目红疼，不能写小字。前因贤弟夫妇四十寿辰，思写红纸屏一付寄贺。即将平日所称祖父之勤俭孝友、书蔬鱼猪等语述写一遍，以为寿序也可，以为格言也可。因目疾尚未及办，待下次再寄也。叔父处，前年以大事未办寿屏，明年叔母五十晋一，拟请漱六、筠仙为之。弟意以为何如？在界岭等处，弟亦太辛苦，须常常服补药。保养身体，孝之大端也。顺问近好。

五月二十四日

【译文】

澄侯四弟左右：

五月二十四日接到弟十三夜所发一信，俱悉一切。

萧浚川又到达宝庆，大局应当不必担心了。敌军有十万多人，每天需吃粮千石，需要弹药数千斤，他们没有来源，粮米将尽，定然没有不走的道理，因此不必打大仗了。沅弟启程后，天天大雨，甚为辛苦。

我右眼红疼，不能写小字。上次因贤弟夫妇四十寿辰，想写红纸屏一副寄贺。将平日所说祖父之勤俭孝友、书蔬鱼猪等言语述写了一遍，作为贺寿也行，作为格言也行。但因眼病还没有作，等下次再寄回。关于叔父，前年因为有大事，没有办寿屏，明年叔母是五十一岁，考虑请漱六、筠仙办理，你的意见如何？在界岭等处，你也太辛苦了，应经常吃些补药。保养身体，是尽孝的一个重要方面。顺问近好。

五月二十四日

以浮家泛宅事相商

【原文】

沅浦九弟左右：

初六日发第十号信，计今日可到。初七日便夫归，接弟初一日信，初八日接初三日信两件，俱悉一切。应复之条，分列于后：

一、杨名声药局已于初五日起行赴镇。除现有药物外，又以六十金令其添药。一切薪水费用，仍由此间，弟不必管也。李卿云亦于今日赴镇，带有纱袍一件、千里镜一具照收。

一、萧慰霖本送以菲仪三十金、川资八千文，令其归去矣，因雨大尚未成行。兹接弟信，嘱其即日赴镇也。

一、凯章初二之挫，殊出意外。贼即有他窜之志，恐因此而游移矣。连日淫雨，念镇营辛苦，恐非破贼之象，望弟步步把稳。宝庆被围，吾邑震动，闻搬者十室而九。吾欲令家中亦作浮家泛宅之举，弟意以为何如？

再，此次寄谕，除次青、仙屏外，俱未得见。一恐景镇官军闻此生懈，一恐

本地官绅纷纷挽留。弟得此千万秘密，自少荃外，似皆不可告，徒乱人意也。金陵之对岸六合、仪征皆为贼踞，又难得手耳。兄又行。

六月初八日

【译文】

沅浦九弟左右：

初六发出第十封信，估计今日可到。初七便夫回来接到弟初一来信，初八接到初三来信两封，俱悉一切。应付事项，分列于后：

一、杨名声药局已于初五启程赴镇。除现有药物之外，又给六十两银子令他添药。一切薪水用费，仍由这里供给，弟不必管。李云卿也于今日赴镇，带有纱袍一件，千里镜一具，照收。

一、关于萧慰霖，本来送他菲仪银三十两，路费八千文，命令他回去。由于大雨没有成行，现接弟信，嘱咐他即日赴镇。

一、凯章初二兵败，实在出于意外。敌人本已有逃窜之心，恐怕因此而犹豫。连日下雨，各镇兵勇辛苦，恐怕还没有破敌的征兆。望弟步步稳扎稳打。宝庆被围，我乡震动，听说十室有九已经搬迁，我希望家中也准备搬迁，弟以为如何？

再，这次寄信，除次青、仙屏之外，别人都没有看见。一是怕景德镇官军听到消息因此松懈；一是怕本地官绅纷纷挽留。弟得信后千万秘密。除少荃以外，其他人都不要告知，免得扰乱人心。金陵对岸的六合、仪征都已被敌军占领，又难得手了。兄又行。

六月初八日

以勤与爱民回报君亲

【原文】

沅、季弟左右：

十二早接弟贺信，系初七早所发，嫌到此太迟也。兄膺此巨任，深以为惧。若如陆、何二公之前辙，则治我父母羞辱，即兄弟子侄亦将为人所侮。祸福倚仗之几，竟不知何者为可喜也。默观近日之吏治、人心及各省之督抚将帅，天下似无戡定之理。吾惟以一勤字报吾君，以爱民二字报吾亲。才识平常，断难立功，但守一勤字，终日劳苦，以少分宵旰之忧。行军本扰民之事，但刻刻存爱民之心，不使先人之积累自我一人耗尽。此兄之所自矢者，不知两弟以为然否？愿我两弟亦常常存此念也。沅弟多置好官、遴选将才二语，极为扼要，然好人实难多得，弟为留心采访。凡有一长一技者，兄断不敢轻视。

谢恩折今日拜发。宁国日内无信，闻池州扬七麻子将往攻宁，可危之至！

七月二十日

【译文】

沅、季弟左右：

十二日早上接到弟的贺信，是初七早上所发，到的太迟了。为兄担此重任，深以为惧。如果像陆、何二公一样，重蹈前辙，那就使我父母蒙羞，兄弟子侄也将为人所辱。祸福相倚，竟不知什么是可喜之事。静观近日的吏治、人心以及各省的督抚将帅，天下似乎已难以戡乱平定。我只好以勤字来报答皇上，以爱民二字来报答亲人。我才识平常，决难建立大功，但谨守一个勤字，终日劳苦，以减少心中的忧虑。行军作战本来就是扰民的事，但时刻存着爱民之心，不使先人积累的荣耀从我一人身上丧失。这是为兄的志向，不知道两弟是否同意？愿我两弟也能常常存此心念。沅弟说多置好官，选拔将才二语，极为扼要。但是好人实在难得，望弟留心查访。凡是有一长一技的人，为兄断然不敢轻视。

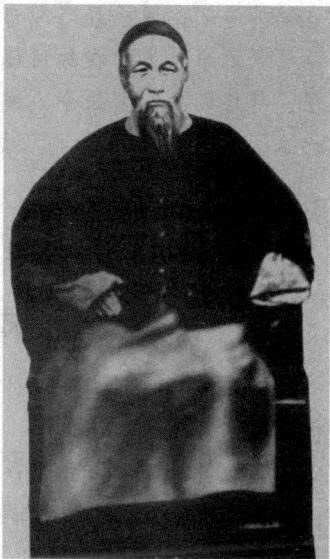

曾国藩像

谢恩奏折已于今日拜发。宁国方面近日无信来，听说池州扬七麻子将率军攻宁，危险之至！

七月二十日

主辱臣死分所当然

【原文】

澄侯四弟左右：

二十四接九月初二日由县城寄缄，俱悉一切。

此间鲍军扎渔亭，张军扎黟县，均因天雨尚未进兵。贼分股窜浙，初四破淳安县，初七破严州府，杭省可危之至。左军已至乐平。江省各处防守，余已略为布置，或可无虞。近接寄渝二次，仍是寻常不要紧之件。圣驾在热河镇静办事，夷人扎队至德教门外，派三百人至园子，焚外朝房，真堪发指。通州、天津皆照常买卖，尤堪诧异。余若奉旨派出，带兵北上，成败利钝全不计较，但以明君臣之大义。主辱臣死，分所当然耳。

下首竹多，容当办礼谢弟与朱金权二人。

九月二十四日

【译文】

澄侯四弟左右：

二十四日接到九月初二由县城寄来的信，俱悉一切。

这里鲍军驻扎在渔亭，张军驻扎在黟县，都因为下雨还未进兵。敌军分路窜入浙江，初四攻破淳安县，初七攻破严州府，杭省危急之至。左军已到乐平。江

省各处的防守，我已经略做布置，或许没有关系。近来接到圣旨二次，还是些寻常不要紧的事。圣驾在热河镇静的办事，洋人驻扎在德教门外，派了三百人进入园子，焚烧朝房，真是令人发指。通州、天津也都照常做买卖，也很令人诧异。我如奉旨派出，带兵北上，成败与否全不计较，只要能表明君臣大义。主辱臣死，理所当然。

家宅下首的竹子很多，容我将来置办礼物谢弟与朱金权二人。

九月二十四日

戒子侄勿习于骄奢逸

【原文】

澄侯四弟左右：

十月二十三夜接弟初五日信，知在敦德堂为显考作庆生道场，五宅平安，至以为慰。

此间于十九日忽被大股贼匪窜入羊栈岭，去祁门老营仅六十里，人心大震。幸鲍、张两军于二十日、二十一日大战获胜，克复黟县，追贼出岭，转危为安。此次之险，倍于八月二十五徽州失守时也。现贼中伪侍王李世贤、伪忠王李秀成、伪辅王杨雄清皆在徽境与兄作对。伪英王陈玉成在安庆境，与多、礼、沅、季作对。军事之能否支持，总在十月、十一月内见大分晓。

陈愚谷之对联，俟下次付回。鼎三请先生，余心中实无其人，候沅、季定夺。甲三十月初六至武穴，此时计将抵家。余在外无他虑，总怕子侄习于骄奢逸三字。家败离不得个奢字，人败离不得个逸字，讨人嫌离不得个骄字，弟切戒之。即问近好。

国藩手草 十月二十四日

掐丝珐琅龙凤纹菱花式炉 清

【译文】

澄侯四弟左右：

十月二十三日夜接到弟初五来信，知道在敦德堂为祖父作了庆生道场，五宅平安，至以为慰。

这里在十九日突然被大股敌军窜入羊栈岭，距离祁门老营仅六十里，人心大震。幸亏鲍、张两军在二十日、二十一日大战获胜，克复黟县，又追敌出岭，转

危为安。这次危险倍于八月二十五日徽州失守之时。现敌军中伪侍王李世贤、伪忠王李秀成，伪辅王杨雄清都在徽境之内与我作战。伪英王陈玉成在安庆境内，与多、礼、沅、季作战。军事上能不能支持，总要在十月、十一月内见大分晓。

陈愚谷的对联等下次再带回。为鼎三请先生，我实在没有人选，等沅、季来定夺。甲三十月初六到武穴，这时估计将要到了。我在外边没有其他忧虑，总怕子侄们习惯于骄奢逸三字。家族的败落离不开奢字，人的败落离不开逸字，讨人厌烦离不开骄字。弟千万戒之，即问近好。

国藩手草　十月二十四日

论洪家事是非之曲直

【原文】

沅弟左右：

二十五夜接二十三酉刻之信，又接二十夜之信，得知前哨亲兵业已发来，后哨亦于二十四发来。祁门如有事，断非一二哨人所能为力，现已转危为安矣。此两哨应仍照原议，留于安庆，待打过援贼，再行发来。

洪家之事，是非曲直，可一言而决。先茔葬在夏家卖契之内，则我直而洪曲。若系我直，则国藩长子也，断不要弟与澄、季独当其事，当由我挺身出来任之。有祸我当，有谤我受，决不出一分一厘与洪。若系洪直，则从容当谋一妥善之法。谚云"一家饱暖千家怨"，况吾家显宦，岂能免于讥议？至日记，除家中人来，并无人看见，希庵屡求抄阅未许。此物在家，何千龄万代之有？弟若此过虑，吾向家中取来涂灰可也。作梅不向我说而告之润帅，吾亦不以为然。七年，黄金堂起槽门，刘为章不向我告知其凶而告之李笏生，吾亦心非之。弟日内要打援贼，千万莫恼怒也。至嘱。

明二十六日，当派李卿云至建德等处阻止前后两哨，暂莫行走，听弟续信。

十月二十五夜。

【译文】

沅弟左右：

二十五日夜接到二十三日酉时来信，又接到二十日夜来信，得知选派的亲兵前哨已经出发，后哨也在二十四日出发。祁门如果发生事端，绝不是一、二哨亲兵所能解决的。现在已经转危为安了。这两哨亲兵仍应按照原先商议的留在安庆，等打退援敌，再行派遣。

关于同洪家的争执，是非曲直，是一句话就可判定的。先人的墓地安葬在夏家卖地契的地内，就是我直而洪曲。如果理在我家，国藩是长子，决不要弟和澄、季独当此事，应由我挺身而出来承担，有祸我当，有谤我受，决不出一分钱给洪家。如果是理在洪家，就要商议一个妥善解决的办法。谚语说"一家饱暖千家怨"，何况我们是显宦之家，岂能免去人们议论。关于日记，除家中人来，并未让别人看见，希庵多次要求抄阅，我没答应。日记留在家里，何止可以保留千

秋万代。弟如果有顾虑，我向家中要来烧掉就行了。作梅不同我说而告诉润帅，我也不以为然。七年时，黄金堂修建槽门，刘为章不同我说其地是凶兆而告诉李笏生，我也不以为然。弟近日要打击援敌，千万不要恼怒，至嘱。

明天二十六日，我当派李卿云到建德等处去阻止前、后两哨，暂时不要前进，等候弟的命令。

十月二十五日夜

戒傲惰乃保家之道

【原文】

澄侯四弟左右：

自十一月来奇险万状，风波迭起，文报不通者五日，饷道不通者二十余日。自十七日唐桂生克复建德，而皖北沅、季之文报始通。自鲍镇二十八日至景德镇，贼退九十里，而江西饶州之饷道始通。若左、鲍二公能将浮梁、鄱阳等处之贼逐出江西境外，仍从建德窜出，则风波渐平，而祁门可庆安稳矣。

余身体平安。此一月之惊恐危急，实较之八月徽、宁失守时险难数倍。余近年在外，问心无愧，死生祸福，不甚介意，惟接到英吉利、法兰西、美利坚各国通商条款，大局已坏，令人心灰。兹付回二本，与弟一阅。时事日非，吾家子侄辈总以谦勤二字为主，戒傲戒惰，保家之道也。即问近好。

国藩手草　十二月初四日

【译文】

澄侯四弟左右：

自从十一月以来奇险万状，风波迭起，书信公文不通有五天，粮饷不通有二十多天。自从十七日唐桂生收复建德，与皖北沅、季的书信公文才又通畅。自从二十八日鲍镇到景德镇，敌人退却九十里，江西饶州的粮饷才又通畅。如果左、鲍二公能将浮梁、鄱阳等处敌军都赶出江西境外，让他们仍从建德窜走，那样风波就会渐渐平息，祁门可以欢庆安稳了。

我身体平安，这一月惊恐万分，真比八月时徽、宁失守还艰险数倍。我近年在外，问心无愧，死生祸福，也不很介意。只是接到英吉利、法兰西、美利坚等各国通商条款，感到大局已坏，令人心灰意冷。现付回二本，与弟一阅。时事越来越坏，我家子侄一辈总应以谦、勤二字为主，戒傲戒惰，保家之道。即问近好。

国藩手草　十二月初四日

怀桐将有大战宜预筹之

【原文】

沅弟左右：

初七日接初二夜一缄，并抄寄润帅一缄，俱悉一切。

此间徽州、休宁这贼，日内纷纷应调，从下游渡江救援安庆、桐城，祁门以

北少可偷安。惟东有伪忠王一股，南有朱衣点、彭大顺一股鞭长莫及，兹可虑耳。

日相先生之事，听润帅自为主持，余不怂恿，亦不挽回。自古君子好与小人为缘，其终无不受其累者。如日相暨胡某、彭某，虽欲不谓之邪不可得，借鬼打鬼，或恐引鬼入室，用毒攻毒，或恐引毒入心，不可不慎也。弟于周之翰疾之已甚，而于日相反多宽假之词，亦未公允。

季弟信亦阅悉。明正节后，怀、桐又有大战，宜预为筹之。

家信二件寄阅。

十二月初七日

【译文】

沅弟左右：

初七接到初二夜一信，并抄寄润帅一信，俱悉一切。

这里徽州，休宁敌军近日纷纷应调，从下游渡江救援安庆、桐城。祁门以北地区稍微安定了。只有东边伪

翡翠丹凤花插　清

忠王一股，南边朱应点、彭大顺一股，现在鞭长莫及，值得忧虑。

关于日相先生之事，听润帅自己主持，我不参与。自古以来，君子好与小人结缘，最终无不受其连累。如日相同胡某、彭某，虽然不说他们奸邪无比，但借鬼打鬼，还恐怕引鬼入室，以毒攻毒，还恐怕引毒入心，不可不慎重。弟对周之翰恨之入骨，而对于日相反多宽容，也未必公平。

季弟来信也看过了。明年正月节后，怀、桐又将有大战，应预先谋划好。

家信二封寄去一阅。

十二月初七日

要于杀人中寓止暴之意

【原文】

沅弟左右：

二十七日申刻张复益，屈楚轩到，接二十四日来书。此二人真善走，已各赏蓝翎一支矣。二十三日步拨之缄尚未到。自十一月后，东流、建德之步拨早已撤回，并将充步拨之郧阳兵遣发回鄂。此后弟有来信，切不可写步拨字样。若由驿递九江、南昌而达祁门，亦不过十日可到，否则须专足也。

公文一件，甚好甚好，即当批准通行各属。吾家兄弟带兵，以杀人为业，择术已自不慎，惟于禁止扰民、解散胁从、保全乡官三端痛下工夫，庶几于杀人之中寓止暴之意。南坡信何以未见？或忘未封入邪？窜金溪之贼，养素禀已获胜仗，见田禀大半由云际关入闽，尚无确信。

家信数封寄还。此间接澄弟正月初八日信，寄阅。《舆地略》又寄去十本查收。余数本，此间友人分散矣。

陈镇二十一日已至东流，甚好，可略壮声威也。

正月二十八日

【译文】

沅弟左右：

二十七日申时张复益、屈楚轩到，接到二十四日来信。此二人真善于行走，已各赏蓝翎一支。二十三日步拨的信还没到。自十一月后，东流、建德的步拨早已撤回，并让充步拨的郧阳兵回鄂。此后弟有来信，千万别写步拨字样。如由驿递九江、南昌而到达祁门，也超不过十天就可到达，否则需要专足。

公文一件，很好很好。立刻批准下发各部。我家兄弟带兵，以杀人为职业，选择此行已属不慎，只有在禁止扰民、解散胁从、保全乡官三方面狠下功夫，尽可能于杀人之中寄托止暴的心意。南坡的信为什么没见到？也许忘了没封？流窜到金溪的敌人，养素报告已获胜仗，见田禀大半由云际关入闽，还没确切消息。

家信数封寄还。这里接到澄弟正月初八的信，寄去请你一阅。《舆地略》又寄去十本请查收。剩下数本，这里友人分散。

陈镇二十一日已到东流，很好，可略壮声威。

正月二十八日

办大事半由人力半由天意

【原文】

沅弟左右：

初三辰刻接初二巳正来书，俱悉一切。

昨日雨小而风大，今日风小而雨大，鲍军勇夫万余人，纵能渡江，想初二尚未渡毕，初三则断不能渡。凡办大事，半由人力，半由天意。如此次安庆之守，濠深而墙坚，稳静而不懈，此人力也；其是否不至以一蚁溃堤，以一蝇玷圭，则天事也。各路之赴援，以多、鲍为正援集贤之师，以成、胡为后路缠护之兵，以朱、韦为助守墙濠之军，此人事也，其临阵果否得手，能否不为狗酋所算，能否不令狗酋逃遁，此天事也。吾辈但当尽人力之所能为，而天事则听之彼苍，而无所容心。弟于人力颇能尽职，而每称擒杀狗酋云云，则好代天作主张矣。

至催鲍进兵，亦不宜太急。鲍之队伍由景镇至下隅坂，仅行五日，冒雨遄征，亦可谓极速矣。其锅帐则至今尚未到齐，以泥太深，小车难动也。弟自抚州拔营至景镇，曾经数日遇雨，试一回思，能如鲍公此次之迅速乎？润帅力劝鲍公进兵不必太急，待狗酋求战气竭力疲而后徐起应之云云，与弟见正相反。余意不必催鲍急进，亦不必嘱鲍缓战，听鲍公自行斟酌可也。多公调度远胜于鲍，其马队亦数倍于鲍，待多击退黄文金后，再与鲍军会剿集贤关，更有把握。

至狗酋虽凶悍，然屡败于多、李、鲍之手，未必此次忽较平日更狠。黄文金

于洋塘、小麦铺两败，军器丢弃已尽。多、鲍之足以制陈、黄二贼，理也，人力之可知者也。其临阵果否得手，则数也，天事之不可知者也。来书谓狗部有马贼二千五六百，似亦未确。系临阵细数乎？抑系投诚贼供乎？闻贼探多假称投诚者，弟宜慎之。即问近好。

四月初三日巳初

【译文】

沅弟左右：

初三辰时接初二巳正来信，俱悉一切。

昨日雨小而风大，今日风小而雨大，鲍军勇夫万余人，即使能渡江，估计初二还未渡完，初三则断断不能渡。凡是办大事，一半在人力，一半在天事。如这次守卫安庆，濠深而墙坚，稳静而不松懈，这是人力；是否不至于以一蚁溃堤，以一蝇玷圭，那就是天事。各路赴援，以多，鲍为正，援集贤之师，以咸，胡为后路缠护之兵，以朱、韦为助守墙濠之军，这是人事；临阵能否得手，能否不为敌酋所算，能否不让敌酋逃走，这是天事。但我辈应当尽人力之所能，而天事则听任上苍，而不必去想。弟于人力很能尽职，但每次说擒杀敌酋的一些话，则是代天作主张。

至于催鲍进兵，也不宜太急。鲍的队伍由景镇到下隅坂，仅走五天，冒雨疾行，也可以说相当快。他们的炊具，帐篷至今还未到齐，因为泥太深，小车难走。弟自抚州拔营地到景镇，曾经数日遇雨，试一回想，能像鲍公此次如此迅速吗？润帅竭力劝阻鲍公进兵不必太急，待敌酋求战气竭力疲以后慢慢应付等等的话，与弟的看法正相反。我的意思不必催鲍急速行进，也不必嘱咐鲍缓战，可以听鲍公自行斟酌。多公调度远胜于鲍，其马队也数倍于鲍，等待多击退黄文金后，再与鲍军会剿集贤关。更有把握。

敌酋虽凶悍，然而屡次败于多、李、鲍之手，未必这次忽然比过去更凶狠。黄文金在洋塘、小麦铺两次败仗，军械已丢弃光了。多、鲍足以能制服陈、黄二敌，这是可知的人力。其临阵能否得手，则是数，天事是不可知的。来信说敌军有马兵二千五、六百，好像也未必确切。是临阵细细数出来的，还是投诚的敌人供出来的？听说敌探许多是假称投诚的，弟宜慎重。即问近好。

四月初三日巳初

给外人之拜帖文牍已阅

【原文】

沅弟左右：

今日搜获伪文十六件，兹先将文目送阅，俟抄就后再将原文送弟处。其中最要关键二端：一则狗酋赴桐城，专避鲍军之锋，言鲍回南岸，即至安庆寻战；一则池州空虚危急，人少水大，极易攻取。兄阅伪文，知两岸之贼全副精神俱在怀、桐。兄前言节后调鲍军回南岸，看来竟不可遽调也。至池州似可乘虚攻取，

拟令黄翼升带淮阳水师，取守兼任其事，候再熟商，即问近好。

正封缄间，接弟二十七日申刻一缄，俱悉一切。皖南地方，若婺源、景镇两处有人守，每月可筹饷四万，若克徽郡，则月可五万。比江西之吉安则不足，比抚、建、瑞、临则有余也。此次左军能迅援景德镇否，尚不可知，且姑听之。

拜夷酋帖式阅过，尽可往见。无论中国外国之人，无不好恭维者，弟之拜帖、文牍均恭敬，即有事有求于彼，应不至以无礼相向。夷酋若来东流，兄亦必与相会，但不先施耳。上水夷船甚多，不必船船皆有大员，皆有通事，若系买卖船，弟亦不必先投此文，须查明为要。

保举可先保二三十人，附于此间另案之内，太多则不可，以未开大仗也。功牌即可刷印。雪琴放广东桌司，亦当奏留。再候日佳。

和兰碧玉山水人物方笔筒　清

四月二十八日正午

【译文】

沅弟左右：

今日搜获伪文十六件，现先将目录送阅，待抄完后再将原文送弟处。其中最关键的两件事：一是伪英王赴桐城，专为躲避鲍军的锋头，说鲍军回南岸，就到安庆寻战，一是池州空虚危急，人少水大，极易攻取。兄阅伪文，知道两岸之敌主力全在怀、桐。兄前面说节后调鲍军回南岸，看来竟不可马上调动。至于池州似乎可以乘虚攻取，准备让黄翼升带淮阳水师攻取，并兼任取后的防务之事，等一下再认真商议。即问近好。

正在封信时，接弟二十七日申时一信，俱悉一切。皖南地方，如婺源、景镇两处有人把守，每月可筹饷四万；如攻克徽郡，则每月可得五万。比起江西吉安则不足，比抚、建、瑞、临则有余。此次左军能否迅速救援景德镇？还不可知，姑且听之。

拜夷酋帖式阅过，尽可以前往会见。无论中国人外国人，没有不好听恭维的，弟的拜帖、文牍均很恭敬，就是有事求他，应不至于以无礼相待。夷酋如来东流，兄也必定与他们相会，但不会主动。上游夷船很多，不必船船都有大员，都有翻译，如果是买卖船，弟也不必先投此文，需查明为要。

保举可先保二三十人，附于我这里其他案之内，太多了则不行，因为未开大仗。功牌立即可以印刷。雪琴放任广东桌司也当奏文留下。再候日佳。

四月二十八日正午

望询明敌情见复

【原文】

沅弟左右：

接二十八夜信，俱悉一切。

书志浚深明贼情，究竟现在之为辅王名杨辅清者，即七麻子否？其与金陵洪首逆尚是貌合神离否？少荃信言忠、侍、璋、轩、诸王皆与狗逆不合，外畏之而中恨之，确否？现窜鄱阳之刘官方与黄老虎孰强孰弱？四眼狗手下之人，以何人为最悍？四年罗大纲在湖口，身边有洋鬼子三人，现忠逆、侍逆身边皆有洋鬼子。系用钱雇，无足轻重之鬼乎？抑实与夷中大员说明乎？一一详询见复。

弟处保举，总以归官、胡出奏为妥牍干之不准，缄求之可也，兄弟中有多少不方便。弟认定为湖北委员，则事事顺手矣。顺问近好。

五月初一辰刻

【译文】

沅弟左右：

接二十八日夜信，俱悉一切。

书志浚深知敌情。现在的伪辅王杨辅清究竟是否就是七麻子？他是否与金陵伪天王还是貌合神离？少荃信中说忠、侍、璋、轩诸王全与伪英王不合，表面敬畏而内心忌恨，是否确实？现在窜扰鄱阳的刘官方与黄老虎谁强谁弱？伪英王手下之人，哪个最强悍？四年罗大纲在湖口，身边有洋鬼子三人，现在伪忠王、侍王身边都有洋鬼子，是用钱雇的无足轻重的洋鬼子吗？是否应该与洋夷中的大员说明白？请一一详细询查见复。

弟处保举，还是以官、胡出奏文为好，正式公文不行，写信求也可以，兄弟中多少还有不方便的。弟自认为是湖北委派，则事事顺手。顺问近好。

五月初一辰刻

舅母弃世宜亲往吊唁

【原文】

澄弟左右：

六月初四接五月二十四来信并纪泽一禀，俱悉一切。南五舅母弃世，纪泽往吊后，弟亦往吊唁否？此等处，吾兄弟中有亲往者为妙。从前星冈公之于彭家并无厚礼厚物，而意甚殷勤，亲去之时甚多。我兄弟宜取以为法。大抵富贵人家气习，礼物厚而情意薄，使人多而亲到少。吾兄弟若能彼此常常互相规诫，必有裨益。

此间军事平安。余疮疾渐愈，已能写字矣。安庆军情，九弟常有信回，兹不赘。付回银二百两，系去年应还袁宅之项，查收。即问近好。

国藩手草 六月十四日

【译文】

澄弟左右：

六月初四接到你五月二十四日的来信和纪泽的禀告一封，一切尽知。南五舅母去世了，纪泽前往吊唁后，弟弟也亲自去吊唁了吗？这些地方，我们兄弟当中应该以亲去吊唁才好。以前，星冈公在彭家，并没有厚礼厚物，但情意殷勤，凡事亲自前往的时候很多。我们兄弟应该采取这种方法。大致说来，富贵人家在交往中的习气是礼物重而情意轻，派人去交往时多而亲自参加的时候少，我们兄弟之间如果彼此常常互相劝诫，一定有益处。

近来这里军事平安，我的疮疾渐好，已经能写字了。安庆的军情，因九弟常常回信，这里不赘言了。寄回二百两银，是去年应还给袁宅的那部分，请查收。顺问近好。

国藩手草　六月十四日

大行皇帝上月十七升遐

【原文】

澄侯四弟左右：

初四日发去一缄。日记交安庆看，故未付来。余于初五日起行赴安庆，初七始到，兄弟相见。观濠沟之深，地段之长，城贼之悍，成功信不易易也。

桐城于初三日克复，池州府于初五日克复。南北两岸正值事机大顺之际，乃于初十日接信，痛悉大行皇帝于七月十七日升遐。天下臣民无福，膺此大变。现御前大臣四人、军机四人辅导幼主赞襄政务。即日奉移梓宫进京，谕旨不准督抚进京叩谒梓宫，俟哀诏到日，余即在安庆设次成礼。

此间军事，自去年以来危险迭见，目下大有转机，所患者饷项积欠太多耳。大女儿喜事，袁家究定何日？余办二百金，可于本月付回。袁铁庵四亲家昨在此经过，余告以两家均崇节俭。二女儿姻期，陈家定于明春举行，季牧顶有信来营矣。余身体平安，疮癣至今未好，爬搔不停，幸不大为害。饮食如常，惟两脚多烂，合屈团鱼、屈礼国之妙为一耳。顺问近好。

家中有好漆醋否？寄少许来。

兄国藩手草　八月十三日巳刻安庆河下

【译文】

澄侯四弟左右：

初四那天给你发去一封信，我的日记正交给安庆那里看，所以没附寄给你。我于初五起程去安庆，初七才到，兄弟见面了。看那里壕沟之深、地段之长、城内敌人之强悍，取得克复之功实在不易呀。

桐城在初三那天被攻克了，池州府在初五那天克复，南北两岸正值军事大顺之际，却在初十那天接到京城的信，痛悉大行皇帝于七月十七日驾崩了。天下的臣民没福，添上了如此祸变。现在，御前四大臣痛哀、军机四人在辅导幼主处理

政务。今天要移梓棺进京，已有谕旨不准督抚进京吊谒梓棺。等到下诏哀悼之日，我将在安庆设灵堂行哀礼。

这段军事情况，从去年以来险状迭出，眼下大有转机，所忧患的倒是饷项积欠太多。大女儿的婚事，袁家究竟定在了哪天？我筹办二百金，可以在本月内送去。袁铁庵四亲家昨天从这里经过，我告诉他两家都崇尚节俭。二女儿的婚期，陈家定在明年春天举行，季牧顶的信寄到营中来了。我身体平安，疥癣至今没好，挠抓不停，幸亏不是大害。吃喝如常，只是两脚多处烂疮，将屈团鱼、屈礼国之妙集于一身了。顺问近好。

家中有没有好的漆醋？请寄一些来。

兄国藩手草　八月十三日巳刻安庆河下

希庵暂署湖北巡抚

【原文】

沅弟左右：

顷接信，胡宫保已于八月二十六亥时去世，可痛之至！从此共事之人，无极合心者矣。奉旨希庵暂署湖北巡抚，系因润帅请开缺折内举以自代也。

打泥汉时，贼墙若傍水滨，我陆师不可近墙登岸，须在上游二十里或下游二十里登岸，庶进退稍宽，不至节太短势太促也。

大通厘局，弟便道一查郑奠之劣迹究以何者为最。有言其严禁游勇（陈虎臣说的），百姓感之者，果否？弟细心查明见复，将以定终身之弃取。闻渠尚恋恋未去也。顺问近好。

九月初三日午刻

【译文】

沅弟左右：

最近接到你的来信，知道胡宫保已于八月二十六日亥时去世，极为痛惜！此后，共事的人中再也没有极其合心的了。奉圣旨，希庵暂任湖北巡抚，是因为润帅在请开缺折内自举的缘故。

在攻打泥汉时，敌人的垒墙如果在水旁边，我陆军则不要靠近垒墙登岸，必须在上游二十里或下游二十里处登岸，那样则会进退宽松，不至于使地段太短，攻势太急促。

大通厘局，弟弟顺便查一下为什么郑奠的劣迹最严重，有人说他严禁游勇（陈虎臣说的），百姓感激他，是这样吗？弟弟细心查明以后复信告我，我将最后定下对他的终身弃取。听说他还恋恋未离开呢。顺问近好。

九月初三日午刻

再嘱极盛之后格外小心

【原文】

沅弟左右：

接十五、十七二信，知有获港坏船之险，又有泥汊破垒之捷。船不善避洄溜，往往失事。要之，舵工生也。泥汊既得，是一大可喜事。舫仙等遽行进兵，吾犹以无米为虑。李少山在汤家沟，此间送信去，日内风逆，恐不能速到。前报解七万之外，又有毛中丞报解一万，湖北报解二万，均因风大不能速到，忧灼之至。余今日登城周视，并至宝塔尖，弟所布置守事均妥。

孙澍人病请回籍，今日起程。陈心泉今日接印。季弟今日甚好，但求明日不发耳。淮扬水师上游无来者，亦以风逆之故。极盛之时，每虞蹉跌，弟当格外小心。顺问近好。

九月十八日申正

【译文】

沅弟左右：

收到你十五日和十七日的两封信，知道你遇到了在获港坏船的危险，又获得了在泥汊攻破敌人营垒的胜利。行船若不善于避开旋涡，常常会失事，关键是舵工生疏造成的。取得了泥汊，是一件可喜的大事。舫仙等急于进兵，我还是为没有军粮而感到忧虑。李少山在汤家沟，最近我这里给他送信去了，但因逆风，恐怕不会很快送达，上次说解送饷钱七万，除此之外，又有毛中丞报解一万，湖北报解二万，都是因为风大而不能迅速送到，我极为焦虑。今天我登城环视四周，并且到了宝塔尖上，看到弟弟所布置的防守事宜都很妥当。

楼阁式嵌珐琅更钟　清

孙澍人得病请假回家乡，今日起程。陈心泉今天接替他掌印。季弟今日很好，只求明天不复发病。上游的淮扬水师没有到来，也是因为逆风的缘故。极盛之时，常要跌跤，弟弟要格外小心。顺问近好。

九月十八日申正

此刻实无兵力援江苏

【原文】

季弟左右：

接十五夜信，俱悉一切。弟之归家，若从一身人伦之道上起见，则兄久以为虑，弟尽可径行归去，不必问希帅之准与不准，余必专缄与希帅说明。若弟能早得嗣续，则举家相庆，而考妣亦含笑于九京。枞阳两营，余尽可就近照料，纵鄂饷不足，隋太守亦可少为接济。除此一事而外，弟仍以不归为妥耳。

江苏请援，至少亦须八千人乃能往救，此刻实无此兵力。无论少荃在余处帮办奏折，不能分身前往，即少荃可往，亦无兵可带。下游苏、杭糜烂，可忧可愧。顺问近好。

十一月十七日

【译文】

季弟左右：

收到你十五日夜里的信，俱悉一切。弟弟回家的事，如果从一个人的人伦之道上考虑，我很早就为这事思考，弟弟尽可以直接回家，不必问希帅准与不准，我一定写专信向希帅说明。如果弟弟能早些得到后嗣，则要全家庆贺，亡故的母亲也可以含笑于九泉。枞阳的两个营，我尽可以就近照料，即使湖北军饷不足，隋太守也可以稍微对其接济。除了这件事以外，弟弟仍以不回家为妥。

江苏请求援助，至少也必须八千人才能去救援。现在实在没有这批兵力。别说少荃在我这里帮办奏折，不能分身前去，即使少荃可以去，也无兵可带。下游的苏、杭糜烂，可忧可愧。顺问近好。

十一月十七日

目前以勤劳王事为要

【原文】

澄、沅弟左右：

二十二日接两弟初四五日信并纪泽在县城所发一禀，知大女在袁家姻事已完，一切平顺，五宅眷口清吉，至以为慰。此间诸事有应详告沅弟者暨家事应商者，条例如左：

一、腊月内解李少山大通粮台银八万两，发皖城张、李、熊、萧等营一万六千余两，俱足一月满口粮。保举饬知四千余道，皆于二十一日印齐交罗麓森送去分发，应皆可欢喜。过年鲍军亦发银九万，较弟军稍优（渠少二千人）。因弟军有厘卡，稍资津贴也。

一、大通盐局钱局尚未禀复，闻将仍旧开设，无为州捐已停止。葛培因札办新河口厘局青帝厘卡，月收钱百二十七串，出钱反多一串，已札停矣。

一、徽州自初五六日被杨逆大股围攻，老湘于初八日获一胜仗，十六日获一胜仗。朱、唐赴援，十七日获一胜仗。目下粮道尚梗，幸左帅派四千人来援，十九日可与朱、唐会合，或可解围。

一、沅弟不肯赴上海，余亦决不相强。惟将程学启拨与少荃，系属万不得已之举，请弟飞缄谕程知之。闻上海每月实可筹银五十万两，不忍坐视其沦陷也。弟来皖，亦不可迟二月间。多军进庐州，弟军即进攻巢县、含山、和州，如巢县得手，和、含易下，则直达金陵矣。南岸江、皖千荆万棘，北岸贼势极衰，机有可乘，弟切不可太迟滞。

一、沅弟头品顶戴谢恩折尚未发，因恐弟托筠仙、意诚办发也。待弟信到，

余即代办代发也，折尾声明交臣兄附驿驰奏云云。弟之体固弱，然历年服补药亦太多。目前处弟之地位，除一力向前勤劳王事，别无二计，身之病否，家之安否，均当看轻。馀详抄寄奏章谕旨中，不尽及。顺问岁祉。

十二月二十四日

【译文】

澄、沅弟左右：

二十二日收到两位弟弟初四、初五日的来信及纪泽在县城所发出的一封信，知道大女儿在袁家的婚事已完成，一切顺利，家中老少平安，很感欣慰。这里的情况应该详告沅弟

曾国藩手札

及家内的事应与你们商量的，条例于后：

一、腊月内送给李少山大通粮台银八万两，发送给皖城张、李、熊、萧等营一万六千多两，已足够他们一个月的口粮。保举通知四千余道，都于二十一日印齐，交给罗麓森送去分发，这些都是可喜的事。过年后也发给鲍军九万两银，比弟弟那里多一些（他的军队少二千人）。因为弟弟那里有厘卡，可以稍微补些津贴。

一、大通盐局、钱局的请示还没有答复，听说还将照旧开设，无为州的捐献已经停止。葛培因办理新河口厘局的青帘厘卡，每月收钱二十七串，而出的钱反而多一串，现已去信停止。

一、徽州自初五、六被杨逆（指杨辅清）大股敌人围攻，老湘于初八那天打了一个大胜仗，十六日又获一胜仗。朱、唐赴往援助，十七日再获胜仗。眼下粮道仍受阻，幸亏左帅派四千人来支援，十九日便可与朱、唐会合，或许可解徽州之围。

一、沅弟不肯赴上海，我也决不强逼，只将程学启拨给少荃，是万不得已的举措，请弟弟速去信告诉程学启知道。听说上海每月实际可筹银五十万两，我不忍坐视上海沦陷。弟弟来安徽，也不得迟于二月。多军进兵庐洲，弟军就进攻巢县、含山、和州，如果巢县得手，和州、含山也容易攻下，那么就可以直达金陵了。南岸江西、安徽荆棘丛生，北岸敌势极弱，有机可乘，弟弟切不可太迟缓。

一、沅弟头品顶戴的谢恩折还没有发，因为怕弟弟委托筠仙、意诚去办理。等弟弟信到了以后，我马上代办代发，折尾声明是弟弟交臣兄附驿驰奏等等。弟

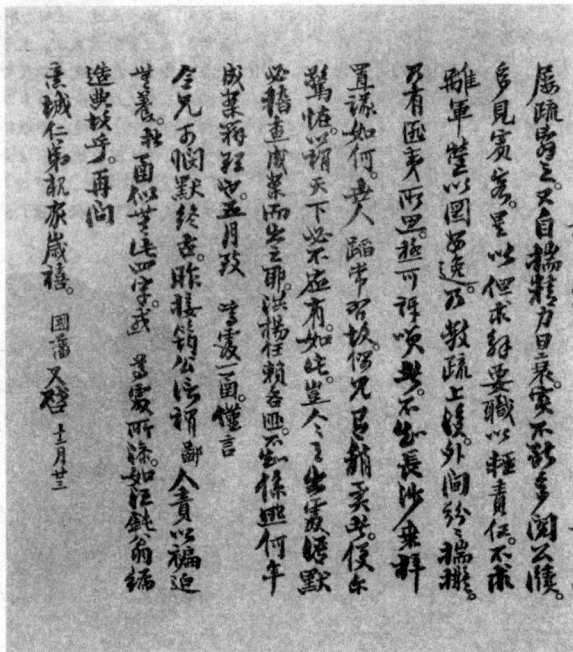

弟身体固然较弱，但历年来服食的补药也实在太多。目前弟弟所处的地位，除了一心向前为国征战外，应别无他想，身体的病与否，家庭的安不安，都应该看得轻一些。其余的详抄寄奏章谕旨中，不一一尽说了。顺问岁末幸福！

十二月二十四日

望笃守恐惧和平四字

【原文】

沅弟左右：

初十日连接初三、四日两信，初五日之信又于十一日接到，俱悉一切。所应付者，详告如左：

一、弟寄澄侯信力主季葬马公塘之说，今日发排单递去，余加一信，亦力主马公塘。抄稿寄阅。

一、洋枪自广东买来，半存此间，余亦并无他意，不过军需器械，前敌营盘宜稍少，粮台存贮宜稍多耳。计弟处所存者洋药洋帽当尚敷数月之用，今弟意欲全数取去亦无不可，近日当专委员解去。弟函词旨过涉戆直，非老年兄弟所宜，以后慎之。

一、弟军不能进剿东坝、二溧，自是审量稳慎之计。余自接澄弟密信一片，已决不欲令弟军雕剿各处。上年凯章病重，余即批准令其回籍调养。况弟谊属手足，岂亲爱反不如凯乎？况澄意但请调至安庆身边，并不求回籍乎？目下金陵大局苦于无人接办，而尽可不必远出雕剿，尤不宜亲身督队，除坚守金陵老营外，有余力则派人助剿含、巢、无、庐一带。今年一年望弟笃守恐惧和平四字，以弭灾而致福。

本日解去银四万，作抵去冬上海一款。

春霆初六日大获胜仗，立解泾围，军威或可再振，顺问近好。

国藩手草　正月十一日

【译文】

沅弟左右：

初十我连续接到你初三、初四寄来的两封信，初五那天的信，又在十一那天接到了，俱悉一切。现在将须要回复的事情详细告之如下：

一、弟弟你在寄给澄弟问候的信中极力主张把季弟葬在马公塘，今天发一份排单寄回家，并附加我的一封信，也主张把季弟葬在马公塘。现在抄给你看。

一、洋枪已经从广东买回来了，有一半在这儿存着。我也没有其他的意思，只不过军用器械，前线应该稍微少些，而后方库存应充足些罢了。估计弟弟那儿存的洋药、洋帽应该够用几个月的，今天弟弟的意思全部取出也没什么不可以的。这几天应该专门派人押解送去。弟弟信中言词过于刚直，就不是老兄弟间所应该有的性格，希望以后谨慎些。

一、弟弟的兵士不能进军清剿东坝、二溧，这自然是仔细考虑稳重的计策。

我自从接到澄弟的一封密信后，决不再准备命令弟弟进军清剿各地。去年凯章病重，我当即批准命令他回老家养病。何况弟弟与我亲如手足，怎能还不如同凯章亲近呢？更何况澄弟的意思只是要求调到安庆身边，并不是要求回原籍。眼下苦于金陵大局没人接管，而且尽量不要远征清剿，尤其不应该亲自督战，除了坚守住金陵老营以外、如有多余的力量，就派兵帮助清剿含、巢、无、庐一带的敌人。今年一年希望弟弟坚守"恐惧和平"四个字，从而消除灾祸而得到幸福。

今天派人解送去四万两银子，作为抵偿去年冬天去上海的费用。

初六那天春霆打了大胜仗，迅速为泾县解了围，或许可以大振军威了。顺问近好。

国藩手草　正月十一日

花未全开月未圆乃惜福之道

【原文】

沅弟左右：

二日未寄信与弟，十七夜接弟初九日信，知弟左臂疼痛不能伸缩，实深悬系。兹专人送膏药三个与弟，即余去年贴右手背而立愈者，可试贴之，有益无损也。

拂意之事接于耳目，不知果指何事？若与阿兄间有不合，早尽可不必拂郁。弟有大功于家，有大功于国，余岂有不感激、不爱护之理？余待希、厚、雪、霆诸君，颇自觉仁让兼至，岂有待弟反薄之理？惟有时与弟意趣不合。弟之志事，颇近春夏发舒之气；余之志事，颇近秋冬收啬之气。弟意以发舒而生机乃旺，余意以收啬而生机乃厚。平日最好昔人"花未全开月未圆"七字，以为惜福之道、保泰之法莫精于此。曾屡次以此七字教诫春霆，不知与弟道及否？星冈公昔年待人，无论贵贱老少，纯是一团和气，独对子孙诸侄则严肃异常，遇佳时令节，尤为凛不可犯。盖亦具一种收啬之气，不使家中欢乐过节，流于放肆也。余于弟营保举银钱军械等事，每每稍示节制，亦犹本"花未全开月未圆"之义。至危迫之际，则救焚拯溺，不复稍有所吝矣。弟意有不满处，皆在此等关头。故将余之襟怀揭出，俾弟释其疑而豁其郁。此关一破，则余兄弟丝毫皆合矣。余不一一，顺问近好。

兄国藩手草　正月十八日

羊山信寄去。

再，余此次应得一品荫生，已于去年八月咨部，以纪瑞侄承荫。因恐弟辞让，故当时仅告澄而未告弟也。将来瑞侄满二十岁时，纪泽已三十矣，同去考荫，同当部曹。若能考取御史，亦不失世家气象。以弟于祖父兄弟宗族之间竭力竭诚，将来后辈必有可观，目下小恙断不为害，但今年切不宜亲自督队耳。又行。

【译文】

沅弟左右：

两天没有给弟弟写信了，十七日夜接弟弟初九写来的信，知道弟弟左边的手臂疼得不能伸屈，很是惦念。现在派专人给你送去三个药膏，就是我去年右手背疼贴上马上就好的那种，你可以贴上试一试，有益无害。

你常听到不中意的事情，但不知你到底指什么事？如果是与阿兄不和，不可不必抑郁忧愁。弟弟你理家有功，对国有大功，我哪能不感激、不爱护呢？我对希、厚、雪、霆等兄弟都做到了仁慈谦让，那有反而亏待弟弟的道理呢？只是有时我和弟弟的志趣不一致。弟弟做事的志趣，很有春夏万物初生的气势；而我做事的志趣则近似于秋冬收获的气势。弟弟的志趣是万物复苏且生机勃勃，我的志趣则是收获而丰厚。平常我最欣赏古人"花未全开月未圆"七个字，我认为珍惜幸福和保安长泰的方法，没有比它更精确的了。我曾经多次用这七个字告诫春霆，不知道是否和弟弟的志趣相符？当年星冈公待人处事，无论贵贱老少，都是一团和气，唯独要求自己的子孙侄辈却非常严肃，遇到逢年过节，尤其尊严而不可侵犯。这也是一种收获的精神状态，从而使家中的欢娱，不至于无节制地放肆。我对弟弟军营中保举银钱军械等事，常常稍示节减，也都还是本着"花未全开月未圆"的道理。到了危险紧迫的时候，就可以灭火灾、救溺水，不再有丁点吝啬。弟弟的意思有不满意的地方，都是在这些方面。所以我把心扉敞开。使弟弟解开疑问、免除郁闷。这个碍阻一解除，那么，我们兄弟就心心相印了。余下的话不再一一写明了。顺问近好。

兄国藩手草　正月十八日

羍山的信寄给你。

再有，这次我应该得到一品荫生，已经在去年启奏吏部，让纪瑞侄享有荫护。因恐怕弟弟推辞谦让，所以当时只告诉澄弟而没有告诉你。将来瑞侄年满二十岁的时候，纪泽已经三十岁了，一同去凭荫考举，一起去部曹做官。如果能考取御史，也算没有断了我们家世代家风。弟弟对祖父兄弟宗族竭心尽力，将来后辈们定能成为有用之才，眼下的一点小病小灾，绝对不是什么大害。但今年你万万不能亲自督战了。又写至此。

对军事调度不必长篇辩驳

【原文】

沅弟左右：

二十五日接二十夜长信。其要则谓春霆宜打盛家桥，不宜打铜城闸，金陵七营不必调回，周汉卿宜回芜湖，江味根宜援江西四事而已。后三事均已照行矣。春霆则二十二日有檄令在王家套登岸，救援庐江。与弟所议亦相合。惟余十六日写信之时，意谓春霆与萧、彭两路夹攻盛家桥，庐江之贼必归并草鞋岭与我大战。战而不胜，必退巢县。初不谓未打而先已解围，不退巢县而反进庐、桐也。

余之料敌不明，调度不善，诚为可愧。而弟于余之调度每每不以为然，长篇辩驳，亦可不必。左帅于连克两府八县后机势极顺。刘克庵军距杭州仅八十里，

而调之回救徽州,徽劳而杭逸。徽四面皆贼,而杭三面肃清;徽粮运不通,而杭两路舟运(徽河在上,绍兴河在对江);徽援助邻省,杭攻剿本省。二月初七日下札,克庵于二十二日抵徽。目下徽、祁万分危急。唐桂生闭城不出,全仗克庵、铃峰纵横攻击,支持已及一月。向使我处左之地,弟处克庵之地,则辩驳之信必更长,道理必更多矣。

春霆自大通至无为州仅一百里,自无为至盛家桥仅六十里,而不肯行陆路,致不能与贼接仗,至今尚未登岸。朱云岩、唐桂生株守一城,亦不一出与贼相见。石涧埠之贼十六日二更已遁,而彭、萧等报十七日大获胜仗。吾军风气如此,必有大决裂之日。焦愤何极!顺问近好。

国藩手草 三月二十六日

鲍、朱两批抄阅。

【译文】

沅弟左右:

二十五日接到你二十日夜里写的长信。主要是说春霆应该打盛家桥,不应该打铜城闸,金陵的七个营不必调回,周汉卿应该回芜湖,江味根应该增援江西四件事。后边的三件事都已经照着去办了。二十二日我就写信命令让春霆在王家套登岸,救援庐江。和弟弟的意见相同。只是十六日我写信时,意思想让春霆和萧、彭两路军夹攻盛家桥,庐江的敌人一定在草鞋岭合并和我军展开大战。打不赢,一定会退到巢县。一开始不是说未打仗先已解围,不退回到巢县而反攻庐、桐。

我预料敌情不准确、调度不妥善,实在令人惭愧。而弟弟你对我的调派每次都不以为然,并且长篇地辩驳,也不必如此。左帅在连续攻克两府八县以后形势非常顺利。刘克庵的军队距杭州仅八十里,但要调他回来援救徽州,徽州要费力气而杭州则轻轻松松。徽州四面都是敌军,而杭州三面肃清了敌人;徽州运粮的道路不通,而杭州有两条河运(徽河在上游,绍兴河在对江);徽州援助邻省,杭州攻剿本省。二月初七日扎下营盘,克庵于二十二日到达徽州。眼下徽、祁两地局势万分危急。唐桂生闭城不出,全仗着克庵、铃峰纵横攻击,支持着已有一个月了。假使我处左帅之地,弟处克庵之地,那么辩驳的信就会写得更长了,道理也一定会更多了。

春霆从大通到无为州仅仅一百里地,从无为到盛家桥只有六十里,但是他不肯走陆路,致使没能和敌军接仗,至今还没登岸。朱云岩、唐桂生死守一座城,也不肯出军与敌人交战。石漳埠的敌人在十六日二更就已经逃跑了,而彭、萧等却报告说十七日打了大胜仗。我们军队的风气像这样下去的话,一定会有彻底崩溃的一天。令人气愤至极!顺问近好。

鲍、朱的两件批文寄给你看。

国藩手草 三月二十六日

鲍军扎金陵东北作合围之举

【原文】

沅弟左右：

二十五日接二十日酉刻来信，俱悉一切。所应复者，条例如左：

一、攻克九洑洲战状，恰好作折毫无底子，今接三人公咨，便可作好折矣，仍拟会厚、雪前衔，弟与官、李后衔。门第太盛，弟处处退一步，最为惜福远忌之道。弟营打雨花台石垒，水营打洑洲，均为近年第一恶战，余当于内银钱所新到之万金全提充赏。水师应分若干，陆兵若干，交弟斟酌布散。

一、洋船不准在金陵湾泊，即日当付片具奏。不准拖带盐船，则一面具奏，一面出示。唯洋人贪利，汉人贪快，此层恐不能禁绝。但不许停泊一船，城贼无丝毫接济，则大局自好耳。

一、鲍军定扎金陵东北，作合围之举。余于二十、二十一、二十二日连发三缄一牍，皆主此说。惟萧军扎二浦，恐李部盘据在先，不肯腾出，必仗弟以全力帮助，为则乃可做到。其四坝一卡，待萧扎定二浦之后，余即以一牍撤之。去年一牍，渠付之不理。此次亦不得不大动蛮教，打字向前也。大胜关与九洑洲不宜连设两卡，昨已详告矣。顺问近好。

国藩手草　五月二十五日

【译文】

沅弟左右：

二十五日接到弟弟二十日酉时的来信，俱悉一切。应该回复的，条例如下：

一、攻克九洑洲的战况，恰好作折子没有材料，今天接到三个人的公文，可以做好折子了，折子上仍打算署上厚、雪以前的官衔和弟弟和官、李后来的官衔。门弟太盛，弟弟处处都退让一步，是珍惜幸福远离禁忌的最好方法。弟弟军营攻打雨花台石垒，水营攻打洑洲，都属于近年来最恶之战役，我要把所要到的万金银钱全部提出来充当赏钱。水师应得多少，陆军应得多少，交给弟弟斟酌着分发。

一、洋船不许在金陵湾停泊，今天就写疏具体奏明。不准拖带盐船，要边上奏边禁止。只是洋人贪图利益，汉人贪图快捷，这些恐怕不能禁绝。但不允许一只船停泊，城里的敌人就得不到丝毫接济，那么大局自然好了。

一、鲍军定于驻扎在金陵东北，作合围之举。我于二十、二十一、二十二号连发了三封信、一件公文，都是这个主张。只是萧军要驻扎的二浦，恐怕李部先已占据，不肯让出来，一定要依靠弟弟的全力帮助，这样才能做到。四坝卡，得等萧军驻扎二浦之后，我立即下令撤销。去年的一件公文，他置之不理。这次也不得不动用蛮教了，打定在前。大胜关和九洑洲不该连设两道卡，昨天已经详细告了。顺问近好。

国藩手草　五月二十五日

凡成大事人谋天意各居其半

【原文】

沅弟左右：

二十日接十六日信，二十一日接十一日交雷哨官信，俱悉一切。

杏南未愈而萧、伍复病，至为系念。亲兵独到而丁道之匠头未到。丁道以前二年在福建寄信来此，献崩炮之技。去年十一月到皖，已试验两次，毫无足观。居此半年，苟有长技，余方求之不得，岂肯弃而不用。渠在此无以自长，愿至金陵一为效用，余勉许之。至欲在雨花台铸炮，则尽可不必。待渠匠头来此，如需用他物，或可发给，若需锅铁及铸炮等物，则不发也。

凡办大事，以识为主，以才为辅；凡成大事，人谋居半，天意居半。往年攻安庆时，余告弟不必代天作主张。墙濠之坚，军心之固，严断接济，痛剿援贼，此可以人谋主张者也。克城之迟速，杀贼之多寡，我军士卒之病否，良将之有无损折，或添他军来助围师，或减围师分援他处，或功隳于垂成，或无心而奏捷，此皆由天意主张者也。譬之场屋考试，文有理法才气，诗不错平仄抬头，此人谋主张者也。主司之取舍，科名之迟早，此天意主张者也。惹恐天意难凭，而必广许神愿，行贿请枪；若恐人谋未臧，而更多方设法，或作板绫衣以抄夹带，或蒸高丽参以磨墨。合是皆无识者之所为。弟现急求克城，颇有代天主张之意。若令丁道在营铸炮，则尤近于无识矣。愿弟常存畏天之念，而慎静以缓图之，则善耳。顺问近好。

兄国藩手草　七月二十一日

弟于吾劝诫之信，每不肯虚心体验，动辄辩论，此最不可。吾辈居此高位，万目所瞻。凡督抚是己非人、自满自足者，千人一律。君子大过人处，只在虚心而已。不特吾之言当细心寻绎，凡外间有逆耳之言，皆当平心考究一番。逆耳之言随时随事皆有，如说弟必克金陵便是顺耳，说金陵恐非沅浦所能克便是逆耳。故古人以居上位而不骄为极难。兄又及。

【译文】

沅弟左右：

二十日接十六日来信，二十一日接十一日交雷哨的官信，得悉一切。

杏南病未好而萧、伍又患病，非常地挂念。亲信兵士单独到来而丁道那里的工匠头目没有到来。丁道以前两年在福建曾寄信到我这里，献上制作崩炮的技术。去年十一月到了安徽，已经试验了两次，丝毫没有可以观看的东西。居住在此半年，如果真有擅长的技艺，我是求之不得，怎么肯弃之不用。他在这没有办法住下去了，愿到金陵发挥自己的才干，我勉励他并同意他走。他打算在雨花台铸造大炮，则没有这个必要。等待他们工匠头领来到，如果需要一些物品，是可以发给，但是如果需要锅铁和铸造大炮的物品，就不给予。

凡要办大事，以见识见解为主，才能为辅助；凡是要成其大事业，人的计谋

智慧占一半，天意则占另一半。前些年攻打安庆时，我告诉你不必代天意而自作主张。城墙壕沟之坚牢、军心之稳固，严密地断绝敌人粮草人员的接济，痛剿增援之敌，这可以认为是人的智谋主张。攻克敌人城池的早晚，杀死敌人的多少，我军士兵会不会生病，良将有没有被损折，或者增添其他军队来帮助围困之师，或者减少围城之兵而分兵增援其他地方，或者功败于垂成，或者偶尔之间却大获全胜，这些全都是天意所为也。就好像入考场考试，文章要有理法才气，诗词写作平仄不错格式正确，这就是人的智谋主张。而主管试官是否取录，科举提名的早晚，这些全都是天意所为。假如唯恐天意难以

黄山图 清 梅清

依靠，而必需广而拜神求佛，行贿赂请人代笔，如若唯恐人的智谋未尽，而更加多方设法，或者做板绫衣来夹带小抄，或者将高丽参蒸完以磨墨。这些做法都是那些无知者所作所为。你现在急于攻克敌人城池，颇有替代天意的意思。如若命令丁道在营中铸造大炮，则为尤其近似于无知也。希望你经常保持对天的畏惧之感，而慎重平静地缓慢地想办法，是很好的。顺问近好。

兄国藩手书 七月二十一日

弟接我劝诫之信，总是不肯虚心求教体验，动不动就要辩论，这种做法是最不可取的。咱们这些人位居此高位，万人瞩目。凡是督抚以自己总为正确而以他人见解为非、自满自足，使众人言辞一律。君子最突出的不同于一般人的地方，只是在于虚心。不单单我的话应当细细反复推求，凡是外面有逆耳之言，都应当平心研究一番。逆耳之言随时随地都有，如有人说你必会攻克金陵是顺承你的意思之言，而讲金陵恐怕不是你沅浦所能攻克的话就是逆耳之言。所以古人以为高居上位而不骄傲是非常非常难做到的。兄又及。

生日在即万不可宴客称庆

【原文】

沅弟左右：

初二日接二十八日信，初五日接初一夜信，俱悉一切。

小河西岸尽为我有，贼船万不能过，且凭河为守，又可当一道长濠，可慰之至。然城内有数十万悍贼，上游黄、胡、古、赖等即日下援金陵，穷寇有致死于我之心，抑又可惧之至。河之东岸暂不必谋，少息兵力，以打援贼可也。

金眉生参者极多。二三年来胜帅屡疏保之，升于九天；袁帅屡疏劾之，沉于九渊。余十一年冬查参革职，胜帅又以一疏劾我，谓为党袁而不公。余偶与汪曜奎言之，汪以告胜，胜又寄函与我，自陈前疏之误。即如下游诸公，李、吴、乔皆痛恶眉而不知其美，郭又酷好眉而不知其恶。此等处弟须详询密查，不可凭立谈而遽信其人之生平耳？

许次苏已委署运司。饷银今日解去三万，湖南又另解四万与弟，节下当可敷衍。

生日在即，万不可宴客称庆。此间谋送礼者，余已力辞之矣；弟在营亦宜婉辞而严却之。至嘱至嘱。家门大盛，常存日慎一日而恐其不终之念，或可自保。否则颠蹶之速，有非意计所能及者。余日来眼又红疼，余平安也。即问近好。

　　　　　　　　　　　　国藩手草　八月初五日

道因碑、水晶山子寄纪泽收。家信二件、岱山信二件寄去。云仙信寄还。

【译文】

沅弟左右：

初二日接到二十八日来信，初五日接到初一晚上的信，内情尽知。

小河西岸尽为我军所占有，敌船万万不能通过。而且依河据守，又可当成一道长长的壕沟，非常之可安慰。但是城内不有数十万强悍的敌人，上游黄、胡、古、赖等即日顺流而下援金陵，垂死之敌如要同我军死战，这也是非常可惧怕的。河东岸敌人暂时不必理睬，让军队稍事休息，准备攻打声援之敌。

参劾金眉生的人非常多。近二、三年来胜帅屡次上疏保荐他，使之升于九天；袁帅屡次上疏弹劾他，如石沉大海。余在咸丰十一年冬天被查参革去职务，胜帅还以一疏弹劾我，说我同袁帅为一党而不出以公心。我后来偶然与汪曜奎谈到此事，汪将我的话告诉胜帅，胜又寄信给我，自己陈述以前上疏之失误，就好似下游诸公，李、吴、乔都十分痛恨眉而不感到他有什么好事，郭又酷爱眉而不知道他有什么恶行。这些方面你必须详细查询秘密调查，不能单凭一些人的说法就相信其人的生平乎？

许次苏已任命为署运司。饷银今天押解去三万两，湖南另外解来四万给你，中秋节就算可以敷衍过去了。

你生日快到了，千万不可大宴宾客庆祝生日。我这里打算向你送礼的人，我已经全力推辞了；你在军中也应当婉言辞绝而一律不收礼物。千万千万注意。家族大为兴旺，需经常存有日慎一日而唯恐不能兴旺长久，那么才可以自保。否则就会很快败落，不是人们意识计谋所能力及的。我这几天眼睛又红又疼，其他方面平安。即问近好。

　　　　　　　　　　　　国藩手书　八月初五日

上疏须实情剀切不宜欺蒙

【原文】

沅弟左右：

二十五夜接二十二未刻来缄；二十七早接二十三巳刻来缄，俱悉一切。所应复者，条列于后：

一、运盐护照业已刻好，较弟寄来之式更为周详，兹付一纸备查。今日印刷，明日专船送三百张至泰州运署。张富年之札早已缮好，无便速寄，亦于此次便船带去（已由驿发，当再加一分）。李、乔兔厓之文亦已发行矣。

一、尚斋之札久发，渠又禀带随员数人矣，万难更改。万与程之才亦互有短长，其无坚强之力。则彼此相同。江西开局并非甚繁难之事，所虑者，淮引不胜邻私，行销不旺，非尚斋所能为力耳。余有一告示稿，抄寄弟阅。此外则尚斋当可胜任。

一、运司第十次之详业已批发，其批即万箨轩所拟也。金眉生之说帖阅悉。前批或不能尽如人意，然大致总相符合。且商人到岸之后，余与万、程必加意体恤。三十五两之外，必有赢余，必多分润，商人断不肯甘言于前，刻薄于后。金革司自命为大智。而嗤人为大愚，谁其信之？弟可告知该员，以后不必干预此间批禀及用人等事。

一、弟十九日疏陈轮船不必入江而以巡海盗为辞，殊可不必。弟意系恐李泰国来金陵搅局攘功，何不以实情剀切入告，苦战十年，而令外国以数船居此成功，灰将士忠义之心，短中华臣民之气等语，皆可切奏。凡心中本为此事，而疏中故托言彼事以耸听者，此道光末年督抚之陋习，欺蒙宣宗，逮文宗朝已不能欺，今则更不宜欺矣。七船之事，余曾奏过三次，函咨两次，即不许李泰国助剿金陵、苏州。李少荃亦曾上书恭邸二次，计恭邸亦必内疚于心。特以发贼未灭，不欲再树大敌，故隐忍而出此耳。君相皆以腹心待我兄弟，而弟疏却非由衷之言，恐枢府疑我兄弟意见不合，又疑弟好用权术矣。以后此等折奏望先行函商一次。青阳日内无信，不知尚未破否？顺问近好。

国藩手草 八月二十七日

【译文】

沅弟左右：

二十五日夜晚接到二十二日未刻来信；二十七日早上接到二十三日巳刻来信，得知一切，所应回复问题，开列如后：

一、运盐护照已经刻印好，比较你寄来的式样更为周详，现付一个样品备查。今天印刷，明天派专船送到泰州运盐署三百张。张富年的札子早已缮写好，由于没有便船送去，也于这次便船带去（已由驿站发出，应当再加一份）。李、乔兔厓的文书也已经发行了。

一、尚斋之札已发出很久，他又禀告带领随员数人，很难改变。万和程的才

能互有长短，但是不坚强这点上，是彼此相同的。江西开局并不是非常繁杂难办之事，所忧虑之处，淮引之盐竞争不过邻省私盐，销售不旺，并非尚斋力所能及的。我有一个告示的底稿，抄寄给你一阅。除此而外尚斋当可胜任。

一、运司第十次详细报告已经批复发出，是万篪轩所拟出批示的。金眉生的说帖全部阅览。以前批示不能尽如人意。但大致相符。在商人到岸之后，我与万、程必然加意体谅抚恤。三十五两之外，必然有所赢，必然多分利润，商人绝对不敢人前说好话，背后予以克扣。金革司自己认为是大智，而对别人嗤之为大愚，谁相信呢？你可告诉那个官员，认后不要干预我这里的批文和人事事务。

一、弟十九日上疏陈述轮船不必进入江河，而以巡逻防海盗为由，大为不必，你的意思是怕李泰国到金陵去揽局自封功劳，为什么不以实情从实相告，苦战十年，而命令外国人以数艘船居功自傲，使我军将士忠义之心灰心丧气，使中华臣民为之气短的言论，都可以从实上奏。凡是心中想讲一件事情，但在上疏中假做其他事来假托以耸人视听，这是道光末年督抚的陋习，来欺蒙宣宗，到文宗一朝已不能欺蒙了，现在则更加不适宜欺蒙了。七船那件事，我曾上奏过三次，上函咨询两次，即不许李泰国帮助围剿金陵、苏州。李少荃也曾上书恭邸两次，想必恭邸必然心负内疚。特别因为太平军没有消灭，不打算再树一个大敌，所以暂时隐忍下来。皇帝相国都对待我兄弟如心腹，但你的上疏却不是由衷之言，恐怕枢密府怀疑我兄弟意见不合，又怀疑你好用权术。以后像这样的奏折希望先行来信商量一次。青阳最近没有信来，不知道被攻破没有？顺问近好。

国藩手书　八月二十七日

宜从畏慎二字痛下功夫

【原文】

沅弟左右：

接初五日戌刻来函，俱悉一切。旋又接十九日所发折片之批谕，饬无庸单衔奏事，不必咨别处，正与七年四月胡润帅所奉之批旨相同。但彼系由官帅主稿会奏，饬令胡林翼无庸单衔具奏军事，未禁其陈奏地方事件，与此次略有不同耳。弟性偏激，于此等难免怫郁，然君父之命，只宜加倍畏慎。余自经咸丰八年一番磨炼，始知畏天命、畏人言、畏君父之训诫，始知自己本领平常之至。昔年之倔强，不免客气用事。近岁思于畏慎二字之中养出一种刚气来，惜或作或辍，均做不到。然自信此六年工夫，较之咸丰七年以前已大进矣。不知弟意中见得何如？弟经此番裁抑磨炼，亦宜从畏慎二字痛下功夫。畏天命，则于金陵之克复付诸可必不可必之数，不敢丝毫代天主张。且常觉我兄弟菲材薄德，不配成此大功。畏人言，则不敢稍拂舆论。畏训诫，则转以小惩为进德之基。余不能与弟相见，托黄南翁面语一切，冀弟毋动肝气。至嘱至嘱。

国藩手草　九月十一日

【译文】

沅弟左右：

收到初五戌刻来信，尽知一切。又接到十九日所发出折片的批谕，斥责无庸单衔上奏之事，不必再询问其他地方，正与七年四月胡润帅所奉的批复圣旨相同。但他是由官帅为主写稿共同上奏，责令胡林翼不必单独领衔详细奏明军事行动，没有禁止他陈述上奏地方事件，与这次略微有所不同。你生性偏激，遇到这些事情难免闷闷不乐，但是君主之命令，只应加倍畏惧慎重。我自从经过咸丰八年的一番磨炼，开始知道畏惧天命，惧怕人言、听从君主的训诫，开始知道自己的本事平常得很。年轻时性情倔强、不免意气用事，近年来从畏、慎二字的思索中颐养出一种阳刚之气，完成工作或者半途而废，这两个方面我都做不到。但对这六年的磨炼还有自信，比较咸丰七年以前已有很大进步。不知你意下如何？弟经过此番摔打磨炼，也应从畏慎两字中痛下功夫。畏惧天命，则对于金陵可不可以攻克之天数，不敢丝毫代替上天的天数。而且经常感觉到咱们兄弟非栋梁之材，无圣人之德，不具备立大功的机会。惧怕他人的言化，就不敢稍有触动舆论。畏惧训诫，就要转以小小的惩罚为逐步提高品德的基础。我不能与你相会，托付黄南翁面陈　切，希望你不要大动肝火。切记切记。

国藩手书　九月十一日

告克金陵后先奏折式

【原文】

沅弟左右：

初三日得弟二十九夜信，初四日牧云归来，详述一切。十牙子果有影子，大慰大慰。

此间初三日接程学启报苏州克复之信，初四日得唐中丞克复怀远之信。苗党张士端叛苗从官，献出怀远一城，并献炮船六十号、米四千石、钱三千串，从此苗众之心益涣。僧邸亦至蒙城，蒙围当可立解。

金陵如果克复，弟当会同彭、杨三人前衔，将大略情形飞速入告。折首云：“为官军克复金陵，谨将大概情形先行驰奏，以慰宸廑，仰祈圣鉴事。”折末云“伏乞皇太后皇上圣鉴。再，臣等前接曾国藩密函，金陵如果克复，嘱臣三人先将大概情形会奏，早到京一日，圣怀早得宽慰一日。其详细情形，仍咨由官文、曾国藩会奏等语。除将详细战状另咨楚皖续奏外，合并声明。谨奏。”其折愈短愈妙。洪秀全之下落，银钱之多寡，不可不说大概，此外皆宜略也。

乔、许处皆可照来咨各予一札，附片则尽可不必。许次苏于每月应解之李营万二千两全不认真，其所应弟处之饷，恐亦徒托空言。

顷又接弟初二日抄冯萃亭信。洪酋全不动摇，弟切不必性急，常、嘉、湖全克而金陵乃收功结果，乃正理也。顺问近好。

国藩手草　十一月初五日

澄信二件寄去。

【译文】

沅弟左右：

初三日收到你二十九日晚上的信，初四日牧云回来了，详细叙述了一切。十牙子果然有影子，很是快慰。

我在初三日收到程学启报告克复苏州的来信，初四日得到唐中丞攻克怀远的信。苗沛霖之党张士端叛变苗而归官军，献出怀远城，并献出炮船六十艘、米四千石、钱三千串，从此之后苗沛霖军队人心愈加涣散。僧格林沁官邸也到了蒙城，蒙城之围应当马上可以解了。

金陵如果攻克了，你应当会同彭、杨三人联合，将大致情况火速上告京师。折子开头这么写："因为官军攻占金陵，谨将大概情况先行派人飞马上奏，以安慰陛下的关心和挂念，仰仗祈望圣上的预见性。"奏折末尾写上："拜伏乞服皇太后皇上英明的预见。再有，臣子等人以前接曾国藩的密信，讲到金陵如果攻克，嘱咐臣子等三人先行将大概情况禀奏，早到京城一天，圣上的期望早得到宽慰一天。其他详细情况，仍然写成公文，与曾国藩共同上奏等语。除了将详细战况另写公文由湖北安徽继续上奏外，合并声明。谨情上奏。"这个奏折愈短愈好。有关洪秀全的下落，银钱的多少，不可以不说个大概，除此而外都可以省略。

乔、许之处都可按照来往公文分别给予一个札子，片子上附上则尽可以不必。许次苏于每月应该运送到李营一万二千两不认真对待，他所应给你处的饷银，恐怕也是空话一场。

刚才又接到你初二日抄寄的冯萃亭的信。洪秀全全然不动摇，你切切不必性急，常、嘉、湖全部攻克而金陵功成结果，也是顺理成章。顺问近好。

> 国藩手草 十一月初五日

澄弟二封信一同寄去。

望弟持一稳字不求速全

【原文】

澄弟左右：

接二十三日来信，三日未答，因日内事多也。昨二十九夜忽接春霆信，知溧水失守，王可升不战而溃，殊为骇异。新军之不可恃如此！弟处七桥瓮（瓮桥）、孝陵卫诸营尤为吃重。新营太多，余实不放心。留丁泗滨二营水师，调志字五营陆师，皆已照准咨复。志营万不可恃。虽有五营，弟视之如无一营可也。神策、太平二门断不可合围。人以收全功求速效望于弟，吾所望者一稳字而已，不求速不求全也。

头批火药已到否？二批昨已起解。途次尚有二十四万饷银，不知何以久不到此，到即先尽弟处。

与吾事，余有一咨两信，皆作活动之词，只要厚庵不苛求，此事甚为易了。皇上不许厚庵假，旋而赏其亲人参四两，真殊恩也。即问近好。

> 兄国藩手草 十二月初一日

【译文】

沅弟左右：

收到二十三日来信，三天没有复信，因近日事情太多。昨天二十九日夜里突然接到鲍春霆来信，得知溧水失守，王可升竟不曾接战便败溃，大为惊骇。新军之不可依赖竟到了这种地步！老弟那里七瓮桥、孝陵卫等数营压力尤其大，而其中新营太多，我实在放心不下。请留丁泗滨二营水师，并调去志字五营水师事，皆已照准，以咨文回复。志字营千万不可依赖，虽有五营之众，老

珐琅彩胭脂紫刻化茶壶 清

弟把他们看作一营都没有都行。神策、太平这两座城门现断然不能合拢包围圈。外人对你寄予的是建全面功业，求迅速成功的希望，我所希望的就是一个稳字，既不追求快，也不追求全。

第一批起运的火药已经到你那里了吗？第二批昨天已经起运解往弟营。在路上的还有二十四万两饷银，不知什么缘故好长时间还没有运到这里。一旦解到，一定全部解往老弟那里。

关于信中提到我的事，我有咨文一道，信件两封，都是活络的话，只要厚庵对此不加苦求，就很容易了结。皇上虽没有准厚庵的假期，但立即又赏他高堂上参四两，这真是不寻常的恩典哪。即问近好。

兄国藩手草 十二月初一日

刘李二处准于新年派弁送礼

【原文】

澄弟左右：

接弟十一月二十五日一函、十二月初二日一函，俱悉一切。

此间近事平安，沅军亦未开仗。十二月内各军皆发一月满饷，近日罕见之事也。刘沇堂先生处，李希帅处，余准于新年派弁送礼。刘宅则送赙银、联幛。李宅则但送联幛，其赙银俟三月间与萧、成、蒋、毛汇送，凑成二万也。唐义渠以藩司降补，乔鹤侪（松年）升安徽巡抚。此间诸事又将小有变动。

团山嘴石桥，兹又寄去银二百两，合之家中所借四女儿之二百金，共为四百。在兄为生平第一功果。前信嫌用银太多，不过欲弟凡事从省，弟乃将帐簿付来，余岂疑经手者之侵蚀哉？沇堂师之墓志恐不能交卷。陈作梅寄李宅之信前次忘带，今日始带去。顺问新禧。

国藩手草 十二月二十四日

【译文】

沅弟左右：

收到弟十一月二十五日一信，十二月初二日一信，一切尽知。

我为里近来诸事平安，沅弟所部也没有开战。十二月里各军都发足了一个月全额饷银，这是近来罕见的事情。刘沅堂先生以及李希庵处，我一定在新年时派弁通送礼。刘府则送助丧银两及挽联、挽幛，李府则只送挽联，挽幛，至于助丧银两等到三月份与萧、成、蒋、毛一起送，凑成二万之数。唐义渠以布政使降级补用，乔鹤侪升为安徽巡抚。这里各项事物又将小有变化。

团山嘴石桥，现又寄去白银二百两，加上家中所借四女儿的二百两，一共是四百两。在为兄是生平第一功绩。前次去信嫌花费白银太多，不过是希望弟凡事俭省，弟竟将账簿付我，难道我是怀疑经手人侵吞吗？刘沅堂先生墓志铭恐怕还不能交稿。陈作梅寄给李家的信上一次忘记带去，今天才带去。顺问新禧。

国藩手草 十二月二十四日

时存盛名难副成功难居之意

【原文】

沅弟左右：

接十七、二十日来函，俱悉一切。

城事果有可望，大慰大慰。此皆圣朝之福，绝非吾辈为臣子者所能为力。不特余之并未身临前敌者不敢涉一毫矜张之念，即弟备尝艰苦，亦须知谋事在人，成事在天，劳绩在臣，福祚在国之义。刻刻存一有天下而不与之意，存一盛名难副成功难居之意。蕴蓄于方寸者既深，则侥幸克城之日，自有一段谦光见于面而盎于背。至要至要。

云仙信阅过。余昨有复云信，后附密片一纸，抄寄弟阅。云原信缴还。唐升漕督之说，此间并无所闻。侍党之在歙、绩境者，业已击退。其至遂安境者，王开琳已往追剿。又有席在婺源，韩在玉山，当无他虑。十一月信折首尾各拟数句者抄阅。忠鹤皋昨日到此，南叟月杪可归矣。顺问近好。

国藩手草 正月二十三日

【译文】

沅弟左右：

收到十七日、二十日的来信，一切尽知。

金陵城果然有希望，大慰我心。这都是本朝的福气，绝不是我辈做臣民的所能做得到。不仅我并没有身临前线所以不敢抱一丝一毫矜持张扬的念头。就是像老弟备尝艰苦，也一定要深知谋事在人，成事在天，成绩在臣民而赐福于国家的道理。时时在内心里保存一分保有国家而又不参与其事的心意，保存一分盛名之下其实难副，位于成就功业者地位实在很难自处的心意。如果内心世界内涵丰富深邃，则将来有幸攻克金陵城的时候，自然就会有谦逊之德处处表现出来。这

一点至为重要。

云仙来信已看过，昨天我给云仙回信，后面附上秘密夹片一页，现抄呈弟一阅。云仙原信奉还。唐要升任漕运总督的说法，这里不曾听说。侍王李世贤部在歙县、绩溪县境内的，已经被我军击退。李部到遂安境内的，王开琳已经前往追杀剿灭。我军又有席部在婺源，韩部在玉山，应该没有问题。十一月的信，奏折首尾我所拟的几句抄弟一阅。忠鹤皋昨天到这里。南叟月底可以回来。顺问近好。

国藩手草　正月二十三日

惟胸次浩大乃是真正受用

【原文】

沅弟左右：

二十五日接十八日来信，二十六日接二十二夜来信。天保城以无意得之，大慰大慰。此与十一年安庆北门外两小垒相似，若再得宝塔梁子，则火候到矣。

弟近来气象极好，胸襟必能自养其淡定之天，而后发于外者有一段和平虚明之味。如去岁初奏不必专折奏事之谕，毫无怫郁之怀，近两月信于请饷请药毫无激迫之辞，此次于莘田、芝圃外家渣滓悉化，皆由胸襟广大之效验，可喜可敬。如金陵果克，于广大中再加一段谦退工夫，则萧然无与，人神同钦矣。富贵功名皆人世浮荣，惟胸次浩大是真正受用。余近年专在此处下功夫，愿与我弟交勉之。

闻家中内外大小及姊妹亲族无不一和睦整齐，皆弟连年筹画之功。愿弟出以广大之胸，再进以俭约之诚，则尽善矣。喜极答函，顺问近好。

国藩手草　正月二十六日

【译文】

沅弟左右：

二十五日接到十八日的来信，二十六日接到二十二日夜来信。天保城中无意中得到，大慰我心。我和咸丰十一年安庆北门外两座小营垒的情况相似，如果再拿下宝塔梁子，时机就成熟了。

近来老弟情态非常好，胸襟开阔需涵养淡泊宁静，表现出来便是平和空明。比如去年接到不必专门具折奏事的谕旨，毫无愤懑不畅之意。近两个月来信中提到请求军饷、弹药，一点没有激烈率直的言词。此次对莘田、芝圃诸外家全无芥蒂。这都是老弟胸怀广大的成效，实在可喜可敬。如若果然克复金陵，老弟能于胸怀宽广之中再加上谦和逊让的美德，那就自甘冷落无争，而人神同钦你的风范。富有、显贵、功绩、声名，这些都是人世间虚浮的荣耀，只有心胸博大才算是真正的好处。近年来我专门在这等地方下功夫，希望与老弟互相鼓励。

听说家中里里外外，大小长幼和姊妹亲家都相处得和睦有序，这都是老弟连年来精心谋划的功劳。希望老弟的教导从胸襟开阔出发，再加上俭朴节约的告

诚，就达到尽善尽美了。非常喜悦之际回复你的信，顺问近好。

国藩手草　正月二十六日

马谷山于初六日抵省垣

【原文】

沅弟左右：

初四日接弟二十九日之函，知已分银一万与厚庵处，甚慰甚慰。合围以后该逆有何举动。此信未一提及，想竟无声无臭。洪秀全亦可谓能固其众者矣。

马谷山于初五日抵省，万簏轩于初九日坐轮船赴泰，初十、十一日必至弟营。唐初六日自临淮起行，乔初六日自泰州起行，均来安庆交印接印。李世忠已有复信，抄寄弟阅。闻渠遣散各勇，每人给盐二包或三包，带队者或三十包，则值钱百余千。不知其部下果能一一俯首，别无波折否？澄弟信寄去，阅毕仍寄不，其中事尚未办也。顺问近好。

厚庵信奉还。

国藩手草　二月初六夜

正封缄间，接弟初三日信，知宜兴业已克复。宜兴系少荃派戈登与郭松林来打的。昨接少荃信，始知之。既克宜兴，必打溧阳、丹、句，贼势益孤矣。李世忠之信甚属恭顺（已抄至僧处）。惟余复李函，仅称皇上交余严查，而未言交邸帅会查。继芳已难免于醋，若再见李信，则醋劲更进，反生波折（不抄去）。饱谙世事，处处皆危机也。又行。

【译文】

沅弟左右：

初四日接弟正月二十九日的信，得知已经给厚庵那里分付白银一万两，甚慰我心。金陵合围以后敌军有什么行动，你信中一点都没提，推想敌军竟然没有动静。洪秀全也可称得上是有能力安定其部众的人了。

马谷山于本月初二日到达省城。万簏轩于初九日乘轮船去泰州，初十日或十一日一定会到弟营。唐于初六日从临淮起身上路，乔于初六日从泰州起身上路，都要来安庆交接班。李世忠已有回信，抄件寄弟一阅。据说李世忠遣散丁勇，每人发给盐二包或者三包，带队的人有的到三十包盐，那就值铜钱一百多贯了。不知李世忠部下是否果真能够人人俯首称臣认罪，不再惹事端呢？澄弟来信寄上，你看完再寄回来，因为他来信提到的事还没有办。顺问近好。

红漆圆足小几　清

厚庵来信奉还。

国藩手草　二月初六夜

正要封好信封时，接到你初三日的来信，得知宜兴已经被我军光复。宜兴乃是李少荃派戈登和郭松林来攻打的，昨天接到少荃来信，刚刚知道。已经攻克宜兴，一定要攻打溧阳、丹阳、句容，那么敌人势力将更加孤立。李世忠的来信十分恭谨顺从（已经抄送僧格林沁处）。只是我给李的回信，光说皇上交我严查此案，而没有提此案还交邸帅会同查办。继芳对此事难免有嫉妒吃醋之嫌，如他再看到李世忠的信，则醋劲更大，此事反而多生波折（不必抄去）。充分领略熟悉当世之事，可知时时处处都是潜伏的祸端。又及。

当以旷怀小心二者相慰勉

【原文】

沅弟左右：

昨日寄去一缄，言湖州尚未克复，鲍军未可轻动，想已接到。顷接澄弟家信，黄鼎甫倅婿于三月十七去世，实深骇悲。温弟妇忧郁如此，何以为生！吾兄弟近日所闻见多不适意之事，惟当以旷怀、小心二者交相慰勉。纪泽病又五日，今痊愈矣。顺问近好。

四月初七日

【译文】

沅弟左右：

昨天寄去一封信，说到湖州还没有攻克收复，鲍春霆军还不能轻易调动，想必已经收到。刚收到澄弟寄来家信，倅女婿黄鼎甫于三月十七日去世，实在感到极为惊骇、悲痛。温甫弟妹忧伤抑郁到这般地步，可怎么活啊！你我兄弟近日里所见所闻大都是不如意不顺心的事情，我们应该以心胸开朗、小心从事这两条互相安慰、勉励。纪泽又病了五天，现已痊愈。顺问近好。

四月初七日

同意少荃会攻乃识量过人处

【原文】

沅弟左右：

十七日接十四夜信，内有戈登一缄，十八早接十四日交送茶叶亲兵之信，俱悉一切。

请少荃来金陵会攻，弟亦有此意，且彼此皆是十四夜发信。三木匠开口，十一木匠开口，此正吾弟豁达恢宏、识量过人处。想吾十五日与少荃之一咨一函，弟已专人送苏矣。吾即日当加缄催之，并俟弟复信到日，会弟后缄复奏。少荃到后，如能迅速克城，早破一日，弟早息一日之肩，固属万幸。若不能遽克，仍须吾弟坚嘱各营严断接济，一毫不肯放松。弟肝病已深，余所稔知。然凡事须退一

步想，假如九洑洲，东坝及丹、句、金、溧至今未克，弟虽再围一年半，毫无指望，亦无如何。假如此时会剿者系平日积不相能之人，亦无如何。今少荃来，实与吾弟水乳交堉，而大功实不甚远，此心岂不绰绰？望加意保养为要。顺问近好。

五月十八日

【译文】

沅弟左右：

十七日收到弟十四日夜信，内有戈登一信，十八日早上收到十四日交送茶叶亲兵带来的信，木匠老三开个口，木匠十一也开个口，这正是老弟心胸豁达博大、见识度量超越常人之处。想来我十五日致李少荃的咨文和信函老弟已派专人送往苏州了。几天内我会再写信催促少荃，并且等老弟回信到这里，会弟衔及后一封信上奏朝廷。少荃到来以后，如果能够迅速攻克金陵城，早一天攻破城池，老弟就能够早一天卸去负担，应该算是万幸。如果还不能迅速攻克敌城，仍要老弟坚持叮嘱各营绝对断绝金陵敌军的接应、供应，一点儿也不得放松。老弟肝病已重，是我所熟知的。然后大凡遇事都应做退一步着想，假如九洑洲、东坝以及丹阳、句容、金坛、溧到现在还没有收复，老弟就是把金陵再包围一年半，毫无指望，也没有什么办法。假如这个时候前来会同剿敌的是平日里一向不能和睦亲善相处的人，也没有什么办法。现在让少荃来，实可与老弟水乳交堉，投合无间，实现大功也实际上为期不太远了，这样心中怎能不宽裕呢？希望老弟着意保着身心为要。顺问近好。

五月十八日

<h2 align="center">接弟信后再定期启程</h2>

【原文】

沅弟左右：

十七日接弟十四夜信，知连日苦攻，虽辛劳迥异寻常，而消息颇佳。十五六七等日大暑酷热，不知猛攻者稍歇手否？弟身体能耐此否？极为系念。兄居大屋凉棚之下，日内已不能耐矣。少荃派万余人来助，观其札，诸将似一切由弟作主，或不至稍有参差。余究应何时起程，俟接弟信再定。现因鄂贼在麻、罗，不敢轻动。又因诸将正在十分吃紧之际，恐闻余将到而神或外驰，心不专一，不敢拍肩，而问家大人几时放也。

昨托幼荃至上海买大参，如其专人送到，弟可收用，已交银矣。顺问近好。

六月十八日

【译文】

沅弟左右：

十七日收到弟十四日夜间来信，知弟军连日苦攻金陵，虽然辛苦万分，大不同于以往，但消息很好。十五、十六、十七等日当大暑之时，天气很热，不知猛攻金陵各

营是不是稍做休整呢？老弟身体能受得了这份暑热辛苦吗？极为挂念。为兄我身居宽大的房屋、乘凉的栅栏，这几天已经热得受不了呢。李少荃派万把人来助战，我看他札文的意思似是诸将都由老弟指挥调度，也许不至于行动不一吧。我究竟应该什么时候启程来金陵，待接到老弟回信再确定。现在因为湖北敌军在麻城、罗田一带，我也不敢轻易采取行动。又因为诸将领正在作战十分关键的时候，恐怕听说我要来而分神，不能一门心思打仗，又不敢拍老弟肩膀而问你家曾大人什么时候到啊？

昨天托幼荃到上海去买大参，如他派专人送到弟处，弟收下服用就是，银两已付。顺问近好。

六月十八日

拟在金陵犒宴后仍回安庆

【原文】

澄弟左右：

到金陵后曾寄一信，不知到否？连日周览城内城外各处，见沅弟布置之详密，用心之劳苦，将士之用命，皆为近日所未见。伪忠王讯供未毕，拟即在此正法，不必解京，用陈玉成、石达开之例。余拟在金陵犒宴三日，七月中旬仍回安庆，中秋后再来办善后事也。沅弟热毒十愈其六。精神业已复元，营中疾疫又作，新营较多，老营尚属平安。余虽极畏热，而日内应酬一切，亦不甚以为苦，弟可放心。余详日记中。顺问近好。

七月初四日

【译文】

澄弟左右：

我到金陵以后曾经给你寄去一信，不知到了没有？连日来遍看城内城外各处，发现沅弟部署之详尽周密，用心之勤劳辛苦，将士之服从命令，都是近年来所未曾见，伪忠王审讯还没完，我准备就在此地正法，没有必要解往京师，可依陈玉成、石达开的先例。我准备在金陵犒劳、宴请三天，七月中旬还返回安庆，中秋节以后再来金陵办理有关善后事宜。沅弟所患热毒已痊愈大半，精神已经恢复元气。营中传染病发作，尤其新营病者较多，老营还算平安。我虽然极怕暑热天气，而近日应酬各项事物，也不很觉得辛苦，老弟可以放心。其余详日记中。顺问近好。

七月初四日

望弟办好三件事

【原文】

沅弟左右：

前日寄弟一缄，昨初一日将六日内所奉廷寄谕旨全录咨弟，并复奏裁勇及洪福瑱事一片，想已收到。弟肝气尚旺，遇有不称意之端必加恼怒，不知近日如何懊闷？实深虑系。天下之道，无感不应，无诎不伸。以吾心之且怜且敬，知外间亦必千里应之，亦必怜弟敬弟，万口同声。弟少耐数月以待之，而后知吾言之不谬也。吾所望于

弟者三大端：一守金陵、芜、金，一发皖南北两支游兵，一修贡院赶十一月乡试。三者皆办到，则弟为我挣得十分体面，而弟回家亦心安梦恬矣。

南云、焕文来皖北，途费必须二万。芳圃至宁国，途费亦须万余。弟部各营，除遣资外，亦须有四五万为日用之需。日内须筹八万解至弟处。目下尚止二万，请先交刘、朱为行粮，可否仍由弟酌之。上海、里下河两处劝捐日内赶办，函牍尚未发出。李世忠之咨今日发矣。

前以四百金请李幼荃买参，昨在上海寄来之一两，不知去银若干。余留置弟木柜内，宜以石灰养之，无令沾潮湿之气。弟近不服补剂，余甚以为然，而独参蒸服却无损也。澄弟信寄去查收。顺问近好。

八月初二日

山水图檀香扇　清

【译文】

沅弟左右：

前天寄老弟一信，昨天初一，我把六天之内所接奉的廷寄、谕旨全部录下发咨文给你，并复奏裁汰兵勇折以及洪福瑱事一片，想弟已收到。老弟肝气依然旺盛，遇到不如意的事一定会发怒，不知道近日来你又是怎么地懊恼忧闷？非常挂念。天下的道理，没有有影响却无反应的，没有永远卷曲不得伸张的。凭借我自己内心中又怜爱又尊敬的心思，我知道外面就算千里之外也有感应的，也是众口一词地怜惜老弟尊敬老弟。老弟稍忍耐几个月等待一下，而后可知我的话是不错的。我对老弟所希望的有三件大事：一是守住金陵、芜湖、金柱，一是向安徽境内派出两支游动部队，一是修复贡院，赶上十一月的乡试。这三件事都能办得到，那老弟就为我挣足了面子，老弟就是回老家也能心安意定了。

南云、焕文要求安徽北部的路费一定要二万两白银。芳圃到宁国府，路费也要一万多两。老弟所部各营，除了遣散费用以外，还要有四五万两供日常开支之用。近日里要筹集八万两解运老弟那里。眼下还只有两万两，请弟先交付刘、朱二位作为粮饷，行还是不行仍由老弟斟酌。上海、里下河两处捐额也要在这几天里抓紧办理，有关信函公文还没有发出。给李世忠的咨文今天发出了。日前曾给四百两请李幼荃代买人参，昨天收到从上海寄来的人参一两，不知花了多少银子。我把人参留在老弟的木柜里，应用石灰保存它，不要让它沾上潮湿之气。老弟近来不吃补药，我认为很好，而唯独人参蒸食却无损于身体。澄弟来信附上，请查收。顺问近好。

八月初二日

初七日必抵金陵

【原文】

沅弟左右：

初三日寄去一信并调万、忠公牍，想已接到。本日至芜湖，接丁雨生信，知八月杪解弟处十万金，稍以为慰。日内正以弟处太窘为虑也。若无逆风，余于初七日必抵金陵。术者选于初十日入署大吉，应否一到即搬入，抑或初八九住舟，初十再行搬入，俟到后商定。寿诗一卷先送。顺问近好。

九月初五日夜

【译文】

沅弟左右：

初三日寄老弟一信以及调停万篯轩，忠鹤皋的公函，想必已经收到。今天到芜湖，收到丁雨生的信，得知八月底可解往弟处白银十万两，稍感宽慰。这几天我正为老弟情况窘迫而担心呢。如果没有逆风情况，我初七日一定到金陵。术士选定初十日进入官署为大吉，应该不应该一到金陵就搬进去，或是初八、初九日住在船中，初十再搬进去，待到金陵以后再商议决定。祝寿诗一卷先送上。顺问近好。

九月初五日夜

于初三日将督篆交与少荃

【原文】

澄、沅弟左右：

久不接沅弟信，悬系之至。过武汉时，杜小舫于二十四日寄信，中二语云："沅帅精神尚旺，气体似弱。"惟言司道俱传谕不必禀见，虽非出自沅弟之意，然沅之难于应酬，亦可想矣。病势沉重，不知到长沙后果大愈否？

澄弟十月十九之信，此间于十一月初三日接到。张紫莲司马久有求署事之意，余虽于意诚函中道及，其不回衡局，上峰或无恶意。

御制诗堆泥方壶 清

六十侄女之病稍痊愈否？医家内伤之说，当不可信。昔刘蓝舟言彭有十内伤危在旦夕，累私向余言之。今蓝舟物故十年，而有十无恙。德六爹病纠缠太久，诚可虑耳。

余于初三日将督篆交与少荃，仍奏明暂管盐务。主考于初四日进城，初六日进贡院，乡试入场大约一万三千余人。湖北军务肃清，余月内当不必遽起程也。

余详日记中。顺问近好。

十一月初五日

【译文】

澄、沅弟左右：

许久没有收到沅弟来信，极为挂念。沅弟经过武汉时，杜小舫曾于二十四日寄信来，信中有两句说："沅帅精神还算旺盛，而中气、体质还虚弱"。又说到曾传话布政使、道员不必禀见了，虽然不是出自沅弟之意，然而沅弟应酬客人有困难，也可想而知了。沅弟病情严重，不知到了长沙以后真的大好了吗？

澄弟十月十九日来信，这里于十一月初三日收到。同知张紫莲早有求职衙署的意思，我虽然在意诚信中提到此事，不让他回衡局，也许上峰并没有什么恶意呢。

六十侄女的病稍好些没有？医生的内伤的说法应不可相信。当年刘蓝舟说彭有十就有内伤，危险就在眼前，多次私下里向我提及此事。现在蓝舟已去世十年，有十仍啥事没有。德六爹病魔缠身已久，实在让人担忧。

我于初三日将总督篆文印交给李少荃，仍奏明皇上暂时管理盐务。主考官于初四日进金陵城，初六进入贡院。乡试考生大约有一万三千多人。湖北敌人已被削平，这个月里我不必仓促起程了。其余详载日记中。顺问近好。

十一月初五日

劝沅弟假满出山

【原文】

澄、沅弟左右：

捻匪全入湖北，任、赖、牛、李等股与成大吉之叛卒勾结在黄、孝、罗、麻一带，张总愚亦在襄、樊一带。余调刘铭传九千人由周家口驰援黄州，不知赶得及否。闻关东之骑马贼甚为猖獗，刘印渠带兵至山海关防堵。广东一股亦不易了。

天下纷纷，沅弟断不能久安，与其将来事变相迫，仓卒出山，不如此次仰体圣意，假满即出。余十五之信，四分劝行，六分劝藏，细思仍是未妥。不如兄弟尽力王事，各怀鞠躬尽瘁死而后已之志，终不失为上策。沅信于毁誉祸福置之度外，此是根本第一层工夫。此处有定力，到处皆坦途矣。

十二月二十五日

【译文】

澄、沅弟左右：

捻军全部进入湖北境内，任、赖、牛、李等部与成大吉手下叛卒勾结，现在黄陂、孝感、罗田、麻城一带，张总愚也在襄阳、樊城一带。我调刘铭传部九千人从周家口急速赶去援救黄州，不知是不是赶得上，据悉关东骑马贼寇极为猖獗，刘印渠带兵去山海关防守。广东一股也不容易了结。

天下事乱纷纷，沅弟决不能在家中长时间安居，与其到将来时事变化，逼迫你仓促出山，不如就这一次体察圣上心意，病假满期就出山。我十五日去信，所谓四分劝出山，六分劝隐居，细细想来还是不妥当。不如兄弟一起为国事出力，都怀着恭敬小心、竭力效劳，一直到死才停止的心情，终究不失为上策。沅弟来信将毁谤称誉，灾祸福分置之度外，这是基础功夫。这一点上有专忍坚定之心，则所到之处皆坦途。

十二月二十五日

不可一意孤行是己非人

【原文】

沅弟左右：

日内有战事否？留霆军剿任、赖一股，昨已附片具奏，另咨弟案。嗣后奏事，宜请人细阅熟商，不可一意孤行是己非人为嘱。

弟克复两省，勋业断难磨灭，根基极为深固。但患不能达，不患不能立；但患不稳适，不患不峥嵘。此后总从波平浪静处安身，莫从掀天揭地处着想。吾亦不甘为庸庸者，近来阅历万变，一味向平安处用功。非委靡也，位太高，名太重，不如是，皆危道也。

正月二十二日

【译文】

沅弟左右：

最近几天有战事吗？留春霆率军与任化邦、赖文光一股敌军作战，昨天已将此事附在公文后奏明皇上，并另写了一件咨文给你。我劝你以后上奏什么事情，应该请人仔细审阅、认真商量，不要一意孤行，总是觉得自己都对，而别人一无是处。

你收复了两个省，这个功劳绝不会磨灭，你的地位也是很稳固的。只担心做事不圆塌，不怕不成就功名；只怕不稳当，不怕不显耀。这以后总要平平稳稳地做人，不要总想做什么翻天覆地的事。我也不是甘心平庸的人，近来我经历了许多变化，总是在追求平稳方面下功夫。这不是不振作，而因为地位太高，名声太大，不这么做就会有灾祸的。

正月二十二日

若不作官必可副弟之望

【原文】

沅弟左右：

二十五日亲兵回，接正月初十日来信，俱悉一切。

顷阅邸抄，官相处分极轻。公道全泯，亦殊可惧。惟以少帅督楚，筱荃署之，又以韫斋先生抚湘，似均为安慰吾弟，不令掣肘起见。朝廷调停大臣，盖亦恐有党仇报复之事，弟不必因此而更怀郁郁也。

官帽　清

少荃宫保于吾兄弟之事极力扶助，虽于弟劾顺斋不甚谓然，然但虑此后做官之不利，非谓做人之有损也。弟于渠兄弟务须推诚相待，同心协心，以求有济。淮军诸将在鄂中者有信至少荃处、皆感弟相待之厚、刘克仁感之尤深、大约淮湘两军、曾李两家必须联为一气、然后贼匪可渐平、外侮不能侵、少荃及此间文武力劝余即回江宁，久于其位。余以精力日衰，屡被参劾，官兴索然，现尚未能定计。霞仙去官，屡干渝旨严诘，余不能不与之通信。兹有一函，请弟阅后封口，专人妥交。

鸣原堂文亦思多选，以竟其事。若不作官，必可副弟之望。古文目录，俟抄就再寄。顺问近好。

国藩手草　正月二十六日

【译文】

沅弟左右：

二十五日亲兵回来，我收到了你正月十日写来的信，全部情况都已知道。

前不久看到朝廷官报，对官相的处罚非常轻。完全没有公道可言，也实在可怕。只有让少帅做湖广总督，筱荃代理，又让韫斋先生做湖南巡抚。好像可以使你感到些安慰，这是为了不限制你。朝廷调解大臣之间的矛盾，也是怕会出现党派仇视、纷争、报复这类事，你也不必为这事心情忧郁。

太子太保少荃（李鸿章）对我们兄弟的事情大力相助，虽然他对你弹劾顺斋这事也不大赞成，但也只考虑到这会让你以后当官不太顺利，并不是说这对你的为人有所损害。你对李氏兄弟一定要以诚相待，同心协力把事情做好。淮军在湖北的将领们写信给少荃，都觉得你待人热情，刘克仁的感触更深。大概淮、湘两军、曾、李两家得连成一体，这样做贼匪才能镇压下去，外国人也不敢入侵。少荃和这里的文武官员都劝我马上回到江宁（今南京），长期担任两江总督。我因为精力日益衰退，又多次被人弹劾，做官的兴致都要没了，现在我还没有最后决定。霞仙撤职后，圣旨中多次严厉责问，我不能不和他通信。这里有一封给他的信，你看过后封上口，派专人妥善转交。

鸣原堂的文章也想多选一些，把这件事做完。若是不当官，一定能符合你的愿望。古文的目录，等我抄完了再寄给你。顺便问你近来可好。

国藩手草　正月二十六日

平世辞荣避位是安身良策

【原文】

澄弟左右：

正月初六日起行，十五日抵徐州，十九接印。近又两奉寄谕，令回金陵。文武官绅，人人劝速赴江宁。申夫自京归，备述都中舆论亦皆以回任为善，辞官为非。兹拟于二月移驻金陵，满三个月后，再行专疏奏请开缺。连上两疏，情辞务极恳至，不肯作恋栈无耻之徒；然亦不为悻悻小丈夫之态。允准与否，事未可知。

沅弟近日迭奉谕旨，谴责严切，令人难堪。固由劾官、胡二人激动众怒，亦因军务毫无起色，授人以口实；而沅所作奏章，有难免于讪笑者。计沅近日郁抑之怀，如坐针毡之上。

霞仙系告病引退之员，忽奉严旨革职。云仙并无降调之案，忽以两淮运使降补。二公皆不能无郁郁。大约凡作大官，处安荣之境，即时时有可危可辱之道，古人所谓富贵常蹈危机也。纪泽腊月信言宜坚辞江督，余亦思之烂熟。平世辞荣避位，即为安身良策；乱世仅辞荣避位，尚非良策也。

二月初五日

【译文】

澄弟左右：

我正月初六日起程，十五日到徐州，十九日上任。最近又接两道命我回江宁的谕旨。文武官员和乡绅都劝我马上去江宁。申夫从京城回来，为我详细讲述京城的舆论也都是认为我应该回江宁，而不应辞职。现在我打算二月去往江宁，等满了三个月，再专门写奏章请求辞职。接连呈上两篇奏章，态度一定要表现得恳切，不做贪恋官位，毫无廉耻的人，但也不做愤愤不平的姿态。能不能得以批准，那就不知道了。

沅弟最近几天连连接到圣旨，受到很严厉的谴责，让人难以承受。本来是因为弹官、胡二人，结果激起众怒，也因为军务没有什么起色，给人留下了把柄。而沅弟写的奏章，也难免有讥笑别人的话。我想他这些天一定是心情忧郁、如坐针毡。

霞仙本是打算告病退休的官员，忽然接到用词严厉的圣旨而被撤职，云仙并没降职的原因，却忽然降职，补授两淮运使。两位都难免心情忧郁。大概做大官，处在安乐、荣耀的地位上，就随时有招来灾祸、导致败辱的可能。古人所说的，富贵常常使人走向危险，就是这个意思。纪泽腊月给我的信里说应该坚决辞去两江总督的职务，我也反复想过。太平时辞去荣誉、避开高位，就是安身的好办法；乱世时光这样做还不是好办法。

二月初五日

当此拂逆之时只有逆来顺受

【原文】

沅弟左右：

接李少帅信，知春霆因弟复奏之片言省三系与任逆接仗、霆军系与赖逆交锋，大为不平，自奏伤疾举发，请开缺调理。又以书告少帅，谓弟自占地步。弟当此百端拂逆之时，又添此至交龃龉之事，想心绪益觉难堪。然事已如此，亦只有逆来顺受之法，仍不外悔字诀、硬字诀而已。

朱子尝言：悔字如春，万物蕴蓄初发；吉字如夏，万物茂盛已极；吝字如秋，万物始落；凶字如冬，万物枯凋。又尝以元字配春，亨字配夏，利字配秋，贞字配冬。兄意贞字即硬字诀也。弟当此艰危之际，若能以硬字法冬藏之德，以悔字启春生之机，庶几可挽回一二乎？

闻左师近日亦极谦慎，在汉口气象如何？弟曾闻其略否？申夫阅历极深。若遇危难之际，与之深谈，渠尚能于恶风骇浪之中默识把舵之道，在司道中不可多得也。

三月初二日

【译文】

沅弟左右：

收到李少帅来信，知道春霆因为你在奏章里说省三是和任化邦作战，春霆是和赖逆（文光）交锋，就非常生气，自己上奏说伤病复发，要辞职回家养伤。又给少帅写信，说你霸道。你在这种周旋矛盾之中的时候，又添了这么一件好朋友之间的不愉快的事，我想你心里会更难受。但事已至此，也只有用逆来顺受的办法，仍然要想想悔字诀和硬字诀。

朱熹曾经说过：悔字如春，万物蕴蓄初发；吉字如夏，万物茂盛已极；吝字如秋，万物始落；凶字如冬，万物枯凋。又曾经以元字配春天，亨字配夏天，利字配秋天，贞字配冬天。我认为贞字就是硬字诀。你在这种艰难危险的时候，要是用硬字习冬天积蓄的精神，用悔字启动春天的勃勃生机，那么差不多可挽回一点失误吧。

听说左帅（宗棠）最近也很谦让、谨慎，在汉口情况怎样？你是否也听说过大概情况？申夫的经历很丰富。如果遇到危难的时候可以和他深谈一番。他还会在大风大浪里记住把舵的方法，这在官场可真是难得。

三月初二日

眼蒙更剧作事全无兴致

【原文】

沅弟左右：

春霆已赏参四两，娄峻山奉旨来南，不久当可到金陵。见一二次，即可坐轮船赴鄂接统霆军。芳圃遣其侄来，言病已痊愈，可出治军，并云南云于四月初旬

国学经典文库

起程，前来金陵。余令二人共招万人。已咨达弟处矣。

余回任后，诸事尚不甚棘手。惟久旱不雨，二麦已伤，稻亦不能下种，深用焦灼。湖北前亦苦旱，近得雨否？

弟之处否，无须谢恩。凡部议重而特旨改轻者，则照例谢恩；依议者则不谢。旧式然也。

余身体如常。惟眼蒙较昔年更剧，作事全无兴致。老境颓唐，分所应尔，理所当然，无足怪者。弟之手疼，尚未及遽成痼疾之年，只要弟心宽和，肝郁稍纾，即可日就康复。古语云"心病还须自心医"，千万千万。

四月二十日

【译文】

沅弟左右：

春霆已经受皇恩赏给人参四两，娄峻山奉旨南来，不久以后就能到江宁。见过一两次，就可以坐轮船去湖北接替春霆统领军队。芳圃派他的侄子来，说他的病已好了，可以出来带兵打仗，并说南云已于四月初起程，到江宁来了。我命令他们俩各招募一万人的军队，咨文已传到你那里了。

我回任以后，各种事情还不算麻烦。只是久旱不雨，麦子已受损失，水稻也不能播种，令人深感焦虑。湖北以前常闹旱灾，最近下雨了没有？

对你的处分，你不必谢恩。凡是有关部门决定的处分重而皇帝特意改为轻的，就要照例谢恩；如果皇帝同意有关部门决定的，就不用谢恩，以前的规矩就是这样。

我身体像以往一样。只是眼睛模糊比前些更严重了，做事一点兴致都没有。到了晚年变得萎靡不振，是命中注定，理所当然，并不值惊奇。你手疼的病，还没有到立即变成顽症的时候，只要你心情舒畅，肝气舒散，就能一天天好起来。古语说："心病还须自心医"，千万记住，千万记住。

四月二十日

大局日坏引退未尝非福

【原文】

沅弟左右：

接两函，知贼实已出境，为之少慰。亢旱不雨，鄂苏所同。禾稻不能栽插，饥民立变流寇，亦鄂苏所同也。惟盐河无水，盐不能出场入江；运河无水，贼可以渡运窜东。此则苏患较大于鄂。岂吾兄弟德薄位高，上干天和，累及斯民，而李氏兄弟亦适罹此难耶？中夜内省，忧惶无措。

湖北饷绌若此，朱芳圃之军自可缓招。昨已用公牍咨复，由弟与筱荃会咨韫帅檄停矣。春霆既无治军之望，其军宜全行遣撤。六月告病，七月开缺，弟意既定，余亦不便阻止。盖大局日坏，气机不如辛、壬、癸、甲等年之顺，与其在任而日日坐针毡，不如引退而寸心少受煎逼，亦未始非福。惟余辞江督、筱仙辞淮

运司均不能如愿，恐弟事亦难必允准。

至于官相入觐，第一日未蒙召见，圣眷亦殊平平。弟谓其受恩弥重，系阅历太少之故。大抵中外人心，皆以弟之弹章多系实情，而圣意必留此公，为旗人稍存体面，亦中外人所共谅也。

五月十二日

玉白菜　清

【译文】

沅弟左右：

收到你两封信，知道捻匪确实已经离开湖北，我稍稍有点放心。久旱不雨，湖北、江苏都一样。稻子不能插秧，饥民就会成为流寇，也是两地相同。只是运盐河里没有水，盐不能出盐场；运河里没水，捻匪可以渡河以后向东流窜，这方面江苏的祸患要大于湖北。难道是我们兄弟德性浅薄，地位太高，以至于冒犯天意，连累这两省百姓，而李氏兄弟也遭此灾祸吗？半夜反省自己，忧郁、迷惑、不知所措。

湖北军饷如此短缺，朱芳圃的军队当然可以暂缓招募。昨天我已用公文回复他了，由你和筱荃共同告知韫师发布公文办妥此事。春霆既然没有继续带兵打仗的希望，他的部队应该全部遣散。你打算六月请病假，七月辞职，既然你决心已下，我也不便阻拦。是因为大局势越来越糟吧，运气也不如辛酉（公元一八六一）、壬戌、癸亥、甲子那几年顺利，与其当官而每天如坐针毡，还不如引退而内心少受痛苦，也不见得不是福气。只是我辞去两江总督，筱仙辞去淮运司的奏章都没获准，恐怕你辞职也难于获准。

至于官相晋京朝见皇帝，第一天未被接见。皇帝对他的态度也很一般。你说他受皇帝恩宠太多，是因为他阅历太浅。大概朝廷内外都认为你参奏他的事情都是事实，而皇上的意思一定留下他，是为满族人留些面子，也是大家可以体谅的。

五月十二日

唯有做一日和尚撞一日钟

【原文】

澄弟左右：

闻弟与内人白发颇多，吾发白者尚少，不及十分之一。惟齿落较多，精神亦尚能支持下去。诸事棘手，焦灼之际，未尝不思遁入眼闭箱子之中，昂然甘寝，万事不视，或比今日人世差觉快乐。乃伙灼愈甚，公事愈烦，而长夜快乐之期杳无音信。且又晋阶端揆，责任愈重，指摘愈多。人以极品为荣，吾今实以为苦恼之境。然时势所处，万不能置事身外，亦惟有做一日和尚撞一日钟而已。

哥老会匪，吾意总以解散为是，顷已刊刻告示，于沿江到处张贴，并专人至

湖南发帖。兹寄一张与弟阅看。人多言湖南恐非乐土，必有劫数。湖南大乱，则星冈公之子孙自须全数避乱远出。若目前未乱，则吾一家不应轻去其乡也。

南岳碑文，得闲即作。吾所欠文债甚多，不知何日可偿也。此间雨已透足，夏至插禾尚不为迟，但求此后晴霁耳。

六月初六日

【译文】

澄弟左右：

听说你们夫妇头发白了不少，我的白发还少，不到你的十分之一，就是牙掉的多一点，精神还能支持下去。许多事都很难办，焦虑的时候不是没想过干脆睡到棺材里算了，什么事也不管，也许比现在活在人世更觉快乐。于是焦虑的越多，公事就觉得烦乱，而死期却毫无音信。而我又升为大学士，责任越重，被人指责的地方也越多。别人以当上一品官为荣耀，我现在真是把当它做痛苦、懊恼的境界。但被形势所逼，决不能置身事外，也只有当一天和尚撞一天钟罢了。

哥老会匪，我总认为还是解散他们为好，不久前已经刻出告示，在沿江各地张贴，并专门派人到湖南张贴。这里寄一张给你看看。人们都说湖南恐怕不是平安的地方，必定会有祸事。湖南如果大乱，那么我们曾氏家族当然要全都远离湖南避难。要是目前还没乱，那么我们一家不应该轻易离开家乡。

南岳碑文，有空闲时就写。我答应别人却没有写的文章太多了，不知哪天能还清？这里雨水已经充足，夏至插秧还不算晚，但求从此以后都是晴天。

六月初六日

望养生为学以勖后辈

【原文】

澄、沅弟左右：

屡接弟信，并阅弟给纪泽等谕帖，俱悉一切。兄以八月十三出省，十月十五日归署。在外匆匆，未得常寄函与弟，深以为歉。小澄生子，岳松（崧字与岳字重复，应写此松字）入学，是家中近日可庆之事。沅弟夫妇病而速痊，适朱氏侄女生子不育而不甚忧闷，亦属可慰。

吾见家中后辈体皆虚弱，读书不甚长进，曾以养生六事勖儿辈：一曰饭后千步，一曰将睡洗脚，一曰胸无恼怒，一曰静坐有常时，一曰习射有常时（射足以习威仪强筋力，子弟宜多习），一曰黎明吃白饭一碗不沾点菜。此皆闻诸老人，累试毫无流弊者，今亦望家中诸侄试行之。又曾以为学四字勖儿辈：一曰看生书宜求速，不多阅则太陋；一曰温旧书宜求熟，不背诵则易忘；一曰习字宜有恒，不善写则如身之无衣，山之无木；一曰作文宜苦思，不善作则如人之哑不能言，马之跛不能行。四者缺一不可。盖阅历一生，而深知之深悔之者，今亦望家中诸侄力行之。养生与力学，二者兼营并进，则志强而身亦不弱，或是家中振兴之象。两弟如以为然，望常以此教诫子侄为要。

慈禧太后召见曾纪泽的东暖阁

兄在外两月有余，应酬极繁，眩晕、疝气等症幸未复发，脚肿亦因穿洋袜而愈。惟目蒙日甚，小便太数，衰老相逼，时势当然，无足异也。

聂一峰信来，言其子须明春乃来，又商及送女至粤成婚一层。余复信仍以招赘为定，但许迟至春间耳。

章合才果为庸才，其军断难得力。刘毅斋则无美不备，将来事业正未可量。其欠饷，余必竭力助之。王辅臣亦庸庸，颇难寻一相宜之差。

东台山为合邑之公地，众人瞩目，且距城太近，即系佳壤，余亦不愿求之己有，信复树堂矣。

茶叶、蛏虷、川笋、酱油均已领到，谢谢！阿兄尚未有一味之甘分与老弟，而弟频致珍鲜，愧甚愧甚。川笋似不及少年乡味，并不及沅六年所送，不知何故？

鸣原堂文，余竟忘所选之为何篇，请弟将目录抄来，兄当选足百篇，以践宿诺。祖父墓表即日必寄去，请沅弟大笔一挥，但求如张石卿壁上所悬之大楷屏（似沅七年所书）足矣，不必谦也。顺问近好。

国藩手具　十月二十三日

【译文】

澄、沅弟左右：

多次接到弟的信,并且看了弟给纪泽等的谕帖,一切都知道了。我八月十三出省,十月十五日回署。在外行事匆匆,没有经常给你们写信,深感歉意。小澄生子,岳崧(崧字与岳字重复,应该写为此松字)入学,是家中近几天可喜可庆之事。沅弟夫妇生病好得很快,又逢朱氏侄女生子不育也不怎么烦闷,也是可以告慰的事。

我见家中晚辈身体都很虚弱,读书不怎么长进,曾经以养生六事勉励后辈:一是饭后千步走,二是睡前洗脚,三是胸无恼怒,四是经常静坐,五是经常习射(习射足以习威仪、强筋骨,子弟应该多加练习),六是黎明吃白饭一碗,不沾一点菜。这些都是老人的经验之谈,多次尝试很见效,现在也希望家中诸侄试行一下。又以做学问的四个字勉励晚辈:一是看新书应讲求快,如果不博览会太孤陋寡闻;二是温习旧书要讲求熟,不背诵则容易忘;三是习字应有恒心,不擅长书写就如同没穿衣裳,濯濯童山一样;四是写文章应当多思考,不擅长文章就如同人哑了不能说话,马瘸了不能走一样。四者缺一不可。回顾我的一生,这些都是我深刻认识到而又有所懊悔的地方,所以希望家中诸侄能照着这样努力去做。养生与锻炼,二者兼顾就会意志坚强并且身体强健,也许正是振兴门庭的气象。两弟如果认为有可取之处,希望能经常以此教育子侄辈为盼。

我出门在外两个多月了,应酬很多,眩晕、疝气等病症侥幸没有发作,脚肿由于穿洋袜而痊愈。只是眼病一天天厉害了,小便太频,衰老相逼,也是大势所趋,没有什么奇怪的。

聂一峰有信来,说他的孩子明年春天来,又商量送女儿去广东成婚一事。我回信仍坚持招赘,也许要推迟到春天了。

章合才果然是庸才,他的部队很难取胜。刘毅斋是个全才,前途不可估量。他所欠的饷银,我一定会尽力相助。王辅臣也是平庸之辈,很难给他找一个适合的职差。

东台山是合邑的公地,众人瞩目,况且距离城里太近,都是肥沃之地,我也不愿意据为己有,我已经给树堂回信讲明了。

茶叶、蛏豉、川笋、酱油都已领到,谢谢!作兄长的没有什么好东西分给老弟,而当弟弟的却常送来山珍野味,惭愧惭愧。川笋好像不如少年时家乡的好,也不如沅弟六年前所送,不知是什么原因?

鸣原堂文,我竟然忘了选的是哪篇了,请你将目录抄来,我一定选足百篇,实现旧日诺言。祖父墓表马上就寄去,请沅弟大笔一挥,只希望和张石卿壁上所悬的大楷屏(似沅七年所书)一样就成了,不必自谦。顺问近好。

国藩手具 十月二十三日

澄弟无须来营

【原文】

澄、温、植三弟左右:

国学经典文库

澄弟有病，即可不必来此。此间诸事杂乱，澄弟虽来，亦难收拾，不如在家料理一切也。长夫来此者至六十名之多，澄弟于此等处不知节省，亦疏略也。兹一概遣归，仅留十三名在此。如不好，尚须再遣回。

昨夜褚太守带三营水师至靖江剿贼，不知能得手否？塔、周大胜仗归来，余赏银千两、功牌百张、猪十口、酒五百斤，颇觉鼓舞。现惟邓湘一营难于收辑耳。余不一一。

兄国藩顿首　三月二十五日

【译文】

澄、温、植三弟：

澄弟有病，就可不必来这里。这里诸事杂乱，澄弟虽然来了，也难以收拾，不如在家料理一切。长夫来这里的达六十名之多，澄弟在此等地方不知节省，也是疏略。现一概遣派回去，令留十三名在此。如不好，还要再派回。

曾国藩像

昨夜褚太守带了三营水师到靖江清剿贼寇（注：指太平军）不知能否得手？塔、周打了大胜仗回来，我赏银千两，功牌一百张，猪十口，酒五百斤给他们，他们颇感到鼓舞。

现在唯有邓湘一营兵难以收辑。余不一一。

兄国藩顿首　三月二十五日

国学经典文库

卷五　用人理财篇

望代招水勇哨官

【原文】

澄、温、沅、季四位贤弟左右：

十六日在南康府接父亲手谕及澄、沅两弟、纪泽儿之信，系刘一送来，二十日接澄弟一信，系林福秀由县送来，俱悉一切。

余于十三日自吴城进扎南康，水师右营、后营、向导营于十三日进扎青山。十九日，贼带炮船五六十号、小划船五六十号前来扑营，鏖战二时，未分胜负。该匪以小划二十余号又自山后攒出，袭我老营。老营战船业已全数出队，仅坐船水手数人及所雇民船水手，皆逃上岸。各战船哨官见坐船已失，遂尔慌乱，以致败挫。幸战舟炮位毫无损伤，犹为不幸中之大幸。且左营、定湘营尚在南康，中营尚在吴城，是日未与其事，士气依然振作。现在六营三千人同泊南康，与陆勇平江营三千人相依护，或可速振军威。

现在余所统之陆军：塔公带五千人在九江，罗山带三千五百人在广信一带，次青带平江三千人在南康，业已成为三枝，人数亦极不少。赵玉班带五百湘勇来此，若独成一枝，则不足以自立，若依附塔军、依附罗军，则去我仍隔数百里之远；若依附平江营，则气类不合，且近日口粮实难接济。玉班之勇可不必来。玉班一人独来，则营中需才孔亟，必有以位置之也。

蒋益澧之事，唐公如此办理甚好。密传其家人，详明开导，勒令缴出银两，足以允服人心，面面俱圆，请苹翁即行速办。但使探骊得珠，即轻轻着笔，亦可以办到矣。

此间自水师小挫后，急须多办小划以胜之，但乏能管带小划之人。若有实能带小划者，打仗时并不靠他冲阵，只要开仗之时，在江边攒出攒入，眩贼之眼，肋我之势，即属大有裨益。吾弟若见有此等人，或赵玉班能荐此等人，即可招募善驾小划之水手一百余人来营。

冯玉珂所缴水勇之抢银及各银应缴营者，可酌用为途费也。余在营平安，惟癣疾未愈，精神不足，诸事未能一一照管，小心谨慎，冀尽人事以听天命。诸不详尽，统俟续布。父亲、叔父大人前恭请福安。

顷与魏荫亭谈及招小划水勇一事，渠可回家与萧可卿商办。大约每划五人，

五划立一哨官，每百人四哨官，十余哨即立一营官。此不难于招勇，而难于选求哨官、营官。澄弟若见有可当哨官者，或令其来营，或荐于荫亭。勇则不必招，听萧、魏办理可也。

兄国藩手草　四月二十日南康城外水营

【译文】

澄、温、沅、季四位贤弟左右：

十六日在南康府接到父亲手谕及澄、沅两弟、纪泽儿的信，是刘一送来的；二十日接到澄弟一信，是林福秀从县里送来的，详悉一切。

我在十三日自吴城进驻南康，水师右营、后营、向导营在十三日进驻青山。十九日，贼兵带炮船五六十号、小划船五六十号前来攻扑我营，鏖战达两个时辰，未分胜负。该匪又用小划子二十余号从山后钻出来，袭击我军老营。老营战船都已全部出战，仅有座船水手数人及所雇民船水手还在，都逃上岸。各战船哨官见到座船已丢失，于是慌乱，以致挫败。幸而战船炮位毫无损伤，还是不幸中的大幸。而且左营、定湘营还在南康，中营还在吴城，这天未参与战事，士气依然振作。现在六营三千人一同停驻在南康，同陆勇平江营三千人互相依靠，或可迅速重振军威。

现在我所统领的陆军有：塔公带领五千人在九江，罗山带领三千五百人在广信一带，次青带领平江营三千人在南康，已经分成三支，人数也很不少。赵玉班带领五百湘勇要来这里，如独立成为一支，则不足以自立，如依附塔军、依附罗军，则离我仍隔开数百里路之远；如依附平江营，则双方气类不合，而且近日来口粮也确实难以接济。玉班的兵勇可以不必来。玉班一个人独自来此，则营中非常需要人才，一定有合适的位置安排他的。

蒋益澧的事，唐公这样办理很好。秘密传讯他的家人，详细明确加以开导，勒令他缴出银两，足以平服人心，面面都可圆满，请苹翁从速办理。只要能探骊得珠，就轻轻着笔，也可以办到。

这里从水师小败后，急需多置办一些小划子来战胜贼兵，但缺乏能管带小划子的人。如有确能管带小划子的人，打仗时并不靠他冲锋陷阵，只要开仗的时候，让小划子在江边钻来钻去，眩惑贼兵眼目，助长我军气势，就是大有补益。我弟如见到有这种人，或者赵玉班能推荐这种人，就可招募善于驾驭小划子的水兵一百多人来营中。

冯玉珂所缴纳水勇抢劫的银子以及各项银两应缴纳给营中的，可以酌量用作路费。我在营中平安，唯有癣病还未痊愈，精神不足，诸多事务不能一一照管，只能小心谨慎，希望能竭尽人事以听从天命。诸不详尽，统俟续布。父亲、叔父大人面前恭请福安。

刚刚和魏荫亭谈到招募小划子水勇一事，他可以回家与萧可卿商议办理。大约每条划子五个人，五条划子设一个哨官，每百人四个哨官，十余哨就设一个营官。这事并不难在招募水勇，而难在选求哨官、营官。澄弟如见到有人可以充当哨官，或者让他们来营中，或者推荐给荫亭。水勇则不必招募，听从萧、魏办理就行了。

兄国藩手草 四月二十日南康城外水营

拟于近日带军渡江

【原文】

澄侯四弟左右：

二十九日寄一缄，由骆中丞处转交，不知何时可到？余拟于十五日起行，带兵渡江，驻扎徽州、池州二府境内。其九弟所带之万人，现扎安庆城外者，仍不撤动。盖以公事言之，余虽驻军南岸，仍当以北岸为根本。有胡中丞在北岸主持一切，又有多礼堂、李希庵及沅弟三支大军，则北岸稳，湖北稳，袁、翁之军亦稳，余在南岸亦可倚北为声援也。以私事言之，则余为地方官，若仅带一胞弟在身边，则好事未

铜镀金轮船模型表 清

必见九弟之功，坏事必专指九弟之过。嫌疑之际，不可不慎也。余定带鲍镇超之霆字营六千人、朱品隆二千人及现在宿松之马步二千人，合万人先行。余俱在湖南陆续调集招募，足成三万之数。左季高现奉旨以四品京堂候补襄办余处军务，所有应在湖南招募等事，即咨请季翁在湘料理一切。

近日得浙江王中丞信，苏州之贼二十二日尚未至浙江境，浙江省城有杭州将军瑞、署钦差大臣张及中丞三人，应可保全。但使保得浙江，保得江西，则此后尚可挽回全局。

纪泽儿若来省觐，则由长沙或坐战船或坐民船，直下湖北以至湖口、东流，余扎营当在东流附近地方。长江之险，夏月风涛无定，每遇极热之时，须防暴风之至，下晚湾泊宜早。来营住一月，即令其速归也。望弟谕知泽儿沿途谨慎，不必求快。顺问近好。

兄国藩手草 五月初四日

【译文】

澄侯四弟左右：

二十九日寄去一信，由骆中丞处转交，不知何日可以收到。我准备十五日起行，带兵渡江，驻扎在徽州、池州二府境内。九弟带领的一万人，现驻扎在安庆城外，仍不撤离。以公事来说，我虽驻军南岸，但仍应以北岸为根本。有胡中丞在北岸主持，又有多礼堂、李希庵及沅弟三支大军，那么北岸稳定、湖北稳定、袁、翁两军也稳定，我在南岸也可以北岸为声援。以私事来说，我是地方官，如果带一胞弟在身边，那么办了好事未必能显得出九弟的功劳，有了坏事别人必然专门指责九弟的过失。现在是嫌疑之时，不可不慎重。我决定带鲍镇超的霆字营六千人、朱品隆二千人及现在宿松的马步军二千人，共一万人先行。其余的在湖南陆续调集招募，凑足三万之数。左季高现奉旨以四品京堂候补的名义协办我处军务。所有应在湖南招募兵勇的事，就请季翁在湖南料理。

近日得浙江王中丞来信，苏州敌军二十二日还未进入浙江。浙江省城有杭州将军瑞、署钦差大臣张以及中丞等三人，应可以保全。只要能够保住浙江，保住江西，那么此后还可以挽回全局。

纪泽儿如来探亲，就由长沙或者坐战船，或者坐民船，直下湖北，至湖口、东流。我当在东流附近扎营。长江风险，夏天风涛不定，到了极热之天，须防范暴风雨，晚上停泊要早。来军营中住上一个月，就命他速回。希望弟告诉泽儿沿途要谨慎。不必求快，顺问近好。

兄国藩手草　五月初四

昨冒雨赶至祁门

【原文】

沅弟左右：

十一日接初八日午刻信，得悉近状。余于十一日冒雨赶至祁门。今日慈忌日，即不应酬也。宁国府告警甚迫。余奉到五月二十六日寄谕，有云"该署督现统兵力太单，未可轻率前进，宜加持重为要"等因，又鲍镇未至，朱镇未痊，自不可拨兵往援，已复谢之矣。余近怕热略好，而汗出殊甚，老态日增。陈作梅初七日至英山，若至雪琴水营，弟可邀之至安庆一行，此人有益于身心也。纪泽自长沙开船后无来信。朱、黄、刘三信璧还。

六月十二日

【译文】

沅弟左右：

十一日接到初八午时来信，得悉近状。我于十一日冒雨赶到祁门。今日是慈母忌日，就不搞应酬了。宁国府的警报很急，我接到五月二十六日圣旨，说"该

署督现统兵力太单，未可轻率前进，宜加持重为要"等原因，再加上鲍镇未到，朱镇未痊愈，自然不可拨兵前去援救，已回信谢绝了。我最近怕热的毛病略有好转，但汗出的特别多，老态日益明显。陈作梅初七到英山，如果他到雪琴的水营，弟可以邀请他到安庆一行，这个人对身心很有益处。纪泽自从长沙开船后一直没有信来。朱、黄、刘等三封信寄还。

六月十二日

到祁门后一切平安

【原文】

沅弟左右：

二十三夜接二十日巳刻一缄，与前日一长信合观，条理周密，精神贯注，殊深欣慰。行文湖南，谓弟行文于彭盛南也。安庆对岸仅周万倬一营，殊嫌太单。曾得胜势不可调，此外又无可调之营。此题枯窘，仓促竟难生发。余到祁后一切平安，日内酷热异常，不知弟暨季弟营中盖有房屋否？悬系之至。

六月二十五日辰正

青铜马形饰　春秋

【译文】

沅弟左右：

二十三日夜接到二十日巳刻一信，与前日长信合看，条理周密，精神贯注，殊深欣慰。行文到湖南，听说弟已行文于彭盛南。安庆对岸仅有周万倬一营，似乎太单薄了，曾得胜势不可调，此外也无可调之军。这个问题很窘迫，仓促间也想不出办法。我到祁后一切平安，这些天天气异常酷热。不知道你和季弟营中是否盖有房屋？悬系之至。

六月二十五日辰正

闻莫善徵酷贪望查明

【原文】

沅、季弟左右：

初二日专丁到，接二十八夜之缄，俱悉一切。

东流在江边，周万倬一营驻焉，向归厚庵调遣。建德在山内，去江五十里，普钦堂全军驻焉，向归江西调遣。曾得胜者，普部九营中之一营也。池州贼来东流，则畏水师。若至建德，并不与水师相干，全调普军则可，专调曾营则不可。弟屡指调该营，不知何人所说，似不甚当于事理。兄目下实无以应弟之请，谅之。

长濠用民夫，断非陈米千石所可了，必须费银数千。此等大处，兄却不肯吝惜。有人言莫善徵声名狼藉，既酷且贪，弟细细查明。凡养民以为民，设官亦为民也，官不爱民，余所痛恨。

宁国尚未解围，闻贼将以大队救安庆，南岸似可渐松。南坡信大有可采，此人真有干济之才，可敬可敬！家信四件附还。

七月初三夜

【译文】

沅、季弟左右：

初二专丁到达接到二十八日夜来信，俱悉一切。

东流在长江边上，有周万倬一营驻扎，一向归厚庵调遣。建德在山内，距长江五十里，有普钦堂全军驻扎，一向归江西调遣。曾得胜是普部九营中的一营。池州敌军进攻东流，则畏惧水军；如果进攻建德，不与水军相干，调动普军全行则行，专门调动曾营则不行。弟多次指名调动该营，不知是什么人的主意，好像很不合情理。我目前实在不能答应你的请求，请谅解。

挖长濠用民夫，绝不是用陈米千石就可解决的，还必须花费银子数千两。这类大的方面，我是不会吝惜的。有人说莫善徵声名狼藉，又残酷又贪婪，弟要细细明察。凡是养民是为了民，设官也是为了民，官不爱民是我非常痛恨的。

宁国还没有解围，听说敌军将以大队人马救援安庆，南岸似乎可以轻松一些了。南坡信中的意见大有可采纳的，此人是有真才实学的人才，可敬可敬。家信四件附还。

七月初三夜

习劳苦为办事之本

【原文】

沅、季弟左右：

初七日接沅弟初三日信、季弟初二日信。旋又接沅弟初四日信。所应复者，条例如左：

辅卿而外，又荐意卿、柳南二人，甚好。柳南之笃慎，余深知之。意卿谅亦

不凡。余告筱辅观人之法，以有操守而无官气、多条理而少大言为主。又嘱其求润帅、左、郭及沅荐人。以后两弟如有所见，随时推荐，将其人长处短处一一告知阿兄，或告筱荃，尤以习劳苦为办事之本。引用一班能耐劳苦之正人，日久自有大效，无以不敢冒奏四字塞责。季弟言出色之人断非有心所能做得，此语确不可易。名位大小，万般由命不由人，特父兄之教家、将帅之训士不能如此立言耳。季弟天分绝高，见道甚早，可喜可爱，然办理营中小事，教训弁勇，仍宜以勤字作主，不宜以命字谕众。

润帅先几陈奏以释群疑之说，亦有函来余处矣。昨奉六月二十四日谕旨，实授两江督兼授钦差大臣。恩眷方渥，尽可不必陈明。所虑者，苏、常、淮、扬无一支劲兵前往。位高非福，恐徒为物议之张本耳。余好出汗，沅弟亦好出汗，似不宜过劳，宜常服密者。京茸已到，日内专人送去。

七月初八日

【译文】

沅、季弟左右：

初七接到沅弟初三来信，季弟初二来信。接着又接到沅弟初四来信。应答复之事，条例如下：

除辅卿之外，你们又推荐意卿、柳南二人，很好，柳南老实、谨慎，我深知，意卿想来也不平凡。我告诉筱辅看人的方法，应以有节操而无官气，讲求条理而不说大话为主。又嘱咐他请求润帅、左、郭和沅弟推荐人才。以后两弟如有所发现，随时推荐，将其人的优点缺点一一告诉为兄，或告知筱荃，更要注意以能吃得起劳苦为办事之本。引用一班能吃苦耐劳的正人君子，日久自大见成效，千万不要以不敢贸然上奉搪塞。季弟说真正出色的人绝不是有心才能做到，此确实不可改变。名位的大小，都是由命运所致而由不得自己。只是父兄所以治家，将帅之所以训练士卒不能如此立言罢了。季弟天分绝高，领悟大道很早，可喜可爱，但是办理军营中的小事，教训兵勇，仍要以勤字为主，不要以命令制众。

润帅早已向上陈奏，以解释各种疑难之辞，也有信寄来我处。昨天接到六月二十四日圣旨，实授两江总督兼授钦差大臣。圣眷方隆，尽可不必陈明。现在忧虑的是苏、常、淮、扬等地没有一支劲旅可以前往。位高非福，恐怕徒为人们议论张本。我好出汗，沅弟也好出汗，似乎不应过劳累，应常服一些密者等补药。京中的鹿茸已到，近日派专人送去。

七月初八日

即日先从水师办起

【原文】

沅、季弟左右：

十六日得沅弟十三早信、季弟十二夜信，十七日又得沅弟十四早信，俱悉一切。所应复者，条列如左：

一、日记现无人抄，待德榜来了再说。此间调度，今日有复次青一信颇详，兹抄去一阅。凯章初七日自袁州开行，春霆初五日自宜昌开行，本月内均可到祁。

一、日内因出汗太多而服黄奢膏，又添头疼之患。芝生林皋之对、南坡之幅、毕何之碑均不克交卷，总在七月内交卷，不爽约也。至书院图，必须弟稿而兄改正，弟莫太懒，到场屋把难字子难老兄。

一、弟托折买京货一单，兹嘱折弁梁宝田与来人同至安庆交清。兄与弟各买鹿茸一架，共去银三百两。茸不甚好，价太昂贵，宿行之吃亏也如是。兄去年买架贵茸，曾吃大亏，今年又吃亏，以后当另托内行买之。兄又有冬菜、磨菇、杏仁、铜墨盒等物送两弟用。

一、金逸亭虽熟谙兵事，似亦文胜于质，恐不足以立一大柱。霞仙识力过人，为统领则恐其不耐劳，为地方官，则亲家例须回避，或劝润帅用之更妥协也。润帅信奉还。

一、季弟之信极合吾意，即日先从水师办起。

七月十七日

【译文】

沅、季弟左右：

十六日得到沅弟十三日早来信，季弟十二日夜来信，十七日又得到沅弟十四日早来信，俱悉一切。应答复的各事，条例如下：

一、日记现在无人抄写，等待德榜来了再说。这里的军务调度，今天有给次青的复信很详细，现抄去一阅。凯章初七从袁州开行，春霆初五从宜昌开行，本月内均可到祁门。

一、日内因出汗太多而服用黄耆膏，又添了头疼病。芝生、林皋的对联、南坡的横幅、毕何的碑文均不能交卷，总要在七月内完成，不失约了。至于书院图样，必须由弟画稿兄修改，弟不要太懒，把难题留给老兄。

一、弟托人购买京货的单子，现嘱咐兵弁梁宝田与来人同往安庆交清。兄与弟各买鹿茸一架，共用去银子三百两。鹿茸不太好，价钱太贵，外行人吃亏也是如此。我去年买了一架很贵的鹿茸，曾经吃了大亏，今年又吃亏了，以后当另外托内行人去购买。兄又有冬菜、蘑菇、杏仁、铜墨盒等物送给两弟用。

一、金逸亭虽然熟悉兵事，似乎文采也胜于气质，但仍恐怕不足以成为栋梁。霞仙的见识过人，作统领则恐怕他不能吃苦；做地方官，则亲家按例应该回避，或许劝润帅启用更为合适。润帅来信奉还。

一、季弟的信极合我心意，即日就先从水师办起。

七月十七日

凯章等已到祁门

【原文】

澄侯四弟左右：

接七月初信，知弟身体服陈心壶药而大愈，甚慰甚慰。然弟体本不甚强，又加以连年劳苦，恐大黄等药究非所宜。吾兄弟多秉母体，宜于补而不宜于攻，尚乞加意慎重为要。

此间军事，宁国被围，紧急如故。广德州初四日失守，十四日又已收复。凯章带三千余人于七月二十四日到祁门，其后两翼八百人亦中秋前可到。次青十二日至江西省城，鲍春霆十八日自武昌起程，月内均可到祁，到即分途救援宁国。余幸平安，惟日内写字太多，日光更差耳。顺问近好。

国藩手草　七月二十四日

【译文】

澄侯四弟左右：

接到七月初来信，知弟服了陈心壶的药身体大好，甚慰甚慰。然而弟身体本来就不很强壮，又加上连年劳苦，恐怕服用大黄等药还是不太合适。我们兄弟多继承母亲的体质，宜于进补而不宜于强攻。还希望加意慎重为要。

此间军事方面，宁国被围，紧急如故。广德州初四失守，十四日已经收复。凯章带领三千多人已于七月二十四日到祁门，他的后两翼八百人在中秋之前也可到达。次青十二日到江西省城，鲍春霆十八日从武昌起程，本月内均可到祁门。到后就分路去救援宁国。我还幸好平安，只是近日写字太多，目光更差了。顺问近好。

国藩手草　七月二十四日

錾胎珐琅象　清

奏留骆秉章驻湖南

【原文】

澄侯四弟左右：

接七月十一来信，知家中五宅平安，至以为慰。病体日好，近想又开酒戒、亲琐哺矣。黄金堂之事，承巨细熟商，尚不至失之奢华否？早间不太晏否？

此间一切平安。嘉兴一军三万人于七月二十三日全数溃败，贼势趋重。浙江杭州危急之至。如果杭城有事，则皖南、江西均属可危。兄现奏留骆中丞暂驻湖南，俾左季高得以迅速来皖，而湖南防兵亦免出抽调入蜀，庶桑梓可固，而吴越可图。兹将奏片抄寄弟阅。

兄身体尚好，惟目光日眵，劳苦颇甚。顺问近好。

国藩手草　八月初四日

【译文】

澄侯四弟左右：

接到七月十一日来信，知家中五宅平安，至以为慰。你的病体见好，猜想你该又开酒戒，吹唢呐了。黄金堂之事，大小事务承蒙斟酌，还不至于太奢华吧？早上起得不太晚吧？

此间一切平安。嘉兴一军三万人于七月二十三日全军溃败，敌势严重。浙江杭州极为危急。如果杭州失守，那皖南、江西都很危险。我现已奏请留骆中丞暂驻湖南，使左季高能迅速来皖，而湖南防兵也免于抽调入蜀。这样家乡可保全，吴越也可恢复。现将奏折抄寄予弟一阅。

兄身体还好，只有目光越来越坏，很是劳累。顺问近好。

国藩手草　八月初四日

新授皖南军务头绪难清

【原文】

沅弟左右：

初九日申刻专卒至，接初七早来缄，初十早接初五一缄，俱悉一切。

此间新接皖南军务，头绪难清，嫌疑难释，已派次青赴徽，先行交接，再赴宁国履任。宋副将未至。太平贼未接风、未见仗而遽退，颇不可解。春霆至今未到。南坡两禀皆照准，已录批札知弟处。昭忠祠除江家百金外，当再送四百与弟处汇交。屋祥尚未改正，定于中秋日谢绝百事为之。去年改先大夫祠样，系元旦所为也。二万金尚易办，弟信晨要则夕发矣。各件均发还。

八月初十日午刻

【译文】

沅弟左右：

初九申时专卒到来，接到初七早来信，初十早又接初五一信，俱悉一切。我这里新近接手皖南军务，头绪难以清理，猜疑难以解释，我已派次青赴徽，先行交接，然后再赴宁国上任。宋副将未到，太平敌军没有开仗就急忙退却，很不可理解。春霆至今未到。南坡两封书信都已批准，已抄录公文发往弟处。建昭忠祠除去江家百金之外，应当再送四百给弟处汇交。屋样还未改好，准备在中秋日谢绝百事来完成它。去年修改先大夫祠的图样就是元旦完成的。两万两银子还算好办。弟的信早晨要就晚上发出。各件均发还给你。

八月初十日午时

皖南军事极为危急

【原文】

十六为一书交朱云章带去。次日接信，知宁国府有失守之信，虽未必遽确，而皖南事极危急。目下徽兵索饷闹事，宁兵溃败滋事，内讧可虞，强寇环伺。兹寄书请希庵带二三营来助我，望弟专人送去。希公若于二十二三慨然渡江南来，不过月杪可到祁门。在此住二十日，左季翁到后，希公可仍北渡还本军也。四眼狗若援怀、桐，当在东梁山渡江，必不能如祁门到青草塥之便。昨致凯章信抄去一阅。

八月十八日未刻

【译文】

十六日写了一信交朱云章带去。次日接到来信，知宁国府有失守的消息，虽未必确实，但皖南军情极为危急。目前徽军索取军饷闹事，宁兵也溃败生事，强敌环绕，内讧值得担忧。现寄信请希庵带二、三个营来帮助我，望弟派专人送去。希公如能在二十二、三日慨然渡江南来，不过月底可到祁门。在这里住二十天，等左季翁到后，希公仍可北渡回还本部。敌军如增援怀、桐，应在东梁山渡江，一定不如从祁门到春草塥方便。昨天写给凯章的信，抄去一阅。

八月十八日未时

望再恳希庵来助

【原文】

沅、季弟左右：

二十一日接十九日信并公牍。萧、张二人新作营官，余不轻假以权，徐徐训饬，甚有条理。二十二早接二十日信，正俊九拜生之日也。

此间自十七日闻宁郡失守之信，十八日次青派二营去防丛山关。十九日接仗，分为二卡。一营失利，营官阵亡。一营平稳。丛山去绩溪县三十里，去徽州府九十里。次青在徽，现办城守事宜。城上蓬蒿没人，雉堞不完。若过四月，则次青料理渐妥，当可守御。余续发礼字河溪四营二千一百人，二十一日可到徽州，亦助次青协守。凯章在旌德，静镇不动。霆营在太平，亦静守平安。春霆二十日到祁，二十三日可到本营。目下所虑者，次青徽州吃紧，祁门老营太单。徽畏外寇，祁忧内讧。欲请希庵带两营来此一助，望弟再三恳之，余今日未写信也。安庆新营太多，余不甚放心。围此大城，困此悍贼，尚恐有意外之虞，断不可分兵来南岸。泽儿过十月十一后再赴安庆。

八月二十二日巳刻

【译文】

沅、季弟左右：

二十一日接到十九日来信及公文。萧、张二人新作了营官，我不会轻易给以

重权，需慢慢教导，使他们很有条理。二十二日早接到二十日来信，正是俊九拜生之日。

这里自十七日听说宁郡失守的消息，十八日次青派二营去防守丛山关。十九日交战，分为二卡。一营失利，营官阵亡，另一营平稳。丛山距绩溪县三十里，距徽州九十里。次青在徽，正在操办守城事宜。城上蒿草没人，城垛也不完整。如果过上四天，次青渐渐料理妥善，应当可以防御。我又派礼字河溪四营二千一百人，二十一日可到徽州，也协助次青守城。凯章在旌德，没有行动。霆营在太平，也平安静守。春霆二十日到祁，二十三日可到本营。目前所忧虑的是次青徽州吃紧，祁门老营兵力单薄。徽州畏惧外敌，祁门担忧内讧。打算请希庵带两营来这里援助。望弟再三恳请，我今天没有写信。安庆新建的营军太多，我不很放心。包围这样大城，围住这样强敌，还要唯恐意外事件发生，决不可分兵来南岸。泽儿过了十月十一日之后再赴安庆。

八月二十二日巳刻

敌围徽州情事危急

【原文】

沅弟左右：

二十四日接弟两信，排单者后到。礼字河溪四营，二十四日大败。贼围徽州，鲍、张两军均隔在岭外，危急之至。望弟即请希庵来援，带一二营亦可。九月初六以前，此间当尚可保也。现调鲍入岭，由休宁以援徽州。调张入岭，驻渔亭以保鲍之后路。

八月二十五日巳刻

【译文】

沅弟左右：

二十四日接到弟的两封信。有排列名单的那封信后到的。礼字河溪四营二十四日大败。敌军包围徽州，鲍、张两军都被分隔在山外，危急之至。望弟立即请希庵来援，带一、二营也行。九月初六以前，这里应当还可以保守。现调遣鲍军入岭，由休宁以援救徽州。调张入山，驻扎渔亭以保全鲍军的后路。

八月二十五日巳刻

次青至今尚无下落

【原文】

沅弟左右：

接弟信，知希庵于二十五日已拔四营南渡，可感之至。次青于二十五日酉刻城陷时，闻实已出城，至今尚无下落，必殉难矣。哀哉此人！吾用之违其才也。目下所最怕者，贼从婺源窜东平、景镇，断祁门之后路，蹂躏江省腹地也。希公来此，专为保祁门老营。因老营仅朱、唐三千人，内有千七百人未见过仗，故止须二三营。今带四营来，已觉其多，余五六营应止之，不必渡南。恐北岸有事，

希公单骑回救则易，大队回渡则难。弟可与润、希帅熟商之。

八月二十八日午初

【译文】

沅弟左右：

接弟来信，知道希庵已于二十五日率四个营南渡，可感之至。听说次青于二十五日酉时城破时已经出城，但至今还无下落，一定是殉难了。哀哉此人！我用才不当，用非其才。目前最怕的是，敌军从婺源窜向东平、景镇，切断祁门后路，攻占江省腹地，希公来此，专门为保卫祁门老营。由于老营仅有朱、唐三千人，内有一千七百人没打过仗，所以只需用二、三个营，现在带了四个营来，已经觉得很多了，其余五、六个营应制止，不必南渡。以恐北岸有事，希公单骑回救很容易，如大队人马回渡就难了。弟可以同润帅、希帅商量。

八月二十八日午初

次青大败闻已出城

【原文】

澄侯四弟左右：

初一日接弟信，知家中收成已毕，黄金堂丰收逾恒。五十佽女渐次痊愈，至以为慰。

此间近日殊多失意之事。次青于十九日丛山关败后，二十四日平江六营与河溪礼字等四营大败。贼匪围城，次青坚守一日一夜，至二十五日申刻破城。平江勇自南门走出，次青闻亦已出城。至今八日尚未接其来信，而其胞侄、表弟皆坚言其无恙，不知究竟如何。二十八日贼破休宁。目下皖南仅存祁门、婺源、黟县及东流、建德而已。闻贼已分大半由严州入浙，而自婺源入江之路亦不可不防。现调鲍军扎渔亭，凯章扎黟县，均去老营不过六十里，军势已稳，人心已定。牧云与甲三初一日由祁门赴安庆，宽十、代三同行，大约十月底可归也。希庵初四日到祁门，带四营远来救援，不久仍当回北岸耳。

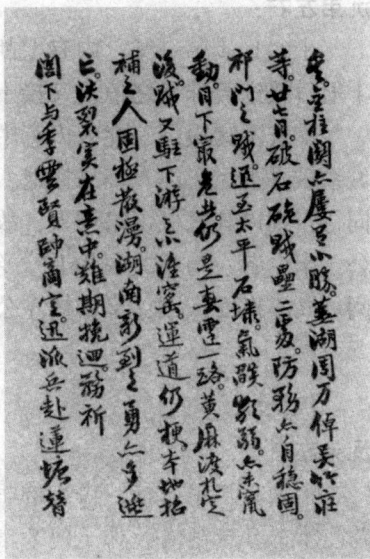

余身体平安。目光日昏，精神日见日老，深惧无以符此大任。顺问近好。

兄国藩手草 九月初四日

曾国藩手札

【译文】

澄侯四弟左右：

初一接到弟信，知家中收成已完成。黄金堂像往年一样丰收。五十佽女身体

渐渐痊愈，至以为慰。

这里近些天有许多失意之事。次青在十九日丛山关兵败后，二十四日平江六营与河溪礼字等四营又大败。贼军围城，次青坚守一日一夜，至二十五日申时城破。平江兵勇从南门出走，听说次青也已出城。至今八天还没有接到他的来信，但他的胞侄、表弟都坚信他没事，不知究竟如何？二十八日敌军攻破休宁，目前皖南仅保存祁门、婺源、黟县及东流、建德几县。听说敌军已分出大半从严州进入浙江，而从婺源进入江西之路也不可不防。现调鲍军驻扎渔亭，凯章驻扎黟县，都距离老营不过六十里，军情已稳，人心已定。牧云和甲三初一由祁门赴安庆，宽十、代三同行，大约十月底可以回去。希庵初四到祁门，带领四个营远来救援，不久仍应该回北岸。

我身体平安，目光日益昏暗，精神也越来越显老态，深恐不能完成肩负的大任。顺问近好。

兄国藩手草　九月初四

决不撤安庆之围

【原文】

沅弟左右：

十六日接弟一缄，内有上胡帅信稿，夜又一缄，并四眼狗等黄绫伪文一包。十七日接送苦株子之信，又接十四日发一缄。俱悉一切。

安庆不宜撤围，此人人意中所有之事，普天下处处皆系贼占上风，独安庆一城系贼占下风，岂有轻易撤退？今既受苦株子之贿，愈不肯撤围矣。至与左季高同行，则以其气概识略过人，故思与之偕，以辅吾之不逮。然近日众论多思留左公于南岸者，与弟之见略同，余亦不欲定执一己之见。昨有复胡帅信，抄寄弟阅。既不撤安庆围，又不挟左公俱北，弟当再补两撮苦株子矣。

九月十七日

【译文】

沅弟左右：

十六日接弟一信，内有给胡帅的信稿，夜里又接一信，并敌军的黄绫伪文一包。十七日接到送苦株子的来信，又接到十四日发来一信。俱悉一切。

安庆不应撤围，这是大家共同赞许之事。现在各处都是敌军占上风，只有安庆一处是敌军处于下风，岂能轻易撤退。现在既受了苦株子的贿赂，更不能撤围了。至于与左季高同行，是以他气概见识胆略过人，所以想与他同行，以弥补我的不足。但近来舆论多想留左公在南岸，这同弟的意见略同，我也不一定要固执己见。昨天有复胡帅的信，抄寄与弟一阅。既不撤安庆之围，又不挟带左公北上，弟应当再补我两撮苦株子。

九月十七日

夷务和议已成

【原文】

沅弟左右：

初四夜连接二十八、三十及十月初一日三次信缄，俱悉一切。

初四日接奉二十日寄谕，夷务和议已成，鲍军可不北上。九月初六日请派带兵入卫一疏，殆必不准，从此可一意图东南之事。

安庆所挑余亲兵两哨，若悉系上选，恐狗贼来援，打仗又少些好手，弟细心斟酌。或待击退狗援后，再令两哨南渡亦无不可。余前二十八日一缄，谓不须挑人来祁，一半是恶刘、李索钱太多，一半是恐安庆挑出好手，难当大敌也。此次商令缓来，则专为恐扯薄安庆起见，弟细酌之。贼若有大股从练潭来集贤关，希庵若不递援，弟军足支持二三日否？千言万语，都不要紧，惟此是性命关头。次青以不能战守，身败名裂，弟所争者在能守与否。若能守住四五日，则希庵之援兵必至矣。专意待希之救，万一希被桐城等处之贼牵制，不能援怀，亦事势之所时有，弟此刻与诸将约定，预为守营五日昼夜不息之计。贼初来之日，不必出队与战，但在营内静看，看其强弱虚实，看得千准万准，可打则出营打仗，不可打则始终坚守营盘，或有几分把握。闻迪庵于六年八月在武昌击石逆援贼，即坚守静待之法。每日黎明，贼来扑营，坚守不动，直至申酉间始出击之，故无日不胜。

希庵新授皖臬。莫令当撤委，令希查办。弟详复之件尽可呈上，而莫之劾否，不系乎此。江新系马徵麟言可杀，却在莫先。

十月初五日

【译文】

沅弟左右：

初四夜连续接到二十八、三十及十月初一三次来信，俱悉一切。

初四接到二十日圣旨，同洋夷的和谈已成，鲍军可以不必北上。九月初六请求带兵入卫的奏疏，也一定不会批准了，从此可以一心经营东南之事了。

安庆挑选的两哨亲兵，如果都是上等兵勇，恐怕敌军来援，打仗又少了好手，弟要认真考虑。或待击退敌人援军之后，再令两哨亲兵南渡也无不可。我前次二十八日一信，说不须挑人来祁门，一半是厌恶刘、李要钱太多，一半是恐怕影响安庆挑出好手，难以抵挡大敌。这次商议缓办，却专为恐怕安庆早力起见，请弟认真考虑。敌军如有大股从练潭来集贤关，希庵如不支援，弟能否足以支持二、三天。千言万语都不要紧，只此是性命关头。次青以不能守御而身败名裂，弟所要考虑的是能不能守住。如能守住四、五日那希庵的援兵必然到了。如专门等待希庵来救，万一希被桐城等处敌军牵制，不能救援，这种事也会发生的，弟这里与诸将约定，预定下守营五日，昼夜作战之计。敌军初来时，不必出兵交战，只在营中静观强弱虚实，看得千准万准，可打就出开战，

不可打就始终坚守营盘，或许有几分把握。听说迪庵于六年八月在武昌迎击石达开率领的援军，就采有坚守静待的办法。每天黎明，敌人来攻营，坚守不动，直到申酉时分才开始出击，所以无日不胜。

希庵新近被授命为皖省臬台。莫令应撤职，由希查办。弟的详细复件尽可以呈上，而对于莫的弹劾与否，不在于此。江新是马征麟说要杀的，这却比莫更早。

十月初五

明日去黟县察看岭防

【原文】

沅浦九弟左右：

杨镇南之哨官来，接二十五日一信，马事另用公文批发。

此间日内平安。唐桂生带队雕剿，贼已遁去。赣南之贼窜至上塘墟，距建昌府城仅四十里，可虑之至。前令养素三千人驻防抚州，或可保守。余将以明日至黟县等处察看岭防，此数日书问稍稀。

十月初七日

【译文】

沅浦九弟左右：

杨镇南手下的哨官来，接到二十五日一信。至于马事另用公文批发。

此间日内平安。唐桂生带兵巡视清剿，敌军已经退走，赣南敌军窜到上塘墟，距离建昌府城仅有四十里，可虑之至。以前令养素带领三千人驻防抚州，或许可以保守，我将于明日到黟县等处察看各地防务，这几天书信会少一些。

十月初七

鲍张两军日内均未开仗

【原文】

沅、季弟左右：

十五日发去一信后，又接十三日来缄。安庆各营，坚守既有把握，深以为慰。

此间鲍、张日内亦未开仗。鲍公近颇郁郁忿怒不可近，心窃忧之。左季翁本拟即日进兵扎屯溪，因江西建昌府甫经解围，贼窜金溪一带，左军有后顾之忧，故未遽讲。李卿云仅送二千金，与前此之二千，不知可买米两千石否？日来祁门粮台极穷，与李作士处无异。鲍之新五营颇怀怨望，马辉房亦似非正人，弟细察之颇有播弄否？

十月十七日未初

【译文】

沅、季弟左右：

十五日发去一信后，又接到十三日来信。安庆各营有把握坚守，深以为慰。

这里鲍、张近日也未开仗。鲍公近来很忧郁，常常愤怒而不可接近，我心里有些担忧。左季翁原计划即日进兵驻扎屯溪，由于江西建昌府刚刚解围，敌军逃窜到金溪一带，左军有后顾之忧，所以未立即出发。李卿云仅送了两千两银子，与上次的两千两合计，不知是否可买米二千石？目前祁门粮台很穷，与李作士处一样。鲍军的新五营怨言很多，马辉房也不像是个正派人，弟弟认真查查他是否播弄是非？

青花寿山福海图大瓷炉　明

十月十七日未初

延师当请严而有恒者

【原文】

沅弟左右：

步拨递到二十一夜来缄。李卿云归，又带到十八夜缄。余于初八日交手卷及日记于杨镇南之哨官萧祥云，不知何以至今未到？庆饬杨镇南即将该哨革去。

二十九日记中记作梅之言，不知渠何以全不向余提及。猫面脑之事，弟克复安庆后，当归家妥办。如洪家执意不肯，只好略略迁改，移于夏家契地内。但求大致稳妥，不必泥于阴地一线之说，反诒求福太过之讥。

鼎三明年读书，应请先生。余心中无人，请弟与季酌定。朱洪章添两哨，即当批准，弟可先令其速招。鲍镇已奏复勇号，当略高兴。芝生不肯就馆，弟请师，当请严而有恒者，又不专好用自己工夫之人，或请省城朋友亦可。此事关系极大，不可草率。省中间有著名善教书者，却不在学问大也。澄弟信寄阅。

十月二十四日

【译文】

沅弟左右：

步拨传到二十一日夜来信，李卿云回来，又带到十八日夜来信。我于初八将手卷和日记交付杨镇南的哨官萧祥云，不知为什么到现在还没有到？应命令杨镇南立即将他开除。

二十九日日记中记下作梅的话，不知道他为什么一点都没向我提起。关于猫面脑的事，弟攻克安庆之后，应回家去办理一下。如果洪家实在不同意，只好稍微改变一下，迁移到夏家卖地契的地内去。只要大致上稳当，不必拘泥于风水之说，反而遭受求福心切的议论。

鼎三明年读书，应请先生，我心中没有合适的人选，请弟与季商量。朱洪章增加两哨兵勇的请求，当即批准，弟可命令他迅速招兵。鲍镇已经奏请恢复兵勇营号，他应当高兴些了。芝生不愿意继续教书，弟请老师应当请严格而且能持，又不专好计较自己时间的人，或者请省城的朋友也行。这件事关系很大，不可草率。省城中常有著名的善于教书的先生，却不在于学问的大小。澄弟信寄去一阅。

十月二十四日

幸勿轻敌致误

【原文】

沅弟左右：

二十六夜接弟二十三四日两次专信。二十七早又接二十五信，报多公二十三日胜仗。至以为慰。

大通厘局十月以六成济湘后，四成修堤。十一月后，四曾四陈二韦即当批准。莫令祥芝，昨日发折奏参革职，即日当札马辉房代理。堤工恐未必修得成，而军事得失利钝不过月内外可决，苟堤工太难，办工者无十分内行里手，祈弟酌之。

多、李虽打胜仗，贼若来扑怀宁，弟仍当坚守不出，幸无轻敌致误。左季翁今日可到祁门，吴退庵昨日已到。贵溪股匪，已于二十三日被左军击败，杀贼近二千也。

十月二十七日

【译文】

沅弟左右：

二十六日夜接到弟二十三、四日两次专信，二十七日早又接到二十五日信，报告多公二十三日大捷，至以为慰。

大通厘金局十月用六成收入接济湘营后，又用四成修堤。十一月后，按曾四成、陈四成、韦二成分配，应可以得到批准。昨天已发出奏折将莫祥芝革职，即日当发文由马辉房代理。堤坝的工程恐怕未必能完成，而军事的成败不出本月就可解决，如果修堤工程太难，施工的人又没有十分内行的，望弟再考虑一下。

多、李虽然打了胜仗，但敌人如果来进攻怀宁，弟仍应当坚守不出，千万不要轻敌误事。左季翁今天可到祁门，吴退庵昨天已到。贵溪一股敌军，已于二十三日被左军击败，杀敌近二千人。

十月二十七日

浮梁十二日失守

【原文】

沅弟左右：

昨日写信与厚、雪二公，略言初三以后近状，不知到否？十三夜接信，浮梁于十二午刻失守。左军扎景德镇、马鞍山，想十三四日必开仗。新军当大敌，不知足以自立否？余现调鲍镇全军回剿浮梁、景德镇，又调朱、唐全军剿建德，老营嫌太空虚，然凯章御贼于北，霆营剿贼于南，当可无虑。东流、建德，恐须希庵亲家带五六千人渡江打开，始能通北岸之气。弟与润帅及希、礼、厚、雪商之。如狗贼尚未大惩创，亦不可扯空北岸之师也。

十一月十四日巳刻

【译文】

沅弟左右：

昨天写信给厚、雪二公，大致说了初三以后的近况，不知收到与否？十三日夜接信，浮梁于十二日午时失守。左军驻扎在景德镇、马鞍山，想是十三、四日一定开仗。新军当大敌，不知是否足以自立？我现在调鲍镇全军回攻浮梁、景德镇，又调朱、唐全军进攻建德，老营显得太空虚了，但是凯章御敌于北，霆营攻敌于南，应当没有问题。东流、建德，还恐怕须希庵亲家带五、六千人渡江打开，才能打通北岸的士气。弟与润帅及希、礼、厚、雪商议，如果北岸敌军还未受到大的打击，也不可调空北岸兵力。

十一月十四日巳刻

派鲍超赴景德会剿

【原文】

沅弟左右：

接十八夜来缄，俱知一切。

建德虽克，非六千劲旅不能守。余意欲弃而不守，留为鄱阳、景镇各贼之归路。季翁以余见为然，不知厚庵之意如何？景镇之贼未退，候婺源一路贼到，两路夹攻左军。余派鲍镇赴景德会剿，二十四日起行，二十七八可到，当与婺贼先后同到也。

普承尧当参革职，发往新疆，派霆营挑选宝勇溃卒另编三营，在于黄梅、宿松等处归队，即日刊告示张贴耳。

十一月二十五日巳刻

【译文】

沅弟左右：

接十八日夜来信，俱知一切。

建德虽然攻克，但没有六千劲旅不能守住。我打算弃而不守，留下作为波阳、景德镇各路敌军的退路。季翁认为我的主张正确，不知厚庵意下如何？景德镇敌军未退，在等候婺源一路敌军赶到，企图两路夹击左军，我派鲍镇赴景德镇会剿，二十四日起行，二十七、八日可以到达，可能与婺源敌军先后同到。

普承尧应当参奏革职，发配新疆。派霆营挑选宝勇溃兵另编三个营，在黄梅、宿松等处招集，即日发出告示张贴。

十一月二十五日巳时

婺源敌窜往德兴

【原文】

沅弟左右：

初七日派去之亲兵，二十五归，得弟二十一日信，俱悉一切。

婺源之贼，二十五早窜往德兴一路。若并犯景镇，鲍、左二军或足御之；若径赴河口，犯江西腹地，则殊无良法。刘连捷添人，即日当批准也。

十一月二十六日午刻

【译文】

沅弟左右：

初七派去的亲兵，二十五日回来，得到弟二十一日来信，俱悉一切。

婺源敌军二十五日早窜扰德兴一路，如果同时进犯景德镇，鲍、左二军或许足以防御，如果直接奔河口，进犯江西腹地，那真没有好办法。刘连捷要求添人，应当即日批准。

十一月二十六日午时

已请左鲍等军添兵

【原文】

沅弟左右：

二十七日接二十二三日两缄，季弟亦有信，欲余添兵。余未接弟等信之先，已请左添三千，鲍添二千四百，朱、唐添一千，杨、彭添水师九营（即淮扬水师），买洋炮九百尊。目下所争者，在左、鲍景德镇二军，不知能打退黄文金股匪否？安危之几，在三日内可决。幸而安全，自当陆续添兵。

渔亭二十六日开仗二次，上午大胜，下午微挫。日内休宁、徽州之贼，必再寻渔亭一军开仗。付去伪文一件查阅。寄胡宫保信一件，弟阅后封好送去。

铠甲 清

十一月二十七夜

【译文】

沅弟左右：

二十七日接到二十二、三两信，季弟也有信来，要我增兵。我在未接到你们来信之前，已请左增兵三千，鲍增兵二千四百，朱、唐增兵一千，杨、彭增添水师九营（即淮扬水师），买洋炮九百尊。目前所注目的是左、鲍在景德镇的两军，不知是否能打退黄文金部敌军？安危变化，在三日之内就可决定。如幸得以安全，自将陆续增兵。

渔亭二十六日开仗二次，上午大胜，下午小败。近日休宁、徽州敌军，必然要再找渔亭一军开仗。付去伪公文一件，请查收一阅。寄给胡官保信一封，弟阅后封好送去。

十一月二十七日夜

天下虽乱法律不可全废

【原文】

沅、季弟左右：

十九日专弁二人至，接两弟来信、沅附寄润帅信、黄南坡兄信、季附寄汪大钟卷并名单，俱悉一切。汪生文果清健，乱后尚能不废学如此，信不愧大邦之风。另一片信所关甚大。方此军初至东流、众口交赞之时，雪琴即有信来，言其勇不可恃。沅弟平日曾言，造塔者须下一层好，其理至精。将来恐须全行遣散，另招二千人耳。

次青事，须渠来营一次，乃能定案。今天下虽已大乱，而法律不可全废。如普不重惩，即无以服江楚军民之心；重惩普而不薄惩青，即无以服徽人，亦无以服普之心。

澄弟之病，据来信已愈，且言宜服清润之品，不宜补也。左、鲍十七八尚未开仗。润、坡信付还，习字三张批还，卷付还。

十二月二十日

【译文】

沅、季弟左右：

十九日二个专差到来，接到两弟来信及沅弟附寄润帅的信、黄南坡兄的信，季弟附寄汪大钟手卷及名单，俱悉一切。汪生果然文笔清健，大乱之后还能如此不废弃学业，确信不愧为大邦之风。另一封信所说关系重大，这支军队刚到东流时，众口交赞。雪琴就来信说，这些兵勇不可依靠。沅弟平日也曾说过，造塔的人必须把下层造好，这是至理名言。这支军队恐怕必须全部遣散，然后另招二千人。

关于次青的事，他必须来营一次，才能定案。现在天下虽已大乱，但法律不能废弃。如果不对普加以重惩，就无法使江楚军民心服；重惩普而不轻惩青，就无法使徽人心服，也无法使普心服。

澄弟之病据来信说已经痊愈，并且说适合吃清润的东西，不适合进补。左、鲍两军十七、十八日还未开仗。润、坡的信付还。三张习字批还。手卷付还。

十二月二十日

新勇能打悍敌为慰

【原文】

沅、季左右：

二十八日接十三日沅弟信，系专足送来者，而到祁太迟。杨镇南十七日专来之信，亦于二十八到祁。武明良十八日专来之信，则先五日到矣。

仁字营拔至枞杨，以新勇五百而能打悍贼三千之众，余闻此为之大慰。意者，安庆各营足以御狗贼之大股乎？二十七日此间大雨如注，左、鲍各军日内又难进兵。黄文金退至石门后，纠集下游各贼来建，将以全力抗拒。左、鲍之师，闻实数不下五六万，不知我军剿办能否得手。江北之雨，想亦不少，枞阳河水或竟可不涸，则大幸也。

十二月二十九日

【译文】

沅、季左右：

二十八日接到沅弟十三日来信，系由专差送来的，但到祁门太迟了。杨镇南十七日派专差送来的信，也于二十八日到祁门。武明良十八日派专差送来的信，却在前五天到达。

仁字营开到枞阳，以新兵五百而能打退强敌三千之众，我听到后感到十分宽慰。我的意思是安庆各营是否足以抵御大股敌军？二十七日这里大雨如注，左、鲍各军近日又难进兵。黄文金退到石门后，纠集下游各处敌军来建德，将以全力抵抗左、鲍各军。听说总数不下五、六万人，不知我军清剿能否得手。江北下雨，料想也不会少，枞阳河水或许不会干涸，那就真是大幸了。

十月二十九日

众议安庆守濠之法甚善

【原文】

沅、季弟左右：

腊月二十九日接沅弟十九日一缄，傍夕又接两弟二十一日缄，俱悉一切。

厚、希、礼、余四人并至安庆议定守濠之法，必臻妥善。余十日内深以安庆为念，得此为之大慰。余庵饷项及朱宽义招勇事，即日当办公牍行之。陈军调四千人至集贤关，南岸似嫌太单。捻匪既去，北岸之贼，似不及南岸之多。左、鲍日来尚未开仗，以贼数太多，难于下手也。祁门大营平安，江军门长贵亦尚可用。

十二月三十日

【译文】

沅、季弟左右：

腊月二十九日接到沅弟十一日一信，傍晚又接两弟二十一日信，俱悉一切。

厚、希、礼、余四人同到安庆商议防御之法，必然非常妥善。我这十天来非常挂念安庆，听到此消息为之宽慰。关于余庵的粮饷及朱宽义招兵之事，即日就办理公文实行。陈军调遣四千人到集贤关，南岸的兵力似乎有些单薄。捻军既已退走，北岸敌军好像没有南岸多。左、鲍近日还未开仗，主要是由于敌军人数太多，难于下手。祁门大营平安，江长贵军门也还可以用。

十二月三十日

切戒用人滥用财侈之习

【原文】

沅弟左右：

接弟腊月专丁一缄，俱悉一切。

弟于十九日敬办星冈公拨向事件，起行来营，月杪或可赶到。少荃准于二月杪赴镇江。弟能早十日赶到，则诸事皆妥。除程学启外，少荃欲再向弟处分拨千人，余亦欲许之，不知弟有保营可拨？渠赴镇江，即日将有悍贼寻战，新勇太多，实不放心。弟进攻巢县、和、含一带不妨稍迟，待新军训练已成，再行进兵可也。

用人太滥，用财太侈，是余所切戒阿弟之大端。李、黄、金本属拟不于伦，

金葫芦　清

黄君心地宽厚，好处甚多。而此二者，弟亦当爱而知其恶也。在安庆未虐使军

士，未得罪百姓。此二语，兄可信之。拼命报国，侧身修行。此二语，弟亦当记之。余近日平安。幼丹抚江，季高抚浙，希庵抚皖，应不至大掣肘。

正月十四日

【译文】

沅弟左右：

收到弟弟腊月派专人送来的一封信，俱悉一切。

弟弟在十九日敬办了星冈公拨向的事件，起程来营中，月末或许可以赶到了。少荃准备于二月末赴镇江，弟弟如能早十天赶到，各事都会妥当。除了程学启之外，少荃想再从弟弟那里分拨一千人，我也允许了，不知弟弟那里有哪个营可以拨出？他赴镇江，马上会有强敌挑战，新勇太多，实在不放心。弟弟不妨稍晚一些进攻巢县、和、含一带，等新兵训练成了，再进兵也好。

用人太滥，用财太侈，是我要劝弟弟戒掉的一个主要问题。李、黄、金本是不伦不类之人，黄君心地宽厚，好处很多，但这两方面弟弟应该知道爱惜但又要知道他的坏处。在安庆他没有虐待军士，没有得罪百姓，这两句话，我可以相信。拼命报国，侧身修行。这两句话，弟弟也应记住。我近日平安。幼丹在江苏，季高在浙江，希庵在安徽，应该不至于掣肘吧。

正月十四日

芜繁等处已在掌握之说难信

【原文】

季弟左右：

所有招降立营事宜，业经于禀内一一批明，尚有函中应复各事，条例如左：

一、芜、繁、南、鲁四处在掌握之说，尚难尽信。书志浚初降之时，亦言包打芜湖。不特降人好说大话，即投效之将官亦多好说硬话，余实厌听久矣。弟初放手办事之始，余不遏其兴致，即芜湖不克，余亦不怪也。惟言训练为有用之兵，则余未敢深信。

一、滕代馨系李营老帮办，委之署理繁昌县则可，委之办捐务则不可。盖余自八年再出，并未委员劝捐，以其费神多而获钱少也。

二月初二日

【译文】

季弟左右：

所有招降立营的事，我都在请示信中一一批明了，还有些信中应答复的事情，条例于后：

一、芜、繁、南、鲁四处都在掌握之中的说法，难以确信。书志浚开始投降时，也说包打芜湖，不只是投降的人好说大话，即使是投诚的将官也多是好说硬话，我实在早已听厌了。弟弟刚刚放手办事，我不阻止你的兴致，即使芜湖不克复，我也不怪你。只是说训练降人为有用的兵，我不敢坚信。

一、滕代馨是李营的老帮办，委任他治理繁昌县是可以的，让他办理捐务则不行。因此我从咸丰八年重新出任官职后，一直未委托人去劝捐，因委人去办此事费神多而获钱少。

二月初二日

马队营制望且姑仍之

【原文】

沅、季弟左右：

复奏朱侍御一疏，定于五日内拜发。请钦派大员专抽广东全省厘金，余奏派委员随同筹办，专济苏、浙、皖、鄂四省之饷。大约所得每月在二十万上下，胜于江西厘务也。此外实无可生发。计今年春夏必极穷窘，秋冬当渐优裕。

马队营制，余往年所定，今阅之，觉太宽而近于滥，如公夫、长夫之类是也。然业已久行，且姑仍之。弟新立营头，即照此办理。将来裁减，当与华字、顺字等营并裁，另行刻新章也。

上海派洋船来接少荃一军，花银至十八万两之多，可骇而亦可怜！不能不令少荃全军舟行，以顺舆情。三月之内，陆续拔行。其黄昌岐水军，则俟三四月之交，遇大顺风直冲下去。弟到运漕，可告昌岐来此一晤也。

三月初三日

【译文】

沅、季弟左右：

复奏朱侍御的疏文，定在五日内发出，请朝廷钦派官员专抽广东全省的厘金，我奏请委派人员随同筹办，以此厘金专供苏、浙、皖、鄂四省的军饷。大约每月所得在二十万上下，超过江西省的厘金。除此之外实在没有其他来源。估计今年春夏必然极为穷窘，秋冬应该逐渐优裕些。

马队营的建制，我去年所制定的，现在再看，觉得太宽而近于滥，如公夫、长夫之类的便是。但业已长久施行，姑且仍旧，弟弟建立新营头，就照此办理。将来裁减时，应该与华字、并字营一并裁减，另行刻新章。

上海派洋船来接少荃一军，花银钱多达十八万两，可惊而又可怜！不能不令少荃全军乘船去，以顺舆情。三月之内，陆续出发。黄昌岐的水军，等三四月之交，遇大顺风时直冲下去。弟弟到运漕，可告诉昌岐来这里会晤一次。

三月初三日

巢县含山同日克服为慰

【原文】

沅弟左右：

接陈东友、蔡东样、周惠堂禀，知雍家镇于十九日克复。惜日内雨大，难以进兵，若跟踪继进，则裕溪口亦可得手矣。

小泉赴粤，取其不开罪于人，内端方而外圆塌。今闻幼丹有出省赴广信之

一二四一

行，小泉万不可赴粤矣。

丁雨生笔下条畅，少荃求之幕府相助，雨生不甚愿去，恐亦不能至弟处，碍难对少荃也。南坡才大之处，人皆乐为之用。惟年岁太大，且粤湘交涉事多，亦须留南翁在湘，通一切消息，拟派鹤汀前往，鹤与劳公素相得。待大江通行后，请南翁来此商办盐务，或更妥洽。

又接弟信，知巢县、含山于一日之内克复，欣慰之至。米可以多解，子药各解三万。惟办事之手，实不可多得，容觅得好手，请赴弟处。受山不乐在希帅处，即日当赴左帅大营，亦不便挽留也。

三月二十四日

【译文】

沅弟左右：

接到陈东友、蔡东祥、周惠堂的信，知道雍家镇于十九日克服了，可惜当天雨大，难以进兵，若是跟踪继进，裕溪口也可以得手了。

小泉去广东，取他不开罪别人，内端方外圆滑。今天听说幼丹有出省赴广信之行，小泉万万不可去广东了。

丁雨生文笔条畅，少荃求他去做幕僚，雨生不愿意去，恐怕他也不愿意去弟弟那里，难为少荃了。南坡才气很大，人都乐于用他，只是年岁太大了，而且广东、湖南交涉的事情太多，也必须留住南翁在湖南，通所有的消息，我打算派鹤汀前去，鹤与劳公一向相好。等长江通行以后，再请南翁来这里商办盐务，或许更为妥当。

又收到弟弟的信，知道巢县、含山在同一天之内克服了，极为欣慰。米可以多送，弹药各送三万。只是办事的人手实在不可多得，容待我找到得力人手后，再请他去弟弟那里。受山不乐意在弟弟那里，今天当去左帅大营中，也不便挽留了。

三月二十四日

南渡迟早须熟审详思

【原文】

沅甫九弟左右：

西梁山、裕溪口等处一律肃清，欣慰无已。调度大局，二十七日已写一信属弟斟酌，并将信中语办一公牍付去。

其南渡之迟早是第一要紧机宜，弟须熟审详思，不可造次。大约下而伪对王等在江浦、天、六，上而伪英王在庐州，均可扰弟军之后路。多公之力，足以制狗酋而有余。只要探得江浦、扬州、天、六等城未破，弟军尽可南渡，必无后患。此等大局，余亦不敢自是，然大致尚不差也。

鲍军本拟进剿芜湖，因湖州围困，可钦可悯。无论赶救得上与否，不能不派人去救。打芜湖是急谋金陵，势也；援湖州是保救忠臣，义也（谓赵景贤）。

北岸粮台，即扎李少山移驻无为州。巢、含俱已委人，和州尚未委员。玉溪口、巢县、柘皋三处厘卡亦尚无人可办。平日不储才，临事难于派员。待三日内外，必将此四人派定再告耳。

三月二十九日

【译文】

沅甫九弟左右：

西梁山、裕溪口等处的敌人全部肃清了，我很欣慰。调度的大局势，我已在二十七日的信中嘱咐弟弟斟酌，并将信中的话作成一件公文寄去了。

南渡的早晚是第一要紧的事宜，弟弟必须深思熟虑，不可急躁。大概是两个敌人的王在下面的江浦、天、六，伪英王（指陈玉成）在庐州，都可以骚扰弟军的后路。多公的力量足以制止狗酋（指李秀成）还有余力。只要探知江浦、扬州、天、六等城未攻破，弟军就可以南渡，必无后患。这等大局，我也不敢自主，但大致上不会差。

鲍军本打算进剿芜湖，但在湖州被困，可钦佩也可怜悯，无论是否赶得上救援，不能不派人去救。打芜湖是为了急攻金陵，这是势；援助湖州是保救忠臣，这是义。(说得是赵景贤）。

北岸粮台，就让驻扎的李少山移驻无为州。巢、含都已派人，和州还没有派人。玉溪口、巢县、柘皋三处的厘卡也还没人可办。平日不储备人才，遇事又难派人。等三天之后，我一定把这四个人派定后再告诉你。

三月二十九日

南渡之迟速难决

【原文】

沅弟左右：

接缄俱悉。应复之事，条列如左：

一、口马到日，当为弟选留数十匹，余欠各营之马尚多，不知匀得出否。令哨勇各私其马，即水师令哨官各私其船也，法同意同，而效不同，亦视乎统领营官为何如人耳。

一、李世忠之缄，兄付之不答。此人最难处置，其部下人诡计霸道，颇善战守。弟现与之逼处，常相交涉，宜十分以礼计自处。若不得已而动干戈，则当谋定后战，不可轻视。

一、严公长短，余所深知。娼嫉倾轧，从古以来共事者，皆所不免，吾辈当躬自厚而薄责于人耳。

一、由采石、太平一带南渡，本是妙着，亦是险着。妙处有四：使金陵、芜湖两贼隔绝不通，一也；陆师扎于南岸，水师直入内河，可进黄池、湾沚，可由青弋江以达泾县，可由东路水阳江以达宁国，凡鲍军之在泾在宁者，皆可由水路

运粮，二也；陆军札采石，东梁山等处，水师扎黄池、湾止等处，则芜湖之贼四面被围，三也；青弋、水阳二江，可通石臼等湖，可通宁、广各属，并可由东坝以通苏州，四也。险处有二：初渡采石，营垒未定，恐大股来扑，一也；北岸无大支活兵，恐四眼狗窜出乱扰无、庐、巢、含，又恐九洑洲之贼上犯，二也。有此四妙二险，故南渡之迟速难决。速或四月，迟或七月，由弟与多帅商定办理。季弟之军，余嘱其坚守不进并闻。

四月初四日

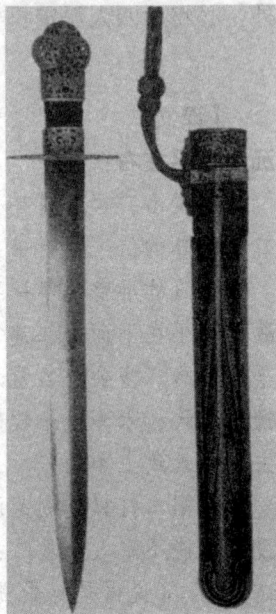

刀　清

【译文】

沅弟左右：

接到信后一切尽知，应答复的事情条列于后：

一　口马到了以后，我为弟弟选留几十匹，我欠各营的马匹还很多，不知道不能匀得出来。让各个哨勇各有私马，就是水师令各哨官各有私船，法同意同，但效果不同，也要看统领的营官是什么人。

一　李世忠的信，我放下不予答复。这个人最难处置，他的部下诡计霸道，很善于战守。弟弟现在与他相处，常有交往，应该十分礼让自处。如果不得已而动干戈，则要先谋而后战，不可轻视他。

一　严公的优缺点，我很清楚。嫉妒倾轧，自古以来共事者都在所难免，我们应该鞠躬自强，而要少责备他人。

一　由采石、太平一带南渡，本来就是妙着，也是险着。妙处有四点：使金陵、芜湖两处的敌人隔绝不通，这是第一点；陆军驻扎在南岸，水师直接入内河，可以进到黄池、湾沚，可从青弋江到达泾县，可由东路水阳江到达宁国，凡是在泾在宁的鲍军，都可以从水路运粮，这是第二点；陆军驻扎在采石、东梁山等处，水师驻扎在黄池、湾沚等处，芜湖的敌人就会四面被围，这是第三点；青弋、水阳两江，可通白白等湖，可通宁、广各属，并可从东坝通达苏州，这是第四点妙处。险处有两点：初渡采石，营垒未定，恐怕大股敌人来扑犯，这是一险；北岸没有大部活兵，恐怕四眼狗窜出乱扰无、庐、巢、含等地，又恐怕九洑洲的敌人会向上进犯，这是第二险。有这四妙二险，所以南渡快慢难决。快的话或可在四月，迟的话或可在七月，由弟弟与多帅商定办理。季弟的军队，我嘱咐他要坚守而不要进兵。

四月初四日

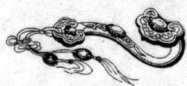

办大事者须多选替手

【原文】

沅弟左右：

水师攻打金柱关时，若有陆兵三千在彼，当易得手。保彭杏南，系为弟处分统一军起见。弟军万八千人，总须另有二人堪为统带者，每人统五六千，弟自统七八千，然后可分可合。杏南而外，尚有何人可以分统？亦须早早提拔。办大事者，以多选替手为第一义。满意之选不可得，姑节取其次，以待徐徐教育可也。

四月十二日

【译文】

沅弟左右：

水师在攻打金柱关的时候，如果有三千陆军在那里，应该容易得手。保彭杏南，是为了让弟弟分统一军起见。弟军一万八千人，总需要另外有两个人能够统领，每人统五六千人，弟弟自己亲率七八千人，然后可分可合。杏南之外，还有谁可以分统？也要早早提拔。办大事的人，以多选替手为第一重要。满意的人选得不到，姑且选其次者，用以对他慢慢教育就可以了。

四月十二日

宜坚守坚扎不必遽进

【原文】

沅弟左右：

接专差送来信，知弟军准于二十日渡江。是日天气晴和，惟南风稍大，上水较难，不知舟渡安稳否？

余前日四妙二险之说，现在庐州既克，扬州屡捷，北岸已无险矣。不知南岸初到扎营之时，果能化险为夷否？如登岸扎营并无疏失，则且以坚守坚扎为主，不必遽图进剿，不必寻贼开仗。扎定之后，自有无穷之妙处也。

王可升之兵，已令驻守池州。喻、李二千人，甫经调守安庆，亦难遽行更改。弟嫌兵力单薄，目下庐州既克，弟或可再调千人过江。希庵能派三四千人由西梁过江，则南岸兵力厚矣。

四月二十二日

【译文】

沅弟左右：

收到专差送来的信，知道弟弟准于二十日渡江，那天天气晴朗，只是南风稍大，向上逆水较困难，不知渡舟是否安稳？

我前些天去信中的四妙二险的说法，现在庐州已被攻克，扬州屡次大捷，北

国学经典文库

岸已经无险了。不知初到南岸扎营时，最终能不能化险为夷？如果上岸和扎营都没有失误，并且以坚守稳扎为主，不必急于进剿，不必找敌人开仗。扎定之后，自有无穷的妙处。

王可升的兵，我已令他们驻守池州。喻、李两千人，刚被调守安庆，也难于马上改动。弟弟嫌兵力太少，眼下庐州已克复，弟弟或许可以再调一千人过江。希庵能派三四千人由西梁过江，那么南岸的兵力就多了。

四月二十二日

吟保等营能否迎战

【原文】

沅、季弟左右：

接沅弟营图一纸。图中各营布置尚妥，惟有一处，余不放心。江东桥之河，在季弟各营之前面，大胜关进口之河，在季弟各营之后面，此两河宽若干丈？深若干尺？可蹚浅以渡否？如可蹚浅以过，则恒昆、吟保各营亦前后受敌。所招降卒新营，本不可靠，而陶保堂、张吟又纷纷死病相继，十营占地颇广，事急之际，季弟岂能一一照顾？该处为全军粮路所在，两弟细细审量一番，吟保、平盛等营果能禁受狂风大浪否？余所疑者在此一处，望弟加倍小心。

六月初九日

【译文】

沅、季弟左右：

接到沅弟军营图一份。图中各营布置还算妥当，只有一处，我不放心。江东桥河，在季弟各营的前面，大胜关进口地方的河，在季弟各营的后面，这两处的河各宽多少丈、深多少尺？可以浅到踏水渡过吗？如果可以踏水渡河，那么恒昆、吟保各营也会前后受敌。招降士卒组成的新营，本来就不可靠，而陶保堂、张吟又纷纷相继病死，十个营占地很广，事急之时，弟弟怎能够一一照顾到？这里是全军的粮路所在，两位弟弟要细细审量一番，吟保、平盛等营到底能不能禁得住狂风大浪？我的疑点就在这一处，希望弟弟倍加小心。

六月初九日

敌究竟在何处？

【原文】

沅、季弟左右：

援贼已到四五万，究竟在城内乎？抑在秣陵关一带乎？贼或来扑弟之营濠，在秣陵关等处打馆，往返太远，我已反客为主，渠于烈日之下，必难久熬。若移至我营近处扎垒，果有佳处可扎五六万人否？自城中搬柴米出来，果有若干里？望查示。

五彩关防阅过，均妥，五人亦均胜统带之任。杏南将来或可比金逸亭，晴窗或可比刘岳昭，萧、张、刘则朱、唐之亚也。时时勤教勤讲，渠辈亦有进益，弟

亦可互相警惕。

春霆两旬无信，其军银米两缺，悬系之至。

六月十二日

【译文】

沅、季弟左右：

援敌已经到了四五万人，究竟是在城内呢？还是在秣陵关一带？敌人如果来进犯弟弟的营濠，在秣陵等处安营，往返太远，我军反客为主，他在烈日之下，一定难于久熬。如果移到我军营近处安营扎寨，果真有较好的地方可以扎下五六万人吗？从城中搬运柴米出来，到底有多少里？希望查清后告诉我。

五彩关防看过了，很妥当，五个人也都胜任统带。杏南将来或许可比金逸亭，晴窗或许可比刘岳昭，萧、张、刘则可与朱、唐相匹亚。时常勤教勤讲，他们也会有进步，弟弟也可以与他们互相警惕。

春霆二十天没信来了，他的军中银米双缺，十分悬念。

六月十二日

克广德东坝后之军事部署

【原文】

沅、季两弟左右：

日来不接弟等信，想营次平安。春霆克复宁国，至今无公牍私函来此，不解何故。或乘胜进攻广德、东坝耶？抑别有疏失耶？如果克复广德、东坝，则拟以书志浚守广德，王可升守东坝，凯章守宁郡、宁邑，云岩守旌德、三溪，桂生守徽州，周万倬两营守芜湖，而春霆从溧阳、溧水、句容绕至金陵之东北，庶为得势，不知果能尽如人意否。

多公自武昌起程西上。闻秦中汉回仇杀，已成巨案。多公此行，能仅至豫而不至陕，或可速了。一入关中，则不复能东还矣。

六月二十九日

【译文】

沅、季两弟左右：

近来未收到弟弟的信，想必营中平安。春霆攻克宁国，至今没有公文及私信发来，不明白是什么原因。或许是他乘胜进攻广德、东坝了？还是另外有闪失了？如果克服了广德、东坝，就拟定让书浚志守广德，王可升守东坝，凯章守宁郡、宁邑，云岩守旌德、三溪，桂生守徽州，周万倬两个营守芜湖，而春霆从溧阳、溧水、句容绕到金陵的东北，差不多可成有利之势，不知最后能不能尽如人意。

多公自武昌起程西上，听说秦中的汉、回互相仇杀，已成巨案。多公此行，能够仅到河南而不到陕西，或许可以快速地了。一入关中，就不能再东还了。

六月二十九日

金陵似有可克之机

【原文】

沅、季弟左右：

接沅弟排递一缄。大傩礼神，以驱厉气而鼓众心，或亦足以却病。余寸心忧灼，未尝少安。一则以弟营与鲍营病者太多，为之心悸；二则各县禾稼，前伤于旱，继而蝗虫阴雨，皆有所损，收成歉薄，各军勇夫七万人，难于办米；三则以秦祸日烈，多公不能遽了，袁、李皆将去位。长淮南北，千里空虚，天意茫茫，竟不知果有厌乱之期否？幸季弟疟疾速愈，大为欣慰。观民心之思治，贼情之涣散，金陵似有可克之机。然古来成大功大名者，除千载一郭汾阳外，恒有多少风波，多少灾难，谈何容易！愿与吾弟兢兢业业，各怀临深履薄之惧，以冀免于大戾。

东征局五万，因北风太大，尚未到省。此月竟止解去五万，下月必补足也。

七月二十八日

【译文】

沅、季弟左右：

接到沅弟的一封信。大肆驱傩祭神，用以驱逐邪气鼓舞众心，或者也足以去病。我心中忧灼，很是不安。一来因为弟弟营中及鲍营中病号太多，因而心中害怕；二来各县的庄稼，前些日子伤于天旱，接着又是蝗虫阴雨，都有损害，收成欠薄。各路军兵七万人，难于筹办军粮；三是陕西兵端日益严重，多公不能快速平息，袁、李都将离任。长江淮河南北，千里空虚，天意茫茫，不知什么时候才是厌乱的期限？幸好季弟的疟疾很快好了，大为欣慰。看民心思治，敌情涣散，金陵似乎有了克复的转机。但自古以来成大功有大名者，除了千载一城郭汾阳之外，一定还有不少风波，不少灾难，克复谈何容易！希望我们弟兄兢兢业业，各怀临深渊履薄冰的惧怕心理，以免得大罪。

东征局的五万军饷，因北风太大，还未到省城。这个月竟然只送去了五万，下个月一定补足。

七月二十八日

多帅营逃兵极多

【原文】

沅弟左右：

次青之案，竟是假信，亦殊可诧。余第三次引入他案作证，以郑魁士与次青相提并论，亦尚非拟不于伦。郑魁士在江南江北声名极好，翁中丞于十年奏力求名将以保皖北危局一折，袁午帅于十一年奏请起用宿将帮办军务一折，皆极言郑魁士忠勇冠时，至今郑告病在籍，尚食全俸。弟若见翁、袁二折，则知此人之享大名。余跻李于郑之上，片中颇有斟酌，弟试取原片而再阅之，当可释然。惟与我昔共患难之人，无论生死，皆有令名，次青之名由我而败，不能挽回，兹其所

以耿耿耳。

希庵于二十三日开行回籍，义渠即于是日晋省，定于二十六日接印。希之吐血已愈，而咳嗽未止，瘦亦殊甚，幸吃饭多而有味，夜眠极酣。此次归去，亦志惬神怡，当可调理就瘥耳。义渠言多帅营勇逃者极多，杨得武之弟凯字营在樊城逃回九十人，在荆子关又逃回百五十人，他营逃者，亦禁拿不住。吾料此行多公必懊悔，全军必衰弱，恐不幸而言中。弟须力求自力，不可盼望多军。至嘱。

王可升一军亦不宜轻易调去，一至金陵则成呆军，能进不能退，不如在芜湖、宁国之活也。

八月二十四日

戗金填漆梅花式香几　清

【译文】

沅弟左右：

次青的案子，竟然是假信，也实在让人惊诧。我第三次引入他案作证，将郑魁士与次青相提并论，也还不像不伦之人。郑魁士在江南江北名声极好，翁中丞在咸丰十年竭力奏求名将以保皖北危局，这个奏折和袁午帅于十一年奏请起用宿将帮办军务的奏折，都极力讲郑魁士忠勇冠于当时，至今郑告病在家，还享全俸。弟弟如果见到翁、袁的两件奏折，就知道这个人享有大名了。我认为李在郑之上，案卷中很有斟酌，弟弟试取原件再看看，应该可以明白。只是和我过去共同患难的人，不论生死，都有令名，惟次青的名声因我而败，不能挽回，现在他耿耿于怀了。

希庵于二十三日起程回家，义渠就从今天到省任官，定于二十六日接印。希庵吐血已经好了，但咳嗽不止，也很瘦弱，幸亏吃饭多有味，夜里睡觉极好。这次回家，也是精神愉快，应该可以调理他的病瘥愈了。义渠说多帅营的兵逃者极多，杨得武弟弟凯字营在樊城逃回九十人，在荆子关又逃回一百五十人，其他营逃跑的，也都禁拿不住。我料定此行多公必会懊悔，全军势必衰弱，恐怕不幸被我言中。弟弟必须力求自保，不可盼望多军。至嘱。

王可升一军也不应该轻易调去，一到金陵则成呆军了，能进不能退，不如在芜湖、宁国灵活。

八月二十四日

告知与父母官相处之道

【原文】

澄弟左右：

沅弟金陵一军危险异常岐，伪忠王率悍贼十余万昼夜猛扑，洋枪极多，又有西洋之落地开花炮，幸沅弟小心坚守，应可保全无虞。鲍春霆至芜湖养病，宋国

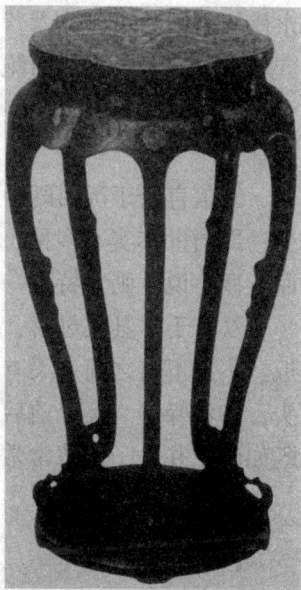

永代统宁国一军，分六营出剿，小挫一次，春霆力疾回营，凯章全军亦赶至宁国守城。虽病者极多，而鲍、张合力，此路或可保全。又闻贼于东坝抬船至宁郡诸湖之内，将图冲出大江，不知杨、彭能知之否。若水师安稳，则全局不至决裂耳。

来信言余于沅弟既爱其才，宜略其小节，甚是甚是。沅弟之才，不特吾族所少，即当世亦实不多见。然为兄者，总宜奖其所长，而兼规其短。若明知其错，而一概不说，则非特沅一人之错，而一家之错也。

吾家于本县父母官，不必力赞其贤，不可力诋其非，与之相处，宜在若远若近、不亲不疏之间。渠有庆吊，吾家必到；渠有公事，须绅士助力者，吾家不出头，亦不躲避。渠于前后任之交代，上司衙门之请托，则吾家丝毫不可与闻。弟既如此，并告子侄辈常常如此。子侄若与官相见，总以谦谨二字为主。

九月初四日

【译文】

澄弟左右：

沅弟在金陵的军营异常危险，伪忠王（指李秀成）率强敌十多万昼夜猛攻，洋枪极多，又有西洋的落地开花炮，幸亏沅弟小心坚守，应该能够保全无险。鲍春霆到芜湖养病，宋国永代替他统领宁国一军，分六个营出剿敌人，受到一次小挫败，春霆马上回营，凯章全军也赶到了宁国守城。虽然病卒极多，但鲍、张合力，这一路或许可以保全。又听说敌人在东坝抬船到宁郡各湖之内，将要企图冲出长江，不知杨、彭能不能知道。如果水师安稳，那么全局也不至于败坏。

你来信说我对于沅弟既然爱惜他的才干，就要放过一些小节，很对很对。沅弟的才能，不仅是我们家族中少有的，即使在现世上也是少见的。但作为兄长，总是要奖其所长，兼劝其短。如果明知他错了，却一概不说，就不只是沅弟一人的过错了，则是一家的过错。

我们家对于本县的父母官，不必竭力盛赞他们贤明，也不可极力诋毁他们的过错，与他们相处，应该是若远若近，不亲不疏。他有庆吊，我家必到；他有公事，必须绅士助力时，我们家不出头，也不躲避。他们前后任交替，上司衙门的请托，我家丝毫不要应允。弟弟要这样做，也要告诉子侄辈常常这样。子侄如果与官相见，总要以谦谨二字为主。

九月初四日

望于敌退后趁势追击

【原文】

沅弟左右：

南云处地道已穿，从此东路应更稳妥，不知西路江边水涸尚有他变症否？周、王、罗、朱之捷，于贼之粮路柴路必有大损，或可不打，而忠酋自退。

弟坚持不浪战之义，甚是甚是。凡行兵须蓄不竭之气，留有余之力，《左

传》所称再衰三竭，必败之道也。弟营现虽士气百倍，而不肯浪战，正所谓留有余之力也。孤军驻雨花台，后无退路，势则竭矣。吾欲弟于贼退后，趁势追贼，由东坝进溧阳、宜兴，所谓蓄不竭之势也。望弟熟思定计。

九月二十九日

【译文】

沅弟左右：

南云那里地道已通，从此东路会更加稳妥，不知西路江边水枯竭的情况有没有其他变化？周、王、罗、朱的胜利，对敌人的粮路、柴路必有很大损伤，或许可以不打仗，忠酋就会自行退去。

弟弟坚持不轻易战斗，很对很对。凡是用兵都必须积蓄不竭的士气，留有余力，《左传》所说的再而衰三而竭，是必败之路。弟弟营中现在士气虽百倍于前，但不肯轻易出战，正是所谓留有余力。孤军驻在雨花台，后面无退路，势尽了。我想计弟弟在敌人退后趁势追敌，由东坝进到溧阳、宜兴，这是蓄积不竭之势。望弟弟深思熟虑定计。

九月二十九日

霆军似有小挫

【原文】

沅弟左右：

昨夕接春霆信，似有小挫之象。宁国霆、凯两军，本较之弟军病者更甚，死者更多。凯章之病，近更沉重。渠信来有"难支一月""料理后事"等语，可悯可敬。霆军病故猛将，如黄庆、伍华瀚之类，不可再得。吾前专忧虑弟处一军，今又深忧霆军矣。

十月初一日

【译文】

沅军左右：

昨晚接到春霆的信，似乎有小败仗的样子。宁国的霆、凯两军，本来比弟弟军中伤病员还多，死的更多。凯章的病，近来更重了，他的来信中有"难支一月""料理后事"的话，可悯可敬。霆军的猛将病死的如黄庆、伍华瀚等，都是不可再得的。以前我专心忧虑弟弟一军，现在又十分忧虑霆军了。

十月初一日

望察悉可靠诸将详告

【原文】

沅弟左右：

天气大寒，营中将士昼夜辛苦，极可怜念。初三四后，忠、侍两逆别有变相否？以少荃之歼毙听王，左、蒋之急攻汤溪，计忠、侍俱不能不回顾根本，或者

再猛扑数日，乃始兴尽而返乎？

毛寄云协解火药至十一万斤之多，可感可敬。其被属员讦告之案，现饬官、严审办，不知果能不挂吏议否。白齐文一军，日内果已西来否？厚庵部下诸将，与弟久处者不下十余人，弟察看其中可靠者以何人为最。弟营经此番风波，诸将之胆识力量、长短分寸，纤悉毕露，其中可带三四千人独当一面者，更有何人，望详告我。

吾以洋枪比诗赋杂艺，而以劈山抬鸟比经书八股，弟复函深以为然。此处见解相合，亦一大机括也。吾以劈山炮为陆军第一利器，若食群子至五十颗以外，实可无坚不摧。皖局目下加意打造劈山群子，少迟再解万斤至弟处试用。去年吾寄弟信，言劈山炮食满群子之后，须用稻草球子封之，并须用捆杖多杵几下，将草球紧紧贴子，子紧紧贴药，药紧紧贴膛，则群子之所及，又远又宽矣。弟须将各营亲口教之，亲眼验之，乃不失劈山炮之妙用，无谓各营皆已善用劈山，而不加察也。

十月初八日

【译文】

沅弟左右：

天气寒冷，营中将士昼夜辛苦，极为怜悯。初三四以后，忠、侍两逆另有变化吗？因少荃歼灭了听王，左、蒋急攻汤溪，估计忠、侍都不能不回顾根据地，或者再猛进犯几天，才开始尽兴而返？

毛寄云协助送来火药多达十一万斤，可感可敬。他被属员告发的案子，现令官、严二人查办，不知能不能停其职。白齐文一军，近日果真向西来了吗？厚庵部下的将领，与弟弟长期共处的不下十几人，弟弟察看其中谁最可靠。弟弟经过这次风波，各位将领的胆识力量、长处短寸，全都暴露了，其中能带三四千人独当一面的，还有哪个？望弟弟详细报告给我。

我把洋枪比作诗赋杂艺，而把劈山炮抬鸟枪比作经书八股，弟弟复信以为比喻恰当，在这方面，我们的见解一致，也是一种默契。我以劈山炮为陆军第一利器，如果吃进群弹超过五十颗，实在可以无坚不摧。安徽的局势眼下加力打造劈山炮的群弹，稍后再送去一万斤到弟弟那里试用。去年我寄给弟弟的信，说劈山炮装满群弹之后，必须用稻草球封住，并必须用木杖杵几下，将草球紧紧贴住炮弹，炮弹紧贴火药，火药紧紧贴住炮膛，那样群弹打出去会又远又宽。弟弟必须对各营亲口教会，亲眼试验，乃不失劈山炮之妙用。不要说各营都善用劈山炮了，而不加审察。

十月初八日

询活兵呆兵之用定局否

【原文】

沅弟左右：

昨日接朱云岩禀，旌德业已解围，徽州得以安枕，为之欣慰。九洑洲渡江之贼既不满万，或不致竟犯北岸。吾两月忧怀万端，至是稍释一二。只求季弟病体痊愈，宁国粮路大通，鲍、张再稳支一月，则大海风涛，又得安渡彼岸矣。

弟处东头八营已缩入中圈之内否？全军分为两支，一呆一活之说，已定局否？幼丹中丞将江西漕折全数截留，此后饷项愈绌。又洋人将于安庆、大通、芜湖新立子口，皖厘亦必减色。然应添之营，仍不敢缩手不添。现令申夫添立一军三千人，一切仿照霆营规模，不知将来有成否。

十月二十八日

【译文】

沅弟左右：

昨天收到朱云岩的请示信，旌德已经解围，徽州得以安全，为之欣慰。九洑洲渡江的敌人既然不足万人，或许不至于进犯北岸。这两个月我忧怀万端，至此稍解一些了。只求季弟病体痊愈，宁国粮路畅通，鲍、张再稳稳支持一个月，那么过了大海风涛，又可以到达彼岸了。

青玉天鸡尊　清

弟弟那里东头的八个营已经缩到中圈以内了吗？全军分为两支，一支呆兵一支活兵的计划，已经定局了没有？幼丹中丞将江西漕折全部截留了，此后饷项更缺乏了。另外，洋人将在安庆、大通、芜湖新建子口，安徽的厘金也必然会减少。但应添置的新营，仍不敢缩手不添。现令申夫添立一军三千人，一切依照霆营的规模，不知将来有没有成效。

十月二十八日

皖北大局不致决裂

【原文】

沅弟左右：

昨日未接弟信，不知季弟病势如何？庐州有六营，无为有五营，业经守定，必可放心。庐江新营未齐，若贼不遽犯，五日外即可固守。三河有解先亮之三百人，当可保全。萧、毛七千人，二十以内可齐集舒城。皖北大局，不致决裂。

余所虑者，忠酋往年以偏师攻破浙江，分官军之势，而以全力攻扑金陵老营。此次或以攻窜和、含、巢、庐，效往年破浙之故智，而以全力再攻弟营与金柱。不知弟部下诸将，能如前此四十六日之坚守否？

十一月初八日

【译文】

沅弟左右:

昨天没有收到弟弟的信,不知委弟的病情怎么样了?庐州有六个营,无为有五个营,已经守住,一定可以放心了。庐江新营未到齐,如果敌人不马上进犯,五天后即可固守。三河有解先亮的三百人,当可保全。萧毛七千人,二十日以内可以齐集到舒城。皖北的大局不至于崩溃。

我所忧虑的是,忠酋去年用偏师攻破浙江,分官军之势,而以全力进攻金陵老营。这次或许攻击和、含、巢、庐,仿效去年破浙江的故技,却以全力再攻弟营与金柱。不知弟弟部下的各位将领,能像以前四十六天那样坚守吗?

十一月初八日

释萧毛进无为一路之缘由

【原文】

沅弟左右:

余之定计,以萧、毛进无为一路,不进柘皋一路,盖亦略有苦心。当时不知弟派南云上来,为无究嫌力薄,一也。柘皋等处,无米可办,无夫可雇,二也。进南路,恐贼从柘皋以攻庐郡,其祸迟;进北路,恐贼从盛家桥以犯桐城,其祸速,三也。前此连接弟信十余件,皆言北渡之贼气势浩大;李世忠之咨,则更言贼多且悍;吾因萧、毛皆系中才,恐不宜置之柘皋用马用众之地,四也。今调度已定,纵然错误,无可挽回,只好听之而已。

上湖南之勇,远胜于长、善一带。极是极是。鲍营近日逃者纷纷,恐终决裂也。

十一月二十九日

【译文】

沅弟左右:

我定下的计谋,让萧、毛走无为州这条路线,不走柘皋一路,也是用心良苦。当时不知道你派南云上来,无为究竟还嫌力量单薄,这是第一点。柘皋等地,没有粮米可办理,没有差夫可雇役,这是第二点。走南路,恐怕敌人从柘皋攻打庐郡,灾祸来的慢一些;走北路,恐敌人从盛家桥进犯桐城,其灾祸马上就到,这是第三点。这之前接连收到你十余封信,都说北渡的敌人声势浩大;问及李世忠,则更加讲到敌人数量多而且强悍。我因为萧、毛才能中等,恐怕不适宜放置在柘皋使用骑兵带领大部队的地方,这是第四点。现调度已定,纵然是错误,也无可挽回,只好听任而由之了。

上湖南的兵勇,远远胜于长、善一带。很对很对。鲍营最近逃兵很多,恐怕最终会决裂的。

十一月二十九日

鲍营军心涣散逃亡相继

【原文】

沅弟左右：

南云已抵无为州，自无遽回金陵之理。春霆至黄麻渡，回高祖山老营。据报黄麻渡之下小淮窑地方被贼占踞，水运又已不通，恐其再窜三山、繁昌，梗我陆运，则大局去矣云云。余以鲍军久困该处，军心涣散，逃亡相继，实深忧灼。拟令南云三营再由无为南渡，会合周、吴、罗、朱等营痛剿一次，或剿湾沚，或剿石埭。两处能打开一处，鲍军乃有生机。临阵打仗，则以刘南云为主；事前布置，则以厚庵为主。不知办得到否？赶得及否？望弟细心筹度，与厚庵、南云、竹庄及诸将商之。

昨日为季弟军铭旌，自外入室，闻檀香甚烈，意戈什哈等焚之，以致诚敬。及至写毕一问，并无人焚香者，殊为可异。

阅邸抄，何根云已正法。本日接寄谕，胜克斋又革职拿问矣。

十二月初一日

【译文】

沅弟左右：

南云已经抵达无为州，自然不会立即回金陵的理由。春霆到了黄麻渡，回高祖山的老营地。据报告黄麻渡下面的小淮窑地方被敌人占据，水运又不通畅了，敌人再窜到三山、繁昌，阻止我陆路运输，那么大好局势就会失去。我因鲍军长久被围困在该处，军心涣散，士兵相继逃亡不断，实在是深深地忧虑焦灼。打算命令南云的三营部队再由无为南渡，会合周、吴、罗、朱等营军队痛剿一次敌人，或是剿灭湾沚，或围剿石埭之敌。两处能够打开一处，鲍军才有生机。临阵打仗，以刘南云为主；事前计划好的战斗，就以厚庵兵力为主。不知能够办得到吗？赶得上吗？希望你细心筹划，与厚庵、南云、竹庄及诸将领商议。

昨天为季弟撰写墓志铭，从外面进入到室内，闻到檀香味甚为强烈，以为戈什哈点燃檀香，以致诚意。等到写完之后问及香味一事，并没有人烧香，实在是非常奇怪。

读了邸抄，何根云已然正法。今天收到寄来的上谕，胜克斋又被革职拿下问罪了。

十二月初一日

目前不愿多立新营

【原文】

沅弟左右：

李世忠事，朝廷方以袁帅办理妥善，此间无论如何让他，总不能如袁之惟所欲为。陈栋九营，且到此再看。目下鲍、张、朱各军缺额甚多，可以此勇挪移补之，则不必多开新营。如万不可挪补，则令迅赴金陵，听弟妥为位置。

余所以不愿多立新营者：一则饷项极绌，明年恐有断炊之虞；二则局面愈大，真气愈少，和、张晚年覆辙，只是排场廓大，真意销亡，一处挫败，全局瓦裂，不可不引为殷鉴；三则余拟于新年疏辞钦篆、江督两席，以散秩专治军务，如昔年侍郎督军之象，权位稍分，指摘较少，亦与弟请改武官之意暗相符合。

保举单不能不减，余自有苦衷，明年至金陵当面详告可也。

十二月二十五日

【译文】

沅弟左右：

李世忠之事，朝廷让袁帅办理较妥善，这里无论怎样谦让他，总不能像袁那样为所欲为。陈栋的九营军队，等到达这里后再看。眼下鲍、张、朱各军士兵缺额非常多，可以陈栋之营兵士移补各营之不足，则不必要多开一些新营。如果万一不可以移补各营，就命令其迅速开赴金陵，听从你为他们安排妥善的位置。

我之所以不愿意多建立新营的原因：一是因为军饷开支极缺，明年大概还会接济不上；二是局面铺的愈大，真情意愈小，和、张晚年之事的覆辙，就是因为排场太大，真情意消亡，一处受挫败，全局瓦解，不可以不以之为殷之鉴也；三是我打算在新年上疏群谢钦篆、江督两处，以散官来专心治理军务，如同以前由侍郎作督军那样，权力和地位稍微分离，得到的指责就少一些，也是同你请求改授武官的意思暗暗相同。

保举单不能不减少，我自有苦衷，明年到金陵再当面详细告诉你。

十二月二十五日

用人极难全赖方寸权衡

【原文】

沅弟左右：

十四日接初九日来信，十六、十七连接十一日两缄，俱悉一切。

此间近事，侍逆之党于初六日陷绩溪，唐桂生于初八日出队小胜。初九日唐与王开琳之军均获胜仗，收复绩溪。惟歙之南乡贼数尚多，初十进剿，不知得手否。贼马闻已到千余，侍逆大股又将续至。毛军赴休宁，今日始从安庆南渡。江、席赴婺源亦为雪阻，均落后着，实为焦为。能否不令侍、辅、堵等深入江楚变成流寇，则全仗国家之福也。

金眉生十四日到此，已交银二万，令买米解弟营。簏轩履宁藩之任，凡眉生有善策无不采纳，凡弟处有函商无不遵允。晋鹤既调皖抚，自不能干预淮北盐务。惟用人极难，听言亦殊不易，全赖见多识广，熟思审处，方寸中有一定之权衡。如眉生之见憎于中外，断非无因而致。筠仙甫欲调之赴粤，小宋即函告广东京官，以致广人之在籍在京者物议沸腾。今若多采其言，率用其人，则弹章岩旨立时交至，无益于我，醣反损于渠。余拟自买米外，不复录用。许小琴老而自

用，而未便付以北磋重任。且待忠鹤皋相见、李军全撤之后，再议淮北章程。

闻弟宅所延之师甚善讲解，可慰之至。问及后辈兄弟极为和睦，科一、三、四行坐不离，共被而寝，亦是家庭兴旺之角。余所虑者：弟体气素弱，能常康强无疾，至金陵藏事之日不

太平天国"冲锋伍卒"号衣

起伤风小恙；其次侍、辅、堵等酋不上江西，不变流贼；其次洪、李城贼猛扑官军，弟部能稳战稳守。三者俱全，如天之福。雪、厚、南、竹（吴）等皆以弟新营太多为虑，余苦无良将调以助弟，极歉疚也。复问近好。

国藩手草　正月十七日

【译文】

沅弟左右：

十四日接你初九日来信，十六、十七日两天又连续接到你十一日的两封信，一切尽知。

这里近来诸事，侍王李世贤所部于初六日攻陷绩溪，唐桂生初八日出队接战，获小胜。初九日唐桂生与王开琳部均获胜，收复绩溪。只是歙县以南敌军数量还较多。初十日出兵进剿，不知是否得手。据报敌军调来马匹一千多，侍王大部队又要跟着来，我方部署都迟一步，实在着急。能不能不让侍王李世贤、辅王杨辅清、堵王黄汶金深入到江西、湖南等地变成流动作战的流寇，就全仰仗国家的福分了。

金眉生十四日到此地，已交付白银二万两，他买米解往弟营。簏轩任江宁布政使职时，对眉生的好主意没有不采纳的，只要弟处有公函商议事情也没有不遵行答应的。晋鹤已调任安徽巡抚，自然不能再干预淮北盐务事宜。用人是非常难的，接受别人的言论也很不容易，全靠见多识广，深思熟虑，审慎处理，心中有衡量的标准。比如金眉生受到朝野人士憎恶，决不会没有原因的。郭筠仙刚要把眉生调到广东，小宋就给广东人在京师中央各衙门任职的写信通告，以致广东人在京做官的议论纷纷。现如果多采纳眉生的意见，轻率地任用他，那么弹劾我辈的奏章、严厉斥责我辈的谕旨立刻要一起来了。对我辈没有好处，反而对他有害。我准备除了买米事项以外，不再任用他。许小琴上年纪

而又自以为是，不便把淮北盐务重任交付给他。还是等到忠鹤皋相见、李部全都撤走以后，再商议淮北盐务章程。

听说老弟家中所聘之塾师很善于讲解，这消息太安慰我了。问到的后辈们他们之间兄弟非常和睦，科一、三、四这几位行动坐卧都在一起，合盖一条被子入眠，这也算是家庭兴旺的景象吧！我所担忧的是，老弟身体一向较弱，望能强壮健康，没有疾病，到金陵事物解决之日都不要得哪怕是伤风一类小毛病，其次，太平军侍王、辅王、堵王等首领不至南攻江西，转变为流寇；其次，金陵城洪、李等向官军猛攻，弟部或战或守都能稳健无忧。如三者都如意，就算是洪福齐天了。雪、厚、南、竹（吴）等人都担忧弟部新营太多，我苦于没有优良将官可以调去帮助老弟，极为抱歉内疚。复问近好。

国藩手草　正月十七日

金陵克后部曲不能全数遣散

【原文】

沅弟左右：

初七日接正月二十六日来缄，初九日接二月初五夜一缄，俱悉一切。

连日风雨严寒，气象愁暗，便似咸丰十年二月光景，深为疑悚，不知弟体气何如？各营近状如何？城贼出外猛扑否？上游窜江西之贼，虽经席、韩迭获胜仗，闻有一小股由铅山之湖坊内窜，恐遂将窜扰抚、建，殊为焦虑。

簌轩于初九日上轮船，拟在河下等候二日，以待鹤侪之至。南坡叟初二日辞行，而至今未开，则为风所阻也。

金陵果克，弟之部曲断不能全数遣散。一则江西是管辖之境，湖南是桑梓之邦，必派劲旅防御保全。二则四五万人同时遣撤，必无许多银钱。而坐轿者愿息，抬轿者不肯，其中又有许多人情物理层次曲折。勇退是吾兄弟一定之理，而退之中次序不可凌乱，痕迹不可太露。俟兄弟相见，着着商定，再行办理。

近奉一寄谕，似宜稍密，抄寄弟阅。吴道代理宁藩。吴有一咨，乔却未先禀也。顺问近好。

国藩手草　二月十一日

【译文】

沅弟左右：

初七日接正月二十六日来信，初九日接二月初五日夜一信，一切尽知。

连日里风雨交加，极冷极寒，周边景色惨淡昏暗，就像咸丰十年二月时的情形。我对此十分恐惧，不知老弟体质怎样？各营情况怎么样？城中敌军有没有出城猛攻的行动？上游流入江西的敌军，虽经席宝田、韩进春等部多次有力打击，据悉有一小股敌军取道江西铅山之湖坊窜入内地，恐怕下一步会流窜骚扰抚州、建昌一带，十分焦虑。

麓轩已于初九日上轮船，准备在河下等候两天，等待鹤侪的到来，南坡丈初二日已辞行，但至今仍未出发，是为大风所阻。

果然攻克金陵，老弟麾下官兵断然不能一下子全部遣散回乡。其一，江西现为我辈管辖地区，而湖南则是我辈故乡，一定要由我等派遣部队设防，保全地方。其二，四五万人的队伍，一时间遣散撤走，一定不能筹到这么多的银两铜钱。当官坐轿的虽愿意解甲休息，而当兵抬轿之辈则不情愿，这里面又有许多人之常情，物之常理。办事步骤，曲意承顺。争流勇退在你我兄弟是一定的，而引退过程中的步骤次序则不能有错杂混乱，引退之痕迹也不可过分直露。等你我兄弟相见，一步一步仔细商量，再具体实施。

近日接到一道寄信谕旨，似乎应该稍加保密，抄寄老弟一阅。吴仲宣代理江宁布政使。吴先有一封公函，乔鹤侪却未曾先行禀告。顺问近好。

国藩手草　二月十一日

江西敌破南丰吴子序殉难

【原文】

澄弟左右：

日内未得家信，想四宅小大平安。

此间近状平安。沅弟营中久无战事。惟春雨墙坍，常加修葺。春霆由东坝进攻句容、丹阳，尚无起程确耗。金陵之贼，亦无粮尽确耗。江西之贼已破南丰，吴子序带围守卡，力战殉难。沈中丞奏请以江西厘金归本省用，并无信来商及，以后饷愈窘矣。杭州之贼目陈炳文闻有投诚之信，克复当在目前。天气阴雨作寒，景象似不甚佳。吾在兵间日久，实愿早减此寇，俾斯民稍留孑遗。而睹此消息，竟未知何日息兵也。

纪泽兄弟及王甥、罗婿读书均属有恒。家中诸侄近日勤奋否？弟之勤为诸兄弟之最，俭字工夫，日来稍有长进否？诸侄不知俭约者，弟常常训责之否？至为廑系。即问近好。

国藩手草　三月初四日

【译文】

澄弟左右：

近日里没有收到家信，想来四宅中大小应都平安吧。

这里近来也还平安。沅弟军中已有一段时间没有战事了。春季淫雨，营墙坍塌，须时常加以修整。鲍春霆部从东坝攻向句容、丹阳一带，现还没有该部是否出发的确切消息。金陵城中敌军是否米粮已尽，也没有确切消息。江西敌军已经攻破南丰，吴子序带团练扼守哨卡，拼力死战，终于殉难。沈幼丹中丞奏请把江西厘金划归江西本省使用，并没有信来商量此事，以后我军饷银就更加窘迫了。杭州敌军头目陈炳文听说有投降归诚的书信，那么杭州的收复也就在眼前了。天气阴雨连绵，春寒料峭，这一景象似乎不太好。我从事军务时间很长了，确实想

早些消灭这些敌人，使城中百姓稍微能有残存于世的。可是目睹这种阴阳消长的变化，竟不知道什么时候才能平息战事呢。

纪泽兄弟们以及王外甥、罗贤婿在读书上都是有恒心的。家里诸位侄儿近来还勤奋用功吧？老弟勤勉在诸兄弟当中最出色，不知俭朴方面近来是否有所长进呢？诸位侄儿不懂俭朴节约的，老弟是否经常加以训斥责备呢？极为殷切挂念。即问近好。

国藩手草　三月初四日

望劝春霆速派劲旅回顾东坝

【原文】

沅弟左右：

今日发一函，交饷船哨官王三锡带去。旋接信，徽军毛营失利，唐营亦有伤亡，郡城攻围甚急。又接左帅咨，贼欲取东坝、高淳以援金陵，不胜焦灼。贼若得东坝，则芜湖、金柱均属难保。兹特飞檄，望弟劝春霆速派劲旅回顾东坝。至要至要，即问近好。

兄国藩手草　三月十七夜

外春霆咨一件，请弟专人送去。信一件，弟阅妥否？亦并送去。

【译文】

沅弟左右：

今天发出一信，交运饷船哨官王三锡给你带去。随即接一信，知徽军毛竹丹作战失利，唐桂生营也有伤亡，徽州府被围，受到猛烈攻击。又接到左季高咨文，敌人想攻占东坝、高淳，以援救金陵，焦急万分。敌若取得东坝，则芜湖、金柱都难以保全。故特地紧急飞速传信，希望老弟劝鲍春霆速调精兵回师照顾东坝，至关重要！即问近好。

兄国藩手草　三月十七夜

另外有致春霆咨文一件，请弟派专人送去。致春霆信一件，老弟已阅过了吗？也一并送去吧。

望借春霆名望援救江西

【原文】

沅弟左右：

接二十二日午刻信，得悉金坛、丹阳次第克复，慰甚。鲍军上援江西，余已飞檄调之。但春霆于元年冬丁艰，力求回籍治丧，余许以打开宁国四面之贼即准回籍。二年二月，春霆求践前约，余展限打开东坝及准回籍。东坝克后，春霆又求践前约。余展限五个月，以今年二月底为度。至三月初，春霆要请甚迫，余又展限以金陵克复为度。此次不待金陵克复而遽令援江，在我则失信太多，在霆则坚求还蜀，此意中之事，亦无可强派之事，望弟与之再三细商。但借渠之名望援救江西，以安江西官绅士民之心。只须宋镇、娄、冯等率之以往，不必春霆亲往

督办。春霆行至安庆等处，余即具疏奏请准渠回籍治丧。一至九江，渠即可分手回蜀，听宋、娄等带队入江西援剿可也，爽约太多，人心不复见信，望弟与霆一一详说，言此番决无爽约之理。并请春霆速发告示咨文至江，言渠即日来援，以安人心。至要至要。

余昨日具疏告病，一则以用事太久，恐中外疑我兵权太重，利权太大，不能不缩手以释群疑。一则金陵幸克，兄弟皆当引退，即以此为张本也。顺问近好。

国藩手草　三月二十六日

调春霆一咨附去，请专送。

【译文】

沅弟左右：

收到二十二日午刻来信，得知金坛、丹阳先后收复，很欣慰。鲍春霆军往上游援救江西，我已发急信调他。只是春霆母亲于同治元年冬天过世，春霆力求回原籍办理丧事，我曾答应他打破宁国四面包围的敌军就准他回原籍。同治二年二月，春霆请求实践我先前的诺言，我又迁期到打破东坝敌军才准许他回家。东坝收复以后，春霆又要求履行约言。我再迁期五个月，以今年二月底为限。到三月初，春霆极为迫切恳求，我又迁期以收复金陵为最后期限。这次不等金陵收复而竟让他援助江西，这在我乃是失信太多，在春霆则坚持要求回四川乃意料之中的事，也不是可以强迫命令的事，望老弟能和他反复仔细商量。只借他的名誉声望去援助江西，以安定官僚、绅士、百姓的心。只需宋镇、娄、冯等率援军前往江西，不用春霆亲自前往督办军务。春霆走到安庆一带，我就为他上疏奏请朝廷准许他回原籍料理丧事。一到九江，他就可以离军回四川，听任宋、娄等人带兵进江西援助讨伐就行了。失约次数太多，则人们不再相信，盼望老弟将这些情况一一向春霆解释明白，说明这一次决不会再有失约的道理。并请春霆迅速往江西发布告示、咨文，声称他几天内就要入援江西，以安人心。这一点极为重要。

昨天我上疏请病假，一来因为掌权时间太长，恐怕朝野内外会疑忌我兵权太重。军、财、政权力过大，不能不停手不干预其事，以解除众人的疑虑。一来如金陵有幸攻克，你我兄弟都该引退，就让我用请病假来打个伏笔、预留地步吧。顺问近好。

国藩手草　三月二十六日

调动春霆的咨文一道附上，请派专人送去。

拟将鲍周金三军交厚庵带入江西

【原文】

沅弟左右：

初二日得弟四月二十八日信，为之大慰。日来身体何如？初三日解去火药四万斤，合之二十一日之三万，足敷支用否？上海九万已到否？吾日夜祷祈者数端：一求弟体平安，金陵一军不因饷绌而生他变；二求湖北发、捻不

坏江淮全局，俾吾兄弟得以先后弛此重负；三求江西之贼不致速犯湘鄂，糜烂桑梓之邦。

左季帅奏简厚庵督办江西、皖南军务，吾拟将鲍、周、金三军交厚庵带之入江，从瑞、临一带下手，一则保赣水以西，一则救鄂之西湘之东。鲍军马步万六千人，本系厚庵旧部。周、金六千七百人，亦有马队在内，二人向隶迪部，本有事厚如事迪之谊，当可指挥如意也。湖北舒都统保于二十一日阵亡，失一名将，殊有关系。杏南表弟之诰轴，拟付至京中，另行换办。雪琴亦因错太多，寄京重换矣。顺问节禧。

五月初五日

【译文】

沅弟左右：

初二日收到四月二十八日来信，感到大为宽慰。近日来身体怎么样？初三日解运火药四万斤往弟营，加上二十一日起运的三万斤，足够使用了吗？上海的饷银九万两已经运到了吗？我每日里白天黑夜祈祷的有这么几件事：第一祈求老弟身体平安无事，金陵外围一军不至于因为军饷欠缺而发生事变；第二祈求湖北长毛和捻军不致搅乱我江淮全局，使我等兄弟得以相继释去如此重大的责任；第三祈求江西敌军不致很快进犯两湖，蹂躏我等故乡。

左季高奏请委派杨厚庵督办江西、皖南军务，我准备把鲍、周、金三支队伍交给厚庵带进江西，从瑞州、临江一带展开攻势，一则可以保全赣水川西地区，一则可以援助湖北西部、湖南东部地区。鲍部马步合计一万六千人，原来是厚庵旧部。周、金二军有六千七百人，也有骑兵，这二人以前隶属迪庵部下，本来就有侍奉杨厚庵如同侍奉李迪庵的交情，所以厚庵对他们应该可以指挥起来得心应手。湖北护军都统舒保于二十一日阵亡，损失一员名将，很有影响。杏南表弟的诰封卷轴，准备派人送到京师，另外办理更换事宜。雪琴也因为错误太多，寄往京师重新更换了。顺问节禧。

五月初五日

欲奏请少荃来金陵会剿

【原文】

沅弟左右：

日内深以弟病为虑，十一日接初七日交袁差官带来之信并与泽、鸿两儿信，字有精光，兼有静气，词语亦不迫促，卜病体之必将痊愈，为之大慰。惟金陵持久不下，以吾弟平日之性情，恐肝气之病，愈积愈深。吾与昌岐久谈，知少荃于吾兄弟处实有相亲相卫之意，吾意欲奏请少荃亲带开花炮队、洋枪队前来金陵会剿。接弟此次复信（不过十八、九可到），余即一面出奏，一面函咨少荃，请其迅速西来，如苏军齐到成功，则弟受其劳，而少荃享其名。则既可以同膺懋赏，又可以暗培厚福。盖独享大名为折福之道，则与人分名即受福

之道矣。如苏军虽到，而城贼仍坚持不下如故，则谤可稍分，而责亦稍轻。余昨日已咨少荃派炸炮至金陵会剿。细思弟之肝病，不宜再郁两月，而饷项亦断难支至三四月，故决计奏请少荃前来。苏军近亦仅支五成之饷，并非十分充足，可无贫富相耀之患，想弟能亮我苦衷也。

厚庵新授陕甘总督，可谓非常特恩，仍督办江西、皖南军务，断不可辞矣。金陵水师防务，余请昌岐与弟会办。雪琴仍回裕溪等处，当不至疏失。多公仙逝，劳苦可悯。即问近好。

五月十二日

【译文】

沅弟左右：

近日来非常担心老弟的病，十一日收到初七日弟交袁差官带来的信以及给纪泽、纪鸿两儿的信，字迹有精神、有光泽，又有安静之气，言语之间也不显得急迫匆促，由此预测老弟病体一定会痊愈，因此感到很宽慰。只是金陵城相持时间很久却还没有攻下，按我兄弟平日里的性情，恐怕肝病会越来越重。我和昌岐长谈，得知李少荃实际上有和我兄弟互相亲近、互相卫护的意思。我的意思是奏上朝廷请求准许少荃亲自带领开花炮队、洋枪队前来金陵城会同剿灭敌军。等到老弟对我这封信的回信（不过十八、九日回信就能到。），我就一面上奏朝廷，一面给少荃去咨文一道，请他立即西进。如果苏州李军齐到而大功告

掐丝珐琅缠枝莲龙耳炉　清

成，则老弟承受其辛劳，而少荃坐享其名。既可以一同接受大奖赏，又可以暗中为自己培养大福。大约单独享受大功名乃是折损福气的办法，和别人分享功名也就是接受福分的途径了。如果苏州李军虽然到达，而金陵守城敌军仍然像过去那样坚守，金陵还是攻不下来，则对我们的责难也可以分散一些，我们的责任也可以稍微轻一些。昨天我已经给少荃发咨文，让他派炸炮到金陵来会同剿敌。细想起来，老弟的肝病在身，不宜再忧伤两个月，而饷项也断然难以支撑到三四个月之久，所以决定奏报朝廷，请求派少荃前来金陵。苏州李军近来也仅能够开五成的军饷，并不是供给十分充足，来金陵也不担心会有夸耀富裕的问题，想来老弟能体察我的苦衷。

杨厚庵刚被委任为陕甘总督，可说得上是非同一般的特殊恩典，而仍然让他督办江西、皖南军务，这回断然不能再辞职了。金陵水师防务我请昌岐与老弟会同办理。雪琴还回到裕溪等地，当不至于有疏忽失误。多公仙逝，劳苦功绩，值得怜悯。即问近好。

五月十二日

又接寄谕催少荃会剿

【原文】

沅弟左右：

前于十四五六七八九等日连发六信，商少荃来金陵会剿之事，尚未接到回信。而接吾弟前信，业已函请少荃速来会剿，兄弟不谋而同。顷于二十一日又接十六日寄谕，催少荃来金陵会剿，余拟于今日复奏。奏中但述接奉初八日第一次寄谕，将折稿抄寄弟阅，不知合弟意否？其十六日谕旨，明日咨达弟处可也。

三日内酷热异常，弟身体如常否？肝病稍愈否？能耐此暑气否？吾十五日有信与厚庵，留彭楚汉会攻金陵。顷彭来安庆，吾令姑留以待厚庵之复信。湖北贼尚未入皖境并闻。顺问近好。

五月二十二日

【译文】

沅弟左右：

日前于十四、十五、十六、十七、十八、十九等日连着发出六封信，商量少荃来金陵会同剿敌的事，还没有接到回信。而接到老弟日前来信，老弟已经写信请少荃迅速前来会同剿敌，你我兄弟不谋而合。刚于二十一日又接奉十六日寄谕一道，催促少荃前来金陵会同剿敌。我准备在今天复奏，奏折里只讲接奉初八日第一次寄谕。现将奏折原稿抄寄弟一阅，不知是不是合乎老弟的心意？至于十六日的谕旨，明天用咨文送至弟处就行了。

这三天酷热异常，老弟的身体还好吧？肝病略好一点儿了没有？还能忍耐承受这样的暑热天气吗？十五日我有信给杨厚庵，留下彭楚汉来会同攻打金陵城。刚刚彭楚汉来安庆，我让暂时留在这里等待厚庵的回信。又听说湖北敌军还没进入安徽境内。顺问近好。

五月二十二日

请飞调王可升移防浦口

【原文】

沅弟左右：

接弟二十五日信，字迹仍尔秀整，辞气极和平，欣慰之至。余日来常以弟身体为虑，闻余宗发言及纪泽禀，略为放心。昨复杏南表弟信，言不可专恃苏军。今日接少荃咨到片稿，言尚须教练枪炮各队，且须攻破湖州再来金陵。是尚遥遥无期，吾兄弟仍以力求自强为主。闻金陵逆首欲用船逃窜浦石。上犯皖鄂。少荃已派人接防溧水，请弟飞调王可升移防浦口。至要至要。又有人言弟营中有偷运米粮接济城贼者（刘世仲，汉阳举人朱久翁转述其言）。余虽知万无是事，然既有此等谣言，弟即须严加防范。浦口既扎陆军，江浦尚须另扎数营否？请查示。

明日解银七万至弟处，初愿所不及也。大女儿病略愈，或有转机。顺问近好。

五月二十八日酉正

【译文】

沅弟左右：

接到老弟二十五日信，字迹仍然秀丽整齐，措辞语气也都极为平和，感到特别欣慰。近来我时常担心老弟身体，听到余宗发的话、看到纪泽儿的禀报，稍微放心一些。昨天给杏南表弟信，提到不能专门恃仗苏州援军。今天接到少荃以咨文发来奏片抄稿，说还要教训操练枪炮各队，而且要攻破湖州以后再来金陵会剿，则少荃来援还是遥遥无期的事，我兄弟还是力求自强为主。据报金陵敌人领袖要乘船逃往浦口，向上游往安徽、湖北。少荃已派人来接替溧水防守，请老弟速调王可升去防守浦口。此事最重要。又，有人说老弟营中有人偷运米粮接济城中敌军（刘世仲，汉阳举人。朱久翁转述他的话。）。我虽然知道绝不可能有这等事情发生，但既然有这样的谣传，老弟就要严加防范。浦口已驻扎陆军以后，江浦还要另外再驻扎几营兵力吗？请弟查办告我。

明天将解运白银七万两到弟处，这是当初所没有想到的。大女儿的病稍好了一点，也许有转机。顺问近好。

五月二十八日酉正

王可升军似可移驻浦口

【原文】

沅弟左右：

初五日接初二日来信，俱悉一切。

金陵围攻之密，陆路不能窜出一人。余亦熟闻来者之言，且深信弟部下将卒平日用命之素，不致更有他虑。惟各路犹有可虑，恐湖北之贼下踞浦口，洪、李等酋用小划偷渡，如张潮爵故事耳。且城中巨酋所以能坚各小酋之心者，徒恃浦口有救兵将至，为一条生路。浦口扎营，则群贼绝望，或有内变之事。苏军如接防溧水，升军似可移扎浦口，请弟再酌。余札王可升之札，已封寄弟处矣。铨军则决不调之东下，恰好沈中丞有咨留之，因准留江，并咨明弟处。

今日见弟咨沪解陈米万石之事，辞气和婉之至。然奏沪饷或分半，或分三之一，余意已决，弟觉有甚大碍否？请速复。顺问近好。

六月初五日酉刻

【译文】

沅弟左右：

初五日接到弟初二日来信，一切尽知。

围攻金陵之密集，已致陆路不可能有一人逃窜出城。我已听到很多来自金陵的人们的话，而且我也深信老弟部下将士平日里一向服从命令，不至于再有

其他忧虑。但各路敌军还有值得担心之处，恐怕湖北敌军攻占浦口，又担心洪秀全、李秀成等首领坐小划子偷渡逃生，就像张潮爵那样。而且金陵城中敌军高层人物用来稳定下面头目军心，只不过是仗着浦口有援兵要来，这是一条生路。我军在浦口扎营，则敌众绝望，也许内部就要生变故呢。苏州援军如果接替溧水防务，则王可升一军似可以移驻浦口，此事请老弟再斟酌一下。我寄王可升的札文，已加封寄至弟处。铨军决不调往东线下游地区，恰好沈中丞有咨文来挽留，因此准予留守江西，并咨告弟处。

今日见到老弟咨文，提到上海解来陈年米粮万石一事，而言辞语气平和婉转之极。上奏朝廷，将上海军饷或总督，巡抚各分一半，或总督分三分之一，我的主意已定，老弟认为这样有什么大妨碍吗？请迅速复信告之，顺问近好。

六月初五日酉刻

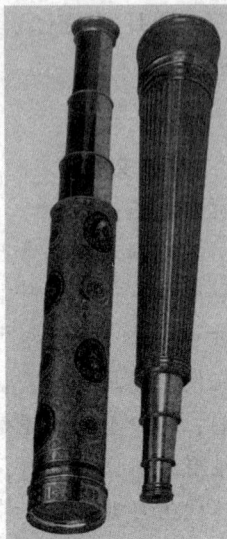

望远镜　清

少荃似始终不欲来攻金陵

【原文】

沅弟左右：

初十辰刻接弟初六夜信，俱悉一切。

少荃信阅过，其片稿则已抄寄余处矣。观少荃屡次奏咨信函，似始终不欲来攻金陵。若深知弟军之千辛万苦，不欲分此垂成之功者。诚能如此存心，则过人远矣。

纪泽儿已于初二日到皖。余从弟之意，秋初再赴金陵。老年畏热异常，阿深知而体恤，兄即依弟之议，实受其福矣。英山、宿、太日内警信迭至。余调王可升守无为，再急则调陈自明池州之二千人守庐江。惟调守桐、舒之铨军为江西官绅所留，拟改调钧军上援皖北，亦难遽到也。春霆于六月四日抵南昌，江西人心大定，想不至别有风波耳。顺问近好。

六月初十日辰刻

【译文】

沅弟左右：

初十日辰刻收到老弟初六夜来信，俱悉一切。

少荃来信已阅过，少荃奏片稿已抄寄为兄处。我看少荃屡次奏折、咨文、书信的意思，似乎终究不肯来攻打金陵。好像是深知老弟一军千辛万苦，不想来分享这件马上就要完成的功绩，果真能这样来考虑问题，则超过常人太多啦。

纪泽儿已于初二日到安庆。我听从老弟的意思，初秋再去金陵。岁数大了，非常怕热，老弟深知这一点而能体谅我，为兄就依弟之见，实则享福。英山、宿松、太湖几天内报警讯息轮番报来。我调王可升守无为，如果形势再紧急就调池

州陈自明的两千人去守庐江。只是原想调去守卫桐城、舒城的铨军被江西官吏绅士挽留，准备改为调钧军往上游来援救安徽北部，也很难迅速到达。春霆已于六月四日抵达南昌，江西民心安宁，想来不会再有什么风波了。顺问近好。

六月初十日辰刻

听王率六万人投诚

【原文】

澄弟左右：

前接排单信，知家中已得金陵克复之信，顷又接七月朔来缄，俱悉一切。余以二十日自金陵起行，二十三日始行三百里至芜湖上之鲁港耳。将近八月，舟中尚燥热异常。回皖小住一月，九月初仍须赴金陵，换出沅弟请假回籍。顷二十日奏片已将沅弟旋归之意略露端倪，先抄寄阅。沅弟热毒虽未痊愈，而精神甚好，当是寿徵。余亦幸托平安，惟眼蒙甚，不能不改用加花眼镜。弟畏热异常，亦是老境，但不知眼光如何？

春霆在抚州之许湾大获胜仗，杀贼四万有奇。厥后崇仁、东乡、金溪次第克复，听王率六万人投诚，江西指日当可肃清。惟湖北之贼尚难速了耳。顺问近好。

七月二十四日

【译文】

澄弟左右：

日前接到粘有排单的来信，知道家里已收到报知收复金陵消息的信。刚接到你七月初一来信，俱悉一切。二十日我从金陵出发，到二十三日才走了三百里水路到了芜湖上游的鲁港。已经快到八月份了，在船上仍感觉非常燥热。回安庆小住一个月，九月初还要再去金陵，替换沅弟让他请假回原籍。二十日所上奏片中已经稍微透露了一点沅弟凯旋归乡的心意，先抄寄弟一阅。沅弟湿热之毒虽然还没有痊愈，而精神很好，当是长寿的征兆。托福我还平安，只是眼睛蒙昧，不得不改用花镜。老弟你特别怕热，也是年老的表现，只是不知你视力怎么样？

春霆一军在抚州的许湾打了大胜仗，杀敌四万多。其后崇仁、东乡、金溪等地依次被收复，敌之听王率六万部众投诚，江西全境肃清指日可待。只是湖北敌情还难以迅速了结。顺问近好。

七月二十四日

告知交卸江督篆至湖北剿敌

【原文】

澄弟左右：

十月十四日接弟九月二十四信，俱悉一切。自家中至金陵仅走二十天，可谓神速。沅弟自别后并无来信，虽因手上疮疼不能写字，究为悬系。

余昨夜接奉廷寄，命余交卸江督篆，至湖北剿贼。少荃署江督，吴漕台署苏

抚。少荃来金陵充当监临，三月内可到。余即可将篆交出。并奏明精力已衰，不堪再任军务，趁此解去兵柄。虽经手之事太多，二年之内尚不能清结回籍。然苟能不办军务，就此体面下场，斯为万幸。兹将寄谕抄回。

甲五苦思读书习字，极好极好。八股难于长进，可令其常学写信。余常寄法帖书籍等物，以助其兴。兄身体尚健，合家大小平安。日内除悬念沅弟外，尚无他虑。顺问近好。

十月十四日

【译文】

澄弟左右：

十月十四日收到老弟九月二十四日来信，一切尽知。自家里到金陵，这封信只走了二十天，可以称得上神速啦。沅弟从分手以后就没有来过信，虽然我知道这是因为他手上毒疮疼痛，不能写字，终究还是十分挂念。

我昨天接奉谕旨，命令我交接工作，解去两江总督印，到湖北去围剿敌人。李少荃改署两江总督，吴仲宣署江苏巡抚。少荃来金陵充当会试监临，三天之内就能到，我马上就能把印交出来。我还奏明精力已经衰退，不能再负担军事事务，趁此机会解除兵权。虽然我经办的事务太多，两年之内还不能清算了结，回老家去，然而如果能够不负责军务，从此体面地下台，这就算是万幸了。现将寄谕抄回。

甲五对读书写字一道冥思苦想，这是非常好的事情。他对八股文难于有进步，可以让他经常学着写信。我时常寄法帖书籍等物给他，以助长他的兴致。为兄身体还健康，全家大小都平安。近几天除了惦念沅弟以外，还没有别的可担心的事。顺问近好。

十月十四日

拟遵旨催刘朱等年内抵黄州

【原文】

澄、沅弟左右：

十一月二十七日接沅弟在金口所发之信，三十日接湘潭所发之信，俱悉一切。

此间近俱平安。少荃之病大愈，初一日已出贡院，定初六日起程旋苏。惟奇瘦气喘，不知能胜途次风寒否？余于十月二十二、十一月十八两次奏派刘连捷等移驻黄州，而官帅两次来咨，俱阻止刘、朱等不必到黄。十一月二十六七三次寄谕，则皆严催其到黄，并饬归僧邸调遣。余拟遵旨催刘、朱等年内抵黄。其归僧邸调遣一节，则不特刘、朱等情所不愿，即刘铭传、李继泉等亦决志不从，殊难调停。余正月当赴安庆一行，届时与诸将商定，再思所以婉谢。三次寄谕抄寄弟阅。

彭杏南简放汀漳龙道，系十一月初六日谕旨。余复奏六人之密片，系十一月

二十七日到京。谕旨又询彭是否可以到任，请沅弟就近询问。杏南是否赴闽，于接到行知后，即行禀复。余意目下不必履任。一则余之片奏言彭已因病回籍，正可借此养病之暇，在家学习一二年，读书习字，操练公事；二则左公于余兄弟部下难免苛求，申夫之奏开运司一缺，论者以为因余而迁怒于申也。兹将杏南行知一角付去，待接渠禀复，即行奏明开缺，另请简放金陵。续案保举，业经奉旨谕允。何子贞来此畅谈（渠亦极赞恽而毁石），似已尽化宿隙。

近日饷项尚为应手，年底可放一月满饷。萧军欠十五万，亦可先放多半，沅弟千万放心。弟寄罗茂堂信言撤营次弟甚详。余意则欲首撤王远和两营，面熊登武数营（熊与刘朱、易皆我邑人才）最后乃撤，或待余去位后乃撤，弟意何如？余详日记中。

余明年拟每月初四专人送信并日记，十四、二十四则用官封寄一信，可否？顺请近好，并贺新禧。

十二月初四日

【译文】

澄、沅弟左右：

十一月二十七日接到沅弟在金口发出的信，三十日又接到从湘潭发出的信，一切尽知。

此间近来诸事平安。少荃的病好多了，初一日已出贡院，定于初六日上路回苏州。只是他现在人非常瘦，气喘不止，不知道他能不能受得了旅途上的风寒？我已于十月二十二日、十一月十八日两次奏请派遣刘连捷等移师驻扎黄州，而官秀峰两次发来咨文，都阻止刘、朱等部，说没有必要到黄州。十一月二十二日、二十六日、二十七日连续三次寄谕，都是严厉催促该部到黄州，并且命令归僧格林沁调遣。我准备遵照谕旨催促刘、朱等于今年之内抵达黄州。至于划归僧格林沁调遣一项，则不仅是刘、朱等不愿意，就是刘铭传、李继泉也是决心不肯相从的，实在难以调解。正月间我应去安庆一趟，到那时与诸位将领商议决定，再考虑如何婉言谢罪。三次寄谕抄录寄弟一阅。

彭杏南特简汀漳龙道，是十一月初六日谕旨。我又上六人名单的密片，于十一月二十七日到京师。谕旨又询问彭杏南是不是能够到任，请沅弟就近问他一下。杏南是否去福建，我等接到行文答复之后立即禀告。我的意思是眼下没有必要去上任，一则我的密片奏言彭杏南已因病回原籍去了，正可借此养病的闲暇时间，在家中学习一二年，读读书，写写字，练习处理公事；二则左季高对我们兄弟的部下难免有所苛求，申夫奏请辞去盐运使，别人都认为是他因我的缘故而迁怒于李申夫的。现将杏南行知截下一角付去，待接到左公禀帖回复以后，立即奏明辞职，另外请求特简金陵。第二批保举名单，已经接到谕旨允许。何子贞来这里畅谈一番（他也极力赞同恽说而毁去石碑。），似乎已完全化解了旧日矛盾。

近日筹措饷项还算顺手，到年底可以发放一个月的全额饷银。萧军欠十五万两，也能够先放一大半，沅弟千万放心。老弟寄罗茂堂的信所讲裁撤各营的步骤

很详细。我的意思要先撤销王远和的两营，而熊登武的几营（熊与刘、朱、易都是我们湘乡的人才）最后才撤除，或者等我离职之后再撤，老弟的意见呢？其余详载日记中。

明年我准备每月初四日派专人去送信及日记，十四日和二十四日则用官封各寄一信，可以吗？顺请近好，并贺新禧。

十二月初四日

募勇多少由弟自酌

【原文】

沅弟左右：

三十日接二十六日谕旨，弟调补湖北巡抚，迅赴新任。初一日恭录咨会，并有函嘱弟速行赴鄂。初一日又奉寄谕，俟弟接印，郑小珊中丞乃行交卸。又接胡莲舫正月二十三日京信，鄂人亦望弟拯救甚切。其时尚未得弟抚鄂之信，已有云霓之望（胡原信抄阅），况一闻新命，中外悬盼，自为更切。

弟此次履鄂，似不可稍涉迟回。兹特备一咨牍，催弟迅赴新任，一面出省督剿。至募勇之多少，由弟自行斟酌，大约以八九千为率，另增马队千余，成一大军，可为游击之师。余处本有刘省三、李幼荃、刘仲良三支淮勇游击之师，刘寿卿、张田畯合成湘勇一支游击之师，合之鲍春霆全军，赴鄂已五支游兵矣。弟既接印，公事甚多，似不能亲临行阵，即偶一督战，亦可暂而不可常，宜另派一可靠之统领。弟驻扎或在黄州，或在德安、襄阳，细看再酌。一则尽瘁报国，久驻前敌，不敢安处。一则鄂省抚署风水不利，历有明徵，亦有稍避。避之以正，非专为私也。顺问近好。

二月初四日

碧玉西园雅集图笔筒　清

【译文】

沅弟左右：

三十日接到二十六日谕旨，老弟调补湖北巡抚，着速往新任。初一日恭录谕旨，以咨示知会老弟，并有信嘱老弟迅速前往湖北。初一日又接到寄谕，待老弟到任接印以后，郑小珊中丞才能交代卸任。另外，接到胡莲舫正月二十三日从京师来的信，湖北人士也殷切盼望老弟前来拯救。当时还没有老弟巡抚湖北的消息，已有这般大旱盼云、虹的期望（胡原信抄阅），何况一听到朝廷最新任命，朝野的企盼自然更加迫切。

弟这次往湖北赴任，似不能稍有迟缓。现特备咨文一道，催促老弟迅速赶赴新任，一面出省督办剿敌军务。至于招募兵勇人数多少，全由老弟自己斟酌，大

约可在八九千，再加上马队千人，组成一军，可以作为游动部队。我这里原有刘省三、李幼荃、刘仲良三支淮军的游动部队，刘寿卿与张田畯合为一支湘军游动部队，加上鲍春霆部全军，已有五支游动部队前往湖北了。老弟刚接班，公务很多，似乎还不能亲往前线，即便偶尔督战，也是只可暂一为之，不能时常如此。应另选派一位可靠的统领。弟驻扎之地或在黄州，或在德安、襄阳，细看形势，再行斟酌。一方面竭力效劳，以报国家，长驻前线，不敢自居于安逸闲适之地。一方面湖北巡抚衙署的风水不好，历来有明显的征兆，也可以稍为躲避一下。避开乃是为了正事，不是专为一己私利也。顺问近好。

二月初四日

告近日刘松山等人员行期

【原文】

澄、沅弟左右：

三十日接沅弟抚鄂谕旨，初一、初四两次发排单信与沅，不知能速到否？

余将湖团一案办毕，定于初九日赴山东而转至周家口。刘松山于十七日起程，张诗日二十二日起程，先后赴鄂。纪泽亦初九日回金陵，三月送眷回湘，届时沅弟当已履任。

去年十一月余寄送亲属银七百两，并托易芸陔买袍褂料与纪官侄。厥后已接芸陔之回信，而此勇至今尚未归营，不知何处疏失。余起程后，途次不遣勇送信回家，到周家口，每月仍专勇送信三次。顺问近好。

三月初六日

【译文】

澄、沅弟左右：

三十日接到任沅弟湖北巡抚的谕旨，初一与初四日两次信由驿站粘排单发出，不知能不能迅速寄到？

我将徐州湖团一案办完之后，定于初九日前往山东再绕道到周家口。刘松山于十七日启程，张诗日于二十二日启程，先后前往湖北。纪泽亦于初九日回金陵，三月间送家眷回湖南，到那时沅弟应该已经赴任去了。

去年十一月我给亲属们寄送白银七百两，并且托易芸陔给纪官侄儿买袍褂衣料。其后已接到芸陔的回信，而这位丁勇到现在还没有回大营，不知什么地方出了问题。我启程之后，路上就不派兵勇回家送信了。到周家口以后，每个月仍然派专门的兵勇送信三次。顺问近好。

三月初六日

用人不率冗存心不自满

【原文】

澄、沅弟左右：

三月十八接沅弟二月二十八日长沙河干一信，二十二日接澄弟二月二十二日一缄，俱悉一切。

沅弟定于十七接印，此时已履任数日矣。督抚本不易做，近则多事之秋，必须筹兵筹饷。筹兵，则恐以败挫而致谤；筹饷，则恐以搜括而致怨。二者皆易坏声名。而其物议沸腾，被人参劾者，每在于用人之不当。沅弟爱博而面软，向来用人失之于率，失之于冗。以后宜慎选贤员，以救率字之弊；少用数员，以救冗字之弊。位高而资浅，貌贵温恭，心贵谦下。天下之事理人才，为吾辈所不深知、不及料者多矣，切弗存一自是之见。用人不率冗，存心不自满，二者本末俱到，必可免于咎戾，不坠令名。至嘱至嘱，幸勿以为泛常之语而忽视之。

陈筱浦不愿赴鄂。渠本监务好手，于军事吏事恐亦非其所长。余处亦无折奏好手，仍邀子密前来，事理较为清晰，文笔亦见精当。自奏折外，沅弟又当找一书启高手，说事明畅，以通各路之情。

此间军事，二十一日各折已咨弟处，另有密件抄去一览。复张子青一信亦抄阅。纪泽母子等四月中旬当可抵鄂，纪鸿留弟署读书，余以回湘为是。科三嫂病愈，甚慰甚慰。顺问近好。

三月二十六日

【译文】

澄、沅弟左右：

三月十八日接到沅弟二月二十八日从长沙河干发出的信，二十二日又接到澄弟二月二十二日一信，一切尽知。

沅弟定于三月十七日接受巡抚印，现在应已经上任几天了。总督、巡抚本来就不好当，近来正逢多事之秋，必须要筹措兵员和筹措饷银。筹措兵员，就担心因打败仗而招致毁谤；筹措饷银，就恐怕因搜刮民财而招致怨恨；这两条都容易损坏名声。引起纷纷议论，受到弹劾的人，往往是因为用人不妥当。沅弟爱护的人很广而又爱面子，一向在用人上失之于草率，失之于杂多。以后应谨慎地选用贤能人才，用来拯治草率之病；少用一些人，用来拯治多杂之病。官位高而资历浅的人，外表以温和恭敬为贵，内心以谦和下士为贵。天下的事理以及人才，我辈所不能详知、不能预料的多得很呢，切勿有自以为是的成见。用人不要草率、多杂，内心不自满，这两者主次都照顾到了，一定能够免受责难，免有过失，不致有损美名。这是最重要的嘱咐，请不要当作平常的话而忽视这些话。

陈筱浦不愿去湖北。他本来擅长盐务，对军事、吏事恐怕都不是他所擅长的。我这里也没有写奏折的好手，仍是邀请钱子密前来，他对事理比较清晰，文笔也很精审得当。除奏折以外，沅弟还应找一位写信的高手，叙述事实，明白通

畅，用来通报各路情况。

此间军情，二十一日各道奏折都已用咨文发往弟处，另有密件，抄寄弟一阅。给张子青的信也抄去供一阅，纪泽母子一行四月中旬应能到武昌，纪鸿留在老弟衙署读书，其余人等还是回湖南为好。科三嫂病已痊愈，甚慰我心，顺问近好。

三月二十六日

弟可函邀春霆赴省一会

【原文】

澄、沅弟左右：

二十一日复沅弟信一件，二十二日接沅四月初五之信，二十三日接澄弟三月二十四由县驿递之信，俱悉一切。

鲍军由黄梅赴光、固，路险而远，不如由巴河赴光之便，已分别咨行矣。弟或函邀春霆赴省一会，其部落则禁之上省。鄂省饷本极绌，然奏拨霆军之每月二万却不可少，望弟与官相竭力图之。

吾邑考棚增修，可多坐千人，甚善甚慰。富墺兴工，何以须至重阳始毕？得无太华丽否？纪泽母子等若以五六月到家，应即在大夫第同住，以符沅弟之初议。若纪瑞侄母子赴鄂，则全行借住，听两弟示知纪泽遵办。全眷回湘后，纪鸿儿留鄂读书。黄宅生若偕瑞侄至鄂，尤可共事一塾，目下总以操习墨卷试帖为第一义。科一、科四均作秀才，岂可昧于八股一道？沅弟博访两湖有精于八股兼善讲解者，不妨多请一位教训子弟。湖北有胡东谷孝廉，八股好手，可否请入鄂署？乞酌之。

此间贼情，本日有一折一片另行咨达。澄弟所寄茶叶收到，谢谢。顺问近好。

四月二十五日

【译文】

澄、沅弟左右：

二十一日给沅弟回信一件，二十二日接到沅弟四月初五日的信，二十三日接到澄弟三月二十四日从县城经驿站递送来的信，一切尽知。

鲍春霆军由黄梅往光州、固始，道路险阻又远，不如走巴河去光州方便，已分别发出咨文了。老弟或者可以去信邀请鲍春霆到省城一见，他的部下则禁止到省城去。湖北军饷本来就很匮乏，但已奏明朝廷拨给鲍军的每月二万两是不能少的，望老弟和官文竭尽全力去筹措。

咱们家乡的考棚经过增修，可以多坐上千人，非常好，很欣慰。富墺房屋修葺，为什么要到重阳节才能完工？该不会是太华丽了吧？纪泽母子等人如果五六月间到家，应该就都住在大夫第中，这符合沅弟当初的提议。如果纪瑞侄儿母子去湖北，则全都借住在那里，听凭两位弟弟吩咐，让纪泽遵照办理就是。家眷回

湘乡以后，纪鸿儿留在湖北读书。黄宅生如果与纪瑞一起去湖北，更可以共同师事一位塾师，眼下总是要以练习八股文，试帖诗为最重要的事。科一、科四都已是秀才，怎么能对八股文愚昧无知呢？沅弟广为察访，两湖如有精于八股文而且善于讲解的人，不妨多请一位来教训子弟们。湖北胡东谷孝廉是八股文好手，能不能延请到湖北巡抚官署？请弟斟酌。

这里敌情，今天有奏折一道、附片一件，以咨文寄达。澄弟所寄来的茶叶收到。谢谢。顺问近好。

四月二十五日

以后不必再行添勇

【原文】

沅弟左右：

四月二十八日接十一日来信，五月初二日又接四月十八之函，俱悉一切。纪泽母子已到阳逻，纪瑞母子十二日已自湘起程。兄弟宦游在外，眷属得以团聚，亦足喜也。

此间写信尚不甚稀。但自到济宁，每月仅有专勇信一次，遂觉比往时大减。以后如弟来缄之指，每隔十日寄日记一次并信排递弟署，而每月初四仍专勇送信并日记至湘乡，俾两处皆知余起居之详。弟信亦不必太密，仍以十日一封为率，或有他事则加一封，无事亦不可减。不仅说军务饷务之大政，即幕友、家丁及亲友、相从将弁、投效者多说几句，司道风气、属僚贤否亦可略述一二，以广见闻。余之日记详于小而略于大，弟则互有详略可也。

弟现募步队万二千人、马队千余人，与余初次函商相符，以后不必再行添募，恐饷项不继。所裁官相之勇仅发数成，所添弟部之勇必须全饷，一撤一招之际，厚薄悬殊，相形见绌，营头太多，必生怨望。厚庵之优待楚勇，薄视甘兵，逐有三月三日之变，可为前车之鉴。

四月十五所发进扎应山一折，字句间有不妥。以后宜请一二人斟酌，非十分虚心，人不肯轻说一字。四月十一日弟函颇有拒谏之意。施之于兄，兄当如常规诲；施之于他人，则拒人千里矣。慎之慎之。复问近好。

正封缄间，接云仙信，并抄渠与左信及保举人才一疏。其与左信，计筱老必另抄寄弟处，兹将筱信并荐疏抄去一览。意臣所拟咨稿可照发也。又行。

五月初三日

【译文】

沅弟左右：

四月二十八日接到弟十一日来信，五月初二日又接到四月十八日信，一切尽知。纪泽母子已到阳逻，纪瑞母子十二日已从湘乡启程。我兄弟在外做官，而家眷亲属得以团聚，也是值得欣喜的事。

我这里写信还不算太少，只是到济宁以后，每月只有专门送信的兵勇送一次

信，于是觉得比过去大为减少了。以后就按老弟来信的那个意思，每隔十天寄一次日记和信，粘排单驿递弟官署，而每月初四日还派专勇送信及日记到湘乡，使两地都能知道我的活动的详细情形。老弟来信也不必过于密集，仍然按十天一信为限，如有其他事情就增加一封，没有事情也不能减少。不仅谈论军事、饷务等大政要事，就是幕僚宾友、家丁亲友、部下将领兵弁、投奔者等方面多说上几句，布按两司及道员的表现、部属幕僚贤能与否等方面也可以稍谈一点，以增加见闻。我的日记详于小事而略于大事，弟来信可以互有详略。

外蓝地粉彩镂空转心瓶　清

老弟现已招募步军一万二千人，马队一千多人，这和我第一次讨论此事的信中所说的规模相符合，以后就不要再多招募了，恐怕饷银跟不上。裁去官文手下兵勇仅发给部分饷银，老弟部下增募的兵勇一定要发全饷，一边是裁撤，一边是招募，待遇有厚有薄，相差悬殊，相比之下，一定显出不足，而分营太多，一定会有怨恨情绪。杨厚庵就是因为对湖广士兵待遇优厚，对甘肃士兵待遇菲薄，于是激成三月三日的事变，这可以作为前车之鉴。

四月十五日所发出的进驻应山的奏折，字句间有不妥之处。以后要请一两个人斟酌一下，这种事如不是十分虚心，别人是不肯轻易说一个字的。四月十一日弟来信中似乎有拒绝规谏的意思。这些话对为兄说，为兄应像平常那样规劝开导你；如果这些话对别人说，那就是拒人于千里之外了。一定要谨慎。复问近好。

正要把信封上的时候，接到筠仙来信，以及抄寄的致左季高一信、保举人才一疏。他给左的信，估计郭筠仙一定会另抄一份寄往弟处，现只将筠仙来信以及荐人奏疏抄去，供弟一阅。郭意城所拟的奏稿可以照样释发。又行。

五月初三日

买楚善叔田业事

【原文】

孙男国藩跪禀祖父大人万福金安：

六月初七日发家信第九号。二十九日早接丹阁十叔信，系正月二十八日发。始知祖父大人于二月间体气违和，三月已痊愈，至今康健如常。家中老幼均吉。不胜欣幸。

四弟于五月初九寄信、物于彭山岊处，至今尚未到，大约七月可到。

丹阁叔信内言去年楚善叔田业卖与我家承管，其中曲折甚多。添梓坪借钱三百四十千，其实只三百干，外四十千系丹阁叔兄弟代出。丹阁叔因我家景况艰

窘，勉强代楚善叔解危，将来受累不浅。故所代出之四十千，自去冬至今，不敢向我家明言。不特不敢明告祖父，即父亲、叔父之前，渠亦不敢直说。盖事前说出，则事必不成；不成则楚善叔逼迫无路，二伯祖母奉养必阙，而本房日见凋败，终无安静之日矣。事后说出，则我家既受其累，又受其欺，祖父大人必怒，渠更无辞可对，无地自容。将此事写信告知孙男，托孙原其不得已之故，转禀告祖父大人。现在家中艰难，渠所代出之四十千，想无钱可以付渠。八月心斋兄南旋，孙拟在京借银数十两，付回家中归楚。此项大约须腊月底可到，因心斋兄走江南回故也。

咸丰七年大清宝钞一千文　清

孙此刻在京光景渐窘。然当京官者，大半皆东扯西支，从无充裕之时，亦从无冻饿之时。家中不必系怀。孙现经管长郡会馆事，公项存件亦已无几。孙日内身体如恒，九弟亦好。甲三自五月二十三日起病，至今虽痊愈，然十分之中，尚有一二分未尽复归。刻下每日吃炒米粥二餐，泡冻米吃二次，乳已全无，而伊亦要吃。据医云此等乳最不养人，因其夜哭甚，不能遽断乳。从前发热烦躁，夜卧不安，食物不化及一切诸患，此时皆已去尽，日日嬉笑好吃。现在尚服补脾之药，大约再服四五帖，本体全复，即可不药。孙妇亦感冒三天，郑小珊云服凉药后，须略吃安胎药。目下亦健爽如常。

甲三病时，孙妇曾于五月二十五日，跪许装修家中观世音菩萨金身。伏求家中今年酬愿。又言西冲有寿佛神像，祖母曾叩许装修，亦系为甲三而许。亦求今年酬谢了愿。

梅霖生身后事，办理颇如意，其子可于七月扶榇回南。同乡各官如常。家中若有信来，望将王率五家光景写明。

肃此谨禀祖父母大人万福金安。

六月二十九日

【译文】

孙男国藩跪禀祖父大人万福金安：

六月初七日发出第九号家信。二十九日早接到丹阁十叔的信，是正月二十八日发出的。看了信才知道祖父大人二月间身体不适，三月已痊愈，至今康健如常。又知家中老幼均平安，不胜欣幸。

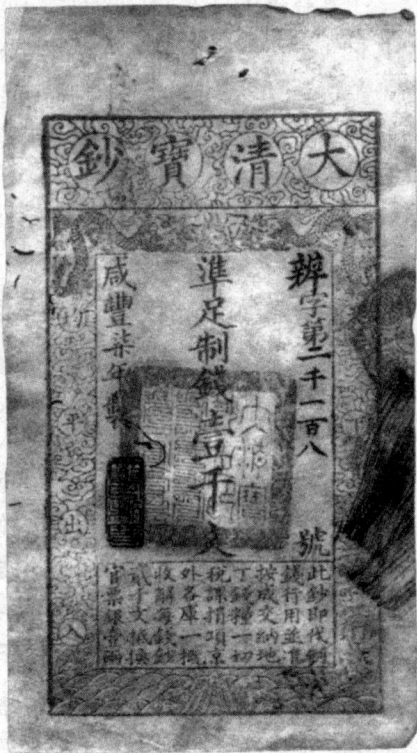

四弟于五月初九从彭山屺处寄出的信和东西，至今尚未到，大约七月可收到。

丹阁叔信里说去年楚善叔家的田业卖与我家承管，其中曲折颇多。添梓坪借钱三百四十千，其实只借得三百千，另外四十千钱是丹阁叔兄弟添上的。丹阁叔看到咱们家景况艰难，又要勉强代楚善叔解危，将来恐有受累不浅，故而就代咱们家拿出四十千钱。从去年冬天到现在，丹阁叔不敢向咱们家明说这件事。不仅不敢告诉您，就是在我父亲、叔父面前，丹阁叔亦是不敢直说的。这是因为如果事前说了，则这件事必然办不成；事情办不成，楚善叔就走投无路，二伯祖母的生活便成问题，咱们这一房也就日见凋败，没有安生日子了。事后说吧，又怕咱们家觉得既受了累，又受了骗，您老人家也必然动怒，这样丹阁叔更是无辞可对，无地自容。如此丹阁叔只好写信把此事的来龙去脉都告诉了我，托我从中周旋，这也是不得已的事，让我转为禀告您。我想现在家中艰难，丹阁叔垫上的四十千，恐怕一时也没钱还他。八月份心斋兄准备回南方，我打算在京城借几十两银子，托他带回家中。不过因为心斋兄准备绕道江南，可能要腊月底才会到达家乡。

孙儿此刻在京城日子也日见穷窘。不过在京城当官的人，大多东借西凑，从来没有宽裕的时候，但也绝不至于饥寒交迫。家里不必挂念。孙儿现在经管长郡会馆的事，公共的钱也所剩无几。孙儿现在身体正常，九弟亦好。甲三自五月二十三日犯病，现已痊愈，只是十分之中，还有一二分没有完全恢复。目前每天吃炒米粥二顿，泡冻米吃二次，奶已经没有了，可甲三又要吃。据医生讲这样吃奶最不养人，只是因为甲三夜里哭得厉害，不能一下就断奶。不过从前有的发热烦躁，睡不安稳，消化不良等毛病，现在已都去掉，每天又爱笑又好吃。现在还在吃补脾的药，大约再服四五帖药，身体即可完全复原，不用吃药了。孙儿媳妇也感冒了三天，郑小珊说服过凉药后，得略吃些安胎药。眼下亦已健康如常。

甲三病时，孙儿媳妇曾于五月二十五日，跪着许愿如果甲三的病好了，要装修家中观音菩萨金身。还恳请家中今年能还了这个愿。又说西冲有寿佛神像，祖母为了甲三的病，亦叩头许愿装修。亦请家中酬谢神像，还此心愿。

梅霖生身后事，办理得很顺利，他的儿子准备于今年七月扶榇回南。同乡中在京做官的各位都无事。家中若来信，请将王率五家的情况写明。

肃此谨禀祖父母大人万福金安。

六月二十九日

收到家中信物

【原文】

男国藩跪禀父亲大人万福金安：

五月十八日发家信第八号，知家中已经收到。六月初七发第九号，内有男呈祖父禀一件，国荃寄四弟信一件。七月初二发第十号，内有黄芽白菜子。不知俱

已收到否?

男等接得父亲归途三次信:一系河间二十里铺发,一汴梁城发,一武昌发。又长沙发信亦收到。六月二十九接丹阁叔信。七月初九彭山屺到京,接到四弟在省所寄"纪世文编"一部、慎诒堂"四书""周易"各一部、小皮箱三口,有布套龙须草席一床、信一件,又叔父手书。得悉一切:谱已修好,楚善叔事已有成局,彭山屺处兑钱四十千文。外楚善叔信一件,岳父信一件。七月二十七日接到家信二件:一系五月十五在家写,一系六月二十七在省写。外欧阳牧云信一,曾香海信一,心斋家信二,荆七信一,俱收到。彭山屺进京,道上为雨泥所苦,又值黄河水涨,渡河时大费力,行李衣服皆湿。惟男所寄书,渠收贮箱内,全无潮损,真可感也。到京又以腊肉、莲、茶送男。渠于初九晚到,男于十三日请酒。十六日将四十千钱交楚。渠于十八日赁住黑市,离城十八里,系武会试进场之地。男必去送考。

男在京身体平安,国荃亦如常。男妇于六月二十三四感冒,服药数帖痊愈,又服安胎药数帖。孙纪泽自病痊愈后,又服补剂十余帖,辰下体已复元。每日行走欢呼,虽不能言,已无所不知。食粥一大碗,不食零物。仆婢皆如常。

周贵已荐随陈云心回南,其人蠢而负恩。肖祥已跟别人,男见其老成,加钱呼之复来。

男目下光景渐窘,恰有俸银接续,冬下又望外官例寄炭资,今年尚可勉强支持。至明年则更难筹画。借钱之难,京城与家乡相仿,但不勒追强逼耳。

前次寄信回家,言添梓坪借项内,松轩叔兄弟实代出钱四十千,男可寄银回家,完清此项。近因完彭山屺项,又移徙房屋,用钱日多,恐难再付银回家。男现看定屋在绳匠胡同北头路东,准于八月初六日迁居(初二日已搬一香案去,取吉日也。)棉花六条胡同之屋,王翰城言冬间极不吉,且言重庆下者不宜住三面悬空之屋。故遂迁移绳匠胡同房。每月大钱十千,收拾又须十余千。心斋借男银已全楚。渠家中付来银五百五十两,又有各项出息。渠言尚须借银出京,不知信否。

广东事前已平息,近又传闻异辞。参赞大臣隆文已病死,杨芳已告病回湖南。七月间又奉旨派参赞大臣特依顺往广东查办。八月初一日,又奉旨派玉明往天津,哈郎阿往山海关。

黄河于六月十四日开口。汴梁四面水围,幸不淹城。七月十六,奉旨派王鼎、慧成往河南查办。现闻泛溢千里,恐其直注洪泽湖。又闻将开捐名"豫工",例办河南工程也。

男已于七月留须。楚善叔有信寄男,系四月写,备言其苦。近闻衡阳田已卖,应可勉强度日。戊戌冬所藉十千二百,男曾言帮他。曾禀告叔父,未禀祖父大人,是男之罪,非渠之过。其余细微曲折,时成时否,时明买,时独买,叔父信不甚详明,楚善叔信甚详,男不敢尽信。总之,渠但免债主追逼,即是好处。第目前无屋可住,不知何处安身?若万一老亲幼子栖托无所,则流离四徒,尤可

怜悯。以男愚见，可仍使渠住近处，断不可住衡阳。求祖父大人代渠谋一安居。若有余资，则佃田耕作。又求父亲寄信问朱尧阶，备言楚善光景之苦与男关注之切，问渠所营产业，可佃与楚善耕否？渠若允从，则男另有信求尧阶，租谷须格外从轻。但路太远，至少亦须耕六十亩，方可了吃。尧阶寿屏，托心斋带回。

严丽生在湘乡不理公事，簠簋不饬，声名狼藉。如查有真实劣迹，或有上案，不妨抄录付京，因有御只在男处查访也；但须机密。

四弟、六弟考试，不知如何？得不足喜，失不足忧，总以发愤读书为主。史宜日日看，不可间断。九弟阅"易知录"，现已看至隋朝。温经须先穷一经。一经通后，再治他经，切不可兼营并鹜，一无所得。厚二总以书熟为主，每日读诗一首。

右谨禀父母亲大人万福金安。

八月初三日

【译文】

男国藩跪禀父亲大人万福金安：

五月十八日发出第八号家信，家中已收到。六月初七发出第九号家信，其中有儿呈交祖父的信一封，国荃给四弟的信一封。七月初二发出第十号家信，里头装有黄芽白菜籽。不知是不是都收到了？

儿等共收到父亲回乡途中发的三封信：一封是从河间二十里铺发的，一封是从汴梁城发的，一封是从武昌发的。另外从长沙发出的信亦已收到。六月二十九日接到丹阁叔的信。七月初九彭山屺到了京城，四弟在省城托他带的《纪世文编》一部、慎诒堂版的《四书》《周易》各一部、小皮箱三口，还有布套龙须草席一床、信件一封以及叔父手书，均已收到。看了信，知道家谱已修好，楚善叔的事已有结果，彭山屺处兑钱四十千文。另外又楚善叔信一封，岳父信一封。七月二十七日收到家信二封：一是五月十五日在老家写的，一是六月二十七日在省城写的。此外欧阳牧云的信，曾香梅的信，心斋家的信二封，荆七的信一封，均已收到。彭山屺到京城这一路上，为雨泥所苦，又赶上黄水涨水，渡河时很费了点力气，行李衣服全被打湿。可托他带的书，却好好地收在箱子里，没有潮湿损坏，真叫人感动。彭到京后，又送给儿腊肉、莲子、茶叶。他是初九晚上到的，儿于十三日请他吃酒。十六日将四十千钱交割清楚。彭于十八日租房住在黑市，离城十八里，是武会试进场的地方。到时候儿一定要去送考。

儿在京身体平安，国荃亦如往常一样。儿媳于六月二十三四得了感冒，服药数贴后已痊愈，又服了安胎药数贴。您的孙子纪泽自从病愈后，又服补药十余贴，目前身体已复原。每天行走欢呼，虽然还不能说话，但已无所不知。每次吃粥一大碗，不吃零食。仆人婢女亦如往常一样。

周贵这人既愚蠢又忘恩负义，已推荐给陈云心，让他随陈回南方去。肖祥已跟随别人，儿看这个人老成，增加了他的工钱，又把他叫回来了。

儿眼下光景渐窘，恰好有俸银接续上，冬天又盼着外省的官员照例寄些"炭

资"来，今年还可以勉强支持。明年就更难筹划了。借钱之难，这里和老家是差不多的，只是这里还不至逼着还债罢了。

前一次写信回家，说起添梓坪借的钱中，松轩叔兄弟实际上垫上了钱四十千，儿可以寄银回家，了却此事。近日因为还借彭山屺的钱，又要搬家，花钱的事一天比一天多，恐怕难以再寄钱回来。儿现看中的房子在绳匠胡同北头路东，准备于八月初六日搬家（初二是吉日，已搬过去一条香案）。棉花六条胡同的房子，王翰城说冬天住极不吉利，而且还说老家在重庆以下的不宜住三面悬空的房子。所以准备搬到绳匠胡同住。房租每月大钱十千，收拾屋子又须十余千钱。心斋借儿的银子已还。他家中寄来银五百五十两，又有各项进款，他还说离京时得借钱，不知是否可信？

广东的事目前已平息下来，不过近来仍听到不少传闻。参赞大臣隆文已病死，杨芳已告病回到湖南。七月间又奉旨派参赞大臣特依顺到广东查办。八月初一，又奉旨派玉明去天津，哈郎阿去山海关。

黄河于六月十四日决口。汴梁四面被水围住，所幸还未淹城。七月十六日，奉旨派王鼎、慧成去河南查办涝情。现在听说已是洪水泛滥千里，恐怕要直流入洪泽湖。又听说将要举行名为"豫工"的募捐，举办河南工程照例如此。

儿已于七月开始留须。楚善叔有信寄来，是四月写的，说了许多诉苦的话。近日听说衡阳的地已卖，应该可以勉强度日。戊戌年冬楚善叔借债十千二百，儿曾说过要帮他还。这事曾禀告叔父，没有禀告祖父大人，是儿的罪过，不能怪楚善叔。至于其他的小小波折，一时说成，一时说不成，一会说合买，一会说独买，叔父信中没说清楚，楚善叔的信中倒说得很详细，只为儿也不敢全信。总之，只要楚善叔能免除债主逼债，就算不错。只是他目前无房可住，不知在何处安身？可以让他住在近处，万万不可住在衡阳。恳求祖父大人代楚善叔找一所住房。如果还有余钱，就租田来种。这还得求父亲写信问问朱尧阶，详细说明楚善生活的苦处，也说说儿对这事很关心，问他所管辖的土地，能否租给楚善耕种？他若答应，儿再写信求求尧阶，地租得格外从轻。可是那块地太远，至少要租六十亩地，方可维持生活。尧阶的寿屏，已托心斋带回。

严丽生在湘乡不理公事，不忠不孝，声名狼藉。如查有真实劣迹，或有人上告，不妨抄录有关文字寄来。儿这里正好有御史在查访违法乱纪的官员。但要小心，做得机密。

四弟、六弟考试，不知如何？得不足喜，失不足忧，总以发愤读书为主。史书宜天天看，不可间断。九弟读《易知录》，现已看至隋朝。温习经书须先钻透一经。一经弄通。再学别的经书，切不可齐头并进那会一无所得。厚二总以为熟为主，每日读诗一首。

右谨禀父母亲大人万福金安。

八月初三日

迁屋及送银物诸事

【原文】

男国藩跪禀父母亲大人万福金安：

八月初三日，男发家信第十一号。信甚长，不审已收到否？十四日接家信，内有父亲、叔父并丹阁叔信各一件。得悉丹阁叔入泮，且堂上各大人康健，不胜欣幸。

男于八月初六日移寓绳匠胡同北头路东。屋甚好，共十八间，每月房租京钱二十千文。前在棉花胡同，房甚逼仄。此时房屋爽垲，气象轩敞。男与九弟言，恨不能接堂上各大人来京住此。

男身体平安。九弟亦如常，前不过小恙，两日即愈，未服补剂。甲三自病体复元后，日见肥胖，每日欢呼趋走，精神不倦。家妇亦如恒。九弟《礼记》读完，现读《周礼》。

心斋兄于八月十六日，男向渠借钱四十千，付至家用，渠允于到湘乡时，送银二十八两，交勤七叔处转交男家，且言万不致误。男订待渠到京日偿还其银。若到家中，不必还他。又男寄有冬菜一篓、朱尧阶寿屏一付，在心斋处。冬菜托交勤七叔送至家，寿屏托交朱啸山转寄香海处，月内准有信去。王睢园处，去冬有信去，至今无回信，殊不可解。

颜字不宜写白折，男拟改临褚、柳。去年跪托叔父大人之事，承已代觅一具，感戴之至，泥首万拜。若得再觅一具，即于今冬明春办就更妙，敬谢叔父，另有信一函。在京一切，自知谨慎。

男跪禀　八月十七日

【译文】

男国藩跪禀父母亲大人万福金安：

八月初三，儿发出第十一号家信。信很长，不知是否已收到？十四日接到家中来信，内有父亲、叔父和丹阁叔的信各一封。得悉丹阁叔入了学，堂上各位大人身体都好，不胜欣幸。

儿于八月初六日搬到绳匠胡同北头路东。房子甚好，共十八间，每月房租京钱二十千文。此前在棉花胡同，房子甚窄小。此时房屋空气流通，屋内干燥，四周又开阔。儿与九弟说，恨不能接堂上各位大人来京在此住。

儿身体平安。九弟亦无事，前一段不过有点不舒服，两天就好了，也没吃补药。甲三自从病好后，日见肥胖，每天欢呼奔走，精神不倦。儿妻亦好。九弟

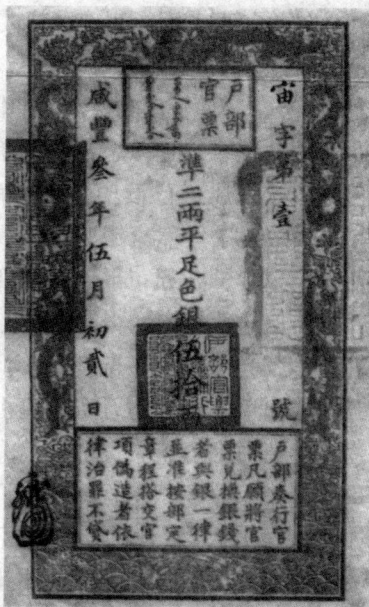

咸丰三年户部五十两银票　清

《礼记》已读完，现正在读《周礼》。

心斋兄于八月十六日（离京），儿向他借了四十千钱，交给家里用。他还允诺等到了湘乡后，再赠送银二十八两，交给勤七叔处转交咱们家，还说决不会有误。儿准备等他回京后再还他银子。家里不用管了。另外，儿寄有冬菜一篓、朱尧阶寿屏一副，都在心斋处。冬菜请心斋交给勤七叔送到家里，寿屏请朱啸山转寄至香海处，这个月以内儿一定会写信去。王睢园那里，去年冬天儿写了信去，至今无回信，殊不可解。

颜体字不宜写白折，儿打算改临褚、柳体字。去年恩请叔父大人的事情，承叔父大人的恩德，已代为觅得一具，感恩戴德，给叔父大人叩首谢恩了。如果能设法再觅得一具，那在今冬明春办此事就更妙了，敬谢叔父，另有一封信，是专门写给叔父大人的。儿等在京一切自会小心谨慎。

男跪禀　八月十七日

为堂上请封章事已得诏旨

【原文】

男国藩跪禀父母亲大人万福金安：

十月初二，男发十五号家信。二十八日接到手谕第九号，系九月底在县城所发者。

男等在京平安。男身上疮毒至今未得全好。中间自九月中旬数日，即将面上痊愈，毫无疤痕，系陈医之力，故升官时召见无陨越之虞。十月下半月，又觉微有痕迹，头上仍有白皱皮，身上尚如九月之常。照前七八月，则已去其大半矣。一切饮食起居，毫无患苦。四弟、六弟用功皆有定课，昨二十八始开课作文。孙男纪泽《郑风》已读毕，《古诗十九首》亦已读毕。男妇及三孙女皆平顺。

前信言宗毅然家银三十两，可将谢山益家一项去还。顷接山益信，云渠去江西时，嘱其子办苏布平元丝银四十两还我家，想送到矣。如已到，即望大人将银并男前信送毅然家。渠是纹银，我还元丝，必须加水，还他三十二两可也。萧辛五处鹿胶，准在今冬寄到。

初十皇太后七旬万寿，皇上率千官行礼，四位阿哥皆骑马而来。七阿哥仅八岁，亦骑马雍容，真龙种气象。十五日皇上颁恩诏于太和殿。十六日又生一阿哥。皇上于辛丑年六秩，壬寅年生八阿哥，乙巳又生九阿哥，圣躬老而弥康如此。

男得请封章，如今年可用玺，则明春可寄回；如明夏用玺，则秋间寄回。然既得诏旨，则虽诰轴未归，而恩已至矣。望祖父先换蓝顶，其四品补服，候男在京寄回，可与诰轴并付。湖南各家俱平安。余俟续具。

男谨禀　十月二十九日

【译文】

男国藩跪禀父母亲大人万福金安：

十月初二，儿发出第十五号家信。二十八日接到父母亲大人第九号来信，是九月底在县城发出的。

儿等在京平安。儿身上疮毒至今还未全好。中间一段自九月中旬起数日，脸上的疮毒曾即将痊愈，毫无疤痕，这是靠陈医生医治的，故升官时皇上召见没有见不得圣上的顾虑。十月下半月，又觉得脸上微有痕迹，头上仍有白皱皮，身上和九月份时一样。与七、八月比，则已是好了大半了。一切饮食起居，都毫无痛苦。四弟、六弟用功读书，有一定的计划，昨天二十八日始开课写文章。您的孙子纪泽已读完《诗经》中的《郑风》，《古诗十九首》亦已读毕。儿妻及你们的三个孙女都平安。

上次信说宗毅然家银子三十两，可用谢山益家那一项钱去还。刚接到山益来信，说他去江西时，叮嘱他的儿子办苏预备元丝银四十两还给我家，想来已送到了。如已收到，还望大人将银及儿上次去的信送到毅然家。他借给咱们的是纹银，我还元丝银，必须多还一点才行，还他三十二两即可。萧辛五处鹿胶，一准在今年冬天寄到。

初十日是皇太后七十大寿，皇上率千官行礼，四位皇子都骑马而来。七皇子年仅八岁，亦骑在马上，仪容端庄，真是龙种气派。十五日皇上颁布恩诏于太和殿。十六日又生一皇子。皇上于辛丑年已年满六十，壬寅年生八皇子，乙巳年又生九皇子。皇上的身体真是愈老愈健康。

儿为祖父求诰命封典，如今年得到皇上恩准，则明年春天可寄回，如明年夏天得到皇上恩准，则秋天可寄回。不过既然皇上已下了诏旨，则虽然正式批文未批下，而皇恩已到。望祖父先换蓝顶官服，四品补服，等儿在京寄回，可与批文一起带回。湖南在京各家俱平安。余俟续具。

男谨禀 十月二十九日

读经书须速点速读

【原文】

澄侯四弟左右：

二十八日，由瑞州营递到父大人手谕并弟与泽儿等信，俱悉一切。

六弟在瑞州，办理一应事宜尚属妥善，识见本好，气质近亦和平。九弟治军严明，名望极振。吾得两弟为帮手，大局或有转机。次青在贵溪尚平安，惟久缺口粮，又败挫之后，至今尚未克整顿完好。雪琴在吴城名声尚好，惟水浅不宜舟战，时时可虑。

余身体平安。癣疾虽发，较之往在京师则已大减。幕府乏好帮手，凡奏折、书信、批禀均须亲手为之，以是未免有延搁耳。余性喜读书，每日仍看数十页，亦不免抛荒军务，然非此更无以自怡也。

纪泽看《汉书》，须以勤敏行之。每日至少亦须看二十页，不必惑于在精不在多之说。今日半页，明日数页，又明日耽搁间断，或数年而不能毕一部，如煮饭然，歇火则冷，小火则不熟，须用大柴大火乃易成也。甲五经书已读毕否？须速点速读，不必一一求熟。恐因求熟之一字，而终身未能读完经书。吾乡子弟未读完经书者甚多，此后当力戒之。诸外甥如未读毕经书，当速补之。至嘱至嘱。

再，余往年在京曾寄银回家，每年或百金或二百金不等。一以奉堂上之甘旨，一以济族戚之穷乏。自行军以来，仅甲寅冬寄百五十金。今年三月，澄弟在省城李家兑用二百金，此际实不能再寄。盖凡带勇之人，皆不免稍肥私囊。余不能禁人之不苟取，但求我身不苟取。以此

象牙雕高贤读书图笔筒 清

风示僚属，即以此仰答圣主。今年江西艰困异常，省中官员有穷窘而不能自存者，即抚藩各衙门亦不能寄银赡家，余何敢妄取丝毫！兹寄银三十两，以二十两奉父亲大人甘旨之需，以十两奉叔父大人含饴之佐。此外，家用及亲族常例概不能寄。

澄弟与我湘潭一别之后，已若漠然不复相关，而前年买衡阳之田，今年兑李家之银，余皆不以为然，以后余之儿女婚嫁等事，弟尽可不必代管。千万千万！再候近好。

国藩再叩 十一月二十九日

【译文】

澄侯四弟左右：

二十八日由瑞州营中递送到父亲大人手谕及弟与泽儿等信，详悉一切。

六弟在瑞州，办理一应事务还算妥善，他的见识本来就好，气质近来也平和。九弟治军严明，名望极振。我得到两弟做帮手，大局或有转机。次青在贵溪还平安，只是长久缺乏口粮，又败挫之后，至今还未能整顿完好。雪琴在吴城名声还好，只是水浅，不适宜进行舟战，时时有可忧虑处。

我身体平安。癣病虽然发作，但较之往年在京师时则已大大减退。幕府内缺乏好帮手，凡奏折、书信、批禀都必须亲自动手，所以未免有延搁。我生性喜好读书，每天仍看几十页，虽然也不免抛荒军务，但不如此则更加无法让自己高兴一下子了。

纪泽看《汉书》，必须按勤、敏来做。每天至少也需要看二十页，不必被在精不在少的说法迷惑。今天读半页，明天读几页，又明天耽搁间断，或有数年不能看完一部书的，如同煮饭一样，歇火就冷，小火就不熟，必须用大柴大火才容

易煮好。甲五经书已读完了吗？需要快圈点快阅读，不必一一求熟。恐怕因为追求这一个熟字，而终生未能读完经书。我乡子弟未读完经书的人很多，以后应当力戒如此。诸信外甥如未读完经书，应当赶快补上。至嘱至嘱。

再者，我往年在京曾寄银两回家，每年或者百两，或者二百两不等。一是购置侍奉父亲大人的饮食美味，一是用来接济宗族亲戚的穷乏。自从军以来，只在甲寅年冬天寄过一百五十两。今年二月，澄弟在省城李家兑用了二百两银子。现在我这里实在不能再寄。大概凡是带领兵勇的人，都不免稍稍填肥私囊。我不能禁止别人不白拿，只求我自己不白拿。我以这种做法示范于僚属，也以这种做法报答圣主。今年江西艰难困苦异乎寻常，省里官员有穷困窘乏到不能自存的，即使是抚藩各衙门也不能寄银两赡养家眷，我怎敢乱取一丝一毫？现寄回银子三十两，用二十两作奉养父亲大人养味之需，用十两作奉养叔父大人养味之助。此外家用以及接济亲戚族人的常例钱一概不能寄了。

澄弟和我湘潭一别之后，已如漠然不再互相关心一样，而前年置买衡阳的田产，今年到李家兑用银两，我都不以为然。以后我的儿女婚嫁等事，弟尽可不必代我管理。千万千万！再候近好。

国藩再叩　十一月二十九日

以诚待人伪亦能诚

【原文】

沅浦九弟左右：

初四日午刻萧大满、刘得二归，接二十八日来信，借悉一切。吉水击退大股援贼，三曲滩对岸之贼空壁宵遁，看来吉安之事尚易得手。

二十九日祖母太夫人九十一冥寿，共三十三席，来祭二十一堂。地方如王如一、如二、罗十、贺柏八、王训三、陈贵三等皆来，吉公子孙外房亦来。五席海参、羊肉、蛏蚌，祀事尚为诚敬。初一日，余与轩叔至三亩冲拜三舅婆八十一寿，抬盒一架，因接定二舅爹至腰里住五日。王大诚所借先大夫钱百千，收租十石者十馀年，收六石九斗者又已二十年，实属子过于母。澄弟与余商："王氏父子太苦，宜焚券而蠲免之。"初三日请大诚父子祖孙来，检券发还，令元一每年量谷二石以养其祖，量谷二石一斗分济其叔。三房下首培砂工程已办一半馀。

日内作报销（其折稿下次寄吉安）。大概规模折一件、片三件，交江西者公代为附奏。兹由萧大满等手带至吉安，弟派妥人即日送江西省城，限五日送到。耆、龙、李三处并有信，接复信，专丁送家可也。

左季高待弟极关切，弟即宜以真心相向，不可常怀智术以相迎距。凡人以伪来，我以诚往，久之则伪者亦共趋于诚矣。

李迪庵新放浙中方伯，此亦军兴以来所仅见之事。渠用兵得一暇字诀。非独其平日从容整理，即其临阵，亦回翔审慎，定静安虑。弟理繁之才胜于迪庵，惟

临敌恐不能如其镇静。至于与官场交接，吾兄弟患在略识世态而又怀一肚皮不合时宜，既不能硬，又不能软，所以到处寡合。迪庵妙在全不识世态，其腹中虽也怀些不合时宜，却一味浑含，永不发露。我兄弟则时时发露，终非载福之道。雪琴与我兄弟最相似，亦所如寡合也。弟当以我为戒，一味浑厚，绝不发露。将来养得纯熟，身体也健旺，子孙也受用，无惯习机械变诈，恐愈久而愈薄耳。

李云麟尚在吉安营否？其上我书，才识实超流辈，亦不免失之高亢。其弊与我略同。长沙官场，弟亦通信否？此等酬应自不可少，当力矫我之失而另立途辙。余生平制行有似萧望之、盖宽饶一流人，常恐终蹈祸机，故教弟辈制行，早蹈中和一路，勿效我之褊激也。黄子春丁外眼，大约年内回省，新任又不知何人。吾邑县运，如王、刘之没，可谓不振；迪庵之简放，可谓极盛。若能得一贤令尹来，则受福多矣。余身体平安。近日心血积亏，略似怔忡之象。上下四宅小大安好，诸儿读书如常，无劳远注。顺问近好。

兄国藩手草　十二月初六日戊刻

【译文】

沅浦九弟左右：

初四日午刻萧大满、刘得二回来，接弟二十八日来信，借以详悉一切。吉水我军击退大股援贼（注：指太平军），三曲滩对岸的贼兵也空营宵遁，看来吉安的战事还容易得手。

二十九日是祖母太夫人九十一冥寿，共三十三席，来祭的共二十一堂。地方上如王如一、如二、罗十、贺柏八、王训三、陈贵三等都来了，吉公子孙外房也来了。办了五席海参、羊肉、蛏蚌。祭祀事务办得还算诚挚恭敬。初一日，我和轩叔到三亩冲给三舅婆拜八十一岁大寿，抬盒一架，因而接二舅爹到腰里住了五天。王大诚所借先大夫的一百千钱，从他那里每年收十石租已有十余年，收六石九斗租又已二十年，实属子钱已超过母钱的情况。澄弟与我商量说："王氏父子太苦了，应焚烧借券予以蠲免。"初三日请大诚父子祖孙来，验券之后发还给他们，让元一每年称量二石稻谷奉养他的祖父，称量稻谷二石一斗周济他的叔父。三房下首培砂工程已办理一半有余。

近日内正作报销（这道奏折的稿子下次寄吉安）。大概的规模是包括奏折一件、附片三件，交给江西耆公代为附奏。现由萧大满等亲手带到吉安，弟派稳妥人即日送往江西省城，限五日内送到。耆、龙、李三处都有信，接回信后，派专丁送回家中就可。

左季高对待弟极为关切，弟就应用真心相对，不可常心怀智术，或迎或拒。凡他人用虚伪来对我，我用真诚去对他，时间久了虚伪者也和我一道趋向于真诚了。

李迪庵新近放浙江省方伯之任，这也是军兴以来仅见的事。他用兵得到一个

"暇"字的诀窍。不但在平日里从容整理军务，就是新临战阵，也盘旋观察，仔细谨慎，坚定肃静，安心思虑。弟治理繁忙事务的才干超过迪庵，唯有临敌恐怕不能像他那样镇静。至于和官场来往，我们兄弟都患在稍稍了解世态而又怀有一肚皮的不合时宜，既不能硬，又不能软，所以到处落落寡合，迪庵妙就妙在全然不识世态，他肚子里虽也怀着些不合时宜，但却一味浑厚含容，永不发露。我们兄弟则时时发露，总不是带来福气的办法。雪琴与我们兄弟最相象，也到处少有投合的人。弟应当以我为戒，一味浑厚，永不发露。将来养得性情纯熟，身体也健康旺盛，子孙也受用，不要习惯于官场机变诈伪，恐怕越久就越德行浅薄。

李雪麟还在吉安营中否？他上次给我的书信，才干见识，实在超越一般人，但也不免失于高亢。他的弊病正和我大体相同。长沙的官场，弟也和那里通信吗？这种应酬事自然是必不可少的，应当下力气矫正我的过失而另开门路。我生平节行好似萧望之、盖宽饶一流人物，常常害怕最终撞上祸机，所以教训弟弟们的节行要早走中允平和的一路，不要效仿我的偏激。黄子春丁外艰，大约本年内可回省城，新任官员又不知是何许人。我县命运，如王、刘的死，可谓不振，迪庵的选放外任，又可谓极盛。如能得到一个贤明县令来我县，则我县受福大了。我身体平安。近来心血连亏，有些像得心悸病的症状。上下四宅大小安好，诸儿读书如同平常，不劳远注。顺问近好。

兄国藩手草 十二月初六日戌时

东征局每月需饷三万金

【原文】

沅、季弟左右：

可转寄润帅十二日接弟元旦来信，得悉一切。

此间鲍军于初九日大获胜仗，贼于初十日遁去。兹将左信抄阅，弟我暨礼、希、厚、雪一阅。如果退建德以下至池州等处，则南岸大有转机，又可与安庆时时通信矣。

东征局之饷项，余意以每月三万金为率，若不能满此数，即须告示停止。盖恐所得太少，烦言太多，民怨太深耳；容与意诚缄商。

正月十三日巳初

【译文】

沅、季弟左右：

十二日接到你们元旦来信，得悉一切。

咸丰重宝 清

这里鲍军于初九大获胜仗，敌军于初十逃走。现将左信抄去一阅，你们可转寄润帅及礼、希、厚、雪一阅。如果退出建德以下至池州等处，则南岸大有转机，又可以与安庆经常通信。

东征局的饷项，我的意思每月大概三万金。如不能达到此数，就应发布告示停止。只恐怕所得太少，烦言太多，民怨太深，容我与意诚写信商议。

正月十三日巳初

广信之敌内犯已围建昌

【原文】

沅弟左右：

祁门所产茶，医者以为胜过于茶，吾得佳者十八两。三分之，以六两赠胡宫保，六两寄老弟，六两留兄自用，兹专人送去查收。此外尚收实次等者，将来再寄弟用也。季弟近亦服药否？佳者难再得，次者尚可多购。

广信之贼内犯，二十一日已围建昌城。黄印山太守禀来，守城尚不甚警慌。另股至金溪，养素迎剿获胜，或不碍大局也。

正月二十九日

【译文】

沅弟左右：

祁门所产茶，医生认为胜过于茶，我得到好茶十八两，分三份，六两赠给胡宫保，六两寄老弟，六两留给自己用，现专人送去，请查收。此外还收到较次的茶，将来再寄给弟用。季弟近来还是否服药？好的难再得，次者还可多购。

广信的敌军进犯，二十一日已围建昌城。黄印山太守报告，守城还不太惊慌。另一股敌军到金溪，养素进剿获胜，也许不碍大局。

正月二十九日

鲍军先剿景镇以解余之困

【原文】

沅、季弟左右：

接初三、四两缄，俱悉一切。

贼至溅口，赖舒公马队保全。汉口、湖北事尚不甚坏。

此间伪侍王踞景德镇，伪忠王窜樟树、瑞、临，真膏肓之患耳。鲍公本应剿腹地，因余率数万人均在围困之中，不能不先剿景镇。攻徽之举，朱云岩因留守祁门未来，唐桂生挫败。日内当再攻一次，求通浙江之米粮也。大通陈余庵应分之六千串，弟酌分若干，交其留驻东流之千五百人（每人一两可也），酌留若干归弟营用。东征局解弟之三万金，江西是否截留？兄处已文报不通久矣。复问近好。余详润帅缄中。

国藩顿首

三月初七日

【译文】

沅、季弟左右：

接初三、四日两封信，俱悉一切。

敌人到滠口，有赖舒公马队保全。汉口、湖北的军情还不太坏。

这里伪侍王占据景德镇，伪忠王窜到樟树、瑞、临，真是膏肓之患。鲍公本应进剿腹地，因我率数万人均在围困之中，不能不先攻景镇。进攻徽州之举，朱云岩因留守祁门没有来，唐桂生挫败。最近应当再攻一次，以打通浙江的米粮通路。大通陈余庵应分六千串，弟酌情分若干，交给留驻东流的一千五百人（每人一两也行），酌情留若干归弟营用。东征局给弟解送三万两，江西是否截留？兄处已很久文报不通了。复问近好。其他详情在润帅的信中。

国藩顿首 三月初七日

景德镇近日将可克复

【原文】

沅、季弟左右：

二十日申刻接三月十八日辰刻来信，知已办米二千石、口袋八千个。此次弟当十分紧急之际，而乃反为南岸米事大费精神，兄实不安之至。兄当时发此议，不知北岸恰值紧时也。黄梅、宿松股匪，想不大悍，即悍，亦当不多，多者必自练潭而来。兄近日胆极怯，闻之焦灼之至，愿弟速调盛南带两哨队伍归营。南岸之事，尽足支持，丝毫不烦弟管也。由黄梅，宿松下犯之贼，究是黄州来乎？抑系他处来乎？久未领饷，东征局之三万，弟可支二万去，其一万亦为弟买米办口袋之用，弟可告之张小山也（现在东流，名乘钧。）

景镇现仅数百贼。大股全赴乐平，与左、鲍交仗。计景镇当在近日克复，两弟尽可放心。顺问近好。

三月二十日申刻

【译文】

沅、季弟左右：

二十日申时接三月十八日辰时来信，知道已买米二千石，口袋八千个。此次弟在十分紧急之际，反而为南岸米事大费精神，兄实在极为不安。兄当时让弟办米，是不知北岸恰逢紧急之时。黄梅、宿松敌军，想是不太凶悍，即使凶悍，也应当不多，多的话必然是从练潭来的。兄近来极胆怯，听说些什么就极为焦灼，但愿弟速调盛南带两哨队伍归营。南岸之事，定以支持，不用弟管，由黄梅、宿松自下进犯的敌军，究竟是黄州来的？还是从别的地方外来的？很久未领饷银，东征局的三万，弟可支去二万，其中一万是为弟买米和口袋用的，弟可告诉张小山（现在东流，名乘钧）。

景镇敌人现在仅有数百人，大股全赴乐平，与左、鲍交锋。我估计景镇应当在近日内收复，两弟尽可放心。顺问近好。

三月二十日申刻

拟解二万金送弟处

【原文】

沅、季弟左右：

二十二日连发三信，二次交此间亲兵送去，一次交弟处亲兵带去，自二十日起至今，狗逆猛扑弟处营濠，危险之状，念之震栗。余本拟二十四日拔营至东流舟次，因待逆败退，景德镇兄复，南岸事势大松，思调鲍军救援北岸，不得不留此三日，待鲍公回信到后，乃定行期。鲍公能速赴东、建，则余之拔行稍缓；鲍不能速赴东、建，则余在五日内拔营，决不久延，弟千万放心。顺问近好。复左公信抄阅。

正封缄间，接九弟二十一日早发信，并寄季弟一信。季弟欲夹击，九弟欲稳守，九弟是也。半年定计，一旦更改，则在下者无所适从，而军心乱矣。

道光宝藏　清

适专卒自景镇归，知左、鲍皆已至镇，饶、景、浮、乐一律肃清，可慰之至。余决计请鲍公赴江滨，北援安庆，大约二十六七可拔营，初三四可到下隅坂，请厚庵预备船只渡江，初七八可到集贤关，断不至失信也。弟营无银钱用，余函告张小山，将汪令所解之二万金送至弟处。其东征局之二万，不知现至何处，尚杳无信息耳。

三月二十三日巳初

【译文】

沅、季弟左右：

二十二日连发三信，两次交我这里亲兵送去，一次交弟处亲兵带去。自二十日起至今，敌军猛攻弟处营濠，危险之状，令人战栗。我本来准备二十四日离开

营地到东流舟中，因敌军败退，景镇收复，南岸形势大大好转，准备调鲍军救援北岸，不得不在此停留三天，待鲍公回信到后，再定行期。鲍公能速赴东、建，那我就暂缓启程；鲍不能速赴东、建，那我就在五天内启程，绝不久延，弟千万放心。顺问近好。附左公信抄阅。

正封信时，接到九弟二十一日早上发的信，并寄季弟一信，季弟要夹击，九弟要稳守，九弟做得对。半年以前的计划一旦更改，将使下面的人无所适从，军心必乱。

适逢专卒自景德镇回来，知左、鲍都已到镇，饶、景、浮、乐一律肃清，可慰之至。我决定请鲍公赴江滨，北援安庆，大约二十六、七日可以拔营，初三、初四可到下隅坂，请厚庵预备船只渡江，初七、八可到集贤关，绝不会失信。弟营无银钱用，我函告张小山，将汪令解运的二万两送至弟处。东征局的二万两，不知现到了何处，还杳无音信。

三月二十三日巳初

不必买米济鲍朱二军

【原文】

沅弟左右：

余以初一日未刻抵东流县，接弟三十夜一缄。以三千金买米济鲍、朱，尽可不必，余尚有五千石米在此，鲍、朱自可来领，弟银留发各营几日口粮可也。

城之畏地洞，以其卓立太高易于崩裂，砖石皆飞易于震骇也。土墙则不必畏地洞矣。鲍军初二应可到江，本日渠在下隅坂有一禀来，余批抄阅。余欲令成大吉等守石牌，而以鲍进集贤，防宿松贼抄鲍之后也，候商之润帅何如。

四月初一日

【译文】

沅弟左右：

我在初一未时抵达东流县，接弟三十日夜一信。以三千两银子买米接济鲍、朱，大可不必，我还有五千石米在这里，鲍、朱可以自己来领，弟可留银发给各营几天口粮。

城墙所以怕地洞，是因为太高易于崩裂，砖石飞起易于震骇。土墙就不怕地洞，鲍军初二应能到江，今天他在下隅坂有一禀文来，我批示抄阅。我准备让成大吉等守石牌，而让鲍挺进集贤，防止宿松敌军抄袭鲍后，等候与润帅商议如何。

四月初一日

调鲍军由浔援瑞

【原文】

沅弟左右：

接初六日辰正信，俱悉一切。刘玱林之被擒，余于初六接杨厚庵信始知之，闻已肢解，将头函送菱湖，以示众贼。今而后喜可知也。

今早办文调鲍军由浔援瑞。陈舫仙初六至东流。东征局带解弟处之二万两、二万串，余欲拨六千金，发舫仙新营一月口粮。盖新营无饷，诸事不便，不比老营尚可支持。或俟江西饷到拨还，或抵偿华阳镇借款，皆可。弟借提华阳厘局万串，兄已代偿四千金矣。韦部二营，厚庵已调赴池州否？若未去，弟尽可遣去。安庆守濠，殊非易易，恐以一鼠屎坏全羹也。润帅于安庆守事，闻将录弟禀入告。弟禀毫无铺张，在近日为仅见之事。然言名则保举同，言利则口粮同，又何必铺张哉！

胡、李、鲍三信及泽儿信付还。郭氏兄弟与弟信，余已拆阅，其与兄信附寄一览。即问近好。

五月初七日午刻

【译文】

沅弟左右：

接到初六辰时信件，一切皆知。刘玱林被擒，我在初六接到杨厚庵的信时才知道，听说刘已被肢解，并将其头颅寄送到菱湖，以向贼（指太平军）示众。我现在的高兴心情可知。

今早发文，调鲍军由浔援瑞。陈舫仙初六到东流。东征局带到弟弟那里的二万两银、二万串钱，我要从中拨出六千，发给陈舫仙新营的一月口粮，因新营无饷，凡事不便，不像老营那样可以支持。或等到江西军饷拨发后再还，或抵偿华阳镇的借款，都是可以的。弟弟借走华阳镇厘局万串钱，我已替你偿还四千金了。韦部二营，厚庵是否已调往池州？若还未到，弟尽可以遣去。安庆守濠，实在不是小事，恐怕一粒老鼠屎会坏一锅汤啊！润帅在安庆的守卫之事，听说将由弟弟禀告，弟弟禀告毫无铺张，这在近日是少见的事情。但言名则保举同，言利则口粮同，又何必铺张！

胡、李、鲍三封信及泽儿的信付还。郭氏兄弟给你的信，我已拆看，将其与我的信附寄予你一览。即问近好。

五月初七日午时

告银米分配案

【原文】

沅弟左右：

二十五日接二十三日来信并伪文一包，俱悉一切。观叔父寿器上木色如新，葬地尽可放心。弟于家庭之际，可谓养生送死无憾，至以为慰。

南坡解来之银米，拟以万两济左军之急。左公虽只欠百一十日，而目下穷困异常。枚村扎营建德，钱米俱断。左公自景德镇以千三百金济之，顷又断矣。东流粮台亦无分文。或以八千解左，二千留台，其余银二万，弟与厚庵均分可也。米六千石，则以三千济厚庵，二千交弟处，一千留东流，江西、两湖三省水灾已成，纵能克安庆，下半年事势亦必决裂。皖南道拟以姚秋浦署理，吏事较凯章略熟，又与张、朱、唐三人相得耳。建德现已无贼，似畏枚村一军，全退池州。屡获伪文，狗酉催刘官方打东、建、湖口，以分军势而解皖围云云。顺问近好。

洋银元

五月二十五日辰刻

【译文】

沅弟左右：

二十五日接到你二十三日的来信并伪文（指缴获的太平军文书）一包，尽知一切。看到叔父寿器上木色如新，埋葬墓地尽管放心。弟弟在家，对叔父在生养送死均无遗憾，我感到十分欣慰。

南坡解来的银米，我打算用两万接济左军之急，左公虽只欠一百一十日的钱粮未发，但眼下他们异常穷困。枚村在建德扎营时，钱粮都断了，左公自景德镇用一千三百两金救济他，近来又无银粮了。东流粮台也无分文。或者用八千付左公，二千留台，其余二万两银，弟弟与厚庵均分。六千石米，应以三千石救济厚庵，二千石交给弟弟，一千石留给东流。江西、两湖三省水已成灾，即使能破安庆，下半年的形势也很紧张。皖南道应让姚秋浦管理，官吏方面凯章较熟悉，又与张、朱、唐三人相合。建德现已无贼（指太平军），好像是害怕枚村驻军，全部退到了池州，屡次缴获伪文，狗（指陈玉成）还在催刘官方打东、建、湖口，以分散我军势要解皖围等等。顺问近好。

五月二十五日辰刻

银钱米依弟议分之

【原文】

沅弟左右：

二十七夕接是早来信，俱悉一切。多公信亦阅过。

春霆现在宿松，吾因失信于江西，失信于湖北，又前缄允以霆军听润调遣，今亦将失信，故不敢主张。鲍公久驻宿松，然批中多作活语，不严催其南渡，亦恐多公吃不住也。银钱米即依弟议分之（惟鲍军极苦，无以济之。）

愚谷聊已付家矣。

疮痒异常，直无生人之乐，彗与雨又可闷，如何如何！即问近好。

五月二十八日

【译文】

沅弟左右：

二十七日接到你当天早上的来信，一切详知，多公的信也看过了。

春霆现在宿松，我因失信于江西，又失信于湖北，又在前次信中允许润帅调遣霆军，现在也要失信，所以不敢再作主张。鲍公长驻宿松，但批示中多是活话，不是逼催其南渡，也恐怕多公不理解。银钱米就照弟弟的意见分配（只是鲍军极为困苦，无以接济），愚谷聊以付家呀。

疮痒异常，真无人生乐趣，彗气及阴雨不使人烦闷，怎么办呀！顺问近好。

五月二十八日

解银济各营之眉急

【原文】

沅弟左右：

日来未接弟信，至为悬念。前兄信商及贼扑挂车河，可否坚壁不出，待其久晒极疲之后，再行击其惰归等语。弟曾接多公回信否？今早刘馨室归来，询悉两弟平安，各营均已扎近，并称近日缺饷，极为窘近。日内南风极顺，不知胡委员所解东征局银三万两、钱万串何以未到？韩升十七日自湖南开船，初一日已到，长夫二十四自家启行，初三已到。岂胡委员中途疏失耶？兹先解银壹万五千两，济安庆各营之眉急，仍一面飞催东局一批。

余疮疾略好，已将手上药洗去。左军初二三进扎婺源，留三千人守景德镇。祁门之大洪岭，初二被贼攻破，初三又已退出。鲍公接胡帅信，令回援怀、桐，或可支持，已批令速援上游矣。渠掳船千余，日内南风太逆，尚难开行。顺候近好。

少荃于初七日到营，梅小岩亦到。公事虽尚废搁，以后奏牍可勤发矣。

六月初九日巳刻

【译文】

沅弟左右：

近来未接到弟信，很是挂念。前一次我的信中商议贼（指太平军）扑挂车河时，是否可以坚壁不出战，等敌人晒得疲惫不堪时，再进行出击极疲之贼。弟弟是否接到了多公的回信？今天早晨刘馨室回来，问他后得知两位弟弟平安，各营都已经驻扎下来。并且说各营近来缺乏军饷。极为窘迫。近日南风极顺，不知胡委员所押解的东征局银三万两、钱万串为什么未到？韩升从十七日自湖南开船，初一已到达。长夫在二十四日从家中出发，初三已到。难道胡委员中途出差错了？现先发银一万五千两，解救安庆各营燃眉之

急，另一方面快催东征局的那批银钱。

我的疮疾稍好了一些，已将手上的药洗去。左军初二、三进驻婺源，留下三个人守卫景德镇。祁门的大洪岭，初二被贼兵攻陷，贼兵在初三又退去了。鲍公接到胡帅的信，让他回头支援怀桐，鲍或许可以支援，我已令他速援上游。他掳得千余只船，近日南风逆吹，十分厉害，还难于航行。顺问近好。

少荃于初七日到营中，梅小岩也到了。公事虽然还有搁置，但以后的奏本可以勤发了。

六月初九日巳刻

东征局米银钱竟未解来

【原文】

沅弟左右：

初十未刻接初九巳刻来信，俱悉一切。小菜收到，弟家中寄来，似已全作苦株之献。初五所发一信，则直至初九酉刻始到。弟所开小折保举，初六于家信中清出，初八已拜发矣。

东征局之米六千、银三万两、钱万串竟未解来。此等失信，殊骇听闻。澄弟信称三局开销太重，余亦有所闻。东征局不附于各厘局原绅，而另开零局太多，用绅太众，费用太重，外间啧有烦言。彭、胡二守，尤众所目为恺人者。刻下规模已定，故余亦不肯更挑剔也。

马丙昭三年守城时，偶语及渠会试房师为刘仙石书年，遂呼我为太老师。厥后五年春，渠在芷江任内糟蹋李与吾，余心恶之，七年六月三难折内曾暗参之。李茂斋虽系阅卷门生，亦从不通信，至其为官之贤否，即受业生徒且难保，况门生乎！况不通音问之小门生乎！

积尸臭气，若能多烧大黄薰之。当小有益。厚庵水师新在获港抽厘。其大通一局，应仍以五成归安庆，二成周，三成书也。顺问近好。

六月初十日

【译文】

沅弟左右：

初十未时接到你初九巳时的来信，一切具知。寄来的小菜收到了，弟弟从家中寄来，好像已经全当作苦株贡献了。初五所发的一封信，直到初九酉时才到我这里，弟弟所开列的小折保举单，我在初六那天从家中清理出来了。初八那天发出了。

东征局的六千石米、三万两银、一万串钱居然没有送到。这种失信行为，骇人听闻。澄弟在信中说三局的开销太大，我也曾经听说过。东征局不附势于各厘局的官绅，而另外开很多零局，用官绅太多，费用太重，外面多有责备之言。尤其是彭、胡二人，更为众人视为恺人。眼下规模已定，所以我也不愿再挑剔什么了。

马丙昭在咸丰三年守城时，偶然提及他的会试房师曾为刘仙石写年谱，于是叫我为太老师，其后五年春，他在芷江任官时，糟蹋李和我，我对他十分讨厌。咸丰七年六月，曾在三次难折中参奏过他。李茂斋虽是阅卷门生，也从不写信，至于他做官贤与不贤，即使是我的受业学生也难担保。况且他是门生呢！又何况他是个与我不通音信的小门生呢！

积存的贼尸（指太平军的尸体）的臭气，若能多用大黄烧薰，会有好处。厚庵水师新近在获港抽税，其大通局仍应该用五成给安庆，二成给周军，三成归书军。顺问近好。

六月初十日

多军如需钱当先解眉急

【原文】

沅弟左右：

日内西南风大，所派舢板送弟处信，四日尚无回信，亦未见弟有信来，不知潜、太、石牌近状何如？多军站得住否？有钱用否？若太穷苦，余当以应解祁门之万金先行协解多营，以济眉急。待弟回信即起解，仍送太湖转交也。

春霆亦久无来信，不知何故，建昌失守后，贼围安义，闻养素有挫失之信，不知确否（十二夜首府王霞轩信。）建、安均去省百二十里，必须鲍军入援，乃足定省会之人心。然并非大股悍贼，或尚易了。如贼至集贤关，弟能坚守二十日，鲍军仍可坐船飞援耳。兹专人往探，令其水去陆归，望弟详复一切。顺问近好。

六月十九日辰刻

【译文】

沅弟左右：

近日西南风大，我派舢板给弟送信，到四日还没回信，也不见有弟弟的信来，不知潜、太、石牌近况怎样？多军是否站得住？有钱用吗？如果太穷苦，我应从发解到祁门去的万金中，先调剂出部分解救多营，以解燃眉之急。等弟弟回信后即发解，仍然送到太湖转交。

春霆也久不来信了，不知什么原因。建昌失守后，贼围攻安义，听说养素有受挫的消息，不知是否确实（十二日夜首府王霞轩信）。建昌、安义都离省城一百二十里，必须让鲍军救援，这样才可安定省会的人心。但这里的敌人并不是大批强敌，或许容易击退。如果贼到集贤关，弟弟能坚守二十天，鲍军便可乘快船前来援助。现派去专人探知消息，我让他从水路去从陆路回，望弟弟详细地告知一切。顺问近好。

六月十九日辰刻

此间无银可协多军

【原文】

沅弟左右：

十七日巳初回信，十九酉刻始到，盖风太逆也。

余今日有信与弟，拟借祁门先济多军。顷祁门信足来，索饷甚迫，竟不能挪动矣。多公将为上游之行，其营中尚非十分穷窘。德、随两军及汉口、汉阳，余已有信致胡、李防援贼矣。润帅前面称留胡裕发守石牌，不知何时调去？兹因此间无银可协多军，特再专人飞告。即问近好。

六月十九日灯下

【译文】

沅弟左右：

十七日巳时初的回信，我在十九日酉时收到了，大概由于太逆风了。

我今天给弟弟去了信，打算借祁门的饷钱接济多军。近日祁门多次来信，急于索要军饷，竟然不能挪作他用了。多公将要向上游行动，他的营中还不十分穷困。德、随两军及汉口、汉阳，我已给胡、李去信，让他们防备援贼。润帅以前称要留胡裕发守住石牌，不知什么时候能调去？现因眼下无银援助多军，特再派去专人速告。顺问近好。

六月十九日灯下

今派船送万金至安庆

【原文】

沅、季弟左右：

接沅弟初七、季弟初六夜一信，俱悉一切。

多军由练潭水路通接济，事必可行。盖贼之大股尽在石牌、集贤一路，练潭以北必无悍贼，多军之力必足制之。今日派船送万金至安庆。如多军须米顺钱，余亦可徐徐谋聚之。

江西省城外三四十里，处处皆贼，省垣惊慌异常。鲍分初七日自九江拔营，不知赶得上否？然省河一水之隔，想贼必难飞渡耳。季弟事，得润帅咨辞甚好。弟但知楚皖办事之难，而不知浙事目下更难也。顺问近好。

七月初八日辰刻

【译文】

沅、季弟左右：

收到了沅弟初七、季弟初六夜间的信各一封，内情尽知。

由练潭水路接济多军，此事一定能行。贼军主力都在石牌、集贤一带，练潭以北肯定无强敌，多军的力量足可以对搞。今天派船送万金到安庆，如果多军需要米、钱，我也可以慢慢谋集。

江西省城外面三、四十里到处是贼，省城异常惊慌。鲍公初七那天从九江开拔，不知赶上赶不上？但省河有一水相隔，想必贼难以飞渡过去。季弟的事，得知润帅问候之辞很好，弟弟只知道楚、皖办事困难，而不知道眼下浙江的事更难办。顺问近好。

七月初八日辰刻

枪炮则专尚一准字

【原文】

沅弟左右：

二十未刻接十九日午刻来信，俱悉一切。

多公有米吃，是第一放心事。既守外濠，又谋坤道，不知人力足敷用否？贼队虽多，而扑濠仍不能太密，愈密则枪炮伤亡愈多也。有把之大火球，可丢入濠内者，不可不多做些。枪炮则专尚一准字，不准者严戒之。

虎门海防大炮　清

鲍公信来，瑞、奉之贼皆已渡河至赣江以东，想由抚、建、广信回江苏老巢矣。

弟处有东征八万可望，日内如赣州有银来，暂不拨弟处。江西一万，湖北一万，系报明解弟者，仍拨弟处也。

余癣痒殊剧，至以为苦。顺问近好。

七月二十日未刻

【译文】

沅弟左右：

二十日未时接到你十九日午时的来信，一切尽知。

多公有米吃，这是我第一件放下心的事情。既要坚守外濠，又要谋划地道，不知弟的人力是否足够用？贼兵虽多，但攻濠仍然不会太密，越密枪炮伤亡越多，有把炳的大火球，可以放到壕内的，要多做一些。枪炮要求一个准字，不准的要严格戒放。

鲍公来信，说瑞、奉的敌人已经渡河到了赣江以东，想由抚、建、广信返回江苏老巢了。

弟弟那里可望有东征局的八万军饷，近几天如果赣州有银子送来，暂时不拨给弟弟，江西一万，湖北一万，若是明确送给弟弟那里的，仍然拨到弟弟那里。

我的癣痒极为厉害，十分痛苦。顺问近好。

七月二十日未刻

望细查解米从何处登岸

【原文】

沅弟左右：

初三夜接信并公牍，俱悉一切。小楷颇有欧、虞意味。各单即日咨官、李出奏，新后祥后单今日亦到。虚静二字，每日须玩味片晌，不足养德，亦足养身体也。

庐江县搜获狗逆伪义五件，兹寄弟一阅。文中但嘱逆党守三河、舒城，未令其守庐江、无为，或者可得。李少山派人查庐江接济之路。据云罗昌河隔庐江一百二十里，与弟前所云旱路三十里，远近悬殊。该处并无店铺居民。余令刘曾撰亲去再查。若果有旱路百二十里之远，则米船不必到王家套，亦不必雇小船拨入罗昌河，即在枞阳等处起旱，亦不过百二十里耳。枞阳雇夫运送，庐江派夫来接，较之罗昌河稍易办也。望弟细查解庐江之米究应从何处登岸。至关重要。萧孚泗等两营，余令其另雇民船，不必坐米船下去。盖因王家套非湾船埠，且距泥汉太远，米船不能送到头也。顺问近好。

九月初四夜

【译文】

沅弟左右：

初三夜间接到你的来信及公牍，具知一切。你的小楷很有欧、虞的意味，公牍各件今日即咨奏官、李，新后详后单今天也将到。虚静两个字，每天必须玩味一陈，不能够养德行，也足可以养身体。

庐江县搜获了五件狗逆的伪文，现寄给你一阅。文中只是嘱咐逆党守住三河、舒城、未令逆党守庐江、无为，或许因此而被获。李少山派人勘察接济庐江的路线，据说罗昌河与庐江相隔一百二十里，与弟弟以前所说的旱路三十里，远近相差悬殊。那里并没有店铺和居民。我命令刘曾撰亲自去复查。如果旱路有一百二十里远，那么运米的船就不必到王家套，也不必再雇小船拨入罗昌河，即使从枞阳等处起就走旱路，也不过一百二十里呀。在枞阳雇丁夫远送，由庐江派丁夫来接，这比从罗昌运送要稍微容易一些。希望弟弟仔细查明解送庐江米粮应从哪里上岸。这事至关重要。萧孚泗等两个营，我已令他们另外雇用民船，不必坐运米船下去。因为王家套不是湾船埠，而且距离泥汉太远，运米船不能够将营兵

送到终点。顺问近好。

九月初四夜

徽州当可坚守

【原文】

季弟左右：

昨夜得手信。俱悉。家信已于今日寄去矣。徽州有初八日获胜之信，又已解银万七千两、米八百余石入城，当可坚守。惟浙江失守，败兵尽在徽、祁经过，亦可虑也。复问近好。

十二月十四夜

【译文】

季弟左右：

昨天夜里接到你的亲笔信，内容具知。家信已于今天寄去了。徽州有初八获胜的消息，又送去一万七千两银、八百多石米入城，应该可以坚守了。只是浙江失守后，败兵都从徽、祁州经过，这也让人忧虑。再问近好。

十二月十四日夜

解银四万两年内必到

【原文】

沅弟左右：

少荃为季弟请谥请祠折稿昨日寄到，兹抄寄弟阅。目下之是否谕允，殊不敢必。但吾与弟将来若再立功绩，克复金陵，则请谥亦终可望允准。两宫太后及恭邸力求激浊扬清，赏罚严明。但患无可赏之实，不患无不次之赏，而罚罪亦毫不假借。如去年之诛二王一相，今年之戮林、米与何，近日拿问胜帅，又拿问前任苏藩司蔡映斗进京，谕旨皆严切异常。吾辈忝当重任，不恃无意外之罚，而恃无可罚之实。

少荃解银四万，吾暂不解弟处，且解鲍、张两军各二万，为度岁之资。弟处昨日解银四万两，年内必到。其解钱二万串，今日用民船解去。年内之能到与否，未可知也。

澄弟昨有信来，言季榇不宜附葬马公塘，其言亦颇近理。余因相隔太远，不敢遥决，请澄自行决断。

十二月二十三日

【译文】

沅弟左右：

少荃为季弟请封谥号请立祠堂奏折底稿昨天寄来，现抄寄你一阅。眼下是否下谕旨应允，十分地没有把握。但是我和你以后要是再立功绩，克复金陵，则请

封谥号也终可望得到恩准。两宫皇太后以及恭亲王力求激浊扬请，赏罚严明。担心的是没有可受赏赐的实绩，不用担心有功而无赏，而出现错误受罚也会丝毫不差。比如去年诛杀的二王一相，今年诛戮林、米与何，最近又将胜帅拿罪，又将前任苏藩司蔡映斗捉拿进京，这些谕旨都是非常严厉的。咱们身负重任，不要自恃没有意外之处罚，要自恃没有可以接受处罚的事实。

少荃运送来白银四万两，我暂时不给你，而运给鲍、张两军各二万两，作为过年的经费。你处昨天押运去白银四万两，年度肯定运到。运送钱二万串，今天用民船运送。年底之前能不能运到，还不知道。

澄弟昨天有信来，说季弟不适宜安葬在马公塘，他的话也颇有道理。我因为相距甚远，不敢遥控，请澄弟自己决定。

十二月二十三日

日内池州等地警报纷至

【原文】

沅弟左右：

三月初一邓云香等来，接弟二十七日一缄，初二日又由袁国祥交到二十五日一缄，俱悉一切。

此间日内池州、东、建及无为州警报纷至，现调申夫至东流、喻吉三至池州，石涧埠添南云新三营。人事略尽其能，保全与否则天也。春霆自请上剿青阳、池州等处，已批准催令速来，若能截住东流之贼不入江西，斯为至幸。

饷项大绌，为数年以来所未有，而新军来者络绎不绝，入夏而后，岂堪设想！

锡尺、野鸡收到。磨本缎即日饬查，如其不足，当至沪买得制衣寄弟。前在广东买呢数百丈，为赏营哨官衣料之用。不料其货极劣，殊无用处，浪费可惜！纪泽儿寄来贼一首三千余字，颇识汉魏门径。此皆我弟多方诱奖之功，近日当誊寄弟阅。余昨在船，二十七日奏报作密片一件，弟试观之不涉夸张否？弟近试吃燕菜否？顺问近好。

国藩手草 三月初一夜

【译文】

沅弟左右：

邓云香等人三月初一来我这里了，接到弟弟二十七日的来信，初二日又接到由袁国祥带来的二十五日的来信，俱悉一切。

这阵子池州、东、建及其无为州纷纷报警，现在调派申夫到东流、令喻吉三到池州，石涧埠补充了南云新三个营。人事大体上尽其所能，但能不能保全就要看天意了。春霆自己要求北上围剿青阳、池州等地，我已经批准并命令他来，如果能挡住东流的敌军，不让他进入江西，那就太好了。

军饷极为不足，是几年来没有过的，而且新兵络绎不绝，入夏以后，不堪设想！

锡尺、野鸡收到了。磨本缎马上命令检查，如果不够，应该到上海买来制服寄给弟弟。前些日子在广东买的几百丈呢子，是为了赏给营哨官做衣料用的。没料想质地极差，实在没用，浪费了又很可惜！纪泽儿给我寄来了赋一首约三千多字，很有些入汉魏门径。这些都是弟弟你多方诱导的功劳，这两天誊写一份寄给你看。昨天我在船上，为二十七日的奏折做了一份密件，弟弟看看是不是有夸张之嫌？弟弟近来试着吃燕菜了吗？顺问近好。

国藩手草　三月初一夜

请改武职改京卿皆不便着笔

【原文】

沅弟左右：

初八日接弟初三日酉刻一缄，俱悉一切。公牍亦阅过。改武一节太近于矫，余日内当代为谢恩折。末恳切辞谢，求朝廷收回成命而已，至请改武职、请改京卿两者皆不便着笔也。

饷银于前解二万之外，续解三万，本日又解三万。米粮昨解三千石，本日禹志涟等到，又买得四千余石。它营正在载饥载渴之时，弟处已有苟美苟完之乐。南岸日内无信，仅接刘克庵二十四日禀，徽、休、祁似可幸保，而贼犯江西之志则至今未死也。顺问近好。

国藩手草　四月初八日

【译文】

沅弟左右：

初八接到你初三酉时写的信，俱悉一切。公文也阅过了。改武职一段太牵强，这几天我将代你向皇帝奏谢恩折。折尾处恳切辞谢，请求朝廷收回已颁布的命令而已，至于请求改武职、改京卿这二件事就不便再写了。

饷银除了以前送去的二万之外，续送了三万，今天再送三万。米粮昨日解送三千石，今天禹志涟等人来到，又买了四千多石。其他的军营正处饥渴的时候，弟弟那里已有完美之乐。南岸近几天没有什么音信，只接到刘克庵二十四日的禀报，徽、休、祁似乎可以幸运保住，但敌人占领江西的野心至今仍未死去。顺问近好。

国藩手草　四月初八日

饷项奇缺不宜作添兵之计

【原文】

沅弟左右：

二十一日接十七日来信，奏折稿亦甚妥适，字句间有未稳处尚易修改，惟辞抚之疏今日始行拜发，弟目下不必遽发续折，且待一月后再酌。奏留南坡之疏，余当于二十七日拜发，当会寄云中丞之衔，不会弟衔。

盐务改行票盐，较之今日之逢卡抽厘大致相等，不能骤增百余万之多。黄、

金、万、杜等皆明于小而昧于大，余于大利大害所在均曾悉心考究。如果克复江浦二口、九洑洲，盐务或有起色，比今日所得较多，亦在百万以内。然二浦、九洑洲之能克与否，则不在南叟之精于盐务，而在鲍军之攻剿得手也。故余定计九洑洲、二浦未克之前，余不肯奏改监章轮船拖带一节，听商人自雇则可，由余奏定则不可也。

惠甫可于月内赴弟处，李子真因离其家蕲水太远，不肯前去。包折写折之人均须在此操演一月，至五月杪再去金陵。保折将以二十七日拜发。

饷项奇绌，不宜作添兵之计。希部饷亦极绌。毛竹丹一信抄阅。李、郭二信抄阅。季弟谢折今日拜发抄阅。顺问近好。

国藩手草　四月二十二日

【译文】

沅弟左右：

二十一日接到你十七日的来信，奏折稿子已经很合适了，字句之间有不稳妥的地方还应该修改，只有推辞巡抚职务的奏文今天送发，现在弟弟不必急于发送其他奏折，暂时等一个月以后再说。奏请留任南坡的奏疏，我于二十七日送发，应该署上寄云中丞的官衔，不应署弟弟的官职。

盐务改为用盐票，和现在的逢卡抽厘大致一样，不会一下子增至百万之多。黄、金、万、杜等人都只重小利而没有看到大利，我在大小利害关系上都曾细心地研究过。如果收复了江浦二个口岸，九洑洲，也许盐务会有起色，应该比现在收的多，也应该在百万以内。然而二浦、九洑洲能不能攻克，不在于南翁精于盐政，而在于鲍军攻杀敌人顺不顺手。所以我决定在二浦和九洑洲没有攻下之前，不再奏改盐务程中，用轮船拖带这一节，听任商人自己雇私人船也行，而由我奏定就不行了。

和田青玉兽面纹炉　清

惠甫可能在这个月去弟弟处，李子真因为离他家蕲水太远，不前去。包折写折的人都在这里操练一个月，至五月底再去金陵，保折将在本月二十七日送发。

军饷非常短缺，不应该再做增兵的打算了。希部的饷银也很少。毛竹丹的信抄给你看。李、郭二位的信也抄给你看。关于季弟的谢折今天送发了，现在抄给你看。顺问近好。

国藩手草　四月二十二日

犒赏万金由弟酌分各部

【原文】

沅弟左右：

昨日寄一信，言以万金犒赏九洑洲、雨花台之捷。兹专炮船送去。杨、彭二部应分若干，弟部应分若干，听弟斟酌。李质堂尚未赴沪否？应分若干，亦惟弟酌之。外洋枪二百杆，寄与春霆，由弟转交。即问近好。

国藩手草　五月二十六日

【译文】

沅弟左右：

昨天寄给你一封信，说用万金犒赏攻打九洑洲，雨花台的官兵。现在专门派炮船送去。杨、彭二部应分给多少，弟弟部下应分多少，听任弟弟斟酌办理。李质堂还没去上海吗？他应分多少，也听弟弟决定。另外有洋枪二百杆，寄给春霆，由弟弟转交。即问近好。

国藩手草　五月二十六日

明日可凑齐万金专解质堂

【原文】

沅弟左右：

日内未接弟信，系念之至。余亦伤暑呕吐，竟日困卧竹床，令人摇扇，不能治事。今年酷热更甚于去年，不知各士卒病状何如？

昨由内银钱所解去犒赏银万两到否？李朝斌十五日专人来领银钱子药，余概未批准。盖以既克九洑州后，太湖全军必已于十六日东下赴沪也。顷接厚庵信，知质堂因伤亡过多，须在上游补募乃可赴沪。渠所领途费太少，万难支持。余欲解银万两济之，而安庆公私窘迫，竟难凑足。本日又于商贾之卖米者汇借二千五百金，至明日必可凑齐万金，专解质堂。弟可先行知会质堂耳。

春霆欲调洪容海同赴金陵，余未批准。洪军纪律极坏，内应尤不足恃。若添营乃可合围，当另谋之。左帅寄弟信付去。顺问近好。

国藩手草　五月二十九日

【译文】

沅弟左右：

近日没有接到弟弟的来信，非常挂念。我因为中暑，呕吐得很厉害，整天躺在竹床上，令人不停地摇扇，什么事也干不了。今年的天气比去年更加酷热，不知道有伤病的士兵们怎么样了？

昨天从库内送去的赏银一万两收到没有？十五日李朝斌派专人来领银子和弹药，我一概没有批准。自从攻克九洑洲后太湖全军已经在十六日向东去上海了。近日接到厚庵的信，知道质堂部队因伤亡过多，需要在上游募捐才能到达上海。他领的路费太少，很难支持。我想解送一万两银子接济他，但安庆官、民都没有钱，竟然难于凑足。今天从卖米的商人处借了二千五百金，到明天一定可以凑齐万金，派专人解送到质堂那里。弟弟可以先告诉质堂。

春霆想调洪容海一起去金陵，我没有批准。洪军纪律很坏，内应尤其不可靠。如果增加兵力才可以合围，就应该另外打算。左帅寄给弟弟的信付去。顺问近好。

国藩手草　五月二十九日

先以自固为主不必急于合围

【原文】

沅弟左右：

接二十四、五日来信，俱悉一切。

鲍军只能扎幕府山一带，不能照顾孝陵卫。钟山贼垒不能遽克，邱子山尚未得手，即不求急于合围，且先以自固为主。去年大病，今年亦不可不预防，故须先求自固。弟自固于南路，鲍自固于北路，如有大股援贼前来，彼此足以自了，不必互求救助。余咨复弟之公牍，亦以此说为要。

其次则力断江中接济，其责在余，在杨、彭，在总理衙门，而不在陆军。然查水师之果严查与否，查洋船之常送接济与否，则须弟督伤刘南云、曾良佐辈细细稽察也，截断江中接济，实足制贼死命，不在西门之合围与否耳。

七月十二日万寿贺折已代弟办一分，并代春霆办一，分杏南请封事，已代寄银三十两，托皮主政请轴矣。纪泽十六日自长沙开船，初二日到此，已属迅速。走家信之勇夫，五月二十一日起行，六月初一日至此，则更神速。泽儿稍凉即赴金陵省竭。仇祖泽事另有一条。顺问近好。

国藩手草　六月初三日巳初

【译文】

沅弟左右：

接到弟弟二十四、五日的来信，俱悉一切。

鲍军只能驻扎在幕府山一带，不能顾及到孝陵卫。钟山的敌人石垒不能很快攻克，邱子山还没有得手，就不要急于合围，暂且先以巩固自己为主。去年得了

大病，今年就不能不预防，所以必须先求自己稳固。弟弟把自己稳固在南路，鲍军稳固在北路，如果有大股援敌来了，彼此都能自己应付得了，不必互相救助。我回答弟弟的公文，也是以这个意见为重点。

其次就是要彻底切断江中的接济，其责任在我，在杨、彭，在总理衙门，而不在陆军。然而负责检查的水师是否真的严查了，查洋船是不是常常送接济，就需要弟弟督令刘南云，曾良佐等仔细地稽查。切断江中的接济，确实足以致敌人于死命，主要不在于西门是否合围。

七月十二日的万寿贺折我已替弟弟写了一份，并也代春霆写了一份。杏南请求册封一事，我已经代寄了银子三十两，托皮主政写折子奏请。五月十六日纪泽从长沙开船，初二到这里，已经算是快的了。送家信的勇夫，五月二十一日出发，六月初一到这里，就更是神速了。等稍凉快点了泽儿就马上赴金陵去省亲。仇祖泽的事另外有一条。顺问近好。

国藩手草　六月初三日巳初

将所需洋物械弹解往

【原文】

沅弟左右：

十六日接十四日温委员带来之信，又送到折稿一件，十七日接十一日送洋人之信，俱悉一切。今日有事甚忙，明日准将折稿改好写好，交来勇坐温委员轮船，由弟处包封拜发。

弟所需洋物，今日已派戈什哈刘锦昆解双响一百杆、单响九百杆、开花子二百个专矣。鲍不遽进孝陵卫，萧不遽南渡，镇、扬兵不遽咨调，甚好甚好！且待夏暑已退，看各营者何如再行斟酌。弟要米石，可用公牍来取，每月取一次两次，尽可应付。接行知者留在此，多住几日即发也。顺问近好。

国藩手草　六月十七夜

【译文】

沅弟左右：

十六日接到十四日由温委员带来的信，又接到奏折稿一件。十七日接到十一日送洋人的信件，已知道一切。由于今天事情特别多，明天一定将奏折稿修改抄写，交来这里的士兵坐温委员的轮船送回，由弟你之处包封好，再发出。

弟所需外国物品，今天已派戈什哈刘锦昆押送双响一百支，单响九百支，开花子二百个到你那里。鲍不能进军到孝陵卫，萧不能渡江而南，镇江，扬州之军不马上调遣，非常好，非常好！只等到夏天暑热一过，观察各营行动如何，再斟酌处理。你需要粮食，可发公文来，每月一次两次，尽可满足要求。接行知的人留在这，多住几天即回去，顺问近好。

国藩手草　六月十七日夜

解银三万先济鲍萧二军

【原文】

沅弟左右:

二十一日接十七申刻来信,知弟又患伤风数日。目下已痊愈否?如此酷暑,余居广厦大屋尚不能支,兄弟与将士住营盘乎!实深系念。谢折已拜发否?云仙处想一月可通信二三次。

六安等处近尚平安。惟马谷山蒙城一军万无救全之理。昆八住此三日,二十一日开行。今日解银三万,先济鲍、萧二军。闻东局续有三万,日内可到,即解弟营。沪上每月酌提四万,万不可减。若如期如数,秋后弟当稍裕也。行知已办毕交来丁带去,附报一二。寄云升广督,次山升湘抚,不知湘藩何人?即问近好。

国藩手草 六月二十三日

【译文】

沅弟左右:

二十一日接十七日申刻来信,得知你又患伤风病数天。现在不知痊愈没有?如此酷热之暑,我居住在高大的房屋内尚且不能忍受,何况弟与众将士驻扎在营盘的帐幕之中!真是非常的惦念。谢恩之奏折已然发出没有?云仙那里我想一月之中可以通信二、三次。

六安等处最近尚且平安。惟马谷山蒙城一军万万没有保全的道理。昆八住在我这三天,二十一日出发。今日押解银子三万,先接济鲍萧两军,听说东局尚有三万两,近期可运到,马上即解送你的营地。沪上每月酌情提取四万,无论如何不可减少。如若到时如数运来,

大禾方鼎 商代

秋天以后你那里应当稍有富余。行知已办完交给来人带去,附报纸一些。寄云升任两广都督,次山升为湖南巡抚,不知湖南藩台委了何人?即问近好。

国藩手草 六月二十三日

欲盐务兴旺须争还上游销路

【原文】

沅弟左右:

接六月二十四日来缄,俱悉一切。

盐务积弊自须大加整顿,目下既系云仙接手,渠必有一番振作,余已去一信,请其查何铣之弊。又有信与意城,请南坡来署运司。黄、郭、金三人皆甚相得,皆善出主意。待渠有所陈,余再择其尤善者批准行之。欲盐务之兴旺,在争

还上游楚西引地之销路，而不在力除下游场栈之积弊，余前已有函言之矣。蔡少彭信阅过。寄云制军到后，粤厘必可略旺。霆营久无饷去，十分愧歉，弟能分润少许，余日内必解还也。顺问近好。

国藩手草 七月初五日

【译文】

沅弟左右：

接六月二十四日来信，内情尽知。

盐务积弊自然必须大力整顿，现在既已由云仙接任，他必然会有一些措施使之振作，我已去了一封信，请他清查何铣贪污等事。我又写封信给意城，请南坡到署运司。黄、郭、金三个人都是非常适宜的，都很会出主意想办法。等待他们有所陈述，我再选择他们之中最好的办法批准执行。打算使卖盐事务兴旺，主要方向在于争夺回长江上游楚西引地的销售网路，而不在于下大力气清除下游因战争、货栈等弊端及不利之处，我在这之前已有信讲了这些意思。蔡少彭的信已看。寄云制军到任后，广东经治理必会略有兴旺。霆营长久没有饷银运去，十分惭愧抱歉，你能分出少许经费，我最近必然运去还给你。顺问近好。

国藩手草 七月初五日

解去火药望力求节省

【原文】

沅弟左右：

初七日接初四辰刻一信，俱悉一切。所需子药，昨日派人解去药三万、群子三万。大炮只可为守墙濠之用，不可为攻城之用，以费药多而无损于贼也。此间并东征局每月不过得药七八万斤，不能再多。除支应本军九万余人外，尚须协济彭、唐及滁州、六安等处，不能不力求节省。望弟遍告各营，亮我之难。

筠仙以三品顶戴署广东巡抚，申夫擢浙江运司，其两淮运使尚不知简放何人。毛、郭同省，粤厘当有起色。弟所需之炮，亦无不得之理，然水师实可不必另设。天下事焉能尽如人意哉？春霆处，今日始解去银二万，其窘迫殆不可问矣！闻渠营距江滨尚十余里，大股援贼来时，怕断粮道否？须与之预为细审。若粮道不稳，即再退几里亦尚无妨。

乔运司所解缉私经费，余皆已收存。因内银钱所用出之银，私用不过十之二三，公用实占十之七八，故遂收之。此次欲办何铣，当时自以不收为妥。然已收者无可挽回，不得因将惩何铣，而设法将前项壁出也。待新运司到，另立章程，即不再收。弟信言批饬转解别军充饷则可，夹片声明自表其清则不可矣。复问近好。

国藩手草 七月初十日

南云二信寄还。

【译文】

沅弟左右：

初七日接初四辰刻写的信，内情尽知。所需子弹火药，昨天已派人押送去火药三万，群子三万。大炮只可在守卫城墙壕沟时使用，不能在攻打城池时使用，那样是非常浪费火药却对敌人没有多大损失。我这里加上东征局每月只不过得到七、八万斤火药，不可能再增加了。除了支持本军九万多人使用外，还要协助接济彭、唐以及滁州，六安等处的需要，所以使用时不能不力求节省。希望你告知手下各营，体谅我的难处。

筠仙以三品顶戴做了广东巡抚，申夫提升为浙江运司，只有两淮运使还不知道让何人去做。毛、郭同在一起，广东的治理应当有所起色。你所需之火炮，也没有不可得到的道理，但是水师实在是不必另外设置。天下的事情怎么能事事都尽如人意呢？春霆那里，今天才押解去白银二万两，他那窘迫之处可想而知了！听说渠将军营设在距江边十多里远，如果大股增援之敌到来，难道不怕断绝运粮之路吗？微小的变化都必须事先仔细考虑到。如若粮道不稳固，即使再退几里也是没有办法。

乔运司押送来的缉私经费，我全部收存好了。因为这笔银子所用于开支的银两，个人使用不过十分之二、三，以用实际占到十分之七，八，所以我才收存起来。这次打算法办何铣，当时我就想到应该不收存是妥当的。但是已经收了也无可挽回了，不能因为将要惩办何铣，而设法将以前的进项退出。等待新的运司一到，另立章程后，即不再收存。你信里说批准命令将此钱转而解送到其他军队充为军饷是可以的，夹片声明自己以示清白则不必了。复问近好。

国藩手草 七月初十日

解银七万以示抚慰

【原文】

沅弟左右：

初五夜接初一夜来缄，知弟以余议十九日之疏不谅弟之本意，责备太过。余所虑者，恐弟学道光末年督抚之陋习耳。若弟之意实见得轮船该用以巡海盗，则余前缄之所责为过矣。今日解银七万，慰弟之意，是近来罕见之事。譬之儿时兄打而弟哭，则又以糖食糕饼抚慰阿弟也。至此间家信稿本，除誊信之李子真（极慎密）外，幸无一人得见。弟常疑余之日记家信或传播于后世，此弟之拙见过虑，亦视阿兄太高之故。盐务之事，弟尽可放心，不过一月后，弟备见余之公牍。再见南坡之面，必谓阿兄件件皆是矣。顺问近好。

国藩手草 九月初九日

【译文】

沅弟左右：

初五晚上收到初一晚上写的信，知道你以我对你十九日的上疏的议论评说而

不了解你原来的意思，而责备太过分了。我所考虑的方面，是唯恐你学了道光末年督抚的不好习惯。如果你的意见实是认为轮船该用于在海上巡逻防海盗，则我以前信上所责备的是为过分了。今天押送白银七万两，安慰曲从你的主意，是最近以来十分罕见的事。就如同小时候我将你打哭，然后又用糖食糕饼来抚慰阿弟你一样。寄到我这的家信底稿，除了抄信的李子真（极度保密）外，幸而没有一个人能见到。你常常怀疑我的日记家信可能流传了后世，这是你的不必要的担心，也是把你哥哥看得太高的缘故。盐务有关事情，弟弟你尽可以放心，不会超过一个月，你就会看到我的完备的公文。再要见到南坡时，必会言及你哥哥每件事都做得很对。顺问近好。

四羊方尊　商代

国藩手草　九月初九日

昨日解去银计五日可到

【原文】

沅弟左右：

二十七日接弟二十二夜之信，二十八日又接二十一夜之信，俱悉战事极顺，攻破七瓮桥、上方桥、高桥门各垒，只余七翁桥大垒未下，至为快慰。

守垒之炮，拟解短劈山四十尊、大炮二十尊。昨日解银二万两、钱二万串，计五日内可到。长善之谷甚劣，若碾米，恐营中不甚愿食，江味根面求南坡翁，请作为东征局清渠欠款，尚未议定。东局解来之米，即日将到，当以万石解弟也。杉条久派瞿有德等赴潜山采买，不知何以杳无音信。本日又派戈什哈张开甲赴潜催办，一面于安庆河下买大杉木解往，大约十月中旬可到金陵。南坡翁定于初一日赴弟处，仙屏至今未到。连日风雨，虽上水顺风亦难顺畅行耳。顺问近好。

国藩手草　九月二十八日

再，铜城闸之梁美材等三营勉强可移至弟处，余有鉴于去冬巢、和之未留防兵，故不肯轻动。且此信到金陵，距弟克上方桥、高桥门等垒之时已十余日矣，即调梁美材等到金陵，计亦在十月十五日以后，而弟之新营或亦十月底可到，故余迟疑未调。如弟必欲调，则一面札调梁美材等，一面咨兄可也。又及。

【译文】

沅弟左右：

二十七日收到你二十二日夜晚的信，二十八日又接到二十一日晚的信，得知

战争极为顺利，攻破七翁桥、上方桥、高桥门各敌营垒，只剩下七瓮桥大垒没有攻下，特别的高兴。守卫营垒的炮，打算运送短劈山四十门、大炮二十门。昨天运送银二万两、钱二万串，估计五天内可运到。长善出产的谷米很为低劣，如果碾成米，恐怕营中将士非常不愿吃食，江味根当面向南坡翁求情，请求让他作为东征局清除他的欠款，还没有商议决定。东局运送的大米，今天将运到，应该运到你那一万石。杉条已早派瞿有德等大米，今天将运到，应该运到你那一万石。杉条已早派瞿有德等人前往潜山采买，不知为什么音信全无。今天又派了戈什哈张开甲前往潜山催促办理，一方面在安庆河下游购买大杉木运来，大约十月中旬可到金陵。南坡翁定于初一日前往你处，仙屏至今未到。连日刮风下雨，虽为上水船顺风也难于顺畅的行驶。顺问近好。

国藩手草　九月二十八日

又及，铜城闸的梁美材等人的三营部队勉强可以移驻到你处，我要借鉴因为去年冬天巢湖、和县没有留下防守之军，所以不肯轻举妄动。而且这封信寄到金陵，距离你攻克上方桥、高桥门等敌垒已过了十几天了，立即调梁美材等人到金陵，计算也要在十月十五日以后到达，而你的新部队或者也于十月底可到达，因而我迟迟未做调动。如果你必须调动他们。就一方面下札子调梁美材等人，一方面汇报为兄即可。

本日扎上海采卖洋米解弟处

【原文】

沅弟左右：

接初三、初五日两缄，俱悉一切。

城上有墨气灰气，意者天欲殄此寇乎？然吾辈不恃天人之征应，而恃吾心有临事而惧好谋而成之实。火药银两接济尚可不断，惟米粮极难。江西、两湖皆实至三两四五钱，且处处阻隔遏祟，无米可卖，深堪忧灼。本日札上海采卖洋米迳解弟营。籛轩言金眉生屡函言里下河有米可买，顷亦令籛函告眉生，代为买米送弟营矣。只要各军有可食之米，吾兄弟有敬畏之心，此役当有了日耳。

许次苏于新章全不遵行，且似有意搅局，于何铣亦庇护太过，殊不可解。李济清已至此间，吾欲留之，而渠迫思归，尚未议定。顺问近好。

国藩手草　十二月初十日

李家之事，除迪、希所存成、萧、蒋、毛处万金外，必可再凑万金寄去。讣书到时，似不必多散各处矣。余与沅弟二人之名拟送一联一幛一千金，弟不必另致情也。澄弟在李宅

粉彩石榴纹瓶　清

所写之信附阅。再致沅弟左右。

涤生拾片

【译文】

沅弟左右：

收到你初三、初五两封来信，一切尽知。

金陵城头上有黑色、灰色的云气，揣想该是上天要珍灭这股贼寇吧。然而我辈并不倚仗上天的预兆应验，我等所仰仗的是遇事恐惧谨慎，深思熟虑，最终办成事情。火药、银两的接济供应还能保证不间断，只是米粮供给极为困难。江西、两湖皆到了每石米值白银三两四五钱的价格，而且处处阻隔，道路艰难，无米可买，很值得忧虑。今天往上海发札文一道，让采买洋米，直接解往弟营。麾轩提到金眉生屡次来信说里下河有米可买，日前也让麾轩写信转告眉生，让他代为采买米粮解送弟营。只要各军有米可吃，我等兄弟保有敬惧畏惧之心，则这一战役当有了结的一天。

许次苏对新章程完全不遵照执行，而且像是有意捣乱，对何铣的包庇也太过分了，实在是不可理解。李济清已到我这里，我想留下他，而他急着要回去，此事还没有商量好。顺问近好。

国藩手草　十二月初十日

关于李家的事情，除了李迪庵、希庵兄弟存放在成、萧、蒋、毛等处的白银一万两以外，一定能够再凑够一万两寄去。正式讣告来的时候，似乎没有必要再多处散发了。我和沅弟二人联名各送一副挽联、一幅挽幛、白银千两，老弟就不必另外再送了。澄弟在李宅写的信附上一阅。再致沅弟左右。

涤生拾片

火药一事望撙节使用

【原文】

沅弟左右：

接初八、初十日信，俱悉一切。

米粮一事，余亦深以为虑，新年恐接济不上。然使弟处余之位，所以办米之法，恐亦不能别开生面。火药一事，此间及湖南所解弟处者实不为少。弟不知撙节，余深虑有缺乏之日。如守墙之大炮，与劈山炮何异？丁道所铸大炮，岂是破贼之物？徒费钱费药耳。又如地洞一事，前十一月初五日已浪费药数万斤，近日闻又有一洞将发，又将浪费数万。此等百战之寇，其力岂不能堵一缺口？余实苦无药可解，特此飞告。一请弟莫再轰地洞，二请弟函商少荃，酌借火药，勿谓兄言之不早也。复问近好。

兄国藩手草　十二月十五日

【译文】

沅弟左右：

国学经典文库

接到初八及初十日的来信，一切尽知。

米粮供应一事，我也十分忧虑，恐怕新年时仍接济不上。然而假使兄弟你处在我的地位，用以采办米粮的方法，恐怕了不能另创新格局。火药一事，我这里和湖南解往你处的实不在少数，弟不知节约使用，我很担心将来会有缺乏火药的时候。比如守墙的大炮，与劈山炮有什么区别？丁道所铸大炮，难道是打败敌军的设备？白白浪费钱财、浪费火药而已。又如地洞一事，前次十一月初五日已浪费火药数万斤之多，近日听说又有一地洞要引发爆破，那又要浪费数万斤火药。城中这般身经百战的敌寇，他们的力量难道不能填堵一个炸开的缺口？我实在是苦于无火药可以解往你处，特来信告之。其一，请弟不要再地洞爆破，其二，请弟致函少荃，协商酌情借些火药。将来不要说为兄没有早打招呼。复问近好。

兄国藩手草 十二月十五日

湖南十万金俟提到即送弟处

【原文】

沅弟左右：

十八日接十五日未刻来信，俱悉一切。

日内雨雪严寒，深以弟营缺银缺米为虑。湖南之十万金，本派定全解弟处。不料十一月初八日起行，至今四十天未到。昨派炮船四号迎提，又为大雪所阻。一俟提到，即用洋船拖送弟处。不知年内可到否？

弟派王子鉴办江西之米，朱守谟办湖北之米，余为力主其事。尚斋在江，厉、杜在鄂，亦无不认真之理。但昂贵异常，其能多与否，仍未可知。

希帅奠仪，余拟令萧、成、毛、蒋、周、朱、唐七人，凡有送者概交余处汇送，但每军去一弁同送耳。其联幛唁函，则各自另送。义从三营，每营送二百金。亦令汇存此间，明年二月送去。请弟告知为则，该军共送银若干，明年二月交余处汇送可也。弟之四百金，或单送或汇送请酌。其代撰挽联，正月再行交卷。

义渠交部议处，竟以皖藩降补，继芳之力甚大，而亦未甚公允。乔升皖抚，万调宁藩兼办粮台，恐难膺此艰窘之任。寄谕即日咨达弟处。惠甫与各处特保之员十四人皆发为江苏知县，朝廷忘其为苏籍矣。弟已接部文否？大雪奇寒，千万保重。复问近好。

国藩手草 十二月十八日呵冻

【译文】

沅弟左右：

十八日收到十五日未刻来信，一切尽知。

近日严寒，雨雪交加，我对弟营缺银缺米非常忧虑。湖南解来的十万两白银，原已决定全部解往弟处，没想到十一月初八日自湖南起行，至今已四十天仍未解到。昨天派出四艘炮船去迎接，又被大雪阻住。等银两一到，立即用洋船拖

送你处。不知今年之内能否运到?

弟派王子鉴采办江西米粮,朱守谟采办湖北之米粮,我将努力主持此事。程尚斋在口西,厉、杜在湖北,也没有不认真从事的道理。只是米价昂贵异常,是否能多采办一些,仍不可知。

希庵丧事之礼钱,我准备让萧、成、毛、蒋、周、牛、唐等七人,要送的钱一概交我处一总送去,每军只去一武官同送即可。有关挽联、挽幛及吊唁信函等,则各自另送。义从三营每营送银二百两,也让他们汇存在处,明年二月送去。请你告知为则,该军一共该送银多少,明年二月交我处一总送去就可以。弟要送的四百两,或者你自己单送,或者一起送,请酌。代写的挽联,正月再交稿。

唐义渠以交部议处,居然能降补安徽布政使,此事继芳从旁助力极多,但也不很公平。乔松年升安徽巡抚,万启琛调任江宁布政使,兼办粮台,恐怕难以承担如此艰难窘迫之职任。寄信谕旨即日函寄弟处。赵惠甫以及各地特别保奏共十四人都发表为江苏知县,朝廷忘记惠甫乃江苏籍了。弟已接到部发公文了吗?大雪奇寒,千万保重。复问近好。

国藩手草　十二月十八日呵冻

银钱子药不缺惟米粮不足

【原文】

沅弟左右:

新岁想吾弟体气康强,诸福骈集,为慰为祝。此间凡事平善,银钱子药皆不短绌,惟米粮不足,不知正二月间能不令弟营饥困否。

李世忠有公牍来,请将渠部所守滁、来、天、六等城交出,由余处派人接守,渠兵另听调遣。又有一牌请将枪炮缴出,将来当无它虑。

簏轩待马谷山到即履江宁藩司之任,将先至弟处一行。鹤侪信来,言当先至安庆,次至临淮。义渠信来,并无牢骚之意,然淮上官绅及省城公论颇为不平。黄南翁在此,拟节后再赴鄂中。事前虽不无抑郁,然胸怀尚坦荡也。顺问近好。

国藩手草　正月初四日

澄弟信附去。

【译文】

沅弟左右:

新年想吾弟应身体健康,福气云集,为此心慰,为此祝福。这里诸事皆好,银钱子药皆不短缺,只是米粮不足,不知正二月间能不能不让弟营受到缺粮的困扰。

李世忠有公函来,请将所部现据守的滁、来、天、六等城交出,由我处派兵接替守卫,李部之兵另候调遣。又有一函请求将枪炮缴出。将来该不致会有其他顾虑。

簏轩要等马谷山到达川后即往赴江宁布政使之职任，将先到弟处一行。乔鹤
侪来信，说应先到安庆，再到临淮。唐义渠有信来，并无发牢骚之意，然而淮上
官吏绅士以及省城舆论很抱不平。黄南翁现正在此地，准备节后前往湖北。前事
他虽不免有抑郁不平之气，然而胸怀还坦荡。顺问近好。

国藩手草　正月初四日

澄弟来信附上。

金陵果克沅军可分兵上援

【原文】

澄弟左右：

正月二十八日接弟十一日信，俱悉一切。

此间近事，金陵业已合围，沅弟两信附寄弟阅。由浙上犯之贼，徽州一
股虽经击退，遂安一股已窜至江西之玉山，恐不免直上抚、建，则吉安、袁
州可虑，而湖南亦须办防堵矣。然金陵果克，沅军可分二三万人上援，江楚
当不至于糜烂。

李家奠仪，去年已由东征局兑去二千金。又闻湖北二千、湖南一千早已送
去。此外数百金者尚多，断无缺用之理。此间代收各款，夏愁再汇解可也。蕙妹
病已痊愈否？金二在此，日有长进。甲三病数日，颇重，今已大愈，但禁风耳。
萧开二等尚未到。程慎轩若来大营，自当格外周旋。魏涟西、沈霭亭在此，吾与
沅均未简慢，日内亦将归矣。余详日记中。顺问近好。

国藩手草　二月初四日

【译文】

澄弟左右：

正月二十八日收到弟十一日来信，一切尽知。

这里近来事宜，有金陵已经合围。沅弟有两信附上寄弟一阅。由浙江北侵的敌
军，虽然进犯徽州的一部已被打退，而遂安敌军已流窜到江西的玉山，恐怕会进犯
抚州，建昌，则吉安、袁州就值得忧虑，而湖南等地也要预备防卫堵截了。如金陵
最终攻克，沅弟一军可分出两三万人往上游援助，则江西，湖南等地该不至于破碎
崩溃。

李家丧事之奠仪，已经由东征局汇兑两千两，又听说湖北两千两、湖南一千
两早已送到李家。除此而外，数目在几百两的还挺多，所以断然没有用度不足之
理。这里代为收纳的奠仪诸款，到夏天或秋天再汇去或解送都行。蕙妹的病已经
好了吗？金二在此地，每天都有进步。甲三病了几天，相当厉害，现在已基本好
了，就是不能着风。萧开二等还没有到这里。程慎轩如果到大营来，自然应当特
别注意应酬。魏涟西、沈霭亭等在此期间，我与沅弟均未曾有怠慢之处，近日里
也该回去了。其他详细写在日记里。顺问近好。

国藩手草　二月初四日

饷源大绌仍须再办捐输

【原文】

沅弟左右：

三月一日接二月二十日哨官带来之信、二十七日排递之信，俱悉一切。

米粮一路，金、曾各一万石当为可恃，少荃之二万，万、忠之二万，不知可得一半否。弟观兄如此打算，果可过三、五、六荒月否？

里下河之捐，少荃与仲仙现并未停，吾兄弟若开办，亦不必会少荃衔入奏。吾因下游为捐所苦，百姓望我如婴儿之望慈母，本不欲再办捐输，已拟稿咨复弟处（咨稿抄阅。）顷闻幼丹中丞奏请江西厘金全归本省，或江皖各半。从此饷源大绌，竟不能不出于捐之一途，前稿暂不咨弟处矣。但办捐则须于泰、沪各设一局，请弟与南翁、麓轩商定规模，逐条开示，并拟定委员。设局之后再行入奏可也。顺问近好。

国藩手草 三月初四日

与春霆信一函，弟阅后加封递去，或专人飞送。

【译文】

沅弟左右：

三月一日收到二月十二日由哨官带来的信，二十七日信亦顺序传递而至，一切尽知。

米粮之事，金、曾两处各万石该比较可靠；李少荃处的二万石，万、忠的二万石，还不知道能不能收到半数呢，老弟你看按为兄这样估计的米粮数量，能不能确保度过三、四、五六这几个荒月呢？

里下河的厘捐，少荃和仲仙现在并没有停止征收，我家兄弟如果开办厘捐，也没有必要含具少荃衔名入奏。考虑到下游民为厘金所苦，老百姓对我们期望甚大，就如同婴儿盼望慈祥的母亲，所以我本来不想再办理厘捐输纳之类，而且已拟好稿子准备以咨文回复弟处（咨文稿抄送弟阅）。刚听说沈幼丹中丞上奏请求江西的厘金全部归本省支配，或者江西与安徽各分一半。这个主张一实行则军饷来源大大不足，竟然已经到了只有从厘捐打主意这一种办法。目前所拟之稿也就不准备正式给老弟那里发咨文了。但是办理厘捐就要在泰、沪两地各设立一专门机构，所以请老弟与南翁、麓轩商议确定有关的制度程式，逐条开列告之，拟定人员，加以委任。待设立机构以后再上奏朝廷就行了。顺问近好。

国藩手草 三月初四日

给鲍春霆一封信，老弟看过以后再加封寄去，或者派专人快递。

望放心治军不必挂念饷事

【原文】

沅弟左右：

昨日复去一缄，今因轮舟之便，将泰州捐局、句容防守两牍送至弟处。外霆

营一批、富冯各一咨，请弟专丁飞送。各处之米，确有可恃者，金处八千、六安万石、四川九千、东局万石、少荃万石，计端午前后均可解齐。其万、忠两司二万，计亦有捐项可指，均有把握，荒月尽可支持。惟六安续办之八千，有无莫卜耳。弟尽可放心治军，不必挂念饷事，不必焦急。争江西厘金之疏抄寄弟阅。金陵若破，弟有马队近千，春霆马队亦近千，当可追剿痛杀，望与春霆预行熟商一切。顺问近好。

国藩手草 三月十三日

【译文】

沅弟左右：

昨天回一信，今乘轮船便利，将泰州捐局、句容防守两信送到弟处。另外有鲍春霆营批文一件，富、冯各咨文一件，请弟派专人飞速送去。各处采办的米粮确实可靠的，金处八千石、六安一万石、四川九千石、车局一万石，少荃处一万石，预计端午节前后都能全部解送到此。万、忠两司那二万石，估计也有厘捐款项可以指望，都有把握，青黄不接近几个月都能支持。只有六安接下来采办的八千石是否有把握还不能预知。老弟完全可以放心经营军务，不必再挂念粮饷事宜，更不必焦急了。力争江西厘金的奏疏抄寄老弟一阅。如果攻破金陵，老弟有马队近千数，鲍春霆队也接近千数，应该能够追击剿灭，痛下杀手。希望弟与春霆事先仔细商议全部事宜。顺问近好。

国藩手草 三月十三日

江西厘金之讼仍是督抚各半

【原文】

沅弟左右：

二十六日接弟二十三日信。二十七日傍夕兰泉归来，备述弟款接之厚、才力之大十倍竺虔旧仆，而言弟疾颇不轻，深为忧灼，闻系肝气之故。余日内甚郁郁，何况弟之劳苦百倍于我？此心无刻不提起，故火上炎，而血不养肝。此断非药所能为力，必须放心静养，不可怀忿呕气，不可提心吊胆，总以能睡觉安稳为主。兰泉言弟尚能睡。

今日接到寄谕，江西厘金之讼，仍是督抚各半。然官司虽输，而总理衙门奏拨五十万两专解金陵大营。未必尽靠得住，而其中有二十一万实系立刻可提者，弟军四五两月不至哗溃。六月以后，则淮北盐厘每月可得八万，故余转恼为喜。向使官司全赢，则目下江西糜烂，厘金大减，反受虚名而无实际。想弟亦以得此为喜也。兹将恭王咨文付阅。廷寄候明后日咨去，即问近好。

国藩顿首 三月二十七夜

【译文】

沅弟左右：

二十六日收到弟二十三日来信。二十七日傍晚兰泉回到这里，详细讲述老弟

错金银云纹铜犀尊　西汉

对他款待之重，膂力之大简直比竺虔过去那位随从大十倍，又提到老弟的病很不轻，深感忧虑焦灼，据说老弟的病是由于肝火太盛的缘故。近日连我都郁闷不已，何况老弟之劳累辛苦比我重百倍呢？你那颗心时时刻刻放不下，所以火气上升，而血脉不能保养肝气。这绝不是药物所能起作用的，必须放下心来，安静调养，不能心怀愤懑，自己生气，不能提心吊胆，总是以能安稳睡觉为最重要，兰泉说老弟还能睡。

今天接到寄信谕旨，关于江西厘金的争议，还是两江总督与江西巡抚各分一半。然而这场官司虽然输了，总理衙门奏淮另拨款五十万两专门解往金陵大营。虽未必完全靠得住，但其中有二十一万两实际上是马上就能提款的，所以老弟一军四五两月之内不至于哗变溃散啦。六月以后，则淮北盐厘每月可以收入八万两，所以我转恼怒为欣喜。假使官司全赢下来，眼下江西还乱成一锅粥，厘金收入大减，我辈反而徒有占江西全省厘金之虚名而并没有实际收益。我想老弟也会以此次输掉官司为高兴的事吧。现将恭王发来咨文付弟一阅。寄信谕旨则等明后天以咨文发去。即问近好。

国藩顿首　三月二十七日夜

淮北章程早经核定刻好

【原文】

沅弟左右：

十一日得弟初八日信并寄篲、眉两信，又催余复篲之信。兹将复篲信寄弟一阅，请封口弟去。淮北章程早经核定刻好，但思将五百改为六百文。上海拨饷业

经起解，规平十五万，想已到弟营矣。顺问近好。

箴、眉二信付还。

四月十一日

【译文】

沅弟左右：

十一日收到弟初八来信以及附来箴轩、眉生两信，弟又催我给箴轩复信。这里将回箴轩的信先寄弟一阅，请弟看过以后将信封口寄出。淮北盐务章程早已经核定文字，刊刻完工，但又想把五百文改为六百文。上海所拨军饷已经起解，九八规元十五万两，想必已运至老弟营中了。顺问近好。

箴轩，眉生两信付上还你。

四月十一日

请拨经费济鲍春霆军

【原文】

沅弟左右：

十七日接弟十四日信并抄鲍信，俱悉一切。弟湿毒已愈，又添脚气之疾，总因忧劳过久之故。然天相劳臣，当不至于大碍。观弟昔年无数月不病，此次两年未尝一日不写字、一刻不办事，则知尽忠王事者，自有神明佑助，理不爽也。

少荃派兵来接东坝、句容之防，余已咨明弟处。春霆马步万六千人，师行二千余里，九万途费本不可少。兹拟先交五万，请弟于轮船经费或大通解饷项内拨五万济之，余四万设法续解。弟需大批饷，除沪上十五万外，实无可指之款。子药则今日起解三万矣。湖南解药三万，计已赶到。徽州于十二三日连获胜仗，系剿匪江阴洋舍及常州破垒上窜之股。江西之贼，散者极多，见官军辄避不交锋，断无大碍。左帅拨十二营，与克庵、钤峰之兵俱到江矣。湖北德安府有失守之信。兵多而无劲旅，帅贵而好粉饰，亦可虑也。顺问近好。

四月十八日

【译文】

沅弟左右：

十七日接到老弟来信以及抄寄的春霆信，一切尽知。老弟湿毒之症已痊愈，却又添脚气之病，总是因为忧虑劳累时间太久的缘故。然而上天将辅佐勤劳的臣民，应该不至于有什么大妨碍。看老弟你往年就没有几个月不得病的，这一回两年里没有一天不写字、没有一刻不办公事，就知道那些对公事竭尽忠心的人，自有神明保佑辅助，这个道理是一点不错的。

李少荃派兵来接替东坝、句容的防务，我已有咨文告弟。春霆一军马步计一万六千人，行军两千余里，按说九万两的路费本是不可缺少的，现准备先交春霆五万两，请老弟从轮船经费或大通所解饷项之内拨出五万两接济鲍军，其

余四万两再想别的办法陆续解运。老弟所需大
批饷银，现除了上海的十五万两以外，实在没
有可以指望的款项。火药一项，今日起运三万
斤。湖南解去三万斤，估计已经赶到。徽州方
面十二、三日连续打胜仗，所剿杀的是从江阴
洋舍和常州破垒往上游流窜的部分。江西的敌
众，分散的很多，遇到官军就躲避不与交锋，
断然没有大妨碍。左季高已拨出十二营兵，与
克庵、铃峰所部都到江西了。有湖北德安府失
守的消息。兵虽多而没有强劲的队伍，将帅尊
贵而乐于粉饰自己，也让人担忧啊。顺问近好。

四月十八日

询广东解银收到否

【原文】

沅弟左右：

昨日余宗发归，寄一信，想可先到。接胡莲
舫咨，广东解银四万八千零至金陵大营，不知到
否？自贼窜江西，余即寄信与云仙，恐江右道梗，
请将粤饷全由海道径达上海，以解金陵。云仙之复信早已接到，而饷则至今未到，粤厘日见日减，良可深虑。
云仙深不以吴公昌寿为然。而吴公在粤在京，物望极美，不日即将履鄂抚之任，
未知果贤于旧令尹否？兹将云仙前来密缄抄达弟览。

弟之内疾外症果愈几分？凡郁怒最伤人。余有错处，弟尽可一一直说。人
之忌我者，惟愿弟做错事，惟愿弟之不恭。人之忌弟者，惟愿兄做错事，惟愿
兄之不友。弟看破此等物情，则知世路之艰险，而心愈抑畏，气反愈平和矣。
顺问近好。

五月二十三日

【译文】

沅弟左右：

昨天余宗发回去，寄一信，我想那封信能先到。接到胡莲
舫的咨文，广东解运白银四万八千多两到金陵大营，不知运到没有？自从敌军流窜到江西，我就给
郭云仙写信，恐怕江西道路梗阻，请他把广东解来的军饷经海路直送上海，以便
运往金陵。云仙的回信早已收到，而饷银却到现在还没有运到。广东厘金眼见得
一天天减少，很值得忧虑。云仙很不把吴昌寿的意见当回事。而吴公在广东、在
京师，舆论评价都极好，不几天就要赴湖北巡抚之职，不知是否真的比过去的前
任强些？现将云仙日前来的密信抄送弟阅。

老弟内外病症究竟好了多少？大凡抑郁、愠怒最伤身体。我有什么错的地

春宴图　清

方，老弟完全可以一一直说。别人疑忌我的，都希望老弟做错事情，盼望老弟对兄不恭。别人忌恨老弟的，都盼望为兄做错事情，希望为兄对弟不友悌。老弟如看破这等人情世故，就知道这世上道路有多艰难，而内心更加谦卑畏惧，心气反而更加平和了。顺问近好。

五月二十三日

江西盐厘分三万余明日解弟处

【原文】

沅弟左右：

日内未接弟信，不知肝郁及湿毒已痊愈否？明日四十一大寿，纪泽所撰寿序不能道达勋德，余又不暇为之，但每夜虔祷康强逢吉，天佑劳臣耳。

札调威灵密船来皖，渠未接到，竟由大通回沪。余拟于初一日坐民船赴金陵，大约初四五可相见也。江西盐厘今日到此，弟处分三万余，明日乃可起解，澄弟家信一包，专人送去。刘、朱三军日内想已北渡。余因芜湖系黄文金老巢，恐其由泾县、南陵窥伺芜湖，故有一咨，令刘、朱等兼顾南岸之说，此本必无之事，弟得毋笑其过虑乎？顺问近好。

八月十六日

【译文】

沅弟左右：

近日没有收到老弟来信，不知你肝气郁结和湿毒之症已好了没有？明天是弟四十一岁大寿，纪泽儿所写的祝寿文字还不足以显示老弟的功勋、品德，我又没有时间去写，只能每天夜里虔诚地祷告，愿老弟身体健康，吉星高照，上天保佑辛劳的臣子。

曾有批文调威灵密船来安庆，他没有收到，竟然从大通镇回上海了。我准备于九月初一日乘坐民用船只前往金陵，大约初四、初五咱们兄弟就可以相见了。江西盐厘今天解运到此，老弟那里应分三万多两，明天才能起运。澄弟家信一包，派专人给你送去。刘连捷、朱洪章、朱南桂等三军这几天里想来已渡江北上。因为芜湖是黄文金的老巢，我担心黄部由泾县、南陵窥伺芜湖，所以有发一道咨文让刘、朱同时兼顾南岸的说法。这本应是肯定不会发生的事，老弟该不会笑话我过虑吧？顺问近好。

八月十六日

撤勇不宜发全饷

【原文】

沅弟左右：

初五日得弟初二日信，此间亦于昨夕得阅各京报，各恩旨俱照嘉庆、道光朝之例，似稍加优。撤勇者，若今冬皆发全饷，恽公与黄、郭诸公断难应付，须兼用期票、期札为妥。声叙湖南官绅之劳积苦心，余久有此意，弟咨中语尚难动

听。东征局以请加中额为正折，而南坡附一密片，次帅则颇难着笔，意城亦不宜附入此案，容妥谋之。韫斋先生信付去。顺问近好。

陈国瑞大挫，望弟派刘、朱来安庆。

再，寄谕以弟求引退为合于出处之义，而于荩臣谋国之道尚未尽善。将来第一次出奏必难谕允，不知第二次、三次可邀允否。究竟于八月二十后即出奏乎？抑俟九月余到金陵再出奏乎？弟有咨文来兄处乎？抑全无咨兄即竟奏乎？初次即请开缺乎？抑先请病假一月乎？

五彩描金兽面纹方薰　清

弟详寄一信，以凭照办。名位俱高，此等处亦须委蛇中节，不宜转饿弯也。又行。

八月初六日

【译文】

沅弟左右：

初五日收到老弟初二日来信。我这里昨天有机会看到京报，奖赏有关人员的各道恩旨都是依照嘉应庆、光朝的先例，而且似乎还稍加优礼。裁撤下来的湘勇，如果今年冬天都补发全额饷银，恽公与黄、郭诸公就实在难以应付了，要兼用期票、期札之类才较为妥当。宣扬湖南官吏绅士们费尽心思、辛苦努力取得的成绩，我早就有这个意思，老弟咨文中的提法还不足以打动人。东征局奏折把请求增加乡试中额为正文，而南坡附一道密片于其后，则次帅就很难再写什么，郭意城事也不适合附入此件。且待我考虑一个适当的解决办法。韫斋先生信件付上。顺问近好。

陈国瑞部遭重创，希望老弟派刘、朱两部来安庆。

另外，寄谕认为老弟欲求自请辞职是合乎为臣进退之道的，而对于王臣理当尽心谋划国事这方面还没有达到尽善尽美。将来老弟第一次上奏自请辞职时皇上肯定不会轻易批准，不知老弟第二次、第三次奏请时有希望获准没有。到底老弟你是八月二十日以后就上奏呢？还是等到九月份我到金陵后你再上奏呢？老弟那里还发咨文来吗？还是干脆不发咨文来为兄我就这样上奏啦？是第一次上奏就请求准予免去现职，以待另选他人充补呢？还是先请一个月的病假呢？老弟你详细写一封信来，以便我照看办理。名声，职位都很高了，像这些地方也要处理得悠然自得，合乎节奏，不应急转弯。又行。

八月初六日

艺堂所提银十月可到

【原文】

沅弟左右：

前日握手后，未刻即至大胜关，申刻入城。是日东风甚微，上水不能迅速，闻弟舟仅至太平也。纪鸿儿与金二外甥于初五日巳刻入署，不知在何夹内与弟船相左，渠等在裕溪口闻弟舟先已过去。金二将纪瑞家信交亲兵手，想弟已接阅矣。

昨日接席宝田禀言玕王事、左季高奏片言幼主事。又接部文言江南主考事。兹并抄寄弟处。主考果系刘韫斋先生，不出兄之所料，想弟与雨农必服兄之神算也。

艺堂言运库可提银五万，渠办新引十万金，皆于十月可到。合之丁雨生之款，十月不至甚窘，当解四万与刘、朱三军。若再得山内粮台四万金，刘、朱等便可至鄂境合剿（若不越境，情理似说不出，若无现饷，事势又行不去），而以李、王、易三军分扎宿、太，以为后继之师，弟以为何，则请于过皖时告知刘、朱及马、何诸公也。顺问近好。

十月初六日

【译文】

沅弟左右：

前日你我握手一别之后，未刻我就到了大胜关，申刻进金陵城。那天东风很弱，往上游去不可能太快，据悉老弟的船止到太平。纪鸿儿与金二外甥于初五日巳刻进官署，不知道在哪条水路上与老弟船相错开的，他们在裕溪口听说老弟的船已经先过去了。金二外甥将纪瑞家信交于亲兵之手，想来老弟已接到阅过。

昨天接到席宝田谈玕王事的禀帖、左季高谈幼主事的奏片，又接到部里行文谈江南主考事，现一并抄寄弟处。主考果然是刘韫斋先生，不出为兄之所料，想来老弟和雨农一定会佩服为兄的神机妙算吧。

艺堂说从盐运司仓库可以提取白银五万两，他另办到新盐引十万两，十月份都能运到。加上丁雨生的款子，十月就不至于特别窘迫，应解运四万两给刘、朱等三军。如果再得到山内粮台四万两，刘、朱等部就能入湖北境内合力剿灭敌人（如果不越过安徽省境，情理上似乎说不过去，如果没有现饷，形势上又支撑不下去。）而以李、王、易三军分别驻扎宿松、太湖，作为后继部队。老弟认为可行，就请你路过安徽时告知刘、朱以及马、何诸公。顺问近好。

十月初六日

告以各处解来银数

【原文】

沅弟左右：

初七日寄去一信，由吴竹庄处转递，不知到否？初八夜，丁雨生解来银两

起，共十七万两。初八早，张艺堂解来银四万，兄就沪饷中分七万解安庆，另有公达览。闻陶鹤汀尚有三万五千将到，此间十月之事可不窘迫矣。雨生与弟一牍一信，兄皆已拆阅。岂堂之牍，余未拆。兹将三件交轮船追送弟处，其两处呈弟解批，兄已代为印发矣。

亢旱特甚，不知弟痛处日内更剧否？今日设坛求雨，不知果有验否？若再不雨，民间菜麦俱受害矣。澄侯信、瑞侄禀俱拆过，付去照收。顺问近好。

十月初八日

【译文】

沅弟左右：

初七日我寄出一封信，由吴竹庄那里转为递送，不知送到没有？初八夜间丁雨生解银两到此，一共十七万两。初八早上，张艺堂解运来白银四万两。为兄从沪饷中分出七万两解往安庆，另有公函送阅。据悉陶鹤汀还有三万五千两要运来，这里十月份开支当不致窘迫了。雨生给老弟的一封公函，一封私人信件，为兄都已经拆开看过。岂堂公函一件，我没有拆看。现将信函三件交轮船追送老弟，有两处是呈老弟批文的，我已代老弟加印发文了。

大旱严重，不知老弟伤痛之处近几天是不是更加严重了呢？今天设坛求雨，不知是不是真有灵验？如果还不下雨，则老百姓的蔬菜、小麦都要受灾啦。澄侯来信，瑞侄禀帖我都拆开看过，付上，照收。顺问近好。

十月初八日

近日心绪不适且虑楚北之行

【原文】

澄、沅弟左右：

十一月十三日接澄弟十月初九日一函、沅弟二十五日在汉口发信，俱悉一切。

沅弟病势十愈六七，欣慰无已。余近日心绪多不适：一则前有楚北之行，深虑各营欠饷无着；一则自上游来者，皆言沅弟病体增重；一则科场雨雪交加，严寒侵入，而萧、梁等约期之饷尚无着落。兹余既免湖北之行，而沅弟之病大愈，寸心帖然无忧，至幸至幸。乡试虽风雪苦寒，而头二场清吉平安，未死一人。少荃初十日感寒颇重，二、三场未能点名。若迅速就痊，则科场完美矣。甲五侄又生一女，望从此三女之后继以三男。科四完姻后，吾三家桐孙秀发，瓜瓞绵绵。斯为至祝。

柳寿田之事，吾思之再三，若不稍着声色，以后吉中营勇似吃大亏，故于复雪琴之信亦严加诘责。雪琴接信，即踵门叩谢，深自引咎，大约以后渐可相安。余自有权衡，弟不必挂虑。萧、梁及各军欠饷，余亦必能次第清厘，弟不必焦灼。何铣允办湘盐二万引，合厘金卤耗余斤，计共（在明年五月前），可得三十余万金。此策自弟发之，不劳而获者也。解银三万于金陵。恐刘履详为商人所怨

也。兹寄银一千一百零四两回湘，除金竺虔百金，湘乡圣庙四百金（作钱五百串外），余六百零四两分寄家中。稍将薄意，望弟为我分封包送。即问近好。

李祥和修龙膊子缺口，求余作一碑记之。余懒于作文，略书数行，刻工甚坏。兹拓一张与弟一阅。又弟奉旨委寻张国梁尸，尚未以公牍告我，请速写信复我。

十一月十四日

【译文】

澄、沅弟左右：

十一月十三日收到澄弟十月初九日一信，沅弟二十五在汉口发的信，一切尽知。

知沅弟病情十分好了六七分，十分欣慰。近日来我的心情不好，一则日前有湖北之行，非常担忧各营拖欠饷银没有着落；二则从上游过来的人都说沅弟的病情加重了；三则考场雨雪交加，严寒逼人，而萧、梁等原先约定日期的饷银现在还没有着落。现在我已免去湖北之行，沅弟的病又好了大半，我心中安定没有忧虑，这太值得庆幸了。乡试虽然风雪交加，苦于严寒，而头两场吉利平安，没有冻死一个人。少荃初十日受风寒相当严重，二、三场没有能够点名。如果能够迅速痊愈，则这次乡试就完美了。甲五侄儿又生了一个女儿，希望从这三个女儿之后接着来三个男孩。科四完婚之后，我们兄弟三家孙辈茂盛，人丁兴旺，这是最高的祝愿。

柳寿田的事，我反复考虑过，如果不稍微严厉一点，以后吉字、中字营中湘勇似乎就吃了大亏，所以在给雪琴的回信中也严厉地责问。雪琴收到这封信，立即登门谢罪，深深自责一番，大概这以后逐渐可以彼此相安无事了。此事我自有主张，老弟不必挂念。萧、梁及各军的拖欠军饷，我一定能逐一结算，老弟不必焦虑。何铣允办到湘盐二万引，加上厘金，卤盐加耗等，合计一共（在明年五月之前）可得到白银三十多万两。这个主意是老弟首先提出，可以说不经劳作就享有其收获。解运白银三万两到金陵。是担心刘履祥会受到商贾怨恨。现寄上白银一千一百零四两回湘，除了金竺虔一百两，湘乡县夫子庙四百两（折合铜钱五百贯）以外，其余六百零四两分别寄往家中。一点小意思，希望弟替我分份封好送去，即问近好。

李祥和修治龙膊子缺口，请求我做一道碑文记其事。我懒得做文章，略为写了几行，刻工很差，现拓一张给老弟一阅。又，弟既奉旨委以寻访张国梁遗骸所在，还没有以公函通知我，请立即写信。（十五日）

十一月十四日

拟撤军腾饷以养淮军

【原文】

澄、沅弟左右：

复奏少荃不宜入洛、李丁不宜遽跻封疆一疏奉旨留中，并无寄谕，颇不

可解。

　　东抚阎丹初与此间水乳交堉，豫抚吴少村多所抵牾，吾以位望太隆，从不肯参劾邻封疆吏，故河南公事，不甚顺手。若少荃长任两江，饷事不至掣肘。吾将于撤朱、唐、金军后，接撤刘、朱二军，腾出六军之饷概养淮军，专办捻匪，或可有济。若少荃不在两江，军饷断难应手，吾不能不引疾告退。月内当有明降谕旨也。

　　张文端公家训一本，寄交纪渠侄省览。渠侄恭敬谦和，德性大进，朱金权亦盛称之。将来后辈八人，每人各给一本，又给沅弟所刊《庭训格言》一本，又以星冈公书蔬鱼猪早扫考宝八字教之，一门之风气自盛矣。

十月初五日

　　【译文】

澄、沅弟左右：

　　回奏李少荃不宜去洛阳、李丁不宜立即提拔为督抚的一道奏章奉旨留中，并且没有寄谕，很难理解。

　　山东巡抚阎丹初与我关系极好，河南巡抚吴少村则矛盾较多。我因为地位显赫，名望过高，从来不肯参劾相邻的督抚，所以河南方面的公务从来不很顺利。如果李少荃长期担任两江总督，则军饷方面的事务不至于掣肘。我将在裁撤朱、唐、金诸营以后，接着裁撤刘、朱诸营，这样腾出来的六军饷额全部用以给养淮军，专门对付捻军，也许可以成功。如果少荃不在两江总督任，军饷供应决难顺心，我也就不能不称病引退了。这个月里应该有明发谕旨。

　　张文端公《家训》一本，寄给纪渠侄阅读。纪渠侄待人恭敬谦和，德行大有长进，朱金权也极力称赞他。《家训》一书将来后辈八人每人都给一本，另给沅弟所刊刻的《庭训格言》一本，又拿星冈公书，蔬、鱼、猪、早、扫、考、宝八个字教导他们，家门的风气自然会兴盛了。

十月初五日

应置祸福毁誉于度外

　　【原文】

澄、沅弟左右：

　　近日未接来信，想各宅平安，新岁内外多祜为慰。

　　此间军事，任、赖、牛、李等酋全萃湖北黄、孝、黄、麻等处，余调外省三全军九千人援鄂。成武臣之叛卒，闻官相以二十万金抚之，业经招集七营。官相并未将叛变情形入奏，但言拔营索饷，适为捻所乘，挫退而已。湖北军政多出于阉人、仆隶及委员之嗜利者，奏牍则一味欺蒙，深为可叹。以各省用事之人言之，军事将见日坏，断无日有转机之理。沅弟假满出山，与各邻省督抚共事，亦必龃龉者多，水乳者少。然吾兄弟受厚恩，享大名，终不能退藏避事，亦惟循沅前信所言，置祸福毁誉于度外，坦然做去，行法俟命而已。

余拟二月初起程赴周家口。纪泽儿由徐州回金陵，送眷还湘，或在途次可与沅相见也。顺候近好。

正月初六日

【译文】

澄、沅弟左右：

近日没有接到来信，我想各宅中都该平安，新年内外多福，以慰我心。

此间军务：捻军任、赖、牛、李等首领全都集中到湖北黄陂、孝感、黄安、麻城一带，我已调外省三部九千人援救湖北。成武臣部下反叛兵勇，据悉官文用银二十万两去安抚，已经招集七营之多。官文并没有将该部哗变反叛的具体情况奏上，只说他们拔营起行，索要饷银，正巧被捻军趁势打退而已。湖北军政大计都出自汀房，随从下人以及贪图私利的委员之手，奏折、公函则一味隐瞒事实，让人叹息。就各省主事之人来说，军事形势将越来越坏，绝不会有渐有转机的道理。沅弟病假期满以后出山，与相邻各省督抚共事，也一定是闹矛盾的时候多，亲密的时间少。然而我兄弟受朝廷大恩，享有大名，终究不能后退藏身，躲避时事。也只有照着沅弟前次来信所说的，将毁谤、称誉、灾祸、福分都置之度外，坦然地去做事，遵行法度，以待天命。

我准备二月初动身去周家口。纪泽儿将由徐州回金陵，然后送家眷回湖南，也许在路上能与沅弟相见。顺候近好。

正月初六日

新募之军尚须筹饷

【原文】

沅弟左右：

初一、初四日两次排单寄信，并弟招募旧部成军，一面遵旨迅速赴任，一面出省督剿，想可接到。初八日具折谢恩，即将此数句入奏。

惟信中嘱弟招募万人，未曾议及饷项。闻鄂饷十分支绌，此次大被蹂躏，想厘款更为减色。加以霆军新入鄂境，每月需银八九万，江西未必能协解，湖北断难置之不顾。余所部湘、淮各军饷项全出于少荃之手。正月曾去一咨，顷接渠一信一件抄阅，言饷项亦难多供。弟新募之军，尚须筹划饷项，或先与官、唐及李氏昆仲函商，即春霆饷项亦须商及。弟在鄂做主人，渠必向弟求索。如饷项太绌，即少募数千亦可，现兵足敷调遣也。顺问近好（初九日自徐州起行，初十日书于利国驿）。

二月初十日

【译文】

沅弟左右：

初一、初四日两次粘排单寄信，以及老弟招募旧部下组成一军，一面遵从圣旨迅速赴任，一面出省督办剿敌事务的信，想来可以接到了。初八日我上折谢

恩。已经把这几句话写入奏折。

只有前次信中嘱咐老弟可招募一万人，还没有讨论饷银。据悉湖北饷银供应本来十分困难，此番全省被践踏蹂躏一通，我想厘金款项会更加减少。加上春霆一军刚进湖北境内，每月需银两八九万两，江西未必能够协助办理，湖北又决不能置之不顾。我部下湘、淮各军军饷全由李少荃供应。正月间我曾经发去一道咨文，刚接到他一封信（两件均抄弟阅），说军饷也难以增加供应。老弟刚募集的部队，还要筹划饷项，或者先与官、唐、李氏兄弟等各位通信商量，连春霆军的饷项也要提到。老弟在湖北做主人，他一定会向你要饷的。如果饷银太缺，就少招募几千人也可以，现有兵力足够了。顺问近好。（初九日自徐州动身，初十日写于利国驿。）

二月初十

请支持鲍春霆军需

【原文】

沅弟左右：

日内未接弟信，想因余自济起程，驿夫不知行踪所在，或辗转迟误耳。十五日登舟，十七八九阻风三日，二十二日至韩庄，今日可至台庄。溽暑小舟，殆非老年所堪。

运河大雨盛涨，民居水皆封檐，数十万难民转瞬皆成流寇。而运河东岸堤墙雨后塌卸殆尽，秋冬无以制寇，尤深焦灼。防守沙河之策未必可恃，而业已出奏，不得不试行之。春霆已自黄州起行否？若需帐棚等物，请弟饬局办给，将来于万五千内拨还鄂局。江西两咨来商，不欲于七万外更增杂支。少荃亦畏霆而远避之。弟既敬霆之为人，即可一力维持，使之迅速集事。杂款实有盈余，余已嘱刘申孙（怿）随时票请弟作主也。

申夫今日自韩庄分手，渠定八月节前到鄂小住一月，即回四川省母。其讲论八股试帖胜于其所作所改，可令纪鸿、瑞听讲一月，必有进益。光、固、六安、德安、黄州军情望弟将各檄咨送一分。余详日记中。顺问近好。

六月二十三日

【译文】

沅弟左右：

近几天没有接到老弟来信，想或是因为我从济宁启程，驿夫不知我走到何处，也许找来找去就耽误了。我十五日上船，十七、十八、十九日三天为大风所阻，二十二日到韩庄，今天能到台庄，酷暑时节乘坐小船，实在不是老年人所能承受。

时值大雨，运河水猛涨，民房已被水淹到房檐，数十万难民转眼之间都要成为流寇。而运河东岸的堤坝大雨之后坍塌得差不多了，到秋冬季节就没有可以遏制敌人的工事，极为焦虑。防守沙河一线的方案未必可行，但已经奏上，就不能

不试行一下。春霆已经从黄州出发了吗？如果该部需要帐篷等物资，请老弟吩咐有关部门办理，将来从一万五千的数额之内拨款还给湖北。江西发两道咨文来商量，不愿意在七万两饷额之外再增加负担其他杂项开支。李少荃对春霆也是畏惧而躲避的。老弟既然敬重春霆的为人，就要大力维持他，使他能迅速成事。杂款实际上还有盈余，我已嘱咐刘申孙（恽）随时请示老弟，由老弟做主。

蟠螭纹尊盘　战国

申夫今天从韩庄分手，他定于八月中秋节之前到武昌小住一个月，然后回四川省视母亲。他讲论八股、试帖的水平比他作文，改文的水平还高，可以让纪鸿、纪瑞跟他听一个月，一定会有进步，有益处。定州、固始、六安、德安，黄州等地军情如何，望老弟将各处檄文发咨文寄我一份。余详日记中。顺问近好。

六月二十三日

日内酬应纷繁勉力支拄

【原文】

澄、沅弟左右：

七月二十六日寄去一缄，告孙同儿殇亡事，并寄罗宅、丁宅信，到否？旬日内此间平安。余脚上浮肿，肥而且硬，常服之袜已不能入。心血极亏，全不能用。现定于十三日出省，至淮、徐、苏、常等处大阅。日内酬应纷繁，勉强支拄。同乡及外省求差事者络绎不绝，已位置十余人，而向隅者尚多。南五母舅之嗣远遂来此已逾半年，实难派差，徒花盘费。兹令乘轮舟之便，由鄂归湘。又专一勇回籍，送数月日记及金宅挽赙之娄。大抵老年之人，血虚则气断难振。兄近来所以日见日衰，志欲强而气不能副者，亦由血虚之故。

盐务之事，户部奏复之文助鄂川而抑淮，轩轾之情，力透纸背。余两次在京，不善应酬，为群公所白眼，加以天津之案物议沸腾，以后大小事件，部中皆有意吹求，微言讽刺。陈由立遣发黑龙江，过通州时，其妻京控，亦言余讯办不公及欠渠薪水四千不发等语。以是余心绪不免悒悒。阅历数十年，岂不知宦途有夷必有险，有兴必有衰？而当前有不能遽释然者，但求不大干咎戾、为宗族乡党之羞足矣。

前闻湘乡于七月杪府试，不知纪寿侄应试妥善否？筱澄侄已到省应院考否？苻、剑两侄取古否？欲得拔贡，则岁考之经古及正场是最要之根基。纪泽新丧弱子，学业难免抛荒。纪鸿近看《书经》注疏。书法太拙，于岁科考亦难出色，又因道远，故未还湘应试。

内人目疾已久，脚疼未痊，余却平安，饭量比亦较加，真所谓贞疾恒不死

矣。余详日记中，顺问近好。

兄国藩手草　八月初十日

【译文】

澄、沅弟左右：

七月二十六日寄去一封信，告诉孙子同儿的夭亡，并且寄去罗宅、丁宅的信，到了吗？十天内这里平安。我脚上浮肿，又胖又硬，经常穿的袜子已经穿不进去了。心血很亏，都不正常了。现在定于十三日出省，到淮、徐、苏、常等处检阅。每天应酬繁杂，勉强支持。同乡和外省找差事的人络绎不绝，已经安置了十多人，但是还有很多人在等着。南方五母舅的后代远远的来到这已经超过半年了，实在是很难派上差事，白白地花盘缠钱。现在让他趁着乘轮船的便利，由湖北回到湖南。又专门派一人回家乡，送去这几个月的日记和金宅挽赙等东西。大概老人，血虚就会气断很难振作。我近来之所以越来越衰弱，想要强健但气力不能有所帮助，也是由于血虚的缘故。

盐务的事情，户部奏复的文件是扶助湖北四川而抑制淮河地区，抑扬轻重的情况，很是清楚透彻。我两次在京城，不善于应酬，被大家所白眼，再加上天津的案议论纷纷，以后大小事情，启部都有意识的吹毛求疵，颇有微词讽刺。陈由立遣发到黑龙江，过通州时，他的妻子到京控告，也说我审案办案不公以及欠他薪水四千两不发给等。因此我心中不免郁闷。我在外几十年，难道不知道仕宦之途有坦途一定有险途，有兴必有衰？但是当前有不能马上明白的人，只求没有什么大错误，不被宗族乡里耻笑就够了。

以前听说湖南在七月底府试，不知道纪寿侄儿应试的事安排妥当了吗？筱澄侄儿已经到到省里应试院考了吗？符、剑两个侄儿考过经策古文没有？要想拔贡，则岁考的经策古文以及正场八股请帖乃是最重要的根基。纪泽最近失去弱子，学业难免就荒疏了。纪鸿近来看《书经注疏》。书法不好，今年的科考也很难有出色的表现，又因为路途遥远，所以没有回湖南应试。

内人的眼病得了很久了，脚疼还没好，其他都好，饭量比以前大了，真是所谓的"贞疾恒不死"。其余详细地写在日记中了，顺问近好。

兄国藩手草　八月初十日